*Emily Wortis* Mae West –
*Leider* »I'm no Angel«

*Emily Wortis Leider*

# Mae West –
# »I'm no Angel«

Eine Biographie

Aus dem Amerikanischen von
Henning Thies

*verlegt bei*
*Kindler*

Originaltitel: Becoming Mae West
Originalverlag: Farrar, Straus & Giroux, New York

Die Deutsche Bibliothek – CIP-Einheitsaufnahme

**Leider, Emily Wortis:**
Mae West – »I'm no angel« : eine Biografie / Emily Wortis
Leider. Aus dem Amerikan. von Henning Thies. – München :
Kindler, 1997
Einheitssacht.: Becoming Mae West <dt.>
ISBN 3-463-40225-4

Umschlaggestaltung: Graupner & Partner, München
Satz: Ventura Publisher im Verlag
Druck und Bindearbeiten: Ueberreuther Print
Printed in Austria
ISBN 3-463-40225-4

5  4  3  2  1

Für das Team zu Hause:
Jean, Richard und meinen Bill

# Inhalt

# Einleitung

*M*ae West liebte den ständigen Kitzel. Sie liebte Großstädte, figurbetonte Kleider, Lippenstifte, Jazz, Sex in Taxis, Intrigen, um sich schießende Alkoholschmuggler, verschwitzte Boxer – und Polizisten, die sie öffentlich zur Ordnung rufen wollten. Ihr verblüffender Erfolg als Sängerin und Schauspielerin war sozusagen Nebenprodukt ihrer Megawatt-Energie, die sie im Laufe einer noch von Gaslaternen beleuchteten Kindheit zu kanalisieren und auf andere zu übertragen lernte. Die Chronik der Entwicklung ihres individuellen Bühnenstils ist somit zumindest teilweise auch die Geschichte, wie sie lernte, ihre Energien zu zügeln. Wie sie lernte, ihre kindlichen Schreie in jenes betont weibliche Schnurren zu verwandeln, das man auf der ganzen Welt kannte. Als selbsternannter Gesundheitsguru empfahl sie als Bestandteil einer unfehlbaren Fitness-Strategie: »Ein besonderer Kick am Tag erspart dir alle Pillen« (A thrill a day keeps the pill away) – einer ihrer zahlreichen Sprüche, die in den Zitatenschatz eingingen. Wer das Glück hatte, sie auf amerikanischen Bühnen zu erleben – im Tingeltangel, in Varietéprogrammen, bei regulären Theateraufführungen – oder später weltweit auf der Leinwand, der erlebte eine »feurige Mae« (Flaming Mae): Wie sie sich bewegte, wie sie aussah, wie sie redete und was sie sagte – das kam einem erotischen Versprechen gleich, einem Gefühlskick, witzig und erotisch zugleich. Mit ihren aufreizend langsamen Bewegungen und ihren schnellen, schlagfertigen Pointen konnte Mae West, ein hart an sich arbeitender, mit allen Wassern gewaschener Profi, das Publikum immer wieder zur Rückkehr bewegen, weil sie es verstand, Appetit auf mehr zu wecken. Und die blutarmen Moralapostel hatten überall, wo Mae West auftrat, alle Hände voll zu tun.

Mehr als sechzig Jahre nach ihrem Filmdebüt, das sie über Nacht zum Weltstar machte, sehen manche, wenn sie den Namen Mae West hören, in ihr immer noch eine Gefahr. Als ich in dem New Yorker Stadtteil, in dem sie kurze Zeit (und nicht sehr regelmäßig) die Schulbank drückte, ihre Grundschule aufsuchte, traf ich auf eine Schulsekretärin, die zwar außerordentlich hilfsbereit war, sich gleichwohl in ihrer Haut nicht recht wohl fühlte, als sie mich fragte, warum ich denn ausgerechnet über eine solche Frau ein Buch schreiben wolle. Ob ich Mae West denn *gern* hätte? (Und damit meinte sie, ob ich mit ihr denn einverstanden sei.) So sah ich mich zu einer Erklärung genötigt. »Sie war sehr lustig«, sagte ich, »und obendrein eine interessante Frau.« – »Aber meinen Sie denn nicht …?« Sie senkte ihre Stimme. »Meinen Sie denn nicht, daß sie es schon ein wenig zu wild getrieben hat?«

»Ein wenig zu wild« wäre arg untertrieben. Denn Mae West war in jungen und in nicht mehr ganz so jungen Jahren planmäßig darauf aus, Aufsehen – und darüber hinaus auch bestimmte Körperteile –

zu erregen. Diese provozierende Komikerin, die ihre schwül-erotisch timbrierte Stimme und ihren Körper wie ein Musikinstrument beherrschte, erregte oder amüsierte den einen Teil des Publikums, während der andere, der sich zum Sittenwächter berufen fühlte, sich in höchsten Tönen echauffierte. Mit ihren frechen Sprüchen, die um so geschliffener daherkamen, je älter sie wurde, gehörte Mae West für manche auf den Olymp des Lachens, während andere Zuschauer sie am liebsten gesteinigt hätten.

In den zwanziger Jahren, als sie sich den Dreißigern näherte, begann sie, sich als Schriftstellerin zu bezeichnen – was unter Sexidolen nicht gerade häufig vorkommt. Ihr Name ist als Autorin von Theaterstücken, Drehbüchern, Romanen, Zeitungs- und Zeitschriftenartikeln, einer Autobiographie sowie eines Ratgebers über Sex, Gesundheit und außersinnliche Wahrnehmung verzeichnet. Als Schriftstellerin besaß sie die Kontrolle über ihre Texte und über die Medien, in denen sie auftrat. Indem sie sich ihre eigenen Spielvorlagen schuf (oder wenigstens an deren Gestaltung beteiligt war), indem sie manchmal als Koproduzentin ihrer eigenen Stücke auftrat und indem sie ständig den Anteil ihrer Mitautoren bagatellisierte oder gar ganz abstritt, war sie im wahrsten Sinne des Wortes in der Lage, ihre eigene Show abzuziehen. Und darauf kam es ihr mehr an als auf alles andere. Ihre Fähigkeit und ihr Bedürfnis, alles zu dominieren und allen Ruhm für sich allein zu beanspruchen, sollte ihre Beziehungen zu Koautoren, Regisseuren, ja sogar zu allen Schauspielern und Schauspielerinnen bestimmen, die mit ihr zusammen auf der Bühne oder vor der Filmkamera standen: in Varietétheatern, am Broadway oder in Hollywood.

Wer sich überhaupt einmal Gedanken über Mae West gemacht hat, sieht in ihr meistens einen aktiven, weniger einen kontemplativen Menschen. Sie war ständig in Bewegung, geradezu provozierend aktiv, und bei einigen ihrer frühen Auftritte kamen noch anstrengende Verrenkungen hinzu. Doch selbst wenn sie sich gehenließ und keine Hemmungen mehr kannte, wenn sie vor einer Horde Yale-Studenten aufreizend posierte oder am Broadway in der Revue *The Mimic World of 1921* vor frenetisch applaudierenden Zuschauern den Shimmy tanzte, einen Jazztanz mit wilden Verrenkungen, dann waren diese Effekte stets auch kühl kalkuliert – mit dem Ziel, die größtmögliche Schockwirkung oder den größtmöglichen Applaus zu erzielen.

Ihre ersten schriftstellerischen Versuche – Sketche und dann sogenannte Comedy-Dramen – hätten allesamt etwas mehr Sorgfalt vertragen können. Die in der Handschriftenabteilung der Kongreßbibliothek in Washington aufbewahrten Manuskripte von *The Ruby Ring* (Der Rubinring), *The Hussy* (Das leichte Mädchen) und *Sex* sind – trotz aller Mithilfe von Berufsschriftstellern – unbeholfene Arbeiten ohne Raffinement. Trotzdem erlauben sie uns wertvolle Schlußfolgerungen im Hinblick auf Mae Wests Vorlieben, auf ihre Vitalität und ihre Bereitschaft, Tabus zu brechen. Je mehr ihr schauspielerisches Ausdrucksrepertoire reifte, desto raffinierter wurden ihre Bewegungen auf der Bühne, desto ausgefeilter ihre Pointen, und desto mehr trat auch ihre ungebremste, spontane Energie in den Hintergrund. Eine präzise Choreographie und in harter Probenarbeit ausgefeilte Effekte vermittelten nun den Eindruck lüsterner Nonchalance.

Nur wenige Menschen wissen heute noch, daß Mae West auch in sich gekehrt sein konnte, daß sie eine disziplinierte Arbeiterin war und recht zurückgezogen lebte. Nur wenige erinnern sich an ihre genau kalkulierte nasale Aussprache, an ihren Sprachrhythmus und an ihren Sprechstil. Nur wenige bringen sie überhaupt mit Sparsamkeit und Ökonomie in Verbindung, war es doch geradezu ihr Markenzeichen, sich mit glitzernden Diamanten, hochhackigen Schuhen und Pelzen auszustaffieren, ihre Kleider mit Pailletten zu übersäen und massives Make-up aufzulegen. (»Ich liebe die Zurückhaltung«, sagte sie einmal mit Blick auf das üppige Dekor ihrer Wohnung in Hollywood, »sie darf nur nicht zu weit gehen.«) Doch in der von ihr über Jahre hin entwickelten und perfektionierten Körpersprache gibt es keinen lüsternen Seitenblick, keinen mit unterdrückter Stimme und herabgezogenem Mundwinkel herausgebrachten Seitenhieb und keinen Hüftschwung, der unbedacht eingesetzt wäre. Ihre berühmten Leinwand-Bonmots sind Musterbeispiele für knappen, pointierten Witz, der anscheinend mühelos daherkommt, in Wahrheit aber alles andere als intuitiv und mühelos ist.

Als Mae West endlich jenen Erfolg errang, nach dem sie so lange vergeblich gestrebt hatte, fiel die neue Popularität bei ihr mit einer meisterhaften Beherrschung langsamer Bewegungen zusammen, während in ihrer Frühzeit die Auftritte eher hektisch und frenetisch vital angelegt waren. Erst nach ihrem Broadway-Sensationserfolg von 1928 mit *Diamond Lil* (Diamanten-Lil) wurden ihr Sprechtempo und ihre Bewegungen gemessener, ruhiger, stilisierter. Ihre frechen Bemerkungen und witzigen Pointen wurden nun eher gedehnt und schleppend gesprochen, und diese Sprechweise war eines ihrer weltweit bekannten Markenzeichen als Hollywood-Star. Mae West war schlagfertig, aber wenn ihr eine forsche Replik einfiel, polierte sie bis zur Perfektion daran herum, ehe sie sie mit rauher Stimme auf der Bühne – und später vor der Kamera – von sich gab.

Als sie begann, sich auch schriftstellerisch zu betätigen, hatte sie bereits einschlägige Erfahrungen hinter sich. Denn schon früh hatte sie sich Dialogpassagen auf den Leib geschrieben, als sie 1911 in einer Musikrevue am Broadway in einer Nebenrolle als irisches Dienstmädchen auftrat. Die Zeilen, die ein anderer geschrieben hatte und die sie sprechen sollte, paßten ihr nicht. Und so veränderte sie den Text dergestalt, daß er witziger, frecher wurde und mehr zu ihrem eigenen Stil paßte. Gegen Ende ihrer Varietékarriere schrieb sie die Nummern für ihren gemeinsamen Auftritt mit Harry Richman dann selbst.

Zum Varieté war sie nach einer kurzen (und niemals offen zugegebenen) Lehrzeit in – etwas anrüchigen – burlesken Revuen gekommen. Nachdem sie so über Land getingelt war, begann Mae West sich selbst im Varietétheater als Komikerin zu begreifen; auch andere sahen es so. Mit ihrer selbstgeschaffenen »exzentrischen« Rolle als unverschämter, selbstironischer, lakonisch-schlagfertiger, schwül-erotischer New Yorker Vamp wurde sie zur Charakterdarstellerin und lernte diese Rolle immer perfekter zu spielen. Als dann in Amerika Radio und Film in der populären Unterhaltung immer dominanter und die Varietéshows in den Hintergrund gedrängt wurden, wechselte Mae West auf die reguläre Theaterbühne über. Hier beherrschte sie besonders die Kunst, ihre witzigen Pointen perfekt zu timen und das Lachen gezielt zu provozieren. Sie lernte schnell auf den Punkt zu kommen und die Effekte so dick aufzutragen, daß sie sich unvergeßlich einprägten, lebendig wurden und blieben. Bei einer der großen Varietéketten, im Keith Circuit, stieß Mae auch zum ersten Mal auf Widerstand und Zensurmaßnahmen.

In der Frühzeit ihrer Varietékarriere gab es mehrfach Durststrecken und negative Kritiken; auch rangierte sie manchmal unter »ferner liefen«. Doch ab Mitte der zwanziger Jahre, nachdem sie schon fast drei Jahrzehnte auf den Brettern gestanden hatte, fand sie endgültig den Erfolgsweg: Sie trat fortan in ihren eigenen Stücken auf. Von nun an arbeitete sie unermüdlich und zielstrebig und vergaß nur noch selten die Maxime ihrer Mutter: Affären mit Männern sind gut und schön, aber die Bühnenkarriere geht vor.

Ihre Mutter hatte schon immer geahnt, daß man mit ausgefallenen, riskanten Auftritten berühmt werden könnte. Mae folgte ihrem Rat. Daß sozialer und sexueller Anstand ihr vollkommen gleichgültig waren, deutete sie nunmehr auf der Bühne mit jeder Bewegung, mit jeder gesprochenen Silbe an. Noch immer ist ihr Platz dort, wo Exzeß und Kontrolle aufeinanderstoßen, und auch heute noch widersetzt sie sich den Maßstäben der Wohlanständigkeit, wenn ihre Filme im Kino oder auf Videokassetten wieder gezeigt werden. Auch ihr Publikum ist immer noch gespalten: auf der einen Seite die Fans, die ihr schauspielerisches Können bewundern und ihre Unverschämtheiten amüsant finden, auf der anderen die gesetzestreuen, anständigen Bürger, die an diesen Exzessen Anstoß nehmen oder zumindest davon abgestoßen werden.

Mae Wests Karriere als Schauspielerin und Schriftstellerin mutet geradezu wie ein Abriß der amerikanischen Zensurgeschichte an. Schon seit dem ersten Bühnentriumph als Baby Mae im Amateur-Forum eines Brooklyner Theaters, als ungehobelte Zuschauer den

14

kleinen Publikumsliebling mit Münzen bewarfen, stellte sie ihren Auftritten die vorherrschenden christlichen Normen weiblichen Anstands in Frage. In den Varietétheatern auf ihren Tourneen konnte sie es schon nicht mehr hören, wenn Manager mit schneidender Stimme warnten: »So kannst du einfach nicht singen und dich bewegen« oder, freundlicher formuliert, »Tut mir leid, Mae, großartig ... aber einfach zu heiß.«[1] Mit ihrem Verhalten auf der Bühne fand sie sich oft im Kreuzfeuer widerstreitender Interessen wieder: auf der einen Seite die Verfechter von Zurückhaltung und gutem Benehmen, auf der anderen die enthusiastischen Advokaten einer neuen Kultur, die Vergnügungssucht, Besitzstreben, Egozentrik und Zügellosigkeit förderte.

Die Kontroverse ließ auch nicht nach, als Mae ihre kurze, publizitätsträchtige Gefängnisstrafe absaß – wegen Erregung öffentlichen Ärgernisses mit ihrem aufreizenden Stück *Sex*. Der Streit ging weiter anläßlich ihrer Bühnenexperimente mit Homosexuellen-Komödien und erreichte in den späten dreißiger Jahren – nunmehr im internationalen Maßstab – seinen Höhepunkt, als das erste, mit den Paramount-Studios eng verbundene Stadium ihrer Filmkarriere zu Ende ging. Nachdem Mae West einige Jahre als Topstar – als Lady Lou in *Sie tat ihm Unrecht* und als Löwenbändigerin Tira in *Ich bin kein Engel* – die Kinokassen gefüllt hatte, wurde sie vom Hays Office, der Zensurbehörde, die den Auftrag hatte, für moralische Sauberkeit auf der Leinwand zu sorgen, in die Zange genommen. Die Skandale während ihrer New Yorker Bühnenjahre hatten Mae West berühmt gemacht, hatten sie in die Schlagzeilen gebracht, beispielsweise mit einem heißen Szenenfoto aus *Sex* auf der Titelseite des *Evening Graphic*. Doch die durch ihre Filme hervorgerufenen Skandale erwiesen sich als schädlich. Durch die Aktionen des Hays Office war ihre Karriere als Filmstar ernsthaft gefährdet. Ganz besonders nach 1934, als Joseph Breen, der Leiter der Production Code Administration, die Durchsetzung der Vereinbarungen zur Selbstkontrolle im Filmgeschäft (Production Code) übernommen hatte, wurden Mae-West-Filme akribisch geprüft, massiv redigiert, gereinigt und gekürzt. Viele Hollywood-Beobachter sind der Ansicht, daß die rigide Zensur des Hays Office Mae Wests Karriere den Garaus machte, während Mae West selbst anderer Meinung war: Bis zu ihrem Tode war sie überzeugt, nichts könne sie bremsen und nichts habe sie je gebremst.

Sie selbst war es, die darauf hinwies, daß die Zensoren, die ihr im Nacken saßen, auch enorm zu ihrem Karriereglück beigetragen hätten. »Durch die Zensur bin ich erst zu dem geworden, was ich bin«, sagte sie in einem Interview, als es um ihren Gefängnisaufenthalt und um die Gründe ging, warum sie die filmische Selbstkontrolle trotzdem befürwortete. Erbost über die Leinwandsitten in den siebziger Jahren, als es kein Hays Office mehr gab und als in Hollywood und Europa Nacktheit vor der Kamera, Gewaltszenen und obszöne Worte gang und gäbe wurden, war sie zu der Überzeugung gelangt, Zensoren seien wie Korsettstangen: notwendige Beschränkungen, mit deren Hilfe das Profil nur um so deutlicher und schärfer hervortrete.

Aber nur bis zu einem gewissen Grade. Denn als es dem Hays Office in den späten dreißiger Jahren gelang, ihre Filmkarriere zu blockieren und ihre Verbindung mit den Paramount-Studios, in denen sie zum Star geworden war, praktisch zu beenden, da war Mae West zutiefst verwirrt und verletzt. Sie gab sich alle Mühe, keinen Anstoß mehr zu erregen, und reagierte schließlich mit unterdrücktem, kaum öffentlich geäußertem Ärger. Ob sie je die Hintergründe ihres Karriereknicks wirklich erkannte und akzeptierte, können wir nicht wissen. Es gibt keinerlei öffentliche Äußerung von ihr, die direkt auf dieses Thema zu sprechen gekommen wäre. Und als sie dann in den sechziger und siebziger Jahren erneut ins Blickfeld der Öffentlichkeit rückte, sah sie dies ausdrücklich nicht als Comeback.

Doch von Mae Wests späten Jahren wird im vorliegenden Buch nur am Rande die Rede sein, denn ich beschränke mich darauf, ihr Leben und ihre Karriere bis zu jenem Zeitpunkt Anfang des Jahres 1938 zu schildern, als Paramount die Produktion und den Vertrieb von Mae-West-Filmen einstellte.

Nur wenige Lebensläufe lassen sich so glatt in Phasen einteilen wie Mae Wests Leben. Im ersten Lebensabschnitt geht es um ihren Aufstieg aus einem nicht über jeden Zweifel erhabenen Brooklyner Milieu und um die Herausbildung einer ganz eigenen Identität, zunächst auf der Bühne, dann im Kino: als tabubrechende, singende, tanzende New Yorker Göre, die redet, wie ihr der Schnabel gewachsen ist; als liebenswerte Unterwelttype (oft eine Prostituierte), die nach ihren eigenen Regeln glücklich wird, die ihre Spelunkenvergangenheit abschüttelt, sich einen Traumprinzen angelt (*mindestens* einen, und vorzugsweise mit britischem Akzent), der ihr zu Füßen liegt und mit dem sie im Scheinwerferlicht triumphierend von dannen zieht.

Mae Wests Vorliebe für »Aschenputtel«-Handlungen mit einem Aufstieg aus der Gosse bis in hochherrschaftliche Paläste hat unmittelbar mit ihrer eigenen Lebenserfahrung zu tun. Obwohl sie in ihrer – zusammen mit einem Ghostwriter verfaßten – Autobiographie *Goodness Had Nothing to Do with It* (Das schafft man nicht mit Güte) das Gegenteil behauptet, wurde sie nicht in eine Familie hineingeboren, in der man mit Silberbesteck aß; auch spielte sie nicht vom ersten Tag ihres Lebens an die unverschämte, aufreizende Verführerin. Allerdings lernte sie die weiblichen Verführungskünste schon recht früh.

Und wenn es eine einzige Person gibt, die diese Verwandlung herbeiführte und begünstigte, dann war dies ihre bayerische Mutter. Die Sexualmoral von Matilda Delker Doelger West ähnelte eher einer gelockerten europäischen als einer amerikanisch-puritanischen Einstellung, und diese Haltung impfte sie auch ihrer Tochter ein. Als Immigrantin entwickelte Matilda schnell jenen erzamerikanischen Ehrgeiz, es gesellschaftlich und materiell zu etwas zu bringen. (Wenigstens die Tochter sollte es besser haben, wenn schon nicht sie selbst.) Mit Eifer und praktischem Denken ging sie an die Realisierung ihres Ziels; der Karriere ihrer Lieblingstochter widmete sie ihr Leben, und sie tat viel, um Maes Karriereverlauf zu bestimmen und zu fördern.

Auch Mae Wests Vater, ein streitsüchtiger ehemaliger Boxer, der

sich mit Punks, Bodybuildern, Taschenspielern und selbsternann-
ten Wettexperten auf Pferderennbahnen herumtrieb, übte auf seine Tochter eine magnetische Anziehungskraft aus, selbst wenn am
Ende eher das Gegenteil dabei herauskam, etwa im Falle seiner
(nicht sehr harten) Arbeits- und seiner (harten) Trinkgewohnhei-
ten.

Die unglückliche Ehe der Eltern diente Mae ebenfalls eher als
Negativbeispiel. Mae West konnte der Ehe nichts abgewinnen,
zumindest wollte sie selbst nicht heiraten. Das Dasein als Ehefrau
war für sie gleichbedeutend mit einengender Häuslichkeit, und das
reizte sie absolut nicht. Die Monogamie erschien ihr als schlechter
Tausch. »Sind Sie denn noch nie einem Mann begegnet, der Sie
glücklich machen kann?« fragt Cary Grant als Captain Cummings
Lady Lou (Mae West) in *Sie tat ihm unrecht* (She Done Him
Wrong). Und die Antwort? »Aber natürlich, schon öfter.« Ihr reales
Eheabenteuer – 1911 gab sie dem Tänzer Frank Wallace noch nicht
ganz achtzehnjährig auf Tournee in Wisconsin das Jawort – erwies
sich umgehend als schwerwiegender Fehlschritt. Frank Wallace
und sie lebten zwar niemals als Mann und Frau zusammen, und
Mae verschwieg diese Verbindung ihren Eltern sogar zeitlebens,
doch wie ein Gespenst sollte die frühe Eheschließung sie noch
Jahrzehnte verfolgen.

Der für damalige Zeiten höchst ungewöhnliche problemlose,
freundschaftliche Umgang ihres irisch-amerikanischen Vaters mit
Schwarzen wies Mae den Weg zum Blues, zum Jazz und zu tänze-
rischen Ausdrucksformen der afroamerikanischen Kultur. Immer
wieder nahm sie dort Anleihen. Und außerdem galt in diesem
Umfeld ihr – oft aktiv ausgelebtes – Interesse für schwarze Liebhaber nicht als Stein des Anstoßes.

Details dieser Affären mit Schwarzen (etwa mit ihrem Chauffeur,
dem Boxer Chalky Wright) müssen wie bei all ihren – nicht gerade
wenigen – intimen Verhältnissen mangels Briefen, Bekenntnissen
oder Tagebuchaufzeichnungen weitgehend im dunkeln bleiben.
Daß sie indes mehr waren als bloße Gerüchte, wissen wir von
diversen Beobachtern der Szene, von einzelnen indiskreten Lieb-

habern und aus Interviewpassagen, in denen Mae West selbst ausnahmsweise solche Affären zugab. Gleichwohl hütete sie die Geheimnisse ihres Privatlebens in außergewöhnlichem Maße. Die Leute sollten schon wissen, daß Mae West zahllose Affären hatte (jemand hat einmal gesagt, sie bestelle Liebhaber ins Haus wie andere Leute Pizza), aber sie tat ihr möglichstes, um die Namen der Liebhaber (mit nur wenigen Ausnahmen, etwa George Raft) und die Einzelheiten dieser Beziehungen für sich zu behalten. Anscheinend gab es sehr oft ohnehin kaum mehr zu berichten als die Tatsache, daß intime Begegnungen stattfanden und beide Seiten daran Vergnügen hatten. (Manchen Männern verging allerdings bei Maes sexuell aggressiver Art wohl auch die Lust.) Und wenn es darüber hinaus wirklich etwas zu erzählen gegeben hätte, dann hielt sie lieber den Mund. Ihre öffentliche Rolle als trockenwitziger Vamp sollten alle kennen, doch die private Mae West wollte sie schützen und vor den Augen der Öffentlichkeit verborgen halten.

Wer angesichts dieser Ausgangslage eine Biographie über Mae West schreiben will, muß einzelne Mosaiksteinchen zusammentragen, die Glaubwürdigkeit verschiedener Aussagen und Versionen abwägen und zwischen den Zeilen lesen können. Mae West hat zwar zahlreiche Interviews gegeben, die veröffentlicht wurden, doch wirklich offen und aussagekräftig sind nur ganz wenige. Heranzuziehen sind vor allem – veröffentlichte wie unveröffentlichte – Interviews mit Leuten, die Mae gut kannten; solche Quellen sind insgesamt recht glaubwürdig. Und dann natürlich auch öffentliche Dokumente wie Volkszählungsunterlagen, Adreßbücher, Zeitungsartikel und Gerichtsunterlagen. Mae Wests Autobiographie *Goodness Had Nothing to Do with It* ist dagegen vor allem eines: der Versuch einer Legendenbildung. Oft erfahren wir darin eher, was Mae West uns weismachen will, als was wirklich geschah. Aufschlußreich ist ihre eigene Version der Wahrheit indes für ihr Selbstbild. Was wir über sie glauben sollen und wie sie sich selbst aus inneren Bedürfnissen heraus sah – das sind wesentliche Bestandteile ihrer Lebensgeschichte.

Schon früh lernte sie, die Wahrheit für ihre Bedürfnisse zurechtzubiegen, wiederum von ihrer Mutter. In ihren Stücken und Filmen
äußerte sich diese Tendenz als ein Faible für Maskeraden und
Enthüllungen. Captain Cummings ist in Wahrheit ein Agent namens »The Hawk«, Klondike Annie war einst Frisco Kate. Die Liste
der Charaktere, die in Mae Wests Skripten ihre Identität ändern
oder maskieren, ist lang.

Als Mae Wests erste Filme in den dreißiger Jahren auf Anhieb zu
Kassenschlagern wurden, gehörte sie selbst quasi über Nacht zu
den beliebtesten und bestbezahlten Hollywood-Größen. Man hielt
ihr zugute, daß sie mit einem Wundermittel der dahinsiechenden
Filmbranche in den schlimmsten Depressionsjahren wieder auf die
Beine geholfen habe, daß sie erneut Leben ins Kino – und dabei
auch den Puls der Zuschauer wieder in Schwung – gebracht habe.
»Aus dem Nichts«, schrieb ein Reporter in Los Angeles, »stieg sie
in der Kinowelt in einem einzigen Jahr unter die zehn am hellsten
strahlenden Filmsterne auf. Seit Rudolph Valentino über Nacht
berühmt wurde, hat es dergleichen nicht mehr gegeben.«

Und als sie ihren eigenen Ruhm mit dem legendärer historischer
Größen wie Napoleon, Abraham Lincoln und Kleopatra verglich,
hat sie kaum übertrieben. Denn wie diese Gestalten wurde auch sie
zur Ikone. Ihr Bild wurde durch die Aufnahme in Madame Tus-
sauds Wachsfigurenkabinett verewigt und in unzähligen Cartoons
karikiert. Ihr Gesicht schmückte Seifenreklame, ihre Figur Parfümflaschen. Schon die kleinen Kinder konnten ihre Stimme nachahmen und wie sie mit den Hüften wackeln. Eine Hand auf die Hüften
gestützt, imitierten sie Maes berühmte Einladung (wenn auch nicht
exakt mit den Worten, die Lady Lou gegenüber Captain Cummings
in *Sie tat ihm unrecht* gebrauchte): »Wollen Sie nicht mal raufkommen und mich besuchen?«

Doch Mae wußte selbst am besten, daß Erfolg und Ruhm, die
plötzlich aus dem Nichts zu kommen schienen, in Wahrheit in
langen, schweren Jahren hart erarbeitet worden waren. Als Mae
West 1932 in Hollywood ankam, war sie kein obskures, unbeschrie-
benes Blatt, sondern ein routinierter Profi. Schließlich verfügte sie

schon über eine Bühnenerfahrung von mehr als drei Jahrzehnten, und auch als Autorin ihrer eigenen Texte war sie damals schon zehn Jahre im Geschäft. Als sie aus ihrer Heimatstadt New York nach Kalifornien aufbrach, war sie eine reife Frau von fast vierzig Jahren, und im Gepäck führte sie neben den obligatorischen Diamanten, Pelzen und Seidenstrümpfen auch diverse Dramenmanuskripte mit sich. Hinter ihr lagen eine lange Reihe skandalöser und/oder gefeierter Broadway-Auftritte in eigenen Stücken sowie jahrzehntelange Revueerfahrung, und sie konnte auf ein dickes Bündel mit Zeitungsausschnitten verweisen, in denen es um ihre diversen Zusammenstöße mit der Polizei und anderen Sittenwächtern ging. Wie sie selbst sagte, war sie bei der Ankunft in Hollywood bereits ein »Fertigprodukt«, das in der Öffentlichkeit, bei Paramount und in der Presse eine Behandlung als Star verdiente, ohne sie jedoch von Anfang an zu bekommen.

Im Drehbuch ihres ersten Films, *Night After Night* (Abend für Abend), war Mae West die Rolle der Maudie Triplett zugedacht, die sie zunächst als zu unbedeutend und langweilig empfand und ablehnen wollte. Als dann jedoch der Produzent William Le Baron grünes Licht für ihr Vorhaben gab, Maudies Rolle nach ihren eigenen Vorstellungen umzuschreiben und lebendiger zu gestalten, überlegte sie es sich anders. Es wurde eine Glanzrolle, die ihr auf Anhieb Starruhm verschaffte.

Es folgten noch sieben weitere Filme in den Paramount-Studios: Nach den Sensationserfolgen *Sie tat ihm unrecht* (She Done Him Wrong) und *Ich bin kein Engel* (I'm No Angel) kam *Die Schöne der neunziger Jahre* (Belle of the Nineties), ein Film, der ebenfalls finanziell erfolgreich war, der aber als erster unter ernsthaften Zensureingriffen seitens des Hays Office zu leiden hatte. *Goin' to Town* (Auf in die Stadt) enthält zwar wundervolle Episoden, reichte jedoch nicht mehr an die frühen Filmerfolge heran. Mit *Klondike Annie* wurde der Versuch unternommen, das Hays Office zu besänftigen, doch statt dessen zog sich Mae nun den Groll der religiösen und konservativen Meinungsführer zu. In *Go West, Young Man* (Geh nach Westen, Junge) und *Every Day's a Holiday* (Jeden Tag ist Feiertag), ihren beiden letzten unter Emanuel Cohen von Paramount produzierten und vertriebenen Filmen, sind dann deutlich Ermüdungs- und Abnutzungserscheinungen zu erkennen. Die Witze wurden allmählich schal.

Nach *Klondike Annie*, als sie einen halben Film lang erstmals eine Rolle spielte, die ihrem üblichen Repertoire nicht entsprach, verkam das Idol zum Stereotyp: Weltberühmt, ein Geschöpf von mythischen Dimensionen, doch nach der Trennung von Paramount über längere Zeiträume unterbeschäftigt, wiederholte sie sich bei jedem Auftritt geradezu zwanghaft. Ständig reaktivierte sie ihre besten Bonmots, spielte sie ihre glitzernde, überlebensgroße Paraderolle, an deren Schaffung und Verbreitung sie jahrzehntelang hart gearbeitet hatte: die sexuell erregende, auf Männer unwiderstehlich wirkende, etwas verruchte Schöne. Diese Charakterrolle bedeutete ihr alles, und um diese Rolle zu schützen, kämpfte sie wie eine Löwin. Keiner durfte sie unautorisiert nachahmen, wodurch sie sich selbst auf eine Stufe mit Markenartikeln, Werbeslogans, Firmenlogos und Markennamen stellte. In ihren späteren Jahren verliefen Auftritte von Mae West so berechenbar und stereotyp (sie selbst meinte eher: so narrensicher), daß die immer gleiche Coca-Cola auch nicht eintöniger hätte sein können. An ein Erfolgsrezept sollte man unter keinen Umständen rühren, war ihre feste Überzeugung. Und so servierte sie dem Publikum seit den späten dreißiger Jahren bis ins hohe Alter (sie starb 1980 im Alter von siebenundachtzig Jahren) statt Frischkost nur noch Tiefkühlkonserven. Das Enfant terrible der ersten drei Dekaden des 20. Jahrhunderts wurde endgültig zum Abklatsch seiner selbst.

In meiner Biographie liegt der Schwerpunkt auf den ersten vier Jahrzehnten von Mae Wests Leben, von den neunziger Jahren des 19. Jahrhunderts bis zu den ersten Paramount-Jahren, als sie immer noch an ihrem Stil und an ihrer Lieblingsrolle feilte. Letztlich halte ich diese Zeit, als Mae noch experimentierte, für ihre dynamischste und beste. Zugleich sind diese vier Dekaden ein markanter Wendepunkt in der Geschichte der Vereinigten Staaten: jener

Zeitraum, in dem die Urbanisierung des Landes rapide voranschritt und die städtische Bevölkerung wesentliche Kulturimpulse aus New York erhielt. Ohne diese globalen Veränderungen wäre Mae West, in Sprache und Manieren eine typische New Yorker Göre, wohl kaum zum nationalen Star aufgestiegen.

In ebendiesen Jahrzehnten verwandelte sich auch die Unterhaltungsbranche der USA von Grund auf und in immer schnellerem Tempo. Indem wir Mae Wests Karriere verfolgen, erhalten wir Einblick in eine nicht immer folgerichtige Umwandlung: von einer Zeit, in der örtliche Repertoiretheater mit festen Ensembles, Music Halls und deftige Kneipenunterhaltung dominierten, zu einer Ära, in der mächtige Syndikate die Tourneen der burlesken Cabaretshows, der Varietétruppen und der Gastspieltheater kontrollierten. Wir erfahren auch etwas über die wechselnden Moden bei den populären Tänzen und in der Musik: vom Ragtime bis zum Blues und zum Jazz; vom »Kootch« der neunziger Jahre des 19. Jahrhunderts über das Tanzfieber der Jahre vor dem Ersten Weltkrieg bis zum Shimmy, der das erste Jahrzehnt nach der Jahrhundertwende dominierte, und den Harlem-gesättigten zwanziger und dreißiger Jahren. Wir begleiten Mae West bei ihren Revuetourneen durch die Provinz und bei ihren prestigeträchtigen Bühnenauftritten in New Yorker Broadway-Theatern; und wir bekommen hinter den Kulissen mit, wie das Publikum – nicht nur positiv – auf sexuelle Provokationen reagierte. Schließlich machen wir mit ihr den großen Sprung von der New Yorker Bühne in die Filmstudios von Hollywood. Diese Filme wurden, sofern nicht von der Zensur verboten, weltweit vertrieben.

Ferner folgen wir Mae Wests Spuren von einer Zeit, als Schauspielerinnen gesellschaftlich noch als Aussätzige galten, bis zu jenen Tagen, da sie sich an der Seite gekrönter Häupter sehen lassen konnten. In jenem Zeitraum wuchs die populäre Unterhaltung über örtliche Verwurzelungen und Begrenzungen hinaus und wurde zu einem Megabusiness mit internationaler Reichweite. Damit einher gingen im Showbusiness auch Veränderungen in der Werbestrategie, im Management, im Agentenwesen und bei den Public Relations, die sich sämtlich auch im Verlauf von Mae Wests Karriere widerspiegeln. In ihren Anfängen als Kinderstar wurde sie noch von ihrer umtriebigen Mutter gemanagt, hatte sie weder einen Agenten noch einen Manager. In ihren Zwanzigern verließ sie sich auf den aggressiven Managementstil des ihr ergebenen Jim Timony, der seine lukrative, aber vermutlich nicht ganz astreine Anwaltstätigkeit zu ihren Gunsten aufgab. Fortan überwachte er ihre Karriere und half ihr bei der Produktion ihrer Stücke. Zu einem noch späteren Zeitpunkt stützte sich Mae dann auf das Verhandlungsgeschick der expandierenden Agentur William Morris, auf die Filmproduzenten William Le Baron und Emanuel Cohen sowie auf Fachjournalisten und Klatschkolumnisten, die von Publicity-Managern mit Pressemitteilungen gefüttert wurden.

In Mae Wests erster Lebenshälfte wandelte sich auch das amerikanische Weiblichkeitsideal nicht unerheblich. Um die Jahrhundertwende, während Maes Kindheit, hielt die sinnlich-üppige Lillian Russell das Banner weiblicher Schönheit des Gesichts und der Figur hoch. Zu jener Zeit gebot die vorherrschende Ansicht von weiblichem Anstand noch, daß ein weiblicher Körper von Kopf bis Fuß bekleidet sein müsse. Die junge Mae West forderte solche immer heikler werdenden Moralvorstellungen dann verschiedentlich heraus, indem sie ihre Schultern, Brüste und Beine entblößte oder gar schüttelte. Diese Teile der weiblichen Anatomie waren bislang immer diskret verhüllt worden.

In jenen jüngeren Tagen, als sie noch viel tanzte, war Maes Figur noch gertenschlank, fast jungenhaft. Doch in ihren frühen Dreißigern, als sie in *Sex* und besonders in *Diamond Lil* erste große Erfolge feierte, hatte sie sich schon zu jener Frau mit den üppigen Rundungen entwickelt, an die sich die meisten Menschen erinnern, wenn sie den Namen Mae West hören. Als Diamanten-Lil, in der Rolle ihres Lebens, erweckte sie die mit Korsettunterstützung geformte, hochgeschlossene, taillierte Mode der Jahrhundertwende zu neuem Leben, weil diese besser zu ihren üppigen Proportionen paßte als die kurzen Hängekleidchen, in denen die Charleston-Adeptinnen (»Flapper«) der zwanziger Jahre ihre Beine schwangen. Mit dem Broadway-Hit *Diamond Lil* kam der Lillian-Russell-Look (Wespentaille und riesige Hüte) zu einem Publikum zurück, das zum Teil aus spindeldürren Flappern mit Glockenhüten bestand. In ihrem vorangegangenen Theaterstück *The Wicked Age* (Das verruchte Zeitalter) hingegen war Mae nicht gerade überzeugend (manche sprechen in diesem Zusammenhang gar von Geschmacksverirrung) als allzu rundlicher Flapper im einteiligen Badeanzug aufgetreten. Sie lernte aus ihrem Fehler und wurde künftig nie mehr öffentlich im Badekostüm gesehen.

Nach dem verblüffenden Hollywood-Erfolg mit der *Diamond Lil*-Verfilmung *Sie tat ihm unrecht* schrieb man Mae West das Verdienst zu, sie habe den überschlanken, grazilen Greta-Garbo-Look verdrängt und durch den üppigeren Kurven-Look ersetzt. Die wohlhabenden Schickimicki-Damen in New York und Beverly Hills, aber auch die Schulmädchen an den High-Schools des Landes, gaben ihre Schlankheitsdiäten auf und gingen zu Malzmilch und Bananensplits über, die auch ihnen, so hofften sie, die Rundungen der Mae West in Brust- und Hüftbereich verschafften sollten.

Mae Wests Ruf hat einige Metamorphosen überlebt. War sie zunächst völlig unbekannt, so erlangte sie mit ihren frivolen Komödien eine notorische Berühmtheit, die ihren Höhepunkt im Zusammenhang mit Maes Arrest, Prozeß und Gefängnisaufenthalt wegen Erregung öffentlichen Ärgernisses mit *Sex* erreichte. In der nächsten Phase verwandelte sich ihr New Yorker Ruf als Skandalnudel in den Ruhm einer gefeierten Broadway-Diva, ehe Maes Weg nach ein oder zwei Rückschlägen zum Film führte. Nach einem kurzen Zwischenspiel als allgegenwärtige, oft zitierte, witzig-freche, glamouröse Hollywood-Königin wurde sie dann zur Geißel des Hays Office. Den Filmzensoren galt sie als Verkörperung des Lasters auf der Leinwand, und darum mußte dieses lose Mundwerk gestopft werden. Nach dem Zweiten Weltkrieg tauchte sie dann erneut auf, als Herrscherin im Reich der übertrieben stilisierten Weiblichkeit, wie sie sonst nur in Travestieshows dargeboten wird: *Diamond Lil* wurde wiederbelebt, sie spielte auf der Bühne die Zarin Katharina die Große, und sie akzeptierte Rollen in zwei Filmen, die in der Kategorie der seichtesten, humorlosesten Unterhaltung um den ersten Preis hätten wetteifern können: in *Myra Breckenridge* und *Sextette*.

Inzwischen sind, mehr als fünfzehn Jahre nach ihrem Tod, Mae Wests Paramount-Filme, von *Night After Night* bis *Everyday's a Holiday*, auf Videokassetten wieder erhältlich, und auch im Fernsehen werden sie von Zeit zu Zeit wiederholt. Popular Culture erfreut sich als akademischer Forschungsgegenstand in den USA gegenwärtig großer Beliebtheit, und so erscheinen inzwischen auch Dissertationen: beispielsweise über Mae Wests Bedeutung für die sich wandelnde sexuelle Einstellung in der Bevölkerung oder über Mae Wests Bedeutung im Kontext der Unterhaltungsindustrie. Sozialhistoriker heben ihren befreienden Einfluß auf das Sexualleben der Frauen hervor, während manche Feministinnen harsche Kritik an ihr üben; denn aus feministischer Sicht gelten dick aufgetragenes Make-up, die Ausrichtung an Männern und ein übertrieben weiblicher Stil als Rückschritt. Manche Popstars hingegen huldigen Mae West, indem sie in ihre Fußstapfen getreten sind: Sie spezialisieren sich (wie Madonna) auf Hypersexualität, auf unverschämten, saftigen Humor (wie Bette Midler) oder (wie der Travestiestar David Bowie) auf geschlechtsüberschreitende Stilisierung, auf exaltierte Weiblichkeit. Wie auch immer, Mae West ist im Gespräch; sie wird imitiert, man erfreut sich an ihr und schreibt über sie. Sie ist eine Größe, mit der auch heute noch zu rechnen ist.

Als George Davis Mae West 1934 in einem Artikel in *Vanity Fair* als den größten Travestiestar aller Zeiten bezeichnete, brachte er nur auf den Punkt, was viele vor und nach ihm beim Anblick von Mae West in Aktion auch schon empfunden haben: Ihre übertriebene Weiblichkeit überschreitet die Grenze zur Selbstparodie und zum überschwenglichen Kitsch. Schon in der Frühzeit ihrer Bühnenkarriere, aber eigentlich die ganze Zeit über, war Mae West mit Transvestiten und Homosexuellen befreundet; sie imitierte deren Manierismen, hatte Spaß an deren Gehabe und verteidigte sie, wo immer nötig. Im Varieté trat sie oft zusammen mit Männern in Frauenkleidern (oder umgekehrt) auf, und in den ersten Dekaden dieses Jahrhunderts war solche Komik durchaus nicht anrüchig oder in die Subkultur abgedrängt, sondern Teil der allgemein akzeptierten Unterhaltungsprogramme. Mehr als einmal trat Mae auch selbst in Männerkleidern auf. Komische Geschlechtsrollen-überschreitungen und übertrieben weibliches Gehabe machten ihr einfach Spaß. Weibische Männer durften, als Mae noch jung war, zu ihr nach Hause kommen, um ihre Mutter zu frisieren.

Doch war ihr Verhältnis zur Homosexualität nicht ganz so unkompliziert und liberal, wie es den Anschein haben könnte. Nach heutigen Maßstäben ist auch bei ihr manches auszusetzen: Sie verabscheute Lesbierinnen und neigte dazu, alle männlichen Homosexuellen ausnahmslos als in Männerkörpern gefangene Frauen zu sehen. Sie mußten ihrer Meinung nach »kuriert« werden. Gleichwohl hatte und hat sie unter den Homosexuellen immer noch viele Bewunderer. Transvestiten und Travestiekünstler imitierten und idolisierten sie hingebungsvoll (teilweise tun sie es noch heute); in diesen Kreisen wurde Mae West zum Fetisch, zur Kultdiva. Und dieses Renommee genießt sie nicht nur unter Travestiekünstlern, sondern bei allen Kennern der populären Kulturszene, die sexuelle Gratwanderungen spannend und interessant finden.

Mit ihrem Theaterstück von 1927, *The Drag* (Der Schwule), versuchte sie, auf einer Broadway-Bühne eine Truppe von vierzig Homosexuellen auftreten zu lassen. Doch das Stück mit dem Untertitel »Eine homosexuelle Komödie« wurde von einem Zensurgremium nach einer Vorausaufführung in Bridgeport, Connecticut, aus dem Verkehr gezogen. Im folgenden Jahr kam sie in ihrem Broadway-Stück *Pleasure Man* (Der Lebemann) auf dasselbe Thema zurück und reizte damit die Boulevardblätter und Saubermänner bis zur Weißglut. Außerdem fand ein einkalkuliertes weiteres Gerichtsverfahren statt. Wieder waren Mae West monatelang Schlagzeilen sicher, und erneut zahlte sich dies letztlich an den Theaterkassen aus.

Ihre Komik basierte auf ihrer Fähigkeit, sich innerlich von allem, das ihr in die Quere kam, so weit zu distanzieren, daß sie darüber Witze machen konnte; darauf, daß sie in der Lage war, die Gegenstände ihrer Zuneigung in geschliffener, zitierfähiger Form zu verlachen. Aufgeblasene oder übertriebene Ernsthaftigkeit brachte sie zu Fall, indem sie mit der Stecknadel ihres Witzes in den Luftballon hineinstach und ihn zum Platzen brachte. Parodie und sogar Selbstparodie waren ihre gängigen »Waffen«.

Ihre Distanzierungsgabe verschaffte ihr auch genug Abstand zu ihren Bühnenrollen, so daß sie zwischen »ich« und »sie«, zwischen Identität und Rolle, zu trennen vermochte. Als Privatperson konnte sie von ihrer legendären öffentlichen Rolle in der dritten Person sprechen. Nur ein einziges Mal in ihrer Karriere riskierte sie die Aufgabe dieser inneren Distanz, versuchte sie, »aufrichtig« zu spielen und zu erscheinen, und prompt ging es schief: Als bußfertige, in Schwarz gekleidete religiöse Wohltäterin, als Schwester Annie im Film *Klondike Annie*, stürzte sie ihr Publikum in tiefe Verwirrung.

Für die private Mae West war Religion ebensowenig ein Witz wie für Schwester Annie, doch äußerte sich ihre Religiosität eher in spiritistischen Sitzungen als im kirchlichen Glauben. Gleichwohl spielt der Katholizismus in ihrer Biographie eine große Rolle. Eine katholische Tante mißbilligte ihren Lebenswandel, und Mae hatte noch weitere katholische Verwandte. Als sie nach Hollywood kam, ging sie regelmäßig mit ihrem Manager Timony zur Frühmesse. Das sei eine gute Art, den Tag zu beginnen, verkündete sie. Doch solche Andacht fiel in den Augen der katholischen Kirche kaum ins Gewicht gegenüber ihrer »Unmoral« auf Bühne und Leinwand. Gegen diese Unmoral zog die Kirche an vorderster Front zu Felde. Im Laufe der Zeit fühlte sich Mae immer mehr zum Okkulten hingezogen: Séancen, Gurus und Kontaktaufnahme mit den Toten gewannen in ihrem Leben zunehmend an Bedeutung.

Anderen, die bereits über Mae West geschrieben haben, sind ihr Einzelgängertum und ihre soziale Isolierung nicht entgangen. In seinem Buch *Dramatis Personae* nannte der Kritiker John Mason

Brown sie eine Solistin in einer von Duetten bestimmten Welt. Und Colette verfaßte eine geradezu hymnische Würdigung ihrer einsamen Unabhängigkeit auf der Leinwand: »Sie allein hat keine Eltern, keine Kinder, keinen Mann … [und sie ist] auf ihre Art so einzelgängerisch wie Charlie Chaplin.«[2]

Meine Darstellung in diesem Buch besteht zum Teil aus Nahaufnahmen. Dann versuche ich, durch Mae Wests diverse Make-up-Geschichten hindurchzudringen, wobei mein Ziel darin besteht, dieser einzigartigen Frau, die sich dem Zugriff immer wieder entzieht, wenigstens gelegentlich auf die Spur zu kommen. Ein solches Porträt benötigt indes auch immer wieder einen Rahmen, so daß die Perspektive von Zeit zu Zeit erweitert wird. Dann gilt die Aufmerksamkeit auch anderen Stars aus ihrer Zeit, die ihre Rivalen oder Vorbilder waren. Dann geraten auch die Co-Stars (wie George Raft) ins Blickfeld, die Nebenrollen (Harry Richman, Cary Grant), Mitstreiter (Marlene Dietrich), Musiker (Duke Ellington) und andere Schauspielerinnen, von denen sie vieles lernte und manches imitierte (Eva Tanguay, Texas Guinan). Hinzu kommen die vielen Akteure hinter den Kulissen: Regisseure, Produzenten, Manager, Theater- und Filmbosse, Kostümdesigner, Kameraleute und Fanzeitschriften-Journalisten, die allesamt daran beteiligt waren, ihr öffentliches Image zu kreieren.

Selbst Maes Talent zur ironischen Frotzelei läßt sich nicht nur als individuelle Begabung deuten, sondern auch als übliche Umgangsform in der Theaterkultur, in der sie groß geworden war. Burleske, Travestie und Parodie – sie waren in den ersten Jahrzehnten dieses Jahrhunderts das Lebensblut der New Yorker Music Halls und Varietébühnen. Parodien beliebter Bühnenstars und Tänzer, populärer Songs und öffentlicher Persönlichkeiten sowie von Theaterstücken, über die man sprach, waren Standard-Varieténummern. Clyde Fitchs Drama *Barbara Fritchie* wurde zum Beispiel als *Barbara Fidgety* (Barbara Zappelig) durch den Kakao gezogen. Und Imitationen bekannter Bühnenkünstler waren für jeden Bühnenneuling praktisch ein Muß, eine Art Initiationsritual. Das galt auch für Mae West, die als Baby Mae ihre ersten Auftritte mit Parodien der Gäste ihrer Eltern bestritt und dann als Fortgeschrittene Stars wie Eva Tanguay, Eddie Foy und Bert Williams aufs Korn nahm. Drei Jahrzehnte später paßte dann während der schlimmen Depressionsjahre, um ein Beispiel aus ihrer Hollywood-Zeit anzuführen, Maes großstädtische Kodderschnauze wiederum perfekt zum Zeitgeist; damals nahm man Abschied von Illusionen und edlen Träumen, man wollte die Dinge beim Namen nennen, »Klartext« reden. Selbst ihre üppigen Rundungen wirkten vertrauenerweckend: Der Überfluß würde bald zurückkehren, suggerierte ihre Figur, und die eingefallenen Gesichter der Depressions- und Kriegsjahre würden schon wieder von der Bildfläche verschwinden.

Doch Mae West ist nicht nur Kind ihrer Zeit, sie bleibt ein einzigartiges Phänomen, bleibt sie selbst. Wie jene Karikaturen und Comicfiguren, die sie als Kind liebte und zu denen sie später selbst viele Zeichner inspirierte, springt sie uns entgegen, mit übertriebenen, aber unvergeßlichen Konturen. Obwohl sie körperlich klein war, nahm die Hollywood-Legende Mae West – wie auch andere amerikanische Volkshelden, etwa Paul Bunyan – überlebensgroße Statur an: allgegenwärtig, opulent, großspurig. Neben ihr wirkte jeder andere wie ein Zwerg. Bei und durch ihre Leinwandauftritte nährte sie die Illusion von Größe, indem sie stets hochhackige Schuhe trug und auf Kameraeinstellungen bestand, in denen sie dominierte. Keinem Regisseur, keinem Hauptdarsteller, keiner Rivalin und keinem Co-Star gestand sie zu, darüber zu bestimmen, wie sie ins Bild gesetzt wurde. Sie hielt sich für eine der überragenden Frauengestalten in der Geschichte, für eine Katharina die Große.

Auch wenn man Mae West eher im Kontext einer widersprüchlichen Epoche sieht und ihre Funktion demnach als die eines kulturellen Blitzableiters interpretiert, bleibt ihre Aura als Amazone davon unberührt. Wie jede Königin steht auch sie für etwas Mythisches, das über das private Ich hinausgeht. Und doch bin ich der Ansicht, daß Mae West mehr als jede andere Theatergröße aus den ersten Jahrzehnten unseres Jahrhunderts auch heute noch unsere

30

Zeitgenossin sein kann – als amerikanische Ikone, in der sich die Stilisierung der Jahrhundertwende mit epigrammatischem Witz und dem heutigen Faible für Grenzüberschreitungen im Bereich der Geschlechterrollen verbindet. Ihre Aphorismen, ihr Aussehen und ihre Stimme ermuntern uns noch immer zum Lachen. Und dazu, ihr Tribut zu zollen.

# Getauft

*1. Kapitel* auf den Namen Mary

$A$ls Mary Jane West im Sommer 1893 in Brooklyn geboren wurde, war eine unter dem Namen »Klein-Ägypten« bekannte Bauchtänzerin eine der großen Sensationen auf der Weltausstellung in Chicago. Ihr Kostüm – weite Haremshosen und ein kurzes, reich dekoriertes Bolerojäckchen – war Tagesgespräch. Ebenso ihr offen getragenes, langes Haar, denn damals bevorzugten die Damen kunstvoll geflochtene, aufgerollte und getürmte Frisuren; überdies ließ sich zu jener Zeit eine Dame von Welt am Tage nicht ohne einen großen, mit Bändern und Federn reich geschmückten Hut in der Öffentlichkeit sehen. Am meisten Aufsehen erregte jedoch der unbekleidete, sich wiegende Unterleib der Tänzerin, der ohne nennenswerte Veränderung der Bein- oder Fußstellung ständig in Bewegung gehalten werden konnte. »Wenn sie tanzt«, so schrie der Anreißer vor der Tür, der nicht müde wurde, die ganze Welt zur Begutachtung der »Wunder auf den Straßen Kairos« einzuladen, »wenn sie tanzt, dann wackelt jede Faser ihres ganzen Körpers wie eine Schale Wackelpudding beim Erntedankessen Ihrer Großmutter!«

Natürlich versuchten erboste Sittenwächter, die »Straßen von Kairo« dichtzumachen und dieser frechen, lüsternen Zurschaustellung ein Ende zu bereiten. Anthony Comstock, der als Gründer der Society for the Suppression of Vice (Gesellschaft zur Unterdrückung des Lasters) ein Leben lang gegen die öffentliche Unmoral zu Felde zog, nannte die Bauchtanzvorführung »den unverschämtesten Angriff auf die heilige Würde der Frau, den es in diesem Lande je gegeben hat«. Die gesamte Weltausstellung, ereiferte er sich, müsse dem Erdboden gleichgemacht werden, und die Verantwortlichen müßten wegen Betreiben eines Bordells belangt werden. Für Comstock war die schamlose öffentliche Vorführung solcher Lüsternheit vor unverdorbenen, gottesfürchtigen amerikanischen Frauen und Kindern eine unsägliche Greueltat.[1] Schließlich war die Weltausstellung in Chicago ja dazu gedacht, den Ruhm des Vaterlandes zu feiern und zu demonstrieren, wie weit es die Amerikaner in Technik und Kunst seit Kolumbus gebracht hatten. Die Aufmerksamkeit sollte auf die wachsende internationale Bedeutung der jungen, aufstrebenden Nation gelenkt werden.

Herr Comstock konnte sich bei dieser Auseinandersetzung zwischen puritanischen Sittenwächtern und vergnügungssüchtigen Besuchern der Weltausstellung letztlich nicht durchsetzen. Ganz im Gegenteil, sein Aufschrei und die damit verbundene Publizität lösten eine »Klein-Ägypten«-Manie aus – einer jener kulturellen Viren, welche die Nation von Zeit zu Zeit infizieren. In allen Städten des Landes schwangen die Kinder kichernd und ausgelassen ihre Hüften, gaben dazu exotisch-orientalischen Singsang von sich und stimmten immer wieder den Kehrreim an: »Und welchen Tanz tanzt man dazu? Das ist der Hootchy-Kootchy-Koo!« Innerhalb eines Jahres traten Dutzende von Bauchtänzerinnen auf, die sich »Klein-Ägypten« nannten: überall, wo ein Wanderzirkus seine Zelte aufschlug, wo es Cabaret-Theater gab, wo man in Nebenstraßen Spielhallen besuchen konnte. In Coney Island, dem turbulenten, von Besuchern überquellenden Vergnügungspark am Strand von Brooklyn, drängten sich sonntags die Besucher dicht an dicht, um in den engen »Straßen von Kairo« Kamele, Elefanten und Schlangenbeschwörer zu bewundern. Und natürlich »Klein-Ägypten« …

Vielleicht war es dort, auf den Armen ihres muskulösen Vaters oder ihrer drallen Mutter, daß Klein-Mae, die spätere Primaballerina des Hootchy-Kooch, der Baby-Vamp mit Talent zum Hüftschwung, erstmals die exotischen Klänge und Trommelrhythmen hörte, die die Neugierigen in jenes Zelt locken sollten, in dem eine Show ablief, die eher ins Halbdunkel eines Zeltes gehörte als an das helle Licht der Sonne.

»Mae« war in den neunziger Jahren des 19. Jahrhunderts eine geläufige Kurz- und Koseform von »Mary«. Man denke nur an einen damals populären Schlager. In den Varietétheatern Brooklyns sang Lydia Barry »Her Christian Name Was Mary« (Getauft auf den Namen Mary) und spielte dabei mit einem riesigen Fächer, auf dem die Buchstaben M-A-R-Y zu sehen waren. Im Verlauf des mehrstrophigen Liedes wurde dabei die Sängerin hinter dem Fächer immer deutlicher sichtbar, je kürzer der aufgedruckte Name wurde: von »Mary« über »May« zu »Ma«.

Getauft auf den Namen Mary,
Doch sie nahm das R heraus.
Sie wollte gern eine Elfe sein
Mit dem schönen Namen May.
Doch ein junger Mann nahm sie zur Frau,
Schon bald war er ein Pa.
Da nahmen sie May das Y weg.
So wurd' aus Klein-Mary 'ne Ma.

Mae West wurde nach allem, was wir wissen, niemals mit dem etwas steifen Vornamen angeredet, den ihre Eltern ihr zu Ehren der aus Irland gebürtigen Großmutter väterlicherseits, Mary Jane Copley, gegeben hatten. Mal wurde die Kleine »May« genannt, dann wieder »Mayme«, und schließlich »Mae«. Daß sie freiwillig und freudig auf die letzte Stufe des Namenwechsels im eben zitierten Schlager verzichtete, daß also aus Mae keine Ma wurde, zeichnete sich schon früh ab. Denn ihre Mutter Matilda verfolgte mit Nachdruck eigene Pläne für Klein-Mae. Und das waren große, weitreichende Pläne, die für Ehe und Familienleben keinen Raum ließen.

Klein-Mae war ein knuddeliges, fröhliches und robustes Mädchen mit einem runden Vollmondgesicht, hellem Teint und Stupsnase, mit geschwungenen, vollen Lippen und goldblondem Haar, das später brünett wurde. Sie war nicht das erste Kind ihrer Eltern. Ihre ältere Schwester, Katie, war allerdings schon nach wenigen Monaten gestorben, zwei Jahre bevor die blauäugige kleine Mae geboren wurde. Auf die Welt geholt wurde sie von einer Tante, die als Hebamme fungierte. Denn damals galt es noch nicht als schicklich, daß männliche Ärzte bei Hausgeburten zugegen waren. »Ich wurde am 17. August [1893] geboren, abends um halb elf, an einem kühlen Abend in einem heißen Monat«, schrieb sie später. »Also kann ich in meinem Leben mit allem rechnen.«[2] Anders als bei ihren Geschwistern wurde Maes Geburt jedoch nicht amtlich registriert. Es existiert keine Geburtsurkunde. Später gab sie allerdings zu, im Jahre 1893 das Licht der Welt erblickt zu haben: in jenem Jahr, da die Euphorie der Chicagoer Weltausstellung durch eine Wirtschaftskrise mit hoher Arbeitslosigkeit massiv beeinträchtigt worden war.

Ihr Sternzeichen »Löwe« machte aus ihr, wovon sie fest überzeugt war, eine Löwin, eine Kämpfernatur. Diese Eigenschaft stand bei der erwachsenen Mae hoch im Kurs, wie auch ihre unerschöpfliche Energie, die sie mit dem aufsteigenden Planeten zum Zeitpunkt ihrer Geburt, Venus, in Verbindung brachte. Löwe und Venus im Zusammenspiel bestimmten ihrer Meinung nach ihren Weg als *femme fatale*: »Weil Löwen Rudeltiere sind«, schrieb sie einmal, »sollte es Sie nicht überraschen, wenn Sie als Löwen-Frau immer viele Männer um sich haben.«[3]

Ihre ersten fünfeinhalb Lebensjahre verbrachte Mae als verwöhntes Einzelkind. Ihre Schwester Beverly, die eigentlich Mildred Katharina hieß, kam erst 1898 zur Welt, ihr Bruder John Edwin nochmals zwei Jahre später. Obwohl Mae zu ihrer Schwester und ihrem Bruder immer eine feste innere Beziehung hatte und obwohl die Familie West Teil einer Großfamilie mit zahlreichen Tanten, Onkeln, Cousinen und Cousins war (1900 lebten noch sechs Geschwister der Mutter), genügten diese ersten fünf Lebensjahre, in denen ihr die ungeteilte mütterliche Aufmerksamkeit galt, um Mae für immer als Solistin zu prägen. Sie hatte und beanspruchte einen Sonderstatus. Von kleinen Alltagsaufgaben war sie befreit. Sie mußte zum Beispiel niemals ihre Sachen aufräumen. Ihr eigenes Spiegelbild versetzte sie in Entzücken, wenn sie sich in langen Schaufensterpassagen sah. »Im Vorbeigehen posierte ich dann und schaute mir dabei selber zu.«[4] Was sie sah, gefiel ihr sehr. So blieb sie ein Leben lang im Bannkreis von Spiegeln und Kameralinsen. Schon als sie noch keine sechs Jahre alt war, erschien ein Foto von ihr auf einem Kalender – ein Zeichen für Dinge, die noch kommen sollten.

Die elterlichen Vorschriften, die für ihre Geschwister galten, ließen sie kalt. »Ich war einfach anders als meine Schwester und mein Bruder. Bei ihnen mußte meine Mutter schon mal den Lederriemen zücken oder wenigstens damit drohen, damit sie spurten. Doch wenn sie mir auch nur ein einziges unfreundliches Wort sagte, war ich tagelang beleidigt.«[5] »Mutter wußte schon, wie sie mich mit dem richtigen Umgangston lenken konnte. Nie sagte sie einfach: ›Mach die Tür zu!‹ Verstehen Sie, was ich meine? Sondern vielmehr: ›Liebling, würde es dir etwas ausmachen, wenn du mal eben die Tür zumachen würdest?‹ Natürlich machte ich sie dann sofort zu.«[6]

Mae war etwas derart Besonderes, daß sie nicht einmal wie andere Kinder krank wurde; auch zum Zahnarzt mußte sie nie. Und so

gelangte sie zu der Überzeugung, daß ihre Widerstandskraft mit
mehr zu tun habe als mit guten Erbanlagen oder besonderer müt-
terlicher Fürsorge; sie hatte das Gefühl, unter dem »Schutz« besonderer Mächte zu stehen, von denen sie schließlich ganz offen als
»den Mächten« sprach.

Matilda (von ihrer Familie »Tillie« genannt) hatte am Verlust ihrer
ersten Tochter schwer zu tragen. Schließlich war sie damals gerade
erst zwanzig Jahre alt. Und so verwandelte sie ihren Schmerz in
eine außerordentliche Hingabe an ihr zweites Kind. Dieses besondere Verhältnis zu Mae, deren Launen wie die Allüren einer kleinen
Kaiserin klaglos hingenommen wurden, dauerte ihr ganzes Leben
lang.

Während ihr Vater, wie Mae einmal zu Protokoll gab, bedauerte,
daß sie kein Junge geworden war, erfreute sich Tillie beim Anblick
der pinken Schleifchen an Maes gewinnender Weiblichkeit. Sie
pflegte Maes exquisite Haut, nähte ihr Spitzenunterröckchen und
Rüschenblusen, drehte ihr Locken ins Haar und schmückte die
Frisur mit einer großen Satinschleife. »Mutter zog mir niedliche
leichte Kleider aus Stoffen an, die ihren eigenen sehr ähnelten.«[7]
Was sie aß, wurde freilich streng überwacht. Schokolade war verboten. Tillie sagte, das sei schlecht für die Zähne. Frisches Obst
und Gemüse wären viel besser. Das sinnliche Vergnügen aber, der
intensive Körperkontakt, wurde sehr gefördert. Davon konnte es
nie genug geben. Maes früheste Kindheitserinnerung war, daß ihre
Mutter sie mit Babyöl massierte. Ihr Leben lang genoß sie das
luxuriöse Gefühl von Lotionen, parfümierten Ölen oder Kakaobut-
ter auf der nackten Haut – und noch schöner war es, wenn ihr
jemand anders diese Essenzen einmassierte.

Matilda selbst, die aus Bayern stammte und eine angenehme,
sanfte Stimme hatte, erinnerte mit ihrer bemerkenswert taillierten
Figur, die den Umrissen einer Eieruhr ähnelte, an die üppigen
Rundungen der damals regierenden New Yorker Schönheit, der
Filmschauspielerin Lillian Russell. Nach einer kurzen Berufstätigkeit als Korsettmacherin hatte Matilda kaum sieben Jahre nach
ihrer Ankunft in Amerika geheiratet. Einst hatte sie selbst Schau-

spielerin werden wollen, doch die respektable Kaufmannsfamilie, aus der sie stammte und die mit den Besitzern einer großen New Yorker Bierbrauerei verwandt war, hatte sich ihren Ambitionen entgegengestellt. Wahrscheinlich war ihnen Matildas Beruf als Korsettmacherin auch nicht geheuer – obwohl die Berufsbezeichnung in der französischen Version viel glamouröser klang: *modiste*. Akzeptabler war da schon ein anderer Beruf, in dem sie ein wenig ausgebildet worden war: Modedesign. Dabei hatte sie das Schneidern von Kleidern gelernt und ein geschmacklich sicheres Auge gewonnen. Zudem weckte und förderte sie in Mae »eine andauernde Bewunderung für die allerbesten Kleider«,[8] eine lebenslange Vorliebe für Seide und Chiffon in Creme und in Pastelltönen. Und für Pelze: Auf einem Babybild thront eine träge, sechs Monate alte Mae auf einem Bärenfell. Als sie heranwuchs, trug Klein-Mae im Winter stets einen Muff, und wenn Schnee auf den Straßen Brooklyns lag, wurde sie auf einem mit Pelz besetzten Pferdeschlitten durch die Straßen gezogen.

Der modische Look aus Maes Kindheitsjahren, insbesondere der ihrer Mutter, prägten sich ihr unauslöschlich ein. Immer wieder sollte sie in ihrer Bühnen- und Filmkarriere darauf zurückkommen und mit ihren eigenen Kurven, Hüten, Pelzen und Federn diese Vergangenheit wieder zum Leben erwecken – eine Vergangenheit, die ihr viel bedeutete und die sie gern idealisierte.

Wenn sie davon gewußt hätte, hätte Matildas Familie mit ziemlicher Sicherheit den Versuch unternommen, ihre unbedachte Eheschließung im Alter von achtzehn Jahren mit John (»Battlin' Jack«) West zu verhindern, denn dieser im Straßenleben versierte Draufgänger amerikanisch-irischer Herkunft mit seiner ewigen Zigarre im Mundwinkel war überhaupt nicht nach ihrem Geschmack. In der Heiratsurkunde von Tillie Delker und John West, datiert vom 19. Januar 1889 in Brooklyn, das damals noch eine selbständige Stadt und nicht ein Stadtteil von New York City war, wird das Alter des Bräutigams mit zweiundzwanzig Jahren angegeben, als Geburtsort New York City und als Beruf Mechaniker.

In den entsprechenden Rubriken sind auch die Namen der Eltern des Bräutigams verzeichnet: Der Vater hieß ebenfalls John West und stammte aus New York. (Aus den US-Volkszählungsunterlagen von 1920 ergibt sich allerdings etwas anderes, denn dort ist Neufundland als Geburtsort des Vaters angegeben.) Die irischstämmige Mutter heißt dort Mary Cobley, wohl eine Fehlschreibung für »Copley«, denn eine der anwesenden Trauzeuginnen hieß E. Frances Copley. Die zweite Trauzeugin war Julia West.

Daß nur zwei Trauzeugen von der Seite des Bräutigams aufgeboten werden konnten, aber keiner seitens der Braut, verleiht der These Plausibilität, daß zwar die Familie West diese Eheschließung befürwortete, die Familie Delker hingegen nicht. Vielleicht hatte Tillie aus Angst vor dem Widerstand der Eltern diese vor der Heirat auch überhaupt nicht informiert, sondern erst hinterher. Höchstwahrscheinlich hielt Tillies Vater – laut Mae war er vor der Einwanderung als Chemietechniker in einer deutschen Zuckerfabrik tätig – nicht allzuviel von den Verdienstmöglichkeiten eines Mechanikers. (In den Volkszählungsunterlagen von 1900 lautet die Berufsbezeichnung von Matildas Vater »Kaufmann – Kaffee«.) Den Doelgers gehörte, wenigstens einem Teil der Familie, ein beträchtlicher Grundbesitz. Sie waren als Bierbrauer zu Wohlstand gelangt. Als Matildas Cousin Peter Doelger 1912 starb, hatte sein hinterlassenes Vermögen einen Wert von mehr als einer Million Dollar.

Doch was auch immer die Familie über diese Verbindung gedacht haben mochte, Tillie selbst bereute die Heirat schon bald. »Mein Vater hatte sie [meine Mutter] überrumpelt«, sagte Mae einmal einem Reporter, »und sie hatte immer das Gefühl, mit dieser Heirat einen großen Fehler gemacht zu haben. Da wollte sie einfach nicht, daß ich denselben Fehler begehe.«[9]

Als kompetente, ehrgeizige Frau, die mit beiden Füßen fest auf der Erde stand, sehnte sich Matilda nach einer passenden Rolle außerhalb des Haushalts, doch für eine verheiratete Frau mit kleinen Kindern stand eine Berufstätigkeit außer Frage. Jedenfalls für John West. Doch die Unzufriedenheit über einen Ehepartner, der nicht

im Traum daran dachte, seiner Frau die berufliche Selbstverwirk-
lichung zu gestatten, festigte das Band zwischen Matilda und ihren
Kindern nur um so mehr, besonders das zwischen ihr und Mae.
In der Heiratsurkunde der Wests wird als Geburtsort der Braut
»Deutschland« angegeben; als Vater ist Jacob Delker eingetragen,
als Mutter Christiana Brimier. Dieser Name klingt französisch.
Vielleicht hat Mae bei verschiedensten Anlässen deshalb immer
wieder gesagt, sie habe französische oder elsässische Vorfahren.
Der Familienname mütterlicherseits lautete also »Delker«, wohin-
gegen das Familienunternehmen, die von Verwandten in den vierziger Jahren des 19. Jahrhunderts in New York gegründete Brauerei, »Joseph DOELGER & Sons« hieß. »Delker« und »Doelger«
waren deshalb wohl nur unterschiedliche Schreibweisen des gleichen Namens. Möglicherweise ging die Variante auf einen Immi-
grationsbeamten zurück, der den Namen Doelger phonetisch als
»Delker« wiedergab. Solche Fehler bei der Wiedergabe fremder
Namen gehörten in Castle Garden, wo damals noch die Einwande-
rer in New York an Land gingen, zum Alltag. In ihrer Autobiographie nennt Mae West beide Namen, Delker und Doelger, wenn sie
ihre Mutter als Matilda Delker Doelger einführt.
Öffentlich hat sich Mae West nie zu dem oft kolportierten Gerücht
geäußert, mütterlicherseits stamme sie teilweise von Juden ab.[10]
Viele Zeugen haben jedoch bestätigt, daß sie in Gegenwart von
Juden privat ihre jüdische Herkunft zugegeben habe, so wie sie
privat auch eingestand, Linkshänderin zu sein. Doch trotz dieser
Eingeständnisse kann Maes teilweise jüdische Herkunft nicht als
gesichert gelten.
Tillie selbst lebte – darauf deuten alle Anzeichen hin – als Christin
und gute Deutschamerikanerin. Ihre Eltern wohnten, als sie schon
junge Mutter war, weiterhin unter anderen Deutschstämmigen in
einer Brooklyner Straße. Bescheidene, aber hochanständige Menschen waren sie dort, kleine Angestellte, Kaufleute, Graveure und
Bäcker. Doch Matilda, aufstiegswillig und erfolgshungrig, vermittelte ihrer Tochter auch, daß es völlig in Ordnung sei, die Wahrheit
zu »bearbeiten« und zurechtzubiegen, wenn dadurch das eigene

Fortkommen gefördert werden konnte. In Brooklyn, der »Stadt der unterschiedlichen Kirchen«, ging Matilda zur Kirche, nicht in die Synagoge. Manchmal war sie bei den Lutheranern zu finden, dann wieder bei den Katholiken, aber immer in christlichen Kirchen. Neben ihren üppigen Proportionen, ihren schauspielerischen Ambitionen und ihrer Neigung zum Geheimnisvollen vererbte Matilda ihrer Tochter auch eine Vorliebe für große Namen, die jeder kennt, und für Luxusartikel, wie sie sich nur die Reichen leisten können. Es war Matilda, die Mae ihren ersten Diamanten schenkte, und ihr Lieblingsgetränk war Champagner (weshalb ihr Mann sie manchmal »Champagner-Till« nannte). Maes Vater hingegen scherte sich überhaupt nicht um Luxus und soziales Ansehen. Diese Dinge waren ihm egal.

Die angloirischen Wests waren Anglikaner, keine Katholiken. Doch durch Mischehen oder Konversionen gab es auf der West-Seite der Familie auch Katholiken. Jene Tante, die bei Maes Geburt assistiert hatte, war, wie Mae West einst Stanley Musgrove berichtete, »eine sehr katholische Frau, die sich später sicher oft wünschte, sie hätte [mich] bei der Geburt kopfüber auf den Boden fallen lassen, so lebhaft verlieh sie ihrer Mißbilligung [meiner] Bühnen- und Filmrollen stets Ausdruck.«

Die Religion sorgte im Hause West also eher für ein gewisses Durcheinander als für eine zentrale, klar definierte Identität. Mae berichtete, sie sei als Kind sowohl zur evangelischen als auch zur katholischen Kirche gegangen – allein die Sonntagsschule habe ihr stets Kopfschmerzen verursacht. Die organisierte Religion konnte zu ihrem Selbstbewußtsein jedenfalls nur wenig Positives beitragen.

Maes Großvater West war Kapitän auf einem Walfänger gewesen; während des amerikanischen Bürgerkrieges fungierte er möglicherweise als Schatzmeister und Lagerverwalter. Wenn man Maes Autobiographie trauen kann, dann war ihr Vater der einzige von mehreren Brüdern, der nicht aufs College ging.[11] Großvater John West, ein frommer Protestant, der vor dem Essen sein Tischgebet sprach, war durch Immobilienspekulationen zu Wohlstand gelangt.

Doch sein abtrünniger Sohn Jack, Maes Vater, hatte nichts für Frömmigkeit, Schulbildung oder feinen Umgang übrig. Er bewegte sich lieber ungezwungen in Gravesend, auf dem Rummelplatz in Brighton Beach oder auf der Pferderennbahn in Sheepshead Bay, unter Dandys, Buchmachern und Wettexperten. Und natürlich auch unter den Raufbolden, Trickbetrügern, Glücksspielern und Hochstaplern von Coney Island, wo er einst als Rausschmeißer gearbeitet hatte und wo er des öfteren auch als Preisboxer auftrat, um mit erhobenen Fäusten seine Fähigkeiten in der »männlichen Kunst« zu demonstrieren.

John »Battlin' Jack« West war ein Mann, dessen Gegenwart unangenehm in die Nase stach: Er roch nach Zigarren, Pferden, Schweiß und Whiskey. Vor seiner Ehe war er mit bloßen Fäusten als Preisboxer im Federgewicht aktiv – illegalerweise, denn zu jener Zeit waren in New York und Umgebung derartige Aktivitäten nur in privaten Vereinshallen gestattet. So trug »Battlin' Jack« immer auch ein wenig den Stempel der Unterwelt und der Illegalität. »Das Preisboxen«, schrieb die ernste *New York Times* im Jahre 1893, »ist ein Übel, vor dem alle guten Christen zurückschrecken müssen.« Und Theodore Roosevelt, der später als Präsident das Boxen im Weißen Haus hoffähig machte und der das damit verbundene »anstrengende Leben« gar nicht genug loben konnte, bezeichnete, als er noch Civil Service Commissioner war, 1890 jene Leute, die zum Preisboxen gingen und die Kämpfer zu Helden stilisierten, als »Männer, die an der Grenze zur Kriminalität stehen«.[12]

Von kräftiger Statur, klein und kompakt, körperlich fit und sehr muskulös, war Battlin' Jack für seine Wutausbrüche und seine Rachsucht berüchtigt. Er neigte dazu, Auseinandersetzungen mit den Fäusten auszutragen. Generell strebten damals Amerikas Männer danach, sich aus der mit viktorianischem Kitsch vollgestopften häuslichen Umgebung, aus den gutbürgerlichen Alltagszwängen der Städte und aus der damit verbundenen Langeweile zu befreien. Als Straßenrowdy richtete Maes Vater einst einen gefürchteten Polizisten aus der Nachbarschaft so übel zu, daß die Platzwunden am Kopf des Gegners mit zweiunddreißig Stichen genäht werden mußten. Als er mit Tillie vor der Hochzeit einmal ausging und in einem Club ein anderer seiner Partnerin zuviel Aufmerksamkeit widmete, war für ihn die Sache klar: Hier half nur ein einziger, gezielter K.-o.-Schlag, um den Rivalen auszuschalten. Danach schlug er zwei Bierseidel gegeneinander, um sich mit den scharfkantigen Scherben einen Weg durch die Menge zum Ausgang zu bahnen. »Wenn er in einer Schublade nicht finden konnte, was er suchte, riß er sie heraus und kippte den Inhalt fluchend auf den Boden – dann mußte meine Mutter kommen und das Gesuchte herauskramen«, sagte Mae in einem Interview.[13]

In all ihren Schilderungen der Brutalität ihres Vaters erwähnte Mae niemals den Anteil, den der Alkohol wahrscheinlich an seinen Zornesausbrüchen hatte. Doch spricht einiges dafür, daß er vor allem dann außer Kontrolle geriet, wenn er zuviel getrunken hatte. Als geselliger Mensch und Sportfan suchte Battlin' Jack Kneipen auf, um unter Männern einmal so richtig die Sau herauszulassen, um die neuesten, soeben durchtelegraphierten Baseballresultate oder Boxkampfergebnisse zu erfahren und um zu wetten.

Einen entsprechenden Saloon zu finden war kein Problem. »1897 waren in New York 8316 Alkoholausschank-Lizenzen erteilt ... In Brooklyn waren es im selben Jahr 4129 Lizenzen.«[4] Wo soviel Bier und Whiskey floß, wurde natürlich entsprechend viel Personal benötigt: So soll auch Jack West, als Mae noch Kleinkind war, als Barkeeper in Greenpoint gearbeitet haben.

Mae jedenfalls hatte für Alkoholexzesse immer weniger übrig. Als Erwachsene nahm sie überhaupt keinen Alkohol mehr zu sich, während ihre Schwester Beverly sich zur Alkoholikerin entwickelte. Betrunkene Männer, sagte Mae einmal, seien die einzigen, die sie nicht möge. Selbst W. C. Fields hielt sie seinen Alkoholkonsum vor. Ebenso hatte sie eine Abneigung gegen Zigarren: Der mit Erinnerungen an Battlin' Jack verbundene Rauch machte sie krank. Wenn ihr Vater mit all seinen Gerüchen ihr zu nahe kam, zuckte sie förmlich zusammen.

Seine Wutausbrüche müssen sie in Angst und Schrecken versetzt haben. Doch einschüchtern ließ sie sich nicht. Schon bevor sie ein

Teenager war, erwog sie, sich physisch zur Wehr zu setzen, sollte er sie je schlagen. Und darin zeigt sich ein nicht gerade geringes Selbstbewußtsein. Und Mut. Als Mae zwölf war, rastete ihr Vater einmal aus, als er hörte, daß sie sich abends noch mit Jungen herumtreibe: »Er kam nach Hause, und ich nahm eine Eisenstange auf, die in der Nähe seines Bettes lag. Ich erwartete, daß er mich schlagen würde, und da wollte ich ihm auf jeden Fall zuvorkommen. Aber er hat mich nicht angerührt.«[15]

Sie hielt ihren Vater auf Distanz, doch zugleich identifizierte sie sich mit ihm. Einem Interviewer sagte sie, sie glaube, ihrem Vater mehr zu ähneln als ihrer Mutter. Zu ihrer Mutter freilich habe sie ein viel engeres, herzlicheres Verhältnis. Wie ihr Vater kochte sie innerlich vor Ungeduld, wenn sie Dinge, die sie suchte, nicht gleich finden konnte. Und wie er fühlte sie sich in der Küche, dem Reich ihrer Mutter, nicht zu Hause. Niedere Dienste für andere waren ebenfalls ihre Sache nicht. Ihre Interessen waren auf das pulsierende Leben außerhalb des Hauses gerichtet, und wie das Herz ihres Vaters schlug auch das ihre im hektischen Takt der Großstadt.

Battlin' Jack besaß einen trockenen Slang-Humor. Sonntags griff er begierig nach den Comic-Heften mit den neuesten Abenteuern der »Katzenjammer-Kids«. Wann immer er Leute mit einem blauen Auge herumlaufen sah, konnte er sich die Bemerkung nicht verkneifen: »Der hat sich nicht rechtzeitig geduckt.« Jack bahnte Mae den Weg des Außenseiters. In seine Fußstapfen trat sie, als sie betont anders wurde als der Rest der Familie, indem sie nur nach eigenem Gusto lebte und dem Drang der ungezähmten Triebe folgte.

Battlin' Jack war es, der sie mit nach Coney Island nahm, um ihr Frank Bostocks Löwendressur zu zeigen. Sie war so begeistert, daß sie davon zu träumen begann, eines Tages selbst Löwenbändigerin zu werden – eine jener todesmutigen, peitschenknallenden Figuren, deren körperliche wie mentale Fitness, Stärke und Autorität die Aufmerksamkeit der Tiere erzwang. Sie wollte ihre Meisterschaft über die wilden Tiere demonstrieren.

Sie begleitete ihren Vater zum Boxtraining und sah ihm zu, wie er mit Gewichten arbeitete. Sie übernahm seine Grundhaltung:»Mich kommandiert und stößt niemand herum«, seine athletische Obsession für die Körperertüchtigung und seinen Lebensstil der unbändigen körperlichen»Action« – immer in Aktion zu sein war alles. So entwickelte sie eine lebenslange Vorliebe für Männer, die Muskeln und Fäuste sprechen ließen – besonders wenn es dabei um Mae ging. Auf die Frage eines Filmmagazins, welche Art Mann sie gewesen wäre, wenn sie als Mann zur Welt gekommen wäre, antwortete sie, dann wäre sie wohl in die Fußstapfen ihres Vaters getreten und Preisboxer geworden.

Seine Boxhandschuhe hing Battlin' Jack nach Maes Aussagen an den Nagel, als er heiratete. Er gründete eine Pferde- und Kutschenvermietung. Neben Pferden bot er Kutschen in allen Größen, im Winter auch Pferdeschlitten an und stand im Sommer mit Pferdegespannen am Strand der Badeorte. Als kleines Mädchen ging Mae mit ihrer Freundin gern zum Stall des Vaters und spielte dort mit dem Aufzug, der dazu diente, die Kutschen in mehreren Etagen übereinander zu lagern. Die Sporthalle und der Kutschstall, in dem sich Pferdeknechte und Pensionäre aus der Nachbarschaft zwischen Zaumzeug, Peitschen und Pferdedecken versammelten, waren eigentlich männliche Refugien. Frauen hatten nur in den seltensten Fällen Zutritt. Hier entstand Maes Appetit auf die derbe Gesellschaft von Männern, die für die feinen geselligen Gepflogenheiten einer»gemischten Gesellschaft« nichts übrig hatten.

Das Bewußtsein für die Ähnlichkeiten mit ihrem Vater entwickelte sich bei Mae allerdings erst allmählich. Und Battlin' Jack wurde dadurch für sie auch nicht liebenswerter.»Nach meiner Mutter war ich ganz verrückt. Doch meinen Vater mochte ich nie besonders, als ich noch klein war. Ich weiß nicht, warum, denn er hat keinem von uns je ein Härchen gekrümmt ... und er hat immer gut für uns gesorgt.«[16]

Ausnahmslos schilderte Mae ihre Kindheit als behütetes Aufwachsen in einer bürgerlichen Umgebung mit Spitzengardinen und stabilen, geordneten Verhältnissen und ihren Vater als den, der mit seinem Einkommen all dies garantierte. Doch diverse Brooklyner

Adreßbücher und öffentliche Dokumente verweisen darauf, daß die Verhältnisse in Wirklichkeit wesentlich turbulenter und weniger geradlinig waren. Zum Zeitpunkt der Eheschließung war Jack noch Mechaniker, doch schon zwei Jahre später, zum Zeitpunkt von Katies Geburt (1891), gab er als Berufsbezeichnung »Zaumzeughersteller« an. Als dann Mildred (Beverly) 1898 zur Welt kam, wurde John West auf der Geburtsurkunde als »Arbeiter« registriert. Im selben Jahr ist er in *Lain's Brooklyn Directory* als in Humboldt Street Nr. 308 (im Stadtbezirk Greenpoint) wohnhaft verzeichnet; als Beruf ist hier jedoch »Wachmann« angegeben. Für Mae war es dann später nur noch ein kleiner Schritt, diesen »Wachmann« zum »Detektiv« hochzustilisieren. Karl Fleming gegenüber erinnerte sie sich, ihr Vater habe »eine große Detektivagentur in Brooklyn« gehabt. »Er war derjenige, der die nächtlichen Patrouillen einführte«, sagte sie, um Lagerhäuser und Läden vor nächtlichen Plünderungen zu schützen.[17] Derartiges ist durch keines der erhaltenen Brooklyner Adreßbücher oder durch andere Quellen zu belegen; dabei hätte eine »große Agentur« sicher nicht unbemerkt agieren können. In *King's Handbook of New York City* für das Jahr 1893 heißt es, private Detektivagenturen und Wach- und Schließgesellschaften zum Schutz der von den neuen Millionären errichteten Gebäude schössen geradezu aus dem Boden, freilich verbunden mit der dunklen Andeutung, die »Aufrichtigkeit« vieler dieser Institutionen sei durchaus »zweifelhaft«.

In den zwanziger Jahren lautete Maes regelmäßige Auskunft, wenn sich jemand nach ihrem Vater erkundigte, er sei »jetzt Arzt mit einer Praxis in Richmond Hill«.[18] So schmückte Mae die Tatsache aus, daß ihr Vater manchmal auch in Berufen tätig war, die entfernt mit Gesundheit zu tun hatten: Er hatte zum Beispiel einmal einen Kräuterladen, bald nachdem die Familie in den New Yorker Stadtteils Queens umgezogen war. Und in den US-Volkszählungsunterlagen des Jahres 1920 wird als Beruf »Masseur« angegeben.

Mit den vielen Berufswechseln gingen auch häufige Adressenwechsel einher. Doch alle Wohnungen lagen im nördlichen Teil von Brooklyn oder im benachbarten Queens, freilich so weit aus-

einander wie Meeker Avenue in Greenpoint, Bushwick und Ridgewood. Letzterer Stadtbezirk war eine Wohngegend mit bescheidenen Zweifamilienhäusern an der Grenze zu Queens. Indes, die
Umzüge der Familie gingen weiter: von der Varet Street über die
Humboldt Street zur Conselyea Street, dann in ein Sechsfamilien-
haus in der St. Nicholas Avenue in der Nähe von Bleeker und
Seneca Street, ehe die Wests schließlich in einem großen Haus in
der Linden Street landeten, das sie möglicherweise mit Verwandten
teilten oder von ihnen geerbt hatten. In ihrer Vor-Hollywood-Zeit
erzählte Mae verschiedenen Interviewern, die Familie habe bei der
reichen Großmutter gewohnt.

Der Norden Brooklyns war mit Ausnahme der grandiosen Bushwick Avenue, einer breiten Allee, an der der Bürgermeister in
einem stattlichen Brownstone-Haus wohnte, ein geschäftiges klein-
bürgerliches Wohngebiet. Auch Arbeiter wohnten hier in nicht
geringer Zahl. Die Straßen waren vom Lärm der Pferdefuhrwerke
erfüllt, in deutschen Biergärten spielten umherziehende Blaskapellen auf, und aus den Brauereien roch es nach Hopfen und Malz.
Neben bescheidenen Wohnblocks aus Ziegelsteinen standen Fach-
werkhäuser; einige hatten sogar schmiedeeiserne Tore und Zäune.
Dieses Viertel, das von deutschen, irischen, polnischen und italienischen Familien bewohnt wurde, von denen viele in den nahe
gelegenen Seilereien, Leim-, Zucker- und Ölfabriken oder aber im
florierenden Brooklyn Navy Yard arbeiteten, verzeichnete mit der
Ankunft neuer Immigranten aus Europa einen starken Bevölke-
rungszuwachs. Über die damals noch neue Brooklyn Bridge gelangte man nach längerer Fahrrad- oder nach kürzerer Busfahrt
nach Manhattan, mitten ins Herz New Yorks, eines rasch expandierenden Hafen- und Handelszentrums. Man konnte aber auch
eine der dreizehn Dampfschiffähren nehmen, die den East River
überquerten und Brooklyn mit Manhattan verbanden. So diente
Brooklyn für viele in Manhattan Tätige als bequem erreichbare
Schlafstadt.
Die Stadtlandschaft veränderte sich schnell. Die Gaslaternen wur-

den durch die neuen, von Edison erfundenen elektrischen Kohlefadenlampen ersetzt. Das Kopfsteinpflaster mußte Asphaltdecken weichen. Die Läden lockten ihre Kunden mit Hilfe der neuen billigen, großen Schaufensterglasscheiben, denn nun konnte man dahinter die ganze Fülle des Angebots verlockend ausbreiten. Mae, ein frühzeitig konsumorientiertes Mädchen, konnte sich noch daran erinnern, wie sie als kleines Mädchen einen kostbaren Diamanten auf schwarzem Samt erspähte und ihn unbedingt haben wollte. In einer denkwürdigen Sequenz aus einem ihrer Filme, die in den neunziger Jahren des 19. Jahrhunderts spielen, *Every Day's a Holiday* (Jeden Tag ist Feiertag), ist sie zu sehen, wie sie ein Loch in die Schaufensterscheibe eines Kaufhauses schneidet und sich die elegante Ausrüstung der Schaufensterpuppe herausangelt.

Immer häufiger wurde an das Auge appelliert. Reklame – für Pears' Seife, für Castoria oder Pink Pills for Pale People (Rosa Pillen für Blasse) – prangte von Hauswänden oder Wagenseiten. Und durch die rasanten Fortschritte der Drucktechnik, besonders im Bereich der Farblithographie, wurden Anschlagtafeln, Handzettel und Plakate zu allgegenwärtigen Facetten des Stadtbildes.

Die Arbeitstage wurden kürzer, und so hatten die Menschen mehr Freizeit als zuvor; Einkaufsbummel und Freizeitvergnügungen erhielten einen immer größeren Stellenwert. Opulent ausgestattete Varietétheater schossen aus dem Boden, und die ersten Kinetoskope wurden in entsprechenden Hallen aufgestellt: Vorläufer des Kintopps, in denen man nach Münzeinwurf in einer Art Peep-Show Annabelle bei einem Schlangentanz beobachten konnte. Auch Eugen Sandow ließ im neuen Medium seine Muskeln spielen.

In Manhattan breitete sich das Theaterviertel von der Fourteenth Street aus am Broadway entlang immer weiter nach Norden aus. In der Twenty-ninth Street konnte man in der Weber and Fields Broadway Music Hall, einem ziemlich kleinen Gebäude mit Kolonnaden, das mit Kranz- und Leierornamenten verziert war, eine besondere Art des Humors genießen: Denn hier gelangte der Immigrantenhumor, dargeboten mit entsprechenden Akzenten, von der Lower East Side in den Hauptkreislauf des Systems. Die viktorianische Architektur erinnerte an vergangene Tage, doch in den vitalen, polyglotten Aufführungen kündigte sich bereits ein neues Zeitalter des amerikanischen Musical-Theaters an. Ganz in der Nähe schossen nach Einführung der Stahlträger in den Hochhausbau Wolkenkratzer empor, die jetzt auf die Kirchtürme herabschauten und sie vom Horizont verdrängten. Hier wurde eine neue Art von aufstrebendem Ehrgeiz sichtbar, eine neue Erfolgsethik, die nicht länger auf Rechtschaffenheit, Frömmigkeit und Selbstdisziplin basierte, sondern auf Eigeninitiative, Konsum, Ausdrucksstärke und dem Drang nach oben. »Ich war schon ein Kind des neuen Jahrhunderts, das sich gerade ankündigte«, schrieb Mae in ihrer Autobiographie, »und ich rannte unerschrocken darauf zu«.[19]

## 2. *Kapitel* Baby Mae

*I*m polyglotten, von Immigranten geprägten
New York, in dem Mae West aufwuchs, wohnten mehr Iren als in Dublin, mehr Juden als in
Warschau und so viele Deutsche wie in Ham-
burg. Zu den Neubürgern aus Europa, die nach
New York strömten, gesellten sich Afroameri-
kaner aus dem Süden der USA und zahlreiche
Landbewohner, die ihr wirtschaftliches Glück
in der Großstadt suchten. In den von Zuver-
sicht geprägten Boomjahren, die auf den Spa-
nisch-Amerikanischen Krieg von 1898 folgten,
zog es immer mehr junge Frauen in die Ar-
beitswelt. Auf der Strecke blieben dabei die
großmütterlichen Verhaltensmaßregeln für
weiblichen Anstand, denen zufolge diese Frau-
en hätten zu Hause bleiben müssen, wohlbehü-

tet und vor der Öffentlichkeit abgeschirmt. In dem Maße jedoch, wie die Frauen an den Arbeitsplatz strömten – 1900 war die Mehrzahl aller Amerikanerinnen zwischen sechzehn und zwanzig Jahren schon berufstätig –, wurden auch ihre Umgangsformen lockerer. Sie unterhielten sich ungezwungen mit den Männern, die sie in der Straßenbahn, auf der Fähre, im Kaufhaus oder im Büro trafen; und sie waren mehr als ihre Großmütter daran interessiert, sich schöne Dinge zu kaufen, sich zu vergnügen und hübsch auszusehen. Glamour war jetzt etwas, das man im Laden kaufen konnte. Kosmetika, die vordem nur die Gesichter von Schauspielerinnen und Prostituierten verschönt hatten, waren nun allgemein zugänglich; respektable junge Damen benutzten Lippenstift und Rouge für die Wangen.

Ladenmädchen, Fabrik- und Akkordarbeiterinnen sehnten sich nach der Plackerei am engen Arbeitsplatz während der ganzen Woche nach Unterhaltung, freier Natur und Ausgleichssport am Wochenende. Wenn das Wetter schön war, veranstalteten die jungen Frauen sonntags ein Picknick im Stadtpark, oder sie fuhren mit der Straßenbahn zum Strand, tanzten auf den Fähren, fuhren, mit Pumphosen und geteilten Röcken bekleidet, Fahrrad oder unternahmen in langen Röcken und Hemdblusen einen Schaufensterbummel. Wenn die New Yorker Frauen, »Töchter der Freiheit und der kommerziellen Demokratie«, den Broadway entlangpromenierten, dann boten sie, wie ein Zeitgenosse erfreut beobachtete, »eine unendliche Vielfalt von Gesichtszügen, Teints und Persönlichkeiten dar«. Sie gaben sich typischerweise eher keck, zeigten »flotten Hochmut«: »Sie heuchelten keine Bescheidenheit, sondern marschierten aufreizend herum, betonten dabei ihre körperlichen Vorzüge durch die Körperhaltung und schwangen ihre Röcke mit einer Freiheit, die Ausländer in höchstes Erstaunen versetzte.«[1]

Auch Klein-Mae gab sich als Kind des neuen Jahrhunderts zu erkennen, besonders durch ihre nie nachlassende Bewegungsenergie und durch ihr stets körperbetontes Auftreten. Sie lief auf Rollschuhen umher, und im Winter fuhr sie Schlitten. Sie übte mit

Hanteln und turnte. Besonders Gymnastik und Akrobatik trainierte sie mit ihrem Vater und wurde dabei so kräftig und versiert, daß sie als Teenager, wie sie behauptete, als Mitglied von Tenni's Arab Acrobatic Troupe in der Lage war, 225 Kilogramm zu stemmen und in einer Akrobatenformation drei Männer auf ihren stämmigen Schultern zu tragen.

Mit scharfem Blick registrierte sie, was sich kaleidoskopartig auf den Straßen der Stadt abspielte: Leierkastenmänner mit tanzenden Affen, Straßenverkäufer, die heiße Maiskolben anboten, umherziehende deutsche Blaskapellen, Zeitungsjungen, die die neuesten Schlagzeilen herausschrien. Straßensänger erhoben ihre Stimmen, um den Lärm der Pferdegespanne mit eisernen Wagenrädern und das Motorgeknatter der ersten Kutschen, die nicht mehr von Pferden gezogen wurden, zu übertönen.

Die extravertierte Mae machte sich einen Spaß daraus, die Schrullen und Verhaltenseigentümlichkeiten der Menschen zu studieren, denen sie begegnete. Ihr Vater spendete ihr für die gelungenen Imitationen viel Lob. Wenn Leute bei den Wests zu Besuch waren, kam Mae hinzu, beobachtete die Gäste ganz genau und machte sie dann nach, wenn sie gegangen waren. Sie »wiederholte alles Gesagte mit derselben Stimme«, wie sie Ruth Biery erzählte, und ahmte auch die Gesten der Besucher nach. Mae, später selbst eine der meistimitierten Frauen der Welt, legte einen Grundstein zu ihrer eigenen Karriere mit der travestierten Wiedergabe privater Persönlichkeitseindrücke.

Da Klein-Mae offensichtlich schauspielerisch begabt war, meldete Tillie sie bei »Professor« Watts zum Tanzunterricht an. Dessen Studio lag an der Fulton Street, der belebten Haupteinkaufsstraße Brooklyns. Und Watts nominierte seine flinke junge Adeptin – Mae war damals gerade sieben Jahre alt – prompt zu einem Amateurwettbewerb am Sonntagabend. Im Rahmen von Kirchengemeindefesten war Mae auch zuvor schon als Sängerin und Tänzerin hervorgetreten, doch ein Auftritt vor zahlendem Publikum war eine ganz andere Kategorie. Und sie wurde sogar von einem Orchester begleitet. Dieser Amateurwettbewerb im Royal Theater in der Willoughby Street war somit ihre eigentliche Initiation in die Welt des Varietétheaters.

Der Vater protestierte. Er wollte nicht, daß seine Tochter schon in jungen Jahren auf die Bühne gezerrt wurde. Doch Tillies Versicherungen besänftigten seine Zweifel. Mae würde ihre Sache prima machen und nicht an Lampenfieber leiden. Tillie selbst wollte ihr hinter den Kulissen den Rücken stärken. Und im entscheidenden Moment wollte sie selbst Klein-Mae das Startzeichen geben.

»Baby Mae – Song and Dance« – so war ihr Auftritt angekündigt. Und »Baby Mae« wartete im rosa-grünen, mit Goldflitter besetzten Satinkleidchen – mit einer großen Hutkreation aus weißen Spitzen, rosafarbigen Knospen und rosa Satinbändern auf dem Kopf und mit rosa Strümpfen und Schuhen an den Füßen – schwebend auf ihren Auftritt, als das Orchester mit seinen Einleitungstakten begann. »Mein Vorgänger auf der Bühne hatte seinen Auftritt auf der linken Bühnenseite beendet, während meine Mutter mit mir auf der rechten Seite in den Kulissen stand, um mir das Startzeichen zu geben. Doch das Spotlight war noch auf der anderen Seite. Und da machte ich einfach nicht mit. Also spielte das Orchester meine Einleitung nochmals, und irgend jemand rief dem Mann am Scheinwerfer etwas zu. Als ich das Spotlight dann auf mich zukommen sah, rannte ich ihm entgegen.«

Sie mimte die Pikierte, als der Scheinwerfer sie eingeholt hatte, und damit war ihr Publikum schon gewonnen. Man lachte und applaudierte, und Mae begann beherzt mit ihrem Lied und Tanz. Kein einziger Fehler unterlief ihr. Ihre Wangen erglühten, der pulsierende Adrenalinspiegel führte jene wunderbare Gefühlsaufwallung herbei, die sie später vor allem mit erotischer Erregung verbinden sollte. »Ich verliebte mich richtig in diese Bühne«, erinnerte sie sich später. Der Publikumsapplaus, das warme Scheinwerferlicht um sie herum – das alles fühlte sich an wie eine überwältigende »Umarmung eines besonders starken Mannes, wie ein Hermelinmantel«.[2]

Bei ihrem Debüt sang Mae »Movin' Day« (Umzugstag), ein komisches Liedchen, das mit dem Klischee des schwarzen, vom Glück verlassenen Hühnerdiebs spielte, vor allem aber den ansteckenden Synkopenrhythmus des Ragtime übernahm. Der Inhalt des Songs ist schnell erzählt: Wegen Mietschulden wird ein schwarzes Pärchen vom Hauswirt auf die Straße gesetzt. Besonders lustig wirkte das Lied wegen der komischen Diskrepanz zwischen Maes ultraweiblichem Outfit und ihrer überraschend männlich klingenden »weiblichen Baritonstimme«. »Für ein kleines Mädchen war meine Stimme sehr tief und rauh«, schrieb sie in ihrer Autobiographie. »Schon bei meinen ersten kräftigen Tönen fing das Publikum an zu lachen.«[3]

Nach diesem Song führte Mae noch einen Skirt Dance vor, eine Art Volkstanz, der den Spitzentanz aus dem Ballett mit den kräftigen Knieschwüngen und dem Aufstampfen eines Holzschuhtanzes verbindet. Das Publikum applaudierte heftig.

Bei diesem Debüt im Royal Theater deutete sich schon vieles von dem an, das später zu Mae Wests Markenzeichen werden sollte: die erdige Stadtszene mit den zu komischen Effekten genutzten Slang-Ausdrücken, die mühelose Aneignung der Sprache der Schwarzen, die stilisierten rhythmischen Bewegungen, ein das Feminine stark betonendes Outfit, ein Hang zur Geschlechtsrollenüberschreitung, die sinnliche Wärme der Beleuchtung und der intime Kontakt mit dem Publikum. Selbst das hartnäckige Bestehen auf dem Auftritt im Scheinwerferkegel nimmt ihre spätere Pingeligkeit vorweg, wenn es um Details der Inszenierung, besonders der Beleuchtung, ging.

»Baby Mae« hatte einen Hit gelandet. Immer noch errötet und erhitzt, marschierte sie triumphierend nach Hause, um Nachbarn und Verwandten die Goldmedaille für den ersten Preis zu zeigen. »Papa war sehr stolz«, erinnerte sie sich. Seine Vorbehalte wegen der Gefahren des Bühnenlebens können also gar so gravierend nicht gewesen sein.

Im Gegenteil, Battlin' Jack baute Mae im Keller eine kleine Bühne (weiß, mit weißem Vorhang), damit sie zu Hause üben konnte. Wenn sie einen Auftritt hatte, chauffierte er sie in einer seiner Kutschen ins Theater, und auch ihre Utensilien, ihr Make-up, ihr

Kostüm und ihre Tanzschuhe trug er ihr in einer Ledertasche hinterher. Als Mae sich eines Abends auf der Bühne beschwerte, daß sie sich immer bücken müsse, um die Münzen aufzuheben, die ihr das wohlwollende Publikum begeistert zuwarf, stellte Jack einfach zwei seiner Kumpel an, das Geld in ihren Hüten einzusammeln. Auch als Kartenabreißer im Theater war sich Maes Vater nicht zu schade.

Matilda stürzte sich ihrerseits mit großem Eifer in die Pflichten einer Bühnenmutter: Sie begleitete Mae zu Übungsstunden und Wettbewerben, wählte die besten Lehrer aus, trug Klein-Maes Muff und Schal, wenn ihr warm genug war, und suchte schließlich mit großer Sorgfalt Maes Bühnenpartner und Manager aus.»Mutter hat dauernd mit mir darüber gesprochen, daß ich Schauspielerin werden solle. Wir sind ewig ins Theater gegangen und haben über nichts anderes geredet als über meine Zukunftspläne.«[4] Die Nachbarn regten sich darüber auf, daß Mrs. West ihre kleine Tochter schon mit Make-up herumlaufen ließ und daß außer der Bühne alles andere zweitrangig war. Auch Matilda selbst legte indes Make-up auf, auch sie hielt sich von den Leuten fern: Dabei hatte es ganz den Anschein, als ob sie sich für etwas Besseres hielt. Alle eigenen frustrierten Hoffnungen auf eine Schauspielkarriere schien sie auf Mae übertragen zu haben.

Keine Frage, Mae war in die Bühne verliebt, aber auch ihre Eltern investierten erheblich in ihre Zukunft auf den Brettern. Als Mae in den frühen dreißiger Jahren nach Hollywood kam, publizierte die Abteilung für Öffentlichkeitsarbeit von Paramount eine phantasievoll ausgeschmückte Studiobiographie, in der es unter anderem heißt:»Miss West trat professionell erstmals zusammen mit ihren Eltern im Varieté auf.« Wie nahe sie damit der Wahrheit gekommen waren, wußten die Presseleute von Paramount allerdings nicht einmal selbst.

Nicht jeder Möchtegernstar erfährt derart viel Unterstützung seitens der Eltern. Lillian Gish etwa, im selben Jahr wie Mae in Ohio geboren, hörte von klein auf von ihren Eltern nur, daß die Schauspielerei Teufelswerk sei. Und die Cabaret-Sängerin Sophie

Tucker, die wie Mae mit parodistischen Liedern über das Leben der Schwarzen begonnen hatte, mußte mit einer Mutter leben, die der Ansicht war, daß »Ehe, Kinderkriegen und Unterstützung für den Ehemann beim beruflichen Fortkommen für eine Frau genug Karriere« seien.[5] Ein Jahrzehnt später schließlich bedrohte die völlig aufgelöste Mutter der ebenfalls in Brooklyn geborenen Schauspielerin Clara Bow ihre Tochter gewaltsam und schrie dabei: »Du wirst mir keine Hure werden!«

»Lassen Sie Ihre Tochter nicht auf die Bühne, Mrs. Worthington«, heißt es warnend in einem komischen Bühnensong von Noel Coward. Darin wird der hartnäckige, im puritanischen Erbe begründete Verdacht laut, daß eine Frau, die es wagt, jene Bretter zu betreten, die die Welt bedeuten, eine Frau von zweifelhaftem Charakter sein müsse. Protestantische Geistliche verdammten die Bühne als »Einfallstor des Lasters«, Schauspieler galten ihnen als »Abschaum der Gesellschaft«. Auch die oberen Zehntausend in der Gesellschaft rümpften die Nasen. Für sie gehörten Schauspieler nach ganz unten, »irgendwo zwischen Zigeuner-Wahrsagerinnen und Taschendiebe«.[6] Verdächtig war das Bühnenvölkchen auch deshalb, weil es weitgehend unter sich blieb. Als Teil einer sehr freien und lockeren Subkultur waren Schauspieler, wie sie selbst sagten, ständigen Versuchungen ausgesetzt, bestand doch eine ihrer Aufgaben darin, im Reich der Illusionen und Emotionen zu wandeln, dort, wo es für wohlanständige, behütete Damen und Herren der Gesellschaft hätte gefährlich werden können. Vor solchen Grenzüberschreitungen schreckte man selbst zurück und dichtete die entsprechenden eigenen Bedürfnisse lieber anderen an. Das Schauspielerleben war mit dem bürgerlichen nicht zu vergleichen: Man lebte aus dem Koffer, hatte unregelmäßige Arbeitszeiten, stolzierte ständig in Perücken und mit Make-up herum, trug Strumpfhosen, in denen sich die Körperformen deutlich abzeichneten. Männer und Frauen zogen sich gemeinsam aus, probten und reisten zusammen. Im Umgang miteinander gab es weder Hemmungen noch Skrupel.

Doch das in früheren Zeiten vielleicht berechtigte Image der Unmoral in den Theatern hatte sich im Laufe des 19. Jahrhunderts immer mehr zugunsten der Wohlanständigkeit gewandelt. In den achtziger Jahren waren die New Yorker Varietétheater keine Amüsierbetriebe mehr, die sich an ein vorwiegend männliches Publikum wandten, sondern man spielte vor gemischtem Publikum. Alkoholausschank war nur in den Pausen erlaubt, anstößige Passagen in den Stücken wurden zensiert. Tony Pastors Theater an der Fourteenth Street lockte respektable Damen in die Nachmittagsvorstellungen, indem dort »Lebensmittel, Kohlen, Schnittmuster und Geschirr verlost wurden. Er annoncierte saubere Vorstellungen und erstklassige Unterhaltung.«[7] In seiner Darstellung der New Yorker Szene im Jahre 1904 schien Rupert Hughes eher unglücklich darüber zu sein, daß sich der Anstand in der Öffentlichkeit geradezu epidemisch ausbreitete. »Die Varietétheater«, schrieb er, »sind Refugien für die Familien geworden, und die Vorstellungen sind … ›so, daß jedes junge Mädchen seine Mutter dorthin problemlos mitnehmen kann‹. Die ununterbrochen wiederholten Vorstellungen dauern von zwei Uhr nachmittags bis halb elf Uhr abends. Und weil sie sich unter diesen Umständen an ein sehr breites Geschmacksspektrum richten, von müden Einkäufern bis zu kleinen Kindern, ist dort auch nur die unanstößigste Form des Humors möglich.«[8]

Um 1900 war der Sozialstatus der Schauspieler gestiegen. Jetzt galt es in der New Yorker Elite als schick, sich mit Schauspielern zu umgeben. Die berühmtesten lud man in der Fifth Avenue, der Nobelmeile der Metropole, ein. Und jene Stars, die zu diesen Zirkeln gehörten, befleißigten sich des luxuriösen Lebensstils der aristokratischen Gecken. Eva Tanguay etwa ließ sich in einem zur Gänze aus Ein-, Fünf-, Zehn- und Fünfzig-Dollar-Noten zusammengenähten Kostüm sehen. Sie war für ihre Verschwendungssucht bekannt, verdiente pro Woche dreitausend Dollar und gab pro Monat allein tausend Dollar für Handschuhe, Strümpfe und Spitzenwäsche aus.

Selbst Chorus Girls, die nur achtzehn Dollar pro Woche erhielten, konnten mithalten, wenn sie ihre Schönheit und Bühnenpräsenz dazu nutzten, reiche Gönner an Land zu ziehen. Auf diese Weise waren auch sie in der Lage, sich mit Wohlstandsattributen und Sozialprestige zu schmücken. Reiche Verehrer, die am Bühnenausgang oder in der Garderobe warteten, spendierten Juwelen oder Hundert-Dollar-Noten in Blumenbouquets. Sie luden zu Champagnerdiners ins Chambre séparée der Gourmettempel, etwa bei Rector's. Sie kauften teure Pelzmäntel und stellten ihren Geliebten private Kutschen, Apartments oder gar ganze Häuser zur Verfügung. »Ich habe bei Rector's eine ganze Diamantenkette aus einer Auster gefischt«, lautete ein beliebtes Bonmot aus jenen Tagen.

Zu Berühmtheit und Popularität verhalfen den Schauspielerinnen auch die Zeitungen, indem sie neu entwickelte preisgünstige Fotodruckverfahren nutzten, um ihre Theaterseiten mit dekorativ verzierten Schauspielerfotos zu schmücken. Theaterkolumnen wurden besonders in den Sonntagszeitungen an hervorgehobener Stelle plaziert, und die wöchentlich erscheinenden New Yorker Theaterblätter *Clipper* und *Dramatic Mirror*, an deren Stelle später *Variety* trat, widmeten sich exklusiv den Nachrichten, Besprechungen und dem Klatsch aus der Welt der populären Theaterszene. Die Boulevardzeitung *Police Gazette* brachte Klatsch aus dem Rialto und Bilder der Stars im Rampenlicht. Porträtfotos von Schauspielerinnen wie Lily Langtry und Maude Adams konnten gekauft und gesammelt werden, zierten sie doch Zigarettenkärtchen, Zigarrenbauchbinden und Seifenverpackungen.

Matilda West bekam all den Rummel um die Theaterstars natürlich auch mit, und so erschien ihr die Bühne naturgemäß als der direkte Weg zum Erfolg – gleichbedeutend mit Geld, Ruhm und Aufnahme in den amerikanischen Mainstream. Sie meldete Mae zum Gesangsunterricht an und brachte ihr Noten mit nach Hause, damit sie üben konnte. Sie suchte einen Tanzlehrer aus, Ned Wayburn, der am Times Square ein Studio eröffnet hatte, einen Dollar pro Stunde in Rechnung stellte und folgendes Inserat in die Zeitung gesetzt hatte: »Ned Wayburns Schauspielschule. Praktische Ausbildung durch den erfolgreichsten Regisseur der Welt. Bühnentanz, Schauspielkunst, Masken- und Kostümbildnerei. Kurse für Erwachsene und Kinder. Spezialkurs fürs Varieté. Engagements für alle Absolventen, Wochengage 25 bis 50 Dollar.« Wayburn, der Mae dann auch zu ihrer ersten Broadway-Rolle verhalf, wurde berühmt als Ausbilder von Chorus Girls für die Ziegfeld Follies und andere Revuen. Er brachte seinen Revuetänzerinnen das perfekt getimte Zusammenspiel bei, aber auch, »ihren physischen Charme so gut wie irgend möglich zur Geltung zu bringen«. Männliche Tänzer spielten in allen Shows, die er auf der Bühne inszenierte, fast nur untergeordnete Rollen, denn es war das amerikanische *Girl*, das Ziegfeld und er verherrlichen wollten. Wayburn brachte Steptanz und Ragtime auf die New Yorker Bühnen. Als kleiner Junge hatte er selbst in Alabama den Ragtime-Rhythmus von Banjo-Spielern erlernt. Und eine seiner Shows war eine nur mit weiblichen Rollen besetzte Minstrel-Show: »Ned Wayburn's Minstrel Misses«.

Wenn Mae einmal nicht Songs, Pointen oder Tanzschritte übte, dann träumte sie von einer glitzernden Zukunft: »Ich habe mir immer meinen Namen in Leuchtschrift vorgestellt. Abends saß ich oft stundenlang und übte meine Unterschrift.«[9] Mit anderen Kindern hatte sie nur wenig zu tun: »Ich war so mit mir selbst beschäftigt, meinem Tanzen, meinem Singen, daß ich die Gesellschaft anderer Kinder gar nicht brauchte.«[10] Die fünf Jahre jüngere Schwester Beverly wurde von Mae ignoriert, so gut es ging: »Wir hatten als Kinder kaum etwas gemein.« Bei Klein-John jedoch war das ganz anders; ihn himmelte sie an.

Die Schule spielte in Maes Leben nur eine Nebenrolle. Sie besuchte die öffentliche Schule ihres Wohnbezirks, aber nur, wenn ihr die Tanz- und Gesangsstunden oder ihre diversen Auftritte dazu noch Zeit ließen. Ab der dritten Klasse war das gleichbedeutend mit: fast überhaupt nicht mehr. »Ich haßte die Schule – ich schwänzte öfter als daß ich hinging«, bekannte sie einmal.[11] Eine frühere Klassenkameradin aus der Public School Nr. 81 in Ridgewood, Queens, konnte sich noch daran erinnern, wie die Lehrerin eines Tages, als Mae ausnahmsweise einmal hinter ihrem Schultisch saß, ihr ernsthaft ins Gewissen redete: »Wie willst du es denn bloß zu irgend etwas im Leben bringen, wenn du nie zur Schule kommst?« Zwar hatte Mae nach allem, was wir wissen, niemals mit Polizisten zu tun, die sie zwangsweise zur Schule brachten, wohl aber mit der Gerry Society, der New Yorker Gesellschaft für die Verhinderung von Grausamkeiten an Kindern. Dort glaubte man zum Beispiel, der Applaus »überreize das Nervensystem des Kindes«. Und so geriet Mae hier erstmals mit dem Gesetz in Konflikt. Kinder unter sechzehn Jahren durften zwar Kinderrollen auf der Bühne spielen, singen und tanzen jedoch nur, wenn sie dafür eine besondere Lizenz besaßen. Buster Keaton, der mit seiner Familie im Varieté auftrat, mußte in jungen Jahren öfter vorgeben, Liliputaner zu sein, um nicht mit der Gerry Society in Konflikt zu geraten. Auch Mae begriff schnell, daß sie gelegentlich ihr Programm spontan um die Songs und Tanzauftritte kürzen und sich auf gesprochene Imitationen beschränken mußte. Manchmal vermied sie Auftritte in New York sogar ganz und wich notgedrungen auf Theater außerhalb der Stadt aus. Denn dort wurde das Kinderschutzgesetz nicht in dieser strengen Form gehandhabt. Ohne mit der Wimper zu zucken, machte sie falsche Altersangaben – und blieb auch später dieser Gewohnheit treu.

Maes dürftige Schulbildung wurde ein weiteres streng gehütetes Geheimnis. Privat war ihr die Sache eher peinlich. »Sie war schrecklich sensibel in bezug auf ihren Mangel an Bildung«, gab eine Kollegin zu Protokoll, die in den zwanziger Jahren mit ihr auf der New Yorker Bühne gestanden hatte; und wenn gebildete Menschen in ihrer Nähe waren, schrillten innerlich die Alarmsirenen. So erfand Mae denn auch Geschichten über Privatlehrer, die sie in Französisch und Deutsch unterrichtet hätten. Näher bei der Wahrheit blieb sie indes mit ihrem Ausspruch: »Ich spreche nur zwei Sprachen: Englisch und die des Körpers.« Sobald sie es sich als Erwachsene leisten konnte, stellte Mae eine Sekretärin oder einen Sekretär ein. Deren Hauptaufgabe bestand darin, ihre Rechtschreibfehler zu korrigieren und Grammatikfehler zu eliminieren. Denn in schriftlicher Form nahmen solche Fehler den Betrachter weit weniger für sie ein als in ihrem großartigen gesprochenen Bühnenslang:»I could have went and put this show on cheap, but I didn't.« (Ich hätte hingehen gekonnt und 'ne billige Show abgezogen, aber ich tat's nicht.)

Wie andere zukünftige Stars, etwa Fannie Brice und Eddie Cantor, nutzte auch Mae West Amateurwettbewerbe als Sprungbrett für die Karriere. Wann immer sie sich einem solchen Preiswettbewerb stellen konnte, trat sie mit bestens einstudierten Programmen hervor. Und während sie in den Kulissen auf ihren Auftritt wartete, beobachtete sie Kunstradfahrer, irische und deutsche Komiker, Jongleure, Pfeifkünstler und Akrobaten, tanzende Hunde, Varietétänzer und Sänger mit Strohhüten. Sie sah W. C. Fields als exzentrischen Jongleur, Will Rogers mit Seiltricks und Groucho Marx, wie er in »Spaß in der Schule« im Nu alles in ein einziges Chaos verwandelte. Wenn dann die professionellen Revuekünstler mit ihrem Programm fertig waren, ertönten Bläsertusch und Trommelwirbel, ehe das Publikum aufgefordert wurde, hoffnungsvolle Nachwuchstalente zu ermuntern und ihnen nach dem Auftritt Münzen zuzuwerfen: hier ein Jongleur, dort ein Steptänzer oder ein Minstrel-Komiker, der sich das Gesicht geschwärzt hatte, manchmal auch ein Quartett singender Zeitungsjungen.

Für ihre Amateurauftritte suchte sich Mae niemals eine jener blumigen, sentimentalen Balladen zum Schluchzen aus, die – wie »After the Ball« (Nach dem Ball) oder »The Fatal Wedding« (Die fatale Hochzeit) – noch in den ersten Jahren des 20. Jahrhunderts populär waren. Ihre Songs waren temporeiche, komisch-schmissige »Neuigkeiten« – im Dialekt als Charakterrollen dargeboten. Um ihr Publikum zu gewinnen, waren ihr flotte Rhythmen wichtiger als eingängige Melodien. Einer dieser Songs, »Mariutch Make-a the Hootch-a-ma-Kootch« (Mariechen, mach mal Bauchtanz), erzählt von einem netten italienischen Mädchen, das schließlich als Bauchtänzerin in Coney Island endet, wobei Mae gekonnt ihre Hüften schwang, »so wie hier, so wie da«. (Natürlich beschränkte sich die Suggestivität des Songs und der Bewegungen nicht auf den Bauchtanz ...) Ihre Schwester Beverly sagte dazu:»Schon als sie noch ein kleines Mädchen war, waren Maes Charaktersongs immer recht gewagt.«[12]

In jenem Sommer, als Mae»Mariutch« sang, unternahm die Brooklyner Polizei Razzien in diversen Etablissements in Coney Island, weil die dort auftretenden Tänzer und Tänzerinnen gegen die Sittengesetze verstießen. Überhaupt bildeten Razzien, Schließungen und öffentliches Protestgeschrei wegen unmoralischer Auftritte eine konstante Begleitmelodie zu Maes Aufwachsen in diesem Milieu wie auch zu ihrer späteren Karriere. In dem Maße, wie sich die sexuelle Ausdrucksfreudigkeit in der kommerziellen Kultur verstärkte und wie sich Sinnenkitzel und Voyeurismus in Werbung und Unterhaltung immer mehr breitmachten, steigerten sich auch die schrillen Schreie der Entrüstung und Besorgnis. Aufgebrachte Geistliche setzten sich lautstark für ein Gesetz zum Schutz des Sonntags ein, das eine Schließung der Vergnügungstempel an diesem Tag bewirken sollte. Auch die progressiven Reformer erhoben ihre Stimme, mit dem Ergebnis, daß in den Spielhallen und Revuetheatern zeitweilig die Lichter ausgingen. Selbst bei den regulären Theatern schlugen die Saubermänner zu. Olga Nethersole kam in Polizeigewahrsam, weil sie sich in *Sapho* auf offener Bühne küssen und von ihrem Liebhaber die Treppe hinauf ins Schlafzimmer tragen ließ. George Bernard Shaws Schauspiel *Frau Warrens Gewerbe*, in dem es um eine Bordellbesitzerin und ihre Etablissements geht, brachte dem Produzenten Arnold Daly und der Schauspielerin der Titelrolle ebenfalls Gefängnisaufenthalte ein. Shaw wehrte sich auf seine Art, indem er für alle Moralapostel vom Schlage eines Anthony Comstock einen neuen Begriff prägte, der noch heute im Englischen gebräuchlich ist: »Comstockery«.

Doch der Wirbel um *Frau Warrens Gewerbe* löste einen Run auf die Theaterkassen aus. Und niemandem konnte entgehen, daß ein publizitätsträchtiger Aufruhr wegen angeblicher Unmoral eines Stückes oder Auftritts genau jene Art Werbung darstellte, die sich Produzenten und Hauptdarstellerinnen sonst nur erträumen. Nach der Schließung von Richard Strauß' *Salome* in der New Yorker

Metropolitan Opera wollten alle nur noch ekstatisch wie Salome tanzend die Schleier lüften. Mancherorts führten Tänze, bei denen sinnlich sich windende Versucherinnen Schleier um Schleier ablegten, zu weiteren Arresten. Doch einige dieser Provokationen waren von findigen Presseagenten lediglich inszeniert worden, um Aufmerksamkeit zu erregen.

Bei ihren Amateurauftritten fügte Mae ihren Songs parodistische Imitationen von Stars der Szene bei, die sie so oft auf der Bühne gesehen hatte, daß sie sie einfach »draufhatte«. Da waren die weltentrückten Clownerien Eddie Foys, die geckenhafte, stöckchenschwingende, großstädtische dummdreiste Unverschämtheit eines George M. Cohan. Da waren die ekstatischen Schreie und schwindelerregenden Bewegungen der Eva Tanguay oder die traurig-komischen Klagen eines Bert Williams.

Williams, ein eher hellhäutiger Farbiger aus der Karibik, der sich für seine Gesangs-, Tanz- und Pantomimeauftritte das Gesicht mit verrußtem Kork schwärzte, war ein komisches Genie. Er konnte die Rassenschranken durchbrechen und auch das weiße Mainstream-Publikum faszinieren. Er war der erste Schwarze, der Schallplattenaufnahmen machte, und auch am Broadway galt er als anerkannter Star. Allerdings war der Preis, den er dafür zu zahlen hatte, hoch: seine Integrität. Obwohl er gepflegt sprach und sehr gebildet war, stellte er eine stereotype Rolle dar, die dem weißen Publikum nur zu vertraut war: den zerlumpten, abgerissenen, herumtorkelnden Verlierer mit den »entmutigten Schultern«, vom Glück verlassen und in Schwierigkeiten.[13] Mae lernte seinen Leitsong »Nobody« auswendig und prägte sich auch die Nuancen von Timing und Gestik ein, welche der Dramatisierung der wehmütigen Worte des Liedes dienten. Vielleicht imitierte sie auch Williams' Pantomime, wie er seine zerlumpten Manteltaschen nach seinem Notizbuch durchsuchte, um dann dessen Seiten langsam umzublättern, während er »Nobody« halb sprach, halb sang.

Bert Williams war das ein und alles der jungen Mae, ihr Lieblingskomiker. Und weil ihr Vater wußte, wie sehr Mae Bert Williams verehrte, suchte er dessen Bekanntschaft – vielleicht hinter der Bühne nach einem seiner Auftritte in Brooklyn –, um ihn zu sich nach Hause zum Essen einzuladen. Daß ein Weißer den Gastgeber eines Schwarzen spielte – selbst wenn es eine Berühmtheit wie Bert Williams war –, bildete in jenen rassistischen Tagen eine absolute Ausnahme. Damals durften Schwarze in den Theatern nur auf den billigsten Plätzen sitzen und in Hotels nur den Lastenaufzug benutzen. Mit derartigen Bigotterien hatte Battlin' Jack absolut nichts im Sinn. Ihm kommt das Verdienst zu, Mae, die in den dreißiger Jahren selbst dafür berühmt war, daß sie auf gemischtrassigen Besetzungen ihrer Stücke und Filme bestand, den Weg zu dieser liberalen Einstellung im Rassenkonflikt gewiesen zu haben. Als Mae vor dem Essen Bert Williams vorgestellt wurde, schrie die damals Zehnjährige enttäuscht auf: »Nein, das ist er nicht, das ist er nicht!« und rannte tränenüberströmt in ihr Zimmer. Diese Tränen waren übrigens die einzigen, die die außergewöhnlich sonnige Mae je aus ihrer Kindheit eingestand. Sie hatte den ungeschwärzten Bert Williams einfach nicht wiedererkannt. Doch dieser beruhigte Mae nach ihren eigenen Worten dadurch, daß er »vor meiner Tür stand und sang«. Erst danach war sie von seiner Echtheit überzeugt, kam wieder hervor und setzte sich mit den anderen zu Tisch.

Mit begieriger Aufmerksamkeit verfolgte Matilda den Fortschritt eines der waghalsigsten und auffallendsten Revue- und Musicalstars jener Zeit: Eva Tanguay. »Mutter nahm mich immer wieder zu Auftritten von Eva Tanguay mit und sagte mir, ich könne auch einmal so bedeutend werden wie sie.«[14] Aus der glühenden Verehrerin wurde später eine Freundin, denn Matilda und Eva schlossen Freundschaft.

Mit Attributen versehen wie das »I Don't Care Girl« (das Mädchen, das aufs Ganze geht), »Cyclonic Comedienne« (die Wirbelwind-Komikerin), »Evangelist of Joy« (die Evangelistin der Freude) und »Queen of Perpetual Motion« (die Königin der ständigen Bewegung), drehte Eva Tanguay allen frommen, sauertöpfischen Managern eine Nase. Mit ihrer wilden Mähne verausgabte sie sich völlig, tanzte wie wild mit fieberhafter Geschwindigkeit. All dies, ihre grellen Kostüme und die explosive, laute Vortragsweise ihrer provokativen Songs wie »I Don't Care« (Ich gehe aufs Ganze), »Go as Far as You Like« (Geh so weit, wie du willst) oder »I Want Some One to Go Wild with Me« (Ich will jemanden, der mit mir durchdreht) zahlten sich an der Kasse in klingender Münze aus. Ihr ganzes Wesen läßt sich in zwei Worten zusammenfassen: geballte Energie.

Unermüdlich betrieb sie Eigenreklame: In großformatigen Anzeigen in *Variety* antwortete sie ihren Kritikern, und um die Aufmerksamkeit der Öffentlichkeit zu erregen, dachte sie sich ständig etwas Besonderes aus, beispielsweise Auftritte mit Elefanten an Straßenecken. Einer ihrer speziellen Publicity-Gags sollte sich später auch bei Mae West wiederfinden: Sie posierte mit einem jungen Löwen in Bostocks Tierschau in Coney Island und betrat dann sogar einen Tigerkäfig.

Alle von Mae für ihre Imitationsnummern ausgewählten Entertainer waren nicht nur Schauspieler, sondern darüber hinaus auch »Persönlichkeiten«, Schöpfer eigener, individueller, ein wenig karikierender Bühnenrollen. Auch waren bei diesen Künstlern – wie bei Mae selbst – die Grenzen zwischen Bühnenrolle und realem Leben eher fließend. Diese Persönlichkeiten unterdrückten nicht etwa ihre eigene Identität, um wirklich Hamlet oder Hedda Gabler zu werden, sondern sie schufen sich allesamt ihre eigenen überlebensgroßen, stilisierten Rollen: mit jeweils dazugehöriger Redeweise, Körpersprache und Aussehen sowie einer Routine, die der Rolle unverwechselbaren Ausdruck verlieh. Mae war der Ansicht, Persönlichkeit könne man nicht erlernen, sondern nur besitzen. Denn Persönlichkeit erwächst aus dem individuellen Denken und Fühlen sowie aus dem ganz persönlichen Stil.

Maes Nachahmungen von Bert Williams und Eddie Foy fielen eines Tages bei einem Amateurwettbewerb Hal Clarendon auf, einem Schauspieler und Bühnenmanager, der gerade dabei war, eine eigene Truppe für das Gotham Theater in Brooklyn zusammenzustellen. Und als sich Mae unter seinen Augen wieder einmal einen

Preis gesichert hatte, kam er hinter die Bühne, um ihr ein Engagement in seiner Truppe anzubieten – natürlich nur, wenn ihr Vater nichts dagegen hätte. Es fehlte diesem Ensemble nämlich noch jemand für die Kinderrollen. Clarendon war als alter Hase im Theatergeschäft mit der Spooner Company, einer regulären Theatertruppe in Brooklyn, selbst in mehr als zweihundert verschiedenen Rollen aufgetreten und hatte auch am Broadway schon kleinere Parts übernommen.

Gegen die von Clarendon gebotenen Vertragsbedingungen war nichts einzuwenden, weder von Battlin' Jack noch von Matilda. Die Anfangsgage für Mae sollte 18 Dollar pro Woche betragen. Wenn man weiß, daß damals eine durchschnittliche New Yorker Arbeiterfamilie 15 Dollar in der Woche verdiente, war dieses Gagenangebot durchaus respektabel. Mae selbst sprach nie über das Geld, das sie verdiente, als sie den Verlockungen der Bühne nachgab, doch wie sie einer Hollywood-Reporterin später sagte, hatte sie erst nach ihren spektakulären Kinoerfolgen in den dreißiger Jahren wirklich das Gefühl, finanziell »annähernd gesichert« zu sein. »Meine Leute haben für mich, als ich noch ein Kind war, eine Menge Opfer gebracht ... Also war auch ich meiner Mutter und meinem Vater verpflichtet, solange sie lebten.«[15]

Brooklyn war in den ersten Jahren dieses Jahrhunderts mit fünf seßhaften Repertoire-Theatertruppen wirklich eine bedeutende Theaterstadt. Bei deren Vorstellungen kostete die teuerste Eintrittskarte 50 Cents. Zusätzlich beherbergte Brooklyn noch große Theater wie das »Amphion«, in denen Tourneetruppen mit großen Stars 2000 Zuschauer pro Abend anzogen. Im New Yorker *Dramatic Mirror* vom 30. März 1907, einem zufällig herausgegriffenen Datum, waren für Brooklyn folgende Veranstaltungen angekündigt: ein Vortrag über Shakespeare, eine Inszenierung von *Julius Caesar* sowie neun weitere Produktionen – von George M. Cohans *Little Johnny Jones*, einem Stück, in dem es um einen amerikanischen Jockey ging, der zu Unrecht beschuldigt wird, das englische Derby absichtlich verloren zu haben, über das Melodrama *Parted on Her Bridal Tour* (Auf Brauttour abhanden gekommen) bis zum

Schocker *Queen of the White Slaves* (Königin der Bordellsklavin-nen). Dabei sind noch nicht einmal das halbe Dutzend Varietéthea-ter und vier Cabarets berücksichtigt. In letzteren wurden für ein fast ausschließlich männliches Publikum schlüpfrige Witze und reichlich weibliches Fleisch geboten. In einem Cabaret-Theater namens Star war als Star John L. Sullivan angekündigt, samt der Blue Ribbon Girls Burlesque. (»Burlesque« war damals die ein-schlägige Bezeichnung für anzügliche Cabaret-Darbietungen.) Clarendons 1907 gegründete Truppe stand deutlich im Schatten von zwei anderen Brooklyner Repertoire-Ensembles: der Corse Payton Company im Lee Avenue Theater und der Spooner Stock Company im Park Theater, die beide in der Presse wesentlich mehr beachtet wurden. Mae trat sporadisch auch mit diesen beiden Truppen und ihren Tourneeablegern auf. Beim Spooner-Ensemble hatte sie allerdings für die Kinderrollen eine ernstzunehmende Konkurrentin in Cecil Spooner, der Tochter des Prinzipals.

In den preiswerten Lokaltheatern wie dem Gotham Theater, in dem Clarendons Truppe spielte, ging es nicht immer vornehm zurück-haltend zu. Knabensoprane verteilten zwischen den Akten singend Wassergläser oder verkauften Noten, die sie im Auftrag eines Musikverlegers singend an den Mann bringen sollten. »Mati-nee girls« überreichten den Lieblingsschauspielern Geschenke: Süßigkeiten, Bleistifte, Schnürbänder, ja sogar mit Diamanten be-setzte Schuhschnallen. Von der Galerie verhöhnten Zuschauer die Schurken der Stücke, bewarfen sie mit Papierkügelchen oder fau-lem Obst; bei schmissigen Melodien wurde mitgepfiffen, Beifall durch lautes Trampeln kundgetan. Eines Abends mußte im »Gotham« während einer Vorstellung von *The Silver King* sogar die Polizei einschreiten und zwei »ungebärdige Jungen« aus dem Thea-ter werfen, die im Dunkeln aus Spaß »Feuer, Feuer!« geschrien und dadurch eine Panik hervorgerufen hatten.

Bei Clarendon absolvierte Mae sozusagen ihre Bühnenlehre. Sie lernte Publikumsreaktionen zu taxieren und zu forcieren, Zwi-schenbeifall zu provozieren, das richtige Aufführungstempo zu finden und mit den anderen Schauspielern professionell zu interagieren. »Ich spielte die ... Tochter des Alkoholschmugglers in düsteren Dramen aus den Kentucky Hills«, schrieb sie in ihrer Autobiographie. »Als die Brücke vom Hochwasser unterspült war, stoppte ich in der Dunkelheit den Schnellzug mit einer Öllaterne. Und in Chinatown war ich eine arme kleine weiße Sklavin.« In *Mrs. Wiggs of the Cabbage Patch* (Mrs. Wiggs von der Kohlplantage) war sie Lovey Mary, in *The Fatal Wedding* Little Mother, in einer Dramatisierung von Dickens' Roman *The Old Curiosity Shop* (Der Raritätenladen) spielte sie Little Nell. »Keine Schauspielerin hatte je eine bessere Ausbildung.«[16]

Mae war fleißig und nahm ihre Sache ernst, doch spielte sie auch gern Streiche. Eines Tages drang sie in Clarendons Garderobe ein, als dieser schlief, und verzierte den Schlafenden mit bunter Schminke, so daß er beim Aufwachen Bart, Schnurrbart und eine rote Nase hatte.

Jede Woche war eine neue Rolle zu lernen, und zwischen den Auftritten war Mae ständig damit beschäftigt, ihren Text zu studieren und auswendig zu lernen. Dabei lernte sie eher nach Gehör als vom Papier. »Ich ließ mir die Zeilen vorlesen und sprach sie immer wieder nach. Und während ich sie mir so einprägte, war ich ständig mit etwas anderem beschäftigt, hängte mich zum Beispiel über eine Stuhllehne, oder irgend etwas Ähnliches.«[17] Alexander Walker meint sogar, daß die Art, wie Mae später Dialogpassagen vortrug, etwa der verhaltene Rhythmus oder die Aufteilung langer Wörter in Silben (zum Beispiel »fas-cin-a-tin'«), mit ihrer alten Gewohnheit zusammenhing, den Text, den ihr die Mutter zum Einprägen vorlas, in kleine Einheiten aufzubrechen.[18]

Jungenrollen spielte Mae genauso wie Mädchenrollen, etwa den jungen Prinzen in Shakespeares *Richard III.*; Cedric, der später Little Ford Fauntleroy wird und samtene Kniebundhosen und einen weißen Spitzenkragen trägt; Little Willie im Melodrama *East Lynne*, der die Zuschauer zu Tränen rührte, als er in den Armen seiner reumütigen Mutter, von deren Identität nichts ahnend, mit den Worten starb: »Der Tod bedeutet doch nichts, wenn uns unser Heiland liebt.« Oft spielte Mae engelhafte Rollen, etwa die der unschuldigen kleinen Mary in *Ten Nights in a Barroom* (Zehn Nächte in einer Kneipe), die ihren Vater am Ärmel zupfend und singend bittet:

Vater, ach Vater, so komm doch mit heim.
Die Kirchturmuhr schlägt eins.
Versprochen hast du, du kämest nach Haus
Direkt nach der Arbeit sogleich.
Das Feuer ist aus und dunkel das Haus,
Die Mutter wartet seit fünf,
Meinen kranken Bruder Benny im Arm.
Und niemand hilft ihr, nur ich.

Doch kaum hat sie diese Worte gesungen, wird sie von einem durch die rauchgeschwängerte Luft in Slade's Saloon fliegenden Whiskeyglas getroffen und stirbt einen kläglichen Tod. Rührende Todesszenen waren übrigens eine Spezialität des Melodramas und somit auch der jungen Mae. In der letzten Szene von *Onkel Toms Hütte* kam sie als Klein-Eva in den Himmel, mit einem goldenen Heiligenschein um ihre blonden Locken. Im weißen Kleid wurde sie, auf einer milchweißen Taube sitzend, in den Bühnenhimmel gehievt. Das Melodrama als Gattung drehte sich meistens um Familiensituationen und zeichnete sich durch moralische Schwarzweißmalerei aus: Böse Schurken bildeten das eine Extrem, entsagungsvoll leidende Heldinnen, deren Güte letztlich den Sieg davonträgt und belohnt wird, das andere. Kinder wurden mit ihrer Weisheit und Reinheit meistens in Gefahrensituationen dargestellt: verwaist, geschwächt, mißhandelt oder vernachlässigt. Eine »gefallene Frau« konnte die Sympathien des Publikums nur dann gewinnen, wenn sie Reue zeigte und die verdiente Strafe in Form von Abstieg und Erniedrigung akzeptierte.

Mae sollte diese moralische Welt später genau auf den Kopf stellen: Bei ihr wurde die Frau mit Vergangenheit zur positiven Heldin, während die Wohlanständigen und Weltverbesserer sich in der Schurkenrolle wiederfanden. Gleichwohl behielt Mae die vereinfachte, dualistische Weltsicht des Melodramas bei. Demnach waren Frauen entweder gut oder schlecht, entweder Engel oder Teufelin, Schneewittchen oder Rotlichtkönigin.

Ebenso behielt sie die Vorliebe des Melodramas für sensationelle Szenen bei, als sie ihre eigenen Theaterstücke und Filmdrehbücher schrieb: Fluchtszenen, die einem die Haare zu Berge stehen lassen, den Aufruhr der Elemente in Unwetterszenen, verbrecherische Anschläge sowie das plötzliche Umschlagen des Glücks oder der Einstellung. Wenn sich Margie am Ende von Mae Wests *Sex* plötzlich eines Besseren besinnt und selbstlos auf ihren »reinen« und reichen Geliebten verzichtet, weil sie ihn mit ihrer schlimmen Vergangenheit nur besudeln würde, dann erinnert diese Szene mehr als deutlich an die unmotivierten Sinneswandlungen des Melodramas. Auch Diamanten-Lil läßt sich einen melodramatischen Effekt nicht entgehen, wenn sie die Frisur der getöteten Rivalin Russen-Rita löst und die langen Haare in aller Ruhe kämmt, während die Polizei ins Zimmer stürmt.

Als Repertoireschauspielerin trat Mae auch in literarischen Dramen aus Europa auf: in englischen Salonstücken, französischen Farcen (die allerdings für das Brooklyner Publikum entschärft worden waren) und in Shakespeare-Dramen, die nach Clarendons Meinung »hochklassige Tantiemenstücke« waren ... Aber Mae mochte sie nicht. Shakespeares altertümliche Personalpronomina *thee* und *thou* erschienen ihr überkandidelt und künstlich, die Tragödien als Freibrief für Schauspieler zur schmierenhaften Übertreibung, indem diese »mit Dolchen herumfuchtelten und in den großen Szenen so agierten wie ein Mann, der einen ganzen Bienenschwarm abwehren will«.[19] Sie selbst bevorzugte einen natürlichen Schauspielstil und erhielt auch die Erlaubnis, hier und da ein Wort oder einen Vers zu ändern, wenn sie damit überhaupt nicht zurechtkam. Von Anfang an scheute Mae vor dem Hochgestochenen und Gravitätischen zurück zugunsten populärer, idiomatisch-umgangssprachlicher Stücke, die insofern demokratisch waren, als sie breite Kreise ansprachen. Einer Zeitungskolumnistin sagte Mae einmal, sie arbeite an einer Komödienversion des *Macbeth* und plane, die

Rolle der Lady Macbeth »etwas aufzupeppen, das alte Mädchen mal
'n bißchen aufzulockern«.[20]
Mae verdiente sich ihre ersten Sporen als Repertoireschauspielerin
just zu der Zeit, als das Melodrama seine Vorrangstellung einzu-
büßen begann. Überall schossen in der Nachbarschaft Kinos aus
dem Boden. Gleichzeitig vollzog sich im amerikanischen Unterhal-
tungstheater ein grundlegender Wandel: Das Publikum wollte
Stars in üppig ausgestatteten Inszenierungen sehen; man wünschte
Abwechslung und Komödien. In dieser Hinsicht aber konnten
lokale Theatermanager wie Hal Clarendon mit mächtigen Theater-
magnaten wie Marc Klaw, A. L. Erlanger und Charles Frohman
nicht konkurrieren, die im Zeichen des Trends zu Zentralisierung
und Konsolidierung ein großes Theatersyndikat bildeten, das sich
das größte Stück vom Unterhaltungskuchen sicherte. Auch die
zukünftigen Erzrivalen dieses Syndikats, die Shubert Brothers,
gehörten einfach einer anderen Kategorie an.
So wandelte sich das Gotham Theater, das wie viele andere einst
eine Heimstatt des Repertoiresystems mit einem festen Ensemble,
einem festen Standort und einem ständig wechselnden Spielplan
war, in ein Varietétheater. Schon als dort die Clarendon-Truppe
noch zu Hause war, drang das Varieté in die Theatervorstellungen
ein, wenn während der Pausen Revueszenen geboten wurden, etwa
Mae Wests Eva-Tanguay-Parodien.
Im Zeichen dieser Entwicklungen mußte Baby Mae also die Engels-
flügel einmotten. Allerdings war sie inzwischen auch den Kinderrollen entwachsen. Mit sechzehn Jahren konnte sie dann ohnehin
eine Arbeitserlaubnis erhalten und sich von zu Hause lösen, etwa
als Soubrette auf der Bühne oder als singende und tanzende Komikerin im Varieté. Doch bis es soweit war, ging sie zunächst auf eine
Entdeckungsreise. Sie entdeckte das männliche Geschlecht.

# »Das macht mir Riesenspaß«

*I*hre erste Lektion in Sachen Sex erhielt Mae West, als sie gerade neun Jahre alt war: Im Haus einer Freundin, die Tochter eines Arztes war, stieß sie auf ein medizinisches Lehrbuch. »Als ich das gelesen hatte«, sagte sie später, »hatte ich im Hinblick auf meine Eltern ein komisches Gefühl – man könnte es Abscheu nennen.«[1]

Doch dieses ungute Gefühl verschwand recht bald und machte zunächst einer lebhaften Neugier Platz, nicht lange darauf dann einer schamlosen Hypersexualität, die zwischen Liebe und Lust meistens gut zu unterscheiden wußte und der Abwechslung über alles ging. Statt sich ihres Körpers zu schämen, empfand Mae höchstes sinnliches Vergnügen, und nach Art einer

Exhibitionistin lud sie andere freizügig ein, sich mit ihr an ihrem Körper zu erfreuen. »Sie ließ ihre Kleider fallen, wie andere Leute ihren Hut abnehmen«, gab der Hollywood-Fotograf George Hurrell zu Protokoll. Und Maria Riva, Marlene Dietrichs Tochter, erinnert sich, wie Mae in den frühen dreißiger Jahren in einer Garderobe des Paramount-Studiokomplexes ganz nonchalant eine ihrer Alabasterbrüste aus dem Korsett hervorholte. Stephen Longstreet, der Ghostwriter von Maes Autobiographie *Goodness Had Nothing to Do with It* berichtet, Mae habe ihn am ersten Arbeitstag in ihrem Hollywood-Apartment im Negligé begrüßt, auf ihre Brüste gezeigt und ihn eingeladen: »Da, junger Mann, fühlen Sie mal, die sind fest wie Stein.«[2]

Mae behauptete, sie sei der puritanischen Gedankenverbindung von Sex und Sünde, Sex und Schuld radikal entgangen. »Sex ist kein bißchen vulgärer als Essen«, sagte sie oft. »Vulgär ist das nur für vulgäre Menschen. Warum muß man denn bei einem so natürlichen Vorgang heulen oder die Zähne fletschen?«[3] Sie hielt die freie Einstellung ihrer Mutter zu diesen Dingen für das befreiende Element bezüglich ihrer Sexualität. »Meine Mutter hielt mich für das Großartigste auf der Welt, und darum sah sie es auch gern, wenn ich mit Jungen und Männern spielte.«[4] Je stärker sie Mae das Gefühl gab, etwas ganz Besonderes und Einzigartiges zu sein, desto mehr sah sich Mae von allen religiösen oder gesellschaftlichen Bindungen frei – also von jenen Instanzen, die andere Menschen daran hindern, nur nach ihren Wünschen zu leben.

Matilda folgte der bayerischen Devise »Leben und leben lassen«: entspannter Genuß und Gemütlichkeit, Freude am Leben, am Bier, an deftigem Sauerkraut, an der Musik und am lockeren Umgang der Geschlechter miteinander – vorausgesetzt, all das geschah am Feierabend und trat nicht an die Stelle der täglichen Arbeit und des Geldverdienens. Wenn Mae viele Freunde hatte, gefährdete das Matildas Karrierepläne für ihre Tochter weit weniger, als wenn sie nur einen einzigen festen Freund gehabt hätte. Die Botschaft, die Matilda ihrer Lieblingstochter vermittelte, lautete: »Fühl dich frei, vergnüg dich, aber laß es nie zur Hauptsache werden.« Maes

Sinnlichkeit wurde ermutigt, solange diese dem Wettbewerb um goldenen Starruhm nicht im Wege stand. Doch niemals sollte dieses Vergnügen durch eine Ehe ersetzt werden, nicht einmal dem Anschein nach.

Mit dem Eintritt in die Pubertät erwachte bei Mae der Geschmack an männlicher Gesellschaft, mit dem ein geradezu demonstratives Desinteresse an Freundinnen ihrer Altersgruppe einherging. Mehrfach bekundete sie öffentlich, daß sie kein Interesse an Freundinnen habe, und fast immer hielt sie sich auch daran. Die Paramount-Kostümbildnerin Edith Head, eine der wenigen Ausnahmen von Maes Regel, sagte, es habe sie sehr überrascht, daß Mae sich mit ihr anfreunden wollte, denn »sie mochte wirklich keine Frauen«. Mae selbst sagte in ihrer Autobiographie: »Ich habe mich immer an die Jungen gehalten. Mädchen erschienen mir als alberne Fehlinvestition meiner Zeit.«[5] Rona Barrett, die die reife Mae gut kannte, glaubt dagegen, Mae sei aufgrund ihrer Erfahrungen mit einer fordernden Mutter und einer abhängigen Schwester zu dem Schluß gekommen, Frauen würden an sie nur übermäßige Ansprüche stellen. Vielleicht läßt sich so ihr Desinteresse an weiblicher Gesellschaft wenigstens teilweise erklären.

Männliche Galanterie und dem weiblichen Geschlecht erwiesene Aufmerksamkeiten gefielen Mae sehr; sie konnte nie genug davon bekommen. »Beim Schlittschuhlaufen durften die Jungen mich hochhalten, sie durften mir beim Aussteigen aus der Straßenbahn helfen, und sie durften mir auch die Parkbänke mit ihren Mützen trockenwischen.«[6] Immer wieder ließ sie sich beweisen, daß das starke Geschlecht auch wirklich stärker war: Die Jungen mußten ihren Bizeps vorführen, und je muskulöser sie waren, desto besser. Maes Spitzname bei den Jungen war »Pfirsich« – ein Tribut an ihre schöne Haut.

Vom ersten Tag an nahm sie Aufmerksamkeiten und Geschenke des anderen Geschlechts als selbstverständlich an. Das hinderte sie aber nicht daran, jene Doppelmoral zu bekämpfen, die Männern im sexuellen Bereich Vorrechte einräumte. Allein die Jungen hatten demnach das Recht zu experimentieren, die Initiative zu ergreifen, zur Sache zu kommen, während Mädchen rein passiv abzuwarten und alles hinzunehmen hatten. »Ich war schon befreit«, sagte Mae, »ehe irgend jemand dieses Wort überhaupt in den Mund genommen hat. Ich dachte mir: ›Wenn die Jungen das dürfen, warum nicht auch ich?‹‹«[7] »Schon als ich noch ein Kind war, kam es mir seltsam vor, daß ein Mann ausgehen und seinen Spaß haben durfte, dabei aber trotzdem ein prima Kerl blieb, während ein Mädchen, das ebenfalls sein Vergnügen haben wollte, dadurch zum Flittchen wurde.«[8] Doch Abschaffung der Doppelmoral hieß für sie nicht, daß nun, wie viele Reformer vorschlugen, beide Geschlechter enthaltsam leben sollten, sondern vielmehr: Freie Fahrt dem Spaß, Vergnügen für alle!

Von vielen Seiten war damals in der ganzen Welt die Doppelmoral Angriffen ausgesetzt, besonders von Feministinnen und progressiven Sozialreformern, die überzeugt waren, daß »Sklavenhändler« junge Mädchen gegen deren Willen in die Prostitution zwängen. Auch war man besorgt darüber, daß die Prostitution als ganz normales Sexualventil für Männer galt, nicht zuletzt wegen des erhöhten Ansteckungsrisikos bei Geschlechtskrankheiten. Wenn die Männer aber Prostituierten die kalte Schulter zeigen sollten, glaubten die Reformer, dann müßten ihre sexuellen Bedürfnisse natürlich von »anständigen« Frauen gestillt werden dürfen – also neben den Ehefrauen auch von Freundinnen.

Die Reinheitskampagnen, die um 1910 in vielen Städten liefen, richteten sich vor allem gegen »unmoralische« Arbeiter- und Einwandererfrauen, doch unbeabsichtigt ermutigten diese Kampagnen alle Frauen, ihre Sexualität offen zu zeigen. Die Zurückhaltung beim Thema Sex ließ immer stärker nach. In den Zeitschriften erschienen jetzt Artikel über Geburtenkontrolle, über Scheidung, über das »soziale Übel« und den Wandel der Sexualmoral. Tabuwörter wie »Prostitution«, die zuvor in gepflegter Unterhaltung undenkbar waren, gehörten bald zum ganz normalen Wortschatz.

Die Anarchistin Emma Goldman förderte die neue Freiheit ebenfalls nach Kräften. Sie reiste im Land umher, hielt Vorträge über

Themen wie »Die Reduzierung des Nachwuchses« oder »Ist der Mensch ein monogames Wesen, braucht er Abwechslung?« Sie forderte jene Feministinnen heraus, die für Keuschheit eintraten, und wurde nicht müde, ihren eigenen Standpunkt vorzutragen, demzufolge emanzipierten Frauen weit mehr Gefahr durch zuwenig sexuelle Erfahrungen drohe als durch ein Übermaß. Die Groschen-Kinematoskope unterminierten das wohlanständige Schweigen über das Sexuelle auf ihre Art. Denn dort konnte man Filme anschauen, die bei sexuellen Anspielungen keinerlei Zurückhaltung übten und Bilder von nur halb bekleideten Frauen und leidenschaftlichen Umarmungen zeigten. »Erstmals in der Weltgeschichte kann man jetzt dargestellt sehen, wie ein Kuß wirklich aussieht«, schrieb die New Yorker *Evening World.* »Was die Kamera nicht ins Visier bekam, das gab es einfach nicht.«[9] Unheimliche Titel wie *White Slaves* oder *Traffic in Souls* (Seelenverkäufer) suggerierten Besorgnis, während man hier in Wahrheit nur ans Abkassieren dachte. 1900 gab es in New York fünfzig Nickelodeons, 1908 schon über fünfhundert.

Auch am Broadway nahmen sich die Dramatiker neue Freiheiten heraus. Bei einer Theaterpremiere fielen zahlreiche schockierte Beobachter in Ohnmacht, als in Clyde Fitchs *The City* (1909) ein Drogensüchtiger auf der Bühne wüste Flüche ausstieß und seine Frau mit den Worten erschoß: »Du bist doch eine gottverdammte Lügnerin.« Im selben Jahr trat in David Belascos *The Easiest Way* eine Heldin auf, die, anstatt wie in einem altmodischen Melodrama Reue zu zeigen, den Entschluß faßt, das Leben rücksichtslos bis zur Neige auszukosten. Sie verschwindet mit den Worten: »Ich gehe jetzt zu Rector's, und da lasse ich's drauf ankommen. Alles andere ist mir scheißegal.«

Mae konnte sich an dieses Stück erinnern. Doch sie eiferte insbesondere Sängern und Sängerinnen nach, die in ihren Songs die Kunst der Zweideutigkeit beherrschten, die also Riskantes in wohlanständiger Verpackung darbieten konnten. Englische Music-Hall-Stars wie Alice Lloyd und Vesta Victoria machten solche Songs in Amerika höchst populär, zum Beispiel Titel wie »Stockings on

the Line« (Strümpfe an der Wäscheleine),»Who You Looking at?«
(Was schaust du so?) oder »You Can Do a Lot of Things at the
Seaside« (Am Strand kann man vieles machen).

Als Pubertierende brachte sich Mae zielstrebig und mit Vergnügen
in Situationen, in denen sie das einzige weibliche Wesen unter
Jungen war. »Abends versammelte sich die Clique bei irgend jemand zu Hause, die sechs Jungen und ich, vielleicht noch ein
weiteres Mädchen. Dann saßen wir eng beieinander, sangen,
schwatzten und vergnügten uns. Dazu gehörte auch Küssen nach
Catch-as-Catch-Can-Manier. Ich hatte da keine Vorlieben. Ich
mochte alle Jungen.« Und natürlich gehörten dazu auch Sexspiele:
»Ich spielte mit ihrem – na, Sie wissen schon.«[10]

Ihr Vater, der zu dieser Zeit als Wachmann abends Patrouillen-
dienst hatte, war nicht zu Hause, wenn diese Treffen im Wohnzimmer stattfanden. Er wußte überhaupt nichts davon, bis ihm eines
Tages eine vorlaute Nichte die Augen öffnete. Er wurde fuchsteu-
felswild, ließ sich aber schließlich von Matilda besänftigen, die ganz
ruhig immer wieder klarstellte, daß nichts Schlimmes passiert sei.
Er solle Mae bloß in Ruhe lassen. »Laß sie machen. Mae ist anders
als die anderen Mädchen.«[11]

Matilda beschützte Mae, wo immer sie konnte, vor neugierigen
Nachbarn und vor Anschwärzungen in der Familie. Doch beruhte
ihr Verhalten auf einer stillschweigenden Übereinkunft: Die
Schlüsselrolle in Maes Leben kam Matilda zu. Mae hatte nur so
lange freie Hand, wie sie sich nicht an einen einzigen jungen Mann
band. »Wenn ich mich jedoch zu sehr für einen von ihnen zu
interessieren begann, dann konnte ich's am Gesicht meiner Mutter
ablesen ... Ich konnte sehen, ob sie verletzt war. Ich konnte es nicht
ertragen, wenn sie sich sichtbar Sorgen machte.«[12]

Die Mae zugestandene Freiheit, sich mit vielen Jungen zu vergnügen, sie zu verführen und mit ihnen zu experimentieren, ohne
Schuldgefühle haben zu müssen, schloß seltsamerweise nicht das
offene Reden über diese Erfahrungen mit ein. Obwohl sie sich
später rühmen konnte, die Spielregeln im Bereich amerikanischer
Witze und Pointen gelockert und der Öffentlichkeit die Schlafzim-

mertüren geöffnet zu haben, bewahrte sie – was eigentlich inkonsequent war – Zurückhaltung und Verschwiegenheit wie eine Dame von Welt. Doch auf derlei Zurückhaltung war sie durch ihre Erziehung festgelegt worden. Sex war und blieb ein peinliches Thema, über das, wie Mae berichtete, zu Hause nicht gesprochen werden durfte. Und selbst mit ihrer eigenen Schwester redete sie nie darüber, obwohl die beiden später als Erwachsene lange unter einem Dach wohnten. So kam ihr die Fähigkeit, etwas zu suggerieren, ohne es ausdrücklich zu sagen oder zu zeigen, in der Zukunft sehr zustatten. Sie wurde geradezu ein Markenzeichen ihrer Kunst als Komikerin.

Maes erster fester Freund, Joe Schenck, ein Pianist und Sänger, sollte später als die eine Hälfte des Varietéduos Van und Schenck berühmt werden. Der gutaussehende blauäugige Neunzehnjährige lud die fünfzehnjährige Mae zu Spazierfahrten in seinem Ford Model-T ein. Er schickte ihr Blumen, und am Samstagabend brachte er seine Band zu Ragtime-Sessions mit ins Haus. Dann wurden Instrumentalstücke wie Scott Joplins Klassiker »Maple Leaf Rag« geprobt. Mae gesellte sich mit ihrer Gesangsstimme hinzu und sang »Beautiful Chic« oder »Mary from Sunny Italy«, den ersten veröffentlichten Song von Irving Berlin.

An Joe Schencks Stelle trat bald Otto North, ein Preisboxer im Halbschwergewicht, der zu einer Jugendbande gehörte, die sich »Eagle's Nest« (Adlernest) nannte. Als sich ein Mitglied einer rivalisierenden Bande, der »Red Hooks« (Rote Haken), bei einem Besuch in Coney Island an Mae heranmachen wollte, brach am nächsten Abend in der Nähe des Westschen Hauses ein wüster Straßenkampf zwischen den beiden Banden aus. Es flogen Steine, und man ging mit großen Holzkeulen aufeinander los. Auch Battlin' Jack stürzte sich ins Getümmel und zog sich blutige Verletzungen zu. Doch Mae hätte man keinen größeren Gefallen tun können. Bandenkämpfe um ihretwillen – das war für sie das höchste Glück. Ihren ersten Orgasmus erlebte Mae nach eigenen Angaben in einem Traum, als ein riesiger, zotteliger, fast schwarzer Braunbär erst in ihr Schlafzimmer und dann in sie eindrang.[13] Was ihren ersten *menschlichen* Liebhaber betrifft, so gibt es divergierende Berichte. Karl Fleming gegenüber behauptete Mae, sie habe ihre Jungfräulichkeit schon mit dreizehn Jahren eingebüßt, noch vor der ersten Menstruation, als ein etwa einundzwanzigjähriger Schauspieler sie nach einem Amateurwettbewerb nach Hause begleitet habe. Auf den Treppenstufen im Vestibül ihres Hauses habe er sie entjungfert, und sie sei dabei in ihren Pelzmantel gehüllt gewesen. Später dann, erzählte sie wiederum Karl Fleming, habe sie nicht nur mit Joe Schenck geschlafen, sondern auch mit dem Trompeter und dem Schlagzeuger der Band. In anderen Interviews betonte Mae jedoch, die Affäre mit Schenck sei »keine *sexuelle* Liebesaffäre« gewesen. Sexuelle Intimität habe sie erst nach der Eheschließung mit Frank Wallace im Jahre 1911 genossen.[14]

Als Mae fünfzehn, sechzehn Jahre alt war, trat sie seltener und unregelmäßiger auf der Bühne auf. Sie war kurze Zeit mit einem akrobatischen Akt zu sehen; in Sonntagskonzerten sang sie vor Gruppen wie den Knights of Columbus (einem katholischen Orden mit philanthropischen Zielen). Ansonsten trat sie fast nur noch in winzigen Revuetheatern in der Umgebung von New York auf: als braves Mädchen vom Land mit Sonnenhut und Pumphosen, zusammen mit einem Huckleberry-Finn-Typ, der von Willie Hogan gespielt wurde, mit roter Perücke und einem geschwärzten Schneidezahn.

Matilda, wie wir wissen, eine glühende Eva-Tanguay-Verehrerin, ließ Mae gelegentlich auch gewagte Nummern aus dem Erwachsenenrepertoire ausprobieren, beispielsweise einen Fächertanz, der die jungen Männer im Publikum zu Begeisterungsstürmen hinriß. Man trampelte und schrie nach mehr. »Hinter einem großen roten Fächer schüttelte sie ihren entblößten Körper.«[15]

Mae hat zeitlebens abgestritten, je in Cabarets aufgetreten zu sein, in sogenannten Burlesken, die sich an ein rein männliches Publikum richteten, das viel weibliches Fleisch sehen und ansonsten witzig unterhalten werden wollte. Seit den zwanziger Jahren waren mit »Burlesken« nur noch billige Striptease-Shows gemeint. Deshalb ist es auch möglich, daß Mae den Fächertanz in einem Varietétheater vorführte, wie sie Ruth Biery gegenüber behauptete, und zwar als Revuestar mit einer Wochengage von 115 Dollar. Wahrscheinlich fand der Auftritt aber doch in einem Cabaret statt. Denn es steht zweifelsfrei fest, daß Mae, als sie 1911 mit ihrem Gesangs- und Tanzpartner Frank Wallace auf und davon zog, im Big Gaiety Theater in Milwaukee auftrat. Und dieses Theater gehörte zur Columbia Amusement Company, einer großen Cabaret- und Revuekette im Osten der USA, die von Henry Jacobs und John Jermon gemanagt wurde.

Frank Wallace, ein dunkelhaariger, drahtiger, akrobatischer Tänzer, der wie Gene Kelly aussah, hieß eigentlich Frank Szatkus. Sein Vater, ein aus Litauen eingewanderter Schneider, hatte seine Werkstatt im Stadtteil Queens. Frank war in Canarsies Waldo Casino in Brooklyn im gleichen Programm wie das Duo »Hogan and West« aufgetreten, also zusammen mit Willie Hogan und Mae West. Laut Wallace war es Matilda, nicht Mae, die den Vorschlag machte, die beiden sollten doch ein Team bilden, ein Varietéduo: »Eine großartig aussehende Frau kam zu mir hinter die Bühne und erzählte mir, sie habe eine Tochter, der die Zukunft gehöre. Sie habe meinen Auftritt gesehen, sagte sie, und sie glaube, ich sei der Richtige für ihre Kleine. Nun, dann brachte sie ihre Tochter herein, und was soll ich Ihnen sagen? Sie war wirklich eine erstklassige junge Dame. Diese junge Brünette war Fräulein West.

Mae war ein süßes kleines Ding … ungefähr sechzehn. Ich ging auf ihre Mutter ein, und wir begannen mit den Proben – im Keller ihres Hauses an der Bushwick Avenue.« Manchmal wurde Frank sogar von Matilda zum Essen eingeladen, zu Schweinshaxe und Sauerkraut. »Nach ein paar Wochen Probenzeit gingen wir im Fox Circuit auf Tournee. Später wurden wir von Jacobs und Jermon, den Cabaret-Produzenten, verpflichtet.«[16]

Ungefähr zu der Zeit, als Mae West und Frank Wallace ihren gemeinsamen Auftritt einstudierten, drangen das zunehmende Tempo und die gesteigerte Unrast des Großstadtlebens auch in die Unterhaltungskultur ein. Die Kritiker lobten besonders jene Varietéauftritte, die »Pep«, »Power« und »Tempo« hatten. Der Ragtime, auch bekannt als »Musik, die in die Füße geht«, hatte seine Verwandlung abgeschlossen und war aus dem Rotlichtmilieu in den Mainstream der Städte aufgestiegen. Und während die Tanzmanie der Amerikaner immer weiter um sich griff, war der Ragtime kommerziell so erfolgreich wie nie zuvor. »Wenn Rag gespielt wird«, war in *Variety* zu lesen, »leeren sich die Tische und füllt sich das Tanzparkett, während der altbekannte Foxtrott oder Walzer nur wenig Zuspruch findet ... Wer nicht Rag tanzt, ist definitiv out.« Die Schlagerindustrie griff den Trend auf und brachte flotte, umgangssprachliche Songs mit synkopierten Rhythmen im Marschtakt. Eine kleine Auswahl: »When Ragtime Rosie Ragged the Rosary« (Wenn Ragtime-Rosie nach dem Rosenkranz raggt), »Yiddle on Your Fiddle Play Some Ragtime« (Yiddle, spiel 'nen Rag auf deiner Fiedel), »Alexander's Ragtime Band« und »Everybody's Doin' It« (Alle machen's).

Das »es« im letzten Schlagertitel blieb dabei bewußt zweideutig; offiziell wurde natürlich vorgegeben, nur das Ragtime-Tanzen sei gemeint. »I Love It« (Das macht mir Riesenspaß) lautete dementsprechend der Titel eines Songs, den Mae West und Frank Wallace für ihren Auftritt einstudierten. Mittels kurzer, abgehackter Zeilen, die reich an Reimen sind, wird dem Hörer suggeriert, daß der von Fingerschnipsen begleitete Ragtime-Rhythmus unwiderstehlich sei. Er fährt einem einfach in die Glieder, und dann gibt es kein Halten mehr:

Ist das nicht 'ne Band? Der Rag ist toll.
Ich könnt' bis zum Umfall'n raggen.
Meine Zeit! Es ist soweit. Sie machen doch nicht Schluß?
Sagt ihnen doch, wir können noch.
Sie sollen doch noch weiterspiel'n ...
Mach weiter mit Rag, beweg dich von Fleck ...

Als sie ihren Rag vortrugen, imitierten Mae und ihr Partner ganz bewußt schwarze Akteure: »Es war der Sound der Schwarzen, und wir haben ihn kopiert, weil er wirklich das Tollste war.«[17] Nach ihrem Gesang demonstrierten die beiden die bewegende Kraft des Songs: Sie glitten dahin, rockten und steppten in einem »hitzigen, leidenschaftlichen und derart geschmeidigen Stil«, daß sie Engagements in Brooklyn, New Jersey und Philadelphia erhielten. Sehr zum Leidwesen von Kirchenmännern, Sozialreformern und Weltverbesserern gaben die neuen Tänze Pärchen genug Gelegenheit, sich körperlich abenteuerlich nahe zu kommen – und auf diese Weise mit den etablierten Konventionen des Gesellschaftstanzes zu brechen, nach denen die Tanzpartner mindestens zehn Zentimeter Abstand zwischen sich zu halten hatten. Wer jedoch den neuen Tanz »Grizzly Bear« tanzte, der imitierte die Umarmung eines großen Bären, umschlang die Partnerin mit beiden Armen und drückte sie eng an sich.

Sich wie ein Tier zu verhalten und sich den wilden Trieben hinzugeben kam Tänzern und Zuschauern aufregend und glamourös vor. In den Ziegfeld Follies trat, bald nachdem Präsident Teddy Roosevelt von einer Afrika-Safari heimgekehrt war, Sophie Tucker auf und sang »Moving Day in Jungle Town« (Umzugstag im Dschungel). Dabei war sie von Großwildattrappen umgeben und mit einem Leopardenfell bekleidet. Diese Grundidee griff Mae einige Jahre später auf, als sie in der Rolle eines »Höhlenmädchens« posierte und in einer ähnlichen Szenerie sang: »I learned to dance/ When I saw the tiger prance« (Ich lernte tanzen, als ich den Tiger stolzieren sah).

Als Mae West und Frank Wallace Anfang 1911 bei Jacobs und Jermon engagiert wurden, um in den Theatern der Columbia-Revue-Kette durch die Lande zu tingeln, befand sich der östliche Zweig dieses Unternehmens gerade mal wieder im Umbruch. Es wurde einer jener periodischen Anläufe unternommen, die Programme zu reinigen: das allein auf Fleischbeschau ausgerichtete Tingeltangel im Programm zu reduzieren und dafür stärkeres Gewicht auf eine Rahmenhandlung zu legen, wie sie bei anderen musikalischen Reiserevuen auch gang und gäbe war. »A Florida Enchantment« (Bezauberndes Florida), wie ein Teil des Pro-

gramms im Big Gaiety in Milwaukee hieß, ähnelte jedoch einer Nummernrevue weit eher als einer »literarischen« Musical Comedy. Es handelte sich um eine lose verbundene Ansammlung von Sketchen, Songs und Rezitationen, wobei das Ganze durch tanzende Revuegirls belebt wurde, deren »Kostüme immer wesentlich schöner aussehen als die Mädchen, die damit bekleidet sind«.
In *Variety* handelte sich »Bezauberndes Florida« einen Verriß ein. Die süffisante Pointe lautete, man solle Platzanweiserinnen und Orchestermitgliedern die Bezüge verdoppeln, weil sie die Show im Big Gaiety zweimal am Tag über sich ergehen lassen müßten. Doch der Rezensent »Sime« (dahinter verbarg sich der Gründer und Herausgeber des Blattes, Sime Silverman) erwähnte »May« West, die mit »Fred« Wallace eine Art Potpourri darbot, als »einzige weibliche Darstellerin, die überhaupt nach irgend etwas aussah«. »Miss West hat Entwicklungspotential«, sagte er voraus. Aber ganz so eng müsse ihre Strumpfhose nicht sitzen. Und was sie unbedingt brauche, sei ein Aussprachekurs. »Von den Songs, die sie und Mr. Wallace zum besten gaben, war kein einziges Wort zu verstehen.«

Als Mae mit der Columbia-Truppe durch die Lande tingelte, war sie erstmals für längere Zeit den Augen ihrer ständig wachsamen Mutter entschwunden. Sie nutzte diesen Spielraum, um am Morgen des 11. April 1911 in Milwaukee zu heiraten.
Doch was sie wirklich wollte, war kein Ehemann. Sie wollte lediglich mit Frank Wallace schlafen: »Ich habe ihm gesagt: ›Bei uns beiden geht's nur um Sex.‹« Eine ältere Sängerin namens Etta Woods, die mit ihnen gemeinsam auftrat, hatte Mae jedoch ins Gewissen geredet: Sie könne unverheiratet schwanger werden und solle dieses Risiko nicht eingehen. Also behauptete Mae später, sie sei überrumpelt und in diese Ehe gedrängt worden. »Ich hab's allein aus Angst getan … Damals war es noch eine große Schande, unverheiratet ein Kind zu kriegen.«[18]
Trotz ihrer Eheschließung achtete sie peinlichst genau darauf, nicht schwanger zu werden – viele Jahre, bevor Margaret Sanger

den Begriff »Geburtenkontrolle« prägte. Sie entschied sich für eine altehrwürdige Methode, die unter den Juden der Antike schon Jahrtausende vor Christi Geburt gebräuchlich war und die noch 1930 in amerikanischen Empfängnisverhütungsberatungen empfohlen wurde: ein kleines Seidenschwämmchen mit einem Faden daran. Später bevorzugte sie Kondome. (Seit ihren Zwanzigerjahren scheint Mae besonders darauf geachtet zu haben, daß sie sich keine Geschlechtskrankheiten zuzog, obwohl es kaum vorstellbar ist, daß jemand, der sexuell so aktiv war wie sie, diesem Risiko auf Dauer entgehen konnte. Als reifere Frau erwartete sie von ihren Geschlechtspartnern, daß sie sich zuvor auf Geschlechtskrankheiten hin untersuchen ließen.)

Mae bestand auf der Geheimhaltung ihrer Ehe. Sollte die Sache bekanntwerden, hätte das schwerwiegende Konsequenzen, dessen war sie sich sicher – Folgen für ihre Familie und für ihre Karriere. Die Manager, nahm sie nicht zu Unrecht an, würden eine verheiratete Schauspielerin links liegenlassen, denn wenigstens theoretisch wollten die Zuschauer die Gewißheit haben, daß die Versucherin auf der Bühne auch wirklich noch ungebunden war. Ihre Mutter hatte ihr das immer wieder eingehämmert – nicht zuletzt, um ihre eigenen Ängste einzudämmen, sie könnte die Kontrolle über die Karriere ihrer Tochter verlieren. So erfuhr Matilda die Wahrheit nie, und auch Mae hätte ihr Geheimnis sicher mit ins Grab genommen, wenn nicht ein Arbeiter in der Zweigstelle Milwaukee des zuständigen Bezirksarchivs im Mai 1935 zufällig auf die Heiratsurkunde gestoßen wäre. (Dort ist als Alter der Braut achtzehn Jahre angegeben, das Volljährigkeitsalter im Staat Wisconsin – während sie in Wahrheit erst siebzehn Jahre alt war. Die Berufsbezeichnung lautet »Schauspielerin«.)

Mae und der einundzwanzigjährige Frank Wallace lebten nie als Mann und Frau zusammen. Sie blieben überhaupt nur ein paar Monate zusammen, so lange, wie ihr Engagement in »A Florida Enchantment« dauerte. Und schon während dieser Zeit quälte Mae ihren Frank, der wirklich an ihr hing, indem sie ihn einfach im Stich ließ und sich in den verschiedenen Tourneestädten nachts mit anderen Männern vergnügte. Als das Tournee-Engagement abgelaufen war, legte sie ihm nahe, sich doch einer anderen Truppe anzuschließen. Sie selbst kehrte zu ihren Eltern nach Brooklyn zurück.

Weder eine dauerhafte Bühnenpartnerschaft noch die Monogamie behagten Mae (»Ich bin die geborene Solistin, auf der Bühne genauso wie im Leben«)[19], und nach ihren eigenen Aussagen hatte sie Wallace auch nie versprochen, allein die Seinige zu sein. Die Vorstellung, für eine große Liebe alles aufzugeben, paßte nicht in Maes Welt. Rona Barrett hat die Theorie aufgestellt, daß Maes Bindungsunfähigkeit ihre tiefsten Ursachen in einem emotionalen Trauma aus der frühen Kindheit hatte. Wahrscheinlich sei der Vater der Übeltäter gewesen. »Maes Herz war schon sehr früh zerbrochen«, und sie konnte das Risiko einfach nicht eingehen, diese Erfahrung noch einmal zu machen.[20]

Kinder wollte sie ohnehin niemals haben. »Ich hatte Angst, daß ich mich dadurch mental, körperlich und seelisch verändern würde. Mutter zu sein ist eine Karriere für sich … Eine Frau, die verheiratet ist und Kinder hat, taugt nicht zum Sexsymbol. Dann haben die Männer nämlich das Gefühl, du gehörst schon einem anderen.«[21]

Obwohl einer ihrer Gags lautete, es solle keine Familie ohne Heirat geben, diente die Ehe trotzdem ständig als Zielscheibe ihrer Witze. Das Leben einer Ehefrau war für sie dann gleichbedeutend mit eintöniger Plackerei im Haushalt. »Ich bin nicht der Typ für eine Kittelschürze«, sagte sie, und: »Die Ehe ist eine großartige Einrichtung, aber wer lebt schon gern in einer geschlossenen Einrichtung?«[22]

Hastig geschlossen und in Ruhe bereut, hatte die überstürzte Ehe aus Maes Sicht nur ein Gutes: Sie hinderte sie daran, noch einen anderen zu heiraten.

# Vorsitzende im Club der verrückten Weiber

4. *Kapitel*

*D*as Theater, in dem Mae West erstmals am Broadway auftrat, das »Folies Bergères«, verdankte seine Existenz der Vorstellung, Europa und insbesondere Paris besitze das Patent zum anspruchsvollen Nachtleben und inzwischen seien auch die New Yorker in ihrer eigenen Stadt reif für aufwendig inszenierte kosmopolitische Revuen, in denen liebenswerte pseudoeuropäische Revuetänzerinnen mehr oder weniger unbekleidet auftraten. Pseudoeuropäischer Glamour schien unabdingbar, denn Angloamerikanerinnen galten als nicht sonderlich verführerisch.

Inauguriert wurde dieser »gallische« Trend im wesentlichen durch Florenz Ziegfeld jr. und seine unglaublich erfolgreichen *Follies*, die im

Dachgarten des New York Theatre beheimatet waren. Daraus hatte Ziegfeld ein Café im Pariser Stil gemacht und es »Jardin de Paris« benannt. Privatunterricht in französischer Lebensart erhielt Ziegfeld von seiner Pariser Ehefrau Anna Held, einer vollbusigen Music-Hall-Schönheit mit Wespentaille.

Der Varietéproduzent Jesse L. Lasky, einer der Gründer von Paramount Pictures, folgte Ziegfelds Beispiel und entschloß sich, im Gebiet um den Times Square, der sich seit dem U-Bahn-Anschluß im Jahre 1904 zum Mittelpunkt des New Yorker Amüsierviertels gemausert hatte, selbst ein Theater zu bauen. Er suchte sich dafür ein Grundstück an der Forty-sixth Street, westlich des Broadway, aus. Gegenüber, auf der anderen Straßenseite, lag Charles Dillinghams »Globe«, nebenan das von George M. Cohan und seinem Partner betriebene »Gaiety«.

In Laskys »Folies Bergères«, einem Restaurant und Cabaret, in dem jeden Abend zwei verschiedene Shows über die Bühne gingen, war bis ins letzte Detail alles auf Luxus ausgerichtet. So standen zum Beispiel auf beweglichen Tischen mit Glasplatten silberne Aschenbecher mit Flaggensignalen für die Ober, damit der Service geräuschlos erfolgen konnte. Es gab eine Balkonpromenade, eine goldene Champagnerbar und mit Tischen und Sesseln eingerichtete Logen, in denen dreidimensionale Wandbilder von nackten Schönheiten, »pariserischer als Paris«, für die richtige Atmosphäre sorgten. »Eine ausfahrbare Bühne bewegte sich über den Orchestergraben hinweg und brachte Tänzerinnen und andere Akteure so nahe an das Publikum in der ersten Reihe heran, daß man sich die Hände hätte schütteln können.«[1]

Die räumliche Enge und Intimität dieses Cabarets hatten Mae West gefallen, für die es ganz wichtig war, daß das Publikum ihren Gesichtsausdruck, ihre Gesten und lasziv-komischen Manierismen deutlich sehen konnte. Sie hatte darauf bestanden, die Bühne erst sehen und ausprobieren zu dürfen, ehe sie sich für die Show *A la Broadway* im »Folies Bergères« entschied.

Dieses Engagement resultierte letztlich aus einem Auftritt Maes bei einer Talent-Konzertshow am Sonntagabend im Columbia

Theater, dem Haupthaus jener Revuekette, bei der Frank Wallace und sie unter Vertrag standen. Zugegen waren dort nicht nur Matilda, sondern auch zahlreiche Broadway- und Varietéproduzenten, darunter Florenz Ziegfeld und Maes früherer Tanzlehrer Ned Wayburn, der *A la Broadway* für Lasky und dessen Partner Henry B. Harris inszenierte. Laut Mae war Ziegfeld so beeindruckt, daß er sie bat, doch einmal in seinem Büro vorbeizuschauen. Als sie kam, habe er ihr eine Rolle in den »Follies« angeboten. Sie aber habe dankend abgelehnt, weil sein Theater, das »New York Roof«, sie verschlucken würde: »Es ist zu groß und zu weit, da kann man kaum Persönlichkeit entfalten – ich brauche die Leute ganz nahe dran.«[2] Diese Geschichte verliert allerdings deutlich an Glaubwürdigkeit, wenn man bedenkt, daß Mae kaum zwei Monate später eine Rolle in einer Revue übernahm, die im New Yorker »Winter Garden« spielen sollte, der immerhin 1700 Besuchern Platz bot. Und bald darauf trat sie dann in genau jenem Theater auf, an dem sie zuvor so viel auszusetzen hatte, und zwar in einer Ziegfeld-Produktion. Inzwischen war das »New York Roof« in »Moulin Rouge« umbenannt worden, damit dem Image des Hauses »noch ein kleiner Schuß Verruchtheit« hinzugefügt würde, wie es in einer Zeitung hieß.

Durch *A la Broadway* wurde Mae auch mit jenem Mann bekannt, der zwanzig Jahre später in Hollywood als Produzent von sechs der acht Mae-West-Filme bei Paramount fungieren sollte: William Le Baron. Le Baron hatte das Buch zur Show *A la Broadway* geschrieben und mit derartigen Tätigkeiten schon auf dem College begonnen, ehe er zusammen mit Lasky kleine selbstverfaßte Stücke fürs Varieté inszeniert hatte. Le Baron, ein eher schüchterner, urbaner Mann »mit knappem Lächeln und reservierter Art«, erinnerte sich an die Mae jener Jahre als »eine peppige, lebhafte, burschikose Frau mit einer eher schmächtigen, fragilen Figur«. Ihre »ausgelassene Bühnenroutine und ihr bemerkenswerter Vortrag der Songs führten ständig zu Unterbrechungen durch Szenenapplaus«.[3] Dieses Porträt Maes kurz vor Erreichen des 20. Lebensjahres entspricht dem von Frank Wallace aus dem Jahre 1935: »Und was ihre

Kurven betrifft, so war sie damals eher schmächtig – mit gewagtem Outfit und voller Pep.«[4]

In *A la Broadway* wandte Mae erstmals ein Verfahren an, dem sie während ihrer ganzen weiteren Karriere treu bleiben sollte: Sie veränderte die Texte anderer so, daß sie ihrem eigenen Konzept möglichst genau entsprachen. Dazu gehörten insbesondere ihre Vorstellungen von dem, was »funktionierte«, was ihre Person ins rechte Licht setzte und was ihren Auftritt ganz persönlich und individuell erscheinen ließ. In *A la Broadway* fügte sie ihrem Song »They Were Irish« zusätzliche Refrainstrophen an und trug jede in einem anderen ethnischen Dialekt vor. Überdies machte sie aus ihrer Rolle als Maggie O'Hara, einer herumspionierenden irischen Magd, einen »kecken, vorlauten, faulen Charakter, der sich genau so verhält, wie eine Magd es niemals tun sollte«. Der Kritiker der *Evening World* lobte ihre »amüsant unverschämte Art und die individuelle Manier, in der sie ihre Pointen brachte«. Er nannte sie einen weiblichen George M. Cohan – und dieser Vergleich sollte kein Einzelfall bleiben.[5]

Bei ihrer Ragtime-Nummer »The Philadelphia Drag« erzielte sie komische Effekte mit einem Kostüm, das zwei konträre Elemente kombinierte: auf der einen Seite das strenge Grau eines Quäker-kleides, auf der anderen die formlose Ungezwungenheit roter Haremshosen, wie sie damals modern waren. Der in den vorangegangenen Jahrzehnten vorherrschende Belle-Époque-Look mit seinen Korsetts, Pastelltönen, Spitzen und Federn trat zurück zugunsten eines modischen Orientalismus:[6] lebhafte Farben, Perlen, Fransen, locker drapierte Gewänder nach türkischer oder persischer Art. In Maes Nummer diente die Quäker-Wohlanständigkeit als Kontrast-folie für die Schwüle, die durch ihr Serailatmosphäre evozierendes Kostüm ins Spiel kam und die durch forsche umgangssprachliche Ausdrücke und durch – der afroamerikanischen Tradition entlehnte – fetzige Rhythmen und Schrittfolgen unterstrichen wurde.

Obwohl in mehreren Besprechungen Mae West lobend herausgehoben wurde und obwohl Theater-Tycoons wie Ziegfeld und die Shubert-Brüder von der Premiere sehr angetan waren, erlebten *A la Broadway* und die Parallelrevue *Hello, Paris* nur acht Vorstellungen. Denn im Glauben, die »Folies Bergères« seien nur etwas für die Reichen und der Eintrittspreis sei ganz und gar auf diesen Kreis zugeschnitten, blieb das weitere Publikum der Show fern. Die Anzahl der Theaterplätze war so bedenklich gering, die Fixkosten dieser aufwendigen Show dagegen so enorm hoch, daß das Theater nach Laskys Worten, »um auf unsere Kosten zu kommen, praktisch ununterbrochen vom Mittag bis zum frühen Morgen hätte in Betrieb und ausverkauft sein müssen«.[7] Aber das war natürlich nicht der Fall. Überdies wurde der neueste Trend ignoriert, denn das Publikum wollte beim Tanzen nicht länger nur zuschauen, sondern selbst das Tanzbein schwingen. Aber dafür fehlte im »Folies Bergères« eine ausreichende Tanzfläche. Ende September 1911 schloß das Cabaret nach nur sechs Monaten für immer seine Pforten. Es wurde in ein ganz normales Theater mit dem langweiligen Namen »Fulton« umgewandelt.

Nach dem Hinscheiden von *A la Broadway* erfolgte Mae Wests nächster Auftritt im Rahmen einer Shubert-Revue *(Vera Violetta)*, die als Vorspiel für einen Auftritt von Annette Kellerman in *Undine* fungierte: Die ansehnliche Meisterschwimmerin agierte dort als Wassernymphe, zeigte einen Spitzentanz und tauchte »in einem champagnerfarbenen einteiligen Badeanzug ohne Korsett ins Wasser«. Die Australierin war wenige Jahre zuvor sensationellerweise an einem Bostoner Strand in einem kurzen einteiligen Badekostüm aufgetreten, anstatt sich, wie damals noch üblich, in Bluse und Pumphose zu zeigen, wodurch die weibliche Figur vom Hals bis zu den Kniekehlen vollkommen bedeckt und verhüllt wurde. Kellerman, die daraufhin wegen Erregung öffentlichen Ärgernisses in Arrest genommen worden war, hatte sich zum Varieté- und Revuestar entwickelt und dabei besonders ihre außerordentlichen Fähigkeiten als Taucherin genutzt. Für ihre Auftritte wurden eigens Wasserbehälter auf der Bühne installiert. Und ihre wunderschöne Figur kam durch gewagte hautenge Badeanzüge bestens zur Geltung. Was am Strand als schockierend galt, kam auf der Varietébühne besonders gut an.

In *Vera Violetta*, einer Revue, die für das riesige Haupthaus der Shubert-Kette, den »Winter Garden«, gedacht war, spielte Al Jolson mit geschwärztem Gesicht die Hauptrolle: einen singenden amerikanischen Kellner, der in Paris bei einer Eiskunstlaufbahn beschäftigt ist. Ebenfalls zur Besetzung gehörte Gaby Deslys, eine gerade aus Frankreich importierte Sängerin und Tänzerin in leuchtendem Kostüm. Sie spielte die alte Flamme eines amerikanischen Professors, und ihre Interpretation des »Gaby Glide« (Gaby-Schlittschuhtanz) riß das Haus zu Beifallsstürmen hin.

Mae hingegen spielte Angelique von der Opéra Comique, eine Tänzerin, die dem Professor in Abwesenheit seiner Gattin Liebeslektionen erteilen soll – ein Thema, das in Drehbüchern der Zeit häufiger auftaucht. Voneinander getrennte Ehegatten werden in Versuchung geführt. Als Gaby Deslys einen amerikanischen Ehemann in Paris fragt: »Sind Sie verheiratet?«, lautet dessen Antwort: »Wie man's nimmt. Meine Heiratsurkunde gilt nur für Newark.«

Schon während der Proben drangen Gerüchte über Streitereien unter den Akteuren nach außen, wie in *Variety* nachzulesen war. Dem Vernehmen nach bestand Gaby Deslys darauf, daß die Rollen der anderen Darstellerinnen zusammengestrichen wurden, damit allein sie im Rampenlicht stand. Und Mae machte sich bei der Diva sicher auch nicht gerade beliebt, als sie während der Probeaufführungen in New Haven die Bühne in Staraufmachung betrat. »Ich kam mit großem Kopfschmuck und diesem tollen Kleid auf die Bretter, und alle dachten, ich sei Gaby. Als sie dann selbst auftrat, wußten die Leute einfach nicht, ob sie applaudieren sollten oder nicht.«[8]

Gaby Deslys war wahrscheinlich pikiert und mächtig genug, Maes Rauswurf durchzusetzen. Die offizielle Erklärung lautete, Mae West habe sich »bei der Ankunft in New York eine Lungenentzündung zugezogen« und könne deshalb bei der Eröffnung der Show im »Winter Garden« nicht mitwirken. Doch in einem Zeitungsinterview machte sich die »fröhliche kleine Mae« darüber lustig. Sie riß Witze über Premiere und Abgang innerhalb einer Woche und forderte erneut den Vergleich mit Gaby Deslys heraus, die angeblich eine Romanze mit dem kurz zuvor abgesetzten König Manuel von Portugal hatte:»Ich glaube, ich gehe jetzt nach Paris und angele mir einen König. Sehen Sie sich doch meine Diamantnadeln an; da kann ich mit Gaby und ihren Perlen doch allemal mithalten.«[9] Ein explosives Gemenge bei einem Mae-West-Auftritt durch außer Rand und Band geratene Yale-Studenten im Publikum ergab sich, als Mae gemeinsam mit den Girard Brothers in »Poli's Palace« in New Haven in einer Revue auftrat. Die beiden Tänzer, die im Abendanzug auftraten und mit bürgerlichem Namen Bobby O'Neill und Harry Laughlin hießen, hatten wie Mae in *Vera Violetta* mitgewirkt. Mae sprach das Publikum mit schwül-erotischer Stimme an und sang »Cuddle Up and Cling to Me« (Laß uns zusammen kuscheln). (Die Noten des Songs wurden später von Charles K. Harris mit einem Konterfei Maes und der Girard Brothers auf dem Titelblatt publiziert.) Vor allem aber tanzte sie herausfordernd und räkelte sich dabei »in verheerend langsamen Bewegungen«. Beim ersten Auftritt beschränkten sich die Reaktionen auf der Galerie noch auf Beifallsstürme und Zurufe. Beim zweiten Auftritt am nächsten Tag marschierten bereits junge Männer kurz vor Maes Erscheinen zur Bühnenrampe und grölten »Boola Boola«. Und nach dem dritten Auftritt war Schluß; Mae und die Girard Brothers wurden gefeuert, und die Yale-Studenten nahmen das Theater auseinander. SINNLICHES RÄKELN KOSTET MAE WEST DEN JOB, lautete die Schlagzeile am nächsten Tag.

Mae und die Girards gingen nun mit ihrer Nummer nach New York, wo sie von der Kritik aufmunternd, aber zugleich auch herablassend begrüßt wurden. »Fräulein West zeigt eine nette Garderobe, am Ende des Auftritts sogar ein fesches Harem-Outfit. Sie arbeitet hart. Die Jungen tanzen gut, aber mit ihren Stimmen ist kein Staat zu machen. Fräulein West ist eine lebhafte Portion Weiblichkeit ... [Doch sie und] die Brüder müssen auf Tourneen und in kleineren Häusern erst noch eine Menge Erfahrung sammeln, ehe sie mit Topleuten auch nur annähernd konkurrieren können.«[10]

Zwei Monate später war die Herablassung allerdings vollkommen aus der Kritik verschwunden, als es um den Auftritt im »American Roof« ging: »Mae West ragte am Montagabend so weit über die Häupter der Zuschauer im American Roof hinaus wie das Dach dieses Theaters über die Straße. Mae hat's geschafft.« Als »eine Art hüftschwingende, rauhe Soubrette« tanzte sie mit ihren Partnern auf Stühlen einen »Rag, der zum Schreien komisch war«. Doch nachdem ihr Sime von *Variety* seine Reverenz erwiesen hatte, tadelte er sie, weil sie sich während des Auftritts an den Trägern ihres Kleides zu schaffen gemacht hatte (was bei einer Cabaretakteurin eigentlich nicht sonderlich unerwartet kam): »Das ist überflüssig, besonders wenn sich ein tief dekolletiertes Kleid schon beim ersten Auftritt ein wenig selbständig macht.«[11]

Die Girard Brothers wurden in den Kritiken weitgehend ignoriert oder als Beiwerk abgetan, so daß Mae sich allmählich zu fragen begann, ob sie diese Tänzer wirklich noch brauchte. Als Dreiernummer verdienten sie 350 Dollar pro Woche (und das war mehr als das Doppelte der von *Variety* genannten Durchschnittsgage für Trios). Von dieser Summe mußte Mae jedoch für alle drei Verpflegung, Unterkunft und Reisekosten finanzieren, die Provision für ihren Agenten Frank Bohm zahlen (nach Gesetzen des Staates New York nicht mehr als fünf Prozent), ferner die Kosten für die Musiker, die bar ausgezahlt wurden, und den – nicht geringen – Aufwand für ihre Garderobe. Bei Kleidern hatte Mae einen extravaganten Geschmack, den sie immer mit dem Argument rechtfertigen konnte, die Damen im Publikum erwarteten einfach die Zurschaustellung schicker Kleider und luxuriöser weiblicher Accessoires. Und diese Erwartungen dürften nicht enttäuscht werden.

Dabei orientierte sich Mae an beliebten Travestiestars wie Julian Eltinge, der in seinen Frauenrollen immer nach dem neuesten Schick ausstaffiert war. Das galt für die Frisuren genauso wie für Hüte und Roben. Mae legte 200 Dollar für ein schlichtes Satinkleid und noch beträchtlich mehr für ein Gewand aus festen Bergkristallen oder für einen Brokatmantel mit weißem Fuchspelzbesatz auf den Tisch. Als Frank Bohm ihr nun versicherte, er könne ihr auch Einzelengagements für dieselbe Gage verschaffen, die sie jetzt gemeinsam mit den Girard Brothers erhalte, da zögerte Mae keine Minute. Die beiden Männer mußten ihre Sachen packen. Doch Bohm hatte laut Mae nicht nur berufliche Gründe für diesen Ratschlag. Er wollte sie allein für sich haben und war, wie sie sagte, »rührend um sie besorgt«. Nachdem er Mae beim ersten Zusammentreffen in seinem Büro am Broadway noch dadurch beleidigt hatte, daß er in ihrer Gegenwart seinen Hut aufbehielt, war er schließlich ganz weich geworden. Er lud sie zum Essen ein und schenkte ihr einen Diamantring, als sie versprach, dafür seinem Rivalen die kalte Schulter zu zeigen. Dabei handelte es sich um Joseph M. Schenck, den für die Engagements und die Programmzusammenstellung zuständigen Manager der Loew-Revuetheaterkette, der übrigens nicht mit jenem Joe Schenck identisch war, der Mae in früher Jugend den Hof gemacht hatte. Der aus Ungarn stammende Bohm war ein Charmeur, »großzügig und vital. Er betete mich an.« Mae und er entwickelten ein »intimes, warmherziges Verständnis« füreinander.[12]

So Mae in ihren Memoiren. Was sie dabei jedoch bewußt verschwieg, war die Tatsache, daß Frank Bohm eine schwangere Frau daheim hatte, um die er bei weitem nicht so »rührend besorgt« war. In ihrer Hollywood-Zeit hielt sich Mae später bewußt von verheirateten Männern fern. Wenigstens betonte sie dies immer nach außen hin, um ihre weiblichen Fans nicht zu vergraulen. Doch in den Anfangsjahren ihrer Karriere scheint sie von derartigen Skrupeln noch frei gewesen zu sein, besonders dann, wenn der betreffende Liebhaber in der Unterhaltungsbranche Macht und Einfluß hatte.

Begonnen hatte Frank Bohm als Agent für kleinere Varieténummern, die dreimal täglich gespielt wurden, wobei er sich auf die Theater der Loew-Kette konzentrierte, zu denen beispielsweise auch das »American Roof« in Manhattan gehörte, wo Mae mit den Girards aufgetreten war. Bohm erweiterte seine Einflußsphäre dann, als er ein Abkommen mit der mächtigen Keith-Kette schloß, die das United Booking Office kontrollierte, welches überall seine Hände im Spiel hatte. Nachdem er zwei Jahre mit U. B. O. zusammengearbeitet hatte, kehrte er jedoch mit der Begründung zu Loew zurück, er halte dessen Personal für kongenialer. Außerdem sei die Keith-Kette zu politisch und zu habgierig. Er strengte einen Prozeß an, um Provisionsgelder, die Keith ihm vorenthielt, zu erkämpfen. Auf Maes Karriere hatten diese Veränderungen in Bohms Umfeld immer direkte Rückwirkungen: Wenn Bohm, ihr Agent, einmal für Keith, dann wieder für Loew arbeitete, galt das natürlich auch für sie.

Während Bohm noch daran arbeitete, Mae wirklich groß herauszubringen, übernahm sie eine Rolle in einer Ziegfeld-Revue mit dem Titel *A Winsome Widow* (Eine lustige Witwe). Hierbei handelte es sich um eine neue Musical-Version eines Theaterhits aus den neunziger Jahren des 19. Jahrhunderts, Charles Hoyts *A Trip to Chinatown*. Obwohl die Produktion in der *New York Times* als »ein weiteres Sammelsurium, bestehend aus Mädchen, Kleidern, Gesang und Tanz, wie wir sie nun wirklich zur Genüge kennen«, verrissen wurde[13] und obwohl *Variety* die übermäßige Länge der Show kritisierte, gefiel sie dem Publikum. Bei den Probevorstellungen hatten sich auch der Produzent Marc Klaw, Ziegfeld selbst, der Komponist Raymond Hubbell und Bert Williams, inzwischen ein Ziegfeld-Star, ihr eigenes Bild gemacht und waren begeistert.

Mae West erhielt als La Petite Daffy Beifall für ihre Lebhaftigkeit und für ihre gewinnende Frechheit. Die *World* schrieb: »Mit ihrem Lockengewusel und ihrem Scharwenzeln gab sie eine komische Figur ab«, und im würdevollen *Dramatic Mirror* hieß es: »Mae West nimmt den Himmel energisch ins Visier.« Nur Sime von *Variety* fand mal wieder ein Haar in der Suppe. In schon früher angeschlagenem Nörgelton bemängelte er, »Piccolo«, eine hübsche Melodie, sei beim Gesangsvortrag von Mae verhunzt worden, »einer rauhen Soubrette, die für dieses gehobene Zwei-Dollar-Publikum auch ihren ›Turkey Trot‹ einfach ein wenig zu vulgär-aufdringlich tanzte.«

Zwar sorgte der Untergang der »Titanic« unmittelbar nach der Premiere von *A Winsome Widow* für eine eher düstere Stimmung im Lande, doch die Show brach trotzdem alle Kassenrekorde. Vielleicht kam ihr auch die Publicity zugute, welche die Nachricht auslöste, Anna Held habe gerade die Scheidung von Ziegfeld eingereicht. Die Einnahmen der ersten drei Tage erreichten die Marke von 8900 Dollar, und man konnte von einer langen Spielzeit ausgehen.

Allerdings ohne Mae West. Denn drei Tage nach der Premiere verließ sie, wie *Variety* am 20. April 1912 meldete, ohne nähere Begründung »abrupt die Truppe und bereitete sich auf eine Rückkehr in die Welt des Varietés vor. Sie wird am 20. Mai in Hammersteins [Victoria] Theater zu sehen sein.« Somit war Mae innerhalb von anderthalb Jahren in drei verschiedenen Broadway-Shows aufgetreten, ohne auch nur ein einziges Mal wenigstens zwei Wochen durchzuhalten. Mehr als sechs Jahre sollten vergehen, bis sie am Broadway einen neuen Anlauf unternahm.

Offensichtlich war Mae zu dem Schluß gekommen, das Varieté biete ihr bessere Möglichkeiten als eine Musical-Revue, um Eindruck zu machen und sich zu entfalten. Vor allem bot sich ihr hier ein umfassenderes, vielseitigeres Betätigungsfeld als im regulären Theaterbetrieb. 1912 gab es in den USA rund 5000 Varietétheater, darunter 4000 kleinere Häuser. Eine Erhebung der Sage Foundation ergab, daß in New York City jede Woche schätzungsweise 700000 Besucher vierzig Theater der niedrigen Preiskategorie aufsuchten. Das Publikum bestand dort zu etwa 60 Prozent aus Angehörigen der Arbeiterklasse (gegenüber nur zwei Prozent in regulären Theatern); etwa zwei Drittel der Besucher waren männlichen Geschlechts.[14] Während die Eintrittskarte für eine Broadway-Revue im Jahre 1912 zwei Dollar kostete, mußte man für die teuersten Plätze in großen Varietés zwischen 75 Cents und einem Dollar zahlen, in kleineren Häusern mit lokalem Publikum noch wesentlich weniger.

Das Varieté war in den Städten groß geworden und erhob die urbanen Gegebenheiten zu Tugenden: Tempo, Aufregung, Vielfalt und Kurzatmigkeit. Wie im Kaufhaus wurde im Varieté eine breite

Palette verlockender Angebote ausgebreitet, die um die Aufmerksamkeit der Kunden wetteiferten. Wie in einer Boulevardzeitung wurden die Geschichten kurz, schnell und anschaulich dargeboten. Etwa ein Dutzend locker oder gar nicht miteinander verbundener Nummern, jede zwischen zehn und fünfzehn Minuten lang, stürmten auf das Publikum ein. Eine Varietévorstellung »huschte am Publikum vorbei wie die Aussicht aus einem Zugfenster während der Fahrt«.[15]

In den drei Stunden, welche die Zuschauer im Theater verbrachten, wurde beispielsweise ein kurzes Theaterstück »von einem Trapezkünstler abgelöst, dieser von einem Zauberkünstler wie Houdini, der wiederum von den ›Singenden Liliputanern‹, ehe diese schließlich den Elefanten Platz machten«.[16] »Das Varieté«, sagte E. F. Albee, der Richelieu des U.B.O.-Varietékönigs B. F. Keith, der ihm 1914 nach dessen Abgang als Manager der Kette nachfolgte, »das Varieté paßt zum amerikanischen Wesen. Es ist schnell, vielseitig und pointiert ... Jeder Künstler muß hier seine Nummer aufs Wesentliche reduzieren, und das Publikum muß direkt, ohne Anlaufzeit und unmißverständlich angesprochen werden.«[17]

Komprimiertheit ging über alles. Im Bereich der Komik stand die epigrammatische Kürze des Einzeilers weit höher im Kurs als eine ausführliche komische Geschichte. Es dominierten der City-Slang und das verstümmelte Englisch von Einwanderern, die noch mit der Sprache rangen. Gut lachen ließ sich aber auch über den bodenständigen Dialekt eines Bauerntölpels. Die Schauspieler versuchten, ihren Namen mit einem einprägsamen Etikett zu verbinden: Buster Keaton etwa war »The Human Mop«, und Sophie Tucker entwickelte sich zu »The Last of the Red Hot Mamas«.

Unter den Varietékünstlern herrschte ein gnadenloser Wettbewerb – um Engagements, um Spitzenplätze in den Programmankündigungen, um gute Garderobenräume, Plätze im Rampenlicht, hohe Gagen oder auch nur um einen guten Platz in der Aufstellung bei Gruppendarbietungen. Manager, sowohl die der Künstler als auch die der Theaterkette, Kritiker und die Mitwirkenden selbst hatten ständig ein Auge darauf, wie eine Nummer beim Publikum ankam. Wer das Haus füllen und das Publikum in gespannter Aufmerksamkeit halten konnte, der hatte Erfolg, denn dies waren die wichtigsten Kriterien. Ein unsichtbarer Applausmesser registrierte genau, welche Nummern wieviel Zustimmung fanden, ob und wo gelacht wurde (wichtig waren die Lacher an der richtigen Stelle). All dies diente als ständiger Ansporn, aber auch als ständige Erfolgskontrolle für die Komiker. Die Auftretenden hatten die Aufgabe, »gut über die Rampe zu kommen«, ihren Song oder ihre sonstige Darbietung gut zu »verkaufen«, beim Publikum Appetit auf mehr zu wecken.

Nach der Eröffnung des New Yorker »Palace« im Jahre 1913 war ein Engagement in diesem Theater gleichbedeutend mit der Zugehörigkeit zur Spitzenklasse der Varietéstars. Vor diesem Zeitpunkt war die Spitzenstellung unter den Varietétheatern Hammersteins »Victoria« zugekommen, das an der Ecke von Forty-second Street und Seventh Avenue lag.

Zwar waren es die großen Auftritte Mae Wests in New York, die in Zeitschriften wie *Variety* und *Billboard* besprochen wurden, doch derartige Engagements waren bei ihr ungefähr so häufig wie der Nationalfeiertag am 4. Juli, denn sie hatte damals noch nicht die Anziehungskraft absoluter Spitzenstars. Unter den männlichen Mitbewerbern wurde sie noch von Berühmtheiten wie Houdini, Will Rogers, Julian Eltinge und W. C. Fields ausgestochen, und bei den Damen hatten etwa Nora Bayes, Belle Baker, Sophie Tucker und Fannie Brice bedeutendere Namen als sie. Entsprechend häufig waren diese Künstler und Künstlerinnen in New York zu sehen. Sie kamen ohne Schwierigkeiten im »Palace« an, während Mae dies erst in den zwanziger Jahren gelang.

Eva Tanguay, die »Evangelistin der Freude«, galt weiterhin als Königin der Varietészene, als sicherste weibliche Zugnummer – auch nach ihrem Bruch mit Keith im Jahre 1912, als sie anschließend zwei Jahre als freischaffende Künstlerin durch die Lande zog, ehe sie sich der Keith-Kette unter Albee erneut anschloß und im »Palace« triumphal für ausverkaufte Häuser sorgte. Sie lancierte damals selbst ganzseitige Anzeigen in *Variety*, um der Unterhaltungsbranche immer wieder vor Augen zu führen, wie groß sie war. Wenn Mae sich in ihrer Autobiographie rühmt, sie sei einmal für Keith in direkter Konkurrenz zu Eva Tanguay als Spitzenstar aufgetreten, dann klingt das so, als habe sie damals schon derselben Kategorie wie Tanguay angehört.[18] Doch sie war zu dieser Zeit noch lange nicht so berühmt wie ihr Vorbild.

Von 1913 an tingelte Mae mehrere Jahre lang durch die Lande, zunächst in den Keith-Theatern, später in denen der weniger prestigeträchtigen Loew-Kette. Sie konnte davon nicht nur selbst gut leben, sondern darüber hinaus ihrer Mutter beim Erwerb eines Hauses im Bezirk Woodhaven im Stadtteil Queens finanziell unter die Arme greifen. (Gelegentlich trat sie auch in Theatern der Orpheum- und der Interstate-Kette auf.) Ganz in den Westen kam sie auf ihren Tourneen nicht, doch ansonsten reiste sie über den ganzen nordamerikanischen Kontinent: von Philadelphia über Baltimore nach Atlanta, weiter nach Norfolk, Virginia, nach Texas, Cincinnati, Cleveland, Detroit und Chicago. Selbst in Montreal und anderen kanadischen Städten trat sie auf. Sie hatte jetzt immer gut zu tun, zu den Spitzenstars indes zählte sie noch nicht.

Immer häufiger tauchten jetzt Filmvorführungen in Varietéprogrammen auf. 1913 in Philadelphia standen zum Beispiel außer einem Mae-West-Auftritt auch eine Art Wochenschau, die auf einem Pathé-Kinematographen vorgeführt wurde, und ein Komiker auf dem Programm, der Stummfilme travestierte. Jener Zweig der Unterhaltungsindustrie, der dem Varieté schließlich den Garaus machen sollte, begann als eine Art kleiner Bruder: immer gern ins Beiprogramm aufgenommen, aber damals noch keine Hauptattraktion.

Varietétourneen waren keine glamourösen Landpartien in Erster-Klasse-Salonwagen, wie sie nur den Spitzenstars zur Verfügung standen. Alle anderen Mitwirkenden reisten auf den billigen Plätzen. Sie mußten sich ihre Fahrkarten selbst kaufen, kamen selbst für ihre schäbigen, möglichst preiswerten Pensionszimmer auf, und sogar die Frachtkosten für Kostüme und Bühnenutensilien

100

gingen zu ihren Lasten. Wenn zwischen den einzelnen Tourneestationen weite Entfernungen zu überbrücken waren, bedeutete dies endlos langes Herumsitzen, manchmal in Bummelzügen, und Umsteigen zu den unmöglichsten Tages- und Nachtzeiten. Solche Tourneen waren für alle Beteiligten ein echter Härtetest:»Vorhang runter um 23.15 Uhr ... schnell ein wenig essen ... ab ins Bett. Um 7.15 Uhr schon wieder am Zug sein. Denn mittags müssen wir in der nächsten Stadt sein, um die Show aufzubauen ... Und wenn man dann in seine Garderobe kommt, ist sie entsetzlich schmutzig, kalt, und acht bis zehn Leute zittern sich in einem Raum was ab. Kein Waschbecken, keine Toilette.«[19] Damals begann Mae mit ihrer lebenslangen Gewohnheit, sich täglich einen Einlauf zu verpassen, weil die Toiletten in den Theatern »so elend dreckig waren, daß ich es darauf nicht aushalten konnte«.

Wegen der Ungewißheiten, mit denen sie ständig leben mußten, und wegen der unausweichlichen Risiken neigten die Leute vom Varieté zum Aberglauben. Einem anderen Glück zu wünschen, in der Garderobe zu pfeifen, Pfauenfedern in der Ausstattung zu verwenden – all dies war tabu, weil es nur Unglück heraufbeschwor. Als der Paramount-Kostümbildner Travis Banton Mae in den frühen dreißiger Jahren begegnete, fand er ihre Vorsicht im Umgang mit Schirmen, Spiegeln und Leitern, ihre Angst vor schwarzen Katzen, ihre Überzeugung, Perlen seien Sorgenbringer und ihre Glückszahl sei die Acht, höchst amüsant und idiosynkratisch. Hätte er jedoch mehr mit ehemaligen Varietékünstlern zu tun gehabt, hätte er sicher gemerkt, daß Maes Vorlieben und Abneigungen beileibe kein Einzelfall waren.

Das Publikum der Aufführungen blieb eine launische, verwirrende und rätselhafte Größe. Um den Leuten zu gefallen, brauchte man anscheinend nicht nur Talent, sondern auch die Gunst der Götter. Eine Schauspielerin konnte niemals wissen, wann und wo sie von der Ungunst des Publikums getroffen würde. Natürlich gab es bei den Besuchern regionale Unterschiede, und selbst Schwankungen von einem Abend zum nächsten waren nicht ungewöhnlich. So lernte Mae, ein Gespür für ihr Publikum zu entwickeln und sich auf die Reaktionen der Leute einzustellen. »Normalerweise versuchte ich herauszufinden, welche Art von Publikum ich hatte, wie die Leute aussahen, was sie taten, mit welchen Problemen sie im Leben zu tun hatten. Ich stellte dem Bühnenmanager immer eine Menge Fragen, etwa: ›Welche Art Leute sitzt am Montagabend im Publikum?‹ ... Ich lernte, die Stimmung, das Tempo und das Material meiner Auftritte an das jeweilige Publikum anzupassen.«[20] Das »Haus«, mit dem sie am wenigsten zurechtkam, bestand aus Mitgliedern der besseren Gesellschaft bei Wohltätigkeitsveranstaltungen. Denn dieses Publikum war meistens steif, reserviert und fühlte sich in seiner Haut nicht wohl.

Auch auf manche Schauspielkollegen und -kolleginnen war Mae nicht gut zu sprechen, besonders auf »künstlerisch anspruchsvolle« Akteure, die aus der Welt des regulären Theaters stammten und die im Varieté in kleinen Einaktern auftraten. Diese Schauspieler rümpften gegenüber reinen Varietéakteuren oft die Nase, denn in der Hierarchie der Unterhaltungsszene besaß diese Gruppe ein deutlich geringeres Sozialprestige. Unter den Personen von Mae Wests Theaterstück *Pleasure Man* (Der Lebemann), das vor und hinter der Bühne im Varietémilieu spielt, steht ein hochnäsiges britisches, besser gesagt pseudobritisches Schauspielerehepaar für diese Spezies: die Hetheringtons. Sie schmähen die eleganten Travestiekünstler, die als Männer in Frauenrollen auftreten, weil diesen »der Sinn für ... die höheren Qualitäten abgeht, die erst den wahren Bühnenkünstler im echten Drama ausmachen«, und sie äußern sich abfällig über hübsche junge Solistinnen: »Ist das nicht empörend«, sagt Mrs. Hetherington zu ihrem affektierten Mann, »wie unverschämt und frech sich manche Frauen im Varieté vor anderen aufführen?«

Varietéprogramme waren sorgfältig aufgebaut, mit Spannungsbögen und Höhepunkten an bestimmten Stellen des Programms. Weil das Publikum nicht unbedingt pünktlich kam, nicht immer bis zum Ende blieb oder auch sonst nicht immer still und aufmerksam zuhörte, waren die ersten und letzten Nummern eines Programms meistens »stumm«, also nur etwas zum Anschauen, nicht zum

Zuhören: Tiernummern, Akrobaten, Tänzer. Die begehrtesten Positionen im Programmablauf waren dagegen die Nummern direkt vor der Pause oder an vorletzter Stelle. War die eigene Nummer im Programm ungünstig plaziert, hatte man mit zusätzlichen Schwierigkeiten zu kämpfen. So erging es beispielsweise Mae in Hammersteins »Victoria«, als sie direkt nach der Pause die zweite Programmhälfte eröffnen mußte. Das Publikum war noch unruhig und unaufmerksam, und deshalb war »einiges von ihrem sehr guten Material leider für die Katz«...[21] Ebenso galt es als fatal, wenn in einem Varietéprogramm zu viele gleichartige Nummern enthalten waren, denn wenn man eine bestimmte Nummer nicht allein vertrat, minderte das die Chancen, Eindruck zu machen, erheblich. Auch diese Situation kannte Mae zur Genüge. Wie *Billboard* am 1. Juni 1912 berichtete, waren drei Sängerinnen mit Solonummern in einem Programm vereinigt: Mae West, Blossom Seeley und Ethel Green. Doch Mae, deren Auftritt an sechster Stelle plaziert war, konnte sich bestens behaupten. Sie »landete einen besonders nachhaltigen Hit«, wobei *Billboard* ihren Schlußtitel »Rap, Rap, Rap« besonders hervorhob. Maes bemerkenswerte rhythmische Begabung wurde in jenen Jahren auch von den Kritikern immer deutlicher wahrgenommen.

Besonders in Solonummern, Maes bevorzugter Arbeitsweise, waren im Varieté die Ausdrucksmöglichkeiten wesentlich größer als auf der regulären Theaterbühne. Sofern keine Zensoren eingriffen, konnte man für seine Solonummer die eigenen Songs, Kostüme, Tänze, Witzeleien, Bühneneffekte und – für Mae besonders wichtig – das eigene Tempo wählen und ausgestalten. Ihr sehr gelassenes Tempo wurde von einem Theatermanager in Cleveland in seinem Bericht eigens hervorgehoben: »Diese Portion Mensch ist offensichtlich eine Art Hypnotiseurin. Sie blieb sechzehn Minuten auf der Bühne, zeigte kaum nennenswerte Aktion und brachte die Leute trotzdem zum Lachen. Sie redet über sich selbst, singt ein paar Lieder und steht auf der Bühne herum, und trotzdem lachen die Leute und applaudieren.«[22]

Dieses aufreizend langsame Tempo, das ihrem eigentlichen Wesen ziemlich entgegenkam, wurde zum Markenzeichen in Maes Varietékarriere. Damit setzte sie sich zum einen von ihren eigenen früheren Broadway-Auftritten ab, die wesentlich schneller und peppiger waren, zum anderen von ihrem großen Vorbild, der frenetischen Eva Tanguay, die inzwischen zur unmittelbaren Rivalin geworden war; nicht zuletzt aber auch von den temporeichen Varieténummern in ihrem unmittelbaren Programmumfeld. Dieser Gegensatz zwischen ihrer langsamen Gangart und dem hektischen Tempo der anderen Akteure in ihrer Umgebung diente ihr – mit großartigem Effekt – auch als Stilmittel in ihrer späteren Theater- und Filmrolle als Diamanten-Lil.

Um das erwartungsfrohe, anspruchsvolle Publikum trotzdem zu überraschen und in ihren Bann zu schlagen, neigte Mae zu kuriosen, exotischen Kostümen. Wenn sie in silbernen Haremshosen auftrat oder einen kirschroten Chiffonmantel und Hut über einem glänzenden purpurnen Samtkleid trug, war das Prädikat »exzentrisch« durchaus angebracht.

Laut Maes Schwester Beverly wurden diese bizarren Kreationen manchmal auch von Matilda ausgewählt, die bei genauer Beobachtung Eva Tanguays erkannt hatte, wie wichtig manchmal »extreme Kleidung« sein kann, wenn man ein extravagantes Image aufbauen oder erhalten will und einen unvergeßlichen Eindruck beim Publikum hinterlassen möchte. So schrieb denn auch ein Kritiker aus Chicago nicht von ungefähr: »Mae West ist beinahe eine Eva Tanguay. Sie spielt eine ähnliche Rolle und kostümiert sich im selben Stil, auch wenn sie ihre Kleider noch nicht ganz so vollkommen ausfüllt wie ... Eva.«[23]

Auch Sime von *Variety* entging Maes Neigung zum Bizarren natürlich nicht, doch er fand diesen Hang unpassend. Als Mae ihren ersten wirklich bedeutenden Varietéauftritt im »Victoria« hatte, lobte Sime ihre Charakterstärke, die sie dazu gebracht hatte, der Ziegfeld-Revue den Rücken zu kehren. Doch dann machte er sie herunter, weil ihr »jener Hauch von Klasse« fehle. »Das Mädchen ist ein exzentrischer Typ. Sie singt Rag-Melodien und zieht sich verrückt an ... Sie ist eine von vielen verrückten Typen, die sich auf der Varietébühne tummeln, wo es oft mehr darauf ankommt, um jeden Preis aufzufallen als Talent zu zeigen.«[24]

»Verrückte« Nummern im Varieté sind durchaus als Verwandte der Monstrositätenshows im Zirkus und in Schaubuden auf dem Jahrmarkt anzusehen, wo Babys mit zwei Köpfen oder bärtige Damen vorgeführt wurden. Exzentrik und Voyeurismus gehören eng zusammen, wenn auch im Varieté in abgemilderter Form und innerhalb fester Programmstrukturen. Diese Art Bühnenexzentrik spielt letztlich nur konsequent den engen Zusammenhang von Komik und Übertreibung aus. Willie Hammerstein machte sein »Victoria« zur Schaubühne für alle möglichen Sensationen und Verrücktheiten, insbesondere für solche Akteure, die Schlagzeilen machten und selbst ins Umfeld der Boulevardpresse gehörten: Starathleten, Beteiligte an Sexskandalen (wie Evelyn Nesbit), Frauen, die ihre Liebhaber oder Ehemänner erschossen hatten. Kurz, alle die schon einmal Schlagzeilen gemacht hatten. Als Mae West nun im »Victoria« auftrat, akzentuierte sie vor allem ihre unverschämte, verrückte Seite, ganz besonders in einer Nummer, in der verschiedene Songs zum Thema »Verrücktheiten« zusammengefaßt waren (natürlich in verrückter Darbietung). Höhepunkt war der Song »Everybody's Ragtime Crazy« (Jeder ist nach Rag verrückt). Dabei ließ sie sich so hinreißend gehen, daß ein Kritiker des *New York Morning Telegraph* ihr einen ganz besonderen Ehrentitel verlieh: Er machte sie zur »cohanesken, tanguayesken Vorsitzenden im Club der verrückten Weiber«.[25]

Selbst wenn Manager und Kritiker ihren wenig profilierten Gesangsstil rügten, zögerten sie nicht, ihre Begabung als Komikerin lobend hervorzuheben. Der *Variety*-Kritiker Jolo stellte im Oktober 1913 erfreut fest, daß sich Mae immer weiter von der Gesangs- und Tanzroutine entfernte, die sie mit den Girard Brothers entwickelt hatte. »Sie singt jetzt weniger und hat dafür mehr neuartige komische Sprüche drauf, die sehr gut sind. Auf diese Weise deutet sie unmißverständlich an, daß hier ihre wahre Stärke liegt.« Um noch mehr Lacher zu erzielen, stellte sie mit Tommy Gray sogar einen professionellen Comedy-Autor an, der in *Variety* seine eigene Kolumne hatte und der schon viele komische Sketche, Songs und Monologe verfaßt hatte. Auch als komischer Songtexter war Gray sehr erfolgreich.

»Singen kann Miss West überhaupt nicht«, schrieb der bereits zitierte Kritiker des *New York Morning Telegraph*, »aber sie kann wie George Cohan tanzen, und es liegt einfach jede Menge Persönlichkeit in der Luft, solange sie auf der Bühne ist. Mit anderen Worten, entscheidend ist nicht so sehr, *was* Miss West tut, sondern *wie* sie es tut. Und genau das sichert ihr eine brillante Bühnenkarriere.«

Schon bald eröffnete sie ihren Auftritt mit einer Art Titelsong: »I've Got a Style All My Own« (Ich habe meinen ganz eigenen Stil), ihrer Variante von Eva Tanguays »It's All Been Done Before, But Not the Way I Do It« (Alles schon mal dagewesen, aber nicht so, wie ich's mache), und beendete ihn mit der kurzen Äußerung: »Es kommt nicht darauf an, was man macht, sondern wie man es macht.«

Mit dieser besonderen Betonung des Artifiziellen, mit der Bevorzugung der outrierten Manier vor dem Inhalt, erinnert Mae West an die Ära der Dandys und Ästheten à la Oscar Wilde in den neunziger Jahren des 19. Jahrhunderts, für die der Duft eines Briefumschlags oft weit mehr bedeutete als der Inhalt des darin übermittelten Briefes. Diese überzüchtete, etwas weibische Ästhetik paßte gut in die Welt des Varietés, in der sich feminine, homosexuelle Männer ganz unbefangen auf und hinter der Bühne tummelten. Mae fühlte sich immer zu ihnen hingezogen, sie fand sie »humorvoll, süß und talentiert«. Umgekehrt mochten diese Männer Maes exzentrisches Gehabe und ließen sich davon inspirieren: »Es ist leicht für sie, mich nachzumachen, weil die Gesten alle übertrieben, schrill und sexy sind.« Nach Matineen in New York oder Brooklyn »nahm ich manchmal ein paar von den Jungen mit nach Hause. Meine Mutter war von ihnen ganz begeistert, weil sie sie so toll frisieren konnten und weil sie ihr die Hüte reparierten.«[26]

Freilich gab es einen grundlegenden inneren Widerspruch in Maes Rollenkonzeption und in ihrem Auftreten. Denn einerseits stilisierte sie sich zur höchst artifiziellen, verrückten Kunstfigur hoch, während sie andererseits gleichzeitig der Inbegriff eines konträren Mädchentyps sein wollte: die unbefangene, natürliche Göre mit dem Herzen auf dem rechten Fleck, die redet, wie ihr der Schnabel gewachsen ist. Dem Varietépublikum bot sich Mae West immer wieder als ideale Verkörperung des »Original Brinkley Girl« an, eines Rollenvorbilds für junge Frauen, das heute fast vergessen ist, jedoch im zweiten Jahrzehnt als Nachfolgeimage des großen, athletischen, meist eine Bluse tragenden »Gibson Girl« en vogue war. Letzteres wurde vor allem durch die Lithographien von Charles Dana Gibson im Magazin *Life* geprägt, während das »Brinkley Girl« eine Schöpfung der Karikaturistin Nell Brinkley für die Sonntagsbeilagen der großen Zeitungen war. Gibsons Figur, eine Korsett tragende junge Frau, gab sich kühl aristokratisch: mit erhobenem Kinn und reservierter, herrischer Ausstrahlung. Ihr Gang war leicht nach vorn geneigt. Brinkleys stupsnäsige Cartoonfigur dagegen vermittelte mit gespitzten Lippen und lockeren, vom Wind zerzausten Haaren spielerisch flirtende Leichtigkeit, Spontaneität, Natürlichkeit und Realismus.

Um 1913 begann Mae West, sich als »The Original Brinkley Girl« anzupreisen, doch schon 1908 war in den *Ziegfeld Follies* ein Song über Nell Brinkleys Girl erklungen, das »mit total zerzausten Haaren« freche Klamotten trägt und dem es überhaupt nichts ausmacht, wenn der Wind den Rock aufweht, so daß ihre seidene Unterwäsche zu sehen ist. Gespielt wurde das »Brinkley Girl« von Annabelle Whitford, zunächst in den »Follies«, dann aber auch als eigene Varieténummer. Letztlich war dieser Typus, historisch betrachtet, aber nicht mehr als eine Zwischenstation zwischen dem aristokratischen »Gibson Girl« der Jahrhundertwende und den Flappern der zwanziger Jahre.

Indem sich Mae West in die vorgegebene Brinkley-Girl-Rolle einfügte, lenkte sie die Aufmerksamkeit auf ihre ungezwungene Mädchenhaftigkeit. Damals war sie noch nicht die vollbusige Sexgöttin späterer Jahre, noch nicht einmal eine Frau von Welt. Mindestens ein Varietémanager beschrieb denn auch ihre gespielte Nonchalance als »jungenhaft«. Indes, sowohl die Lust am Flirten als auch die Nonchalance, zwei zentrale Merkmale des »Brinkley Girl«, paßten bestens zu ihrer Neigung, provokant aufzutreten. Längst schon war das Varieté nicht mehr so demonstrativ sauber wie früher. Alle möglichen Maßstäbe für Varieténummern waren gelockert worden. »Mit dem Varieté geht es bergab – dorthin, wo die Burleske herkommt«, lamentierte *Variety*. Wo einst das Wort »verdammt« zu Zuschauerprotesten geführt habe und den betreffenden Akteur den Job gekostet habe, seien heutzutage »laszive Tänze« und »schmutzige Sketche« selbst in den großen Häusern gang und gäbe.

»Sex Uhr« habe es in Amerika geschlagen, bemerkte im Jahre 1913 ein angewiderter Journalist. »Eine Welle von Sexhysterie und Sexdiskussionen überschwemmt anscheinend das ganze Land.«[27] Am Broadway lief damals zweiundzwanzig Monate lang das naturalistische Thesendrama *Les Avariés* (1902) des Franzosen Eugène Brieux unter dem Titel *Damaged Goods* (Beschädigte Ware). Darin geht es um einen verheirateten Mann, der an Syphilis leidet. Das Stück, das mehrere – schwer zu besetzende – Prostituiertenrollen enthält (schließlich wollte sich niemand gern dem mit solchen Rollen oftmals verbundenen Vorwurf aussetzen, auch selbst ein unmoralisches Leben zu führen), löste in England und Amerika eine wahre Welle von »Sünden- und Lasterdramen« aus und wurde schließlich auch verfilmt. *Variety* verkündete zwar, man weigere sich, Anzeigen für Filme zu bringen, in denen das Laster sensationell dargestellt werde; doch an der Herstellung solcher Filme und an ihrer Beliebtheit bei einem sensationshungrigen Publikum änderte das nichts.

Auch bei der Beliebtheit bestimmter Filmschauspielerinnen und Filmheldinnen zeichnete sich ein Geschmackswandel ab. Nach ihrem Filmdebüt im Jahre 1915 bildete Theda Bara, die später in Rollen wie Carmen, Kleopatra, Salome und Dubarry auf der Leinwand zu sehen war, einen Kontrasttyp zur guten Heldin à la Mary Pickford. Bara war der Prototyp des »Vamps«. Sie verkörperte zügellose Begierde, einen alles verschlingenden sexuellen Appetit und aufreizende Verführungsmentalität, was die schlimmsten Vorhersagen der Moralapostel zu bestätigen schien. Ihrer unverblümten Lüsternheit, die genauso übertrieben war wie später die von Mae West in ihren Filmrollen, fehlte die leichte und selbstironische Note. Theda Bara war eine echte *femme fatale*: Sie versprach die totale Befriedigung der Sinnenlust, aber ihr Liebhaber ging dabei zugrunde. Ihre Art Sexualität verhieß letztlich nichts Gutes; sie war ominös, abgründig, raubtierhaft. Den ihr fehlenden, spöttischen Ton brachten später andere ins Spiel, die sie schließlich auch als Filmidol ablösten.

Als in Europa der Erste Weltkrieg ausbrach, erreichte in Amerika die Tanzmanie einen fieberhaften Höhepunkt: Überall wurden am Nachmittag Tanztees veranstaltet, bei denen unternehmungslustige bürgerliche Hausfrauen männliche Tanzpartner mieten konnten. Wie *Billboard* berichtete, kamen die Varietémanager dieser Manie weitgehend entgegen, indem sie »ihre Programme mit allen möglichen Tanznummern aufstockten«. Irene und Vernon Castle stiegen damals unter die Spitzenverdiener der Branche auf. Ihr Stil, ihre Raffinesse und ihre Schrittfolgen wurden zum Maßstab für Millionen Amerikaner. In den Hotels wurden Tanzflächen geschaffen, damit auch gewöhnliche Sterbliche eine flotte Sohle aufs Parkett legen konnten.

Wie in anderen Epochen mit großen sozialen Umbrüchen in den Vereinigten Staaten, etwa in den neunziger Jahren des 19. Jahrhunderts und später in den zwanziger oder sechziger Jahren, traf der Wandel in Richtung einer größeren sexuellen Ausdrucksfreiheit auf zwei widersprüchliche Intentionen: Zum einen wurde Sex als Sensationsthema ausgebeutet, zum anderen aus moralischen Gründen unterdrückt. Ein New Yorker Geschworenengericht verbot den »Turkey Trot« als unmoralisch; öffentliche Tanzveranstaltungen mußten hinfort eigens genehmigt werden. In den New Yorker Cabarets wurde die Polizeistunde eingeführt. In Hammersteins »Victoria« rief ein Apachentanz, bei dem der männliche Tänzer seiner Partnerin unter Liebkosungen die Kleider vom Leib riß, die Polizei auf den Plan. Die Tanznummer wurde dann zwar nicht ganz verboten, aber deutlich entschärft. In Chicago wurde der Film *Zigamor* zensiert: Eine Szene in einer Opiumhöhle, eine andere mit Tänzerinnen und eine weitere, in der ein Mädchen von einem Pferd zu Tode geschleift wurde, fielen der Schere zum Opfer. In New York schließlich wurde die Vorführung von Chaplins Film *A Night Out* (Ein nächtliches Abenteuer) untersagt, weil darin der Held mit der Frau eines anderen in einem Hotelzimmer zu sehen war.

Die Filmzensur, bis dahin eine Angelegenheit der einzelnen Bundesstaaten, wurde in die nationale Zuständigkeit überführt. Die nationale Zensurbehörde (National Board of Censors) legte sehr detaillierte Richtlinien für das Zeigen von »lüsternen Heldinnen« im Film fest. Verboten waren demnach »die ausführliche Darstellung persönlicher Verführungskünste, die offene Zurschaustellung körperlicher Vorzüge sowie das Zeigen leidenschaftlicher, ausgedehnter Umarmungen«. Der Bannstrahl galt ferner »der Darstellung von Männern, die sich bei intimen sexuellen Beziehungen leichtfertig von einer Frau zur nächsten wenden, oder von Frauen, die sich leichtfertig einem Mann nach dem anderen zuwenden«.[28]

Im Gefolge der Kontroversen, die der Film *Birth of a Nation* hervorrief, entschied der Oberste Gerichtshof der USA im Jahre 1915, Filme fielen nicht unter die verfassungsmäßig garantierte »Redefreiheit«. Filme könnten »für üble Zwecke verwendet« werden, und die Vorführung von Filmen sei ein »reiner Geschäftsvorgang«. Die Filmzensur sei deshalb verfassungskonform.[29]

Im Bereich des Keith-Varieté-Imperiums führte der Montagsreport der Manager jeweils ganz genau jene Zeilen auf, die als anstößig bewertet wurden und deshalb aus den einzelnen Nummern zu streichen waren. Blaue Briefe vom Manager mit Anweisungen zur Streichung frivoler Aktionen und Wörter fanden die Akteure normalerweise nach der Matinee und vor der Abendvorstellung in ihren Postfächern. Man hatte sich diesen Anweisungen zu fügen oder riskierte den Rauswurf.[30] In Cleveland erhielt Mae beispielsweise einmal die Aufforderung, das für »junges Mädchen« verwendete Wort »chicken« aus ihrem Auftritt zu streichen.

Die Manager versuchten nicht nur, die Keith-Tradition moralischer Anständigkeit zu bewahren, sondern sie lebten überdies in ständiger Furcht, die Kirchen, besonders die katholische Kirche, könnten Anstoß nehmen. In Proben oder auch, wenn Mae in Aufführungen nach Meinung der Manager die zulässigen Grenzen überschritten hatte, wurde sie von ihnen bedrängt. Dann fielen, erinnerte sich Mae, Aussprüche wie:»›Mein Gott, diesen Song müssen Sie ändern, sonst sind die Kirchen hinter uns her.‹ (Vor der Polizei hatten sie nie Angst, immer nur vor den Kirchen.)« Mae versuchte, diese Zensur auf ihre Weise zu umgehen:»Um das tun zu können, was ich auf der Bühne tun wollte, mußte ich mit allen erdenklichen Tricks arbeiten. Bei Proben tat ich normalerweise mein möglichstes, um meine Sachen ganz gesittet darzubieten – doch dann, beim ersten Auftritt vor Publikum, zog ich alle Register. Stand das Publikum erst einmal an den Kassen Schlange, dann tendierten die meisten Manager zu meiner Sicht der Dinge.«[31]
Wie sie später auch beim Film entdecken sollte, konnte sie eine völlig harmlos klingende Dialogzeile durch Stimmgebung, Timing, Nuancen des Gesichtsausdrucks und Körpersprache nachhaltig erotisieren. Manchmal überreichte sie dann einem besorgten Manager die Noten eines Songs, den dieser durch Streichungen zähmen wollte, und bat ihn, ihr ganz genau zu sagen, was sie tun solle. »Dann sah er sich die Noten immer wieder an, und natürlich gab es da überhaupt nichts zu streichen. Denn das Anstößige lag ganz allein in meiner Stimme, in meiner Haltung, in meiner Persönlichkeit.«[32]
So schaffte sie es immer wieder, eindeutig zweideutig Songtexte, die den Zensoren offenbar entgangen waren, in ihre Programme zu schmuggeln, etwa»And Then« mit seinem Detailbericht von einem gemütlichen Beisammensein:

Erst redeten wir zusammen – und dann
Saßen wir am Kamin, und dann
Wurde uns mächtig warm, und drum
Rückten wir mit den Stühlen herum.

Mutter rief »Gute Nacht!«, und dann
Dämpften wir das Licht, und dann
Kuschelten wir. Es wurde noch netter.
Wir sprachen auch noch über das Wetter.
Ja, wir taten's, wir taten's – damals nicht.

Ein Kritiker in Detroit war schockiert. »Der Knüller des Programms ist Mae West«, schrieb er. »Und sie ist schlichtweg vulgär. Bei dieser Frau findet sich alles Unanständige, das auch Eva Tanguay an sich hat, aber ohne das Können der Tanguay. Trotzdem grölte das Publikum nach einer Zugabe. Es ist kaum vorstellbar, daß Fräulein West ihren Song ›And Then‹ noch den ganzen Rest der Woche wird singen dürfen. Dafür wird das Management des Temple[-Theaters] schon sorgen, das sich doch auch sonst immer soviel Mühe gibt, alles Anstößige aus den Programmen zu entfernen.«[33]

Hier hatte sich also bereits ein festes Muster entwickelt: Während das Publikum Mae West bewunderte, regten sich Manager und Kritiker über sie auf. Es läßt sich heute nur noch schwer abschätzen, in welchem Ausmaß Maes ständige Bereitschaft, die »Grenze zwischen Witz und Unverschämtheit zu überschreiten« *(Variety)*, ihrem Aufstieg in die absolute Spitze der Varietéhierarchie im Wege stand. Doch kann kein Zweifel bestehen, daß dem so war. Wenigstens vorübergehend scheint sie auch versucht zu haben, aus ihren Auftritten etwas Provokation und Schwüle herauszunehmen, um auf breitere Zustimmung im Establishment zu stoßen. Als sie Anfang 1915 nach längerer Abwesenheit von New York wieder einmal im »American Roof« auftrat, wußte Sime in *Variety* zu berichten, daß »sie ihren Überschwang etwas gebremst hat. Doch könnte sie sich ruhig noch ein wenig mehr zurückhalten.«

Nachdem sie zwei Jahre lang die harte Tourneearbeit in den Varietés des Landes hinter sich gebracht hatte, war sie in ihrer Auftrittstechnik zwar unvergleichlich viel besser geworden. Auch wußte sie jetzt wesentlich besser, was sie konnte und was sie wollte. Doch trotz einiger hervorragender Kritiken verlor sie nun, zumindest bei den für die Bewertung ihrer Leistung entscheidenden Instanzen, an Boden. Man kürzte ihre Gagen und gab ihr auch in den Programmen nicht mehr die besten Plätze. In den Branchenblättern erschien ihr Name in Anzeigen nicht mehr so häufig. Und wenn er doch einmal auftauchte, mußte man – mit wenigen Ausnahmen – schon eine Lupe zur Hand nehmen, um ihn entziffern zu können. Ihre Karriere, die noch wenige Jahre zuvor anscheinend absolut sicher auf eine Spitzenstellung zustrebte, war ins Schlingern geraten.

# Verbündete
5. *Kapitel* **und begrenzte**
# Partnerschaften

*M*ae Wests Karriereknick war allerdings
teilweise auch auf Gründe zurückzuführen, auf
die einzelne Akteure wie sie keinen Einfluß
hatten. Der Krieg in Europa und eine wirtschaftliche Rezession in Amerika sorgten dafür, daß sozusagen aus dem Ballon, mit dem
sich die Unterhaltungsindustrie bisher im Auf-
wind befunden hatte, die Luft weitgehend ent-
wich. Schon vor Kriegsausbruch im Sommer
1914 hatte das Varieté eine Saison mit sinken-
den Einnahmen zu verzeichnen gehabt, doch
hatte man die Ursachen für diesen Einbruch
noch in einer Kombination verschiedener Faktoren gesucht: in einem unglücklichen Zusammentreffen von schlechtem Wetter, Überkapa-
zitäten im New Yorker Theaterviertel und der

wachsenden Konkurrenz seitens des Films, der sich immer größerer Beliebtheit erfreute. Nun aber suchten europäische Akteure und ihre amerikanischen Kollegen, die zuvor in Europa aufgetreten waren, ebenfalls ihr Auskommen auf dem relativ sicheren amerikanischen Unterhaltungsmarkt. Ein Überschuß an Talenten, der auf einen schrumpfenden Markt traf, dazu eine allgemeine Verunsicherung – all dies führte in der Branche zu Gagenkürzungen und generellen Einsparungsmaßnahmen.

Daß gleich zwei Gründerfiguren der amerikanischen Varietészene im Jahre 1914 starben, schien symbolisch das Ende einer ganzen Ära zu markieren; die besten Jahre des amerikanischen Varietés waren womöglich vorbei. B. F. Keith, dem Gründer des Keith-Imperiums, weinte kaum jemand eine Träne nach, doch Willie Hammerstein, der Showman der Branche par excellence, zu dessen Verdiensten die Schaffung des äußerst erfolgreichen Konzepts vom Varieté als lebender Boulevardzeitung im »Victoria« gehörte, wurde allgemein vermißt. Das Heraufziehen einer neuen Ära wurde indes auch darin sinnfällig, daß Hammersteins »Victoria« im Mai 1915 als Kino an die Rialto Theatre Company vermietet wurde. In der Welt des Varietés schrillten nun die Alarmglocken.

Bei der Keith-Varietékette wurden Gehaltskürzungen von 15 Prozent für alle Akteure verfügt, was natürlich zu lebhaftem Protestgeschrei der Betroffenen führte. Loew hingegen, der »Henry Ford des Showbusiness«, versprach zwar, die Gagen nicht zu kürzen, aber dafür mußten die Künstler harte Bedingungen mit drei Aufführungen pro Tag und weiten Reisen in die Provinz in Kauf nehmen, bei denen für die überanstrengten Akteure nur wenig Ruhm zu ernten war. Die White Rats, eine mit dem amerikanischen Gewerkschaftsbund (American Federation of Labor) verbundene Interessenvertretung der Varietékünstler, deren Name sich von dem rückwärts buchstabierten Wort »Star« herleitete, führten den Kampf für eine Art vertraglicher Absicherung der Akteure an. Eine Zeitlang wurde diese Organisation sogar von *Variety* offen unterstützt. Doch damals war die Gewerkschaftszugehörigkeit von Varietékünstlern durchaus noch nicht der Normalfall. Mae West, die später schon frühzeitig die Screen Actors Guild unterstützte, ignorierte diesen ersten Anlauf zu einer gewerkschaftlichen Organisation der Akteure vollkommen, obwohl die White Rats in Aufrufen insbesondere mehr weibliche Mitglieder suchten.

Mae West, die sich über Themen, die die Welt oder die Nation bewegten, nie allzulange den Kopf zerbrach, war der Kampf um die wirtschaftliche Absicherung der Varietékünstler anscheinend ebenso egal wie der Weltkrieg in Europa, obwohl ihr der deutsche Akzent ihrer Mutter in einer Zeit aufwallender antideutscher Ressentiments sicher gelegentliche Kopfschmerzen bereitete. Mae ging es nicht anders als vielen Amerikanern, die hinsichtlich des Ersten Weltkrieges anfangs das beruhigende Gefühl hatten, dieser sei »weit weg und abgelegen« – so weit, daß man sogar Witze darüber reißen konnte.[1] Seitenhiebe auf den Krieg fanden unweigerlich ihren Weg in amerikanische Schlager und Varieténummern, und Komiker redeten zum Beispiel von Musikern im Orchestergaben als »den Jungs da unten im Schützengraben«.

Die offizielle Politik der Regierung Wilson war zunächst auf Neutralität aus. Dagegen hatte die Theaterbranche kaum Einwände. Im Clubhaus der White Rats ging es weiterhin völkerverbindend zu; Nationalitäten spielten nur eine untergeordnete Rolle, Kameradschaft der Akteure untereinander blieb die Hauptsache. Deutsche Akrobaten halfen weiterhin »einem englischen Team, seine Sachen aufzubauen, und ein russischer Tänzer unterhielt sich weiterhin mit einem österreichischen Dompteur«.[2] Die virulenten antideutschen Gefühle, die das Land schon bald überfluten sollten, brachen erst nach Torpedierung der »Lusitania« durch deutsche U-Boote im Mai 1915 hervor. Dieser Vorfall, der über tausend zivile Opfer gefordert hatte, wurde auf einer New Yorker Varietébühne in »mechanischer« Nachbildung vorgeführt.

Als England Deutschland nach der Invasion Belgiens im August 1914 den Krieg erklärte, hielt sich Mae West gerade auf Tournee in Texas auf (diesmal für die Interstate-Kette). Die ihrer Meinung nach unwichtigen Hintergrundgeräusche des Kriegs berührten sie nicht weiter, weil sie sich bis über beide Ohren leidenschaftlich

116

verliebt hatte. Und diese Affäre sollte für ihre Verhältnisse sogar sehr lange andauern. Der Liebhaber war Guido Deiro (manchmal auch Diero geschrieben), ein gutaussehender, schwarzhaariger italienischer Akkordeonspieler, den sie 1913 in einem Detroiter Varietétheater kennengelernt hatte. Der Mann, den sie in ihrer Autobiographie »Mr. D« nennt, hatte »eine tolle persönliche Ausstrahlung und sinnlichen südländischen Charme«.[3] Aber er war auch eifersüchtig, feurig und besitzergreifend.

Normalerweise mied Mae romantische Verstrickungen mit anderen Varietékünstlern, besonders wenn sie bekannter und etablierter waren als sie selbst. Deiro jedoch war definitiv eine Ausnahme von dieser Regel. Obwohl Mae in ihren Memoiren den professionellen Status von »Mr. D« bewußt herunterspielte, hatte sich Deiro in der Welt des Varietés bereits einen guten Namen gemacht, als er Mae kennenlernte. Er war bereits im »Palace« aufgetreten, und in einer New Yorker Zeitung hatte es 1913 geheißen, er sei »ein Liebling der New Yorker, der keine Empfehlung mehr benötigt. Er ist ein Vollblutmusiker.«[4] In San Francisco, wo er alles spielte, »vom besten Klassiker bis zum fetzigsten Rag, mit jeder Menge Swing und Pep«, wie *Variety* schon im Juli 1910 meldete, hatte er im Publikum »wildeste Begeisterung« geweckt. Während Mae Schallplattenaufnahmen erst nach ihrer Ankunft in Hollywood machte, hatte Deiro schon 1914 einen Schallplattenvertrag mit Columbia in der Tasche.

Machtfragen spielten in Mae Wests Leben immer eine bedeutende Rolle. Deshalb erweckt sie in ihrer Darstellung der Liebesaffäre mit Deiro – einer der wenigen in ihrem Leben, die wirklich in die Tiefe gingen – in ihren Memoiren den Eindruck, *sie* habe immer alle Trümpfe in der Hand gehabt. Demnach war *er* es, der vor Liebe und Verlangen nicht ein noch aus wußte, der nichts unversucht ließ, um sie sich durch eine Eheschließung für immer zu sichern. *Er* war es, der einen Rückschritt in seiner Karriere in Kauf nahm und damit zufrieden war, statt als Solist künftig nur noch als Bandleader ihrer Begleitmusik aufzutreten, wenn er dafür nur mit ihr zusammen reisen und immer bei ihr sein konnte. Doch wenigstens anfangs war sie durch diese Liebe genauso aus der Bahn geworfen wie er, von Verlangen nach ihm übermannt. Ein einziges Mal in ihrem Leben spielte die Karriere damals nur eine Nebenrolle:»Der Sex war mit diesem Mann einfach überwältigend. Ich wollte morgens, mittags und abends immer nur mit ihm schlafen, nichts anderes mehr.«[5] Und zum ersten Mal in ihrem Leben ging mit dem körperlichen Verlangen auch ein seelisches einher. Diese intensive Affäre reichte»sehr tief, alle Gefühle waren involviert. Und so sehr kann man sich in niemanden verknallen, wenn da nicht noch was anderes ist, das zum Geschlechtsakt hinzukommt, stimmt's nicht?«[6]

1914 und noch in der ersten Hälfte des folgenden Jahres waren Mae West und Deiro zusammen auf Tour und traten im ganzen Land gemeinsam im Varieté auf. Indes, häufiger als umgekehrt wurde Deiro als Krönung des Abends in Kritiken hervorgehoben, selbst wenn das Publikum auch Maes Auftritte schätzte. In New York etwa erhielt Deiro im»American Roof«»in der ersten Programmhälfte den stärksten Beifall«, während Mae West»an vorletzter Stelle auftrat, einer Position, die eigentlich Deiro verdient gehabt hätte«, wie *Variety* meinte. Als Mae und Deiro sich schließlich trennten, wurde Deiro wieder von der Keith-Kette unter Vertrag genommen, wurden seine Interessen von einem der Spitzenagenten, Max Hart, vertreten, während Mae sich mit der zweitklassigen Western-Vaudeville-Kette zufriedengeben mußte, die in Chicago ansässig war. Zum Bruch mit Deiro kam es im Frühjahr 1915, nur wenige Monate nachdem das Paar dem ganzen Showbusiness seine Partnerschaft in einer großen Anzeige mit Fotos von beiden kundgetan hatte, nämlich in der Weihnachtsnummer von *Variety*: Deiro, »der Meister des Akkordeons, konkurrenzlos auf seinem Gebiet«, und Mae West, das»Original Brinkley Girl mit dem ganz eigenen Stil«, waren, wie sie den Lesern mitteilten, gemanagt von Hark Bohm,»gemeinsam als Spitzenkönner« für eine vierzigwöchige Tournee im Loew-Imperium»engagiert worden«. Daß die beiden auch jenseits der Bühne ein Paar waren, wußte in der Branche fast jeder. Kein Wunder also, daß Nils Granlund, ein Pressemann von Loew, in seinen Memoiren schreibt, die beiden seien verheiratet gewesen. Doch weil Mae West von Frank Wallace noch nicht geschieden war (sein letztes Lebenszeichen kam damals aus einem Brooklyner Cabaret im Bezirk Brighton Beach, wo er als Tänzer engagiert war), wäre jede weitere Ehe eindeutig ein Fall von Bigamie gewesen.

Auch Deiro war – zumindest zum Zeitpunkt, als sich die beiden erstmals trafen – nicht frei für eine neue Ehe, doch er lebte von seiner Ehefrau getrennt, als er mit Mae ein Verhältnis begann. Ob sich Deiro je von seiner Frau scheiden ließ, wissen wir nicht; ebenso nicht, ob sie mit einer Unterhaltsklage gegen ihren Mann Erfolg hatte. Auf jeden Fall waren die jeweiligen ehelichen Bindungen für die beiden kein Hinderungsgrund, zusammenzukommen. Und ebensowenig waren sie ein Grund für die Trennung, als es soweit war.

Mae und Deiro gingen nach zwei Jahren intensiven Zusammenlebens auseinander, weil Mae die Monogamie als Einengung empfand und weil sie wieder mehr für die eigene Karriere tun wollte. Erneut spielte Matilda dabei eine Schlüsselrolle: Daß Mae so eng mit dem Akkordeonspieler liiert war, alarmierte sie; und als Deiro mit Gewalt drohte, wenn er Mae nicht ganz für sich haben könne, bekam es Matilda mit der Angst zu tun. »Das paßte meiner Mutter überhaupt nicht«, sagte Mae später in einem Interview. »Sie hatte mit mir doch noch Großes vor. Sie sagte, ich sei nur mit mir selbst beschäftigt und nicht mit meiner Karriere.« Für Matilda war Maes vorrangige Beschäftigung mit der Liebe nichts anderes als Selbstsucht, wenngleich das Interesse an der eigenen Karriere signalisierte, daß sie auf die Wünsche ihrer Mutter Rücksicht nahm. Als Mae allerdings immer noch keine Anstalten machte, von Deiros Seite zu weichen, »zeigte mir Mutter ständig andere verheiratete Paare ... und wies mich darauf hin, wie bedeutungslos deren Leben verlief«. Ohne herumzunörgeln, brachte Matilda auf diese Weise nachdrücklich ihr Mißfallen zum Ausdruck, vor allem aber ließ sie Mae spüren, wie sehr deren Liebesvergessenheit und Unkonzentriertheit ihrer hingebungsvollen Mutter zu schaffen machten. So dämmerte bei Mae langsam die Einsicht, daß Matilda »eigentlich recht hatte. Und als mir das erst einmal klargeworden war, gab ich ihm den Laufpaß.«[7]

Matilda brachte das Thema schließlich offen zur Sprache. Sie bat Mae, sich von Deiro zu trennen. Und als Mae eine Möglichkeit sah, zu entwischen, ohne auch nur ein einziges Wort des Abschieds zu hinterlassen oder Deiro gar einen Abschiedskuß zu geben, da reiste sie abrupt aus Chicago ab. »Der arme Kerl ist daran fast zugrunde gegangen. Er fing zu trinken an. Und er kam regelmäßig zum Haus meiner Eltern, um nach mir zu fragen. Doch meine Mutter sagte ihm immer wieder, sie wisse nicht, wo ich sei. Da heulte er hemmungslos und sagte, er werde sich umbringen.«[8] Auch drohte er, er werde jeden anderen umbringen, der seinen Platz in Maes Herz einzunehmen versuche. Worauf Battlin' Jack nur kühl entgegnete: »Bitte keine italienischen Messergeschichten!«[9]

Auch Mae litt schwer unter der Trennung. Ruth Biery erzählte sie im Jahre 1934, sie habe damals ein absolutes Tief durchlebt und nur auf das Vergehen der Zeit gehofft. »Sie wartete darauf, die *Liebe* vergessen zu können«, schrieb Biery und zitierte dann Maes Worte: »Seit jenen Tagen habe ich nur noch an Mae West gedacht. Männer waren für mich fortan nur noch soweit von Bedeutung, als sie mir helfen konnten, noch mehr Mae West zu sein.«[10] Schon damals begann Mae also, ihre öffentliche Rolle von ihrem privaten Ich zu trennen und von sich selbst als Mae West in der dritten Person zu reden.

In Chicago tröstete sich Mae mit einem neuen Liebhaber, während sie im ganzen Mittleren Westen in den Häusern der Western-Vaudeville-Kette auftrat. Diesen neuen Verehrer, der große Ähnlichkeit mit einem Charakter aus den Romanen F. Scott Fitzgeralds hat, nennt sie in ihrer Autobiographie nur »Rex«. Gutaussehend, wohlhabend und aus der gesellschaftlichen Oberschicht stammend, wollte er Mae heiraten. Und sie sagte, sie habe diesen Gedanken durchaus ernsthaft erwogen: »Ich hatte das Gefühl, daß Mutter mit einer solchen Heirat glücklich gewesen wäre.« Doch dann entschied sie sich anders, weil Rex ihr zu dominant war. Denn er bestand nachdrücklich darauf, daß sie zu seinen Gunsten ihre Karriere im Showbusiness aufgeben solle. Sie aber zog es vor, Rex aufzugeben. In mehreren Theaterstücken und Drehbüchern setzte sie ihm indes ein Denkmal: In *The Ruby Ring* (Der Rubinring) heißt die Figur Reggie Muchcash, in *Sex* Jimmy Stanton, in *The Constant Sinner* (Die standhafte Sünderin) Wayne Baldwin, in *Ich bin kein Engel* Jack Clayton (im Film von Cary Grant gespielt) und in *Goin' to Town* (Auf in die Stadt) Edward Carrington (im Film von Paul Cavanagh dargestellt).

In Chicago verließ Mae den Mittelweg nach beiden Seiten hin und genoß die Freuden des luxuriösen High-Society-Lebens ebenso begierig wie die wilde Sinnlichkeit der nicht unbedingt salonfähigen Vergnügungsviertel. Die Angehörigen der Oberschicht ließen sie nicht kalt (schließlich liebte sie den Luxus); auch eine Affäre mit einem Opernsänger machte ihr Spaß. Doch für ein ekstatisches Abenteuer nach dem eigenen Showauftritt ging nichts über die Nachtclubs an der South State Street, in denen sich die verschiedensten Schattierungen von Schwarzen trafen und in denen »die rassische und sexuelle Toleranzgrenze für jene Zeit schockierend hoch war«. Hier erlebte Mae den »mit tiefer, rauher Stimme vorgetragenen Blues« und die »wilden, lauten Schreie der Liebe und des Vergnügens«. Hier lernte sie laszive Tänze kennen, die von der Chicago Morals Commission als »unzüchtig« eingestuft worden waren: den Bump, den Jelly-Roll, den Shimmy (»shakin' the shimmy« und »shimmy sha-wobble« hieß es im Jargon jener Tage, wenn von diesem wilden Jazztanz die Rede war). Im Nachtclub »Elite No. 1« sah sie »große schwarze Männer, deren Gesichter von [Straßenkämpfen mit] Rasiermessern vernarbt waren, und attraktive hellbraune Mulatten der verschiedensten Schattierungen, die in gingeschwängertem Rauch den ›Can House Blues‹ tanzten«.[11] »Sie standen von ihren Tischen auf, betraten die Tanzfläche und schüttelten Schultern, Oberkörper, Brust und Becken ... Es herrschte eine Aura von nackter, schmerzhafter Sinnenlust ... und wer das einmal erlebt hat, der weiß auch, daß kein Weißer einen solchen Tanz je hätte kreieren können.«[12]

Mae hatte bereits eine Vorliebe für das entwickelt, was der Historiker des Jazztanzes, Marshall Stearns, »bodenständige Hüftbewegungen« (vernacular hip movements) nennt, und deshalb nahm sie den Shimmy in ihre Varieténummer auf, selbst wenn der Manager davon überhaupt nicht begeistert war. Vornehme Zurückhaltung beim Tanzen war Maes Sache nicht. Sie versuchte so genau wie möglich zu reproduzieren, was sie in den Clubs in Chicago gesehen hatte. Sie nahm für sich in Anspruch, die erste gewesen zu sein, die die Shimmy-Mode der tanzwütigen Nachkriegsjahre in Gang gesetzt habe. Auf jeden Fall war sie die erste, die diese von afrikanischen Tänzen abgeleitete Ausdrucksform der Schwarzen aus New Orleans – verwandt mit dem Shake und dem Quiver, in manchen Köpfen aber auch mit dem Hootchy-Kootchy von »Klein-Ägypten« – in die »respektable« Welt der Weißen einführte.

In Chicago begegnete sie auch Joe Frisco, dem weißen Spezialisten für komische Tanznummern, der in New Orleans eine vom weißen Posaunisten Tom Brown angeführte Jazzband gehört und dann geholfen hatte, diese Band 1915 nach Chicago zu bringen, wo sie als allererste mit der Bezeichnung »Jass«-Band angekündigt wurde. Jetzt half er Mae bei der Ausarbeitung ihres neuen Tanzstils und inserierte daraufhin in *Variety*, Sophie Tucker und Mae West gehörten zu seinen Schülerinnen im Jazztanz. Wie Mae West schien auch Frisco manchmal seine Tänze zu travestieren, wenn er Schultern und Becken schüttelte, während seine Zunge die Wange wölbte.

In Chicago arbeitete und publizierte auch der schwarze Komponist Shelton Brooks, der Schöpfer von »Darktown Strutters' Ball« (Ball der Nachtschwärmer im Negerviertel). Mae mochte den entspannten, fingerschnipsenden Shelton-Brooks-Sound gern, und so nahm sie die Brooks-Songs »They Call It Dixieland« (Sie nennen's Dixieland) und »Walkin' the Dog« (Hundespaziergang) in ihr Programm auf. Letzterer wurde übrigens auch von Sophie Tucker vorgetragen.

Mae West und Sophie Tucker, die beide während des Krieges oft

122

in Chicagos großen Varietéhäusern zu sehen waren, kannten einander zweifellos, auch wenn die professionelle Rivalität wahrscheinlich einer Freundschaft im Wege stand. Beide verfaßten Memoiren, doch die jeweils andere kommt darin nicht vor. Sie hatten viele gemeinsame Wurzeln und wiesen auch sonst Ähnlichkeiten auf: Beide stammten aus Städten der Ostküste und aus Einwandererfamilien, beide waren, ehe sie im Varieté Karriere machten, schon in Cabaret-Revuen aufgetreten. Beide traten sexuell aggressiv auf, liebten Pelze, Diamanten und zweideutige Lieder, in denen »das Thema Sex komisch, nicht unbedingt gefühlsbetont und tragisch dargeboten« wurde,[13] und beide fühlten sich zum musikalischen Idiom der schwarzen Amerikaner hingezogen. Manche Lieder und Komponisten teilten sie sich. Doch Tucker war von kräftiger Statur und konnte deshalb nicht so gut und behende tanzen wie Mae. Auch war Mae West eindeutig verführerischer. Sophie Tucker hingegen konnte weibliche Opferrollen und verlassene Geliebte weit überzeugender als Mae spielen, wenn sie dazu ihre vom Blues geprägten Lieder sang. Auch war Tucker schon lange vor Mae West ein Star im satirischen Cabaret (hier wurde Mae West erst in den fünfziger Jahren aktiv).

In ihrer Autobiographie sagt Mae, sie habe sich sofort zum Jazz hingezogen gefühlt. »Meine Lehrzeit im Ragtime hatte ich schon hinter mir, und jetzt stürzte ich mich auf die neue Musik aus New Orleans ... Der Jazz paßte zu mir, ich mochte den Rhythmus und auch die damit verbundenen Gefühle.« Zwar konnte sie weder wirklich improvisieren, noch lag es ihr, tiefere Gefühle auszuloten, doch die swingenden Tanzrhythmen gefielen ihr auf Anhieb ebenso wie die schrägen Intervalle und die Synkopen, die sie schon vom Ragtime kannte. Wenn fortan in der Begleitmusik zu ihren Auftritten auch noch Blechblasinstrumente auftauchten, dann paßten diese bestens zu ihrer schamlosen Frechheit.

Bei ihren Runden durch die Nachtlokale suchte sie sich die besten Musiker und die schönsten Männer für die Jazzband aus, die ihr neues Programm begleiten sollte. Und damit war sie eine der ersten in der weißen Welt des Varietés, die schwarze Jazzmusiker engagierten, möglicherweise sogar schon in gemischtrassigen Bands, was für die damalige Zeit geradezu revolutionär war. Ehe diese neue Musik sich in der Unterhaltungsbranche durchgesetzt hatte, galt Jazz als zu »heiß« für anständige Leute. Zu deutlich waren die »schmutzigen« Verbindungen zum Rotlichtmilieu noch im Bewußtsein, als daß sich die soziale Elite damit schon in aller Öffentlichkeit hätte abgeben wollen. So stempelte sich Mae selbst zur anrüchigen Außenseiterin, als sie schon sehr frühzeitig in ihren Auftritten Jazzmusik brachte. Die Musikergewerkschaft in Chicago diffamierte den Jazz damals noch als »billig und schamlos«. Auch bürgerliche Schwarze hielten sich vom Jazz noch fern. Schließlich war die ursprüngliche Wortbedeutung (ein vulgärer Slangausdruck für den Geschlechtsakt) noch nicht in Vergessenheit geraten. »Der Begriff ›Jazz‹«, schrieb F. Scott Fitzgerald in seiner Autobiographie *The Crack Up* (Der Knacks), »bedeutete auf seinem Weg in die Respektabilität zunächst ›Sex haben‹, dann ›tanzen‹, schließlich ›Musik‹.«[14]

Nach ihrem Zwischenspiel in Chicago trat Mae in Pittsburgh mit den »Victoria Burlesquers« auf – nicht gerade eine Vier-Sterne-Attraktion. Und schon bald darauf war sie nach über einjähriger Abwesenheit wieder in New York. Sofort galt wieder die alte Regel: Mutter weiß schon, was am besten für dich ist. Und Matildas Rat war inzwischen wirklich vorhersehbar: Heirate deine Karriere und keinen Mann! Deiro war nun von der Bildfläche verschwunden, Mae längere Zeit unterwegs gewesen. Sie hatte aufregende neue Tänze und Tonlagen in ihr Programm aufgenommen, hatte sich sexuell ein wenig ausgetobt und war nun bereit, eine neue Verbindung einzugehen. Zwei Dinge gab es, mit denen Mae ihre Mutter ganz besonders glücklich machen konnte: Wenn sie sich auf ihre Karriere konzentrierte und wenn sie sich um ihre jüngere Schwester Beverly kümmerte. Sie versuchte nun, beides miteinander zu verbinden.

Beverly, fünfeinhalb Jahre jünger als Mae, war zu einer attraktiven jungen Frau herangewachsen, die – wie ihre ältere Schwester –

sang, tanzte, Kleider und Männer liebte sowie vom Starruhm träumte. Doch hatte Beverly mit verschiedenen Handicaps zu kämpfen: Als Folge einer Kindheitsverletzung hinkte sie leicht und mußte einen orthopädischen Schuh tragen. Sie war zwar hübsch, intelligent und talentiert, aber leider nicht ganz so hübsch, intelligent und talentiert wie Mae, die überdies den Vorteil hatte, alles immer als erste zu dürfen und zu können, und die im Denken und Fühlen ihrer Mutter ohnehin den ersten Platz innehatte. Darüber hinaus frönte Beverly, die wahrscheinlich schon recht früh alle Hoffnung aufgegeben hatte, ihre ältere Schwester jemals irgendwie übertrumpfen zu können, einem Laster: So gern sie sich auch im Licht der Theaterscheinwerfer oder in der kräftigen Umarmung eines Mannes wärmte, am wärmsten ums Herz wurde ihr doch immer noch nach ein paar Drinks. Als Beverly auf die Zwanzig zuging, war die Flasche bereits ihr liebster und treuester Begleiter geworden.

Mae gab offen zu, daß sie ihre kleine Schwester als Youngster so weit wie möglich ignoriert hatte. Und wenn sie Beverly doch einmal zur Kenntnis genommen hatte, dann in erster Linie als Rivalin, die es zurechtzuweisen galt. Eindeutig mußte klargestellt werden, wer die Schönste und sexuell Attraktivste im Lande war. So hatte Mae ihrer Schwester gegenüber offenbar nicht nur Konkurrenzgefühle, sondern auch ein schlechtes Gewissen und das Bewußtsein, für deren Probleme mitverantwortlich zu sein. Irgendwo in ihrem Herzen nagte, ohne daß Mae es allzu genau wissen wollte, der Verdacht, am Niedergang der Schwester indirekt beteiligt gewesen zu sein.

Beverly konnte gut singen, und auch die theatralische Begabung der Familie schlug bei ihr durch. Während der Schulferien an der High-School schaffte sie es sogar, in den Varietés der Loew-Kette in Manhattan und Brooklyn Engagements zu erhalten. »Doch wir traten nie so richtig als Schwestern zusammen auf«, schrieb Mae in ihrer Autobiographie. »Ich ging immer lieber meine eigenen Wege.«

Ein gemeinsamer Auftritt mit Beverly indes war genau das, was

125

Mae auf Drängen Matildas ins Auge faßte. Um auch hier sofort ihre größere Attraktivität beim Publikum herauszustellen, benannte Mae die Nummer »Mae West und ihre Schwester«. So wurde Beverly (die ja eigentlich Mildred hieß) erneut eine eigenständige, namentliche Identität verweigert. Für Mae hatte dieser Auftritt allerdings Gewicht, denn er markierte ihre Rückkehr nach New York City und zum allmächtigen United Booking Office. Frank Bohm, ihr früherer Agent, war schon in jungen Jahren an Rückenmarktuberkulose gestorben, woraufhin Mae auf einen eigenen Agenten verzichtet hatte. Joseph M. Schenck, der Manager der Loew-Kette, hatte die Filmschauspielerin Norma Talmadge geheiratet und sich daraufhin immer mehr dem Film zugewandt. Seither war auch das Verhältnis zwischen Mae und ihm merklich abgekühlt. Deshalb war Mae nun, um im Varieté wieder groß ins Geschäft zu kommen, unbedingt darauf angewiesen, vom U. B. O. an die großen Häuser vermittelt zu werden.

Die Schwestern traten im Fifth Avenue Theater auf, das an der Ecke von Broadway und Twenty-eighth Street lag und das laut Fred Allen als »Schaufenster« für Tourneemanager diente: Hier stellten sich Akteure mit neuen Programmen zu reduzierten Eintrittspreisen vor, um von den diversen Varietémanagern zur Kenntnis genommen zu werden. Diese kamen und gaben später bei wöchentlichen Treffen ihre Beurteilungen ab.[15] Als Kristallisationspunkt von Maes und Beverlys Auftritt dienten zwei Kontraste: der Gegensatz zwischen einem altmodischen Mädchen (einer Vorläuferin der Diamanten-Lil-Rolle) und ihrem modernen Gegenstück sowie der Gegensatz zwischen jungen Männern und jungen Frauen, »Chappies« und »Chippies« (Kerlen und Flittchen). Bei ihrem ersten Song, »I Want to Be Loved in the Old Fashioned Way« (Ich will geliebt werden, wie's früher war), traten Beverly und Mae zunächst beide mit großen Hüten im Stil der Jahrhundertwende und in weiten Röcken auf, um die erste Strophe gemeinsam zu singen. Dann riß sich Mae während des Applauses hinter den Kulissen die altmodischen Kleider vom Leib und kam im modernen Outfit mit gekräuseltem Haar heraus, um einen Shake aufs Parkett zu legen, während sie ihre neumodischen Vorstellungen von einem richtigen Ambiente für die Liebe zum besten gab: im Auto und mit genug Wein, um die Sache gut in Schwung zu halten. So präsentierte sich die frühreife Mae also schon 1916 als Fleisch gewordene Version eines Frauentyps der zwanziger Jahre, des Flappers, dem es nur auf immer neue sinnliche Ekstasen ankam und der den Büstenhalter verabscheute.

Dann trug Mae gemeinsam mit Beverly einen Song über ein voreheliches Dilemma vor: Welchen Mann sollte ein Mädchen heiraten, den reichen Verehrer oder den armen, aufrichtigen Kerl? Kein Problem, verkündete Mae: Schwester bekommt den armen Schlucker und zieht in eine Kate auf dem Lande, während Mae sich mit dem Reichen begnügt (einer männlichen Puppe, mit der sie von der Bühne tanzte, während die Lichter verloschen).

Als nächstes standen dann zwei afroamerikanisch angehauchte Songs von Shelton Brooks auf dem Programm, die damals beide populär waren: »They Call It Dixieland« und »Walkin' the Dog«. Zu letzterem, ihrem Tanzfinale, erschien Mae im Männerkostüm, mit Frack und Zylinder. Als Männer verkleidete Frauen waren im Varieté ebensowenig etwas Besonderes wie Männer in Frauenrollen. Beide Varianten waren fast gleich populär. Das Publikum im »Fifth Avenue« spendete den Schwestern enthusiastischen Beifall, wofür sich Mae dann mit folgendem Schlußwort bedankte: »Es freut mich sehr, meine Damen und Herren, daß Ihnen meine neue Nummer gefällt. Ich bin hier zum ersten Mal mit meiner Schwester aufgetreten. Alle mögen sie, besonders die Jungen, die ständig hinter ihr her sind. Doch das ist meine Chance – ich spanne sie ihr immer wieder aus.«[16] Wie sich Beverly bei diesen Worten fühlte, kann man sich lebhaft vorstellen.

Sime, der die Besprechung in *Variety* schrieb, aus der obiges Zitat stammt, war bei weitem nicht so begeistert wie die Zuschauer. Mae West ging ihm einfach auf den Geist. Nicht so sehr ihr Auftritt im Frack verletzte seine moralischen Empfindungen und erregte seinen Kritikerzorn, obwohl er sich auch hier einen sarkastischen Seitenhieb nicht verkneifen konnte: »Wenn Fräulein West vielleicht immer in Männerkleidung aufträte und dafür auf der Bühne den Mund hielte, würde sie sicher eine bessere Figur abgeben.« Vielmehr hatte ihm die lockere Flapper-Attitüde den Rest gegeben, das Schütteln der Schultern und anderer Körperteile beim Tanz, die materialistische Einstellung, die Vorliebe für den Wein und das Gerede vom Rendezvous auf dem Autorücksitz. (Als Privatperson trank Mae fast nie Alkohol, doch die Charaktere, die sie spielte, waren dem Alkohol nicht abgeneigt.)

Simes Verriß muß wirklich weh getan haben. Eingangs wird Mae darin auf ihre Selbsttäuschung hingewiesen, wenn sie sich für »eine der Großen des Varietés« halte und dies den Varietémanagern immer wieder einzuhämmern versuche. Sodann werden die Schwestern verglichen: »Schwesterchens Haar sieht ganz ähnlich aus wie Maes, doch damit endet die Familienähnlichkeit schon ... Denn ›Schwester‹ ist nicht halb so unverschämt wie Mae, die anscheinend überhaupt nicht anders kann.« Und zum Schluß wird Mae überdeutlich unter die Nase gerieben, daß sie fürs Varieté einfach zu vulgär sei: »Wenn Fräulein West ihre Bühnenpräsenz nicht in jeder Hinsicht etwas zurücknimmt, dann kann sie genausogut auch gleich aus dem Varieté in eine [schlüpfrige] Cabaret-Revue hüpfen.«

Mae und Beverly waren mit ihrem »Sister Act« zwar mehrere Wochen lang im Großraum New York unterwegs, doch als Sprungbrett zu höheren Ehren im Showgeschäft erwies sich die Nummer nicht. Beverly kam des öfteren betrunken ins Theater, und Mae, die eigentlich einen ernsthaften Versuch auf neuem Terrain unternehmen wollte, weigerte sich schließlich, weiterhin gemeinsam mit Beverly aufzutreten. Sie sagte ihrer Mutter, es sei nicht länger zumutbar, daß sie bei Beverly die Mutterrolle übernehmen und sich intensiv um sie kümmern müsse. Die Verantwortung, für sich selbst zu sorgen, sei schon groß genug.

Ihr nächster Schritt könnte dann dazu bestimmt gewesen sein, Simes Giftpfeilen wenigstens ein Weilchen zu entgehen. Denn Mae kündigte in *Variety* an, bei ihrem nächsten Varietéauftritt werde ihre Identität gleich auf zweifache Weise verhüllt sein: Sie wolle sich in ihrer von Blanche Merrill geschriebenen Nummer nicht nur als Mann maskieren, sondern auch unter Pseudonym auftreten. (Blanche Merrill schrieb Songs auch für Eva Tanguay, Belle Baker, Trixie Friganza und Fanny Brice.) Die Schwierigkeiten, Mae Wests Aktivitäten in dieser Zeit zu verfolgen, bestehen aber nicht nur, weil Mae zumindest ankündigte, sich hinter einem Pseudonym verstecken zu wollen, sondern überdies, weil noch eine zweite Mae West in der Varietészene auftauchte: In der *Variety*-Weihnachtsausgabe von 1916 findet sich eine Anzeige von Gene Frawley und Mae West,»Advanced Comedy Gymnasts«. Da jedoch im veröffentlichten Mitgliederverzeichnis der National Vaudeville Artists neben Gene Frawley auch eine Mae Frawley aufgeführt ist, war sicher die Frau des gymnastischen Komikers jene Mae West, die in der Annonce genannt ist, und nicht unsere Mae.

Innerhalb weniger Monate nach Auflösung des schwesterlichen Duos heiratete Beverly den ersten ihrer beiden aus Rußland stammenden Ehemänner, Sergej Treschatnij, einen Erfinder, der luftgekühlte Motoren entwarf und herstellte. Als Beverly 1917 heiratete, war Mae laut *New York Times* als Entertainerin in einem Cabaret in Paterson, New Jersey, beschäftigt. Und für Beverly selbst fehlte im Zeitungsartikel jegliche Berufsangabe.

Im Keith-Imperium war Mae West jedenfalls nicht auf Tournee; das war nach dem *Variety*-Verriß auch wenig wahrscheinlich. Denn zu der Zeit, als Präsident Woodrow Wilson statt von Neutralität der USA immer häufiger davon redete, man müsse auf alles gefaßt und vorbereitet sein, wurden auch für die öffentliche Moral wieder strengere Maßstäbe angelegt. Keiths United Booking Office kündigte einen großen Sauberkeitserlaß an: Die Varieténummern dürften nicht länger anzügliches Material oder Flüche enthalten, nicht einmal ein einziges »verdammt«. Dem schloß sich in New York auch die Broadway Association an.

Zur gleichen Zeit schickte sich die Keith-Organisation ebenfalls an, der Künstlergewerkschaft White Rats den Garaus zu machen und an deren Stelle eine eigene, dem Management genehme Betriebsgewerkschaft zu setzen, die sich National Vaudeville Artists nannte. Keiths U. B. O. erstellte gemeinsam mit anderen Managern eine schwarze Liste: Sollte sich herausstellen, daß ein Varietékünstler Mitglied der White Rats war oder daß er bzw. sie in einem von den Managern nicht anerkannten Theater aufgetreten war, so führte dies automatisch zur Vertragsauflösung mit dem U. B. O. Daß daraufhin die Varietékünstler den White Rats scharenweise den Rücken kehrten und sich bei den National Vaudeville Artists einschrieben, war kaum überraschend. *Variety*, das lange mit den Rats sympathisiert hatte, entzog ihnen jetzt die Unterstützung. Rats-Gewerkschaftsführer Harry Mountford galt nun auf einmal als Tyrann, seine Gewerkschaft als unrealistisch – besonders nach einem Streikaufruf mit dem Ziel, die Zwangsmitgliedschaft in der Gewerkschaft als Voraussetzung für ein Bühnenengagement durchzusetzen. Selbst der Justitiar der White Rats verließ das sinkende Schiff, als die Zeiten rauher wurden. Es handelte sich dabei um einen Mann, der in Mae Wests Leben noch eine große Rolle spielen sollte. Als er 1954 starb, war in der *New York Times* zu lesen, er habe sich um Mae Wests Entwicklung verdient gemacht und aus »einer relativ obskuren Sängerin und Tänzerin einen international bekannten Prototyp der amerikanischen Sirene« geformt. Sein Name? James Timony.

Als er kaum die Brooklyn Law School absolviert hatte – in Trow's Directory of Manhattan für das Jahr 1916 ist er noch als Jurastudent verzeichnet –, eröffnete James A. Timony eine Rechtsanwaltskanzlei im Longacre-Gebäude, direkt am Broadway und an der Fourty-second Street. Spezialisiert war er zunächst auf Immobiliengeschäfte und Investitionsberatung. Seine Klienten kamen überwiegend aus der Welt des Theaters. Im Mai 1917 schaltete er große Anzeigen in *Variety*, in denen er anbot, das Geld seiner Klienten (»in Summen von 800 Dollar aufwärts«) in »garantierten Hypothekenbriefen mit einer Verzinsung von fünf Prozent im Jahr« anzulegen oder ihnen persönlich Immobilien am Nordstrand von Long Island zu zeigen, nur fünfundzwanzig Minuten vom Times Square

130

entfernt, mit Gelegenheit zum Schwimmen, Angeln und Jagen.
»Kleine Anzahlungen und langfristige Zahlungspläne! SCHAU-
SPIELER, AUFGEPASST!«
Noch ehe Mae ihn traf, hatte Matilda Timony bereits als ihren
Anwalt verpflichtet. Daraus kann geschlossen werden, daß sie
unabhängig von Battlin' Jack irgendwo in ihrer Familie Geld geerbt
hatte. Und weil die umsichtige Matilda dachte, Timony könne auch
für Mae nützlich sein, machte sie die beiden miteinander bekannt.
Laut Mae fühlten sie sich auf Anhieb zueinander hingezogen. Es
entwickelte sich eine Affäre, die sich als weit dauerhafter erweisen
sollte als jede andere, was zum Teil auch daran lag, daß in diesem
Fall Matilda grünes Licht gegeben hatte.

Timony, der Sohn eines im New Yorker Filz fest verwurzelten
irischstämmigen Politikers, war von bulliger Statur wie ein Foot-
ball-Spieler (der er auch gewesen war) und hatte ein frisches,
rundes irisches Gesicht. Er war in Brooklyn katholisch aufgewachsen und lebte noch immer dort. Er ging regelmäßig zur Messe und
trug ständig einen Rosenkranz bei sich. Wie Mae und ihr Vater
liebte er den Sport, die Geschwindigkeit und Wettspiele, bei denen
man mit einer Kombination von Glück, Kraft und Können zum Ziel
kam. Laut Mae besaß er einen Baseball-Club und einen Sportflug-
platz in Brooklyn. Er war unter den ersten New Yorkern, die im
eigenen Flugzeug in die Lüfte aufstiegen. Auch besaß er einen
Rennwagen im Wert von 35 000 Dollar, in dem, wie Mae in ihren
Memoiren schrieb, »der große [Autorennfahrer] Ralph DePalma
1915 berühmt wurde«.

Obwohl er nach üblichen Vorstellungen nicht gut aussah, fand Mae
den jungen Timony körperlich attraktiv. Er war auffällig gekleidet,
meistens mit Fliege und Eckenkragen, mit Blume im Knopfloch
und diamantener Krawattennadel in Hufeisenform. Ein Kavaliersta-
schentuch im Jackett war ebenfalls obligatorisch. Eine Klatschkolumnistin vermerkte in den dreißiger Jahren, im Knauf seines
Spazierstocks sei ein Hirschzahn eingelassen und sein Gang sei das
»schwingende Gegenstück« zu dem von Mae. Er hinkte leicht,
doch weil er Football gespielt hatte, war dies kaum ein Defekt aus

Kindheitstagen. Es ging sogar das Gerücht, man habe ihm – wie es in der Mafia als Strafmethode üblich war – ins Knie geschossen. Bis zur Mitte der dreißiger Jahre sollten sich die Machtverhältnisse zwischen Mae West und James Timony ins Gegenteil verkehren. Später war Mae die mächtige Gönnerin, doch in der Frühzeit gab Timony den Ton an, war er derjenige mit der dicken Brieftasche und dem tollen Auto, vermittelte er die großen Verträge, vertrat er das Credo, das für Mae gleichbedeutend mit Männlichkeit war: Alles ist machbar.

Eine der ersten Aktivitäten Timonys als Maes Anwalt schlug allerdings fehl und endete mit einem kostspieligen Fiasko. Mae hatte Timony ihr Geheimnis über die Ehe mit Frank Wallace anvertraut, und er versuchte daraufhin, in aller Stille eine Scheidung zustande zu bringen. Vielleicht machte er sich auch Hoffnungen, wenn sie erst frei sei, würde sie ihn heiraten. Nachdem ein Archivangestellter in Wisconsin Maes Heiratsurkunde aus dem Jahre 1911 entdeckt und veröffentlicht hatte, erzählte Frank Wallace 1935 in Presseberichten, er habe Mae, einige Zeit nachdem sie Timony kennengelernt hatte, eines Tages in vollem Ornat mit Pelz und Juwelen auf dem Rücksitz von Timonys »schönem großen Auto« gesehen. Timony sei an den Straßenrand gefahren und habe ihn, Maes rechtmäßigen Ehemann, angesprochen: »Er sagte, ich müsse doch einsehen, daß meine Ehe nur noch auf dem Papier bestehe. Mae könne es sich nicht leisten, verheiratet zu sein, weil im Showbusiness eine große Zukunft auf sie warte.« Nicht lange danach traf Wallace Timony erneut und erfuhr von ihm, daß das Scheidungsverfahren eingeleitet worden sei. Wallace enthüllte, er habe damals einen Nervenzusammenbruch erlitten, »und mittendrin kam eines Tages Maes Schwester Beverly in mein Zimmer im Chesterfield Hotel und händigte mir ein Papier aus. Ich war überhaupt nicht in der Lage zu erkennen, worum es da ging. Vielleicht war es eine Klage, eine Vorladung oder auch schon das Scheidungsdekret ... Später rief mich Timony an und sagte mir, die Scheidung sei durch. Er bat mich, das Papier zu zerreißen, und das tat ich auch.«[17]

Doch irgendwo passierte eine Panne, und deshalb ist nirgends eine Scheidung aus dem Jahre 1916 oder 1917 aktenkundig geworden. Ob dies nun an Timony, an Beverly, an Wallace oder an einem ungenannten Standesbeamten lag, wird wahrscheinlich immer ein Geheimnis bleiben. Somit blieb, was Mae später sehr ungelegen kam, ihre Ehe mit Wallace rechtskräftig bestehen, selbst als dieser 1917 Rae Blakesley heiratete.

Timony, der nach Mae ganz verrückt war, merkte schon bald, daß der sicherste Weg, sein Leben mit dem ihren zu verknüpfen, darin bestand, geschäftlich für ihre Bühnenkarriere verantwortlich zu sein. Schritt für Schritt widmete er dieser Karriere immer mehr Zeit, bis er schließlich Mitte der zwanziger Jahre Maes Management zu seiner Hauptbeschäftigung machte.

Als er Mae kennenlernte, hatte er das Gefühl, beim Aufbau ihrer Karriere fast wieder am Nullpunkt anfangen zu müssen. All die Jahre auf der Bühne hatten noch keinen bleibenden Eindruck hinterlassen. Das Publikum lag ihr zu Füßen, doch die Theatermanager hatten regelrecht Angst vor ihr. Der einflußreichste Kritiker der New Yorker Unterhaltungsszene hatte sie total verrissen. Und so lautete die Frage nun: In welche Richtung sollte sich Mae überhaupt orientieren? Die wirklich bedeutenden Varietéhäuser zeigten ihr die kalte Schulter, und ewig durch die Lande tingeln wollte sie auch nicht: »Ich reise nicht gern. Ich war viel zu nervös, um mich ständig an neue Hotelumgebungen oder an die alten Züge zu gewöhnen, die noch keine Klimaanlage hatten.«[18]

Hinzu kam, daß Amerika inzwischen in den Ersten Weltkrieg eingetreten war und seine Söhne zum Kämpfen nach Übersee schickte. So forderte der Krieg nun auch von der Unterhaltungsindustrie massiven Tribut. Viele männliche Akteure meldeten sich freiwillig oder wurden einberufen. Deshalb herrschte im Varieté akuter Mangel an männlichen Tanzpartnern, und entsprechend vollgestopft waren die Programme mit »Sister Acts«. Die Lebenshaltungskosten waren ständig gestiegen, so daß viele jetzt sparen und ihren Vergnügungsetat kürzen mußten. Und wenn jemand doch Geld übrig hatte, wurde es vorrangig in Kriegsanleihen investiert.

So waren die Aussichten in der Unterhaltungsbranche eher düster. Doch Timony hatte ein paar gute Ideen, wie er seinen jungen Schützling fördern könnte. Zwar kann man nicht sagen, daß Timony Mae West »schuf«, so wie etwa von Sternberg Marlene Dietrich »schuf«, doch seine Hingabe an Mae trug sicher wesentlich dazu bei, daß diese sich jetzt wirklich auf ihre Karriere konzentrierte, daß sie Erfolg haben und etwas aus sich machen wollte. Timony stärkte ihr Selbstbewußtsein zu einer Zeit, als dies bitter nötig war. Schon bald nach der ersten Begegnung kam es ihm in den Sinn, daß Maes einzigartiger Stil, ihr gutes Aussehen, ihr Talent und ihre Persönlichkeit eine gute Grundlage für eine aktive Werbekampagne bildeten. Um aus ihr einen Star zu machen, bedurfte es in erster Linie massiver Publicity.

Während E. F. Albee, der Allgewaltige im Keith-Imperium, und Kritiker wie Sime in Maes schamlos frecher Darbietung der Rolle des komischen Vamps nur ein Handicap und eine vulgäre Grenzüberschreitung sehen konnten, sah Timony darin gerade Maes einzigartigen Vorteil, den es bis zum äußersten zu nutzen galt. Eine seiner ersten Initiativen zugunsten Maes bestand darin, seine Verbindungen zu Journalisten spielen zu lassen, um Mae in die Zeitungen zu bringen und mit freimütigen Berichten Anreize zu schaffen. Sinnenkitzel, Schockeffekte und Sensationen – nach dieser Erfolgsformel ließen sich Boulevardzeitungen an den Mann bringen. Und nach dieser Erfolgsformel sollte nun auch Mae West vermarktet werden.

Timony machte sie mit seinem Freund Ned Brown bekannt, dem Sportredakteur der *New York World*, und fragte ihn: »Hör mal, kannst du nicht ein Bild von diesem Mädel in der Theaterspalte eurer Sonntagsausgabe unterbringen?« Brown, »der sich am Broadway gut auskannte, bejahte dies und schlug vor, sie solle im Badeanzug vor der Kamera posieren«. Doch Mae hatte andere Pläne: »Sie zog ihren Mantel aus und führte das Kleid vor, in dem sie abgebildet werden wollte. Im Oberteil dieses Kleides fehlte ein großes, rundes Stück Stoff, so daß die ganze linke Brust unverhüllt zu sehen war.«[19] Ein solches Foto erschien, wenn es je geschossen wurde, natürlich nicht in der Zeitung; das war damals einfach noch undenkbar. Doch wird in dieser Anekdote Timonys feste Entschlossenheit deutlich, die Presse zu manipulieren und aus Maes Schamlosigkeit angesichts üblicherweise tabuisierter Verhaltensweisen Kapital zu schlagen. Während Timony in den ersten Jahren bei seinen Publicitykampagnen noch etwas unbeholfen wirkte, entwickelte er sich bis Mitte der zwanziger Jahre zu einem Meister dieses Fachs.

Übrigens war Mae West nicht die einzige, die damals in New York willens war, einen Teil ihres ansehnlichen Oberkörpers in der Öffentlichkeit nackt zu präsentieren. In den *Ziegfeld Follies* von 1917 trat Kay Laurel vor französischen und amerikanischen Nationalfahnen mit aufgerissener Bluse auf, wobei eine Brust offen zu sehen war. Nachdem die USA auf seiten der Alliierten in den Krieg eingetreten waren, ließ sich dieser Auftritt jedoch als patriotische Geste deuten: der weibliche Körper als lebende Heldenstatue. Nachdem die berühmte Isadora Duncan auf der Bühne der New Yorker Metropolitan Opera die »Marseillaise« getanzt hatte, interpretierte sie diesen Tanz als Aufruf an die jungen Männer Amerikas, zu den Waffen zu eilen und die höchste Zivilisation unserer Zeit gegen die Feinde zu verteidigen. Auch sie entblößte dann ihre Schultern und eine Brust, um eine Figur auf dem Pariser Arc de Triomphe darzustellen. Bei anderer Gelegenheit drapierte sich Isadora mit den »Stars and Stripes«, und auch diese Pose erschien anderen Bühnenkünstlern als zeitgemäßer, sinnfälliger Ausdruck des Patriotismus.

Von der US-Bundesregierung zensierte Wochenschauen wurden in Varietéprogrammen jetzt an prominenter Stelle plaziert. Im »Jefferson« folgte laut *Variety* »auf eine Filmepisode über den Rückzug der Deutschen ein Auftritt der ›Sixteen Navassar Girls‹«. Im »Palace« präsentierte Trixie Friganza eine neuartige Nummer, die von der Annahme ausging, der deutsche Kaiser sei gefangen, nach Coney Island gebracht und mit dem Kopf durch ein Loch in einer

Leinwand gezwängt worden. Dann wurde das Publikum aufgefordert, das »alte Hunnenhaupt« mit Bällen zu bewerfen. Das ließen sich die Leute natürlich nicht zweimal sagen, und so wurde das Papierbildnis Kaiser Wilhelms entsprechend zugerichtet.

Nachdem Filmschauspieler noch vor gar nicht allzu langer Zeit als Abschaum der Menschheit apostrophiert worden waren, erhielten sie inzwischen enorme Gagen und hatten beträchtlichen Einfluß auf die öffentliche Meinung. Sie stellten sich nun häufig in den Dienst der Verkaufsförderung von Kriegsanleihen. Mary Pickford, Douglas Fairbanks und Charlie Chaplin (der sich den Vorwurf der »Drückebergerei« gefallen lassen mußte, als er sich weigerte, sofort nach England zurückzukehren und für sein Vaterland in den Kampf zu ziehen) waren allesamt mit von der Partie. Bei einer Wohltätigkeitsveranstaltung in einem Theater in Chicago versteigerte Mary Pickford eine ihrer Locken für 15000 Dollar.

Während die Söhne nun an die Front zogen, erlebte die Mutterliebe eine Renaissance wie schon seit den neunziger Jahren des 19. Jahrhunderts nicht mehr. Zwei populäre Songtitel aus den Kriegsjahren lauteten: »Just Break the News to Mother« (Überbring Mutter die Nachricht) und »America Needs You Like a Mother; would You Turn Your Mother Down?« (Amerika braucht dich wie eine Mutter; schlägst du deiner Mutter einen Herzenswunsch ab?). Auch die Ehefrauen und Freundinnen in der Heimat wurden aufgewertet und glorifiziert, sogar bei Mae West. »Du bist ein wahres Mädchen … von der Art, für die es zu arbeiten und zu kämpfen lohnt«, sagt Reggie Muchcash in Maes Drama *The Ruby Ring* zu Gloria, einer Mae-West-Gestalt. Und die Künstler, die an der Front zur Truppenbetreuung eingesetzt waren, erhielten Weisung, keine abfälligen Witze über Frauen zu machen, denn »seit ihrer Abwesenheit von zu Hause haben die jungen Männer die Frauen mit einem sentimentalen Heiligenschein umgeben.«[20]

Gleichzeitig aber nahmen die amerikanischen Frauen daheim die Zügel in die Hand und eroberten sich Machtpositionen. Zwar übernahmen sie weiterhin auch die Nebenrollen als Spendensammlerinnen, Kantinenhilfen oder Verbandmaterial aufrollende Rotkreuzhelferinnen. Doch demonstrierten sie auch fahnenschwenkend für das Frauenwahlrecht. Vor allem aber strömten sie auf den Arbeitsmarkt, um die Jobs der kriegsbedingt abwesenden Männer zu übernehmen. Sie fuhren Auto, bedienten in den Fabriken Maschinen oder gingen ins Büro. Und ehe man sich's versah, waren sie vielleicht auch schon Pilotinnen – wenigstens im Varietésong »Since Katie the Waitress Became an Aviator« (Seit die Kellnerin Katie im Cockpit sitzt). Wenn Frauen Kompetenz, Unabhängigkeit und Stärke oder gar Kämpferqualitäten zeigten, wurde das nicht nur toleriert, sondern die Frauen wurden sogar ermuntert, diese Tugenden zu demonstrieren. Das sei ihre patriotische Pflicht.

Die verstärkte Autonomie der Frauen, ihre durch den Krieg ausgelöste emotionale Unbeständigkeit sowie die durch das Auto ermöglichte Mobilität und der im Auto verfügbare Freiraum – all diese Faktoren ließen besonders in den Städten ein Klima entstehen, das sexueller Freiheit und Experimentierlust so gewogen war wie nie zuvor. »Sich leichthin, kühn und mit vielen Partnern der Liebe zu widmen, scheint inzwischen schon ein Bestandteil unserer Sozialstruktur zu sein«, schrieb 1917 die Kolumnistin Beatrice Fairfax.[21] Auf allen Ebenen der Kultur kam eine neue Freizügigkeit für Frauen zum Ausdruck. In einem Theaterstück von Susan Glaspell und George Cram Cook, *Suppressed Desires* (Unterdrücktes Verlangen), das zunächst im Provincetown Playhouse in Greenwich Village inszeniert wurde und dann auch als Varieté-Einakter lief, wurden die Vorstellungen einer postfreudianischen Hausfrau über Triebrepression und die Libido als Zentrum der seelischen Energie satirisch dargeboten. Ein Film, der auf dem skandalösen Treiben einer gewissen Mary MacLane basierte, *Men Who Have Made Love to Me* (Die Männer, mit denen ich es getrieben habe), schilderte im Jahre 1918 sechs Liebesaffären einer Frau, darunter eine mit einem verheirateten Mann, sowie ihre Sichtweise, derzufolge alle Liebhaber »wie Schaustücke auf Stecknadeln gespießt und unter dem Mikroskop untersucht« werden könnten.[22] Im Staat Ohio wurde dieser Film verboten.

Je hitziger die Debatte darüber wurde, desto häufiger fand sich auch das Thema Geburtenkontrolle in den Schlagzeilen. Selbst im Film wurde es erörtert. In *Where Are My Children?*, einem dramatischen Kurzfilm unter der Regie von Lois Weber (1918), wird eine reiche Frau gezeigt, die ohne Wissen ihres Mannes eine Abtreibung vornehmen läßt. Margaret Sanger, die kurz nach Eröffnung der ersten amerikanischen Geburtenkontrollklinik im Brooklyner Bezirk Brownsville festgenommen und ins Gefängnis gesteckt worden war, reiste mit den sechs Filmrollen ihres Aufklärungsfilms *Birth Control* im Land umher und erntete in *Variety* hohes Lob für ihre gelassene, klarsichtige Darstellung. »Im ganzen Film gibt es nicht eine einzige zweideutige Szene«, frohlockte der Rezensent.

Auch die Männer hatten mit dem Wandel und der Neudefinition ihrer angestammten Rollen zu kämpfen. Jene, die sich der Einberufung entzogen oder für den Frieden eintraten, wurden aufs Korn genommen, ihre Männlichkeit in Frage gestellt – und zwar von keinem Geringeren als dem Standartenträger der amerikanischen Männlichkeit, Expräsident Teddy Roosevelt. Er nannte diese Männer »flubdubs« und »mollycoddles« (Weicheier, Muttersöhnchen und Memmen). Die Fronterfahrung wurde als die probate Kur für Schwächlinge, Feiglinge und Salonlöwen angepriesen.

Die Verfechter der viktorianischen Wohlanständigkeit versuchten in diesem Zusammenhang erneut, ihre Moralvorstellungen zur Geltung zu bringen. Kreuzzüge für die Reinheit und Hygiene der amerikanischen Soldaten wurden unternommen, um obszöne Gedanken und Taten zu unterbinden. Die Streitkräfte sollten »die sauberste Gruppe junger Männer bilden, die je außerhalb von Klostermauern zusammenkam«. Nur wenige Tage nach der Kriegserklärung des amerikanischen Kongresses im April 1917 installierte der Verteidigungsminister ein Committee on Training Camp Activities, dessen Aufgabe darin bestehen sollte, die jungen Wehrpflichtigen bei der Grundausbildung vor den Versuchungen des Alkohols und des Fleisches zu beschützen. Auf Plakaten stand zu lesen: »Eine deutsche Kugel ist sauberer als eine Hure!«

Die Kampagne, »unsere Jungen« rein zu halten, mag für die heimische Moral vielleicht gut gewesen sein, doch die Keuschheit der

138

Soldaten – in Ausbildungslagern wie an der Front – ließ sich auf diese Weise nicht erzwingen. Die Dienste von Prostituierten standen überall hoch im Kurs. Auf die massiv ansteigende Rate der Geschlechtskrankheiten beim Militär reagierten die Offiziere mit der Verteilung von Kondomen (von Mae West immer als »Beschützer« apostrophiert) und Aufklärungsbroschüren. Dies führte dazu, daß viele amerikanische Frauen erst von ihren Ehemännern oder Liebhabern, die in der Armee oder in der Marine gedient hatten, etwas über Methoden der Empfängnisverhütung erfuhren. »Die Verfügbarkeit von Empfängnisverhütungsmitteln führte zu größerer Freizügigkeit bei sexuellen Aktivitäten, und die neue Akzeptanz sexueller Aktivitäten führte zu einer größeren Freiheit im Umgang mit Empfängnisverhütungsmitteln.«[23] Kurz: Der Erste Weltkrieg trug dazu bei, daß die Fleischeslust in den Vereinigten Staaten populärer und sicherer wurde.

Schon eine Uniform wirkte als sexuelles Anregungsmittel. Wurden Soldaten auf Heimaturlaub gesichtet, verloren die jungen Frauen regelrecht den Kopf und wurden in einen Strudel der Gefühle hineingezogen. Je mehr sich der Krieg seinem Ende näherte, desto mehr wollten sich die amerikanischen Soldaten und Matrosen bei ihrem Heimaturlaub in New York amüsieren – und das hieß oft nichts anderes als Sex, Alkohol und Besuch einer Theater-, Revue- oder Varietévorstellung.

Gemeinsam mit Zivilisten, die vergnügte, sorgenfreie Stunden erleben wollten und die durch die Nachfrage nach amerikanischen Waren finanziell vom Krieg profitiert hatten, sorgten die Heimaturlauber schon vor dem Waffenstillstand im November 1918 für einen Boom am Broadway. *Yip Yip Yaphank* mit einer Besetzung von Soldaten aus dem Camp Uptown und mit Irving Berlin, der seinen eigenen Song »Oh, How I Hate to Get Up in the Morning« (Oh, wie hasse ich doch das Aufstehen am Morgen) vortrug, erzielte in nur zwei Wochen Rekordeinnahmen in Höhe von 120 000 Dollar. Die Depression der Anfangsjahre des Krieges war wie weggeblasen. Und damit war nun auch für Mae West der Weg zum großen Erfolg endgültig frei.

# Der
## 6. *Kapitel* Shimmy-Prozeß

$A$ls Mae West in den frühen Jahren des zweiten Jahrzehnts auf New Yorker Theaterbühnen als freche Magd oder kesse Soubrette auftrat, kämpfte sie gegen systembedingte Beschränkungen des schauspielerischen Talents an, um mehr Einfluß auf die Gestaltung ihrer Bühnenrollen nehmen zu können. Zwar gelang es ihr, Texte und Spielvorlagen einigermaßen ihren Vorstellungen anzupassen, doch mußte sie wiederholt erleben, daß die Produzenten, Regisseure, Autoren und Topstars doch mehr das Sagen hatten. Damals, in den Jahren vor dem Ersten Weltkrieg, schien ihr das Varieté größere Gestaltungsfreiheit zu bieten, mehr Möglichkeiten, sich Spielvorlagen selbst auszusuchen oder sie den eigenen Bedürfnissen und Fähigkeiten anzupassen. Doch nun, da der Krieg langsam zu Ende ging, hatte sich das Blatt gewendet. Jetzt wurden die Akteure vor allem im Varieté eingeengt: durch Versuche Albees und des U. B. O., die Bühne moralisch so weit zu säubern, daß anständige Bürgerfamilien mit ihren Kindern problemlos die Vorstellungen besuchen konnten. »Familienunterhaltung« lautete die neue Devise. Am Broadway dagegen saßen wohlhabendere Leute im Publikum, die Geschmack an Revuen im Stile der *Ziegfeld Follies* und an gewagten Darbietungen in luxuriöser Ausstattung hatten. So konnte, wer solche Auftritte zu bieten hatte, nun eher im Broadway-Ambiente auf Starruhm und den großen Durchbruch hoffen.

In den Kriegsjahren hatte sich die amerikanische Musicalbühne für kurze Zeit von ihrem unerschöpflichen Repertoire, der Wiener Operettentradition, abgewandt. Alles, was auch nur irgendwie mit einem deutschen Akzent behaftet war, mußte eine Zeitlang weichen; und dazu gehörte eben auch die Operette. Einheimisches erhielt den Vorzug. Hinzu kam, daß die Schauspieler nicht länger deklamieren wollten, sondern ungezwungenere Muster der Ansprache wählten. Der Naturalismus und der Konversationston wurden zum neuen Maßstab erhoben. Unter den einheimischen Stoffen und Darbietungen war nun alles populär, was authentisch wirkte, Vitalität ausstrahlte und den sprachlichen Stempel seiner regionalen und sozialen Herkunft nicht verleugnete.

Für die Bewohner der Großstadt hieß dies, daß nun auch das pulsierende Leben der Straße mit seinem bildkräftigen, rotzfrechen Idiom, mit seinen Milieuszenen, verlotterten Charakteren und grellen Neonlichtern bühnentauglich wurde. Im Vergleich dazu wirkte das Bürgerlich-Wohlanständige langweilig und trat in den Hintergrund.

W. C. Fields, inzwischen ein Star der *Ziegfeld Follies*, entwarf einen Sketch über die U-Bahn. Jack Lait schrieb in Chicago ein kleines Stück über eine Taschendiebin, »Diamond Daisy«, deren Straßenjargon viel Unfeines enthielt, aber auch viel Mutterwitz und Schlagfertigkeit. Mark Linder, der später an Mae Wests Stück *Diamond Lil* mitarbeitete, schrieb einen Sketch über Häftlinge, die gerade dem berüchtigten New Yorker Staatsgefängnis Sing-Sing entsprungen waren. Ehe »Street Scene« 1929 zum Titel eines Theaterstückes von Elmer Rice (und später eines Musicals von Kurt Weill) avancierte, war dieser Titel schon längere Zeit Programm gewesen. Nicht von ungefähr, denn immer mehr Amerikaner strömten in die großen Städte. »Bis zur Volkszählung von 1920 dominierte demographisch das Land über die Stadt, doch seit 1920 wohnten mehr Amerikaner in den Städten als auf dem Land.«[1]

Im Mai 1918, als der unmittelbar bevorstehende Sieg der Alliierten schon in der Luft lag, freuten sich die Broadway-Theaterproduzenten bereits auf eine Rekordsaison im Herbst und Winter. Ihr Kalkül war einfach: Nach Kriegsende würde jede Mutter, jeder Vater oder sonstige Verwandte in allen Teilen des Landes das letzte Geld zusammenkratzen, um nach New York zu fahren und die aus dem Felde heimkehrenden Söhne persönlich am Pier zu begrüßen. Anschließend würden sie in Feiertagslaune mit den Heimkehrern noch ein paar Tage und Nächte in New York verbringen.

Diesen Zeitpunkt wählte der Produzent Arthur Hammerstein, der Bruder des immer noch schmerzlich vermißten Willie, um Mae West eine Rolle in seiner geplanten Produktion von Rudolph Frimls Musical *Sometime* (Irgendwann) anzubieten. Der aus Böhmen stammende Friml, ein Broadway-Veteran, hatte schon genug Erfolgsstücke geschrieben, um mit Victor Herbert und Sigmund Romberg zur Spitzengruppe der Komponisten der leichten Muse zu zählen. Das Libretto zu *Sometime* hatte eine talentierte Autorin namens Rida Johnson Young geschrieben. Das Stück spielt in der unmittelbaren Gegenwart: New York City im Jahre 1918, mit Rückblenden in andere Zeiten und an andere Schauplätze. (Diese Darstellungstechnik war dem Film abgeschaut – wie in vielen anderen Produktionen jener Zeit, da sich der Film bereits massiv auf dem Vormarsch befand.)

Mae West war die Rolle der Mayme Dean wie auf den Leib geschrieben, denn sie sollte ein kesses, unverblümtes Revuegirl spielen, das sich im Straßenleben bestens auskannte. Maes Mayme Dean machte einige Anleihen bei zwei stereotypen Bühnenfiguren: dem

Straßenmädchen, das sich zu wehren weiß und das um die Jahrhundertwende in den Produktionen von Harrigan und Hart erstmals auf die Bühne gekommen war; und dem Revuegirl (nicht zu verwechseln mit den echten Revuetänzerinnen jener Jahre, die dem Bühnenklischee oft nicht entsprachen).

Die Straßengöre, in früheren Zeiten durch die Charakterdarstellerin Ada Lewis berühmt geworden, sprach einen komischen Slang, der auf die Herkunft aus der Gosse oder auf das Dienstbotenmilieu verwies. Die Einwandererfamilien in den übervölkerten Mietskasernen, aus denen solche Mädchen kamen, sprachen fehlerhaftes Englisch: »He brung it and when he bringed it I was sorry dat he brang it.« (Er brang es, und als ers gebringt hat, tats mir leid, taß ers bringte.) Dieser Mädchentyp war mit seinen zerrissenen Kleidern und durchlöcherten Stoffschuhen alles andere als sexy.

Das bühnentypische Revuegirl hingegen war vor allem dies eine: sexy. Zwar konnte es seinen Lebensunterhalt mehr schlecht als recht aus den Auftrittsgagen bestreiten (das Geld reichte meistens nur für ein möbliertes Zimmer), doch die entsprechenden Juwelen, Pelze und Luxusautos spendierten reiche Kavaliere und betuchte Verehrer, als Gegenleistung für sexuelle Gunstbezeigungen, wie man annehmen durfte. Zu den Vorstellungen dieses Bühnentyps von einem vergnüglichen Leben gehörten neben einer exaltierten Sinnlichkeit, die manchmal schon ans Schmuddelige grenzte, lockere Moralvorstellungen und luxuriöser Aufwand. Auf solche Mädchen war der sprichwörtliche Ausdruck »Goldgräberinnen« gemünzt. Und wenn sie den Mund aufmachten, dann verwendeten sie ihren bildkräftigen Slang, um zu bekommen, was sie haben wollten.

Als *Variety* meldete, Mae West werde eine Rolle in *Sometime* übernehmen, klang es so, als habe Mae noch nie am Broadway auf der Bühne gestanden, als habe sie nicht schon vor Jahren in Shows wie *A la Broadway*, *Vera Violetta* und *A Winsome Widow* mitgewirkt:

Mae West, in der Varietészene mit ihren Solonummern schon seit einigen Jahren ein Begriff, wird in Arthur Hammersteins

143

geplanter Musicalproduktion *Sometime* mitwirken. Die Proben beginnen im Juli ... Sie wird darin erstmals auf der regulären Theaterbühne zu sehen sein.

Ihr Debüt war es zwar nicht, doch sollte sich dieses Engagement als der erste Auftritt am Broadway erweisen, mit dem sie dort wirklich Fuß faßte.

Aus dem Skript zu *Sometime*, einer Geschichte über eine Theatertruppe auf Tournee, ist abzulesen, daß die kriegsbedingten Rollenverschiebungen zwischen den Geschlechtern deutliche Spuren hinterlassen hatten. Der Komiker Ed Wynn, der nach den Probeaufführungen in Atlantic City von Herbert Corthell die Rolle des Loney Bright übernahm, schrieb seinen Part gegenüber Youngs Textvorlage um, daß die Rolle weibischer wurde. Zu diesem Effekt trug dann nicht nur Wynns lispelnder Vortrag von Gags bei wie »What is a man to do in wartime when he can't make both ends meat? Make one end vegetables!« (Was soll ein Mann in Kriegszeiten machen, wenn's hinten und vorne nicht reicht? Vorne nicht Fleisch, sondern 'ne Möhre nehmen.) Sein Loney Bright hat auch sonst häusliche Talente. Einst führte er eine Pension für Schauspieler, und nun ist er als Requisiteur, Spielleiter und Garderobenchef für eine Reiseshow zuständig, in der die weibliche Hauptdarstellerin der Truppe (gespielt von Dorothy Bigelow) groß herauskommen soll.

Ed Wynn hat es vielleicht nicht einmal bemerkt, doch Mae West studierte seine Techniken als Komiker intensiv aus der Nähe und lernte dabei eine Menge von ihm. »Er hat mir am meisten geholfen«, erzählte sie einem Reporter. In den ersten Wochen des gemeinsamen Auftretens mit Wynn habe dieser die Aufmerksamkeit des Publikums ständig durch »seine komischen Mätzchen« errungen. »Ich dagegen verschleuderte all meine Pointen, wie ich fand. Also lernte auch ich, zunächst einmal die Augen des Publikums auf mich zu ziehen – meistens mit irgendeiner Bewegung. Alles, was ich tue und sage, basiert auf einem Rhythmus.«[2]

*Sometime* ist zwar eine Liebesgeschichte zwischen einem aus dem

Krieg heimgekehrten Piloten und einer Schauspielerin, doch finden sich in der Nebenhandlung auch Hinweise, daß wahre Liebe sich manchmal gar nicht erst entwickeln, geschweige denn glatt verlaufen kann. Maes Rolle der Mayme Dean etwa schildert die Frustrationen einer liebeshungrigen jungen Frau. Ihre komischsehnsuchtsvolle Klage »Wo sind bloß die Männer?« muß viele »kriegsgeschädigte« Damen im Publikum unmittelbar angesprochen haben. In dieser Rolle spielte Mae West übrigens zum ersten und letzten Mal in ihrer gesamten Karriere einen Vamp, der trotz aller Verführungskünste à la Theda Bara keinen einzigen Gönner an Land ziehen kann. Dieses Chorus Girl schreibt sich selbst, um den anderen etwas vorzumachen, glühende Liebesbriefe. Doch wenn sie allein ist, jammert sie und fragt sich: »Ich sehe doch, wie all diese Damen sich die dicken Autos angeln, aber ich ziehe nicht mal 'nen kleinen Buick an Land. Was soll ich denn bloß machen, damit es anders wird?«

Als die Tournee der Truppe Mayme sogar in einen vornehmen Pferderennclub in Buenos Aires führt (diese Szene griff Mae West später in ihrem Film *Goin' to Town* wieder auf), schmollt sie, weil sie sich auch hier keine Hoffnungen machen kann, einen reichen Mann zu angeln. Schließlich sprechen die Menschen dort ja nicht ihre »Sprache aus der Forty-second Street«. Und genau dieser Slang macht Mayme zum amerikanischen Gegenstück von Shaws Cockney-Mädchen Eliza Doolittle, die ebenfalls ungebildet, im Straßenleben erfahren und ein farbiger Charakter ist: komisch, gewitzt und in Sprache und Haltung vollkommen natürlich. Die Rolle der New Yorker Mamsell mit dem frechen Witz, die statt »going« »goin'« sagt, sollte eine sehr lange Laufzeit haben: Ganz gleich, ob im Kostüm einer Dame aus St. Louis, eines Farmgirls aus Texas, einer Dirne aus San Francisco oder einer russischen Zarin, Mae West spielte für den Rest ihrer Karriere immer wieder die gleiche, »ihre« Rolle.

In *Sometime* trug Mae, um die Aufmerksamkeit auch nur »irgendeiner Art Mann« buhlend (so der Titel ihres zweiten Songs), die Liedtexte von Rida Johnson Young im Stile eines Straßenmädchens so vor, daß die »Sprache aus der Forty-second Street« übertrieben realistisch klang:

I was born a scamp,
Meant to be a vamp.
If I'd had a chance I could have did
Theda Bara tricks,
Paralyzed the hicks.
Nothing could have stopped me but the lid.
But somehow my style has got a cramp.
Can't find a single soul to vamp.

(Ich wurd' als Biest geboren.
An mir ging 'n Vamp verloren.
Hätt' man mich gelassen, hätt' ich angewandt
Theda-Bara-Tricks.
Da kenn ich aber nix.
Geangelt hätt' ich Männer bis ins Grab.
Doch irgendwie klappt die Verführung nicht.
Aussaugen läßt sich weit und breit kein Wicht.)
[...]

Am Ende dieser Nummer sinkt Mayme laut Szenenanweisung dem Hauptdarsteller der Truppe in die Arme – doch nur vorübergehend, denn er wird eine andere heiraten.

Selbst wenn Maes vitaler Vamp bei der Männerjagd erfolglos blieb, so führte er doch wenigstens beim Publikum und bei einigen Rezensenten zum Ziel. Sogar der sonst so leicht schockierte Sime mußte in *Variety* vom 11. Oktober 1918 zugeben, daß Mae das Publikum mit ihrem Shimmy begeisterte – sie »bekam lang anhaltenden Szenenapplaus, hielt eine kleine Dankesrede und noch eine«. Gleichwohl konnte er es nicht über sich bringen, diese Gelegenheit verstreichen zu lassen, ohne sich abfällig über den Shimmy zu äußern, in dem er nur den alten Hootchy-Kooch in neuem Gewand sah. »Bei Fräulein West«, konzedierte er, »sieht jetzt manches schon besser aus, doch im Grunde ist sie immer noch die alte schamlose Person mit den Händen auf den Hüften geblieben ..., jene Figur, die sie erstmals als Ideal einer Solonummer im Varieté vorgestellt hat.«

Die Vulgaritätsvorwürfe kamen *Sometime* an der Theaterkasse aber nur zugute. Trotz der unglücklichen Terminierung der Premiere zum Höhepunkt einer Grippeepidemie lief das Stück acht Monate lang und hatte damit die längste Spielzeit aller Musicals auf New Yorker Bühnen.

Am Ende der Saison, im Juni 1919, wurde es planmäßig abgesetzt – und somit deutlich vor dem Beginn jenes Schauspielerstreiks, der dazu führte, daß die New Yorker Theater schließen mußten, daß die Theatermanager schließlich die Gewerkschaft Actors' Equity anerkannten und daß vor allem die Öffentlichkeit darüber aufgeklärt wurde, mit welchen Ungerechtigkeiten sich die Schauspieler bislang hatten abfinden müssen. Als Gewerkschaftsorganisator betätigte sich unter anderen Ed Wynn, Maes Partner in *Sometime*. Mae selbst spielte dagegen keine sichtbare Rolle im Streik. Deutlich profitieren konnte sie von den neuen Verträgen allerdings insofern, als die Manager jetzt die bei den Tourneen anfallenden Reise- und Transportkosten zu tragen hatten.

Nachdem *Sometime* sich im Shubert Theater durchgesetzt hatte, wurde es ins »Casino« verlegt, ein extravagantes viktorianisches Gebäude mit Türmchen und pseudomaurischen Dekorationen, auf dessen Brettern schon Lillian Russell und das Floradora Sextette das Publikum begeistert hatten. Die Verlegung fand an einem denkwürdigen Tag statt: am 11. November, dem Tag des Waffenstillstands im Ersten Weltkrieg.

In New York heulten die Sirenen, läuteten die Kirchenglocken. Große Massen frohgestimmter, lärmender und fahnenschwenkender Menschen strömten auf den Times Square, wo am Times Tower in Leuchtschrift VICTORY zu lesen war. Unten auf der Wall Street wurde eine Kaiser-Wilhelm-Figur mit einem Feuerwehrschlauch abgespritzt. »Ich war froh, daß wir gewonnen hatten«, erinnerte sich Mae, die Freunde und Verwandte in den Kampf hatte ziehen sehen. »Aber ich war jung und hatte viel zu tun. Und ich entschuldigte mich mit der abgedroschenen, aber trotzdem gültigen Maxime: Die Show muß weitergehen.«[3]

Unter den Theaterbesuchern gab es immer noch genug Mangel und Sorgen. Und genau um diese Sorgen einmal zu vergessen, ging man ins Theater. Die häßliche Seite des Krieges sollte unter einem Konfettiregen begraben werden. Für prickelnde Unterhaltung war man bereit, viel Geld auf den Tisch zu legen. In einem zehn Jahre andauernden Konsumrausch überschlug sich alles, doch viele Amerikaner konnten dabei nicht mehr mithalten, denn eine massive Inflation war die unvermeidliche Begleiterscheinung. Die behördlich verordnete Abdunkelung der Kriegsjahre war vorbei, und der Broadway erstrahlte wieder im Lichterglanz. Die Leuchtreklameschriften wurden immer greller und größer, besonders die für die verschiedensten Whiskeysorten. Noch hatte die Prohibitionsära nicht begonnen, die große Zeit des Alkoholverbots und des Alkoholschmuggels.

Der Shimmy, jener Jazztanz, den Mae West aus Chicagos South State Street an den Broadway mitgebracht hatte, war genau das richtige für den hektischen, hedonistischen, die Jugend vergötternden Zeitgeist. Der Rocksaum der Frauen kletterte nach oben; man wollte mehr Bewegungsfreiheit haben, aber gern auch den Gaffern etwas bieten. Mae Wests Gelassenheit, ihr aufreizend langsames Tempo, war damals noch Zukunftsmusik; die Zeit war noch nicht reif für »einen Mann, der sich Zeit nimmt« (so der Titel eines ihrer bekanntesten Songs). Geschwindigkeit war Trumpf – sei es auf der Straße in einem schnittigen Sportwagen, sei es in der Luft (das Fliegeras Eddie Rickenbacher war damals ein gefragter Heldendarsteller), sei es auf der Tanzfläche im Jazzclub oder auf der Bühne.

Anders als der alte Turkey Trot oder der Charleston, der kurz darauf die Welt eroberte, erforderte der Shimmy eine athletische Beweglichkeit und Aerobic-Qualitäten, die nur Profis und sehr wenige äußerst talentierte Amateure besaßen. Das weitere Publikum tanzte zu schriller Saxophonmusik Foxtrott, Wange an Wange, die Körper eng aneinandergeschmiegt. Der Shimmy war in erster Linie ein Tanz zum Vorführen.

Andere weiße Akteure aus Chicago, Joe Frisco und Sophie Tuckers Protegés Gilda Gray und Bee Palmer, betätigten sich ebenfalls als Shimmytänzerinnen von staunenswerter Akrobatik und Dynamik. Gilda Gray tanzte in den *Gaieties of 1919* der Shubert Brothers ihr Publikum sprachlos, während die blonde Bee Palmer als wilde Shimmytänzerin in den *Ziegfeld Follies* und danach im »Palace« auftrat.

Frisco gegenüber war Mae ebenso großzügig und herzlich wie zu George Raft, der seinen Weg als populärer Varieté- und Clubtänzer mit einem ordinären Tango und einem noch anstößigeren Shake machte, während sie Gilda Gray und Bee Palmer als Konkurrentinnen und Eindringlinge auf ihrem angestammten Terrain betrachtete. Unmißverständlich proklamierte sie ihre Vorrangstellung bei der Einführung des Shimmy noch in ihrer Autobiographie: *Sie* habe in *Sometime* schon acht Monate vor Gilda Gray (die von Sophie Tucker als Shimmyartistin in New York eingeführt worden war) ihren Shimmy auf der Bühne getanzt. Doch was Mae, Gilda Gray, Bee Palmer und all die anderen weißen Shimmytänzer, die am Broadway um die Shimmykrone wetteiferten, leicht vergaßen: Sie selbst hatten diesen Tanz doch auch schon namentlich nicht bekannten schwarzen Tänzern in Chicago abgeschaut, und diese wiederum hatten ihn aus dem Süden der USA mitgebracht, wo er sich aus afrikanischen Tänzen entwickelt hatte.

Doch nun tanzten von Harlem bis Coney Island, in New Yorker Clubs und Tanzlokalen talentierte junge Tänzer den Shimmy. Andere sangen davon, etwa Sophie Tucker, die eine Schallplatte bei Aeolian mit dem Titel »Everybody Shimmies Now« herausbrachte. Auf den gedruckten Noten dieses Songs prangte als Covergirl Mae West. Nach Inkrafttreten der Prohibition galt geschmuggelter Alkohol unausgesprochen als Auslöser, wenn Leute beim Tanzen in ihrer Freizeit alle Register zogen. Wer sich so hingebungsvoll gehenlassen konnte, dachte man sich, der mußte schon einen getrunken haben. Vor diesem Hintergrund sang Bert Williams in den *Ziegfeld Follies of 1919* Irving Berlins Song »You Cannot Make Your Shimmy Shake on Tea«.

Nicht ganz unerwartet zogen sich die Shimmytänzer den Zorn der New Yorker Sittenpolizei und anderer Verteidiger des anständigen Betragens in der Öffentlichkeit zu, etwa des Committee of Fourteen. Hier war man sich einig, daß der Shimmy »kein für Damen schicklicher Tanz« sei; hier listete man 114 Lokale in New York auf, wo diese Unsitte herrschte; und hier leitete man schließlich eine Gesetzesvorlage in die Wege, mit der dieser Tanz als »schamloser Beweis moralischer Verwahrlosung« verurteilt und verboten werden sollte. Die National Association of Dancing Teachers beschloß auf ihrer Jahresversammlung in Chicago, der Shimmy sei »der vulgärste und gefährlichste aller amerikanischen Tänze«. Es wurde eine Resolution verabschiedet, derzufolge »alle Tanzbewegungen nur von der Hüfte abwärts ausgeführt werden« sollten. Und ein Richter in Chicago schloß einen Jazz- und Shimmyclub mit folgender Begründung:»Im üblen Geist dieses Ortes haben sich auf hinterhältige Weise die Unanständigkeit primitiver Sinnlichkeit und die beschönigende Raffinesse moderner Frivolität vereint.«[4]

In New Yorker Restaurants, in denen Jazzbands spielten, wurden Inspektoren eingesetzt, die den Auftrag hatten, nach Pärchen Ausschau zu halten, die mit mehr als schicklichem Enthusiasmus die ganze Nacht Shimmy tanzten; wurden solche Paare erwischt, erhielten sie die Aufforderung, entweder die unzüchtigen Verrenkungen zu unterlassen oder die Tanzfläche zu verlassen. Tanzlokale wurden von der Polizei gewarnt, die Lizenz sei in Gefahr, wenn man bei den Tanzenden Bewegungen der Schultern und des Körpers oberhalb der Hüften zulasse.

Der Shimmy galt also – wie auch Jazz, Bars, rauchende Frauen und dezidiert weibisches Tänzeln – als Bedrohung jener »Normalität«, die von den Wortführern des amerikanischen Bürgertums nach dem Krieg mit dem Mut der Verzweiflung verteidigt und gefördert werden sollte. In Mae Wests Stück *The Ruby Ring* tut die unwiderstehliche Gloria (alias Mae West) an einer Stelle so, als sei sie wirklich naiv. Nachdem sie eine Wette abgeschlossen hat, sie könne jeden Mann dazu bringen, ihr innerhalb von fünf Minuten einen Heiratsantrag zu machen, weigert sich diese Pseudounschuld, den »Chicago« zu tanzen. Der Walzer liege ihr mehr oder auch ein ruhiger Abend daheim mit einem Roman von Booth Tarkington. Aber als Gloria dann wirklich versucht, einen völlig gehemmten Professor zu einem Heiratsantrag zu bewegen, kommt sie doch nicht ohne »Theda-Bara-Tricks« aus. Aufreizend zeigt sie ihr Bein und verspricht, man könne ja mal die Nummer ausprobieren, die Mutter Eva im »Schöpfungsvarieté« geboten hatte, »ehe es bei uns ein National Board of Censorship gab«.

Mae jedenfalls hatte nicht die Absicht, ihre Shimmynummer aufzugeben. Im Gegenteil, die Aussicht auf eine Polizeirazzia oder auf eine Schließung des Lokals feuerte sie nur noch mehr an. Eine Nische für ihren Tanz ergab sich in ihrem neuen Varietéprogramm, bei dem Ray Hodgdon Regie führte, der auch Sophie Tuckers Regisseur und überdies der Sohn des Leiters der Besetzungsabteilung im Keith-U. B. O. war. Im »Fifth Avenue«, wo sie schon 1916 mit Beverly ihren »Sister Act« vorgeführt hatte, trat sie jetzt vor einem brechend vollen Haus auf. In diesem zum Keith-Imperium gehörenden Theater war man inzwischen offenbar der Meinung, Mae West verfüge nun über eine genügend große Anhängerschar, um als Kassenschlager zu taugen. Sicher schadete es Mae auch nicht, daß Timony für die Keith-Kette als Rechtsberater tätig war. Schon der Applaus, mit dem Mae begrüßt wurde, ließ keinen Zweifel, daß ihr das Publikum äußerst gewogen war. Wie der *Variety*-Kritiker Bell im September 1919 vermeldete, wurde sie nach zweijähriger Abwesenheit vom New Yorker Varieté begeistert begrüßt. Ihr Shimmy wurde gefeiert, und der Schlußapplaus glich einem Orkan. Obgleich er toleranter war als sein Kollege Sime, merkte auch Bell an, Maes Shimmy scheine ihm »fürs Varieté ein wenig zu drastisch zu sein, doch kann man ihn für die anspruchsvolleren Häuser ohne weiteres abmildern«.

Begleitet von einem männlichen Pianisten (wahrscheinlich Arthur Franklin) und einem Jazzkornettisten, der die Pause überbrückte, die Mae zum Umziehen benötigte (von einem nach Bells Meinung

»sehr geschmackvollen« schwarzweißen Outfit zu einem »silbrig glänzenden tiefschwarzen, das nach einer Million Dollar aussieht«), eröffnete Mae ihren Auftritt mit einem »Vamp«-Potpourri. Dazu gehörten eine französische Dialektnummer, ein komischer Indianersong (»Indian Water«) und ein Rag. »Fräulein West hat sich seit ihrem letzten Varietéauftritt methodisch und im Vortrag markant verbessert«, lautete das Fazit des Kritikers. Die gesamte Nummer hatte eine Aufführungsdauer von sechzehn Minuten.

Doch diese gute Kritik brachte ihr keinen Spitzenplatz in einem der großen Keith-Häuser ein, vielmehr ein anderes hochwertiges, wenn auch kurzfristiges Engagement. Im Rahmen einer großen, aufwendigen Galavorstellung zur Eröffnung eines riesigen Kinopalastes, der dem »Hippodrome« Konkurrenz machen sollte, des »Capitol«, am Broadway und Fifty-first Street gelegen, durfte Mae als Sängerin auftreten und ihren Shimmy tanzen. Das »Capitol« hatte wahrhaft königliche Ambitionen: Der Eingangsbereich und die Treppen waren in Marmor gehalten, französische Kronleuchter aus Bergkristall hingen von der Decke, und das Auditorium faßte 5300 Besucher. Filmvorführungen waren inzwischen zum großen Geschäft avanciert, und edle Kinos gaben den Besuchern das Gefühl, in dieser glamourösen Welt nicht nur Zuschauer, sondern Teilhaber erster Klasse zu sein. Die Zeiten, da ein »flicker« (verwackelter Film) noch als Pausenfüller einer Live-Vorstellung diente, gehörten schon lange der Vergangenheit an.

Maes früherer Tanzlehrer Ned Wayburn, inzwischen ein stattlicher und aufgrund seiner Inszenierungen der *Ziegfeld Follies* auch ein berühmter Mann, war mit der Zusammenstellung der Bühnenshow anläßlich der Eröffnung des »Capitol« betraut worden, die unter dem Namen *Demi-tasse Revue* laufen sollte. Im September 1919, als *Sometime* mit Ida Mae Chadwick in Maes Rolle als Mayme Dean auf Tournee in die Provinz ging, blieb Mae, von Wayburn für seine Revue engagiert, in New York zurück.

Auf eine Vorführung von Douglas Fairbanks' Spielfilm *His Majesty the American*, in dem Fairbanks als Bramarbas in einem kleinen europäischen Königreich eine Rebellion niederschlägt, folgte bei der Eröffnungsgala noch eine zweistündige Revue, die alle Register zog. Sechzig Revuegirls mit elektrischen Birnen in ihren Pantöffelchen tanzten synchron einen Cancan. Will Crutchfield, ein Will-Rogers-Typ, schwang sein Lasso, begleitet von einem Chor aus Cowboys und Cowgirls, den »Bronco Bucks«. Die Capitol-Band spielte »I Promessi Sposi«, und Lucelle Chalfant sang Gounod. Gershwins »Swanee«, das mit Al Jolson schnell zum sensationellen Hit wurde, hatte Premiere. Kurz, für jeden Geschmack war etwas dabei.

Für ihren Auftritt in der *Demi-tasse Revue* ließ Mae West ihre letzte Varieténummer noch einmal aufleben: Sie wiederholte die Songs »Laughing Water« und »Oh, What a Moanin' Man«; letzterer gehörte zur Szenenfolge »Vampires«. In der *Variety*-Kritik hieß es, Mae habe »als Solonummer mit einem burlesken ›Shimmy‹ Anklang gefunden«. Doch die gesamte Revue wurde als zu bombastisch kritisiert, zumal im Rahmen eines solchen Mammutprogramms.

Nach einer Wiederholung derselben Revuenummer an einem Sonntagabend im »Winter Garden« begann Mae mit der Zusammenstellung eines neuen Programms – bereits auf der Basis ihrer neuen Erkenntnis, daß der Shimmy allein sie nicht weiterbringen würde: »Wer will denn schon eine ganze Karriere auf dem Shake aufbauen?«[5] Ihre körperlichen Verführungskünste mußten mit gutem Komikermaterial verbunden werden, also mit witzigen Songs und Conférencen, damit ihr Talent als komischer Vamp noch besser zur Geltung kommen konnte. Wie schon bei früheren Gelegenheiten wandte sich Mae deshalb an einen der besten, gefragtesten und witzigsten Sketch-, Song- und Gagschreiber, die es damals in New York gab: an Tommy Gray, der weiterhin auch seine *Variety*-Kolumne schrieb.

Gray, ein für seine Schlagfertigkeit und für seinen Wortwitz berühmter Amerikaner irischer Abstammung, war in der Unterhaltungsszene am Broadway und in der Forty-second Street voll etabliert. Er hatte im Theatergebäude des »Palace« ein eigenes Büro. Indem Gray seine Aussprüche zitierfähig, kurz und forsch hielt und sie mit der respektlosen Frechheit des New Yorkers pfefferte, wurde er zum Wegbereiter berühmter Zeitungshumoristen der zwanziger Jahre wie Damon Runyon und Walter Winchell. Ständig mit einem Bleistift bewaffnet, notierte er sich sogleich jede Pointe, die ihm einfiel, um sie nicht zu vergessen. In diesem Punkt eiferte ihm Mae schon bald nach.

Die achtzehnminütige Varieténummer, die Gray für Mae geschrieben hatte, wurde im »Colonial« aufgeführt, einem Haus, das zum Keith-Imperium gehörte und wegen seiner rüden Claque bekannt war. Die Premiere fand außerhalb der Saison statt, an einem drückend heißen Augusttag des Jahres 1920, an dem es kaum etwas zu trinken gab, jedenfalls keinen Alkohol. Denn der Volstead Act hatte wenige Monate zuvor das im Kriege geltende Alkoholverbot, die Prohibition, auf die Nachkriegszeit ausgedehnt. So tauchte nun in Maes Nummer eine Sequenz auf, in der das Hinscheiden von John Barleycorn (»Hans Gerstenkorn«, der Personifikation des Whiskeys) betrauert wurde.

Mae kam damit groß heraus, und in Bells Besprechung in *Variety* wurde auch Tommy Grays Anteil gebührend gewürdigt. Eingangs blieb Bell zufolge das Publikum so kalt, wie der Abend heiß war; die ersten drei Auftritte ließ man »stumpf dösend, fast schon in Trance« über sich ergehen. Doch dann kam Mae, und vorbei war's mit der gelangweilten Fächelei mit dem Programm.

Mae trug dasselbe einteilige silbrig-tiefschwarze Kleid, das sie schon im Jahr zuvor bei ihrem Auftritt im »Fifth Avenue« angehabt hatte, kombiniert mit diversen Hüten und einem Cape aus silbernem Tuch. All ihre Songs, kompetent am Klavier begleitet von George Walsh, kamen gut beim Publikum an. Und am Ende legte sie einen Shimmy aufs Parkett, der »expresssiv war, aber die Grenzen des Anstands nicht überschritt«. Der Beifall war trotzdem so nachhaltig, daß eine kleine Dankesansprache angezeigt schien. In ihren ersten beiden Songs, »I Want a Cave Man« (Ich will einen Höhlenmenschen) und »I'm a Night School Teacher« (Ich bin Lehrerin an einer Abendschule), fand sich, so Bell, der »erforderliche stilistische Kontrast«. Der Text des zweiten Songs war »voller Pointen und raffinierter komischer Anspielungen«. Auch die komische Conférence zwischen den Songs erhielt das Prädikat »hundertprozentig witzig«. In ihrem Song »The Mannikin« (Die Kleider-puppe) verband Mae drei komische Charaktere, die sie natürlich alle selbst mimte: eine vulgäre, Slang sprechende Kundin, eine zimperliche Braut und eine Broadway-Straßengöre. Bell gefielen besonders »die Leichtigkeit und die legitime Lässigkeit in der komischen Charakterdarstellung«, die sie seit ihrem letzten New Yorker Auftritt entwickelt habe. »Jede Pointe saß, vollkommen mühelos und mit optimalem Effekt.« Ferner lobte Bell, daß sie sich genau an Grays Material hielt: »Dank Tommy Gray und ihren eigenen Fähigkeiten als Komikerin ist Fräulein West jetzt wirklich reif für große Starauftritte im Varieté.«

Doch leider kam es wieder einmal anders. Mae erfüllte nicht einmal ihr komplettes Engagement im »Colonial«. Nachdem die zitierte Besprechung erschienen war, zog sie sich wegen einer angebli-chen Krankheit zurück und trat mehrere Monate lang überhaupt nicht auf. Wir werden wohl nie genau wissen, ob sie damals wirklich krank war oder ob – was wohl wahrscheinlicher ist – das Keith-Büro oder der Manager im »Colonial« Druck auf sie ausübte, ihren Shimmy noch weiter zurückzunehmen als ohnehin schon gesche-hen. Zu diesem Zeitpunkt war Mae nur bis zu einem gewissen Grade kompromißbereit. Wahrscheinlich gingen ihr die Forderun-gen des Managements zu weit.

Im Herbst 1920 trat sie mit ihrer Solonummer im Staat New York auf, und im Frühjahr 1921 erhielt sie ein Engagement für die Tournee einer Shubert-Revue, *The Whirl of the Town* (Der Wirbel in der Stadt). Als diese Revue 1921 in New York Premiere hatte, wurde sie umbenannt in *The Mimic World of 1921*. Zwischendurch aber arbeitete Mae an ihrem ersten Theaterstück, *The Ruby Ring*. Wahrscheinlich war ihr inzwischen klargeworden, daß sie sich wohl selbst Spielvorlagen und Auftrittsgelegenheiten schaffen mußte, wenn sie wirklich ganz nach oben kommen wollte.

Auch arbeitete sie an einem neuen Image, einem neuen Look für sich selbst. Ihre Auftritte in *Sometime* und in der *Demi-tasse Revue* hatten sie erstmals auf das Titelblatt einer Illustrierten gebracht. Etwas verhangen starrte sie vom Cover des *Dramatic Mirror*, eines

Theatermagazins, das damals noch nicht so viele Leser hatte wie *Variety* oder *Billboard*, das aber gleichwohl eine Zeitschrift war, auf deren Titelblatt jede Schauspielerin gern erschienen wäre. Mae sah hier noch ein wenig nach Theda Bara aus, mit einem fülligen brünetten Lockenkopf und tiefschwarzen Augenlidern und -brauen. Der Mund ist klein, er lächelt kaum. Mae sieht großartig aus, aber noch nicht wie eine eigene Persönlichkeit. Zu deutlich ist noch die Absicht, Theda Bara zu kopieren. Doch sollte es kein Jahr mehr dauern, bis sie sich in der Pose der schwül-erotischen blonden Sirene neu gestylt und endgültig gefunden hatte. Diese Verwandlung hatte natürlich auch mit den Fortschritten in der Kunst der Haartönung und in der Kosmetik zu tun, welche die Schönheitsindustrie zu einem gewichtigen Marktfaktor werden ließen. Jedenfalls waren bei Mae nun auch die letzten Spuren der Mädchenhaftigkeit verschwunden. Sie war siebenundzwanzig Jahre alt und legte langsam ein wenig an Gewicht zu. Ihre Kurven wurden merklich runder.

Trotz ihres gehobenen Status, den die Mitwirkung in einem Musical-Hit sowie ein Titelfoto in der Presse mit sich brachten, war Mae West nun praktisch wieder monatelang von der Bildfläche verschwunden. Man fragt sich, wie sie sich das leisten konnte, denn solche Absenzen waren ja kein Einzelfall. Auch in früheren Jahren war sie längere Zeit so gut wie abgetaucht. Timony trug zweifellos zu ihrem Lebensunterhalt bei; vielleicht lebte Mae sogar eine Zeitlang mit ihm zusammen. Jedenfalls beschuldigte Frank Wallace sie Jahrzehnte später anläßlich der höchst unerfreulichen Scheidungsaffäre Wallace/West, sie habe damals mit Timony zusammengelebt. Noch 1921 hatte sie jedoch offiziell ihren ersten Wohnsitz bei ihren Eltern in der Boyd Avenue im Bezirk Woodhaven, Queens. Wenigstens gab Mae bei der Registrierung des Copyrights für *The Ruby Ring* diese Adresse an.

Ihre Verbindung mit Timony hielt Mae übrigens nicht davon ab, Geschenke von anderen männlichen Verehrern entgegenzunehmen. Als Zeichen der Wertschätzung sammelte Mae Diamanten.

Die seien durabler als Männer, sagte sie, und bewiesen obendrein, daß ein Mann sie wirklich schätze. Den Ausspruch »Die meisten Männer taxieren deinen Wert danach, was sie für dich ausgeben« legte sie zwar zuerst ihrer Komödienfigur Nona in *The Hussy* (1922) in den Mund, doch später wiederholte sie ihn des öfteren auch als Mae West. Wie Tira in *Ich bin kein Engel* hielt sie sich an die Maxime »Cool bleiben und absahnen!«.

Auch Pferderennen, Wetten und das Leben auf der Rennbahn machten Mae Spaß. Hinweise darauf finden sich unter anderem in ihrem autobiographischen zweiten Theaterstück, *The Hussy* (Das leichte Mädchen), wenn Mr. Ramsey, die Battlin' Jack ähnelnde Vaterfigur, seiner lebenslustigen Tochter Nona vorwirft, sie verbringe zuviel Zeit mit reichen Verehrern auf der Pferderennbahn. Nona gibt sich nicht die geringste Mühe, diesen Tatbestand abzustreiten, aber sie macht sich über Männer lustig, die meinen, sie könnten jedes ihnen gefallende Mädchen mit einem dicken Bündel Banknoten kaufen. Ohne Liebe geht gar nichts, behauptet Nona nicht recht überzeugend. Und in der Tat hatte sie die Rennbahn an einem Tag mit einem Banker besucht, am nächsten mit einem anderen Kavalier, jeden Tag mit einem anderen.

Aber es stellt sich heraus, daß Nona niemals völlig von ihren männlichen Bewunderern oder von ihren Wettgewinnen abhängig ist, denn auch als Model hat sie sich etwas Geld verdient. Überdies hat ihr auch die Mutter finanziell unter die Arme gegriffen, die eine Pension führt und obendrein noch für andere Leute näht.

Die Unsicherheit der wirtschaftlichen Verhältnisse ist eines der Themen des Stückes, und zu jener Zeit war dies für Mae ja auch eine ihrer Hauptsorgen. In *The Hussy*, von Adeline Leitzbach nach Material von Mae West dramatisiert, sind die ständig wiederkehrenden Mae-West-Themen schon enthalten: Klassenunterschiede und sozialer Aufstieg; klatschsüchtige, snobistische Nachbarn, die andere spüren lassen, sie seien nicht gut genug; Menschen, die höher hinaus und mehr scheinen wollen, als sie können und sind; und die diversen Schliche, mit denen liebenswerte junge Frauen (und als Komplizinnen auch deren Mütter) versuchen, den Traumgatten an Land zu ziehen, der nicht nur Geld, sondern auch berühmte Vorfahren und einen hohen Sozialstatus hat. Nona ist in ärmlichen Verhältnissen aufgewachsen und mußte ständig sparen. Daher ist ihr Wunsch, Geld zu besitzen, eher nachvollziehbar und nicht als Raffgier zu werten. Verständlicherweise möchte auch sie einmal all die schönen Dinge besitzen, an denen sich die Reichen erfreuen können. Sie gewinnt das Herz eines Traummannes, Bob Van Sturdivant, der aus einer alten New Yorker Familie holländischer Abstammung kommt, ein Landgut besitzt und in einem Herrenhaus mit echten Rembrandts an der Wand residiert.

*The Hussy* ist in gewisser Weise auch ein Korrektiv zu der Rolle, die Mae West in *Sometime* spielte. Suchte dort Mayme Dean händeringend einen Mann, *irgend*einen Mann, so hat Nona, wie vor ihr schon Gloria in *The Ruby Ring*, keine derartigen Probleme: Sie kann sich all der Männer kaum erwehren, die sie heiraten wollen.

Mae war zwar damit beschäftigt, das Stück zu schreiben, das Timonys Sekretärin dann ins reine tippte. Doch diese ersten Skripte gelangten nie zur Aufführung. So war Mae West finanziell weiterhin auf ihre Einnahmen als Schauspielerin angewiesen. Meistens konnte sie sich auch entsprechende Engagements sichern, selbst wenn sie mit weniger gut bezahlten Varietéauftritten in kleineren Häusern wie dem Delancey Theater der Loew-Kette oder gar außerhalb Manhattans, weitab vom Schuß, vorliebnehmen mußte. Einen kleinen Zusatzverdienst brachten auch die Tantiemen für ihre Coverfotos auf gedruckten Songnoten – aber auch das war nur ein Tropfen auf den heißen Stein.

Die großen Varietébühnen konnten weiterhin nicht ihre Welt sein, solange dort anzügliche Auftritte verboten waren. Und das Keith-U. B. O., das diesen Bereich immer noch weitestgehend kontrollierte, zeigte keinerlei Neigung, seine Vorbehalte gegen Verstöße gegen die konventionellen Maßstäbe des Anstands zu lockern. Nach Ansicht des U. B. O. verschlechterte sich das allgemeine moralische Klima ohnehin. Der »kecke Aufführungsstil« wurde immer beliebter, »wobei die Shimmy- und Jazztänzer den Vorreiter spielten und die Toleranzgrenze immer weiter hinausschoben«. Die Varietékünstler, so die Unterstellung, kopierten den sexuell anzüglichen Stil der Broadway-Musicals und Cabaret-Revuen, »wo so freizügig geredet und gesungen werden darf wie nirgendwo sonst«.[6] Irving Berlins Song »I'm Gonna Do It If I Like It, and I Like It« (Wenn's mir Spaß macht, dann mach' ich's, und es macht mir Spaß) galt ausdrücklich als anstößige Nummer und war deshalb im Keith-Imperium verboten.

So überrascht es nicht, daß Mae wieder einmal eine letztlich für das Broadway-Theater bestimmte Revue zu Hilfe kam. *The Whirl of the Town* (Der Wirbel in der Stadt), eine gigantische Shubert-Produktion, als Nonplusultra konzipiert, ging im März 1921 zunächst zu Probevorstellungen auf Tournee in die Provinz. Auf der ersten Station, in Washington, D. C., gab es allerdings nur durchwachsene Kritiken. »Riesig, gigantisch« – Wörter, die die Shuberts in ihrer Anzeigenkampagne groß herausstellten, erwiesen sich bei genauerem Hinsehen nur als Beschönigungen für Formlosigkeit und Sperrigkeit. Diese Revue, einem Varietéprogramm ähnlicher als einem Musical mit einheitlicher Handlung, war mit schneller Nadel zusammengenäht worden und platzte folglich aus allen Nähten. Das Ganze zerfiel in fünfundzwanzig Einzelszenen, von denen längst nicht alle überzeugen konnten. Der Washingtoner Kritiker von *Variety* sagte am 11. März 1921 – freilich irrtümlich, wie sich zeigen sollte – voraus, daß »früher oder später eine gute Show daraus werden wird. Doch am Sonntagabend war das leider noch nicht der Fall.« Eine Einzeldarstellerin wurde indes mit höchstem Lob bedacht: Mae West.

Eine Nummer ragte heraus und verursachte einen kleinen Aufruhr – mit stehenden und johlenden Männern –, nämlich Mae West mit ihrem Shimmy. Fräulein West riß das Haus von den Sitzen, und sie selbst war vom Hals bis zu den Zehen und zurück eine einzige Schüttelbewegung.

Ihr Triumph war so groß, daß Mae, als die Show nach Philadelphia weiterzog, wo sie drei Wochen lang im Opernhaus an der Chestnut Street lief, neben dem Shubert-Spitzenmann Jimmy Hussey auf Plakaten und Programmankündigungen als Zugpferd genannt wurde. Die anderen Schauspielerinnen der Truppe fühlten sich nun laut Mae durch den riesigen Applaus und all die Aufmerksamkeit, die Mae erhielt, bedroht. J. J. Shubert, den Mae von den Brüdern am liebsten mochte, sagte ihr damals genau, was sie hören wollte: »All diese Mädchen hier haben Angst, mit dir in derselben Show aufzutreten.«[7] Und so, wie Mae dieses reale Theatergeschehen erlebte, kam es den Wunschvorstellungen in einem ihrer ersten Stücke schon sehr nahe: Neben ihr, Mae West, der fatalsten der *femme fatales*, hatte keine andere Frau eine Chance.

Der Shimmy in dieser Revue bildete den Höhepunkt eines Sketches mit dem Titel »The Trial of Shimmy Mae« (Der Prozeß gegen Shimmy-Mae). (Es sollten in Maes Programmen noch viele ähnliche, gleichfalls im Gerichtssaal angesiedelte Szenen folgen.) Im Shimmy-Sketch steht die von Mae gespielte Figur, eine »sehr gutaussehende« junge Frau, unter Polizeianklage. Sie habe den Shimmy getötet. Mitten im Tanz, erzählt ihr Song, sei das Lokal von der Polizei gestürmt, sie selbst verprügelt worden. Bei der Urteilsverkündung im Shimmy-Prozeß kommen die Geschworenen, selbst Strafgefangene, tobend, lärmend und vor allem Shimmy tanzend in den Gerichtssaal.

Daß der Shimmy gesellschaftlich immer noch nicht akzeptabel war, wurde bei den Probeaufführungen in Boston deutlich. Denn sobald Mae beim Shimmy mit den Schultern zu zucken begann, ging das Licht aus. Die Zensoren in Boston waren notorisch streng, und die Shubert-Filiale in Boston wollte sich mit ihnen nicht anlegen. So wurde auch eine Szene mit Jimmy Hussey und Mae West herausgenommen, denn »The Bridal Suite« (Die Brautsuite) verstieß gegen die Heiligkeit der Ehe. In dieser Szene empfängt die Braut, kaum daß der junge Ehemann wegen dringender geschäftlicher Termine das Hotelzimmer verlassen hat, sogleich eine ganze Reihe männlicher Besucher, die sich alle als Liebhaber profilieren dürfen.

LITTLE EGYPT.

13 and 15 WEST 24TH ST. N.Y.

·MADISON SQUARE·

1
»Klein Ägypten«,
um 1893.

2
Kalenderblatt,
1899.

3
Bert Williams.

4
Eva Tanguay.

Gotham Theatre and East New York Junction.    EAST NEW YORK.

5
Das Gotham Theater in Brooklyn, Ecke Fulton Street
und Alabama Avenue. Diese Ansichtskarte stammt
wahrscheinlich aus der Zeit um 1902,
als Hal Clarendons Truppe dort auftrat.

6
Hochzeitsfoto
von Mae West
und Frank Wallace
Milwaukee,
11. April 1911.

7
Titelblatt des Songs
»Cuddle Up and Cling to
Me«, 1912. Auf dem Foto
sind Mae West und die
»Girard Brothers«
(Bobby O'Neill und Harry
Laughlin) als Varietétänzer
zu sehen.

8
»And Then« wurde
1913 Bestandteil von
Mae Wests Varietéauftritten.
Auf dem Foto ist erstmals
Maes berühmte Pose mit
der Hand auf der Hüfte
festgehalten, ebenso ein
weiteres Markenzeichen:
ihr großer, mit Federn ge-
schmückter Hut.

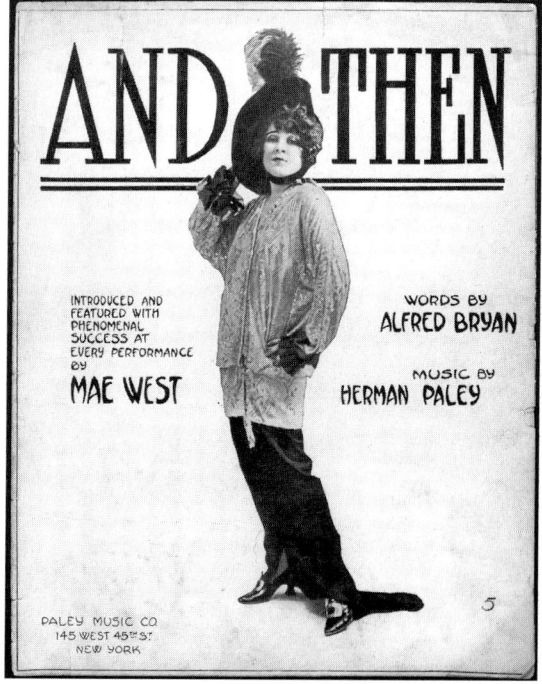

9
»Good Night, Nurse«, 1912.
Hier verwendete Mae West
erstmals einen Text von
Tommy Gray; der Komponist
W. Raymond Walker
war kurze Zeit Maes
Klavierbegleiter.

10
Mae West
in Chicago,
um 1914.
Hier bezeichnete
sie sich als
»The Original
Brinkley Girl«.

**11**
Guido Deiro, um 1915.
Mit dem beliebten
(und von ihr geliebten)
Akkordeonspieler trat
Mae West in den
Häusern der
Keith-Kette auf.

**12** *(unten)*
Hammersteins Victoria
Theater, um 1905.
Dieser begehrte New Yorker
Auftrittsort für alle Varietékünstler
(1899–1915) gehörte zum
Keith-Imperium und lag an
der Ecke von Forty-second
Street und Seventh Avenue.

13
Mae West
als »Farmerette«
während des
Ersten Weltkriegs.

14
Eine
nachdenkliche
Mae West im
Matrosenkostüm,
um 1918.

# DRAMATIC
# MIRROR

□□□□□□ MUSIC·PICTURES·DRAMA·VAUDEVILLE·STOCK □□□□□□□

MAE
WEST

15
Mae West als Vamp à la Theda Bara
nach ihrem Auftritt in Ned Wayburns
»Demi-tasse Revue« (Titelblatt des
*New York Dramatic Mirror* vom
25. Dezember 1919).

16
Mae West als Endzwanzigerin, um 1920.
Auf diesem Foto aus ihrer Shimmy-Zeit ist
Mae weder Flapper noch Diva, doch
zeichnet sich ihr zukünftiger »großer«
Stil schon ab.

17
Titelblatt des Songs
»I Never Broke Nobody's
Heart When I Said Goodbye«,
1923. Ohne Büstenhalter
versucht sich Mae West hier
als Flapper zu stilisieren.

18
Titelblatt des
Songs »Big Boy«,
1924.
Auf dem Foto sind
Mae Wests Haare
schon heller geworden.

**IS THE STAGE JAZZING DOWN TO HELL?**

**At last! The facts handled without gloves!** Story on Page 3

The ONLY COMPLETE TABLOID NEWSPAPER in AMERICA

NEW YORK
**EVENING GRAPHIC**

★★★★★ Final Edition

Vol. 3. No. 707. Copyright, 1926, by Macfadden Publications, Incorporated. NEW YORK, THURSDAY, DECEMBER 30, 1926 Entered as second-class matter Post Office, New York, N. Y. 2 Cents In City Cents Elsewhere

**PLAY JURY PUT ITS O. K. ON THIS,**
but such scenes as this have impelled Mayor Walker
to induce Broadway's theatrical producers to modify
the plays based on sex emotions. This
picture shows Mae West in "Sex," which plays to
capacity, regardless of the storm of protest it has
aroused. The huge success of this play has influenced
Broadway producers to "jazz up" their plays in a
large measure. See Page 3.

Rum Row Hoaxers Trapped Framing Alibi to Cover Fake. See Page 4.

19
Titelblatt des *Evening Graphic*
vom 30. Dezember 1926 mit einer
gewagten Szene aus *Sex* (Mae West
mit Lyons Wickland als Jimmy
Stanton). Sechs Wochen später
fand die Polizeirazzia statt.

# WARNING!

If you cannot stand excitement – see your doctor before visiting Mae West in "Sex"

ENGLISH THUR. NOV. 27
3 DAYS BEGINNING

MOST TALKED-OF STAR IN THE WORLD

MAE WEST

with

"SEX" BARRY O'NEILL

The STORY OF A BAD LITTLE GIRL WHO WAS GOOD TO THE NAVY!

OUTSTRIPS "DIAMOND LIL"

20
Anzeige in einer Chicagoer Zeitung, 1929
(Ankündigung einer Tournee-Aufführung von *Sex*).
Maes Pose mit der Ukulele nimmt ihre Szene mit
der chinesischen Pipa in *Klondike Annie* vorweg.

21
Mae West mit ihrem Rechtsanwalt Nathan Burkan und
den Hauptdarstellern von *Pleasure Man* nach der
Polizeirazzia vom 1. Oktober 1928. Mae West als
einzige Frau unter Männern – dieses Muster
sollte sich noch häufig wiederholen.

22
Matilda West bei
der Begrüßung
ihrer geliebten
Tochter nach
der Freilassung
von Mae aus den
Gefängnis am
27. April 1927.

In der verbliebenen Show, die schließlich unter dem neuen Titel *The Mimic World of 1921* im neuen New Yorker »Century Roof« über die Bretter ging, war Mae West zwar noch immer der weibliche Star, doch ihr männliches Pendant Jimmy Hussey war abhanden gekommen. In letzter Minute hatte er Knall und Fall wegen eines Streits mit den Shuberts, bei dem es um Programmplazierungen und »andere strittige Punkte« ging, alles hingeworfen. In höchster Eile mußte nun das gesamte Programm umgebaut werden, und um Lücken im Programm zu füllen, wurden mehrere neue Varieténummern aufgenommen. Bei der Premiere endete die verstümmelte Revue mit Maes Shimmy, der in Boston noch der Dunkelheit zum Opfer gefallen war. Zuvor war Mae bereits in mehreren komischen Rollen zu sehen: als »Jazzimova« in einer Parodie auf den geschmeidigen Filmstar Nazimova, der kurz zuvor als Kameliendame an der Seite von Rudolph Valentino auf der Leinwand Triumphe gefeiert hatte; und in einer Shakespeare-Travestie (»Shakespeares Liebesgarten«) als Vamp in Kleopatra-Aufmachung (die erste ihrer vielen Kleopatra-Rollen).

Weiterhin spielte sie in dieser Show eine französisch angehauchte Versucherin namens Madelon, die niemanden küßt, der nicht zuvor per Scheck bezahlt hat; und eine neue Version ihrer New Yorker Straßengöre, diesmal »Shifty Liz« (Die klauende Liz) genannt.

Die Shifty-Liz-Szene spielt in einem Unterweltmilieu, zu dem Mae West im Laufe ihrer Karriere immer wieder zurückkehren und das sie zu ihrem Markenzeichen machen sollte. Am Times Square ist Mitternacht. Gangster, Falschspieler und anderes lichtscheues Gesindel streicht dort auf der Suche nach Opfern herum. Maes Shifty Liz posiert als Naive – Posieren ist immer ein zentrales Kennzeichen der von Mae gespielten Rollen –, als naives Mädchen aus New Jersey, das in der Großstadt gestrandet ist und nicht einmal mehr das Fahrgeld nach Hause besitzt. Wie man annehmen soll, hat dieser Trick schon mehrfach gut funktioniert. Entlarvt wird Liz dabei von einem Heilsarmeesoldaten (einem allerersten Vorläufer von Captain Cummings in *Diamond Lil*), der sie beschuldigt, ihm

161

am Vortag die große Trommel entwendet und tausend Dollar gestohlen zu haben. Gleich nach dem Abgang des Mannes bestätigt Shifty Liz indirekt, daß der Heilsarmist recht hatte: Sie spricht einen Makler an und sagt ihm, sie wolle tausend Dollar, die sie gerade übrig habe, in sichere Autoaktien investieren.

Die Shuberts hatten gehofft, mit *The Mimic World of 1921* zur Einweihung ihres neuen Dachgartentheaters, des »Century Roof«, mit Restaurant, Promenade und Ausblick über den Central Park, einen großen Hit zu landen. Doch das mißlang. Revuen sind zwar immer ein gewisses Sammelsurium, doch das ungeordnete Durcheinander dieser Revue überschritt die Toleranzgrenze bei weitem. Die *New York Times* nannte das Ganze einen höchst mittelmäßigen Mischmasch. Die durch Husseys Ausfall gerissene Lücke ließ sich beim besten Willen nicht kaschieren.

So wurde die Revue zwar schon nach wenigen Wochen abgesetzt, doch Mae West war die Aufmerksamkeit in jedem Fall sicher, im guten wie im bösen. Die stärker moralisch ausgerichteten Kritiker schleuderten ihr die schon vertrauten Vorwürfe entgegen: Derbheit und Vulgarität. Doch Jack Lait von *Variety*, der sich ihrem Charme nicht verschloß, fand Mae »ziemlich forsch und schnippisch. Sie trug hautenge Kleider, sie tanzte den Kooch und den Shimmy äußerst geschmeidig, sie suchte sich das Beste heraus und war überhaupt ein hinreißender Vamp.«

In der *New York World* hieß es, ihr Tanz sehe »eher aus, als wolle sich jemand aus einer Zwangsjacke befreien, ohne die Hände zu benutzen«, während *Women's Wear* zu Maes gewagtem schwarzem Samtkleid anmerkte: »Nicht nur reichte das Rückendekolleté bis zur Taille, nein, die beiden Seitenschlitze ließen sogar die bloßen Hüften sichtbar werden.« Die *Mimic World of 1921* war schon mehrere Monate von der Bildfläche verschwunden, als im prestigeträchtigen Hochglanzmagazin *Theatre Magazine* ein Bild von Mae West erschien, auf dem sie blonder aussah als je zuvor, gewinnend dreinblickte und vor einer Kristallkugel saß. Die Bildunterschrift lautete: »Die führende Darstellerin in vielen Musical Comedies, der manche, die mit afrikanischen Stammesbräuchen nicht vertraut sind, zugute halten (oder auch vorwerfen), sie habe den Shimmy erfunden.« Mae sei »der Star von *The Mimic World of 1921*« gewesen.

Doch inzwischen arbeitete Mae schon an einer neuen Varieténummer, in der als Neuheit der Pianist Harry Richman mitwirken sollte, an dem Mae auch als Liebhaber interessiert war. Richman, der später als Gastgeber in seinem eigenen Nachtclub, als Al-Jolson-Imitator im Radio, als Sänger mit Strohhut von »Puttin' on the Ritz« sowie in Hollywood als einer der Liebhaber von Clara Bow berühmt werden sollte, war damals noch ein unbekannter Pianist, als Timony ihm vorschlug, er solle doch einfach mal probieren, ob er als Begleiter und Sänger (als Pausenfüller, während Mae sich umzog) mit Mae zurechtkäme.

Richman berichtet in seiner Autobiographie *A Hell of a Life* (Ein tolles Leben), Timony habe ihn davor gewarnt, mit Mae ein Techtelmechtel zu beginnen:»Wenn du dich in Mae verliebst, während du mit ihr beruflich zusammenarbeitest, dann wird aus der Nummer nie etwas.« Und in Richmans schriftlichem Bericht klingt es auch so, als habe er Timonys Rat befolgt. Doch wie Milton Berle erzählte, rühmte sich Richman gegenüber seinen Freunden im Friars Club, er habe mit Mae weit mehr probiert als nur eine Bühnennummer. Sie hätten sich oft geliebt, einmal sogar mit der Radioübertragung eines Baseballspiels im Hintergrund, als Konzentrationshilfe. Sie habe so etwas »gebraucht«, und Musik habe Mae immer nur träge gemacht.

Bei seiner »Aufnahmeprüfung« nahm Richman »unter einer elektrischen Birne, die an einer Schnur von der Decke hing«, Platz und ging mit Mae einige Songs durch, über die er auch etwas sagen mußte. Dabei lispelte er allerdings nervös. Doch Mae beruhigte ihn, er solle sich deshalb nur keine Sorgen machen. Gerade das Lispeln könne seinen Weg zum Erfolg ebnen, denn dadurch unterscheide er sich von den anderen. Jimmy Durante, der Mitbewerber um den Job, erhielt eine Absage, und Richman wurde engagiert. Seine ersten Worte auf der Bühne sprach er in einem Sketch, in dem Mae eine Diva, er den dazugehörigen Impresario spielte.

Eine Diva war Mae in seinen Augen ganz gewiß, vom ersten Tage an. Sie habe sich bereits damals so kostümiert wie später als Sirene in ihren großen Filmen:»enganliegende Kleider, jede Menge Federn und Glitzerzeug« sowie lange, tief ausgeschnittene Roben.[8] In einer Szene, die beide zusammen spielten, stellte sie sogar eine Kaiserin dar, die darauf aus war, einen Gladiatoren zu engagieren, der nichts weiter anhatte als ein Eichhörnchenfell. Doch Mae war eine ganz besondere Diva. Sie wollte nicht nur alle Attribute eines Spitzenstars und die sexuelle Kontrolle über die Mitspieler – all das natürlich auch –, sondern sie hatte sich zum Teil auch eigene Texte und Rollen geschrieben. Außerdem stellte sie höhere Gehaltsforderungen. Keith-Boss Albee wollte sie zum Beispiel eine Wochengage von 750 Dollar abtrotzen statt der im Keith-Imperium üblichen Höchstgage von 500 Dollar wöchentlich. Selbst wenn Gläubiger mit unbezahlten Rechnungen auf sie einstürmten und das Telefon abgeklemmt war, arbeitete Mae – so Richman – lieber überhaupt nicht als zu von anderen diktierten Bedingungen.

Als ein Manager bei einer zweideutigen Zeile in einem ihrer Songs stutzig wurde –»If you don't like my peaches, don't shake my tree« (Wenn du meine Pfirsiche nicht magst, dann laß auch meinen Baum in Ruhe) –, wurde Mae ins Büro des Chefs zitiert, um ihre Nummer dort vorzuführen. B. F. Albee (zu ihm zitiert zu werden, sagte Fred Allen, das sei so, als würde Gott eine Ameise vor seinen Thron befehlen) wollte sich der Sache höchstpersönlich annehmen. Doch Mae war eine hervorragende Schauspielerin und deshalb auch in der Lage, Albee die fragliche Zeile vollkommen naiv vorzutragen – im Stile von Klein-Eva in *Onkel Toms Hütte*: mit unschuldigem, traurigem Augenaufschlag und mit gefalteten Händen in Wangenhöhe. Albee fiel auf den Trick herein und bemerkte, nicht einmal ein Priester könne an dieser Darbietung Anstoß nehmen. Mae durfte die Zeile beibehalten und auch ihre Nummer unbehelligt weiter aufführen. Doch auf der Bühne war sie natürlich wieder ganz die alte, und mit Klein-Eva hatte der Auftritt dann absolut nichts mehr gemein.

Die Texte für ihren und Harry Richmans Varietéauftritt wurden zwar weitgehend vom Songschreiber Neville Fleeson verfaßt, doch eine der Nummern in ihrem Akt stammte mit Sicherheit von Mae – denn ähnliche Szenen finden sich bereits in ihren Stücken *The Hussy* und *The Ruby Ring*. Dabei geht es darum, wie verschiedene Vamptypen sich am besten den unterschiedlichen Männertypen anpassen, um ihr Ziel zu erreichen. Von Maes melodramatischer Lehrzeit im Theater profitierte ein weiterer Sketch, in dem sie mit Richman eine ganze Serie unterschiedlicher Abschiedsszenen von verschiedenen Romeos und Julias satirisch darbot. Jack Lait fand sie darin »beunruhigend theaternah und erstaunlich satirisch«.[9] Die Rezensenten überhäuften sie jetzt wie nie zuvor mit Beifall. Attribute wie »erstklassig«, »stark« und »ein Hit« wurden ihr angehängt, und vor allem lobte man sie dafür, daß sie endlich vom Shimmy abgelassen habe und sauber geblieben sei. Letztlich hatte sie sich doch noch zu Kompromissen für das U. B. O. bereit gefunden. In *Variety* vom 23. Juni 1922 lobte Conway in höchsten Tönen Maes Übergang von einem kecken Mädchen, das nur ungemein lasziv tanzen konnte, zur »Zeichnerin gesungener Charakterrollen, zur gekonnten dramatischen Rezitatorin und zu einem Mädchen mit Talenten für die Farce. Das wird sie eines Tages auf den Theaterolymp bringen.« Jetzt endlich sah man in Mae West weit mehr als nur eine im Varieté und in Theaterrevuen deplazierte Cabaret-Soubrette oder Nachtclubtänzerin. Sie wurde als virtuose Komikerin gefeiert, als *farceuse* gar mit Fanny Brice auf eine Stufe gestellt; der Unterschied zwischen beiden liege nur noch darin, daß Brice stärker ethnisch geprägt, Mae West dafür glamouröser sei. Und nun war sie auch reif für den Einzug ins Allerheiligste des Varietés: Gemeinsam mit Richman erhielt sie ein Engagement im »Palace«. Man zählte sie jetzt zu den Arrivierten der Branche, und die Aussichten auf eine lange Erfolgssträhne standen nicht schlecht, solange sie die Leute weiterhin zum Lachen bringen konnte. Ein komischer Vamp war nach vorherrschender Meinung eine so gut wie unverwüstliche Charakterrolle, während eine Shimmytänzerin eben nur so lange mit Erfolgen rechnen konnte, wie der Shimmy als Modetanz gefragt war. Die Showgewaltigen wurden sogar getadelt, weil sie »dieses blonde Baby so lange unbeachtet ließen«.[10] »Wir sagen, das war das Beste, was sie in ihrer Karriere je gemacht hat; und wir können uns noch gut an die Zeiten erinnern, als Schauspielerei bei Fräulein West noch weitgehend mit aufreizenden Hüftbewegungen identisch war.« Und nicht nur die Kritiker, sondern auch die Zuschauer waren begeistert: »Sie hat sich unheimlich viele Freunde gemacht. Die Leute klatschten sich nicht die Seele aus dem Leib, wie kürzlich für sie, wenn sie einen nicht mögen.«

Nachdem Mae jahrelang vergeblich um die Anerkennung in der Chefetage des U. B. O. gekämpft hatte, die ihr nun zuteil wurde, lehnte sie trotzdem den ihr angebotenen Dreijahresvertrag ab, weil dieser unter anderem mit einer weiten Tourneereise nach San Francisco verbunden gewesen wäre. Für sich selbst war Mae jedoch zu dem Schluß gekommen, daß die Zeit der Herumreiserei im Varieté für sie endgültig der Vergangenheit angehöre. So ließ sie Albee wissen, Auftritte im Großraum New York werde sie gerne übernehmen, doch einen langfristigen Vertrag wolle sie nicht unterzeichnen. Vielleicht hatte Mae auch ein feines Gespür dafür, daß die Zeit der großen, teuren Varietéhäuser zu Ende ging. Die Zukunft gehörte eher den kleineren Häusern, den Kinos, den Cabarets und dem boomenden Theater am Broadway.

Die Shuberts suchten, wie sie Mae immer wieder sagten, nach einem passenden Skript für sie. Doch wenn sie nichts Passendes auftreiben konnten, sagte sich Mae, dann würde sie sich eben selbst etwas schreiben und es so oder so auf die Bühne bringen. Momentan jedoch ergab sich gerade eine vielversprechende Aussicht. Denn ein Autor namens Paul Dupont hatte für sie eine komische Starrolle parat, in einem Stück mit dem Titel *The Ginger Box Revue*.

# Unter
## 7. *Kapitel* Mamas
# Fittichen

*D*ie *Ginger Box Revue* ließ sich vielversprechend an. Vorausgesetzt, daß bei dieser Produktion wirklich alles glattging, bot sich Mae
West hier die Gelegenheit, sich als Star endgültig zu etablieren und ihre diversen Talente be-
eindruckend vorzuführen: Hier konnte sie singen, tanzen und ihre körperlichen Reize ausspielen, sich als Komikerin profilieren oder als
Verführerin selbst auf den Arm nehmen. Eine
solche Chance hätte damals, im goldenen Zeitalter der Revuen, die Herzen aller ehrgeizi-
gen jungen Musical-Schauspielerinnen in New
York höher schlagen lassen. Fanny Brice,
Gilda Gray und Marilyn Miller, um nur einige
Namen zu nennen, hatten diesen Weg zum
Starruhm am Broadway bereits erfolgreich be-

schritten, indem sie die Chancen nutzten, die ihnen Ziegfelds aufwendig inszenierte, extravagante Musical-Revuen boten.

In den *Greenwich Village Follies* wurde Bert Savoy mit seinen hinreißend komischen Travestieshows zum Publikumsliebling. Seine überzogene Darstellung einer Dame von zweifelhaftem Charakter, die schon vieles von dem vorwegnahm, was später in Mae Wests Bühnen- und Filmrollen wiederkehrte, erzielte kolossale Lacherfolge: Auch Savoy gab eine gezierte New Yorker Mamsell in großem Ornat, mit übertriebenen Rundungen, stolzierendem Gang und einer Vorliebe für riesige Hüte, für bewußt zweideutige Redensarten und geruhsame lüsterne Blicke. Savoys »Dame« sprach jeden gleich mit »Süßer« an und verfügte über ein großes Repertoire beliebter, oft wiederholter Sprüche in bestem Times-Square-Slang, die viele Theaterliebhaber auswendig kannten: »That ain't the half of it, Dearie« (Das ist noch längst nicht alles, Süßer); »My nerves is all unstrung« (Meine Nerven sind völlig hin); »I'm glad you asked« (Schön, daß du gefragt hast); und – am berühmtesten von allen – »You *must* come over« (Du mußt auf alle Fälle mal vorbeikommen). Nach Savoys plötzlichem Tod im Jahre 1923 schrieb der berühmte Kritiker Edmund Wilson, bei Savoys »Dame« habe man das Gefühl gehabt, »die immense Vulgarität New Yorks verkörpert zu erleben, und zwar in fast heroischen Dimensionen«.[1]

Mae West mit ihrer schnellen Auffassungs- und Imitationsgabe lernte bei Bert Savoy einiges. So adaptierte sie später einige seiner Ausdrücke und Manierismen übertriebener Weiblichkeit und fügte sie nahtlos in ihren eigenen Stil ein. (Maes zum Markenzeichen gewordener Spruch »Come up and see me some time« – »Wollen Sie nicht mal raufkommen und mich besuchen?« –, ein Echo auf Bert Savoys »You *must* come over«, datiert allerdings erst aus ihrer großen Zeit als Filmstar in den dreißiger Jahren; ihre Variante des Spruches stammt aus *Sie tat ihm unrecht*.) 1922 stand ihr Name noch nicht für trockenen, frechen Witz. Auch hatte sich Mae noch nicht auf eine einzige Charakterrolle festgelegt. Vielmehr setzte sie zu dieser Zeit ihre ganze Hoffnung auf die Musical-Revue – eine

Gattung, die es ihr ermöglichte, das gesamte Spektrum ihrer schauspielerischen Talente zur Geltung zu bringen. Die *Ginger Box Revue* war von Anfang bis Ende auf Mae West zugeschnitten. Mae trat nicht nur als Circe auf, die ihre Liebhaber in Schweine verwandelt, sondern auch als Broadway-Vamp (die dazugehörige Opferrolle spielte Harry Richman) und als Sängerin: »I Want a Cave Man« kam ebenso wieder zu Ehren wie Tommy Grays »I'm a Night School Teacher«. Nur den bedauernden Tonfall ihres Songs »Sorry I Made You Cry« (Tut mir leid, daß du meinetwegen weinst) strich sie später wieder aus ihrem Repertoire.

Darüber hinaus diente ihr ein Sketch als perfekte Gelegenheit, ihre parodistischen Fähigkeiten unter Beweis zu stellen. Zielscheibe ihres Spotts war Eugene O'Neills expressionistisches Drama *Der haarige Affe* (The Hairy Ape), das kurz zuvor bei den Provincetown Players in Greenwich Village Premiere gehabt und die New Yorker Kritiker als innovatives Theaterstück überzeugt hatte, woraufhin die Produktion an den Broadway übersiedelte. O'Neills tragischer Held Yank Smith, Heizer auf einem Luxusdampfer, ist ein schweißtriefender, ständig vor sich hin fluchender Koloß von enormen Körperkräften, aber schlichter Wesensart: »I'm steel and steam and smoke and de rest of it!« (Ich bin Stahl und Dampf und Rauch und all das!) behauptet er stolz von sich. Und damit verkörperte Yank genau jenen urwüchsigen »Höhlenmenschen«, dessen Mae sich so gern als Folie für ihre Auftritte bediente, sei es auf der Bühne oder im Leben. Doch was bei O'Neill als düsterer, archetypischer Charakter im Sinne C. G. Jungs konzipiert ist, gerät Mae zur komischen, mit wenigen dicken Pinselstrichen entworfenen Karikatur.

Im Hintergrund von Maes Sketch treten als Chorus die »Stoker Girls« (Heizerinnen) auf, während ein mit Schwarzen besetztes Orchester (»The Cleff Club«) sie begleitete. In ihrem Song »Eugene O'Neill, You Have Put a Curse on Broadway« (Eugene O'Neill, dein Fluch liegt über dem Broadway) raunzt sie im Stile Yanks, der sich von einer gelangweilten Aristokratin beleidigt wähnt: »She done me doit! Lemme up! I'll show her who's an ape!« (Die hat mir

Dreck angehängt! Laßt mich raus! Ich werd' ihr schon zeigen, wer'n Gorilla is!)[2]

In der *Ginger Box Revue* lernte sie Dave Apollon kennen, einen Mandoline spielenden Komiker mit starkem russisch-jüdischem Akzent, der ihr und dem Publikum mit seinem eigenwilligen Englisch ungeheuer komisch vorkam. Bei den Probeaufführungen in Connecticut mußte Apollon bei der Premiere vor den Vorhang treten und sich für die noch fehlenden Kulissen und die sehr sparsamen Kostüme der folgenden Aufführung entschuldigen. Er brummelte dabei so hinreißend in seinen Bart: »Beim Zaren mit seinen lausigen Pogromen war alles noch besser!«, daß das Publikum, wie Mae in ihrer Autobiographie schreibt, dadurch schon fast versöhnt war.[3]

Doch die spartanische Ausstattung erwies sich leider nur als Vorbote für größeres, nicht nur vorübergehendes Ungemach. Was die Truppe damals noch nicht wußte: Der Produzent Edward Perkins hatte leider die unschöne Angewohnheit, Produktionen in Gang zu bringen und sie dann irgendwo stranden zu lassen. Mit einer Menge Gottvertrauen hatte er für die *Ginger Box Revue* das Greenwich Village Theater angemietet, obwohl seine finanziellen Mittel, die Show am Leben zu erhalten, zu diesem Zeitpunkt schon rapide dahinschwanden. Die Kosten schlossen dabei nicht nur die Gehälter für Schauspieler, Bühnenarbeiter, Kulissenbauer und Beleuchter ein, sondern auch die Miete für das Theatergebäude. Ferner ging das Gerücht, der im Programm genannte Librettist Paul Dupont sei niemand anders als Perkins selbst.

Die Kritiker reagierten auf die Dürftigkeit und die offensichtliche Frühgeburt der bankrotten Revue auch nicht gerade begeistert. In *Variety* hieß es: »Wenn man – mit Ausnahme der als Ganzes übernommenen Revuenummern – überhaupt von einem Libretto sprechen kann, so ist nach diesen Probevorstellungen eine Revision dringend erforderlich. Kenner der Szene, die zu diesen voreiligen Aufführungen extra nach Connecticut gereist waren, prophezeiten der Show in auch nur annähernd der Form, in der sie dort gezeigt wurde, für New York keine allzu großen Erfolgschancen.«

Doch der Probelauf in der Provinz dauerte nur ganze zwei Tage. Dann war Perkins plötzlich wieder einmal von der Bildfläche verschwunden. »Ginger Revue nach Verschwinden des Promoters saft- und kraftlos«, lautete die Schlagzeile in den *New York Daily News* am 13. August 1922. Im dazugehörigen Bericht machte man sich über »Shoestring« Perkins, den »Groschenjongleur«, und über seine vollmundige Ankündigung lustig, mit dieser Show wolle er Ziegfeld mit dessen eigenen Mitteln übertrumpfen.

Dreizehn der Gewerkschaft angehörende Schauspieler der *Ginger Box Revue* verklagten Perkins auf Zahlung ihrer Gagen. Mae West, Harry Richman und Dave Apollon gehörten allerdings nicht dazu. Mae, die an den Einnahmen der Show prozentual beteiligt werden sollte, sagte einem *Variety*-Reporter sogar, sie halte Perkins immer noch für einen netten Menschen: »Ich glaube, er war ganz in Ordnung, aber er hatte eben Schwierigkeiten, das nötige Geld zusammenzubekommen.« Sie verlieh ihrem »dringenden Wunsch« Ausdruck, mit Perkins zu einer gütlichen Einigung zu gelangen.

Auf diesen kamen aber auch noch Mietforderungen des Greenwich Village Theaters in Höhe von eintausend Dollar zu; schließlich hatte man in dem Theater geprobt, wenn es auch zur Premiere nicht mehr gereicht hatte.

Doch Mae gehörte nicht zu denen, die leicht die Flinte ins Korn warfen. Zäh und mit Kampfgeist versuchte sie einen neuen Produzenten für die Revue zu finden. Sie dachte dabei vor allem an Earl Carroll, der weiter draußen am Broadway sein eigenes Theater besaß. Dort wurde dann im darauffolgenden Jahr seine eigene pikante Show *Vanities of 1923* mit dem üblichen Erfolgsrezept ein echter Hit: jede Menge dürftig bekleideter Revuetänzerinnen und anzüglicher Pointen, damit die »abgespannten Geschäftsleute« im Publikum auf ihre Kosten kamen. Als Mae an Carroll herantrat, war dieser noch auf der Suche nach einer geeigneten neuen Show für sein Theater. Und so versuchte Mae, ihm die *Ginger Box Revue* schmackhaft zu machen: »Da war also er mit seinem Revuetheater, dem es nicht gerade blendend ging«, sagte Mae in einem Interview,

»und hier war ich mit einem Stück, mit dem er ganz sicher Geld machen konnte. Aber er wollte es nicht haben. Er wollte es nicht einmal lesen. Sollte ich ihm damit nun auf die Nerven gehen?«[4] So blieben ihre Bemühungen letztlich ergebnislos, und damit war das Schicksal der *Ginger Box Revue* endgültig besiegelt. Mae hatte offensichtlich große Hoffnungen auf diese Show gesetzt. Das Projekt so schimpflich sterben zu sehen – noch dazu vor aller Augen – muß ihr deshalb sehr weh getan haben.

Als Mae Ende der fünfziger Jahre in ihren Memoiren über die *Ginger Box*-Affäre zu schreiben anfing, ließ sie vieles weg: den Bankrott des Produzenten, die gescheiterte Premiere in New York, Perkins' windige Vergangenheit und die Klage der Gewerkschaftsmitglieder. Sich lange bei Mißerfolgen aufzuhalten erschien ihr als Kapitulation vor der »Negativität«, als Verletzung ihres Credos, am besten gehe es einem, wenn man das Positive hervorhebe und alle dunklen oder depressiven Gedanken aus seinem Kopf verbanne. Eine Niederlage zuzugeben, das war für sie so, als lenke man den Blick der Kamera nur auf die dunklen Stellen eines ansonsten makellosen Teints. Außerdem kenne die Öffentlichkeit, lautete ihre Überzeugung, Mae West nur als Filmstar, der sich von nichts und niemandem kleinkriegen ließ. Ihr Name sei mit dem Erfolg verbunden, nicht mit dem Scheitern. »Mae West triumphiert immer«, ließ sie nicht locker und bezog sich dabei charakteristischerweise auf ihre Bühnen- und Filmgestalt, als sei diese eine von ihr unabhängige Persönlichkeit mit einem ganz eigenen Leben.

Ende 1922 kehrte Mae für kurze Zeit ins Varieté zurück, wo ihr die gemeinsame Nummer mit Harry Richman mehr Beifall eingebracht hatte als jeder frühere Auftritt. Vielleicht hätte sich damit noch mehr zustande bringen lassen. Gleichwohl war Mae vom Temperament her Solistin, und so erwies sich selbst die Erfolgsverbindung mit Richman als brüchig. Anfang September sollten Richman und sie in Keith-Häusern in Pittsburgh und Syracuse (im Staat New York) eine Woche lang auf der Bühne stehen, doch an beiden Orten erschienen sie nicht: Um die Zeit, als Mae neunundzwanzig wurde, ging ihre Partnerschaft mit Richman abrupt zu Ende.

Über Ursachen und Hintergründe dieses Bruches gibt es verschiedene Versionen. In ihren Memoiren sagt Mae, Richman habe ein Angebot erhalten, das er unmöglich habe ablehnen können. Es handelte sich um Nachtclubauftritte, und in der Tat machte Richman später dort seinen Weg – bis hin zum Besitz eines eigenen Clubs, des »Club Richman«. Mae hingegen betonte ihre Abneigung gegen dieses Milieu. Später, nach ihrer Karriere in den Paramount-Filmstudios, überwand sie ihre Aversionen jedoch und gestaltete eine immens erfolgreiche Nachtclubnummer, in der sie als Star vor einem Chorus halbnackter Bilderbuch-Muskelmänner agierte.

Und Richmans Version? Er gestand einem Freund, nachdem Mae und er intim geworden seien, hätten sie auf der Bühne nicht mehr zusammen auftreten können – was nicht gerade überzeugend klingt, wenn man bedenkt, daß Richman sich zuvor damit gebrüstet hatte, Mae und er hätten schon bald nach ihrem ersten Zusammentreffen häufig miteinander geschlafen, lange vor ihrem triumphalen Tournee-Erfolg in den Häusern der Keith-Kette.

*Variety* schließlich berichtete – und diese Version klingt ganz so, als sei sie für die Öffentlichkeit fabriziert worden –, Richman habe sich plötzlich von Mae getrennt, um in Nora Bayes' Show mitzuwirken. Anfang 1923 trat er im Varieté als Star mit einer eigenen Nummer auf, und zwar in Keith-Häusern zusammen mit einem Liliputaner in der Minstrel-Rolle (mit rußgeschwärztem Gesicht). Später im selben Jahr wirkte Richman bei einer Neuauflage von Wayburns *Demi-tasse Revue* mit, diesmal in einem Brooklyner Cabaret. Dort war sein Partner *Arthur* West, nicht Mae. Die hatte sich in der Zwischenzeit nach einem neuen Partner umgeschaut.

Schon bald war Mae im »Colonial« zu sehen, allerdings nicht mit einem, sondern mit zwei neuen männlichen Partnern: dem Pianisten Leon Flatow (er schrieb die Musik für Maes Songs »I Never Broke Nobody's Heart When I Said Goodbye« – Ich habe beim Abschied nie jemandem das Herz gebrochen) und dem Operettensänger Joseph Lertora. In ihrer Dreiernummer wurde einiges Material wiederverwendet, das Mae und Richman bei ihren Auftritten bereits benutzt hatten: eine Vamp-Nummer, etwas französisch Angehauchtes, eine Shimmy-Ballade und der Gladiatorensong, in dem sie – geradezu prophetisch – die Rolle einer Kaiserin spielte, die einem Liebessklaven mit der Peitsche droht. Sime, der vor Mae Wests Musik seine Ohren verschloß und sich auch sonst dem Zauber dieser Sirene einfach entzog, nörgelte in *Variety* vom 19. Januar 1923, Maes Auftritt habe nun auch noch »das letzte Quentchen Finesse« verloren, das er zuvor im Verein mit Richman besessen habe. »Sie sollte die beiden Männer wieder gegen den einen Richman eintauschen und dann in den großen Häusern mit weit größerem Erfolg auftreten, als er ihr mit der gegenwärtigen Formation je beschieden sein wird. Das Ganze sollte einfach noch besser ausgefeilt werden und nicht so massiv daherkommen.«

Mae muß sich diesen Rat zu Herzen genommen haben, denn nur wenige Monate darauf stand sie im »Colonial« wieder mit Richman auf der Bühne – im Rahmen eines Varietéprogramms, zu dessen Höhepunkten der Auftritt des Weltklasse-Steptänzers Bill Robinson (»Bojangles«) und eine Vorführung des Harold-Lloyd-Films *Safety Last* gehörten. Wie der *Variety*-Kritiker Conway berichtete, war die West-Richman-Nummer gegenüber früheren Auftritten weitgehend unverändert geblieben. Doch wenn die Gags und Songs auch die gleichen geblieben waren, Maes Outfit hatte sich verändert. In diesem Bereich setzte sie auf neue atemberaubende Effekte: »Ihr tief ausgeschnittenes Silbergewand … unter ihrem blonden Haar war einfach umwerfend. Eine weitere Kreation bestand aus einem schwarzen Samtkleid mit Schleppe, weißem Federbusch und silbernem Kopfschmuck. Miss Wests verhaltene Raffinesse, ihre Beherrschung auch noch des letzten Tricks beim Jazzvortrag sowie ihre boshafte Parodie einer launenhaften französischen Primadonna« wurden mit lang anhaltendem Beifall belohnt. Nach etlichen Verbeugungen war sogar eine kleine Dankesansprache fällig.

Doch dieser gemeinsame Auftritt mit Richman im »Colonial« im April 1923 war definitiv der letzte. Wie Richmans Freund Nils

Granlund, ein Presseagent, Radiostar und Cabaretbesitzer, berichtet, war Mae außer sich, als das Publikum im »Colonial« mit seinem Beifall Richman nochmals allein auf die Bühne zurückholte, obwohl er nur als Klavierbegleiter engagiert worden war. Nachdem Mae selbst beifallumrauscht endgültig abgetreten war, lieferte Richman noch einige Solonummern nach und begab sich damit endgültig auf ihr Terrain. Er sang »There's No Hot Water in the Bronx« und fuhr noch eine Viertelstunde fort, bis das Publikum ihm stehende Ovationen darbrachte. Das war zuviel. Schließlich sollte das Ganze Maes Nummer sein und bleiben. So setzte, wie Granlund berichtet, eine zornbebende Mae, indem sie an die vulkanische Gemütslage der soeben überaus komisch von ihr parodierten Primadonna anknüpfte, Richman spontan den Stuhl vor die Tür. Aus und vorbei. Starruhm mit anderen zu teilen war Mae Wests Sache nicht. Ob ihr männlicher Partner nun Deiro hieß oder Harry Richman, Cary Grant, Victor McLaglen oder W. C. Fields – glatt verlief die Zusammenarbeit mit Mae immer nur dann, wenn ihre Rolle als Diva und alleiniger Topstar über alle Zweifel erhaben war und der Mann an ihrer Seite eindeutig die Nebenrolle spielte, *eine* Nebenrolle unter vielen.

Wie *Variety* 1922 meldete, schrieb Mae West, während sie nach einem neuen Klavierbegleiter für ihre Varieténummer Ausschau hielt, an einer Farce, in der sie selbst die Hauptrolle spielen wollte – in Zusammenarbeit mit einem Bühnenautor. Gemeint war eindeutig *The Hussy*, und der ungenannte Mitarbeiter war somit die erfahrene, aber kaum je in den Vordergrund getretene Bühnenschriftstellerin Adeline Leitzbach, die unter dem Namen Adeline Hendricks auch Filmdrehbücher schrieb.
Was hatte Mae zu diesem Schritt bewogen? Sie hatte die Erfahrung gemacht, daß auf Regisseure und Produzenten wie Edward Perkins kein Verlaß war, ebensowenig auf Klavierbegleiter wie Richman. Die Shuberts hielten sie weiter hin, indem sie ihr immer wieder erzählten, sie suchten nach einem passenden Stück für sie. Doch fanden sie leider keins. So wurde Mae immer klarer, daß sie auf

dem Weg zu dauerhaftem Starruhm erst einmal die Kontrolle über ihre Spielvorlagen gewinnen und sich auf den großen Schritt in die Selbständigkeit vorbereiten müßte. Mit ein wenig Hilfestellung ihrer Freunde, das hatte sich Mae fest vorgenommen, wollte sie ihre Position neu definieren und gleich von drei Seiten her aktiv werden: als ihre eigene Produzentin, Hauptdarstellerin und Autorin.

Doch dieser Übergang von der im Varieté sich mühsam durchschlagenden Akteurin zur Schöpferin, Produzentin und Hauptdarstellerin ihrer eigenen Stücke vollzog sich allmählich und erforderte eine für Maes Verhältnisse enorme Kraftanstrengung: Sie mußte ihre ganze Energie zusammennehmen, sich immer wieder versichern, daß sie das Zeug dazu habe; sie mußte all ihre Verbindungen spielen lassen und viel Fleiß und Schweiß investieren. Von großer Bedeutung war schließlich auch das richtige Timing – eine Fähigkeit, die zu ihrem Ruhm erheblich beitrug.

Nach dem Scheitern der *Ginger Box Revue* und dem Bruch mit Richman verbrachte Mae die zweite Hälfte des Jahres 1923 sowie die Jahre 1924 und 1925 in relativer Obskurität, jedenfalls abseits der im Blickpunkt stehenden New Yorker Bühnen. Doch wo und womit genau verbrachte sie diese Karrierepause? Zunächst einmal war sie auf den Titelblättern von Notendrucken ihrer Songs weiterhin präsent, obwohl sie die Songs selbst gar nicht auf Platten aufnahm. Jedenfalls war ihr Bildnis, mehr noch, das Image, das die Leute von ihr im Kopf behalten sollten, weiterhin in der Öffentlichkeit gegenwärtig, obwohl Mae auf der Bühne nicht mehr regelmäßig auftrat. In einem ihrer Songs, »Hula Lou« (Text von Jack Yellen), feierte sogar der unverwüstliche Mae-West-Kooch fröhliche Urständ: »She does her shakin' where the shakin' is best.«

Auf einem weiteren Notentitelblatt (»Big Boy«, Text ebenfalls von Yellen) finden sich ihr lächelndes Gesicht und ihr Dekolleté dicht neben einer kolorierten Zeichnung, die einen sehr großen Mann als Dandy zeigt: mit Stöckchen, adrettem Filzhut, weißem Hemd, gestreifter Krawatte und einem braunen Anzug mit breiten Schultern. Das Gesicht dieses Mannes ist rosa, doch in Maes gewagtem

Song steht die Rolle einer schwarzen Frau im Vordergrund, die von einem Mordskerl mit dunkler Hautfarbe singt, einem »Scheich aus dem Viertel der Schwarzen«, der alle Frauen so verrückt mache, daß sie bereit seien, die ganze Woche als Zimmermädchen zu arbeiten, nur um ihm Hemden und Socken schenken zu können. Hier wird offen mit dem Thema gemischtrassiger Sexualität gespielt – für das Mainstream-Publikum noch echter Zündstoff. Doch dieses riskante Spiel mit dem Feuer gehörte für Mae einfach unabdingbar zu ihrer Pose: »Den will ich sehen, der mich daran hindern kann!«

Während der ganzen zwanziger Jahre, dem Zeitalter der »Harlem Renaissance«, ließ sich Mae nachts gelegentlich in den von Schwarzen und weißer Schickeria bevölkerten Clubs in Harlem sehen, um schwarzen Musikern und Sängern beim Jazz und beim Blues zuzuhören. Es war die Zeit, da in der Harlemer Szene Maes Gefühl der Seelenverwandtschaft mit den Afroamerikanern und ihrer Musik endgültig zum Durchbruch kam. Ragtime-Songs gehörten damals schon seit vielen Jahren zu ihrem Repertoire; doch jetzt entdeckte sie noch eine weitere Liebe zur in der Volkskultur verwurzelten afroamerikanischen Musik: Sie versuchte den Gesangsstil der sexuell freimütigen Bluessängerinnen nachzuahmen, an dem inzwischen auch das weiße Publikum Gefallen gefunden hatte. Ganz so weit wie Bessie Smith mit ihrem »Copulatin' Blues« ging Mae in ihren Songs allerdings nicht.

Ein weiterer im Druck vorliegender Song aus jenem Zwischenstadium Mitte der zwanziger Jahre, »Down by the Vinegar Woiks« (Unten bei der Essigfabrik), knüpft an Maes Bühnenrollen als Straßenmädchen an. Doch diesmal liegen die Straßen nicht um den Times Square, sondern in den Einwanderervierteln der Vorstädte mit irischem und schwedischem Milieu, wie sich in den Dialektpassagen des Liedes zeigt.

Was sonst tat Mae in jenen Jahren nach dem Scheitern der *Ginger Box Revue* und der Trennung von Richman, in denen nicht nur sie, sondern der gesamte Varietébetrieb infolge wachsender Konkurrenz durch die Kinos in einer Krise steckte? Jon Tuska stellt in seinem Buch *The Films of Mae West* die Hypothese auf, Mae könnte mit kleineren Rollen zu ihren Anfängen, ins burleske, sexuell anzügliche Cabaret, zurückgekehrt sein, und zwar in Häusern der Mutual-Kette. Den in *Billboard* abgedruckten Besetzungslisten läßt sich nämlich entnehmen, daß damals eine May oder Mae West bei verschiedenen Shows im Brooklyner Star Theater im Chorus mitwirkte. Doch erscheint es eher unwahrscheinlich, daß jene Revuetänzerin in *French Models* wirklich unsere Mae West war. Denn wenn sie dort mitgetanzt hätte, wie plausibel wären dann die Beschwerden des *Billboard*-Kritikers, der Chorus sei so jung und unerfahren gewesen? Auch aus anderen Gründen erscheint eine Rückkehr Maes in eine solche Cabaret-Revue wenig plausibel: Schließlich war sie bereits im »Palace«, dem Allerheiligsten der Showbranche, aufgetreten und hatte sich in einem Broadway-Musical, das ein Hit mit langer Spielzeit war, einige Meriten erworben. Überdies stand sie immer noch in lockerer Verbindung zum Keith-Imperium. Ihre Aversion gegen schlecht bezahlte Nebenrollen hatte Mae mehr als einmal demonstriert, ebenso ihre Bereitschaft, unbedeutende Rollen, die sie nicht weiterbrachten, auszuschlagen und auf die richtigen Engagements zu warten.

Mit Sicherheit hatte es Mae in den Jahren zwischen dem Scheitern der *Ginger Box Revue* und dem Sensationserfolg ihres Stückes *Sex* nicht leicht; doch wissen wir, daß sie auch zu anderen Zeiten, wenn es im Showgeschäft nicht richtig lief, keine Schwierigkeiten hatte, alternative Quellen für ihren Lebensunterhalt anzuzapfen. Schließlich lautete ihr Motto ja: »Cool bleiben und absahnen!« Der sie anbetende Timony ließ Mae reichlich materielle wie moralische Unterstützung zukommen (wahrscheinlich bezahlte er die Miete für ihr Apartment in Jersey City); und darüber hinaus gab es immer noch jede Menge weiterer Verehrer, die ihr gerne Diamanten schenkten. Auch ihre Mutter beabsichtigte nicht, sie Hunger leiden zu lassen. Matilda half Mae immer wieder aus finanziellen Nöten, solange das Geld dazu diente, ihre Karriere zu fördern.

1924 kehrte Mae noch einmal für kurze Zeit ins Varieté zurück, und zwar in der Interstate-Kette, in deren Häusern sie genau ein Jahrzehnt zuvor schon einmal mit Deiro aufgetreten war. In Houston, weit entfernt von den wachsamen Augen Matildas und Timonys, verliebte sie sich Hals über Kopf in Bud Burmester, einen Reporter, der für *Variety* aus Texas berichtete. Für ihn war sie sogar bereit, eine Anklage wegen Bigamie zu riskieren, denn sie ließ sich mit ihm trauen. Die noch heute vorhandene Heiratsurkunde wurde jedoch von keinem Geistlichen unterzeichnet, und auch im Standesamtsregister finden sich keine Unterlagen.[5] Mae war völlig hingerissen. »No One Does It Like That Dallas Man« (Niemand macht's wie dieser Mann aus Dallas), sang sie später in der unzensierten Fassung von *Ich bin kein Engel.* »Er zähmt die wilden Pferde/Mit seiner Spezialpeitsche.« Doch die Romanze erkaltete recht bald. 1935, als die Eheschließung mit Frank Wallace aus dem Jahre 1911 durch alle Zeitungen ging, berichtete der *Los Angeles Examiner,* auch Burmester sei im Eherennen um Mae West unter den Teilnehmern gewesen. Burmester wurde dort mit den Worten zitiert, seine kurze, intensive Affäre mit Mae und der vorgetäuschte Gang zum Altar seien nichts weiter gewesen als »ein abgeschmackter Publicity-Gag«.[6]

Nach dieser texanischen Eskapade und einem kurzen Abstecher nach Detroit, wo sie in einem Keith-Varietétheater aufgetreten war, kehrte Mae nach New York und damit unter Mutters Fittiche und zu Timony zurück. Wenn dieser nicht gerade ein Immobiliengeschäft tätigte, einen Alkoholschmuggler verteidigte, der mit dem Gesetz in Konflikt geraten war, oder einem Theaterproduzenten mit Zensurproblemen als Rechtsbeistand diente, verbrachte er einen Teil seiner Zeit damit, nach Dramenskripten Ausschau zu halten, die Mae als Spielvorlage dienen könnten. Riskant genug mußten diese Texte allerdings sein, denn sie sollten ja eine Sensation hervorrufen und Mae West absoluten Starruhm einbringen. Timony hatte als Rechtsanwalt auch in den Diensten Earl Carrolls gestanden und dabei mitbekommen, daß Zensurattacken und in Boulevardblättern breitgetretene Skandalprozesse sich an der Theaterkasse durchaus positiv auswirken können. Als Carroll von der Anklage freigesprochen wurde, in seinem Theater zu seiner Show *Vanities of 1923* im Foyer »unzüchtige« Bilder von Schauspielerinnen ausgestellt zu haben, »belebte sich das Geschäft kräftig«. Die Einnahmen kletterten auf fast 20 000 Dollar. Zeitungsberichte über die Gerichtsentscheidung bezüglich der beanstandeten Fotos führten zu einer Völkerwanderung ins Theaterfoyer. Alle »wollten die posierenden dürftig bekleideten Mädchen sehen«.[7]

In *Sometime* hatte Mae West eine in gewagtem Outfit auftretende, frech daherredende New Yorker Revuetänzerin gespielt, in *The Mimic World of 1921* dann einen französischen Vamp, der für seine Küsse bezahlt werden will, und Shifty Liz, ein virtuos die Leute ausnehmendes Nachtschattengewächs aus der Forty-second Street. Bei einer gespielten Polizeirazzia auf der Bühne war sie als farcenhafte Shimmy-Mae geschlagen und anschließend vor Gericht gestellt worden. Sie hatte hinreichende Erfahrungen mit dem Zorn der puritanischen Kritiker, der Varietémanager im Keith-Imperium und der Zensoren gesammelt. In Boston hatte ihr gar ein Zensor das Licht abgedreht. In ihren eigenen nicht aufgeführten Stücken hatte sie die Rolle einer schnippischen, stets erfolgreichen Männerjägerin geschaffen, die Sex und Spaß haben will. Auf der Varietébühne hatte sie Shimmy getanzt, gejazzt und ständig verführerische Botschaften über die Rampe gesandt, um die Männer in Stimmung zu bringen. Doch letztlich war all das nur ein ausgedehnter Prolog. Denn erst jetzt kam die Hauptvorstellung: Auf dem Höhepunkt des »Jazz Age« modifizierte Mae ihre Bühnenrolle abermals, und zwar in eine Richtung, die noch gewagter, noch pikanter und ganz offen unanständig war. Sie verlegte das Lieblingsmilieu ihrer Bühnenfigur in den Rotlichtbezirk. Hier nämlich traf die scham- und rücksichtslose Konsumausrichtung der boomenden Nachkriegswirtschaft der USA (»Kauf dir dein Vergnügen«) mit dem ältesten Gewerbe der Welt zusammen. Und beide gingen fortan eine Zeitlang den gleichen Weg am Rande der Legalität.

Im Zeitalter der Prohibition hatte die Gesetzlosigkeit ein neues

180

charakteristisches Gepräge angenommen. Auf Parties hielten sich die New Yorker demonstrativ nicht an die Vorschriften des Volstead Act und ließen sich regelmäßig vollaufen – ein Vorgang, für den es die verschiedensten bildkräftigen Decknamen gab. Auch andere Gesetze gegen Zügellosigkeit wurden vor allem dadurch beachtet, daß man sie gezielt brach. Laut *Variety* gab es in den Vereinigten Staaten zur Zeit des Alkoholverbots siebzehnmal mehr »Tankstellen« als zuvor. Im Broadway-Viertel waren Taschenfläschchen und Gin in Teetassen so alltäglich wie Armbanduhren. Auch der Drogenkonsum nahm zu: Heroin, Kokain und Morphium waren für vierzig Dollar pro Unze ohne Schwierigkeiten erhältlich. Das Glücksspiel florierte ebenfalls.

Die Kleinen in all diesen »Geschäftsbereichen« wurden zunehmend in den Hintergrund gedrängt von schießwütigen Alkoholgangstern mit Schlapphüten und gestreiften Anzügen, die mit hohem Einsatz spielten und abkassierten. Zunehmend machten sie sich auch in der Welt der Nachtclubs und im Showgeschäft breit. Sie investierten in Theaterproduktionen, kauften Cabarets auf, deren Alkoholbedarf sie dann decken konnten, und sie schlossen unweigerlich auch Bekanntschaft mit vielen Showbusiness-Größen, denen sie begegneten: Schauspielern, Musikern, Tänzern, vor allem natürlich Schauspieler*innen*, Sänger*innen* und Tänzer*innen*. Die neue Spielart des Gangsters liebte das Highlife. Schon bald beschwerten sich Theaterarchitekten, sie könnten für ihre noblen Bauten nicht mehr genug Marmor auftreiben, weil so viele mit Alkoholschmuggel reich gewordene Gangster sich protzige Marmorpaläste errichteten.

Diskrete und elegante Brownstone-Häuser an Manhattans East Side (wie jenes, in dem George Raft in Mae Wests erstem Film *Night After Night* – Abend für Abend – hofhielt) wurden von ehemaligen Gastwirten als »Privatclubs« geführt. Hotels im Theaterviertel mitten in der Stadt, denen nun die regulären Einnahmen aus dem Alkoholausschank fehlten, duldeten auf ihrem Terrain immer häufiger Prostituierte oder getarnte Kneipen (»Speakeasies« genannt, wörtlich: »Sprich leise«). Restaurants mußten schließen, und an ihre Stelle traten Cabarets, in denen eine Pauschalgebühr von fünfzig Dollar pro Tisch auch die Gesellschaft eines Chorus-Girls einschloß.

Jetzt, da sie zu Wohlstand und Macht gelangt waren, zählten Gangster zu den Berühmtheiten, auf die alle mal einen Blick werfen wollten, über die man etwas lesen oder die man sogar auf der Bühne dargestellt sehen wollte. Manche Gangsterbosse suchten, anstatt sich bedeckt zu halten, geradezu die Öffentlichkeit und den zweifelhaften Ruhm, der mit Berichten in der Sensationspresse verbunden war. Der Alkoholschmuggler Dutch Schultz, als Arthur Flegenheimer zur Welt gekommen, legte sich sogar einen »Künstlernamen« zu, weil dieser, wie er gesagt haben soll, »für Schlagzeilen kurz genug war. Hieße ich immer noch Flegenheimer, hätte kein Mensch je von mir gehört.«

Im boomenden Theaterbetrieb am Broadway fand die volkstümliche Verherrlichung der um sich schießenden, Slang sprechenden Unterwelttypen ebenfalls ihren Niederschlag. »Es war eine wilde, rauhe Zeit im amerikanischen Schauspiel«, erinnerte sich Mae in ihrer Autobiographie, »und wir haben alle versucht, den Theaterbesuchern Gefühl und Geschmack für diese Zeit zu vermitteln. Hecht und MacArthur hatten mit *Reporter* [Front Page] das große Märchen vom amerikanischen Zeitungsjournalisten geschrieben. Und Stücke wie *Chicago*, *Broadway* und *The Racket* [Dunkle Machenschaften] ... zeigten, daß das Verbrechen wie Baseball zum Nationalsport geworden war.«[8]

Während das Theater zeigte, daß es in der Lage war, Schockwellen zu absorbieren, sollte im Varieté weiterhin alles beim alten bleiben. In den Häusern der Keith-Albee-Kette, die durch Kinos und die Möglichkeiten der neuen Medien Radio und Schallplatte, die Menschen auch daheim bestens zu unterhalten, immer stärker unter Druck gerieten, ging es immer repressiver zu. Es gab ausdrückliche Erlasse, was auf der Bühne gesagt werden durfte und was nicht. Witze über die Prohibition waren beispielsweise tabu. So richtete Mae West nun ihre Blicke lieber auf das reguläre Theater, waren diese Bühnen doch jetzt weit angesehener, exquisiter und prestigeträchtiger als fast alle Varietétheater. Zudem herrschten im Theater inzwischen die freieren Sitten.

Allerdings standen am Broadway auch schon zwei gegensätzliche Trends kurz vor dem Zusammenprall: zum einen eine größere Toleranz bei der Darstellung von Nacktheit, bei vulgären Ausdrücken und gewagten Themen; und zum anderen eine sich immer weiter hochschaukelnde Kampagne von kirchlichen Gruppierungen, Frauenclubs, Reformern und Politikern mit dem Ziel, für moralische Sauberkeit zu sorgen. Der Zusammenstoß zwischen Moralwächtern und wagemutigen Theaterleuten, von denen viele durch Bedienung der Nachfrage nach allen nur denkbaren Schockeffekten schnell zu Geld zu kommen hofften, führte zu hitzigen öffentlichen Auseinandersetzungen, die mit jenen zwischen den Alkoholliebhabern und den Advokaten der Prohibition zu vergleichen waren.

Der New Yorker Staatsanwalt Joab Banton gehörte zu den Anführern der Saubermänner, die mit der Unmoral auf New Yorks Bühnen ein für allemal aufräumen wollten. Im Zusammenspiel mit den Aktivisten des Kreuzzugs gegen das Laster zog auch er gegen Nacktheit, gemischtrassigen oder illegitimen Sex, vulgäre Ausdrücke, Schimpf- und Fluchwörter zu Felde. Für all diese Dinge auf der Bühne hatte die Presse ein griffiges Schlagwort geprägt:»dirt shows« (Schmutzvorstellungen). Banton bildete aus Vertretern der Kirchen, der diversen Reformgruppen und der Schauspielergewerkschaft einen»Bürgerausschuß«, der seine Bemühungen unterstützen sollte, den Broadway zu säubern. In einigen Fällen wurden Änderungen an Texten oder Kostümen gefordert. Davon war sogar O'Neills Tragödie *Gier unter Ulmen* (Desire Under the Elms) nicht ausgenommen, doch wurden in diesem Fall Änderungen abgelehnt, weil Kunstwerke ausdrücklich nicht unter die Zensur fielen und das Stück zuvor schon unabhängig produziert worden war. Bei *A Good Bad Woman* und *Ladies of the Evening* wurden die Revisionsforderungen jedoch erfüllt, um die Stücke»anständiger« zu machen.

Die Gegner der Theaterzensur hofften, daß Jimmy Walker, 1926 zum Bürgermeister von New York City gewählt, sich auf ihre Seite schlagen und gegen die Moralapostel angehen würde. Denn als Senator des Staates New York hatte Walker moralisierende Politiker der Heuchelei bezichtigt: Öffentlich träten sie für die Prohibition ein, privat aber hielten sie sich selbst nicht daran und nähmen Alkohol zu sich. Als in Albany im Parlament des Staates New York eine Gesetzesvorlage zur Staatszensur für Bücher debattiert wurde, sagte er: »Keine Frau ist jemals durch ein Buch verdorben worden.« Jimmy Walker, ein liebenswürdiger Bonvivant, hatte selbst Schlager komponiert und war dafür bekannt, daß er mit Walter Winchell, einem ehemaligen Varietékünstler und Dandy, der sich inzwischen bei der Boulevardzeitung *New York Graphic* als Kritiker ohne festes Ressort verdingt hatte, und gleichgesinnten Kumpanen gern eine Tour durch die Stadt veranstaltete, wobei »Speakeasies« natürlich nicht ausgespart wurden. Mit Walker als Stadtoberhaupt standen die Aktien der »unanständigen« Theaterleute recht günstig. Die Tugendwächter hingegen schienen schlechte Karten zu besitzen.

Als Mae West sich ansah, was am Broadway so vor sich ging, machte sie keinen Unterschied zwischen ernsthaften Dramen, die sich in Neuland vorwagten, und Stücken, die nichts anderes sein wollten als Vehikel für pikante Szenen. Aus ihrer Sicht hatten alle erfolgreichen Dramatiker jener Zeit, selbst O'Neill, nur deshalb Erfolg gehabt, weil sie Spannung, Sinnenkitzel und die Vitalität des ungeschminkten Alltagslebens auf die Bühne gebracht hatten. Die gewaltige Wirkung O'Neills im New Yorker Theater der frühen zwanziger Jahre trug dazu bei, daß Mae im Stückeschreiben überhaupt eine erfolgversprechende Tätigkeit sah. Auch wenn sie nie eine Aufführung eines seiner Stücke besuchte, wußte sie, daß Eugene O'Neill dem krassen Realismus, der auch die Schatten- und Nachtseiten des Lebens nicht aussparte, zur Legitimität auf der Bühne verholfen hatte und ihn mit entsprechend »vulgärer« Sprache auch zum Ausdruck brachte.

Auf den New Yorker Bühnen hatten in den zwanziger Jahren Stücke über Prostituierte und andere Angehörige der Unterschichten Konjunktur. Aus der großen Zahl können hier nur einige wenige genannt werden: *A Good Bad Woman, The Shanghai Gesture, Ladies of the Evening* und David Belascos *Lulu Belle* mit seiner rassisch gemischten Besetzung. Im Zentrum von O'Neills Drama *Anna Christie*, das 1921 mit Pauline Lord in der Titelrolle Premiere hatte – jener Starrolle, die dann im Stummfilm Blanche Sweet und in ihrem ersten Tonfilm Greta Garbo spielten –, steht ein blondes,»voll entwickeltes«, stark geschminktes Mädchen vom Lande aus Minnesota, das aus einer schwedischen Einwandererfamilie stammt. Einem Bordell in St. Paul entkommen, taucht sie in New York auf, um ihren trunksüchtigen Vater, Kapitän eines kleinen Frachters, aufzuspüren, mit dem sie dann zur See fährt. Zuvor hatte sie sich in einer Hafenkneipe einen Whiskey bestellt. Derartige Szenen hinterließen beim Publikum einen nachhaltigen Eindruck. Sadie Thompson, von Jeanne Eagels in einer Dramatisierung von W. Somerset Maughams Erzählung *Regen* (Rain) fesselnd und mit großem Erfolg gespielt, illustrierte auf andere Weise, wie entfesselte weibliche Sexualität auf der Bühne das Publikum derart in ihren Bann schlagen konnte, daß die Nachfrage nach Karten fast nicht mehr zu befriedigen war. Das von John Colton und Clemence Randolph adaptierte Stück wurde der Renner der Theatersaison 1922 und 1923. Es handelte von sexueller Repression und ihren fatalen Folgen für das Leben eines bigotten Missionars in der Südsee. Eagels spielte die heisere, mit billigem Flitterkram herausgeputzte, diffamierte Prostituierte so verführerisch und überzeugend, daß sie dem Publikum als Verkörperung der Sünde, als völliges Gegenteil von Repression erschien. Mit ihrer schauspielerischen Glanzleistung nötigte Jeanne Eagels allen Theaterbesuchern höchste Bewunderung ab.

Frauengestalten wie Sadie Thompson, Anna Christie und Lulu Belle beeindruckten auch Mae West, fühlte sie sich doch selbst zu diesem Rollenfach hingezogen. Glamourös und populär wirkte die Rolle, die sie ihrer Meinung nach selbst spielen konnte: die aufgetakelte, gleichwohl verlockende Prostituierte mit dem guten Herzen. Daß darüber hinaus bei diesen Produktionen auch die Kasse stimmte, registrierte Mae natürlich ebenfalls. Außerdem hatten die Schauspielerinnen, die vor ihr in New York »gefallene« Frauen verkörpert hatten, allesamt Karriere gemacht und beträchtliche Anerkennung gefunden.

In den zwanziger Jahren nahm die Konsumfreude hysterische Formen an, wozu nicht zuletzt die Werbung, inzwischen zum bedeutenden Wirtschaftsfaktor avanciert, und die Glamourwelt des Films beitrugen. »Kauf dir alles auf Raten«, suggerierten die Anzeigen und Leinwandvorbilder, »aber kauf es dir!« Millionen Amerikaner gingen inzwischen jede Woche in die Kinos. Und so fand auch das neue Weiblichkeitsideal weite Verbreitung: jung und sexy aussehen und wie Elinor Glyns Heldin, von Clara Bow auf der Leinwand hinreißend verkörpert, das »gewisse Etwas« haben.

Gern und häufig erzählte Mae West die Anekdote, wie ihr die Idee zu jenem Stück kam, das unter dem Titel *Sex* am Broadway Furore machen sollte und dessen Hauptfigur, Margy LaMont, eine Prostituierte ist. Eines Abends habe sie, so Mae, im Hafengebiet an der West Side Manhattans eine Straßendirne mit gebleichtem, wirrem Lockenkopf, zerknittertem Mantel und mit Laufmaschen in den Strümpfen gesehen, die jedoch einen teuren Hut mit Paradiesvogelfedern trug – zweifellos das Geschenk eines der beiden Matrosen, die ihren Arm um sie geschlungen hatten. Mae, im Auto ihres Begleiters sitzend, ließ sich erzählen, daß Mädchen wie dieses zwischen fünfzig Cent und zwei Dollar pro »Nummer« bekämen. »Als ich dann wieder zu Hause war, ging mir ein Gedanke nicht mehr aus dem Kopf: ›Fünfzig Cent! Wie viele Freier braucht sie denn da, um auch nur ihre Miete bezahlen zu können und sich etwas zu essen zu kaufen?‹ Und ich dachte: ›Mein Gott, ist diese Frau dumm!‹ Ich dachte, wenn ich doch nur mit ihr reden könnte, dann könnte sie immer ein oder zwei Kavaliere haben, die sie aushalten, wenn sie wirklich zu faul ist, etwas anderes zu tun … Im Geiste nahm ich mir diese Frau vor und krempelte sie um, stellte mir vor, wie ich sie aus der Gosse holen würde, und machte sie [im Stück] schließlich zum Mitglied der Gesellschaft.«[9]

Beflügeln konnte diese Hafenepisode Maes Vorstellungskraft freilich nur, weil ihre Gedanken ohnehin schon lange in diese Richtung
gegangen waren. Schon immer hatte sie sich zur rauhen, ungekün-
stelten Welt ihres Vaters mitsamt den Raufbolden, Falschspielern
und Pferdewettexperten hingezogen gefühlt. Ermutigt von ihrer
Mutter, war Mae seit ihrer Jugend darauf ausgewesen, die Grenzen
des Anstands zu erproben und hinauszuschieben. Dabei fand sie
vor allem Gleichgesinnte attraktiv, die es schafften, sich über die
Konventionen hinwegzusetzen und trotzdem als Gewinner dazuste-
hen. Wer seinen Sex-Appeal in Geld und Geschenke umsetzen
konnte, war ihrer Meinung nach niemandem Rechenschaft schuldig. Daß sich jemand verkaufte, störte sie nicht, sondern nur, wenn
sich jemand schlecht oder unter Wert verkaufte.

So blieb bei Mae also die Idee hängen, den Aufstieg einer Prostituierten aus der Gosse nachzuzeichnen. *Sex* war für sie demnach
nicht nur ein Stück, in dem aus der Darstellung eines leichten
Mädchens Kapital geschlagen werden sollte. Vielmehr sah Mae
darin die typisch amerikanische Geschichte eines sozialen Auf-
stiegs – aus einem schmutzigen Bordell in Montreal in die reich-
sten Nobelvororte New Yorks.»In jedem Beruf gibt es die Möglichkeit, ganz an die Spitze zu kommen«, sagt Maes Margy LaMont,
eine rauhe, aber sympathische Dirne, die als Matrosenliebchen der
Flotte von Montreal bis Trinidad gefolgt ist. (Es ist sicher kein
Zufall, daß auch in *Regen* und *Anna Christie* Soldaten und Matrosen
die Szene bevölkern.) In Trinidad begegnet Margy Jimmy Stanton,
dem Sohn eines reichen Plantagenbesitzers, der, in einem New
Yorker Prominentenvorort aufgewachsen, jetzt die väterlichen
Plantagen beaufsichtigt. Jimmy verliebt sich in Margy und will sie
heiraten. Doch zunächst will er sie daheim seinen anscheinend
überaus konventionellen Eltern vorstellen.

Was der naive Jimmy indes nicht ahnt: Nicht nur Margy ist mit einer
»Vergangenheit« belastet, sondern auch seine eigene Mutter hatte
früher einmal in Montreal eine unselige Affäre. Ausgerechnet in
demselben Bordell, in dem Margy mit ihren sündigen »Schwestern« und dem bulligen Zuhälter Rocky gelebt hatte, war auch

Mrs. Stanton damals aufgetaucht. Doch Jimmys Mutter ist eine Heuchlerin, die nur deshalb sexuelle Abenteuer suchte, weil ihre High-Society-Ehe sie langweilte, während Margy mit Liebesdiensten ihren Lebensunterhalt verdiente.

Obwohl sich Margy am Ende – in einem jener abrupten melodramatischen Sinneswandel, mit denen Mae West als junge Theaterschauspielerin groß geworden war – entschließt, Jimmy nicht zu heiraten, weil ihre Vergangenheit sie unweigerlich einholen würde und auch Jimmy darunter zu leiden hätte, gilt ihr allein schon die Tatsache seines Heiratsantrags als moralischer Triumph. Sie ist in einem vornehmen Haus als Gleichberechtigte empfangen und behandelt worden und hatte sich zuvor schon gegen Rockys rüde Methoden durchgesetzt. Weil sie wußte, daß er einen Mord auf dem Gewissen hatte, konnte sie ihm mit der Polizei drohen und sich so vor seinen Schlägen schützen. Wenn der Schlußvorhang sich senkt, hat Margy LaMont bewiesen, daß sie besser ist als alle anderen, vor allem ehrlicher als Mrs. Stanton. Ihr Aufstieg bis in höchste Kreise ist somit eine Art »Aschenputtel«-Märchen, wie es die Amerikaner besonders schätzen. Und Mae West wurde ihr Leben lang nicht müde, solche Geschichten in immer neuer Form zu erzählen.

*Sex* war allerdings weder ein völlig neues Stück noch allein das Werk Mae Wests. Im Jahre 1924 zahlte Timony einem J. J. Byrnes aus East Orange, New Jersey, dreihundert Dollar für die Produktionsrechte an dessen Stück *Following the Fleet* (Im Gefolge der Flotte), offenbar eine Auftragsarbeit. Mae West hatte Byrne nämlich gesagt, sie brauche ein Stück im Stil von *Regen*. Dann hatte sie sich selbst, gemeinsam mit der ungenannten Adeline Leitzbach, an die Überarbeitung gemacht. Das ursprünglich *The Albatros* betitelte Stück, angeblich verfaßt von Jane Mast (»Jane« war Maes zweiter Vorname und »Mast« eine Zusammenziehung des Namens »Mae West«), wurde schließlich als *Sex* zum Skandalerfolg.

Als das Stück dann auch noch viel Geld einbrachte, strengte J. J. Byrne gegen Timony und Mae West eine Plagiatsklage an. Im

Bestreben, sich selbst als makellosen, moralisch integren Mann darzustellen, beschuldigte er Timony, sein Original gestohlen zu haben, das angeblich eine moralische Botschaft habe vermitteln wollen, und es mit voller Absicht so verändert zu haben, daß es »zum Gegenstand moralischer Beanstandungen und zum Stadtgespräch« geworden sei. Vor dem Federal Court gab Byrne zu Protokoll, er habe sich ausdrücklich gegen Timonys Plan gewehrt, das Stück pikanter zu machen.»Ich habe ihm gesagt, daß das Stück, wenn seine Vorschläge realisiert würden, genauso anstößig sein werde wie *God of Vengeance* und daß irgend jemand dafür ins Gefängnis kommen könnte. Er sagte, das sei genau, was er sich erhoffe; er wolle das Stück so ›kraß‹ haben, daß die Polizei einschreiten und Leute in Arrest nehmen müsse. Dadurch würde das Stück wesentlich bekannter werden als durch Zeitungsinserate oder Aufführungsbesprechungen.«[10]

Bundesrichter Charles W. Goddard wies Byrnes Klage und damit auch seine Forderung nach einer halben Million Dollar Schadenersatz schließlich mit der Begründung ab, derartige dramatische Machwerke stünden nicht unter dem Schutz des Gesetzes. Beide Stücke, sowohl *Following the Fleet* als auch *Sex*, seien »erkennbar auf obszöne Wirkung aus, und … kein Autor eines derartigen Werkes kann von einem Gerichtshof Unterstützung erwarten, wenn er selbst mit befleckter Weste vor das Gericht tritt«. Adeline Leitzbach, als Zeugin des Klägers aufgerufen, sagte aus, sie habe mit Mae West bei der Revision von Byrnes Stück zusammengearbeitet. Wahrscheinlich verzichtete auch sie, nachdem Mae das Copyright allein auf ihren Namen hatte eintragen lassen, auf die Geltendmachung ihrer Rechte als Co-Autorin, weil sie damit rechnen mußte, bei einem Prozeß eine ähnliche Abfuhr zu erleiden. Vielleicht war sie aber auch auf ihren Anteil an *Sex* alles andere als stolz und wollte deshalb lieber anonym bleiben.

Von den frühen zwanziger Jahren bis an ihr Lebensende erhob Mae West den Anspruch, eine ernstzunehmende Schriftstellerin zu sein, obwohl ihre Schulbildung höchst lückenhaft war und ihr perfektes

Gespür für die richtige Tonlage und das präzise Timing des pointierten Einzeilers mit gravierenden Mängeln in der Beherrschung von Sprachstrukturen, Grammatik, Rechtschreibung und Zeichensetzung gekoppelt war. Im Laufe der Jahre setzte sie ihren Namen als Autorin unter elf Stücke und drei Romane; sie schrieb ihre eigenen Drehbücher und veröffentlichte außerdem noch eine Autobiographie und einen Ratgeber.

Matilda, die so vieles im ersten Karrierestadium ihrer Lieblingstochter in die Wege leitete, begutachtete und forcierte, war auch dafür verantwortlich, daß sich Mae mit dem Gedanken anfreundete, sie könne es doch einmal als Schriftstellerin versuchen. »Meine Mutter hatte mich beobachtet, wie ich ... Pointen einfügte und meine Rollen umschrieb ... und so sagte sie mir: ›Du kannst dir doch dein eigenes Stück schreiben.‹«[11] Der Antrieb zum Schreiben resultierte aber auch aus Maes generellem Bedürfnis, jede ihrer Spielvorlagen so weit wie möglich zu kontrollieren. Schauspiele sollten es sein, weil Mae dann stundenlang im Rampenlicht stehen konnte, nicht nur wenige Minuten wie im Varieté. Und überdies brauchte sie, um optimal wirken zu können, unbedingt einen authentisch klingenden Dialog, der auf ihre Persönlichkeit zugeschnitten war. Je klarere Konturen die Bühnenfigur namens »Mae West« erhielt, desto wichtiger wurde es für sie, auf komische, direkte und unverbildete Art so zu reden, so zu singen, sich so zu kleiden, so zu gestikulieren und sogar so zu gehen, daß ihre Individualität deutlich wurde.

Maes erste schriftstellerische Versuche waren noch sehr zögerlich und fragmentarisch. Sie sagte, sie habe ihre Kritzeleien für so unbedeutend gehalten, daß sie sie auf kleine Papierfetzen schrieb, die Timony dann von seiner Sekretärin abtippen ließ.

Wenn man allerdings die Manuskripte der Stücke in der Handschriftenabteilung der Library of Congress betrachtet, kann man sich des Eindrucks kaum erwehren, daß auch Timonys Sekretärin ein Grundkurs in Grammatik und Rechtschreibung gutgetan hätte. Die Zeichensetzung ist recht unkonventionell: Anstelle der üblichen Kommas und Punkte wird gern ein Gedankenstrich gesetzt.

190

Und es wimmelt von Rechtschreibfehlern, Inkonsequenzen, Brüchen und Leerstellen.

Kaum je begannen die Proben zu einem Stück von Mae West mit einem fertigen Skript, wie ein Zeitungsreporter 1928 berichtete: »Bei Probenbeginn hat sie kaum mehr parat als eine grobe Handlungsskizze und ein Dialoggerüst. Im weiteren Verlauf der Proben fügt sie hier eine Zeile ein, dort eine kurze Rede. Hingekritzelt werden diese Texte auf abgerissene Eintrittskarten, Rückseiten von Programmen und Papiertüten, in denen eben noch das Frühstücksbrot verpackt war. Am Abend sammelt ihr Manager dann diese Papierstücke ein, und [seine Sekretärin] tippt sie ab. So wird das Stück also erst auf der Bühne zusammengebaut.«[12]

Die witzigen Sprüche, die ihren Filmgestalten später munter von den Lippen gingen und die zum Synonym für Mae West wurden, fehlen in den Bühnenstücken aus den zwanziger Jahren, die sie selbst als »Sex-Dramen« bezeichnete, noch weitestgehend. Nur in *Diamond Lil* und *The Constant Sinner* sind einige dieser ausgefeilten, zitierbaren Pointen und Sprüche enthalten. Insgesamt aber sind die Dramen noch recht grobe Machwerke, in denen nicht der freche Sprachwitz, sondern komische Situationen und schauspielerische Übertreibungen für die Lacher sorgen.

Was alle Stücke, Romane und Drehbücher Mae Wests indes gemeinsam haben: Wann immer eine Rolle für Mae selbst darin enthalten ist, gibt sich diese Frau als Sirene, vor der die Männer fallen wie Getreide vor der Sense. Kühn und selbstsicher behält sie die Übersicht; sie ist schlagfertig (Mae West schrieb sich in ihrem ganzen Leben niemals die Rolle des blonden Dummchens auf den Leib), sie ist gutmütig und witzig, und sie liebt das Vergnügen. Ihr Interesse an Männern, Sex und Luxus trägt sie offen zur Schau, doch ebenso bestimmend für ihr Wesen sind Dominanz und Cleverness. Im Hinblick auf Männer hat sie nicht nur Glück. Vielmehr ist sie eine erfahrene Expertin, welche die mit ihrer Meisterschaft verbundene Kontrolle weit mehr genießt als alles andere. Mit ihren routinierten Verführungskünsten hat sie stets Erfolg; wann immer sie will, kann sie die Begierde des Mannes wecken. Und ganz nebenbei weckt sie oft auch den Neid einer Frau oder deren Bewunderung und Wunsch, ihr zu Diensten zu sein. In der von ihr geschaffenen Welt kann es keiner mit ihr aufnehmen, sei er nun männlichen oder weiblichen Geschlechts. Keiner ist ihr ebenbürtig. Obwohl Mae körperlich nicht gerade groß war (eine Tatsache, die sie zu kaschieren suchte, wo immer das möglich war), überragte die selbstgeschaffene Mae West alle anderen.

Als Verfasserin witziger Sprüche und geistreicher Bemerkungen für ihre eigenen Rollen in den Paramount-Filmen der dreißiger Jahre kam Mae bestens ohne fremde Hilfe aus. Und sie bereicherte dabei die amerikanische Sprache um ebenso viele zitierbare Bonmots wie eine Dorothy Parker, ein Groucho Marx oder ein W. C. Fields. Ihre Neigung zur Kurzform des Sprachwitzes, mit der sie in den zwanziger Jahren nicht allein dastand, könnte mit der massiven Verbreitung flotter Werbeslogans zu tun haben. Doch verweist ihre Vorliebe – im Einklang mit anderen Aspekten ihrer Rollengestaltung – auch zurück auf die Jahre vor der Jahrhundertwende. Nicht umsonst haben manche Bewunderer ihres Witzes sie zum amerikanischen Äquivalent Oscar Wildes ernannt, der den gleichen Hang zum exaltierten, aphoristischen Humor aufwies wie sie. Doch Wilde und Dorothy Parker sahen sich in erster Linie als Schriftsteller – selbst wenn ihre witzigen Dialoge ein Theaterpublikum erforderten und auf Showeffekte abzielten. Mae West hingegen war vor allem eine Vollblut-Entertainerin, ein Showstar. Ihre Schriftstellerei lief nebenher, vor allem um ihre Einflußsphäre im Umfeld der Bühne zu erweitern.

Sobald es sich jedoch um Formen handelte, die über den Einzeiler hinausgingen – um Theaterstücke, Artikel, Filmdrehbücher, Romane, ihre Autobiographie und sogar um Briefe –, benötigte Mae die Hilfe besser Geschulter. Dann ging es nicht ohne jemanden, der mehr Schreiberfahrung und eine bessere Ausbildung einbringen konnte, damit die Texte lesbar und konsistent wurden. Deshalb hätten die Stückeschreiber J. J. Byrne und Adeline Leitzbach durchaus mehr Anerkennung für ihre Beiträge zu *Sex* oder *The Hussy* verdient gehabt, als ihnen zuteil wurde. Beim Schreiben der

Romanfassung von *Pleasure Man* (Der Lebemann) assistierte Lawrence Lee, bei *Babe Gordon* (später in *The Constant Sinner*, Die standhafte Sünderin, umbenannt) Howard Merling; und bei Maes Autobiographie *Goodness Had Nothing to Do with It* (Das schafft man nicht mit Güte) fungierte Stephen Longstreet als Ghostwriter. »Geschrieben hat sie nichts«, sagte er, »aber wir haben wochenlang miteinander geredet.«[13] Zahlreiche ungenannte Drehbuchschreiber waren an der Gestaltung jener Drehbücher mit beteiligt, die nur Mae Wests Namen tragen. Ob Mae es nun offen eingestand oder lieber (was weit häufiger der Fall war) verschwieg, an ihren literarischen Arbeiten waren meistens noch andere Autoren beteiligt. »Mit meinen Gedanken bin ich flink, doch als Schreiberin langsam und faul. Deshalb spucke ich nur die Ideen aus und überlasse es jemand anderem, sie zu Papier zu bringen«, gab sie in einem Interview einmal zu.[14]

Manchmal, wie in der Zusammenarbeit mit Adeline Leitzbach, wurden von Mae entworfene Situationen und Charaktere von anderen ausgearbeitet. (Auf dem Titelblatt von *The Hussy* sind Mae West und Adeline Leitzbach als Co-Autoren genannt. Durchgestrichen sind die Worte: »Dramatisiert von Adeline Leitzbach, nach Material, das von Mae West bereitgestellt wurde.«) In anderen Fällen, wie bei *Sex*, bearbeitete Mae das Skript eines anderen so lange, bis es (wie Mae vor Gericht überzeugend darlegen konnte) ganz ihre unverkennbare Tonart aufwies und damit eher ihr Stück als das eines anderen war. In wieder anderen Fällen, wie bei *Pleasure Man*, verließ sich Mae im wesentlichen auf die Schauspieler, als es um die detaillierte Ausgestaltung von Dialog und Handlung ging. Fanatisch besitzergreifend wurde sie allerdings, wenn es um Anerkennung und namentliche Zuordnung des gemeinsam Geleisteten ging. Dann war auf einmal nur noch von Mae West die Rede, so als habe sie alles ganz allein geschrieben. Dabei war der Anteil vieler Mitarbeiter und Ghostwriter am fertigen Produkt beträchtlich, auch wenn es dann auf den Titelblättern nur noch hieß: »von Mae West«.

Aus verschiedenen Gründen ließ man ihr diese zweifelhaften Praktiken durchgehen, hauptsächlich weil nach der Bearbeitung fremder Texte durch Mae West ihr einzigartiger Aufführungsstil und ihre darin zum Ausdruck kommende Persönlichkeit unzweifelhaft die Hauptsache waren – das, was die Leute sehen wollten und wofür sie ihr Eintrittsgeld bezahlten. Um mit John Mason Brown zu sprechen: Sie schuf »eine ganz eigene Kategorie, die man nur als ›Mae West‹ bezeichnen kann. Ohne sie wäre es [das Material] belanglos. Mit ihr kommt ›Mae West‹ dabei heraus.«[15] Anders als Autodidakten wie Groucho Marx und W. C. Fields empfand Mae nie das Bedürfnis, mehr als das Nötigste zu lesen. »Ich bin zu nervös, um viel zu lesen«, gestand sie Karl Fleming. »Am liebsten lese ich gute Kritiken über mich.« Das gesprochene Wort sprach sie mehr an als das geschriebene. Deshalb hatte sie es am liebsten, wenn andere für sie die Bücher lasen und anschließend eine mündliche Zusammenfassung gaben. Und ihre eigenen Worte diktierte sie oft einem Sekretär, einer Sekretärin, einem Ghostwriter oder einer Mitautorin.

Daß sie ziemlich ungebildet war, mache Mae zu schaffen, doch sie ging auch hier in die Offensive: Bücherwürmer, die sich im Leben kaum auskannten, das waren die wirklich bedauernswerten Menschen, nicht sie. »Ich schreibe in meinen Büchern, was ich selbst vom Leben gelernt habe«, sagte sie in einem Interview. »Ich habe niemals Aufbau, Kontinuität und all diese Dinge studiert. Ich schreibe, wie ich fühle; genauso wie ich lebe.«[16]

1923 – ein Jahr bevor Timony die Rechte an *Following the Fleet* erwarb – wurde Mae West dreißig. Für einen echten Flapper war sie damit schon zu alt und überdies zu drall. Auch ging es in ihrem Leben viel zu sehr um Karriereziele, als daß sie ein »normaler« Flapper hätte sein können. Das Vergnügen stand bei Mae hoch im Kurs, doch mußte es erst einmal verdient sein: durch engagiertes Proben und Schreiben, durch Bühnenauftritte, Besuche bei Musikverlegern und in den Besetzungsbüros der Theater. Solange diese Arbeitsdisziplin nicht zu kurz kam, solange Mae sich fit hielt, keinen Alkohol trank, brav ihre Mutter besuchte, zum Frisör ging und ihren Schönheitsschlaf hielt, war nichts dagegen einzuwenden, daß sie das Leben bis zur Neige auskostete: Männer, Gelächter, glamouröse Pelze, ganze Tage auf der Pferderennbahn, Preisbox- kämpfe, Harlem bei Nacht, hautenge Kleider, Glockenhüte, aufrei- zende Lippen, Jazz, Diamanten – und Sex im Fond dahinbrausen- der Taxis.

Dieses Bestreben, das Leben in vollen Zügen zu genießen, diese ständige Suche nach dem Kick treibt auch ihre Stücke voran. Zum Schreiben für die Bühne kam sie erst, als sie schon lange Jahre im Varieté durch die Lande getingelt war. Und diese Erfahrung schlägt sich unmittelbar in ihren Stücken nieder. Da ist für Feinheiten kein Platz.»Im Varieté lernt man, seine Sachen schnell und zielstrebig rüberzubringen. Die Dinge müssen den Leuten in die Augen sprin- gen. Diese Ausbildung habe ich auf die reguläre Theaterbühne mitgebracht.«[17]

Literarische Ambitionen wies sie weit von sich:»Als erstes denke ich, offen gestanden, an den Kassenerfolg. Ich bin nicht an großer Kunst interessiert, sondern ich will den Leuten nur geben, was sie wollen.« Maes Ziel bestand also nicht darin, den Publikumsge- schmack zu reformieren.»Die Leute wollen Schmutz in den Stücken sehen, also bekommen sie ihn von mir.«[18] Es gibt nichts daran zu deuteln: Maes Bühnenstücke waren seit *Sex* ganz offen auf erotischen Sinnenkitzel aus. Hitzige Umarmungen und heiße Küs- se auf offener Szene waren bald eher die Regel als die Ausnahme. Es scheint Mae schon immer Spaß bereitet zu haben, sich mit anderen Schauspielern vor Publikum erotisch in Szene zu setzen. Viele Leute sinnlich zu erregen gab ihr selbst einen Kick.»Mae West höchstpersönlich, und darin ließ sie sich auch von Sadie Thompson nicht übertreffen, küßte mal diesen, mal jenen, und immer mit hingebungsvoller Leidenschaft«, hieß es in einer New Yorker Zeitungskritik über *Sex*.[19]

In ihren ersten produzierten Theaterstücken, *Sex* und in *The Wicked Age* (Das verruchte Zeitalter), stellte Mae ihren Körper stolz zur Schau; es hätte nicht viel gefehlt, und sie wäre auch nackt vor ihr Publikum getreten. In der Besprechung des *New York Mirror* von

*Sex* heißt es:»Sie zieht sich vor dem Publikum aus, und es scheint ihr Spaß zu machen.«Im ersten Akt, der in einem Montrealer Freudenhaus angesiedelt ist, soll Mae, wie die schwarze Autorin Zora Neale Hurston berichtet, auf dem Klavier»Honey Let Yo' Drawers Hang Low«(Schätzchen, laß die Hosen runter) gespielt haben, einen Song, der im Skript nicht vorkommt und der eindeutig der Welt der schwarzen Bordelle (»Jooks«) entlehnt ist. Maes Darstellungsstil, schrieb Hurston,»schmeckte viel stärker nach den Vergnügungsvierteln der Schwarzen als ... nach einer weißen Nutte. Ich weiß, daß das Stück, das sie spielte ... eine sehr alte Jook-Komposition ist.«[20] In der Cabaretszene des Stückes sang Marge alias Mae zwei in Harlem populäre Songs,»Sweet Man«und »Shake That Thing«(einen Song, der mit Ethel Waters in Verbindung gebracht wird). Außerdem führte sie zum»St. Louis Blues« einen Bauchtanz vor. Im Schlußakt, im schicken Herrenhaus der Stantons in Westchester, setzt sie sich ans Klavier und beginnt »Home Sweet Home«zu spielen. Doch abrupt geht sie zu einem Blues über, was ihrem Bewunderer, Leutnant Gregg, den Kommentar abnötigt:»Ja, Marge, das paßt viel besser zu dir.«

Der Regisseur Edward Elsner, ein erfahrener Veteran, ermutigte Mae, ihre Sinnlichkeit zum zentralen Ereignis in *Sex* zu machen und die sexuelle Ausstrahlung nicht nur als bloße Zutat zu sehen. Bei den Proben sagte er ihr etwas, das sie ihr ganzes Leben nicht vergessen und oftmals wiederholen sollte:»Du hast eine sinnliche Qualität, eine *drastische* sinnliche Qualität, wie ich sie noch bei keiner anderen vorher gesehen habe. Diese Sinnlichkeit spielt sogar dir selbst einen Streich.«[21] So definierte, sanktionierte und feierte also Elsner Maes Sinnlichkeit, einen zentralen Zug ihres Wesens, von dessen Existenz sie schon immer überzeugt gewesen war, und verlieh ihm den Status eines Markenzeichens. Hier durfte sie endlich einmal hervorkehren, was sie auf Geheiß anderer Regisseure und Manager so oft hatte dämpfen oder unterdrücken müssen.

*Sex* kam dem Publikumsgeschmack für leichte Kost und Sensationen entgegen. Hier sah man nicht nur Prostituierte in Aktion, sondern auch Pistolen, K.-o.-Drinks, einen Juwelenraub, Polizisten, einen Selbstmord hinter der Bühne, Bestechung und die Androhung einer Schießerei – eine garantierte Erfolgsmischung, so sensationell wie die neueste Ausgabe der Boulevardzeitung *New York Graphic.* In solchen Revolverblättern wurden die krassen Details der neuesten Skandale mit riesigen, Aufmerksamkeit heischenden Fotos garniert, welche die dazugehörige Story lebhaft und auf einen Blick erzählten und so einen zusätzlichen Kaufanreiz boten. Der Bericht im *New York Mirror* über eine Party, bei der Earl Carroll eine blutjunge Revuetänzerin in eine mit Champagner gefüllte Badewanne stieß, brachte der Zeitung eine enorme Auflagensteigerung – und natürlich entsprechende Mehreinnahmen. Eine Nummer der Zeitschrift *Life,* die 1926 kurz nach der Premiere von *Sex* erschien, machte sich über das Credo der Boulevardpresse mit folgenden Worten lustig: »Selig sind, die lüsternen Herzens sind, denn sie wissen, was die Öffentlichkeit will.« Dazu gehörte die Karikatur eines Zeitungsjungen, der seine Exemplare des *Evening Grabit* (»Grabsch ihn am Abend«, gemünzt auf den *Evening Graphic*) mit dem marktschreierischen Slogan an den Mann brachte: »Sextra! Sextra!« Zu einer Zeit, da die Boulevardpresse dominierte, war *Sex* das dazugehörige Bühnenäquivalent: ein reines Sensationsstück.

Schon der Titel war nur wegen seines Schock-Appeals gewählt worden. Wer konnte einen solchen Titel vergessen? Mae hielt sich oft zugute, sie habe praktisch im Alleingang das Wort »Sex« im offenen amerikanischen Sprachgebrauch etabliert; vor ihrem Stück habe man dieses Wort nur hinter vorgehaltener Hand oder in medizinischen Fachbüchern benutzt. Doch um der Wahrheit die Ehre zu geben: Schon 1913 war ein Artikel mit dem Titel »Sex O'Clock in America« erschienen. 1916 trug ein Film den Titel *The Sex Lure* (Die Verlockungen des Sex), und 1920 wurde Fred Niblos Film *Sex* gezeigt, in dem eine wilde Partyszene vorkommt, in deren Verlauf ein betrunkener Geschäftsmann sich ein Tigerfell umlegt, auf dem Boden herumkriecht und einer Revuetänzerin in den Knöchel beißt. Just zu dem Zeitpunkt, da Timony *Following the Fleet* kaufte, standen Maßnahmen gegen suggestive Filmtitel obenan auf der Prioritätenliste von Will Hays, der seit 1922 die Motion Picture Producers and Directors Association leitete, den Verband der Filmproduzenten und Filmregisseure. Unter den von Hays als anstößig zitierten Filmtiteln fanden sich: *Manhandled* (Kräftig angepackt), *A Woman of Fire, The Female, The Café of Fallen Angels* und *The Enemy Sex.*[22]

Die Titelwahl war Teil von Maes und Timonys Strategie, auf jeden Fall für Wirbel und Aufmerksamkeit zu sorgen. Selbst Leute, die sich keine Theaterkarte leisten konnten, sollten über Mae West Bescheid wissen. Darum mußte Mae genügend Aufsehen erregen, um mit Fotos und Berichten in die Zeitungen zu kommen. Vor Gericht nach einer Polizeirazzia und in den Schlagzeilen konnte sie dann eine weitere Starrolle spielen – in der theatralisch inszenierten Realität. »Laß sie doch das Theater schließen«, brüstete sich Timony. »Ich hoffe sogar, daß die Polizei einschreitet. Dann werden die Kassen klingeln.«[23]

Ohne die finanzielle Unterstützung durch die »Morals Production Company« wäre *Sex* allerdings nie auf die Bühne gelangt. Zu dieser von Timony gegründeten und geleiteten Gesellschaft gehörten ferner: der Co-Produzent Clarence William Morganstern, der früher Manager eines Varietétheaters in Pittsburgh gewesen war, in dem Mae vor langer Zeit aufgetreten war; der Kleiderfabrikant Harry Cohen, der die ersten 2500 Dollar vorgestreckt hatte und dann nochmals 1500 Dollar, um das Stück während der Proben und der Probeaufführungen in Connecticut am Leben zu erhalten; und schließlich Harry Court, der Manager von Daly's Theater in der Sixty-third Street.

Timony war nach wie vor Matildas Günstling unter Maes zahlreichen Liebhabern. Mit seiner vollkommenen Hingabe hatte er in Maes Leben praktisch eine Vaterrolle übernommen. Er kümmerte sich um sie, stellte ihre Karriere obenan, machte seinen gesamten

Einfluß zu ihren Gunsten geltend und tat besonders in jener Phase, als Mae an ihren Stücken arbeitete, sein Bestes, um Ablenkung in Gestalt anderer Männer von ihr fernzuhalten.»Timony schloß sie ein, wenn sie einen neuen Akt zu schreiben hatte, und er ließ sie erst heraus, wenn die Arbeit erledigt war. Sie fügte sich, weil sie sah, daß etwas dabei herauskam.«[24] Mae gab bereitwillig zu, daß Sex als zeit- und energieaufwendige Ablenkung sie davon abhalten konnte, ihre Ziele zu erreichen. So war sie gemeinsam mit Timony zu der Überzeugung gelangt, bis zur Fertigstellung des Stückes müsse sie all ihre überreichlich vorhandene Energie in dieses Projekt investieren.

Auch Matilda West beteiligte sich finanziell, als stille Teilhaberin, an der Morals Production Company. (Mae West, sprich: Matilda West, hielt dem Vernehmen nach einen Anteil von 40 Prozent an der Show.) Schon lange war Matilda nicht mehr nur die ehrgeizige Mutter eines zukünftigen Stars, sondern hatte sich auch im Geschäftsleben engagiert. Inzwischen war sie insgeheim zur Geschäftsführerin dreier gutgehender Rasthäuser auf Long Island aufgestiegen: des »Royal Arms«, »Blue Goose« und »Green Parrot«, allesamt am Merrick Roadway gelegen. Wie der Journalist Kevin Thomas von der *Los Angeles Times* herausfand, besaß sie darüber hinaus auch Anteile am Harding Hotel in Manhattan, das am Broadway und in der Fifty-fourth Street lag. Dort residierte Mae, als sie an und in *Diamond Lil* arbeitete. (»Einzelzimmer mit Bad 3,95 Dollar, Sondervergünstigungen für Künstler«, hieß es in Annoncen.)

Laut Thomas, der seine Informationen vom Stummfilmregisseur Alan Dwan bezog, der eine Zeitlang im »Harding« wohnte, war Matildas finanzkräftiger Partner im Hotelgeschäft (auf jeden Fall im »Harding«, möglicherweise aber auch in den Rasthäusern) niemand anders als einer der Unterweltbosse: Owney (»The Killer«) Madden.

Der in Yorkshire geborene und in Liverpool aufgewachsene Madden, in den zwanziger Jahren »Duke of the West Side«, kam als Jugendlicher in diesen »Hexenkessel«-Bezirk Manhattans und schloß sich dort den »Gophers« (Taschenratten), einer berüchtigten Jugendbande, an. Mit dreiundzwanzig Jahren hatte er bereits fünf Morde auf dem Gewissen und sich in den verschiedensten Kampftechniken bewährt: Revolver, Totschläger, Schlagringe und in Zeitungspapier gewickelte Bleirohre – alles verstand er meisterhaft einzusetzen. Nachdem er 1914 wegen Totschlags verurteilt worden war – das Opfer war ein Rivale aus der eigenen Bande –, saß er siebeneinhalb Jahre in Sing-Sing, ehe er auf Bewährung entlassen wurde. Als er dann wieder in der Szene auftauchte, als schmächtiger, leise sprechender, wie aus dem Ei gepellter Gangster mit dem »sanften Lächeln eines Engels«, war die Prohibition bereits in Kraft gesetzt – die goldene Gelegenheit seines Lebens. Mit Alkoholschmuggel, Bierbrauen, Kohlehandel und Waschsalonketten kam er groß ins Geschäft. Er kaufte sich in einen berühmten Harlemer Nachtclub ein, den »Cotton Club«, in dem Duke Ellington und andere talentierte Farbige auftraten (»the cream of sepia talent«). Auch an weiteren Clubs war er beteiligt, darunter dem mitten in Manhattan gelegenen »Silver Slipper«. Das Geschäft florierte. Er fuhr eine kugelsichere Duesenberg-Limousine (man hatte bereits so oft auf ihn geschossen, daß er in Polizeikreisen den Spitznamen »Tontaube« trug) und bezog im New Yorker Stadtteil Chelsea ein Penthouse-Apartment – ganz in der Nähe seiner Phoenix Cereal Beverage Company, wo jeden Tag Hunderttausende Liter Bier gebraut wurden: »Madden's No. 1«.

Mae West wurde eine von Maddens Geliebten, und beide blieben auch später noch gute Freunde, als Madden nach Hot Springs, Arkansas, und Mae nach Hollywood umgezogen war. Er behandelte sie mit Respekt, tat ihr zahlreiche Gefallen und war überhaupt eine erstklassige Erscheinung. Er zeigte sich immer als perfekter Gentleman, den grauen Filzhut über ein Auge weit heruntergezogen, mit schwarzem Hemd, weißer Krawatte und – weil er einen Horror vor Bakterien hatte – weißen Handschuhen. Er hatte Macht, Geld und eine sanft-bedrohliche Aura – eine Kombination, die Mae, und nicht nur sie, schwach werden ließ.

Madden fand, daß er mit den Stars aus dem Showgeschäft viel

gemeinsam hatte. Auch sie standen fest auf dem Boden der Realität. Oder, wie es Maddens Biograph Graham Nown formulierte:»Sie waren offen und unverfälscht. Wie sie übte auch er [Madden] einen heiklen Beruf aus, und sie schienen sich gegenseitig zu verstehen.«[25] Der Kolumnist Ed Sullivan sagte über Madden:»Wenn man Madden kannte, dann war das so, als kenne man den Bürgermeister. Man brauchte Owney nur um irgendeinen Gefallen zu bitten, der Wunsch wurde garantiert erfüllt.«[26] Wie ihre Tochter hatte auch Matilda West bei Gesetzesbrechern keinerlei Berührungsängste. Hauptsache, sie hatten Format und Geld. Im Zeitalter der Prohibition waren Rasthäuser meistens nichts anderes als»Speakeasies«, die an den Straßen außerhalb der großen Städte gelegen waren. Was dort ablief, war eigentlich verboten, und ohne geschmuggelten Alkohol lief gar nichts.

Mae mochte keinen Alkohol, doch gelegentlich erschien sie in Begleitung eines eleganten Verehrers auch im»Silver Slipper«. Sie gehörte dort zwar nicht zu den Stammgästen, doch in ihren Stücken und in ihren Geschichten aus dem Familienleben kommen Kneipen und Bars immer wieder vor. Es ist kein Zufall, daß ihr berühmtestes Theaterstück, *Diamond Lil*, in einer lauten Kneipe spielt und daß einzelne Szenen ihres 1927 durchgefallenen Stücks *The Wicked Age* in einem Rasthaus angesiedelt sind. Auch in den Filmen *Night After Night, Sie tat ihm unrecht* und *Die Schöne der neunziger Jahre* bilden Kneipen und Clubs die Szenerie. *Klondike Annie* beginnt in einer Spelunke in San Francisco. Maes Vater hatte früher einmal an der Theke gearbeitet, die Mutter stammte aus einer Bierbrauerfamilie. Und nun kamen Mae auch noch die Gewinne aus der Tätigkeit ihrer Mutter als Rasthauswirtin zugute – als Finanzspritze für ihre Theaterproduktionen.

Texas Guinan, die»Königin der Nachtclubs«, geriet, obwohl sie wie Mae keinen Alkohol trank, in so enge Verbindung zum Milieu der »Speakeasies«, daß sie als Personifizierung des gesetzlosen Zeitgeistes der zwanziger Jahre in New York City galt. Die ehemalige Bühnen- und Filmschauspielerin wurde zur gefeierten Gastgeberin in Herren- und Nachtclubs.»Sie liebte große Hüte von mehr als

einem halben Meter Durchmesser, von denen gelbe, blaue, purpurrote und rosa Bänder herabhingen. Ihre großen Zähne glänzten wie Perlen …, ihr Mund war grell mit Lippenstift bemalt.«[27]
Mit finanzieller Unterstützung des Alkoholschmugglers Larry Fay, der gemeinsam mit Owney Madden auch ein Taxiunternehmen betrieb, führte Texas Guinan mit ihrem rauhen Charme das Regiment in einer ganzen Reihe von »Speakeasies«. Eines dieser Etablissements, das »El Fey« an der West Fourty-fifth Street, wurde um die Zeit eröffnet, als Mae aus Texas zurückkehrte. Ein weiteres, der »Club Abbey«, war in einer Ecke des Hotel Harding beheimatet, als Mae West dort wohnte. »Hello, Sucker« (Hallo, Grünschnabel) – mit diesen Worten pflegte Texas Guinan ihre Gäste zu begrüßen. »Give this little girl a big hand«, lautete ihr Spruch, wenn sie ihre Chorus Girls persönlich vorstellte. Ihre Sprüche waren stadtbekannt. In einer Annonce in *Variety* für einen ihrer Clubs wurde sie zur »charmantesten Gastgeberin der Welt« ernannt, »deren flotte Sprüche von Millionen zitiert werden«. Ihr unverschämter, mit witzigen Sprüchen gespickter Stil gefiel ihrer Freundin Mae, die viel bei ihr lernte, überaus gut. Guinans Rat könnte Mae durchaus als Rechtfertigung ihres eigenen Stils gedient haben: »Übertreibt die Welt. Verkleidet euer Leben mit Phantasie … Laßt euch den Purpurmantel der Illusionen nicht nehmen.«[28]
Zeitungsleute wie Walter Winchell und Heywood Broun ließen sich regelmäßig in Guinans Nachtclubs sehen. Dort war gute Stimmung garantiert, und meist fiel auch noch eine gute Story für die Zeitung ab: etwa wenn Rudolph Valentino zum Tanzen erschien oder der wie Valentino aussehende George Raft, der mit seinen Tänzen regelmäßig für die Unterhaltung der Gäste sorgte. Auf einem alten Pressefoto ist Mae West mit Texas Guinan zu sehen, wie sie gemeinsam in einem ihrer Clubs feiern.
Als das »El Fey« nach einer Polizeirazzia geschlossen wurde, zog Guinan ungerührt weiter. Für sie wurde es zur Routine, daß Alkoholdetektive oder die Polizei in ihre Clubs kamen, so daß sie keinerlei Angst mehr hatte und in dem Ganzen eher eine Art Gesellschaftsspiel sah, das um so mehr Spaß machte, weil man es

gratis und überraschend bekam. Für die Frau, deren Hauptsong »The Prisoner's Song« hieß, wurden Polizeirazzien zum einsamen Höhepunkt ihrer Parties.

Wenn sich nun aber Texas Guinan mit ihren Nachtclubaktivitäten von Gangstern finanzieren ließ, warum sollte ihre Freundin und Bewunderin Mae West bei ihren Bühnenaktivitäten eigentlich nicht dasselbe tun? Und wenn Texas aus ihren Konflikten mit Polizei und Justiz sogar noch Kapital schlug, wenn sie Gesetze brach, verhaftet und ins Gefängnis gesteckt wurde, dann konnte Mae das auch. Was Texas Guinan recht war, war ihr billig.

# 8. *Kapitel* Gefängnissong

$D$ie Morals Production Company brachte zwar genügend Geld für *Sex* auf, um die Schauspieler zu bezahlen, eine Band (»The Syncopators«) zu entlohnen und auch die Miete für die Probenräume zu entrichten, doch eine blühende Firma war sie gewiß nicht. In die New Yorker Premiere rettete sich das Stück mit Müh und Not. Äußerste Sparsamkeit und eine gewisse Finanzakrobatik waren erforderlich, um die benötigten Kulissen und Ausstattungsgegenstände zu beschaffen. Die Kulisse für den Herrensitz in Westchester im letzten Akt von *Sex* wurde zum Beispiel aus einer alten Produktion von *Mutt & Jeff* wiederverwendet. Und vor der Premiere mußten die Proben in der Bryant Hall zwei Wochen lang suspendiert werden, weil die Geldgeber nicht in der Lage waren, die gewerkschaftlich geforderte Lohngarantie bei Actors' Equity zu hinterlegen. Letztlich konnte das Geld aber zusammengekratzt werden – dank einem Kleiderfabrikanten aus Lower Manhattan, Harry Cohen –, so daß die Probenarbeit Ende März 1926 wiederaufgenommen werden konnte. (Cohen strengte später einen Prozeß an und klagte, er sei um seinen Anteil an den Profiten des Stückes betrogen worden.) Die Voraufführungen begannen im April 1926 in Stamford, Connecticut; es folgten Waterbury und New London, eine Hafenstadt am Long-Island-Sund. In New London waren bei der ersten Aufführung laut Mae lediglich fünfundachtzig Unentwegte zugegen. Doch durch Mund-zu-Mund-Propaganda war das Theater schon bald überfüllt: mit fröhlich lärmenden Matrosen auf Landurlaub.

In New York hatte man für *Sex* das von John und Harry Cort geführte Daly's Theater gebucht. Die Corts waren mit einer prozentualen Erfolgsbeteiligung einverstanden und verzichteten dafür auf die Theatermiete. »Daly's«, in der Sixty-third Street, etwa eine Meile abseits vom eigentlichen Theaterviertel um den Times Square gelegen, galt im Vorfeld als ein gewisses Risiko für die Aufführung. Würden die New Yorker in den erhofften Scharen dorthin strömen? Doch als die Zeitungskritiken erschienen waren, erwiesen sich derartige Sorgen als unbegründet. Man strömte in Scharen herbei.

Dabei waren die Kritiken nicht gerade überschwenglich. Einige ähnelten eher Entsetzensschreien. Ein Blick auf einige Überschriften genügt: »*Sex* erreicht Höchstnoten für Lasterhaftigkeit und Langeweile« *(New York Herald Tribune)*; »*Sex* – ein grobes Machwerk« *(New York Times)*; »*Sex* – ein anstößiges Stück, Abartigkeiten aus der Mülltonne, für die Gosse bestimmt« *(New York Daily Mirror)*; »Desinfektionsmittel erforderlich« *(Milwaukee Sentinel)*.

Im *New Yorker* fragte man sich, wie »etwas in seinen Intentionen so Unverhülltes überhaupt so langweilig und öde« sein könne. Da kämen einem ja wirklich alle erotischen Gefühle abhanden. »*Sex* würde jeden Casanova in eine Mrs. Grundy verwandeln«, in jene sprichwörtlich engstirnige Nachbarin, die stur auf der Einhaltung der Anstandsregeln besteht.

»Schändlich« war allerdings deutlich häufiger als »öde« der Vorwurf, den man dem Stück machte, und einige besonders giftige Angriffe kamen aus der Welt des Showbusiness selbst, nicht von provinziellen Außenseitern. *Billboard* nannte *Sex* verärgert »die billigste, vulgärste, niederste ›Show‹, die sich dieses Jahr an die New Yorker Öffentlichkeit wagte«, eine »Schande für alle, die daran beteiligt sind ... Schlecht geschrieben, schlecht gespielt, schrecklich inszeniert.« In *Variety* schlug Bob Sisk ähnliche Töne an. »Noch nie«, lamentierte er, »ist derart massive Schande über das Theater an der Sixty-third Street gekommen.« Die drei mit »abstoßendem, infantilem, lasterhaftem Dialog« gefüllten Stunden würde man selbst in einschlägigen Cabaret-Häusern fast nirgends tolerieren. Wie Sisk berichtete, verließen viele Zuschauer bereits im ersten Akt entrüstet das Theater. Und was die wagemutige Mae West betreffe, so habe man »wirklich ein Gefühl der Dankbarkeit für alle repressiven Instanzen, die in der Vergangenheit bei ihren Varietésongs mäßigend eingewirkt« hätten. Abschließend meinte Sisk: »Ein Eingreifen der Polizei oder eine Publicity, die die Unflätigkeit des Stückes bekanntmacht, ist die einzige Rettung für *Sex*.« Doch *Variety* wolle sich nicht für eine solche Kampagne einspannen lassen und so wider Willen zum Kassenerfolg des Stückes beitragen. Also beschlossen Sisk und zwei andere Rezensenten, die über *Sex* schreiben sollten, »nicht über den schmutzigen Inhalt des Stückes zu berichten«.

Dieser Verschwörungsversuch der Pressekritik, das Stück totzuschweigen, schlug jedoch vollkommen fehl. In den Zeitungen, und nicht nur dort, zerriß man sich die Mäuler. In einigen veröffentlichten Besprechungen wurde die unverschämte Vulgarität des Stückes sogar noch lobend herausgestellt. »Ein feurigeres Stück, eines, das die Herzen noch höher schlagen ließe, war hier schon lange nicht mehr zu sehen«, vermeldete ein Schreiber im zur Hearst-Presse gehörenden *New York American*. Mae hatte ihn so sehr in ihren Bann geschlagen, daß er völlig vergaß, daß sein Boss, der Zeitungszar,»schmutzige« Theaterstücke und alles, was mit Mae West zu tun hatte, eigentlich verachtete.

Walter Winchell im *New York Graphic* (manchmal auch »Porno-Graphic« genannt) stieß sich am dilettantischen Skript, nahm aber Maes unverfrorenen Aufführungsstil von seiner Kritik ausdrücklich aus:»Sie hat ein erstaunliches Maß an Selbstsicherheit und löst ihre heikle Aufgabe darstellerisch überzeugend.« Er fand jedoch, daß sie»in den letzten Szenen, wenn sie plötzlich affektiert tugendhaft wird und Weiß trägt«, erheblich an Glaubwürdigkeit verliere. In seinem Fazit lobte Winchell das Stück als»kühnes, freches Unterfangen«, hielt sich jedoch gleichzeitig die Nase zu, um dem »anrüchigen Gestank« des Dargebotenen zu entkommen. Moralisch, lautete sein Verdikt, sei das ganze Unternehmen wirklich »unverzeihlich«.

Bei *Variety* war man sich nicht einig. Jack Conway fiel seinem Kollegen Bob Sisk, der sein Bestes getan hatte, um den Erfolg von *Sex* zu torpedieren, in den Rücken. Einige Wochen nach der Premiere schrieb er eine wahre Lobeshymne auf Mae West. In der Rolle eines Insiders der Preisboxszene, der seinem Kumpel Chick einen Brief schreibt, ernannte er Mae, die er mit dem berühmtesten Baseballspieler aller Zeiten verglich, zum »Babe Ruth of Stage Prosties« (Babe Ruth der Bühnenflittchen).

Mensch, Chick, Mae ist heiß. Im zweiten Akt, der in einem Cabaret in Trinidad spielt, hat sie»Sweet Man« drauf, ganz wie in Harlem ... Manche ihrer Sprüche hauen die Typen von Land wirklich von den Sitzen. Ihr Sex hat Swing und Drive, mein Gott, wie dies blonde Baby die Materie beherrscht! Sonst ist die Aufführung nur so lala, aber da achtet sowieso keiner drauf ... Wie Mae Margie LaMont spielt, davon wird sie im Leben nicht wieder loskommen. Künstlerisch gehört sie für die Leute jetzt zur Rotlicht-Schwesternschaft. Von jetzt an ist sie auf diese Rolle festgelegt. Und sie ist gut genug, daß sie sogar einer Handelsvertretertagung noch was Neues zeigen kann.[1]

Jack Conway sollte recht behalten. Nach *Sex* war Mae West für den Rest ihres Bühnenlebens der »Rotlicht-Schwesternschaft« zugeordnet. Indes, nach zahlreichen vergeblichen Anläufen auf den Starruhm, galt sie nun – mit einer Rolle, die ihr wirklich auf den Leib geschrieben war – als die New Yorker Bühnensensation des Tages.

An der Theaterkasse von »Daly's« bildeten sich zum Verdruß vieler Kritiker lange Schlangen. In der dritten Woche beliefen sich die Umsätze schon auf 10 000, in der siebten gar auf 16 500 Dollar. Danach pendelten sich die wöchentlichen Einkünfte bei 8000 Dollar ein. Finanziell konnte *Sex* zwar mit echten Kassenschlagern wie *Broadway* (Einnahmen: 31 000 Dollar pro Woche) nicht konkurrieren. Aber mit regelmäßigen Einkünften in der genannten Höhe über einen längeren Zeitraum hin stand die Aufführung gar nicht so schlecht da, obwohl es immer wieder Gerüchte gab, daß ihre Absetzung unmittelbar bevorstehe. Nicht das Stück wollten die Leute unbedingt sehen, sondern Mae West. Als *Sex* in Los Angeles mit einer anderen Schauspielerin in der Rolle der Margie LaMont inszeniert wurde, meinte ein Kritiker, das sei so »wie *Hamlet* ohne den Dänen«.

Eine auf Antrag des Bezirksstaatsanwalts einberufene freiwillige Schöffeninstanz zur Beurteilung von Theaterstücken (Play Jury), zu der neben acht männlichen Einwohnern Manhattans eine Frau, ein Arzt und zwei Einwohner Brooklyns gehörten, sprach *Sex* und *The Shanghai Gesture* mit acht zu vier Stimmen vom Vorwurf der Obszönität frei. Im Fall *Bunk of 1926* (Das dumme Zeug von 1926) plädierte die Jury dagegen für Schließung; in *Great Temptations* (Große Versuchungen) mußten die nackten Tänzerinnen verschwinden. *Variety* meinte zwar in einem Kommentar andeuten zu müssen, daß die Schauspieler in *Sex* wahrscheinlich im voraus über den Besuch der Jury informiert gewesen seien, so daß sie in der betreffenden Vorstellung alles viel dezenter hätten spielen können, doch das änderte nichts an der Tatsache, daß *Sex* freigesprochen worden war.

Die erbosten Sittenwächter wollten sich indes nicht damit abfinden, daß ein Stück, das ihrer Meinung nach nichts anderes war als eine schamlose, unzüchtige Orgie auf der Bühne, weiterhin ungestraft aufgeführt werden durfte. John Sumner, der das puritanische Erbe eines Anthony Comstock angetreten hatte, sprach vom Broadway nur noch als der »Gosse«. Er nutzte seine Society for the Suppression of Vice (Gesellschaft zur Unterdrückung des Lasters), um auf die zuständigen Stellen der New Yorker Stadtverwaltung Druck auszuüben, sie sollten die Entscheidung der Play Jury ignorieren und selbst aktiv werden im Kreuzzug gegen das Laster. Die katholische Kirche und andere religiöse Organisationen fielen in den machtvollen Chor der Entrüsteten ein. Mit Bezirksstaatsanwalt Joab Banton wußten sie einen wichtigen Verbündeten in ihren Reihen. Im Strafgesetzbuch des Staates New York gab es den Paragraphen 1140 a, auf den sich berufen konnte, wer die Einhaltung sittlicher Normen durchsetzen wollte. Danach müßten die Polizei und der Staatsanwalt jetzt nur auch handeln. Nach dem betreffenden Paragraphen machten sich nicht nur die Akteure in jedem »obszönen, unzüchtigen, unmoralischen oder unreinen Drama« strafbar, sondern auch alle, die solchen Aufführungen Vorschub leisteten: Theaterbesitzer, Manager, Regisseure oder Agenten. Wer gegen diese Bestimmung verstieß, konnte für sein Vergehen mit Gefängnis bis zu einem Jahr, einer Geldstrafe bis zu 500 Dollar oder mit beidem bestraft werden.

*Sex* blieb während des ganzen außergewöhnlich heißen Sommers 1926 auf dem Spielplan, jenes Sommers, in dem völlig überraschend Rudolph Valentino an einem Blinddarmdurchbruch starb. Bei seinem Begräbnis verwandelte sich ganz Manhattan in einen gigantischen Trauerzug. Mehr als 100 000 Menschen säumten die Straßen, Frauen fielen in Ohnmacht. Es kam zu Tumulten, bei denen viele Trauernde Verletzungen davontrugen. Die Boulevardzeitungen brachten gefälschte Fotos, die Valentino auf dem Operationstisch zeigten, und sie setzten Gerüchte in die Welt, der »Scheich« sei vergiftet worden.

Eine Woche nach Valentinos Tod soll (laut Whitney Bolton vom *Philadelphia Inquirer*) in einer Dachwohnung in Manhattan eine

Séance stattgefunden haben, die gemeinsam von Texas Guinan und Mae West arrangiert worden sei. Mit von der Partie seien auch Owney Madden und Texas' Bruder Tommy Guinan gewesen, der ebenfalls Nachtclubs besaß. Im Mittelpunkt der Sitzung habe ein italienisches Medium gestanden. Ziel der Séance sei es gewesen, herauszufinden, ob Valentino tatsächlich ermordet worden sei.[2] Ein natürlicher Tod paßte einfach nicht in die Vorstellungswelt dieser Runde. So einfach konnten die Dinge nicht liegen.

In jenen Wochen, deren Höhepunkt Valentinos allzu früher, melodramatischer Tod bildete, wurde in der amerikanischen Öffentlichkeit die schon im Zusammenhang mit dem Ersten Weltkrieg geführte Debatte über die Männlichkeit amerikanischer Männer wiederbelebt. Selbst vor Valentino, bei dessen Anblick die Frauen zu Tausenden schwach wurden, machte die Kritik nicht halt. Wegen seiner androgynen Sexualität und seiner als weibisch empfundenen orientalischen Filmkostüme sah sich der »Scheich« Vorwürfen ausgesetzt, kein »echter« Mann zu sein. In der Tat entsprach der Frauenheld dem Cowboy-Ideal des harten amerikanischen Mannes überhaupt nicht. Man warf ihm sogar vor, er habe durch sein Vorbild wesentlich dazu beigetragen, daß amerikanische Männer immer weichlicher würden.

Während die Verweiblichung amerikanischer Männer offiziell beklagt wurde und das Wort »Homosexualität« außerhalb medizinischer Kreise im normalen Sprachgebrauch praktisch tabu war, florierte in New York City eine vitale Subkultur der Homosexuellen, besonders im Viertel um den Times Square, in Greenwich Village und in einzelnen Enklaven in Harlem. Dort suchten die Schwulen (relativ) sichere Treffpunkte; Homo-Bars und Tuntenbälle breiteten sich aus.[3] Der Hamilton-Lodge-Ball in Harlem – eine alljährlich stattfindende extravagante Veranstaltung für Männer in Frauenkleidern, auch »Dance of the Fairies« oder »Faggots Ball« genannt – lockte 1926 tausendfünfhundert Gäste an, unter denen allerdings viele »normale« heterosexuelle Zuschauer waren.

Während also das Thema »Männlichkeit und Verweichlichung« in der Stadt mit Hingabe erörtert wurde und Mae West weiterhin in

*Sex* die Prostituierte Margie LaMont spielte, begannen Mae, Timony und die alte Investorengruppe (aus der Cohen inzwischen ausgeschieden war) bereits mit den Planungen für das nächste Stück. Man wollte das Thema Homosexualität auf die Bühne bringen. Im ersten Augenblick mag der Sprung von einem Stück über weibliche Prostitution zu einem Drama über männliche Homosexualität groß erscheinen. Doch bei näherer Betrachtung hatten die Mitglieder des »dritten Geschlechts« und Prostituierte weit mehr gemein als den Umstand, daß beide Subkulturen damals in unmittelbarer Nachbarschaft des New Yorker Theaterviertels florierten. Beide Gruppen hatten Außenseiterstatus und wurden von Polizei und Justiz verfolgt, beide hatten es sexuell aggressiv auf Männer abgesehen. Überdies waren sich beide Seiten darin einig, wie eine verführerische Frau aussehen sollte. Sowohl die Strichmädchen als auch die Tunten in Frauenkleidern strichen ihre sexuellen Attribute stark heraus. Schweres Parfüm, Pelze, viel Lippenstift, enganliegende Kleider und hohe Hacken signalisierten: »Ich bin zu haben, komm und nimm mich!«

Als *The Drag* (Der Schwule) allmählich Gestalt annahm, näherte sich *Sex* dem einjährigen Bühnenjubiläum in Daly's Theater. Um diese Zeit ließ Staatsanwalt Banton andeutungsweise verlauten, er werde in Zukunft rigoros gegen Verstöße gegen den Obszönitätsparagraphen in den Broadway-Theatern einschreiten. Er distanzierte sich vom System der Play Jury und sagte öffentlich, er habe Polizeioffiziere in verschiedene Vorstellungen geschickt, über die in letzter Zeit zahlreiche Beschwerden gekommen seien. Mit Blick auf die anstehenden Wahlen stürzte sich nun auch Bürgermeister Walker in den Kampf – mit der Warnung, wenn die Produzenten am Broadway nicht freiwillig für Ordnung und Sauberkeit sorgten, dann seien Zensurmaßnahmen unausweichlich. Im *New York Journal*, das es auf Walker abgesehen hatte als »den Mann, der sich in Nachtclubs und bei den Preisboxern so oft sehen läßt, daß seine nächtlichen Exkursionen zum Skandal geworden sind«, war davon die Rede, Walker werde seine katholischen Wähler unweigerlich verlieren, wenn er sich dem Aufruf von Kardinal Hayes zu einer Säuberungsaktion am Broadway weiterhin verschließe. Auch die Hearst-Presse stachelte ihn an.

Doch für die Geschäfte in Daly's Theater war der ganze Wirbel Gold wert. Timony hielt dieses Haus für einen regelrechten Glücksbringer und wollte es deshalb auch nicht aufgeben, um in ein besseres Theater näher am Times Square umzuziehen. Inzwischen waren die Eintrittspreise für *Sex*, nunmehr ein Dauerbrenner, gesenkt worden, woraufhin die Kartennachfrage nach einem Sommerloch wieder enorm angestiegen war. Laut *Variety* waren die Einnahmen auch in der neununddreißigsten Woche noch stabil: 10 500 Dollar pro Woche, eine bittere Pille für die Reformer.

Im Februar 1927, als Bürgermeister Walker New York anläßlich einer seiner vielen öffentlich finanzierten Vergnügungsreisen verlassen hatte – diesmal war Florida sein Ziel –, hielt sein Stellvertreter Joseph V. (»Holy Joe«) McKee die Zeit zum Handeln für gekommen. Er veranstaltete in drei Broadway-Vorstellungen Polizeirazzien. *Sex* gehörte dazu. Am 10. Februar lautete die Schlagzeile der *New York Herald Tribune*: »Drei Vorstellungen gestoppt, Schauspieler bei Bühnensäuberung in Arrest«. Selbst die distinguierte *New York Times* hielt die Story für wichtig genug, um sie auf der Titelseite zu plazieren. Mae West, James Timony und Morganstern sowie einundzwanzig Schauspieler der *Sex*-Inszenierung waren laut Presseberichten beschuldigt worden, »die Moral der Jugend und anderer zu verderben«. Deputy Chief Inspector James S. Bolan und eine Einsatzgruppe von zehn Polizisten hatten sie nach der Abendvorstellung am Mittwoch verhaftet. Die unter Arrest stehenden Schauspieler durften sich in ihren Garderoben gerade noch abschminken und umziehen, ehe sie abtransportiert wurden.

Gerüchte waren bereits im Umlauf gewesen, daß Verhaftungen unmittelbar bevorstünden, und so hatte sich eine neugierige Menschenmasse erwartungsvoll vor dem Theater in der Sixty-third Street versammelt, um den Polizeieinsatz auf keinen Fall zu verpassen. Neben etwa tausend Gaffern waren ganze Batterien von Kameras einsatzbereit. »Unter schwachen Beifallsrufen und allgemeinem Gemurmel bahnten sich zwölf Polizisten und dreiundzwanzig Opfer ihren Weg durch die Menge zu zehn Taxis, die in aller Eile dienstverpflichtet worden waren. Man ging höflich miteinander um … Die Polizisten geleiteten die Damen des Ensembles mit formvollendeter Galanterie in die Taxis.«[4] Im zuständigen Polizeigericht, dem West Side Night Court, wurden Mae West, smart bekleidet mit schwarzem Glockenhut und knielangem Pelzmantel mit Fuchsfellkragen, Fingerabdrücke abgenommen. Der Haftbefehl gegen sie und andere wurde gegen Zahlung einer Kaution außer Vollzug gesetzt: Je 1000 Dollar mußten Mae West, Morganstern und die Schauspieler Barry O'Neill, Warren Sterling, Lyons Wickland und Daniel Hamilton hinterlegen, die Schauspieler in den Nebenrollen je 500 Dollar. Die zunächst übersehenen Timony, Elsner und John Cort wurden später angekarrt und ebenfalls gegen 1000 Dollar Kaution wieder auf freien Fuß gesetzt.

Die beiden anderen am selben Februarabend nach Polizeirazzien geschlossenen Vorstellungen waren *The Virgin Man* (Der jungfräuliche Mann) und *The Captive* (Die Gefangene). *The Virgin Man*, eine seichte Komödie über die versuchte Verführung eines jungen Yale-Studenten, sollte ohnehin kurz darauf vom Spielplan abgesetzt werden. Jetzt wurde das Stück indes durch den Polizeieinsatz wiederbelebt. Es zog aus dem Princess Theater, das nur dreihundert Plätze hatte, in ein Haus mit einem Fassungsvermögen von mehr als tausend Zuschauern um. *The Captive*, ein hochgelobter, anspruchsvoller Import aus Frankreich zum Thema weibliche Homosexualität, war ein Werk des Dramatikers Edouard Bourdet. Die Hauptrolle der von einer Verehrerin verfolgten Ehefrau spielte Helen Menken (die kurz zuvor den Broadway-Schauspieler Humphrey Bogart geheiratet hatte); ihr Partner auf der Bühne war Basil Rathbone. Das Stück, das einen besonders wunden Nerv der Zeit traf, hatte seit der Premiere im Oktober 1926 vor stets ausverkauftem Haus gespielt. Seine lesbische Thematik galt als sogar noch gewagter als die Story einer Frau, die ihren Körper an Männer verkauft.

213

Mae West gestand, sogar sie habe das Stück beunruhigend gefunden. »Sie glauben vielleicht, daß ich Sie auf den Arm nehmen will, aber Stücke wie *The Captive* lassen mich erröten«, erzählte sie einem Reporter.[5] Als Mae im Gedränge, das in jener Nacht im Polizeigericht herrschte, Helen Menken, die Protagonistin von *The Captive*, traf (Menken spielte die Rolle einer Frau, die durch ihre Liebe zu einer anderen Frau erotisch gefangen ist, mit stark weißgrundigem Make-up, um die Unnatürlichkeit dieses Charakters hervorzuheben), soll Mae »ihren Hermelin fester um sich geschlungen« und gesagt haben: »Na, aber wir sind wenigstens normal!«

Obwohl sie einsah, daß es unsinnig wäre, die Sache unter den Teppich zu kehren und so zu tun, als gäbe es sie nicht, betrachtete Mae West die Homosexualität als abnorm. Ganz besonders waren ihr Frauen zuwider, die andere Frauen liebten. Und obwohl sie mit vielen schwulen Männern befreundet war, Schwule auch gern für ihre Stücke und Filme engagierte, sah sie in den rund 5000 Homosexuellen, die sich angeblich um die Rollen in *The Drag* beworben hatten, vor allem »Perverse«, Opfer einer »tragischen« Krankheit, die wie Krebs behandlungsbedürftig sei und der man sich offen stellen müsse. »Manchen Homosexuellen kann man wegen ihres Zustands keinen Vorwurf machen«, schrieb sie 1929. »Das sind Invertierte, also diejenigen, die schon so auf die Welt gekommen sind ... Andere jedoch sind pervers – wegen ihres schwachen Charakters so geworden oder wegen ihrer Sucht nach neuen Kicks.«[6]

Aus den Reaktionen auf *The Captive* wußten Mae und Timony bereits, daß »Inversion« als dramatischer Gegenstand, gerade weil das Thema Sprengstoff in sich barg und geheimnisumwittert war, die Aufmerksamkeit der Öffentlichkeit unbedingt auf sich ziehen würde. Auch war ihnen klar, daß der Stoff komisches Potential enthielt, das auf der regulären Bühne noch nie ausgeschöpft worden war.

So war es kein Zufall, daß sich Mae und Timony schon bald nach der Premiere von *The Captive* an die Realisierung einer »homo-

214

sexuellen Komödie« begaben. »Jane Mast« diente wiederum als Pseudonym der Autorin, doch kaum jemand ließ sich dadurch noch hinters Licht führen. Alle wußten, daß Mae West dahintersteckte. In *The Drag*, ursprünglich unter dem Titel *The Wicked Queen* angekündigt, geht es, anders als in *The Captive*, nicht um Frauen, die Frauen lieben, sondern um Männer, die Männer lieben. Auch sollten diesmal nicht Heterosexuelle die Schwulen spielen, sondern die Besetzung sollte so realitätsnah wie möglich sein: »ungefähr vierzig junge Männer aus Greenwich Village« sollten die Rollen spielen. Geplant war, daß das neue Stück in »Daly's« an die Stelle von *Sex* treten sollte, wenn dessen Zeit abgelaufen war. Maes Tage waren randvoll gepackt und hektisch. Achtmal wöchentlich stand sie in *Sex* auf der Bühne, und gleichzeitig versuchte sie ein neues Stück zu schreiben. Sie wollte, schrieb sie in ihrer Autobiographie, »ein realistisches Drama über die tragische Verschwendung des Lebens« schreiben. Natürlich wollte sie auch schockieren und durch Schaffung einer Sensation Geld verdienen, doch ihre Motive könnten durchaus noch komplexer gewesen sein. Ein bisexueller Mann, der einst verheiratet gewesen war und den sie attraktiv fand, trug stark zu ihrem Interesse am gewählten Thema bei. Und überdies faszinierten sie Schwule und Transvestiten ohnehin. Persönlich zog sie »stabile Geschlechtsverhältnisse« vor, doch zum herausgeputzten Umherstolzieren, zu den zweideutigen Redensarten und übertriebenen Kostümierungen von Männern in Frauenkleidern fand sie sich auf seltsame Weise hingezogen. Denn das war auch ihre Sprache.

Die Probeaufführungen von *The Drag* sollten in Stamford, Connecticut, beginnen, doch knapp eine Woche vor den New Yorker Polizeirazzien gegen *Sex, The Captive* und *The Virgin Man* ließ man dort lieber die Finger davon. Also wich die Truppe ins benachbarte Bridgeport aus. Die *New York Times* sah später in »Jane Masts« neuem Versuch genau das Stück, das zu der »plötzlichen Aktion … zur Säuberung der Bühnen« geführt habe. Der Kritiker meinte, die geschwätzigen, aber ernsthaften medizinischen und juristischen

Diskussionen der Charaktere über den Außenseiterstatus der Homosexuellen stellten im wesentlichen den Versuch dar, den Rest der Handlung zu »sterilisieren«. »Das Stück gibt vor, die Botschaft zu vermitteln, daß bestimmte Personen eher Mitleid als Tadel verdienen.«

In der Tat ist *The Drag* ein seltsam zerrissenes Stück, einerseits ein ernsthaftes Plädoyer für Offenheit und Toleranz, andererseits tuntig, sensationsgierig und auf Voyeurismus aus. Im ersten Akt besucht David, ein homosexueller Drogensüchtiger, einen Arzt, um seine Misere zu offenbaren und Hilfe zu erbitten. »Ich bin eines jener verdammten Geschöpfe, die wegen einer Sache, für die sie gar nichts können, degeneriert genannt werden, moralisch aussätzig«, erzählt er schluchzend Dr. Richmond. »Immer, schon seit frühester Kindheit ... bin ich in Gedanken eine Frau gewesen.« David gesteht weiter, er habe einen Mann gefunden, den er liebe, und mit ihm ein kurzes Glück genossen, doch jetzt habe ihn dieser Mann, vor dem Druck der Familie kapitulierend, verlassen und eine Frau geheiratet. Schlimmer noch, der geliebte verheiratete Mann habe sich jetzt in einen anderen, in einen »normalen« Mann verknallt. Wenn er, David, nur den Mut dazu hätte, würde er sich am liebsten das Leben nehmen.

Der mitleidige und gelehrte Arzt – er hat ein Exemplar von Karl Ulrichs' Abhandlung über Homosexualität griffbereit stehen – gibt David eine Spritze, schlägt vor, er solle es doch mal »mit Sport versuchen«, und predigt im übrigen die Tugend der Selbstakzeptanz. »Der eine wird als Weißer geboren, der andere als Schwarzer – aber als Verbrecher wird keiner von beiden geboren.« Er beklagt den Unsinn und die Vergeblichkeit eines Rechtssystems, in dem ein Mann, »der mit invertiertem sexuellem Verlangen auf die Welt gekommen ist«, gezwungen werde, »etwas zu werden, das zu werden ihm seine Seele überhaupt nicht gestattet«.

Am Ende von *The Drag*, als David den Mord an seinem Exgeliebten gestanden hat (zufällig war dieser der Sohn eines Richters und der wiederum der beste Freund von Dr. Richmond; außerdem hatte der Ermordete die Tochter des Arztes geheiratet), wird das Plädoyer

216

für Akzeptanz und Verständnis nochmals wiederholt:»Den Sohn eines Richters kann es genauso treffen wie den Sohn eines jeden anderen Mannes – ja, sogar den Sohn eines Königs oder eines Narren.«

Die ernsten, gedankenreichen – aber ganz untypisch feierlichen, gestelzten und völlig undramatischen – Wortwechsel, die den Rahmen für *The Drag* bilden, stammen von Mae West selbst. Lebendig wird der Dialog aber nur in der Szene einer Schwulenparty, die den Großteil des zweiten Aktes bildet. Diese witzig-frechen Wortgefechte indes entwickelten sich erst aus übermütigen Improvisationen der homosexuellen Akteure. Laut *Variety* erlaubte ihnen der Regisseur Edward Elsner bei den Proben,»Kapriolen zu drehen und ihre Rollen nach Belieben auszugestalten. Die Ergebnisse sind natürlicher und spontaner.«

Damit leisteten die homosexuellen Akteure in *The Drag* aber einen ganz wesentlichen Beitrag zur Entwicklung von Mae Wests Stil. Wie Pamela Robertson zu Recht feststellt, sind»die Charaktere in Wests Dramenskripten, die am ehesten wie Mae West in ihren Filmen klingen, die Schwulen in *The Drag* und die Travestiekünstler in *Pleasure Man*«.[7] Genau wie später Mae redet Clem in *The Drag* alle Leute mit»Schätzchen«an; wie Mae im Film sagt Clem zu einem Schrank von einem Taxifahrer (in den Szenenanweisungen ausdrücklich als»rauher Bursche«beschrieben):»Schätzchen, fahr mich einfach mal 'ne Weile spazieren.«Wie Mae nimmt auch Clem dann beim Sitzen»eine eher künstliche Pose«ein. Der Travestiekünstler namens»Die Herzogin«ist ständig mit einer Puderquaste zugange und wie Mae West mit»einem schwarzen, sehr eng anliegenden Satinkleid und einer langen, mit Bergkristallen besetzten Schleppe«bekleidet. Doch bleibt es Winnie vorbehalten, jene berühmte Einladung Lady Lous an Captain Cummings (in *Sie tat ihm unrecht* von Cary Grant gespielt) vorwegzunehmen:»Ich freu' mich ja so, Sie kennenzulernen. Kommen Sie doch einfach mal vorbei, dann backe ich Ihnen ein Blech voll Plätzchen!«

Was Mae West vor allem anderen mit den Schwulen verbindet, ist die Beherrschung der Sprache der Divas. Wayne Koestenbaum nennt diesen affektierten Jargon eine »kurz angebundene, epigrammatische Sprache der Rechtfertigung und Selbstverteidigung«. Jede Zeile, jede Bewegung ist aufgesetzt. Die Sprache wird zum Vehikel des Zurschaustellens, zum »Mittel, seine Macht, seinen Vorrang und seine Unverletzlichkeit zu behaupten«.[8] Für Mae West war »camp« (der Kitsch der Geschlechtsrollenüberschreitung) gleichbedeutend mit »lustig, sexuell attraktiv und unverschämt«, mit »cleveren Sprüchen«.[9] Die Diva – und das gilt gleichermaßen für Opernstars, Mae West oder Schwule in Frauenkleidern – findet ihre Identität nur durch eine »Inszenierung« und durch eine »Redeweise, die der Bauchrednerei nahesteht«.[10] Die Grenze zwischen Show und wahrem Wesen verflüchtigt sich. Die Show wird zur zweiten Natur.

In den dreißiger Jahren und auch später noch dachte Mae West, nachdem sie mehrfach von Beobachtern mit Travestiekünstlern verglichen worden war, intensiv über diese Affinitäten nach. Danach konnte sie Gründe und Motive ihres Handelns etwas besser verstehen. Als George Davis sie 1934 in *Variety* als »größten Travestiestar aller Zeiten« verherrlichte, war sie nach eigenen Aussagen von diesem Lob zunächst überhaupt nicht angetan. Doch »ich vermute, er hat es als Kompliment gemeint, und ich kann, glaube ich, irgendwie auch sehen, was er meint. Ich habe in mancher Hinsicht wie ein Mann gelebt – habe selbst entschieden, was ich wollte, und es mir dann geholt.«[11] Sie konnte zugeben, daß sie einige Eigenschaften hatte, die man gemeinhin mit Männern in Verbindung bringt; und sie konnte ebenso klar sehen, warum die »Jungs« im Chorus ganz wild auf ihre übertriebenen Gesten und ihre auffallenden Kleider waren, weshalb man sie dort so gern imitierte.

Das Verständnis für gleichgeschlechtliche Aktivitäten ging ihr jedoch zeitlebens ab. Auch mit ihren schwulen Mitspielern im Jahre 1927 konnte sie sich nur begrenzt identifizieren; dem stand ihre »Wir hier, ihr dort«-Mentalität im Wege. Sosehr es Mae Spaß machte, mit diesen Männern herumzualbern oder sie über ihr

Leben auszufragen, für sie waren und blieben Homosexuelle bemit-
leidenswerte Geschöpfe, die in ärztliche Behandlung gehörten.

Um die erwarteten Angriffe und die Versuche, die New Yorker
Aufführung von *The Drag* zu verhindern, schon im voraus abzuwehren, behaupteten Mae West und die Produzenten, dieses Stück sei
nicht nur unterhaltsam, sondern habe der Öffentlichkeit auch eine
Botschaft zu übermitteln. Morganstern sagte der Presse, *The Drag*
habe »genau wie *Sex* eine Moral. Es bietet die Erörterung einer
Krankheit.« Wie *Variety* berichtete, sollte eine eigens für eingela-
dene Ärzte und städtische Beamte zu mitternächtlicher Stunde
veranstaltete Generalprobe am 8. Februar 1927 in Daly's Theater
stattfinden. Die Produzenten hofften, »sich auf diese Weise die
Unterstützung der Mediziner und Beamten zu sichern, wenn es um
die Frage geht, ob *The Drag* zugunsten der ›Homos‹ erzieherisch
und helfend wirke. Laut der ›Autorin‹ von *Sex* kommt in den Vereinigten Staaten auf zwanzig Männer ein Homo, in Europa sind es
prozentual sogar noch mehr.«
Der Rezensent des *Graphic*, der eine Voraufführung in Bridgeport
besucht hatte, war der einzige Kritiker, der zugestehen wollte, daß
das Stück überhaupt irgend etwas zu sagen habe. Seine Schlagzeile
lautete: »Schockerwartung enttäuscht, ›The Drag‹ ein sauberes
Stück«. In seiner Besprechung bezeichnete er die Autorin als die
erste, die jene Unglückseligen »in glasklarem Licht« erscheinen
lasse. Maes Wagemut wurde gelobt:

> Der blutrote Gegenstand der Untersuchung wurde wie mit dem
> Skalpell des Chirurgen bloßgelegt, und das so sauber, daß eine
> Lektion dabei herauskam. Wer als Verächter gekommen war,
> blieb da, um zu loben. Nach jedem der drei Akte wurden die
> Akteure mit Beifall ein dutzendmal vor den Vorhang geholt.[12]

Das Publikum nahm die Voraufführungen außerhalb New Yorks
positiv auf. In Bridgeport, wo viele Interessenten an der Kasse
abgewiesen werden mußten, lachte das Publikum »hemmungslos.

Bei der Tuntenszene konnten sie sich vor Lachen überhaupt nicht wieder einkriegen.« In Paterson, New Jersey, mußten zwei Tage darauf sechs Streifenpolizisten aufgeboten werden, um eine überwiegend männliche Menge, die das Theater zu stürmen drohte, in Schach zu halten.

Doch die Polizei und die meisten Pressevertreter waren anderer Meinung über Maes neues Drama. Rush verriß *The Drag* in *Variety* als »absichtlich für morbide Interessen zurechtgemachtes Stück«, als »mutwillige Dreckwühlerei« und als »unsäglich brutalen und vulgären Versuch, aus einer anrüchigen Sache Kapital und Profit zu schlagen«. Er sei, behauptete Rush, vorurteilsfrei an die Sache herangegangen. Doch das Thema erfordere Diskretion und Takt. Statt dessen bekomme man »ein großartiges, glitzerndes Spektakel« zu sehen, das an eine Zirkusnummer erinnere. Wenn das Stück je den Broadway erreiche, sei das eine Katastrophe.

William Randolph Hearst benutzte *The Drag*, um einen markanten Schlachtruf auszustoßen und eine rigorose Staatszensur zu fordern. In einem Kommentar im *New York American*, der als Vorbote künftiger Hearst-Kampagnen gegen Mae West gelten kann, tönte der Pressezar am 2. Februar 1927 höchstpersönlich: »Da sieht man wieder, wohin die fehlende Zensur uns bringt.« Das Stück, das ihn so in Rage gebracht hatte, sowie die Autorin wurden mit keinem Wort erwähnt, doch indirekt hieb er auf die seiner Ansicht nach »abscheuliche Herausforderung des Anstands im Theater« ein, »die gerade in Bridgeport ans Licht der Öffentlichkeit gekommen ist, wo die schlimmste Ausbeutung sexueller Perversionen, um damit schmutziges Geld zu machen, momentan für die Aufführung in der Metropole aufpoliert wird«.

*The Drag* wurde zum Symbol einer Amok laufenden geilen Zügellosigkeit auf der Bühne. Weder die Politiker noch die Großen der Theaterbranche hatten auch nur das geringste Interesse daran, daß dieses Stück in New York gezeigt wurde. Man hatte allgemein das Gefühl, daß hier böswillig eine Grenze überschritten und die selbstgerechte Entrüstung der Moralisten absichtlich herausgefordert wurde. So könnte deren Agitation zugunsten der Zensur neue

Rechtfertigung finden, und der gute Ruf der regulären New Yorker Theater würde abermals schweren Schaden nehmen.

Eine Gruppe von Theatermanagern, Schauspielern und Autoren kam zusammen, um die offensichtlich geplanten juristischen und polizeilichen Maßnahmen gegen »schmutzige« Stücke so gut wie möglich abzuwehren. Einem Bericht in *Variety* zufolge hatte sich diese Gruppe, zu der unter anderen der hervorragende Regisseur und Produzent Winthrop Ames, der O'Neill-Produzent Arthur Hopkins sowie Vertreter von Actors' Equity und Theater Guild gehörten, darauf geeinigt, die Premiere von *The Drag* am Broadway zu verhindern. Timony fühlte sich ungerecht behandelt; was denn dann mit Bourdets Stück sei, wollte er wissen. Dem Vernehmen nach bot er an, *The Drag* zurückzuziehen, wenn auch *The Captive* abgesetzt werde. Als jedoch ein solcher Deal nicht zustande kam, kehrte er das Großmaul heraus und insistierte: »Jetzt werden wir beide Stücke gleichzeitig aufführen [*Sex* und *The Drag*]. Wir denken ernsthaft daran, den Madison Square Garden für *The Drag* zu mieten.«[13]

*Sex* war schon einundvierzig Wochen lang gelaufen, als die Polizeirazzia stattfand. Natürlich wurde nun lebhaft darüber diskutiert, warum das Stück viele Monate lang ungehindert gespielt werden konnte, um dann plötzlich von den Behörden massiv attackiert zu werden. Dazu Morganstern: »Wenn sie jetzt im Recht sind, geben sie damit auch zu, daß sie elf Monate lang ihre Pflichten verletzt haben.« Staatsanwalt Banton erklärte, er reagiere nur auf den Druck der Öffentlichkeit, die inzwischen »heftig erregt« sei. Hauptgrund war aber wohl die Panik im Zusammenhang mit der bevorstehenden New Yorker Premiere von *The Drag*. Die *New York Times* sah darin den »Tropfen, der das Faß zum Überlaufen brachte«. In dieser kritischen Situation mußten Mae West einfach ihre Grenzen aufgezeigt werden.

Nach den vorübergehenden Verhaftungen hieß es jedoch, *Sex* und die beiden anderen betroffenen Stücke würden weiterhin jeden Abend aufgeführt werden. Dann sollten eben, so die *New York Times*, auch jeden Abend Razzien stattfinden – so lange, bis die

221

anstößigen Stücke entweder abgesetzt oder so weit entschärft seien, daß sie den sittlichen Maßstäben entsprächen. Die Theaterkasse in »Daly's« konnte sich vor telefonischen Kartenvorbestellungen und persönlich erscheinenden Interessenten nicht mehr retten. Zahlreiche Kartenwünsche konnten einfach nicht erfüllt werden. RAIDED SHOWS PLAY TO CROWDED HOUSES (Trotz Razzia weiterhin ausverkaufte Häuser), lautete die Schlagzeile der *New York Times*. Inzwischen lagen die Besprechungen der Voraufführungen von *The Drag* im Großraum New York auch in der Stadt vor, und in Zeitungsberichten war die Rede von Leuten, die dort in endlosen Schlangen nach Karten anstanden, von Ovationen nach jedem Akt und von Spruchbändern über den Durchgangsstraßen, auf denen das neue Stück mit dem Slogan »Noch sensationeller als ›Rain‹ oder ›Sex‹« angepriesen wurde.

*Sex* blieb am Leben, doch *The Drag* war schon Vergangenheit, ehe es richtig begonnen hatte. Denn kein einziges New Yorker Theater war bereit, dieses Stück bei sich aufzunehmen. So gab Morganstern schließlich bekannt, daß die Truppe ausgezahlt worden sei und sich aufgelöst habe. Man habe alle Pläne aufgegeben, *The Drag* in New York auf die Bühne zu bringen.

Am Tag nach den Theaterrazzien erließ Aaron J. Levy, Richter am Obersten Gerichtshof des Staates New York, eine einstweilige Verfügung, derzufolge alle drei beanstandeten Stücke weiterhin gespielt werden durften. »Die Bühne muß vor Verfolgung geschützt werden«, ließ er verlauten. Daraufhin wurde während des ganzen Monats Februar, unter anderem in der *New York Times*, das Für und Wider einer amtlichen Theaterzensur lebhaft debattiert. Verschiedene Dramatiker, darunter George Abbott, Marc Connelly und George S. Kaufman, äußerten ihre Ablehnung staatlicher Maßnahmen; ihrer Meinung nach sollten die Theater selbst für Sauberkeit und Ordnung sorgen. Der Schauspieler Otis Skinner verdammte die New Yorker Kampagne zur Säuberung der Theater als »wahllose Schlächterei«, und Anne Nichols, Autorin und Produzentin des Erfolgsstücks *Abie's Irish Rose*, beschimpfte die an den

Razzien beteiligten Polizisten. Der bedeutende Theaterkritiker Joseph Wood Krutch argumentierte in *The Nation*, sittliche Maßstäbe seien relativ und nicht absolut gültig: Zu Dickens' Zeit galt es noch als skandalös, die Knöchel zu erwähnen; doch »heutzutage sind Knie und Oberschenkel, was zu Dickens' Zeit die Knöchel waren«.

Ein Rechtsanwalt verglich das laufende Verfahren wegen Obszönität und Verstoßes gegen die öffentliche Ordnung mit einem anderen berühmten Gerichtsfall jener Jahre, dem »Scopes Monkey Trial«. 1925 war dem Biologielehrer John T. Scopes in Dayton, Tennessee, gerichtlich verboten worden, im Unterricht die dem biblischen Schöpfungsbericht widersprechende Evolutionstheorie zu lehren. »Da unten in Tennessee«, schrieb der Rechtsanwalt in der *New York Times*, »glaubten sie, sie könnten ihre Seelen retten, indem sie die Leute unwissend hielten. Hier in New York meinen manche Leute, wenn man die Leute unwissend halte, könne man ihre Moral aufrechterhalten.«

Im sonnigen Miami gab Bürgermeister Walker in seiner Privatloge auf der Pferderennbahn in Hialeah eine Erklärung ab, in der er sich nicht eindeutig festlegte: »Wenngleich ich den amtierenden Bürgermeister McKee und alles, was er getan hat, unterstütze, glaube ich nicht an Zensur in irgendeiner Form. Und ich glaube, daß die Produzenten ihr eigenes Haus in Ordnung bringen werden.« Auch der Gouverneur des Staates New York, Al Smith, sprach sich gegen die Theaterzensur aus, nicht zuletzt, weil er der Überzeugung war, daß sie ohnehin nicht funktionieren werde.

Der *Sex*-Prozeß begann, und ganz New York nahm begierig daran Anteil. Im West Side Special Sessions Court wurde der Polizeiinspektor James S. Bolan als Zeuge der Anklage vernommen: »Er zog einen Stapel gelber Notizzettel hervor, rückte seine Brille zurecht und las mit feierlichem Ton, der an einen Gottesdienst erinnerte. Dazu paßte auch das hagere, würdevolle Gesicht des Inspektors«, meinte ein Zeitungskorrespondent. Weil es ihm zu peinlich war, die drastische Sprache des Stückes wörtlich zu zitieren, versuchte der brave Polizist beim Vorlesen, den Text zu verbessern. (Das Wort »joint« in der Zeile »Don't call this joint a dump!« [Hör auf, diesen

Laden eine Bruchbude zu nennen!] ersetzte er beispielsweise durch das vornehmere »place«; und aus einem »sugar daddy«, einem reichen alten Verehrer, wurde ein »sugar dandy«.) Als Bolan bei der Beschreibung einer Szene den Ausdruck »plain roadhouse language« (primitive Spelunkensprache) verwendete, ging das Gekichere im Zuhörerraum los. Mit seinem Hammer machte der Magistrat seine Autorität geltend. »Sollte jemand hier das Ganze für einen Witz halten«, warnte er, »soll er bitte aufstehen, rausgehen und draußen bleiben. Das hier ist keine Show, sondern eine Gerichtsverhandlung.«

Gleichwohl boten Sensationsprozesse wie dieser der Presse und dem Publikum endlosen Stoff für gute Unterhaltung – so sehr, daß nachdenkliche Zeitungsleute mahnten, wenn die Presse weiterhin ungehindert so im Schmutz wühlen dürfe, mache die geforderte Theaterzensur erst recht keinen Sinn mehr. In einem Kommentar schrieb die *New York World*: »Wir haben es hier [bei den Berichten der Boulevardpresse über Sensationsprozesse] regelrecht mit einer Serie von im ganzen Land ausgeschlachteten Spektakeln zu tun, die zur Unterhaltung der Massen inszeniert werden.«

Mit der Absicht, ihr Verfahren so öffentlichkeitswirksam wie möglich zu gestalten, beantragten die Produzenten und Akteure von *Sex* erfolgreich eine Verhandlung vor einem Schöffengericht anstelle einer Verhandlung vor einer ausschließlich mit Berufsrichtern besetzten Strafkammer. Anfang März wurde die Anklage gegen das Management und einen Teil der Schauspieler zugelassen. Daraufhin plädierten Mae West und die anderen angeklagten Schauspieler auf »Nicht schuldig.«

Der Hauptverteidiger der Angeklagten, Norman P. Schloss, argumentierte vor dem Schöffengericht, bei der Beurteilung von *Sex* dürften keine überholten moralischen Maßstäbe angelegt werden; die Zeiten und die moralischen Normen hätten sich geändert. Schließlich sei das Gesetz, das jetzt herangezogen werde, um die Aufführung des Stückes zu unterbinden, schon vor mehr als zwanzig Jahren erlassen worden. Die Prostitution, früher ein Tabuthema, werde inzwischen offen diskutiert. »Vor zwanzig Jahren hätte

224

man Frauen, die sich in knielangen Röcken ... rauchend auf der Straße sehen ließen, für unmoralisch gehalten. Doch heute tun unsere Ehefrauen genau das, und niemand denkt sich etwas dabei.« An diesem Punkt wurde der Verteidiger von Richter Donellian unterbrochen:»In unserem Fall ist es unerheblich, ob Adam und Eva vor zweitausend oder noch mehr Jahren ein Feigenblatt trugen.«

Ein anderer Verteidiger, Harold Spielberg, versuchte zu zeigen, daß *Sex* bereits durch das positiv abgeschlossene Verfahren der Play Jury vom Vorwurf der Obszönität freigesprochen worden sei und daß der Staatsanwalt damals versprochen habe, die Ergebnisse der Jury zu respektieren. Daraufhin wurde ein Mitglied der Play Jury, Raymond Hood, als Zeuge vor Gericht zitiert. Er sagte aus, weder er noch seine Frau hätten die aufgeführten Tänze oder die Liebesszene zwischen Margie LaMont und Jimmy Stanton, nach Ansicht der Ankläger eine klare Andeutung des Geschlechtsverkehrs, als anstößig empfunden.

Es folgte eine genaue Untersuchung von Mae Wests Bauchtanz aus dem zweiten Akt des Stückes, getanzt zur Musik einer Matrosenjazzband, die den »St. Louis Blues« spielte. Mae West sagte aus, daß sie auf der Bühne »nicht mehr« vorgeführt habe als »eine Übung zur Kontrolle meiner Bauchmuskeln, die ich als Kind zusammen mit anderen Bodybuilding-Übungen von meinem Vater gelernt habe«. Im Gerichtssaal herrschte schallendes Gelächter, als einer der Polizeibeamten auf die Frage nach der Sichtbarkeit des Bauchnabels von Miss West antwortete, er habe »etwas in ihrer Mitte sich von Ost nach West bewegen sehen«.

Ein weiteres Mitglied des Verteidigungsteams, Noah Stancliffe, versuchte es mit einer anderen Argumentationsstrategie: Das Stück sei inzwischen von sehr vielen Leuten gesehen worden, ohne daß dabei für die Gesamtbevölkerung und ihre zivilisierten Umgangsformen erkennbarer Schaden entstanden sei. Wenn man die Gesamtzahl der Zuschauer bei den Voraufführungen in Connecticut und in Daly's Theater in New York addiere, komme man auf rund »300 000 Zuschauer, darunter auch die Angehörigen verschiedener Polizeidienststellen«. Gekonnt sekundierte Harold Spielberg:»Auch Strafrichter haben diese Aufführung besucht, einer von ihnen sogar sechsmal.« Wieder war der Lacherfolg so groß, daß das ganze Gebäude davon widerhallte.

Inzwischen war *Sex* freiwillig vom Spielplan abgesetzt worden (wie auch *The Captive* durch Adolph Zukor, dessen Firma Famous Players über die Tochterfirma Charles Frohman, Inc., als Broadway-Produzent des Stückes fungiert hatte). Der für die Schließung von *Sex* angegebene Grund lautete, Mae Wests Gesundheit sei angeschlagen. Nach dem letzten Vorhang erklärte C. William Morganstern am Samstagabend, dem 19. März 1927, in Daly's Theater die Laufzeit des Stückes für beendet.

Unter Broadway-Insidern indes wurden als wahre Gründe für die Schließung von *Sex* genannt, daß der Kartenverkauf ohnehin rückläufig gewesen sei und daß die Angeklagten auf mildernde Umstände gehofft hätten, wenn sie das Stück freiwillig absetzten. Auf dem Höhepunkt seiner langen Laufzeit hatte *Sex* Wochenumsätze von 17 200 Dollar erzielt, aber das war schon lange her. Um die Kosten einzuspielen, benötigte man Einnahmen in Höhe von 7000 Dollar pro Woche. Doch in der letzten Woche vor der Schließung hatte der Umsatz nur noch 6000 Dollar betragen. Wie *Variety* zu berichten wußte, schlug,»als der Besuch der Vorstellungen in den letzten Wochen ständig zurückging, das Management Gagenkürzungen bei den Akteuren vor, die jedoch ihre Zustimmung verweigerten«.[14] Mae West hatte zwar auch an der kurzen Laufzeit von *The Drag* nicht schlecht verdient (30 000 Dollar), doch ihre Ausgaben hatten massiv steigende Tendenz. Der Rechtsbeistand für *ihren* großen Auftritt vor Gericht war nicht gerade billig, und so kam Mae später zu dem Schluß, einschließlich aller Gerichts- und Rechtsanwaltskosten habe sie bei *Sex* rund 60 000 Dollar draufgezahlt.

Einer der Gründe dafür, daß die Leute nicht mehr an der Theaterkasse Schlange standen, um *Sex* zu sehen, lag vielleicht darin, daß die beste Show der ganzen Stadt gratis ablief: im Gerichtsgebäude – und daß man in der Presse ausgiebig über alle Highlights informiert wurde. Der Mae-West-Prozeß war Stoff für die Titelseiten, und zwar nicht nur einmal, sondern wochenlang.»Hätte sich die Öffentlichkeit«, kommentierte *Variety* trocken am 6. April,»für die Show, als sie noch in Daly's Theater zu sehen war, auch so interessiert wie jetzt während des Prozesses, dann liefe sie noch immer, und auf der Straße hinge noch immer das Schild ›Nur noch Stehplätze‹.« Bei der Auswahl der Schöffen und während der gesamten Verhandlungsdauer war im Gerichtssaal kein einziger Platz mehr frei.

Einer der Stars der Verhandlung war Sergeant Patrick Keneally, der zu Inspektor Bolans Sittenpolizeitruppe aus der Innenstadt gehörte. Er wurde als erster Zeuge der Anklage gehört. Mit breitem irischen Akzent sprechend, zeigte er, wie die *New York Times* fand, »ein bemerkenswertes Gedächtnis für den Dialog und die Szenen des Stückes, wobei er oft ... bestimmte Posen einnahm, um zu demonstrieren, wie die Akteure ihren Text gesprochen hatten«. Der stellvertretende Bezirksstaatsanwalt, James G. Wallace, überzog in seiner Schlußargumentation deutlich, als er mit moralischem Pathos verkündete, man habe die Prostitution in der Stadt nicht besiegt, um sie jetzt durch die Hintertür wieder hereinzuholen. New York City habe vor vielen Jahren seinen skandalösen »Rotlichtbezirk« aus der Stadt verbannt, doch aus reiner Geldgier sei das Theater nun an dessen Stelle getreten:»Jetzt brennen die roten Laternen auf der Bühne.«

Zu der Zeit, als die Urteilsverkündung gegen Mae West und ihre Mitangeklagten anstand, war im Staat New York ein neues Gesetz verabschiedet worden, der sogenannte Wales Padlock Act, demzufolge die Polizei nun das Recht hatte, Produzenten, Autoren und Schauspieler von Stücken zu verhaften, die »sexuelle Dekadenz oder Perversion« auf die Bühne brachten oder die nach Ansicht der Polizei auch sonst Anstößiges, Obszönes oder Unmoralisches zeigten. Im Falle einer gerichtlichen Verurteilung der Angeklagten konnte nun das fragliche Theater ein ganzes Jahr lang amtlich geschlossen werden.

Ein Teil der Anklage gegen *Sex* – Erregung öffentlichen Ärgernisses – wurde vom Gericht fallengelassen, doch die Anklage wegen Obszönität stand. Der Antrag der Verteidigung, eine Sondervorstellung von *Sex* allein für Richter und Geschworene anzusetzen, damit sie sich ein eigenes Urteil bilden könnten, wurde abgelehnt, nachdem Staatsanwalt Wallace Einspruch erhoben hatte. Dann hätten die Angeklagten ja die Möglichkeit gehabt, das Stück gegenüber der Version, die von der Polizei vor der Razzia im Februar begutachtet worden war, zu verändern. Der Tag der Abrechnung kam im April, fast zwei Monate nach der Verhaftung. Nachdem die Geschworenen instruiert worden waren, daß sie die gesamte Vorstellung als obszön bewerten könnten, wenn auch nur ein Teil obszön sei, fällten sie einen Schuldspruch. Vorangegangen war eine Beratungszeit von fünfeinhalb Stunden, und so war es an jenem Dienstag, als der Prozeß sein Ende fand, bereits Abend geworden. Bei ihren Schlußplädoyers waren sich Hauptverteidiger Norman Schloss und Staatsanwalt Wallace fast in die Haare geraten.»Sie haben hier jetzt genug Volksreden gehalten«, zischte Schloss, worauf Wallace erwiderte:»Sie sind ein billiger, arroganter, unverschämter Hund.« Schloss wollte den Kontrahenten vor die Tür bitten, um die Sache mit den Fäusten zu entscheiden:»Mit Ihnen werde ich schon noch fertig«, bedrohte er Wallace. Doch so weit kam es nicht.

Im Prozeß hatten sich laut *New York Times* Timony, Morganstern und die Schauspieler bewußt optimistisch gegeben, doch je näher die Urteilsverkündung rückte, desto finsterer wurden ihre Mienen. Barry O'Neill, ein hochdekorierter Kriegsveteran, der den britischen Leutnant Gregg gespielt hatte, war nach dem Urteilsspruch fassungslos und mußte von Mae getröstet werden. Mae selbst unterschied sich deutlich von ihren Mitangeklagten:»Sie spielte die schon im Stück eingenommene Rolle der Hartgesottenen auch hier und zuckte, als das Urteil verkündet wurde, nicht mit der Wimper.«[15] Sie verlor niemals die Fassung, aber als sie aus dem Gerichtsgebäude kam, war sie stinksauer und gab sich kämpferisch.»Mit diesem Prozeß sind wir noch lange nicht fertig. Wir werden in die Berufung gehen«, sagte sie laut Zeitungsberichten.»In dieser Welt muß man kämpfen. Man muß kämpfen, um nach oben zu kommen, und man muß kämpfen, um oben zu bleiben. *Sex*, wie wir's in Daly's Theater gespielt haben, war ein Kunstwerk.«

Die Verkündung des Strafmaßes und die Urteilsbegründung folgten zwei Wochen später. Richter Donellian pries den Schuldspruch als gerecht:»Er basiert auf den heutigen Moralvorstellungen. Obszönität und Unmoral bestimmten die Aufführungen dieses Stückes von Anfang bis Ende. Seit der Zeit von Bürgermeister Gaynor ist eine bestimmte Form des Lasters von unseren Straßen vertrieben worden. Und genau dieses Laster haben die Produzenten von *Sex* demonstrativ auf der Bühne vorgeführt.« Er tadelte Mae West wegen ihres Beitrags zur Entstehungsgeschichte des Stückes, wegen ihrer Beteiligung an vielen der anstößigen Szenen und besonders,»weil sie sich extrem bemüht hat, das Stück so obszön und unmoralisch wie möglich zu machen«. Ein Stück wie *Sex*, bekräftigte er, würde den Gebildeten und Weltgewandten keinen Schaden zufügen, doch es übe»auf die Jugend unserer Stadt einen höchst negativen Einfluß« aus. Von Selbstlob triefend, nannte er New York»die moralischste Stadt im ganzen Universum«.

Der Sprecher der Verteidigung, Norman Schloss, plädierte für milde Strafen, weil alle Angeklagten noch nicht vorbestraft seien. Die Staatsanwaltschaft hatte einen gnädigen Urteilsspruch für alle empfohlen – mit Ausnahme der Hauptschuldigen. Und diesem Wunsch wurde entsprochen: Außer Mae West erhielten alle Schauspieler Bewährungsstrafen. Die wahren Schuldigen aber wollte man Mores lehren. Mae West (»extravagant aufgemacht«), Morganstern und Timony (»modisch gekleidet, den Übergangsmantel fesch über den linken Arm gelegt und mit einer blauen Blume im Revers«) mußten jeweils eine Geldstrafe von 500 Dollar zahlen und zehn Tage ins Gefängnis.

Ihre erste Nacht hinter Schloß und Riegel verbrachte Mae im Jefferson Market Prison in Greenwich Village, wo die weiblichen Mitgefangenen ihr Mitleid abnötigten, sie aber auch schockierten: Sie traf dort auf abgerissene Drogenabhängige, vorzeitig gealtert und dahinsiechend; auf »eine Art Jungfer mit einer langen Narbe an der einen Gesichtsseite und im Nacken ... [die] mit irischem Akzent sprach. Sie war für zehn Tage ins Gefängnis gekommen, weil sie ein Paar Schuhe für 3,89 Dollar gestohlen hatte.« Eine Schwarze mit Talent zur Komikerin, »die wie Bert Williams sprach und agierte«, brachte wenigstens etwas Licht in diese Düsternis. Ihre Gegenwart – wie die Maes – besserte ihrer aller Laune auf. »Die anderen Gefangenen waren ja so enthusiastisch und euphorisch, daß ich da war ... Ständig riefen sie meinen Namen, fragten, wie es mir hier gefiele, und wiederholten bestimmte Zeilen aus meinem Bühnenstück *Sex*, damit ich merkte, daß sie dort gewesen waren. Sie sangen für mich und erzählten ein paar Witze, ehe die Wärterin einschritt, sie in ihre Zellen schickte und für die Nacht einschloß.« Dies berichtete Mae später in einem Illustriertenartikel.[16]

Nach einer unbequemen Nacht auf einem Feldbett in einer winzigen vergitterten Zelle tat ihr am Morgen alles weh. Nachdem sie ihr Frühstück heruntergeschlungen hatte (es gab Eier, Schinkenspeck, deutsche Bratkartoffeln und Kaffee), wurde sie zusammen mit zwei anderen Mitgefangenen in einer »Grünen Minna« (in New York »Black Maria« genannt) über die Queensborough Bridge in das Women's Workhouse auf Welfare Island (heute Roosevelt Island) gebracht. Von der Mitte der Brücke aus wurde das Fahrzeug in einem riesigen Aufzug auf die Insel heruntergelassen, einen schmalen Landstrich mitten im East River, der einst unter dem Namen Blackwell's Island eine Schweineweide gewesen war und sich jetzt zu einer städtischen Sammelstelle für verlorene Seelen gewandelt hatte. Die abweisenden Granitbauten, turmbewehrt wie eine mittelalterliche Burg, waren einst von Strafgefangenen erbaut worden: ein Armenhospital, ein Gefängnis, ein Arbeitshaus und zeitweilig auch ein Krankenhaus für unheilbare Fälle und eine Irrenanstalt.

Mae West zeigte kein bißchen Zerknirschung oder Niedergeschlagenheit darüber, daß sie jetzt ins Gefängnis kommen sollte.»Ich erwarte, daß es mich aufbauen wird«, sagte sie keck einem Reporter,»und daß ich meine Zeit auf der Insel bestens nutzen werde, um Material für ein neues Stück zu sammeln.« Einige Jahre später bezeichnete sie ihre Zeit im Gefängnis als»ungefähr die profitabelsten Tage meines Lebens«. Denn sie schätzte, daß die Publicity allein schon eine Million Dollar wert gewesen sei.[17] Mindestens die Hälfte dieser»Millionensumme« war dem gedruckten Geschwätz über ihre Gefängniskleidung zu verdanken. Sogar die *New York Times* berichtete, als einzige Beschwerde habe sie am ersten Gefängnistag gegenüber dem Anstaltsleiter geäußert, daß die Anstaltskluft so unbequem sei.

Der Anstaltsleiter, Henry O. Schleth, gab bekannt, er werde schon »genug für sie zu tun« finden, um Mae»mental gesund« zu halten. Er wolle Wege finden, daß Mae»ihre Arbeit« tun könne,»ohne mit den normalen Gefangenen allzuviel Kontakt zu haben, die zum großen Teil verhärtete Wiederholungstäterinnen sind«. Er teilte ihr eine Einzelzelle zu, statt sie in einen der Schlafsäle zu legen, und ließ sie Betten machen, fegen, die Korridore wischen und die Bücher in der spärlich bestückten Gefängnisbibliothek abstauben. Henry Schleth und Mae West schienen sich darin einig zu sein, daß für die Wäscherei und die Küche schon genug andere Arbeitskräfte vorhanden waren. Mae ließ ihn wissen, daß sie in diesen Bereichen mangels einschlägiger Erfahrungen ohnehin kaum von Nutzen gewesen wäre.
Ihre Mahlzeiten durfte Mae im Haus des Anstaltsleiters einnehmen, wo sie auch andere Leidensgenossinnen kennenlernte, die sie allesamt befragte, wie sie ins Gefängnis gekommen seien:»Drei waren farbig, drei weiß. Die Köchin, Marie, war ein liebenswertes farbiges Mädchen aus Puerto Rico. Ich erfuhr, daß sie in Rennpferde vernarrt war. Ein anderes farbiges Mädchen, Mary F., war drogenabhängig und hatte gerade eine Entziehungskur hinter sich. Sie mußte jeden Tag bügeln. Lulu, die dritte farbige Frau ... saß

wegen eines Raubüberfalls. Ich mochte Lulu sehr gern, denn es gehörte schon viel Mut dazu, Banditin zu sein und einen Mann zu überfallen.«

Ein »zierliches, kleines weißes Mädchen« namens Adele, die als Bedienung im Haus des Anstaltsleiters eingesetzt war, brachte Mae eine Menge über die Arbeitsweise von Pelzdieben bei – Informationen, die sie später für *Diamond Lil* gut gebrauchen konnte.»Wenn ich je nach gutem Material mit Lokalkolorit gesucht hätte, hier war es garantiert zu finden.« Während der Pelzmantelsaison ging Adele in Kürschnerläden, zusammen mit einer Freundin,»die etwas ›Entsprechendes‹ anhatte – die also ganz so aussah, als käme sie als Kundin teurer Kleidungsstücke in Frage. Dadurch ermunterte sie das Verkaufspersonal, auch die teuersten Pelze hervorzuholen, wie Silberfuchs, Zobel, Nerz und Hermelin.« Adele nutzte dann einen unbeobachteten Augenblick, um einen dieser edlen Pelze in die weiten Pumphosen zu stecken, die sie unter einem weiten Mantel trug, und suchte anschließend mit ihrer Komplizin das Weite. Bis auf das letzte Mal, bei dem sie erwischt wurde, hatte dieser Trick immer funktioniert.

Mae West hielt sich zwar für eine »Frau für Männer«, doch empfand sie in ihrer gegenwärtigen Lage auch ein tiefes Interesse und Mitgefühl für ihre Mitgefangenen. Sie konnte weder das achtzehnjährige Chinesenmädchen aus der Drogenabteilung vergessen, das vom Vater gezwungen worden war, ihm seine Opiumpfeife zu bringen, noch die fünfzehnjährige Vagabundin, die als blinde Passagierin auf einem Schiff aus Savannah gekommen war. Einige der von ihr besuchten Frauen in der Krankenabteilung waren echte Schönheiten, Prostituierte, die unter Syphilis litten. »Ich schwöre bei Gott, als ich das gehört habe, konnte ich nicht anders, als … jeder von ihnen etwas Geld zu hinterlassen.« Sie glaubte, daß die meisten dieser Mädchen ein anderes Leben führen wollten, aber den Teufelskreis einfach nicht durchbrechen konnten:»Diese Mädchen wollen arbeiten, aber wie können sie das, wenn das Gesetz ständig bereit ist, auf sie einzudreschen und sie wieder ins Arbeitshaus zu schicken?«

Sie identifizierte sich mit den Prostituierten, denn sie glaubte, nur durch Gottes Gnade sei ihr ein solches Schicksal erspart geblieben: »Wenn ich nicht begonnen hätte, Stücke zu schreiben ... dann, glaube ich, hätte ich auch den anderen Weg gehen und mein ganzes Leben und Denken mit Sex verschwenden können.«[18] Obwohl sie zu zehn Tagen Arrest verurteilt war, wurde Mae wegen guter Führung schon nach neun Tagen entlassen. Reporter und Fotografen waren in großer Zahl zugegen, um den berühmten Augenblick festzuhalten. Anstaltsleiter Schleth tat ihnen sogar den Gefallen, ein Statement abzugeben. »Mae West«, sagte er, »ist eine prima Frau – und ein großer Charakter.« Miss West ließ die Presse wissen, daß sie nicht ungebührlich gelitten habe. »Ich hatte erwartet, auf strenge Wärter und abweisende Wärterinnen zu treffen, doch ich fand statt dessen Freundlichkeit und Verständnis.« Sie sagte, sie habe Material »für ein Dutzend Stücke« gesammelt und ihre Gefängniserfahrung habe ihr eine neue Lebensperspektive verschafft. »Sie verkündete, von nun an wolle sie einen Teil ihrer Zeit der Philanthropie widmen, um insbesondere einigen der Unglücklichen, denen sie auf Welfare Island begegnet war, Arbeitsplätze zu verschaffen.« Den Anfang sollte eine Spende machen: Die 1000 Dollar, die sie für einen Illustriertenartikel über ihren Gefängnisaufenthalt als Honorar bekommen sollte, wollte sie der Gefängnisbücherei stiften.

Einige Wochen später kehrte Mae als Ehrengast nach Welfare Island zurück, zusammen mit einer Gruppe von Mitgliedern verschiedener Frauenvereinigungen: Women's National Democratic Club und Gefängnisfürsorgeausschuß der New York Federation of Women's Clubs. Mae und die Clubfrauen, von denen einige mit Sicherheit zuvor als Aktivistinnen gegen die »schmutzigen« Theaterstücke zu Felde gezogen waren, stellten sich gemeinsam den Pressefotografen. Ähnliche Zurschaustellungen gegenseitigen guten Willens wurden später jedoch nicht wiederholt. Denn je berühmter Mae wurde, desto heftiger und eifernder regten sich die Mitglieder der Frauenclubs über sie auf.

Bei Mae hinterließ ihr Gefängnisaufenthalt unauslöschliche Spuren, und sie trug ihren Makel stolz zur Schau. Und so wurden die Geschichten vom geradezu herzlichen Anstaltsleiter und von der rauhen Unterwäsche im Gefängnis zu lebhaften, farbigen Details der offiziellen Mae-West-Saga.

# Zu rund für einen Flapper

*U*m ihren frischen Ruhm optimal auszuschlachten, mußte Mae West schnell handeln.
Sie brauchte ein neues Vehikel, um ihren Namen im Gespräch zu halten. Kurzfristig hatte
sie mit dem Gedanken gespielt, eines ihrer
noch ungespielten frühen Stücke zu inszenie-
ren, *The Hussy*. Doch dann überwog das Gefühl, es sollte etwas Aktuelleres, Zeitgerechte-
res sein. Und so stürzte sie sich schnellstens in
die Arbeit an einem neuen Stück über die zwanziger Jahre: *The Wicked Age* (Das verruchte
Zeitalter).
Der Broadway boomte. 1927 wurden dort
so viele Stücke wie nie zuvor aufgeführt:
268 Shows drängten sich in sechzig bis siebzig
Theatern. Die 1924 eingeführten Neonleucht-

schriften trugen mit ihrer grellen Buntheit zur überschäumenden Atmosphäre bei. Daß immer noch weitere Theaterneubauten entstanden, war Ausdruck einer ungebrochenen Zukunftseuphorie. Doch zur selben Zeit, da Mega-Musicaltalente wie die Gershwins, Jerome Kern und Cole Porter oder hervorragende Schauspieler und Tänzer wie die Astaires, Gertrude Lawrence und Paul Robeson die Szene unaufhaltsam eroberten, machte man sich zunehmend Sorgen wegen der Konkurrenz durch Film und Radio – und das mit gutem Grund. Der Rundfunk konnte 1927 auf dreißig Millionen regelmäßige Hörer bauen – beim »Boxkampf des Jahrhunderts« zwischen Dempsey und Tunney waren es sogar doppelt so viele –, und Luxusfilmpaläste machten sich zusehends auf dem vormals den regulären Bühnen vorbehaltenen Terrain für gehobene Ansprüche breit. Diese Entwicklungen schufen, zusammen mit dem Versuch, das Rad der Zeit in puncto sexueller Freizügigkeit im Theater wieder zurückzudrehen, ein Klima der Vorsicht.

Nach ihrer Prostituiertenrolle in *Sex* spielte Mae West in *The Wicked Age* erneut eine Verächterin bürgerlicher Wohlanständigkeit, allerdings in einer Rolle, die dem Mainstream wesentlich näher stand: Sie trat als Flapper auf. 1927 hatte diese Gestalt jedoch bereits einiges von ihrem einstigen Schockpotential eingebüßt. Der Flapper war schon fast so etwas wie ein etablierter Typ der aufmüpfigen, hedonistischen jungen Frau geworden. Doch unmittelbar nach dem Ersten Weltkrieg war das noch anders gewesen. Da hatte diese New Young Woman mit der Zigarette in der einen, der Gin-gefüllten Teetasse in der anderen Hand für Furore gesorgt. Bücher wie *Flaming Youth* (auch verfilmt), Stücke wie *No, No, Nanette* und Filme mit Titeln wie *Jazzmania* und *Wine of Youth* verschafften diesem Frauentyp weite Popularität. So ließ der Anblick einer jungen Frau im knielangen Rock inzwischen die Alarmglocken schon nicht mehr schrillen.

Der Flapper setzte sich für gesellschaftliche Freiheit ein, aber nicht unbedingt mittels des kürzlich errungenen Wahlrechts, sondern durch die Mode: Die jungen Frauen ließen sich einen Bubikopf schneiden, malten sich die Lippen scharlachrot an, machten einen großen Bogen um Korsett und Büstenhalter, rollten ihre Strümpfe auf, kürzten die Röcke und warfen die Hacken beim schwungvoll und mit Energie getanzten Charleston hoch. Obwohl das typische Flapper-Outfit nicht einmal ein Kilogramm wog, war dieser alles andere als üppige Look durchaus nicht billig. Denn um ein Flapper sein zu können, mußte man sich einiges *kaufen*: Seidenstrümpfe, Glockenhüte, mit Fransen besetzte Hemdkleidchen, Jazz- und Schlagerplatten. Hinzu kamen Friseurrechnungen und kostspielige Kosmetika, denn ein Flapper durfte einfach nicht »alt« und erwachsen werden. Er mußte ein Jazz-*Baby* bleiben, so wie Helen Kane ihr »I Wanna Be Loved by You« mit der keuschesten Kleinmädchenstimme flötete, die man sich nur denken konnte.

Was die Populärkultur daneben an Frauen – im Unterschied zu den flapperhaften Mädchen – zu bieten hatte, war alles andere als vergnüglich. Bessie Smith schrie sich ihren »Sobbin' Hearted Blues« (Herzerweichenden Blues) von der Seele, sie lamentierte über ihr leeres Bett und verfluchte die fremdgehenden Revolverhelden, mit denen sie sich eingelassen hatte. Helen Morgan drapierte sich mit tränenerstickter Stimme über das Klavier und schluchzte »Why Was I Born?« Ruth Etting ließ andere an dem Elend teilhaben, das ihr ein Liebhaber zugefügt hatte, der »Mean to Me« (gemein) war. Selbst die Komikerin Fannie Brice drückte auf die Tränendrüse, als sie sich darüber ausließ, wie sie von »My Man« einen Kinnhaken verpaßt bekommen habe.[1]

Dagegen spielte Mae West nie eine Opferrolle. Warum sie immer einen großen Bogen um solch herzerweichende Szenarien machte, läßt sich leicht erklären: Sie dachte positiv in allen Lebenslagen. Indes, als Flapper im Teenageralter – wie in *The Wicked Age* – strapazierte sie die Glaubwürdigkeit doch gar zu sehr. Schließlich war sie mit vierunddreißig Jahren über die erste Jugend längst hinaus, obwohl sie alle Anstrengungen unternahm, diese Tatsache zu vertuschen. Selbst in offiziellen Papieren und Versicherungsdokumenten jener Zeit gab sie ihr Geburtsjahr mit 1900 (statt 1893) an. Ihr Körper wies schon lange keinerlei Spuren von Knabenhaftigkeit mehr auf. Sie war nicht mehr das schlanke Mädchen, das mit solcher Hingabe in *Sometime* den Shimmy getanzt hatte, sondern sie hatte bereits so viel Gewicht zugelegt, daß die *New York Sun* sie als »sehr rundlichen Flapper« bezeichnen konnte.[2] Der Vergleich mit den schlankeren Schauspielerinnen, die neben ihr auf der Bühne standen, fiel nicht unbedingt zu ihren Gunsten aus. Katharine Zimmerman vom *New York Telegram* beurteilte Maes Entschluß, sich auf der Bühne unter lauter Gertenschlanken, die authentisch nach Flappern aussahen, im einteiligen wollenen Badekostüm zu präsentieren, als »deutlichen Ausrutscher«.

Schönheitswettbewerbe machten damals jede Menge Schlagzeilen. Das Spektakel im Badeanzug aufgereihter junger Schönheiten war immer für einen »Kick« bei jenem Männerpublikum gut, das auch auf Mae West flog. Und viele junge Frauen mit Bühnen- und Filmambitionen waren bereit, sich fast vollständig auszuziehen, um konkurrieren zu können. Sie sahen in solchen Wettbewerben eine Möglichkeit, ihrem Ziel, einer Karriere im Showbusiness, näherzukommen. Clara Bow und Helen Morgan waren diesen Weg bereits mit Erfolg gegangen.

Allerdings war der gute Name der Miss-America-Wahlen, die seit 1921 alljährlich in Atlantic City abgehalten wurden, durch einen Skandal in Mitleidenschaft gezogen worden. Die Siegerin des Jahres 1925, Fay Lamphier, hatte zum Zeitpunkt des Wettbewerbs bereits einen Filmvertrag mit Famous Players in der Tasche gehabt, und nun war hinterher der Verdacht aufgekommen, alles sei nur ein abgekartetes Spiel gewesen und die Filmleute, mit ihren Kameras zugegen, hätten Fays Sieg schon im voraus arrangiert. Daraufhin weigerte sich Atlantic City im Jahre 1927, den Wettbewerb zu unterstützen. Der Ruf des Badeortes, so hieß es, drohe sonst Schaden zu nehmen.

Auch in *The Wicked Age* bildet ein abgekarteter Schönheitswettbewerb den Rahmen. Anstelle von etwa vierzig Schwulen aus der Greenwich-Village-Szene wie in *The Drag* bestand das Ensemble diesmal aus einer Truppe wohlgeformter junger Damen im einteiligen Badeanzug – einer ausgewogenen Mischung, damit auch die

Gaffer, Weiberhelden und Fotografen im Umfeld auf ihre Kosten kamen. In *The Wicked Age* tritt erstmals ein fortan ständiges Thema Mae Wests in den Vordergrund: Imagebildung. Das Posieren für Nahaufnahmen, Scheinwerfertests und das Aushalten der neugierigen, durchdringenden Blicke lüsterner Kameramänner – all dies ist Teil des Schönheitswettbewerbs in Mae Wests Stück.

Eine Fleischbeschau mit satirischer Zielrichtung erschien Anton F. Scibilia, einem der Förderer Texas Guinans, als Investition derart lohnend, daß er sich als Produzent gewinnen ließ und damit an die Stelle C. W. Morgansterns trat, der sich nach dem Reinfall mit *The Drag* aus dem Geschäft zurückgezogen hatte. Schon bald erwies sich, daß Scibilias Taschen nicht gut genug gefüllt waren, und so wurde die Produktion schon von den ersten Probeaufführungen in Long Branch, New Jersey, an von Geldsorgen geplagt. Ein Dokument der Schauspielergewerkschaft erzählt die traurige Geschichte wie folgt:»Show in Long Branch am 23. September 1927 eröffnet. Schwierigkeiten von der ersten Woche an. Gehälter [in Höhe von insgesamt 1510 Dollar] für die am 1. Oktober 1927 endende Woche wurden erst nach den Matineen am Mittwoch der folgenden Woche ausgezahlt; die Hälfte der Truppe wurde ohne Kündigungsfrist oder Fahrgelderstattung einfach freigestellt, erhielt auch nur einen Teil der fälligen Gehälter für die gerade abgelaufene Woche. Nach mehrfacher Aufforderung an Herrn Scibilia und Mae West ... wurde – bis auf Forderungen in drei Fällen – das fällige Bargeld im Equity-Büro hinterlegt.«[3] Verschiedene Schauspieler mußten während der Probeaufführungen aus Kostengründen gehen, und die verbliebenen Mitglieder des Ensembles erhielten von Equity den Rat, erst aufzutreten, wenn ihre ausstehenden Forderungen beglichen worden seien. Marjorie Main, die in *The Wicked Age* die Rolle von Maes Mutter spielte und die später als Ma Kettle im Film berühmt wurde, war eine jener Schauspielerinnen, die über Equity ihre Gehaltsforderungen geltend machten: In ihrem Fall betrugen die Außenstände 79,35 Dollar.

Mae West versuchte die Produktionskosten dadurch zu senken, daß sie Bekleidungs- und Schuhgeschäfte als Sponsoren gewann:

So erhielt sie Kostüme und Schuhe gratis, doch dafür mußten die Sponsoren im Programm und im Dialog des Stückes erwähnt werden. Im letzten Akt sagt Mae beispielsweise zu ihrer Magd, sie wolle jetzt ihre Sam-Mayo-Kreation (sprich: ihr Negligé) anziehen. Und im gedruckten Programm heißt es: »Die von Mae West im ersten und zweiten Akt getragenen Kostüme wurden von Russeks, New York, gestellt. Kostüme im dritten Akt von Lord & Taylor. Badekreationen von Famous Fain Knitting Mills. Design der Negligés ... von Mr. Sam Mayo, ausgeführt von Mayo Undergarment Co. Miss Wests Schuhe: speziell für sie hergestellt von Cammeyer Shoes über Shanks Boot Shop, New York.«

Zusätzliche Schuhwerbung wurde auf Hochglanzpostkarten in den Pausen zwischen den Akten verteilt. Darauf war der Star des Abends in voller Größe zu sehen, und darunter stand die Zeile: »Cammeyer-Schuhkreationen spielen in meiner Garderobe eine wichtige Rolle.«

Doch trotz dieser offenen Kommerzialisierung kam das Stück nie richtig in Gang. Zu den Geldsorgen und den Querschüssen von Equity gesellte sich weiterer Frust in Gestalt von Raymond Jarno, einem Filmschauspieler, der für die romantische männliche Hauptrolle des Stückes engagiert worden war. Er sollte den gesellschaftlich prominenten Jack Stratford spielen. Jarno war im Stummfilm, nicht im Theater groß geworden, und so mangelte es ihm an der für die Theaterbühne erforderlichen tragenden Stimme. Jenseits der ersten Zuschauerreihen war er kaum noch zu verstehen (und Mikrophone waren damals im Theater noch nicht gebräuchlich). Jarno hatte einen unkündbaren Vertrag, doch wären seine Mängel in der Sprechtechnik weniger aufgefallen, wenn man seine Rolle hätte umschreiben und zusammenstreichen können. So appellierte denn Anton Scibilia an Equity und bat um die Teilnahme eines Gewerkschaftsabgesandten an einer Aufführung von *The Wicked Age*, um auf diese Weise amtlich bestätigt zu bekommen, daß Jarno nicht zu verstehen und deshalb eine Kürzung seiner Dialogpartien gerechtfertigt sei. »Zuvor war seine Stimme für den Probenraum tragend genug«, schrieb Scibilia, »doch gilt dies nicht für die Bühne, und bisher hat sich noch jedes Publikum darüber lustig gemacht. Mr. Jarno kann nicht uns für seinen Mangel an persönlicher Ausstrahlung und Sprechfähigkeit auf der Bühne verantwortlich machen.«

Doch Jarno und der Produzent hatten vertraglich vereinbart, daß Jarno eine Hauptrolle spielen sollte, und Equity entschied nach Beurteilung seiner Leistung auf der Bühne, daß diese professionelles Format habe und der Vertrag deshalb einzuhalten sei. Als *The Wicked Age* Premiere in New York hatte, wiederum in Daly's Theater, da spielte Raymond Jarno die Rolle des Jack Stratford – und zwar ungekürzt. »Daly's« in der Sixty-third Street, das bedeutete Glück – davon war Timony nicht abzubringen. Doch der Zauber war gebrochen. Am Premierenabend waren die Schauspieler noch damit beschäftigt, sich in letzter Minute vorgenommene Textänderungen einzuprägen. Teile der Kulissen hatte man unter freiem Himmel gelagert, doch am Tag vor der Premiere hatte Regen einigen Schaden angerichtet. Nun paßten jedoch die neugefertigten Kulissenteile nicht durch die Bühnentür; sie mußten noch zerlegt werden, und so dauerten die Arbeiten an der Bühne bis zur letzten Minute. Erst um neun Uhr abends ging der Vorhang hoch. Und dann tasteten sich die Akteure, wie ein Beobachter notierte, »so vorsichtig heran wie ein Blinder, der den Broadway überqueren will«.[4]

In ihren Memoiren beschrieb Mae West *The Wicked Age* als »Hit und Sorgenkind« zugleich. Der zweite Teil der Aussage ist ohne weiteres verständlich, aber inwiefern war dieses Stück ein Hit? Die freundlichsten Worte, die je über *The Wicked Age* geschrieben wurden, standen in *Variety*: »Ein besonderes Stück Käse, das paradoxerweise an der Theaterkasse den Zaster anziehen wird«, weil eine derart anrüchige Vorstellung so eindeutig auf Voyeure ausgerichtet sei, daß die dramatische Unbeholfenheit des Dargebotenen vielleicht übersehen werde.[5]

Mae Wests Aufführungsstil neigte wie der Jazz zur spontanen Improvisationsfreude. So finden sich zahlreiche der in den (durchweg negativen) Rezensionen zitierten Gags überhaupt nicht im

Dramenskript. Die Kühnheit, mit der Mae ihre Vamprolle spielte, beschwor wieder einmal wenig schmeichelhafte Vergleiche mit billigen Cabarets herauf:»Die zweideutigen Redensarten, die Körperschwünge und die schlüpfrige Komik würden sogar [die Cabaret-Impresarios] Scribner und Herk zur Verzweiflung bringen«, schrieb wiederum *Variety.*»Hier läßt man Fräulein West für 3,85 Dollar [pro Eintrittskarte] Dinge durchgehen, die sich die Cabaret-Ketten für 1,65 Dollar nicht leisten dürften.« Auch der Rezensent der *New York Herald Tribune* pflichtete dem bei:»Sie schwenkt die rechte Hüfte und dann die linke in einer Art und Weise, wie sie von den Sirenen in Nummern wie ›The Tammany Tigers‹ oder ›The Creole Belles‹ bevorzugt wird.«

Selbst das Publikum hielt von dem Stück nicht viel. Bei den Voraufführungen in New Haven machte sich laut *Variety*»das Publikum während der ganzen Aufführung über das Stück lustig ... Wenn sich *The Wicked Age* überhaupt noch so lange halten kann, bis es New York erreicht, kann man von Glück sagen. In der Show gibt es genug hübsche Beine, doch fehlt der Produktion einfach das Standbein.«

Auch der Voraufführung in Long Branch, New Jersey, erging es nicht besser. Die Lokalzeitung verriß das Stück als»schmutzige, empörende, ermüdende und völlig sinnlose Vulgarität, ohne auch nur die geringste positive Eigenschaft, die all das aufwiegen würde, und ohne jegliche Daseinsberechtigung.«

*Billboard* verurteilte *The Wicked Age* als den Versuch,»geschmacklose Dummköpfe« anzusprechen,»für die das Theater nichts anderes ist als eine intensivierte und ausgewalzte Peep-Show«. Ohne Mae Wests Skandalruhm, der, so der Kritiker, darauf zurückzuführen sei, daß ihre Kapriolen in den Klatschspalten der Boulevardblätter so überaus großzügig kommentiert würden, wäre ein solches Machwerk nie erdacht oder produziert worden.

Timony versuchte zu retten, was noch zu retten war, indem er Hollywood die Filmrechte andiente, möglicherweise sogar für einen Tonfilm, jenes Furore machende neue Medium. Seit es Tonfilme gab, fanden Broadway-Stücke – und Akteure – oft den Weg nach Hollywood. Es ging das Gerücht, daß Clara Bow, Hollywoods beliebtester Flapper, die Starrolle in der Kinoversion des Stückes spielen sollte, doch daraus wurde nichts. In der Theaterbibliothek des New Yorker Lincoln Center ist ein wenig schmeichelhaftes Gutachten über das Skript erhalten:»Als Drama ist dies nichts weiter als ein Sexstück. Ohne Sex gibt es kaum etwas her ... Alle Dinge über die jüngere Generation sind schon vor etlichen Jahren weit besser gesagt worden.« *The Wicked Age* konnte sich von den vielen Nackenschlägen nie erholen. Eine Woche nach der Premiere wurde eine Vorstellung an einem Montagabend ohne Vorankündigung plötzlich abgesetzt. *Variety* berichtete:»Als Grund wurde angegeben, Mae West könne wegen einer Magenverstimmung nicht spielen. Wahrscheinlich lag das Problem aber ganz woanders: Die Gagen waren nicht ausgezahlt worden.« Am Tag darauf war das Geld da, Equity signalisierte sein Einverständnis, und schon wurden die Vorstellungen wiederaufgenommen – aber nicht für lange Zeit. In der darauffolgenden Woche wurde das Stück endgültig abgesetzt, nach nur neunzehn Aufführungen. Mae West ließ verlauten, sie wolle das Stück später wiederaufnehmen, doch nichts dergleichen geschah.

Das erhaltene Skript von *The Wicked Age* liest sich eher wie ein hastig zusammengestückelter, unkoordinierter Rohentwurf denn als fertiges Stück. Wie in allen von Mae West für sich selbst geschaffenen Spielvorlagen besitzt die Protagonistin – Babe (Evelyn) Carson – eine unwiderstehliche Anziehungskraft, einen unabhängigen, lebhaften, trotzigen Geist und den Willen, all jene, die sie als»unmoralisch«abstempeln wollen, mit einem Schulterzucken abzutun. Ihrem wütenden Vater sagt Babe:»Ich will gern dreckig und niedrig sein – verrucht – nenn es, wie du willst –, aber, mein Gott, ich will mein eigenes Leben leben.« Sie jongliert mit verschiedenen rivalisierenden Liebhabern (»Übernimm du mal das Telefon – ich kümmere mich um die Männer«), die unermüdlich mit Geschenken um sie werben; sie steht in sämtlichen Szenen im

Mittelpunkt, und in allen Situationen fällt ihr garantiert eine schlagfertige Antwort ein.

Babe wohnt in einer öden Kleinstadt in New Jersey, Bridgeton, deren Honoratioren den Entschluß gefaßt haben, etwas für das Image der Stadt zu tun und einen Schönheitswettbewerb zu veranstalten. »Erfolg beruht heute«, sagte einer der eifrigsten Befürworter des Wettbewerbs, »auf der Ausbeutung der weiblichen Figur ... Jeder Vorwand ist recht, damit eine Horde fast nackter Frauen auf der Bühne auf und ab stolzieren kann, nur damit die Leute von auswärts kommen und in der Stadt einkaufen. Da brauchen sie einfach einen solchen Kick.« Zwar sehen die Konservativen wie Babes Tante Elizabeth oder ihr Vater Robert Carson in dem Schönheitswettbewerb den sichersten Weg zum moralischen Ruin, doch sie werden überstimmt, und trotz aller möglichen Intrigen hinter den Kulissen findet der Wettbewerb schließlich statt.

Wie schon in *The Drag* und später in *Pleasure Man* und *Diamond Lil* findet auch in *The Wicked Age* ein Mord statt. Babes naive Cousine Gloria verschwindet direkt nach dem Wettbewerb während eines Sturmes. Als ihre Leiche (Gloria wurde erwürgt) in den Marschen gefunden wird, lenkt ein skrupelloser Platzwart den Verdacht auf den einfältigen Willie, einen herzensguten jungen Mann, der zu Babes Verehrern gehört und den Babe nun nach Kräften verteidigt. Daß der wahre Mörder sich im letzten Akt zu erkennen gibt und Willie so vom falschen Verdacht befreit wird, wirkt fast wie ein nachträglicher Einfall.

Wie im Melodrama oder in Zeitungen vom Schlage des *Evening Graphic* jagen sich die dick aufgetragenen Sensationen und Spannungseffekte. Denn in dem Stück gibt es nicht nur einen Mord, sondern auch eine Knutschparty im Dunkeln, einen fast vollendeten Striptease und einige heiße Umarmungen. Eifersüchtige Rivalinnen aus dem abgekarteten Schönheitswettbewerb versuchen mit allen Mitteln, Babe auszuschalten: Sie sorgen für eine Autopanne, ruinieren ihren Badeanzug und machen sie betrunken. Im dritten Akt wirft Babe, inzwischen eine aufgedonnerte, selbstverliebte Berühmtheit, ihr Kokain fort, weil sie eine Beeinträchtigung ihrer Schönheit fürchtet. Sie läßt sich sogar auf ein Handgemenge mit Frenchy ein, jenem geilen Flegel, der sich als der wahre Mörder Glorias entpuppt. Babe kratzt, tritt und schlägt ihn, und er verwundet sie mit dem Messer im Gesicht. Doch keine Angst, die Wunde ist nur oberflächlich, und Babe wird schon in Kürze so schön sein wie eh und je. Bei all diesen Schockeffekten konnte das – zumeist aus lüsternen Männern bestehende – Publikum über Langeweile gewiß nicht klagen.

Sicher, die Handlung ist auf grelle Sensationen hin angelegt, die Struktur läßt arg zu wünschen übrig, die Charakterisierungskünste sind unterentwickelt, die Wendungen der Handlung unmotiviert. Das Ganze ist ein grobes Machwerk. Doch *The Wicked Age* bietet auch mancherlei autobiographische Aufschlüsse. Indem Mae den alten Hal Clarendon, in dessen Brooklyner Theatertruppe sie als junges Mädchen mitgewirkt hatte, für die Rolle von Babes Vater, Mr. Carson, verpflichtete, bekannte sie sich zu ihrer Vergangenheit im Melodrama. Darüber hinaus redet Babes Manager ihr im Stück ins Gewissen, weil sie sich auf Kosten ihrer Karriere immer wieder zu Liebesabenteuern hinreißen läßt. Diese Ermahnungen lassen sicher Timonys Worte an Mae anklingen: »Du kannst nicht zur gleichen Zeit zwei Pferde reiten – es geht nur eins: entweder dieser Mann oder deine Karriere.«
Babes Familie auf der Bühne ähnelt der realen Familie West frappant: Babes Vater macht ihr Vorwürfe, weil sie in Rasthäusern Männer aufgabele (die Gelegenheit, geschickt einen »Werbespot« für Matildas »Blue Goose«-Rasthaus einfließen zu lassen), und er wirft sie aus dem Haus, weil sie dort in Abwesenheit der Eltern eine wilde Party im Stil der sogenannten Rasthäuser inszeniert hatte, eine Party, bei der der Gin in Strömen geflossen war. Ferner kommen auch eine moralinsaure, neugierige Tante, die davon überzeugt ist, daß Babe als verwöhntes Balg auf den Weg ins Verderben geführt worden sei, sowie eine liebevolle, nachsichtige Mutter vor. Die Mutter versucht zwischen dem wütenden Vater und der verstockten Tochter zu vermitteln. Mrs. Carson verteidigt

die »immer so großzügige, so impulsive« Babe mit den Worten, sie schlage ganz ihrem einst ebenfalls wilden, zügellosen Vater nach, der sich in seiner Jugend auch ganz schön ausgetobt habe. »Die ältere Generation glaubt immer, daß die jüngere alles falsch macht. Doch die Kinder der heutigen Generation sind keine Heuchler mehr ... sie sündigen nicht mehr hinter verschlossenen Türen.« Die Mutter versucht Babe davon zu überzeugen, daß der Vater sie im tiefsten Innern doch liebe und bewundere, auch wenn er das nicht zeigen könne. Sie habe ihn dabei erwischt, wie er heimlich einen Artikel über seine Tochter in der Zeitung gelesen habe.

Babe hat sogar eine jüngere Schwester, Ruth, die Babes zügellosen Lebensstil im ersten Akt zunächst verdammt, die jedoch nach dem Schönheitswettbewerb »zu neuem Leben erwacht zu sein scheint – weil ihre Schwester so berühmt geworden ist«. Babe zeigt ihr gutes Herz, als sie ihrer Schwester ein nur einmal getragenes Kleid vermacht. (Genauso hielt es Mae mit ihrer Schwester Beverly.)

Im realen Leben hatte der Mann von Maes Schwester Beverly, mit dem diese mehr als ein Jahrzehnt verheiratet gewesen war, Sergej Treschatnij (amerikanisierte Schreibweise: Serge Treshatny), die Scheidung eingereicht. Scheidungsgrund war eine Polizeirazzia nach der ersten Probeaufführung von *The Drag* in Bridgeport, Connecticut. Dabei hatte die Polizei im Arcade Hotel in Bridgeport um fünf Uhr morgens Beverly und den Regisseur Edward Elsner in dessen Zimmer aufgegriffen und beide wegen Ruhestörung und Erregung öffentlichen Ärgernisses im Zustand der Trunkenheit in eine Arrestzelle gesperrt. Die Scheidung wurde ausgesprochen, und Beverly zog zurück zu ihrer Familie, die ganz in der Nähe, in Floral Parks, Queens, residierte.

Ohne Vorwarnung verwandelt sich *The Wicked Age* im dritten Akt plötzlich aus einer Farce in ein Melodrama, als eine alte Frau namens Lottie Gilmore auftritt, eine Exschauspielerin, die jetzt Damenunterwäsche verkauft. Während die Schönheitskönigin Babe die Kollektion anprobiert, hält Lottie einen Monolog über ihren verblichenen Ruhm als Bühnenschönheit. Ihr gutes Aussehen habe sie sorglos durch ein ausschweifendes Leben verspielt. In Babe erkennt sie ihr eigenes jugendliches Selbst wieder und warnt sie deshalb, sie solle um Himmels willen mit ihrem Kapital, ihrer Schönheit, sorgsam umgehen und sich pflegen: »Es gibt immer jemanden, der deinen Platz einnehmen kann, eine Jüngere, Schönere; also achte auf deine Schönheit, schätze sie, bewahre sie, solange es geht ... Werde nur nicht vorzeitig alt!« Nach dieser Begegnung schlägt Babes Gewissen: Sie sieht sich selbst als verkommene Alte vor sich. Mit dramatischer Geste wirft sie ihr Kokain weg.

Plötzlich wird Babe nun zum ernsthaften Menschen und zur Heldin; sie entdeckt die Identität des Mörders und liefert ihm einen Kampf. Es wird sogar angedeutet, daß sie Jack Stratfords Frau werden könnte. Diese auf- und angesetzt wirkende tugendhafte Wendung könnte ein Zugeständnis an die Zensoren sein. Seit der Verabschiedung des Wales Padlock Act hätte eine weitere Polizeirazzia weit mehr zur Folge gehabt als einen möglichen zweiten Gefängnisaufenthalt. Sie hätte zur Schließung von »Daly's« für ein Jahr führen können – oder eines jeden anderen Theaters, in dem das Stück aufgeführt wurde. Ferner drohten Strafen für den Theaterbesitzer, den Manager, den Produzenten und die Schauspieler. Die tugendhafte Wendung könnte aber auch den Versuch signalisieren, ein breiteres Publikum für Mae Wests Stücke zu interessieren. Erlebnishungrige Männer allein reichten nicht aus, wenn Mae sich auf Dauer als Star etablieren wollte. Wie Frauen für Mae Wests Vorstellungen zu begeistern waren, lohnte also durchaus einiges Nachdenken. »Ich analysierte die Gründe«, sagte sie später in einem Interview, »welche die Frauen möglicherweise fernhielten. Ich hatte einen Bauchtanz vorgeführt, der auf sie vielleicht anstößig wirkte. Und dann war da noch eine meiner Figuren [in *Sex*], dieser aalglatt aussehende Erpresser, mit dem sich diese Frau aus der besseren Gesellschaft eingelassen hatte und der sie nun herumstieß und ihr die Juwelen klaute, der sie wie das letzte Stück Dreck behandelte. Sie glauben ja gar nicht, wie viele Leute dasitzen und meinen, das da oben auf der Bühne seien sie selbst.«[6]

Jenes Stück, das alle Barrieren einreißen sollte, das Frauen und Männer gleichermaßen begeisterte, Junge wie Alte, am Rotlichtmilieu interessierte High-Society-Typen ebenso wie arme Schlucker, die sich nur einmal im Leben einen Theaterbesuch leisten, war Mae Wests nächstes Drama: *Diamond Lil*. Ihr unbedachter Ausflug ins Reich der Flapper wurde als Mißerfolg abgehakt, aus dem es viel zu lernen gab. Nie wieder trat Mae im Badeanzug auf, nie wieder riskierte sie, von jüngeren, schöneren Konkurrentinnen, die direkt neben ihr auf der Bühne standen, ausgestochen zu werden.

Ihr Schlüsseljahr in New York, 1928, begann Mae mit einer einmaligen Aktion: Im Stil von Texas Guinan spielte sie eine Nacht lang die Gastgeberin in einem Nachtclub, im »Club Deauville« an der Park Avenue und Fifty-ninth Street. Die Vorstellung war total ausverkauft, und die Leute zahlten zehn Dollar pro Person für »Ein Programm mit erstklassiger, einmaliger Unterhaltung, entworfen und geleitet vom berühmten Star höchstpersönlich«. Für diesen einen Abend bekam sie 1700 Dollar, doch fühlte sie sich nie wieder animiert, diesen Erfolg zu wiederholen. Denn sie verfolgte nun höhere Ziele.

# 10. *Kapitel* Diamanten-Mae

*W*enn man heute den Namen Mae West erwähnt, denken die meisten Leute – wenigstens in den Vereinigten Staaten, weil der Film dort mehrfach im Fernsehen gezeigt wurde – an ihre Filmrolle als Flower Belle Lee an der Seite von W. C. Fields im Western *Mein kleiner Gockel* (My Little Chicadee, 1940). Darin liegt eine nicht unbeträchtliche Ironie. Denn Mae haßte diesen Film, weil sie Ruhm und Filmpräsenz – mehr, als ihr lieb war – mit Fields teilen mußte. Nur wenige erinnern sich noch daran, daß Flower Belles historische Kostüme und ihre Liebschaften mit Banditen lediglich Variationen eines alten, oft wiederholten, in den frühen vierziger Jahren schon etwas abgedroschenen Mae-West-Themas waren: Diamond

Lil, Diamanten-Lilly. Von den späten zwanziger bis weit in die fünfziger Jahre hinein war Diamond Lil jene Figur, die einem sofort in den Sinn kam, wenn von Mae West die Rede war. Diamond Lil, das war die unbekümmerte, sich einschmeichelnde, geziert Stolzierende, die frech und unsentimental, aber mit schwül-erotischer Stimme Daherredende, die mit Diamanten Übersäte, die Frau mit der goldenen Perücke, mit Korsett und Wespentaille, mit ausladenden Hüften und großem, rundem Busen. Diamond Lil, das war die singende Kneipen- und Bordellwirtin aus der New Yorker Bowery zur Zeit der neunziger Jahre des vorigen Jahrhunderts – jene Gestalt, die Mae West erstmals 1928 auf die Bühne brachte und die in immer neuen Variationen wiederzubeleben sie anscheinend nicht müde wurde. Lil war Mae Wests Schlüsselrolle, ja geradezu ihr Markenzeichen, jene Rolle, die ein Teil ihrer selbst wurde und mit der das Publikum sie identifizierte – so wie es Ed Wynn mit dem lispelnden Trottel in Verbindung brachte, Theda Bara mit dem Vamp mit kohlschwarzen Augenlidern, Rudolph Valentino mit dem Scheich und Charlie Chaplin mit dem kleinen Tramp. Durch Diamond Lil wurde Mae West mehr als nur eine Schauspielerin. Diamond Lil machte Mae zur zeitlosen Ikone der amerikanischen Populärkultur.

Und als das Theaterstück *Diamond Lil* 1933 auch noch in der Filmfassung unter dem Titel *Sie tat ihm unrecht* (She Done Him Wrong) herausgekommen war, erhielt Maes Starrolle legendäre Dimensionen und dauerhaften Glanz. Das Publikum, das kam, um Mae West zu sehen, erwartete irgendeine Version dieser inzwischen bestens bekannten Rolle, und Mae dachte nicht daran, die Leute zu enttäuschen. »Wenn du ein Zaubermittel gefunden hast, das bei dir bestens funktioniert«, riet sie, »dann bleib dabei. Nimm nie mehr etwas anderes.«[1]

Selbst wenn sie nicht Lil spielte oder Lady Lou, wie Lil in der Filmversion heißt, blieb Mae West dieser Rolle treu, denn fortan porträtierte sie vor allem Darstellerinnen der unterschiedlichsten Couleur. Auch der Zeithintergrund der amerikanischen Jahrhundertwende wurde ständig reaktiviert. Ebenso gehörten zu ihrem

Rollentypus fortan die etwas träge und mundfaul dahergesagten saloppen, frechen Sprüche – und jene berühmte »Stimme wie eine durch Stahlwolle geblasene Kazooka«.[2] Ständig kehrte Mae zu den opulenten Kostümen einer vergangenen Epoche zurück: zu den riesigen Hüten und den hautengen, bodenlangen Gewändern, die ihre – einer Sanduhr ähnelnde – Figur besonders vorteilhaft hervortreten ließen. Den Hintergrund bilden stets Unterweltszenen, die viel Atmosphäre und Kolorit vermitteln und nicht mehr bedrohlich wirken, weil ihnen die Zähne gezogen und die Klauen beschnitten wurden.

Die »weißen Sklavenhalter« in *Diamond Lil*, die Zuhälter, die aus dem Knast entflohenen Sträflinge, die Mitglieder der Drogenszene, die Betrunkenen und Diebe aus der Bowery – sie alle wurden, um die feinen Theaterbesucher auf ihrer Exkursion in die Slums nicht zu verschrecken, durch einen kräftigen Schuß Nostalgie und die theatralischen Übertreibungen des Melodramas sozusagen desinfiziert. Auf diesem Bühnenterrain tummelten sich ausschließlich Typen, keine abgerundeten Charaktere, und auch die gängigen Klischees fanden Einlaß, etwa der geizige, nur an sein Geld denkende jüdische Vermieter Jacobson. Aus der sicheren Distanz betrachtet, erhielt die dargestellte Nachtseite des Lebens die Aura der »überhöhten Unwirklichkeit einer Seemannsballade«.

Als Diamond Lil konnte Mae West auf die übertrieben weibliche Stilisierung ihrer Varietérollen zurückgreifen, der die Schwulen in Frauenkleidern (in *The Drag*) neuen Impetus verliehen hatten. Durch ihre Zeitlupenbewegungen unterschied sie sich von den anderen Mitwirkenden. Der bedeutende Theaterkritiker Stark Young hob in seiner Rezension Maes »Kühnheit« hervor, »sich so ruhig und entspannt zu bewegen, denn nur durch ihre ununterbrochene Fortdauer erreicht diese Bewegung Intensität, während sie in ihrer Langsamkeit fast zum Stillstand kommt. Der ganze Körper – nicht unbedingt ein schöner Körper – ist geschmeidig und im Fluß, alles wird lediglich gelassen angedeutet. Das gilt ganz besonders für ihre Stimme und ihre Aussprache.« Für ihn war Mae West als Lil »so entrückt und rein theatralisch wie Sarah Bernhardt in *La Tosca*«.[3]

Mit *Diamond Lil* erntete Mae West bei den Kritikern erstmals ungeteilte Zustimmung, zunächst in Brooklyn (im zum Shubert-Imperium gehörenden Teller's Theater, wo die Zuschauer in einen Begeisterungstaumel gerieten), dann als Broadway-Attraktion im »Royale«, einem Theater mit mehr als tausend Plätzen. Und wenn Stark Young Mae West mit der berühmten Sarah Bernhardt verglich, so fielen auch anderen Journalisten – in puncto Popularität, wirkungsvollem Auftreten und schauspielerischem Glanz – nur Vergleiche mit fast ebenso berühmten Schauspielerinnen ein: »Mae West ... wird von ihrem Publikum noch stärker bewundert als Jane Cowl, Lynn Fontanne, Helen Hayes oder Eva LeGalienne«, schrieb Percy Hammond in der *New York Herald Tribune*.

Wie so vieles unvermeidlich Erscheinende ging auch *Diamond Lil* auf einen Zufall zurück. Jack Linder, ein Varietéagent, war 1927, noch während der Laufzeit von *Sex*, an Timony herangetreten und hatte ihm von seinem Plan erzählt, ein Mae-West-Stück auf die Bühne zu bringen. Vielleicht könne in diesem Zusammenhang sogar ein von seinem Bruder Mark geschriebenes Drama von Nutzen sein. Schon 1915 hatte Mark Linder unter dem Titel »The Frame Up« (Das abgekartete Spiel) einen kleinen, vor allem in Cabarets aufgeführten Einakter über einen Gefangenen aus Sing-Sing verfaßt und ihn später zu einem Dreiakter erweitert. Dabei wurde der größte Teil der Handlung in die neunziger Jahre des 19. Jahrhunderts verlegt, der Titel in *Chatham Square* abgeändert. Diese Version nun hatte Mark Linder Mae West vorlesen dürfen, der die Unterweltatmosphäre und die nostalgische Bowery-Kneipenszenerie gut gefielen, ansonsten aber kaum etwas. Mit einem Skript, das nur eine männliche Hauptrolle und keine Starrolle für sie selbst enthielt, konnte Mae natürlich nichts anfangen. Außerdem kam in Linders Stück eine schwangere Frau vor, die dann ihr Kind aufzog, und auch dies war für einen Mae-West-Charakter völlig undenkbar. Also beschloß Mae, sich ihre eigene Spielvorlage zu schaffen. »Ich lasse mich nur auf ein Stück ein, in dem ich ich selbst sein darf und meine eigene Show abziehen kann«, wurde sie im Juli 1928 in *Variety* zitiert. Sie schrieb den Dialog, dachte sich die Situationen aus, und auch alle Charaktere des Stücks wurden von ihr erfunden – mit Ausnahme von Chick Clark, dem entflohenen Sträfling aus Linders ursprünglichem Stück.

In ihrer Autobiographie behauptet Mae steif und fest, sie habe bereits geplant gehabt, ein in der Bowery spielendes Stück zu schreiben, als Mark Linder ihr sein Skript vorgelesen habe. Wenn das wirklich stimmt, dann hatten zwei Leute zur selben Zeit dieselbe Idee. Weil jedoch die Schauplätze und die Atmosphäre denen aus *Chatham Square* sehr stark ähneln, erklärte sich Mae bereit, Mark Linder in dem Stück eine Rolle zu geben, ihn finanziell mit 50 Prozent an den Tantiemen zu beteiligen und auch offiziell seinen Anteil an der Entstehung des Stückes anzugeben. Für den Vorschlag von Zeithintergrund und Schauplatz, für »Period and Locale«, war Mae West den Angaben zufolge Mark Linder verpflichtet.

Auf jeden Fall wurde Mae durch *Chatham Square* veranlaßt, darüber nachzudenken, wie sie sich die Atmosphäre der alten Bowery vor der Jahrhundertwende für ihre Zwecke dienstbar machen könnte. Schließlich paßte die Mode jener Zeit, anders als das Flapper-Outfit der zwanziger Jahre, bestens zu ihren körperlichen Vorzügen und zu ihrem Geschmack. Ihre üppigen Kurven, ihre schöne Haut, ihre Vorliebe für Federn, Diamanten und große Hüte – alles konnte hier unmittelbar zur Geltung kommen. Und das von den Flappern verabscheute Korsett ließ sich dabei auch noch zu einem letzten großen Auftritt reaktivieren. Mit Hilfe von Dolly Tree, der britischen Kostümdesignerin, die für die Inszenierung gewonnen werden konnte, hüllte sich Mae in beigen Satin, Federboas, ein trägerloses schwarzes, mit Jettborten besetztes Kleid und – im letzten Akt – in ein atemberaubendes rotes Gewand. Für die Boudoirszenen bekam sie ein Negligé aus »schwerer cremefarbener Spitze mit gelben Chiffonvolants«.

Sie hatte das Gefühl, daß ein im New York der »ausgelassenen«

neunziger Jahre spielendes Stück mit ihr in der Starrolle alle Altersgruppen ansprechen und drei Generationen ins Theater bringen
könnte:»die Jugend, die Mütter und Väter und die Großeltern«. Die
Jugend würde sich zur skandalösen Heldin, zur turbulenten Handlung und zum ausgelassenen Treiben im Saloon hingezogen fühlen. Das weibliche Publikum, in ihren früheren Stücken auffällig
abwesend, würde bei den Kostümen auf seine Kosten kommen: Die
Frauen sollten »die großartigen Kleider im Stil jener Zeit und die
Hüte« bewundern, aber auch Maes kunstvoll zurechtgemachtes
Gesicht: geschwärzte Augenbrauen, zu einer perfekten Bogenlinie
zurechtgezupft, ein leicht weißgrundiges Make-up und leuchtend
rote, geschwungene Lippen. Im Copyright-Exemplar des *Diamond
Lil*-Manuskripts heißt es in einer Szenenanweisung (Diamond Lil
sitzt an ihrem Schminktisch):»In dieser Szene könnte Lil zum
Beispiel ihr Gesicht eincremen ... und dann ein volles Make-up
auflegen; das ist für die Frauen im Publikum immer interessant.«
Grandios als Frau der Jahrhundertwende gewandet, konnte Mae
West es den Flappern endlich heimzahlen. In der Presse kritisierte
sie die jungen Frauen, die sich fälschlicherweise einbildeten, daß
sie »gut aussähen, wenn sie sich männlich und sportlich herrichte-
ten. Denn das führt natürlich auch zu ungehobelten Manieren und
generell zu einer nachlässigen Einstellung.« Was könne man sich
überhaupt Unweiblicheres vorstellen als eine dieser sich lässig an
die Theke lehnenden jungen Frauen?
Die Mode, die Songs und das Ambiente New Yorks in den neunziger Jahren des vergangenen Jahrhunderts – all dies faszinierte, wie
Mae nur zu gut verstand, das Publikum in den späten zwanziger
Jahren enorm. Das Gotham Theater ihrer Jugend, vor der großen
Zeitenwende des Ersten Weltkrieges, ehe es Radio, Tonfilme und
Autos gab, schien bereits seltsam entrückt, das bierselige, ausgelassene Treiben der Zeit vor der Prohibition auf unschuldige Art
liebenswert.
Bei der Besetzung der Rollen und bei den Kostümen für die perso-
nenreichen Bowery-Kneipenszenen des Stückes plädierte Mae für
unbedingte Authentizität:»Sie engagierte echte Typen: plattnasige,

sternhagelvolle Preisboxer, echte Homosexuelle, reale Alkoholiker.«Einer der singenden Kellner, Jo-Jo, war auch in Wirklichkeit ein singender Bierverteiler in»Nigger Mike Salter's« gewesen – damals, als Irving Berlin noch sein Kollege war und auf den Namen Izzy Baline hörte. Die zweiundachtzigjährige Ida Burt, die bei speziellen Mitternachtsvorstellungen von *Diamond Lil* tanzte, stammte noch aus den Tagen Tony Pastors.

Der Versuch, der alten Bowery mythischen Glanz zu verleihen, war nicht ganz neu. Schon als Mae noch ein kleines Mädchen war, wurde das anrüchige Spelunkenviertel mit seinem zügellosen Treiben zum legendären Ort verklärt. Im Schlager»The Bowery« erschien das Vergnügungsviertel als aufregender, aber auch bedrohlicher Ort, wo»sie so komische Dinge sagen und seltsame Dinge tun« und wo Touristen fast immer betrogen wurden – wenn ihnen nicht noch Schlimmeres widerfuhr. Zahllose Varietésketche schilderten das Stadtviertel in der Nähe von Chinatown als pittoresken Treffpunkt für Strichmädchen, Diebe, Hochstapler und korrupte Politiker mit Backenbart, Uhrketten über ihren Westen und Derbyhüten.

Laut *Variety* existierte für die Figur der Lil ein Vorbild im wahren Leben – eine Frau, die aus Chicago in die Bowery gekommen und deren Erkennungszeichen ein in einen Schneidezahn eingelassener Diamant war. Ferner gab es, obwohl Mae West ihn vielleicht nicht kannte, einen Song mit dem Titel»East Side Lil«, den Ada Lewis in ihrer Rolle als Maniküre aus der Bowery 1905 in einem Musical *(Fritz of Tammany Hall)* gesungen hatte. Ein weiterer Vorläufer Diamond Lils war ein Bühnencharakter namens Diamond Daisy in einem gleichnamigen Varietésketch von Jack Lait. Allerdings handelte es sich dabei um eine Gaunerin, die durchaus nicht auf den Mund gefallen war und sich mit einem Detektiv harte Wortgefechte lieferte.

Bei ihrer Nachbildung der Jahrhundertwendeszenerie kam Mae, wenn auch in einer stilisierten Version, auf das New York ihrer eigenen Kindheit zurück: auf die für den viktorianischen Geschmack typischen geschwungenen Linien, den Trödelkram und

255

die Opulenz der vollgestopften Interieurs. Der Bühnenbildner August Vimnera ließ all dies lebendig wiedererstehen. Die Kneipe mit dem billigen, verstimmten Klavier, in der ständig lebhaftes Treiben herrscht, an deren Wänden Fotos der damaligen Boxheroen neben »alten Postern und Programmen« hängen und die man durch Schwingtüren betritt, war nicht zuletzt eine Wiederbelebung jenes Milieus, in dem sich Maes Vater zu Hause gefühlt hatte.

Lils Garderobe im Obergeschoß – extra dorthin verlegt, um Mae Gelegenheit zu ihren grandiosen Auftritten auf der Treppe zu geben – ist »eine protzig bunte, ins Auge stechende Angelegenheit, mit teuren, unordentlich herumliegenden Kostümen und Accessoires«. Lil ruht in einem vergoldeten Bett, das wie ein Schwan geformt ist und das zuvor der Schauspielerin Amelia Bingham gehört hatte, die in den neunziger Jahren des 19. Jahrhunderts aktiv war. Mae hatte dieses Bett aus dem Nachlaß von Diamond Jim Brady erstanden, der zeitweilig mit Lillian Russell liiert gewesen war, jener drallen Schönheit, die Mae unter allen Umständen zu neuem Leben erwecken wollte.

Die luxuriös-üppige Sinnlichkeit, die Lillian Russell verkörperte, erinnerte Mae ständig an ihre Mutter, die der Schauspielerin als junge Frau so ähnlich gesehen hatte, daß sie oft mit ihr verwechselt worden war. Als Diamond Lil ließ Mae West die junge Matilda wieder aufleben. »Diamond Lil«, schreibt Alexander Walker, »ist ein Bild der Mutter, dessen idealisierte Züge von der nachfreudianischen sexuellen Freiheit und dem sexuellen Genuß der Tochter überlagert werden.«[4]

Mit anderen Worten, Diamond Lil benimmt sich nicht wie eine Frau aus den neunziger Jahren des 19. Jahrhunderts. Der besondere Appeal dieser Figur lag gerade in der Fähigkeit, zwei unterschiedliche Epochen miteinander zu verbinden: Gegenwart und Vergangenheit. »Während ihr Aussehen an die neunziger Jahre denken ließ, waren ihre Einstellungen als dezidiert modern erkennbar.«[5] Sie selbst singt einen Blues, während die anderen in ihrer Umgebung zu Lieblingsschlagern der vergangenen neunziger Jahre tanzen: »After the Ball« oder »More to Be Pitied than Censured« (Sie verdient mehr Mitleid als Tadel). Lil ist sexuell befreit und fühlt sich in den Armen der für Mae West typischen Gruppe von Männern wohl: Da ist der korrupte Politiker, der Lokalmatador Gus Jordan, auf dessen Kosten sie lebt; der entflohene Sträfling Chick Clark, mit dem sie einst in Chicago zusammenlebte; der dunkelhäutige, liebenswürdige Südamerikaner Juarez; der schneidige, unschuldige Mann in Uniform, Captain Cummings von der Heilsarmee, der, wie Lil mit sicherem Gespür ahnt, »zu haben ist« und der sich dann als ein unter dem Decknamen »The Hawk« bekannter Polizeidetektiv entpuppt. Ehe sie sich in Cummings verliebt, sagt Lil triumphierend, für sie seien die Männer ein trauriger Haufen, alle gleich und allesamt nicht wert, daß man sich über sie aufrege: »Verheiratet oder alleinstehend, immer dasselbe Spiel. *Ihr Spiel.* Ich bin nur schlau genug, nach ihren Regeln mitzuspielen.« Selbst der anscheinend makellose Cummings »ist zu haben«.

Diamond Lil ist zynisch, und auf gutmütige Weise hat sie von der Welt genug: Das Leben ist für sie nur noch eine »ermüdende Vorstellung«, ein »Streich, der uns allen gespielt wird«. Als ihrem Klavierspieler das Kokain ausgeht, gibt sie ihm etwas Stoff aus der Schublade ihres Schminktisches; und sie pflichtet ihm bei, daß man »etwas unternehmen muß, um sich selbst glauben zu machen, daß man es in der Welt ganz gut aushalten kann«. In ihrer unverblümten Art nimmt Lil das Leben, wie es kommt, und sie nennt die Dinge beim Namen: »Ich mache mir selbst nichts vor und auch keinem anderen.«

In der 1932 veröffentlichten Romanfassung von *Diamond Lil* nimmt Lil die organisierte Religion aufs Korn und trägt mit offensichtlichem Vergnügen blasphemische Ansichten vor. »Wer zum Teufel kann sich denn darüber ereifern, ob er in den Himmel kommt, wenn es dort jede Menge Leute gibt, die so aussehen, als wären sie nur mit sauren Gurken groß geworden«, entgegnet sie Cummings. Und als dieser sie zur Ordnung ruft, weil sie respektlos von Gott rede, schießt sie zurück: »Mich interessieren allein die griechischen Götter. Wissen Sie, Sie sehen irgendwie selbst wie einer aus.« Obwohl ihre Zuneigung zu Cummings sie letztlich den Wunsch verspüren läßt, ihm zu beweisen, daß auch sie eine Seele habe und sich selbst durch gute Taten retten könne, gibt sie am Anfang unumwunden zu, daß ihr das Seelenheil völlig einerlei sei:»Ich bin eben eine Hure. Und wenn ich sterbe, werde ich in der Hölle schmoren. Was soll's?«

Diamond Lils Sündhaftigkeit kommt im Roman viel deutlicher zum Ausdruck als im Drama, wo sich Lil zwar als Mätresse aushalten läßt, wo ihre Verstrickungen in die südamerikanische Bordellszene und ihre früheren Verbindungen zur Prostitution jedoch eher im dunkeln bleiben. Sie singt»Frankie and Johnny«, eine Ballade über eine schwarze Frau, die ins Gefängnis muß, weil sie ihren untreuen Liebhaber getötet hat, und»Easy Rider«. Allerdings verstand wohl nicht jeder im Publikum die in diesem Titel enthaltene Anspielung auf einen Zuhälter (im Jargon»easy rider« genannt).

Lil ist ein wandelndes Paradoxon, eine Verkörperung der krassen Gegensätze, wie sie im Melodrama üblich sind: Sie gehört zum Rotlichtmilieu, aber»in einer Umgebung aus weißem Eis«; sie ist der Teufel in Engelsgestalt, die Kaltblütige, die dennoch Wärme und Sympathie für ein Mädchen in Not zeigt. Sie macht sich über die frommen Psalmensänger der Heilsarmee lustig, mokiert sich über die Beterei und die Feigheit der Weltverbesserer, doch heimlich kauft sie das von den Psalmensängern besetzte Gebäude, damit diese nicht auf die Straße gesetzt werden. Obwohl sie in den Armen eines Mannes höchst leidenschaftlich wird und kühn genug ist, in aller Öffentlichkeit einen Kuß zu beginnen, ist sie andererseits mit ihren Gesten und ihrer trägen Sprechweise der Inbegriff der Indifferenz. Und wenn sie sich in ihrem schwanenförmigen goldenen Bett räkelt, liest sie die *Police Gazette*.

Lils Widersprüchlichkeit zeigt sich sogar in ihrem Verhältnis zu Diamanten. Diamanten führen zur tödlichen Auseinandersetzung zwischen ihr und Rita Christinia, der sinistren alten Südamerikanerin, die unschuldige weiße Mädchen in Bordelle verschleppt und so ihr Geld als»weiße Sklavenhändlerin« verdient. Juarez, Ritas Gigolo, der sich von ihr aushalten läßt, hatte Lil eine Diamantennadel geschenkt, die er seinerseits von Rita als Geschenk erhalten hatte. Als Lil jedoch diese Nadel aus ihrem Trophäenschatz in Ritas Gegenwart trägt, zieht diese, außer sich vor Eifersucht, ein verstecktes Messer hervor. Es kommt zum Handgemenge, bei dem Lil Rita in Notwehr ersticht. Zuvor hatte Cummings allerdings seine reine Gesinnung demonstrativ durch verächtliche Äußerungen über Diamanten unterstrichen. Sie seien kalt und seelenlos, sagte er Lil, reiner Tand. Damit sehe sie nur aus »wie ein glitzernder Eispalast«. Nach Ritas Tod versucht Lil nun, sich Cummings gegenüber als würdig zu erweisen, indem sie das Diamantengeschenk an Juarez mit den Worten zurückgibt: »Da, nimm deine Gefängniskette wieder – sie hat sowieso keine Seele.«

Diamanten hatten in der prekären, zerbrechlichen Welt der Entertainer schon immer einen enormen Stellenwert als Talisman; sie standen für Wert, Solidität und Dauerhaftigkeit. Wie Fred Allen schreibt, trug ein Varietékünstler, dem es gutging, »ein großes Hufeisen aus Diamanten als Krawattennadel und zwei oder drei einzeln oder als Gruppe gefaßte Diamanten am Finger ... Für die Künstler, die noch nicht zu den Großen gehörten, bedeutete ein Diamant Sicherheit. Er beeindruckte den Mann im Besetzungsbüro, den Manager und das Publikum; und was fast noch wichtiger war, der Diamant konnte als Sicherheit verwendet werden.«[6] Einer Frau gaben diese Edelsteine außerdem das Gefühl, begehrt und geschätzt zu sein. Schenkte ein Mann ihr Diamanten, dann war er ernsthaft interessiert.

Mae West nannte eine stattliche Diamantenkollektion ihr eigen, und als Diamond Lil bekennt sie – vor ihrer wundersamen Verwandlung – in der Romanfassung, daß ihr Diamanten in Wahrheit lieber seien als die Männer. »War es nicht so? Die Männer schlafften ab, ihr Reiz ließ durch Gewöhnung nach. Aber Diamanten! Oh, die waren Kristall gewordene Unsterblichkeit! Sie hatte das Gefühl, daß das Leben ihren Körper nie verlassen könne, solange dieser mit Diamanten bedeckt sei.«

Als Mae erstmals mit Jack und Mark Linder zusammentraf, trug sie Diamantenarmbänder im Wert von 30 000 Dollar. Doch sie versetzte all diese Werte im Pfandhaus, wie sich ein heute nicht mehr identifizierbarer Zeuge erinnerte, um die Finanzierung von *Diamond Lil* zu sichern:»Nie zuvor hatte ich einen Menschen gesehen, der mit hundertprozentigem Einsatz auf sich selbst wettete.«Alles, was sie hatte, setzte sie für dieses Unternehmen ein. Ursprünglich gehörte den Linders die halbe Show, doch diesen Anteil übernahmen schließlich die Shuberts, als die Produktion Anfang 1929 von New York aus auf Tournee in die Provinz ging. Sie zahlten die Linders aus. Owney Madden fungierte wieder als stiller Teilhaber, und Tommy Guinan, dem Nachtclubbesitzer und Bruder von Texas Guinan, gehörte ein zehnprozentiger Anteil.

In den zehn Monaten, die *Diamond Lil* im »Royale« lief, machte das Stück stabile, gute Umsätze; auf dem Höhepunkt, Ende Mai 1928, beliefen sich die Wocheneinnahmen auf 17 000 Dollar. Im August war das einzige Nichtmusical, das am Broadway noch besser dastand als *Diamond Lil*, Eugene O'Neills *Strange Interlude* (Seltsames Zwischenspiel). Die Schauspielergagen betrugen 1800 Dollar pro Woche. Am besten schnitt dabei (natürlich mit Ausnahme von Mae, dem Star des Ganzen) Curtis Cooksey ab, ein Shakespeare-Schauspieler, der als Captain Cummings eine Wochengage von 250 Dollar erhielt. (Dessen Rolle übernahm dann in der Verfilmung Cary Grant.) Vier Monate nach der Premiere warf das Stück laut *Variety* einen Gewinn von 6000 Dollar pro Woche ab:»Davon stand, neben der Hälfte der Tantiemen, die Hälfte Miss West zu, der Rest den anderen Anteilseignern, während die andere Hälfte der Tantiemen an den Mitautor Mark Linder ging.«

Mae West gefiel es überhaupt nicht, daß Mark Linder ständig als Co-Autor genannt wurde. So beschloß sie eines Tages, etwas gegen die Linder-Brüder zu unternehmen. Hinter der Bühne nahm sie sich Mark Linder in Gegenwart eines *Variety*-Reporters vor und unterwarf ihn einem Kreuzverhör:»Haben Sie auch nur eine einzige Dialogzeile in *Diamond Lil* verfaßt?« Er verneinte – sie habe sein Stück komplett neu geschrieben.»Gibt es eine Situation ... die sich auch in Ihrem Stück findet?« fragte sie weiter. Er schrie zurück:

»Atmosphäre und Schauplatz, die gehören komplett mir!« Hier verließ sie ihre sprichwörtliche Gelassenheit. »Atmosphäre und Schauplatz!« brüllte sie. »Auf Atmosphäre und Schauplatz gibt's kein Copyright. Es gibt doch jede Menge Bowery-Sketche mit derselben Atmosphäre. Ich besitze das Copyright für Lil, und ich habe jede Zeile des Stückes geschrieben!« Und dann fügte sie noch wütend hinzu: »Als die Linders sich mit mir zusammengetan haben, war das doch für *sie* die Chance ihres Lebens. *Ich* bin doch diejenige, die die Leute in dieses Theater bringt. Atmosphäre und Schauplatz, um die sie jetzt soviel Trara machen, haben doch damit überhaupt nichts zu tun. Wenn die Leute die Bowery nicht gerne sehen würden, dann wäre ich sofort bereit, den Schauplatz aus der Bowery an die Barbary Coast [bei San Francisco] zu verlegen. Von morgen an steht im Programm nur noch: ›Atmosphäre und Schauplatz beruhen auf Vorschlägen von Mark Linder‹... Ich habe einen bestimmten Stil beim Schreiben. Und ich bin bei der Entwicklung dieses Stils im Gefängnis gelandet, stimmt's nicht?« Sie sagte voraus, daß man, wenn sie sich der Linders erst einmal »entledigt« hätte, nie wieder etwas von ihnen hören würde.[7]

Tatsächlich wurden neue Programme gedruckt, in denen Mae West als Alleinautorin aufgeführt ist und in denen nur noch »Atmosphäre und Schauplatz« Mark Linder zugeschrieben werden. Jack Linder gab daraufhin eine Erklärung ab, in der Mae West des Versuchs beschuldigt wurde, die Produktion wirtschaftlich vollkommen unter ihre Kontrolle zu bringen. Ferner warf er ihr vor, »auch sonst ihre Rechte als Prinzipalin zu überschreiten«. Er beschwerte sich bei Actors' Equity, zog dem Vernehmen nach seine Beschwerde aber wieder zurück, als die Gewerkschaft ihn bedrängte, auf keinen Fall etwas zu unternehmen, was die Laufzeit des Stückes gefährden könnte. Schließlich erzielten zahlreiche Schauspieler mit diesem Stück regelmäßige wöchentliche Einkünfte. Nach weiteren Reibereien dauerte es dann nur noch wenige Wochen, bis die Shuberts die Linders ausgezahlt hatten.

Mark Linder starb mit dem Gefühl, um seinen fairen Anteil an *Diamond Lil* betrogen worden zu sein. Er war vor Gericht gezogen, um die Hälfte von Maes Profit aus der Filmversion *Sie tat ihm unrecht* einzuklagen, doch ohne Erfolg. Die Klage wurde abgewiesen.

Wie Mae gehofft hatte, gefiel *Diamond Lil*, anders als *The Wicked Age*, allen Bevölkerungsgruppen. Jack La Rue, der den südamerikanischen Gigolo Juarez spielte, erinnerte sich in einem Interview an das Theaterpublikum:»Da saßen sie nebeneinander in derselben Reihe: ... Gangster aus der Unterwelt, eine Gruppe von Mitgliedern der High-Society, Studenten und Männer mit grauen Bärten.«[8]

Und so, wie in den Kneipenszenen in *Diamond Lil* eine Gruppe von Schauspielern in Suicide Hall einstürmt, um Leute aus besseren Kreisen auf einer Exkursion in die Slums zu spielen, fand es auch die reale High-Society New Yorks 1928 einfach schick, sich einen Besuch bei Mae West und Co. im Royale Theater zu genehmigen – zumal bei den wöchentlich stattfindenden Mitternachtsvorstellungen, bei denen echtes Bier – möglicherweise von Owney Maddens Phoenix Cereal Beverage Company geliefert – aus den Zapfhähnen der Theke auf der Bühne floß.

Eine Zeitlang beschäftigte Mae mit den Presseagenten Wendell Phillips Dodge sogar einen besonderen Boten zu den vornehmen, in großen Limousinen vorfahrenden Theaterbesuchern. Dodge stand bereit, um»die Schickimickis bei allen Vorstellungen in ihrem [Maes] Namen im Foyer zu begrüßen und sie einzuladen, nach der Aufführung doch hinter der Bühne vorbeizuschauen.«

Auch die Intelligenz machte nun ihre Aufwartung, mit einer Ernsthaftigkeit, die *Variety* lächerlich fand:»Im Zusammenhang mit Diamond Lil gibt es schon genug zu lachen, aber noch komischer ist der künstlerisch angehauchte Verein, der jetzt endlich auch Mae als große dramatische Schauspielerin ›entdeckt‹ hat.« Die *New Republic*, neu im Lager der Mae-West-Bewunderer, veröffentlichte als Kritik eine lange Lobeshymne. Selbst in der *New York Times* konnte man Mae Wests»schöner, direkter«Art, mit Sex umzugehen, etwas abgewinnen, indem man sie als»beinahe elisabethanisch« etikettierte; etwas herablassend gestand der Kritiker dem Stück dann zu,»sehr unterhaltsam« zu sein,»wenn auch auf eine etwas peinliche Art«. David Belasco, ein Veteran unter den New Yorker Produzenten und Dramatikern, der mit *Lulu Belle* ein vergleichbares Stück am Broadway herausgebracht hatte, kam hinter die Bühne, um seine Glückwünsche auszusprechen. Der Romancier und Fotograf Carl Van Vechten, ein hingebungsvoller Fan des Harlemer Nachtlebens und ein Freund der Avantgarde, sah sich mehrere Vorstellungen des Stückes an. Einmal brachte er John Colton mit, einen der Autoren, die Somerset Maughams *Rain* für die Bühne bearbeitet hatten. Und Colton entgingen diverse Gemeinsamkeiten mit *Rain* sicher nicht: Auch hier handelte es sich um die Verführung eines reinen Mannes durch eine Prostituierte; auch hier tobte auf dem dramatischen Höhepunkt im Hintergrund ein Sturm, um die Spannung zusätzlich zu erhöhen. Alle, die *Diamond Lil* gesehen hatten, waren sich einig, daß die ganze Vorstellung nur aus Mae West bestehe.»Ohne sie wäre das Stück die Darstellung einer rauhen, interessanten Phase des amerikanischen Lebens, Chatham Square vor dreißig Jahren – ein eher billiges Melodrama. Doch mit Mae West wird das Stück bedeutend, amüsant ... und fast ein wenig preziös.«[9] Ein Kritiker des *Brooklyn Eagle* nannte *Diamond Lil* eine»Einmannshow«, die in dieselbe Kategorie gehörte wie die Auftritte von Buffalo Bill und John L. Sullivan.

Als Lil beherrschte Mae die Bühne mit dem überlebensgroßen Glanz eines aufgetakelten Segelschiffes in voller Fahrt. Ihr Auftritt erweckte die Illusion von Grandeur und Weite, ihre ausgepolsterten, bodenlangen Kleider, die breiten, mit Federn geschmückten Hüte und ihre hohen Absätze vermittelten den Eindruck, als sei Mae fast 1,80 Meter groß und brächte an die 70 Kilo auf die Waage. Dabei war sie mit etwa anderthalb Metern fast kleinwüchsig. Doch ihr Outfit ließ sie als Dirne von fast mythischen Dimensionen erscheinen.

Übergroß wirkte Mae auch hinter den Kulissen. Ira Hards war zwar als Regisseur aufgeführt, doch in Wahrheit war Mae West der Boss.

Sie wählte die Schauspieler aus, gab hinter den Kulissen die Anweisungen und bestimmte auch die Auswahl der Songs. Ein Themensong, den Robert Sterling geschrieben hatte, ein Schauspieler, der ursprünglich auch zu den Anteilseignern der Produktion gehörte, wurde ohne weitere Erklärungen zugunsten eines dreißig Jahre alten Songs,»Heart of the Bowery«, gestrichen. Mae West stellte sich sogar ihre eigenen Korsette her und achtete darauf, daß das Skript ihr genügend Gelegenheit ließ, sich im Korsett zu zeigen.»Am liebsten unterhalte ich mich mit Männern, wenn ich noch nicht angekleidet bin«, verkündet Lil dem peinlich berührten Captain Cummings, als dieser einmal zu bemerken wagte, sie solle ihn doch lieber erst empfangen, wenn sie richtig angezogen sei.

Nach Ende der Vorstellung hielt Mae im»Royale« hof, einem Theaterbau, der 1927 im spanischen Stil von den Gebrüdern Chanin in der West Fourty-fifth Street errichtet worden war.»Menschen aller Art, jeden Alters und aus allen Schichten stürmten [Maes] Garderobentür ... Einem Straßenkehrer gegenüber war sie genauso gastfreundlich und interessiert wie gegenüber einem Wall-Street-Banker.«[10] Einige gutaussehende männliche Bewunderer fungierten als Türwächter und hielten alle Möchtegerninterviewer und solche Fans auf Distanz, die Mae nicht empfangen wollte. Wer es geschafft hatte, zu ihr vorzudringen, traf sie immer noch geschminkt und im Kostüm an, selbst wenn der Vorhang schon zwei Stunden zuvor gefallen war.

In einem längeren Porträt für den *New Yorker* zeichnete Thyra Samter Winslow das Profil einer mutigen, vorwärtsgewandten, positiv denkenden, auf einzigartige Weise mit sich selbst beschäftigten Schauspielerin, die für alles, was außerhalb des Theaters lag, kaum Interesse aufbrachte. Selbst an Tagen ohne Matineevorstellungen komme Mae West schon um zwei oder drei Uhr nachmittags in ihre Garderobe. (Nicht zuletzt, weil sie sich auf diese Weise Timonys Argusaugen entziehen konnte.)»Ihr Lesestoff beschränkt sich gewöhnlich auf *Variety* und sporadische Zeitungslektüre. Wenn sie den Großen der Theaterszene noch nicht persönlich begegnet ist, kennt sie nicht einmal die Namen. So kam kürzlich Ina Claire [eine gefeierte Starschauspielerin am Broadway], um sich *Diamond Lil* anzuschauen. Als man sie bei Mae West anmeldete, sagte diese doch tatsächlich: ›Na gut, bringt sie rein. Aber wer ist das eigentlich?‹« Winslow empfand Mae West als »scheinbar offen, doch ihre Offenheit ist nichtssagend«. Sie spürte gewisse unterschwellige Ängste auf, die mit dem neugewonnenen Erfolg ihrer Interviewpartnerin zu tun hatten: »Sie hat Angst davor ... von den Leuten vereinnahmt zu werden, sowie vor Gaunereien und Angriffen, weil sie Erfolg hatte ... Alte Bekannte kämen doch jetzt nur, weil sie etwas von ihr wollten ... so sei es doch, nicht wahr?« Allerdings reichte Maes Wachsamkeit anscheinend nicht aus, um sie vor allen möglichen Bekannten zu schützen, die wirklich etwas von ihr wollten und deren leichte Beute sie wurde – stand sie doch im Ruf, ein weiches Herz zu haben. Obwohl Mae mit *Diamond Lil* Nettoeinnahmen von fast einer halben Million Dollar erzielte, war sie, als das Stück abgesetzt wurde, pleite – »weil sie Freunden gegenüber mit Geschenken und Darlehen so großzügig gewesen war«, wie es in einem anderen Artikel über Mae West hieß.

Geld zu verteilen fiel ihr leichter, als offen und wahrheitsgemäß über ihren Hintergrund zu berichten. Aus ihrer Familie und ihrer eigenen Geschichte machte sie ein Geheimnis, persönliche Offenbarungen vermied sie, so gut es ging. Dies war auch Thyra Winslow nicht entgangen: »Seit es ihr gutgeht, bastelt sie sich eine schöne Vergangenheit zurecht ... glättet hier und da die Fakten ... und löscht, was zu vertuschen ihr nötig erscheint.« Ihr Alter und die deutsche Herkunft ihrer Mutter gab sie zum Beispiel nicht preis, die familiären Verbindungen zu den Copleys und zu Harry Thaw wurden hingegen erwähnt. Thyra Winslow erzählte sie, ihr Vater sei Arzt im Stadtbezirk Richmond Hill in Queens; ein Bruder sei in der Automobilbranche tätig, ihre Schwester Beverly Osborne sei Schauspielerin. (In der Rolle der Sally, der entehrten jungen Frau aus gutem Hause, wirkte auch Beverly in *Diamond Lil* mit.) Eine einzige Sache interessiere Mae außerhalb des Theaters –

abgesehen von ihrer Karriere und den Männern:»das Okkulte und der Spiritismus«. Dies wird vom Hollywood-Schauspieler Jean Hersholt bestätigt, der, als er in New York eine Vorstellung von *Diamond Lil* besucht hatte, hinterher zu einer Séance eingeladen wurde, die im Rauchersalon des»Royale« stattfand.»In einem verdunkelten Raum saßen wir alle um einen großen Tisch. Ich saß neben Mae West und hielt ihre Hand vier Stunden lang ... Das Medium sagte uns, wir würden mit Caruso und Valentino sprechen ... Plötzlich rief eine Stimme ›Jean‹. Ich antwortete: ›Ja, Rudy. Wo bist du, und wie geht es dir?‹ Dann erzählte mir Rudy, daß er glücklich sei ... Darauf wandte sich Rudy an Mae. Mae sagte, am ganzen Körper zitternd: ›Ja, Rudy, hier bin ich.‹ Und Rudy sagte: ›Mae, du hast viele Feinde; vertrau keinem von ihnen.‹ Ganz schnell versprach Mae: ›Nein, das werde ich auch nicht tun, Rudy.‹ ... Dabei war Mae vollkommen ernst.«[11] Dieser Versuch Maes, mit Rudolph Valentino auch jenseits des Grabes noch zu kommunizieren, war schon der zweite, von dem wir wissen. Dieser Mann muß ihr viel bedeutet haben. Vielleicht sah sie in ihm einen Verwandten. In der Tat hatten die beiden einige Gemeinsamkeiten: die übertriebene Sexualität, das theatralische Gehabe, den Kultstatus und den etwas kitschigen Glamour.

Daß ihr der körperlose Valentino sagte, sie habe viele Feinde, bestätigte nur Maes natürliches Mißtrauen. Sie glaubte, es gebe Leute, die hinter ihr her seien, sogar in der *Diamond Lil*-Familie. Nicht nur mit den Linders gab es Reibungen, auch andere Streitereien hinter den Kulissen hatte sie auszutragen. Curtis Cookseys Hochmut ärgerte sie (»es machte ihr Spaß, ihn auf einem Foto auf das rechte Maß zurechtzustutzen«), und auch mit Wendell Phillips Dodge kam es zu einem Zerwürfnis. Um das *Diamond Lil*-Ensemble auszuspionieren, engagierte sie einen Detektiv in einer Statistenrolle. Besonders aufs Korn nehmen sollte dieser den jungen Mann, der bei den Würfelspielen unter den Mitgliedern der Truppe immer gewann. Und so konnte Mae stolz behaupten:»Ohne jemanden zu fragen, wußte ich immer Bescheid, was in der Truppe so ablief.«

Zunehmend verteidigte sie ihr Revier nach außen, immer intoleranter wurde sie, wenn ihr jemand zu nahe trat. 1928, bald nach der Premiere von *Diamond Lil*, hatte Mae nicht protestiert, als Dorothy Sands sie in den *Grand Street Follies* parodierte, »wie sie wohl unter Max Reinhardt die Julia auf der Treppe der New York Public Library gespielt hätte«.[12] Auch als Grace Hays im »Palace« ihre eigenen Eindrücke von Diamond Lil in einer Varieténummer auf die Bühne brachte, hatte Mae dies zunächst noch stillschweigend hingenommen. Doch als Grace Hays dann keinerlei Anstalten machte, ihre Imitation einzustellen, drohte ihr Mae mit einem Prozeß.

In den ersten Wochen der Laufzeit von *Diamond Lil* residierte Mae im Harding Hotel, das auch die Gangster Legs Diamond und Hymie (»Feet«) Edson beherbergte. Dies war nicht gerade eine Anschrift, die man sich ausgesucht hätte, um in Ruhe und Frieden zurückgezogen zu leben. Denn das »Harding« in der West Fifty-fourth Street gehörte Owney (»The Killer«) Madden. Dem Vernehmen nach war Matilda West Miteigentümerin, und es ging sogar das Gerücht, auch Mae West sei finanziell beteiligt.

Im »Harding« gab es auch verschiedene Nachtclubs, in denen teilweise Texas Guinan als Gastgeberin fungierte. Die ganze Nacht hindurch tummelten sich dort vorzugsweise New Yorks Spieler und Alkoholschmuggler. Im »Club Abbey« erhielt beispielsweise Dutch Schultz 1931 bei einer Lokalrunde am frühen Morgen eine Schußverletzung in der Schulter; und Charles (»Chink«) Sherman, der in Maddens Bande eine führende Rolle spielte, wurde hier bei einer Auseinandersetzung um die Bierverkaufsrechte am Broadway angeschossen und erstochen.

Maes hyperaktives Liebesleben forderte ständig ihr ganzes Talent zum Versteckspiel. »In *Diamond Lil* war ich der Star auf der Bühne, und mein Anwalt war mein ständiger Freund. Daneben ging ich aber noch mit einem Franzosen und mit einem weiteren Mann – aber nicht so regelmäßig.«[13] Der Franzose, den sie in ihrer Autobiographie »Dinjo« nennt, holte sie, wenn auch der letzte Verehrer nach der Vorstellung endlich gegangen war, im »Royale« ab. Doch um die Existenz dieses Franzosen vor dem besitzergreifenden Timony zu verheimlichen, mußte sie schon geschickt zu Werke gehen und sich eine Menge einfallen lassen. »Wir trafen uns an allen möglichen und unmöglichen Orten – in Garderoben, Aufzügen, auf den Rücksitzen seines Autos oder meiner Limousine. Sozusagen immer auf die schnelle, und dann nichts wie weg.« Über ihre Ausdauer bei der Liebe bramarbasierte Mae an anderer Stelle: »An einem Samstagabend haben wir bis zum nächsten Nachmittag um vier durchgehalten. Ein Dutzend Gummidinger. Zweiundzwanzigmal. Danach war ich schon ein wenig müde.«[14] (Obwohl Mae den Interviewern immer wieder sagte, für sie zähle nur die Sache selbst, nicht die Zahl, führte sie in Wahrheit ständig Buch. Als der Ghostwriter ihrer Autobiographie einmal seine Skepsis äußerte, bei ihrer Statistik über die in einer bestimmten Nacht benötigten Präservative müsse sie sich verzählt haben, bot Mae ihm eine eidesstattliche Erklärung an!) Die Affäre mit dem Franzosen endete abrupt, als dessen Ehefrau erschien, sich beschwerte, daß ihr Mann sie und das gemeinsame Kind vernachlässige und daß er sie sogar schlage.

Der »andere Mann«, von dem Mae sprach, muß George Raft gewesen sein. Dieser war schon seit Kindheitstagen ein Freund von Owney Madden, und seine Erfolge als Tänzer am Broadway (und gelegentlich auch als Scout für Preisboxer) schlossen natürlich nicht aus, daß er auch weiterhin dunkle Geschäfte machte. Als Spieler hatte er mit Größen wie Al Capone und Lucky Luciano in einer Garage hinter Jimmy Durantes »Club Durant« gewürfelt. Angeblich kontrollierte er den Alkoholausschank im »El Fey Club«, als er mit Texas Guinan zusammenarbeitete. Und nach Feierabend eskortierte er dann schwerbewaffnet mit einem Spezialfahrzeug Maddens Geschwader von Bierlastwagen auf dem Weg zu den »Tankstellen«.[15]

Als Frauenheld berühmt, scheute Raft keine Kosten, um sich attraktiv zu kleiden. »Im Winter trug er entweder einen schwarzen maßgeschneiderten Mantel mit Samtkragen oder einen sportlichen braunen Kamelhaarumhang.« Bei Owney Madden hatte er die Vorliebe für schwarze Hemden, weiße Krawatten und graue Filzhüte abgeschaut, die er tief ins Gesicht zog. »Er trug spitze Schuhe, die fünfzig Dollar kosteten und die so blank geputzt waren, daß man sein Gesicht darin spiegeln konnte.«[16] Eine von George Rafts Nebenbeschäftigungen bestand darin, zum »Royale« zu fahren und Owney Maddens Anteil an den Tageseinnahmen von *Diamond Lil* abzuholen. Wie nicht anders zu erwarten, stach er Mae ins Auge, und das war der Beginn einer weiteren hektischen Affäre, die mit ähnlicher Energie verfolgt wurde wie die Affäre mit dem Franzosen: jederzeit und an den unmöglichsten Orten. Doch während der Franzose schnell wieder im Nebel der Geschichte verschwand, blieb George Raft die nächsten fünf Jahrzehnte Maes Freund und Favorit. Auf Rafts Empfehlung hin kam sie nach Hollywood, um gemeinsam mit ihm eine Nebenrolle im Film *Night After Night* zu spielen. (Er war schon einige Jahre vor ihr in Hollywood gelandet und dort sofort auf Gangsterrollen festgelegt worden.) Beide lebten eine Zeitlang in derselben Gegend in Hollywood und hielten 1980 Kontakt. Und als sei es vorher so arrangiert worden, starben beide nur wenige Tage nacheinander.

Nach einer langen Laufzeit am Broadway (323 Aufführungen in acht Monaten) ging *Diamond Lil* auf Tournee: nach Pittsburgh, Chicago, Detroit, San Francisco und Los Angeles. Mehrere Mitglieder der Originalbesetzung nahmen an dieser langen Tournee quer durchs Land teil: Raphaella Ottiano als Rita (diese Rolle spielte sie später auch in der Verfilmung), Curtis Cooksey als Cummings, Maes Schwester Beverly als Sally und der in Mae verliebte Jack La Rue als Juarez.
In Chicago, wo das Stück achtzehn Wochen lang lief, die ersten zwölf davon im renovierten Apollo Theater, das den Shuberts gehörte, mußten bei der Premiere einige unliebsame Typen, »Revolverhelden, Gangster, Diebe und auch einige Alkoholschmuggler der unteren Klasse«, draußen bleiben. Detektive an der Tür wiesen sie ab. Andererseits waren einige eingelassene Zuschauer von dem,

was sie da auf der Bühne sahen, ernsthaft geschockt und riefen nach der Polizei. Eine Liebesszene zwischen Lil und Juarez mußte daraufhin abgemildert werden.

Mae erzählte dem Ghostwriter ihrer Autobiographie, sie habe einmal auch eine Nacht mit Al Capone verbracht. Er habe ihr Blumen in die Garderobe geschickt und ihr beigebracht, wie man mit einem Maschinengewehr umgeht. Selbst wenn sie mit dem Gangster wirklich so vertraut war, bewahrte sie das nicht vor einer schlimmen Erfahrung, die sie nach einigen Monaten in Chicago machen mußte. Mehrere Schauspieler, darunter auch Harry Richman und Roy Rogers, wurden von bewaffneten Ganoven um »Schutzgeld« gebeten. So auch Mae. Wie *Variety* berichtete, »war Mae West, laut Büro des Staatsanwalts, das am stärksten betroffene Opfer von Gangstern, die hinter der Bühne auftauchten. Mae West soll für ihren ›Schutz‹ 3000 Dollar entrichtet haben.«[17] Sie zahlte und engagierte danach sofort einen Leibwächter, einen ehemaligen Boxer, der bereits zum Ensemble gehörte. Der zog nun in ihre Suite im Sherman Hotel mit ein.

Außer den Diensten eines Leibwächters benötigte Mae erstmals auch den Schutz einer ganz anderen, weniger konkreten Art. Zum ersten Mal in ihrem Leben hatte sie nämlich unter physischen Beschwerden zu leiden: unter in Schüben auftretenden heftigen Unterleibsschmerzen. Als die üblichen diagnostischen Verfahren – Röntgenbilder und eine ärztliche Untersuchung – nichts Konkretes ergaben, holte Timony einen indischen Heiler herbei, Yogi Sri Deva Ram Sukul. Der Yogi legte seine Hände auf ihre Taille, sprach ein Gebet in Hindi und erklärte sie für geheilt. Die Schmerzen verschwanden, und Mae hatte das Gefühl, sie habe »den Saum des Unbekannten berührt«. Nie wieder kehrte sie zu ihrer alten materialistischen Denkweise zurück, zu der Überzeugung, daß es jenseits der »angenehmen Welt der unbelebten Objekte wie Geld, Autos, Suiten, gute Kritiken, Diamanten, Kleider, starke Liebhaber« nichts anderes gebe.[18] Interessant übrigens, daß Liebhaber für sie »unbelebte Objekte« waren! Sie setzte ihre spirituelle Suche fort und war nun davon überzeugt, daß sich die »Mächte« (Forces) dazu bereit gefunden hätten, über ihr zu wachen. Im Vergleich zu ihren anderen Stücken hatte *Diamond Lil* kaum Schwierigkeiten mit der Zensur. In New York regte sich niemand auf. Doch in Detroit, der nächsten Station der Truppe nach Chicago, ordnete der Bürgermeister, John C. Lodge, die Schließung des Stückes an, nachdem Mae West –»in der Nachbarschaft des Theaters und unter Kindern« – eine parodistische Nummer der *Police Gazette* hatte verteilen lassen: mit ihrem Konterfei auf der rosafarbenen Titelseite und einer Bildunterschrift, in der sie mit Madame Dubarry verglichen wurde. Die bereits ausverkauften Vorstellungen des Stückes in Detroit durften laut *Variety* jedoch stattfinden, nachdem ein Gericht die Unverhältnismäßigkeit der Strafe festgestellt hatte. Danach kehrte Mae West nach New York zurück und war gerade im Aufbruch zu den Aufführungen an der Westküste der USA begriffen, als es Ende Oktober 1929 zum großen Börsenkrach kam, der in *Variety* mit einer der berühmtesten Schlagzeilen der amerikanischen Zeitungsgeschichte kommentiert wurde: WALL STREET HAT EIN EI GELEGT. In etwas kleineren Lettern ging es dann weiter:»Fall der Aktien stranguliert Mitglieder des Showbusiness – Viele Tränen und Verzicht auf Weihnachtsgeschenke – Viele Theatervorstellungen betroffen.« Das Desaster an der Wall Street zog weite Kreise. Das New Yorker Theaterviertel wurde scherzhaft in»Groaning Forties« (Stöhnende Vierziger [Straßennummern]) umbenannt, als die Nachtclubs, Speakeasies und Theater nacheinander zugrunde gingen. Nobelapartments waren nicht länger zu halten, und der Secondhandmarkt wurde mit Luxusartikeln überflutet, die – wie Duesenberg-Autos und Orientteppiche – zu einem Bruchteil ihres Wertes angeboten wurden, nur um schnell Bargeld in die Hand zu bekommen.»Die Schauspieler waren ruiniert, die Theater machten dicht, und die Geldgeber setzten sich eine Pistole an den Kopf.« So brachte Mae in ihrer Autobiographie die Dinge auf den Punkt.

Dort schreibt sie auch, sie sei beim Börsenkrach relativ unbeschadet davongekommen, weil sie ihr Geld bisher nur ins Showbusiness und in Diamanten gesteckt habe:»Ich habe nur in Dinge investiert, die ich persönlich beaufsichtigen und kontrollieren konnte.«

Die wirtschaftlichen Schwierigkeiten hatten jedoch bereits auf die geplante Westküstentournee von *Diamond Lil* unmittelbare Auswirkungen. Die Truppe ließ sich zwar von ihren – wegen der hohen Reisekosten – teuren Plänen nicht abbringen, doch nach einem starken Start in San Francisco, im Curran Theater, brachen die Profite während der dreiwöchigen Laufzeit zur Enttäuschung aller deutlich ein. Und im »Biltmore« in Los Angeles ließ der Kassenerfolg von Anfang an zu wünschen übrig. Laut *Variety* beliefen sich die Einnahmen dort in der zweiten Woche nur noch auf 8000 Dollar, »und da kann man fast schon von einem Flop sprechen«.

Noch ehe das Stück aus Kalifornien wieder nach New York zurückgereist war, wo sich die Truppe für eine Spielzeit in zweitklassigen Theatern mit niedrigen Eintrittspreisen neu formierte, zeigten sich allerdings mehrere Filmstudios daran interessiert, *Diamond Lil* zu verfilmen. Aus San Francisco schickte Timony per Nachtexpreß einen Brief an Lee Shubert nach New York: »Habe 100 000 Dollar für Filmrechte an Diamond Lil verlangt. Filmleute halten das für überzogen. Habe ihnen gesagt, sie sollen sich direkt an Sie wenden.« Sowohl Columbia als auch Universal Studios äußerten ihr Interesse daran.

Allein schon der Gedanke, daß dieses Stück verfilmt werden könnte, rief die Filmzensoren auf den Plan. Colonel Jason Joy, der Vorsitzende des Studio Relations Committee im Hays Office, sah sich auf Bitten von Carl Laemmle Jr. von Universal Studios *Diamond Lil* im Biltmore Theater an und ergriff umgehend Gegenmaßnahmen. Im April 1930 schrieb er in einem Memo: »Ich habe Mr. Laemmle mitgeteilt, daß meiner Meinung nach aus diesem Stück kein akzeptabler Film zu machen ist, weil die dramatischen Situationen vulgär sind und der Dialog geradezu nach Zensurmaßnahmen ruft.« Und er sah sich bemüßigt, hinzuzufügen: »Man machte mich darauf aufmerksam, daß die Möglichkeit bestehe, daß Mae West als Mitglied von Universals Drehbuchschreiberteam

beschäftigt werden könnte. Diese Idee habe ich natürlich überhaupt nicht gutgeheißen.«
*Diamond Lil* wurde vom Hays Office auf eine Schwarze Liste von Dramen und Büchern gesetzt, deren Verfilmung verboten wurde. Auf dieser Liste standen neben zwei anderen Mae-West-Titeln (*Sex* und *Pleasure Man*) auch (Mach-)Werke wie *Virtue's Bed* (Das Bett der Tugend), *Dishonored Lady* (Die verlorene Ehre der Lady), *Love, Honor and Betray* (Liebe, Ehre und Verrat) und *Bad Girl* (Schlimmes Mädchen). Doch 1930 war die Macht der Filmzensurbehörde, ihre Beschlüsse auch wirklich durchzusetzen, noch sehr begrenzt. Und so fanden verschiedene Titel der Schwarzen Liste trotzdem ihren Weg auf die Leinwand. *Diamond Lil* durfte zwar als Filmtitel nun nicht mehr verwendet werden, doch einem Film namens *She Done Him Wrong* (Sie tat ihm unrecht) stand nichts im Wege. Und so erhielten schließlich Millionen Kinogänger die Gelegenheit, Mae West als diamantenbestückte Hausherrin von Suicide Hall zu bewundern, als »eine der prächtigsten Frauen, die je auf den Straßen wandelten«.

Darüber hinaus wurde die Rolle als Diamond Lil später für Mae West auch noch zu einer Art Rettungsanker in beruflich schwierigen Zeiten. Denn als ihre Filmkarriere in den vierziger Jahren zum Stillstand gekommen war, holte Mae die Bühnenversion von *Diamond Lil* wieder aus der Mottenkiste hervor und ging damit auf Tournee nach London – ihre einzige Auslandstournee überhaupt. Und nachdem das Stück dort das Publikum begeistert hatte, zog sie damit auch in den USA wieder triumphierend durch die Lande. Sie führte mehrere Prozesse, um ihre Exklusivrechte an der Figur und am Namen »Diamond Lil« zu sichern. Beim ersten Anlauf zog sie 1960 den kürzeren. Im Urteil des San Francisco Superior Court hieß es, »Diamond Lil« seien »Worte aus dem normalen Sprachgebrauch im öffentlichen Bereich, die deshalb nicht in das Eigentum eines bestimmten Individuums übergehen« könnten. So wurde einer Frau namens Marie Lind das Recht zugesprochen, ihre Varieténummer in einem Supper Club als »Diamond Lil« anzukündigen. Mae sah rot und schrieb an J. J. Shubert:»Nach all dem Geld, das dafür aufgewendet wurde, den Namen Diamond Lil bekanntzumachen und auszuschlachten … kann ich niemand anderem erlauben, den Namen in Beschlag zu nehmen und von dem weltweiten Ruhm zu profitieren, den ich diesem Namen verschafft habe.« Vier Jahre später wurde das Urteil aus San Francisco durch eine Entscheidung in Los Angeles umgekehrt. Ihr zufolge durfte fortan keine weitere Schauspielerin mehr den Namen für sich beanspruchen.»Diamond Lil« war damit das Exklusiveigentum von Mae West, die ihre eigene Identität völlig in dieser Figur aufgehen ließ: »Diamond Lil – das bin ich, und sie ist mit mir identisch. Wir gehören untrennbar zusammen.«[19]

# Wieder-
## 11. *Kapitel* holungs-
# täterin

*A*ls *Diamond Lil* im »Royale« noch für ausverkaufte Häuser sorgte, begannen Mae West
und Timony bereits mit der Planung einer neu-
en Produktion, die gleichzeitig mit *Diamond
Lil* laufen sollte. Bei dem neuen, wiederum von
Mae selbst zu schreibenden Stück sollte es
sich um ein Drama handeln, das hinter den
Kulissen spielt; Mae selbst wollte nicht darin
auftreten. *Variety* meldete am 9. August 1928:
»Mae West versucht sich erneut als Produzentin eines eigenen Stücks, das parallel zu ihren gegenwärtigen Verpflichtungen als Autorin und Star von ›Diamond Lil‹ laufen soll.
Bei dem neuen Projekt wird Miss West die
Doppelfunktion als Autorin und Produzentin
von ›Five-A-Day‹ (Fünfmal täglich) überneh-

men, der Geschichte eines Kaffeeklatschzirkels, der sich als Varietétheater ausgibt.

Die Proben beginnen nächste Woche, doch die Besetzung der Rollen wird erst nach einer siebentägigen Probezeit auf der Bühne vorgenommen. Noch ist keine Rolle vergeben. Miss West tritt weiter in ›Diamond Lil‹ auf und hat die Einzelheiten des neuen Stücks Timony überlassen.«

Einmal mehr benutzte Mae ihre eigene Vergangenheit als Steinbruch für eines ihrer Stücke. Während *Diamond Lil* ihr einen Nostalgietrip in die Jahre ihrer Kindheit ermöglichte, beschwor das Varietéambiente des neuen Stücks ein gar nicht so weit zurückliegendes Kapitel ihrer Vergangenheit herauf: die Tourneejahre in den Varietétheatern verschiedener Ketten, besonders in den Keith-Häusern. Als Mae dort noch aktiv war, galt das Varieté als Zentrum des amerikanischen Unterhaltungszirkus, doch inzwischen hatten Film und Radio diesen Platz erobert und das Varieté an den Rand gedrängt. So erlaubte sich Mae nun einen Blick zurück in eine Welt, die schon bald darauf endgültig verschwunden sein sollte.

Sie hoffte, das geschäftige Durcheinander, die Hochgefühle und Spannungen eines Milieus wiedergeben zu können, das sie in- und auswendig kannte. Das Publikum sollte einen Blick hinter die Bühne werfen, wo Koffer und Transportkisten hin- und hergetragen werden, das Orchester sich einspielt, die Tänzer proben, die Akrobaten herumturnen und die Bühnenelektriker – wenn sie nicht gerade mit Sicherungskästen oder dem Legen von Leitungen beschäftigt sind – über die Vor- und Nachteile der Pflichtmitgliedschaft in der Gewerkschaft streiten. Drittklassige Akteure beschweren sich, daß sie in Kleinstädten wie Peoria auftreten müssen und durch puritanische Vorschriften eingeengt werden. Kostüme werden an- und wieder ausgezogen, Eindringlinge aus dem regulären Theater spielen sich auf, als gehörten sie dem Theateradel an, und irische Putzfrauen machen sich beim Scheuern darüber lustig, wie viele Ehemänner sie schon zu Grabe getragen haben.

Mae gelang es, einige Varietéveteranen zu engagieren, die mit ihrem detaillierten Hintergrundwissen für die richtige Atmosphäre sorgen sollten. Stan Stanley, ein Exakrobat, der sich zum »streitsüchtigen Komiker mit sonor dröhnender Stimme« gewandelt hatte, erhielt die Rolle des ständig Witze reißenden Bühnenmanagers. Früher war Stanley einmal gemeinsam mit Mae in Louisville, Kentucky, im Varieté aufgetreten. Allan Brooks, der in Maes neuem Stück den Schurken spielte, war ein in Varieté-Einaktern erprobter Veteran, und Hermann Lenzen, einer der deutschen Komiker-Akrobaten, hatte schon mehr als zwanzig Jahre Bühnenerfahrung. Schon bald verbreitete sich das Gerücht, das neue Unternehmen werde in die Fußstapfen von Mae Wests Homosexuellenkomödie *The Drag* (Der Schwule) treten, die trotz sensationeller Erfolge bei den Voraufführungen im Großraum New York nicht bis zur Broadway-Premiere hatte durchhalten dürfen. Zum Ensemble des neuen Stückes, das schließlich den Titel *Pleasure Man* (Der Lebemann) erhielt, gehörten zahlreiche Schwule, von denen einige, etwa Leo Howe, Ed Hearn und Charles Ordway, in der Tat »Überlebende« des früheren, totgeborenen Stückes waren. In beiden Dramen kommt eine frivole Homosexuellenparty vor, die mit einem Mord endet, und in beiden spricht ein Transvestit den Satz: »Ich hab' ja schon so viele Operationen hinter mir ... ich sehe bald aus wie ein Münzautomat.«

In ihren Memoiren erklärte Mae, Schwule gehörten zu einem Stück, das hinter den Kulissen eines Varietétheaters spiele, einfach dazu. Sie seien schon lange integraler Bestandteil des Showbusiness und fühlten sich in besonderem Maße dorthin gezogen, weil es dort sehr »farbig« zugehe, weil »das Leben interessant« sei und weil die Werte, nach denen man dort lebe, über die der Spießergesellschaft hinausgingen. Außerdem, fügte Mae in einem Zeitungsinterview hinzu, mache die Zusammenarbeit mit dem dritten Geschlecht garantiert Spaß. »Ich persönlich beziehe daraus immer einen irren Kick ... Sie sind ja alle so talentiert, so überaus clever.« Erneut faßte Mae in diesem Interview alle Varianten männlicher Homosexualität unter dem Begriff »verweiblichte Männer« zusammen und sah in ihnen lediglich in Männerkörpern gefangene weibliche Seelen. Solche Kreaturen würden eben in ihrer Freizeit Kleider nähen oder Lampenschirme basteln und sich Namen wie »Peaches« oder »Bunny« geben. »Was für sie normal ist, gilt uns als unnormal. Ja, und wer hat recht? Wer kann das sagen?« Homosexualität sei eben eine Krankheit.

Nicht zu Unrecht bestand Mae West darauf, daß *Pleasure Man* nur am Rande ein Stück über Schwule sei. Denn im Zentrum der Haupthandlung stehen »normale« Leute, deren Lebenswege sich allesamt mit dem des Titelhelden, Rodney Terrill (gespielt von Alan Brooks), kreuzen. Dieser versucht jedes junge weibliche Wesen, auf das sein Auge fällt, sogleich zu verführen, sogar die weibliche Hälfte der Tanznummer »Dolores und Randall«, obwohl die beiden verheiratet sind. Nicht die Travestiekünstler, sondern Terrill sorgt für den Schockeffekt des Stückes, denn er, der schurkische Frauenheld, wird durch Kastration ermordet. Als sein Mörder entpuppt sich ein Bühnenelektriker, der Bruder der jungen Mary Ann, die zu Terrills Sexopfern gehörte – ein unschuldiges junges Ding, von Terrill geschwängert und brutal behandelt. So ging es ihrem Bruder nur noch um eines: Terrill sollte sich nie wieder an einer anderen jungen Frau so vergehen wie an Mary Ann.

Terrills Schürzenjägerei ist in mancherlei Hinsicht das Gegenstück zu den männerjagenden Frauen, die man sonst in Mae-West-Stücken antrifft. Wie Tira in *Ich bin kein Engel* (I'm No Angel) stellt auch Terrill in seiner Garderobe Fotos aller seiner Eroberungen aus. Doch anders als Tira (oder auch als Margie LaMont und Diamond Lil) ist Rodney Terrill vom Rollenfach her ein brutaler Schurke, ein skrupelloser, gefühlloser Mensch, der anderen Schmerzen bereitet – vollkommen humorlos und über sich selbst und sein Handeln im unklaren. Während Tira sich mit den Männern in ihrer Umgebung konsequent auf eine Stufe stellt, lügt Terrill alle Frauen, hinter denen er her ist, schamlos an und betrügt sie. Jeder erzählt er, sie sei sein ein und alles, einziges Objekt seines Begehrens. Moralisch ist er das genaue Gegenteil von Paradise, dem Travestiekünstler in Frauenkleidern, der einer von Terrill

brutal geschlagenen jungen Frau, einer »Schwester in Not«, zu
Hilfe eilt – Gott dankend, daß er kein Mann ist, wenn Mann zu sein
bedeute, sich wie Terrill aufzuführen.

Mae West gab sich gern als Frau, die noch keinem Mann begegnet
sei, den sie nicht gemocht habe – »Ich liebe sie alle«, wurde sie
nicht müde zu betonen –, doch ihre Charakterisierung Terrills
verrät, daß in ihr unterschwellig auch rachsüchtige Wut auf Männer schwelte. Karl Fleming, der sie einst wochenlang interviewte,
gewann die Überzeugung, daß Mae Männer im Grunde genommen
verachtete.

Mae riskierte eine ganze Menge, als sie sich auf *Pleasure Man*
einließ. Obwohl sie mit *Diamond Lil* anscheinend auf eine Goldmi-
ne gestoßen war, wußte sie genau, daß die Zensoren sich auch auf
dieses Stück stürzen konnten, um *Pleasure Man* zu treffen – so wie
man damals *Sex* attackiert hatte, als *The Drag* kurz vor der Premiere
am Broadway stand. Zwar könnte sich die von einer erneuten
Polizeirazzia bewirkte Publicity an der Theaterkasse sehr positiv
auswirken, doch der Schuß konnte auch nach hinten losgehen.
Dann würde es nämlich zu einem regelrechten Kesseltreiben gegen sie kommen, um ein strafrechtliches Exempel an ihr zu statu-
ieren. Als einschlägig Vorbestrafte aber mußte sie im Wiederho-
lungsfall mit einem strengen Urteil rechnen.

Mae spielte also mit dem Risiko, für ein Stück Jahre im Gefängnis
zu verbringen, zu dessen Abfassung sie eigentlich nicht einmal Zeit
hatte. Der Produzent Carl Reed, einst Lillian Russells Manager, war
bereit, sich auf die Sache einzulassen, obwohl er kaum mehr als
eine Handlungsskizze in Händen hielt. Ein Skript bekam er nie zu
sehen, weil dieses erst während der Probenarbeiten entstand. Die
Schauspieler bekamen kleine Zettel, auf denen Dialogzeilen für die
einzelnen Rollen standen. Viele Dialogpartien mußten jedoch spontan improvisiert werden. Camelia Campbell, die die Dolores spielte,
jene verheiratete Tänzerin, die sich in Terrill verliebt hatte, erzählte
George Eells, sie habe anfangs nicht die geringste Ahnung gehabt,
was sie in jener Schlüsselszene sagen sollte, in der sie ihren poten-
tiellen Liebhaber tot und verstümmelt auffand. Bei der Probe habe

Mae West sie freundlich gefragt:»Na, was würdest du denn jetzt tun?« Und sie habe erwidert, sie würde die Polizei rufen, dann aber wieder unschlüssig werden. Mae war zufrieden: Sie sei schon auf dem richtigen Weg und solle nur ihren Eingebungen folgen. Alles, was Campbell sagte, wurde schließlich schriftlich festgehalten.

Die erste Probeaufführung im Bronx Opera House wurde vom zuständigen Bezirksstaatsanwalt argwöhnisch beäugt; ein Polizeieinsatz konnte jedoch abgewendet werden, als sich der Produzent Carl Reed bereit erklärt hatte,»ein unverschämtes Wort und einen Song« zu streichen. Die Wocheneinnahmen beliefen sich auf 9000 Dollar – für die Bronx gar nicht so übel.

In der *New York Evening Post* berichtete Nunnally Johnson nach dem Besuch einer Vorauffühung in Jackson Heights im Stadtteil Queens, er sei unbefleckt aus dem Theater gekommen und seiner Meinung nach sei der Abend »großartig« gewesen, »von Rabelais nur einen Tick entfernt«. Jack Conway lieferte in *Variety* eine sehr positive Besprechung, in Briefform und im Tonfall der Schwulenszene, die später – während des langen Prozesses um *Pleasure Man* – noch mehrfach wiederabgedruckt wurde. Doch damit waren die lobenden Stimmen auch schon erschöpft.

Als das Stück aus den Außenvierteln ins Zentrum vorgedrungen war und im »Biltmore«, an Forty-seventh Street und Broadway gelegen, Premiere gehabt hatte, waren wieder Invektiven an der Tagesordnung. Einer nach dem anderen setzten die Rezensenten zur Steinigung an. »Drei ermüdende und unsäglich schmierige Akte, von Anfang bis Ende derart mit Schmutz besudelt, daß sich einem die Feder sträubt«, hieß es in der *New York Post*. Und Wilfred J. Riley kochte in *Billboard* geradezu vor Wut:»Der *Pleasure Man* ist Prostitution der schlimmsten Sorte, ein offenkundiger Versuch, Schmutz und Degeneration zu Geld zu machen und die unausweichliche billige Publizität zum Kassenerfolg zu nutzen.« Die Darstellung der Varietéakteure nannte er »verunglimpfend und hinterhältig«.

Walter Winchell, inzwischen Broadway-Korrespondent für *Life*, nannte das neue Mae-West-Unternehmen »noch dreckiger als die

Gosse«. Der Ausdruck »gone West« meinte er, »bedeutet jetzt nicht
länger ›gestorben‹, sondern von nun an ›schmutzig, ekelhaft oder
vulgär gemacht‹«.[1]
Zum Zeitpunkt, als Winchells Attacken im Druck erschienen, war
*Pleasure Man* jedoch bereits vom Spielplan verschwunden. 200 000
Dollar an im Vorverkauf bereits eingenommenen Eintrittsgeldern
wurden zurückerstattet. Einige Zuschauer waren bei der Premiere
schon während der Vorstellung entrüstet aufgestanden und gegangen, andere zeigten ihre Begeisterung durch schallendes Gelächter. Sie »schrien, kicherten und stießen vom Balkon degenerierte
Juchzer aus«. Doch nach dem Schlußvorhang stürmte die Polizei
in die Garderoben und verhaftete das gesamte fünfundfünfzigköp-
fige Ensemble des Stücks.
Viele Gäste aus dem Publikum versammelten sich erwartungsvoll
vor dem Theater. »Schon bald war die Forty-seventh Street von der
Eighth Avenue halb bis zum Broadway hin gerammelt voll mit
Männern und Frauen, zum großen Teil in Abendgarderobe.« Manche von ihnen »spuckten aufs Straßenpflaster, buhten und zischten,
als die ›Travestiekünstler‹ der Truppe [immer noch in Frauenklei-
dern] aus dem Bühneneingang herausgeführt wurden. Hier und da
gab es auch schwache, gekünstelte Beifallsrufe.«[2]
Als Mae West nach dem Ende ihrer *Diamond Lil*-Vorstellung erfuhr, was sich im »Biltmore« zugetragen hatte, eilte sie unverzüglich ins Polizeirevier in der Forty-seventh Street, um die Freilassung gegen Kaution zu regeln und die Ensemblemitglieder zu
besuchen, die sie mit lautem Hallo begrüßten. Auch Mae wurde auf
der Stelle verhaftet – wie schließlich noch der Produzent Carl Reed
und der Regisseur Charles Edward Davenport – und am frühen
Morgen gegen 1000 Dollar Kaution wieder auf freien Fuß gesetzt.
Erneut fand sich Mae auf den Titelseiten der Zeitungen wieder –
und zwar, wie schon zuvor, nicht nur in den Schlagzeilen der
Boulevardpresse. Direkt neben einem Bericht über die Nominie-
rung Franklin D. Roosevelts als Kandidat für den Posten des New
Yorker Gouverneurs durch die Demokratische Partei lautete die
Schlagzeile der *New York Times*: »RAZZIA BEI MAE-WEST-

STÜCK, 56 VERHAFTUNGEN BEI PREMIERE, Polizei führt sämtliche Akteure des ›Pleasure Man‹ nach dem letzten Akt im Biltmore Theatre ab.«

Mae West war sich keines Unrechts bewußt. Sie bestritt, versucht zu haben, wie es die Hearst-Presse behauptete, *The Drag* in neuem Gewand wiederzubeleben. »›The Drag‹ handelte von einem Homosexuellen«, gab sie zu Protokoll. »Dieses Stück aber handelt von einem normalen Mann und normalen Frauen. Ich habe einige Travestiekünstler in dem Stück ... Aber was soll's? Wenn man deshalb das Stück schließen und diese Leute daran hindern will, ihren Lebensunterhalt als männliche Schauspieler in Frauenrollen zu verdienen, dann sollten sie auch andere Travestiekünstler daran hindern, in Keith-Varietéhäusern aufzutreten. Wieviel tausend Travestiekünstler gibt es denn Ihrer Meinung nach in diesem Land? Sollen die denn alle von der Bühne verbannt werden?«[3]

Als ihren Hauptverteidiger wählte Mae diesmal Nathan Burkan, den führenden Anwalt im Showbusiness, zu dessen Klienten unter anderen gehörten: Chaplin, Ziegfeld, Jolson, die American Society of Composers, Authors and Publishers (ASCAP), Actors' Equity und schließlich sogar Bürgermeister Jimmy Walker. In diesem Fall allerdings war Walker noch Burkans Gegenspieler, denn er selbst hatte die Razzia bei *Pleasure Man* angeordnet.

An einem Montagabend war die Polizei eingeschritten. Gegen die Schließung des Stückes erwirkte Burkan am Dienstag eine einstweilige Verfügung, so daß *Pleasure Man* am Abend schon wieder gespielt werden durfte. Diese Verfügung indes wurde von der Berufungsinstanz beim Supreme Court wieder aufgehoben, und so erschien Polizeileutnant James Coy bei der Matinee am Mittwoch gerade mitten in der Travestieszene des letzten Aktes, um erneut einzuschreiten. Er lief im Mittelgang bis zum Orchestergraben vor und forderte die Aufmerksamkeit des Publikums. Dann verkündete er, er sei als Polizeioffizier gekommen, um das gesamte Ensemble zu verhaften. Die Zuschauer begannen mit dem geordneten Abzug, doch die Schauspieler auf der Bühne buhten. Als Coy die Bühne betrat, ließ sich Jay Holly, der Schauspieler, der Tom Randall spielte, zu einer Tirade gegen die polizeiliche Tyrannei hinreißen. Holly mußte mit Gewalt von der Bühne geführt werden, dem Rest des Ensembles wurde die Anklage verlesen, und anschließend wurden sie allesamt, geschminkt und kostümiert wie sie gerade waren, in die grüne Minna verfrachtet. Die Gaffer auf der Straße kamen voll auf ihre Kosten.

Der Bürgermeister gab folgende Erklärung ab: »Die Stadtverwaltung ist fest entschlossen, diese Art obszöner Vorstellungen ein für allemal zu unterbinden. Der Bürgermeister ist ein Liberaler und hat sich immer als Patron des Theaters verstanden. Doch etwas derart Anstößiges ... kann auf keinen Fall weitergehen, solange ich Bürgermeister bin.«

Die Schauspieler wurden der Teilnahme an einer obszönen und unmoralischen Produktion angeklagt, die »sexuelle Perversion zur Schau stellte und verherrlichte«. Alle plädierten auf »nicht schuldig« und wurden gegen eine Kaution von 500 Dollar pro Person freigelassen. Vor Gericht schien Mae West »einiges von ihrem früheren herausfordernden Auftreten verloren« zu haben, wie *Variety* am 10. Oktober schadenfroh vermerkte. Sie schien besorgt zu sein, und das mit gutem Grund: »Eine Verurteilung von Miss West und ihren Mitangeklagten wäre mit einer Gefängnisstrafe bis zu drei Jahren, einer Geldstrafe in Höhe von 500 Dollar oder beidem verbunden, ganz nach Ermessen des verurteilenden Gerichts.«

Solidaritätsbekundungen aus der Theaterszene blieben aus. Die Schauspielergewerkschaft Actors' Equity informierte ihre Mitglieder im Ensemble vor der zweiten Razzia, sie seien nicht verpflichtet, weiterhin in *Pleasure Man* aufzutreten, es sei denn, die einstweilige Verfügung erhalte unbefristete Gültigkeit.

George Jean Nathan, der hochangesehene Theaterkritiker des *American Mercury*, der später den Filmstar Mae West in höchsten Tönen als die einzige aufrichtige Frau auf der Leinwand preisen sollte, bekannte sich in diesem Fall eindeutig zum Lager des Bürgermeisters und der Polizei: »Wenn die Schließung jener Zurschaustellung unter dem Titel ›Pleasure Man‹ durch die Behörden einen Fall von Theaterzensur darstellt«, schrieb er, »dann bekenne ich mich vorbehaltlos zur Zensur. Auf meinen Reisen habe ich schon eine Menge degeneriertes Zeug gesehen ... doch noch nie habe ich Perversion, Inversion und derartige physiologische Absonderlichkeiten so kraß und schamlos vor einem breiteren Theaterpublikum ausgebreitet gesehen ... Das Ganze hatte mit einem Drama absolut nichts zu tun.« Und Nathan griff nicht nur das Stück an, sondern auch seine Schöpferin:»Die West ist nun bereits zweimal von der Polizei beim Schlafittchen gepackt worden, weil sie das Theater für ihre ekligen Zwecke usurpiert hat; da kann man sich eigentlich nur wünschen, daß die Polizei sie diesmal dauerhaft aus dem Verkehr zieht.«[4]

Allein die Schauspielerin Peggy Wood bekannte sich öffentlich zu einer gegenteiligen Ansicht. Unmittelbar nach der zweiten Razzia gegen *Pleasure Man* sprach sie vor einer Gruppe methodistischer Geistlicher und plädierte dabei für eine relativistische und tolerante Einstellung zur Moral im Theater. Natürlich gebe es auf der Bühne Ruch- und Zügellosigkeit, keine Frage; doch »ich glaube, davon gibt es ein erschreckendes Ausmaß auch im privaten Leben. Anscheinend kommen wir nicht ohne solche Entgleisungen aus.« Um den Wandel der moralischen Maßstäbe zu beleuchten, erwähnte sie, daß ihr Vater vor vielen Jahren die Ohio Wesleyan University habe verlassen müssen, nur weil er eine Aufführung von Shakespeares *Othello* besucht hatte.[5]

Es verging mehr als ein Jahr, ehe der *Pleasure Man*-Prozeß begann. Doch zuvor wurde lange mit allen juristischen Finessen gekämpft. Ohne Erfolg versuchte Nathan Burkan, den Verhandlungsort von New York City nach Nassau County, Long Island, zu verlegen. Um diesen Wunsch nach einem Wechsel des Prozeßortes zu begründen, gab Mae West eine eidesstattliche Erklärung ab, die New Yorker Zeitungen hätten die Öffentlichkeit »derartig aufgehetzt«, daß dort ein fairer Prozeß unmöglich geworden sei. Diese Strategie schlug jedoch fehl, wie auch Burkans Widerstand gegen die Entscheidung des Bezirksstaatsanwalts, eine hochkarätige Geschworenenbank aus prominenten Bürgern zusammenzustellen, letztlich erfolglos blieb.»Warum kann nicht ein Gericht, das aus Arbeitern und Handwerkern besteht, diesen Fall entscheiden anstelle einer Geschworenenbank aus lauter Angehörigen der Intelligenz?« fragte Burkan.»Eine Spezialistenjury ist nicht demokratisch. Wir haben ein Recht darauf, daß der Fall vor jener Art Leute verhandelt wird, die auch das Stück besucht haben – also vor ganz normalen Geschworenen.«[6] Zum»erlauchten«Kreis der Laienrichter für diesen Prozeß gehörten schließlich: ein Architekt, verschiedene Immobilienmakler, zwei Fabrikanten, ein Bauingenieur, ein Straßenbahnmanager und der Sekretär einer Wohltätigkeitsorganisation. Da hatte Burkan natürlich recht: Das war nicht jene Art Theatergänger, die sich normalerweise ein Stück wie *Pleasure Man* ansahen. In einer Art Intermezzo vor Prozeßbeginn ging Mae West nach dem Ende der Broadway-Laufzeit von *Diamond Lil* mit diesem Stück auf Tournee. Während ihres Chicago-Aufenthalts veröffentlichte sie im September 1929 unter dem Titel»Sex in the Theater«einen Artikel in der Zeitschrift *Parade*, in dem sie sich selbst zu rechtfertigen und ihre Stücke als seriöse und erbauliche Werke hinzustellen versuchte.»Man hat mich mißverstanden«, beklagte sie sich. Zu Unrecht werde sie beschuldigt, sich vor allem an die Geilen und moralisch Verkommenen zu wenden. Ob denn wohl die zehn Millionen Amerikaner, vor denen sie angeblich schon gespielt hatte, alle nur geil und verkommen seien? Das Theater, argumentierte sie, ist»eine der größten Erziehungsinstanzen, über die wir verfügen. Jahrelang habe ich meine Karriere im Theater der Erziehung der Massen gewidmet, um ihnen bestimmte Grundwahrheiten über die Sexualität nahezubringen … Schon oft haben große Lehrer, um das Rechte zu predigen, ein Übel demonstriert. Nach diesem Muster verfährt sogar die Bibel.« Sie bat die Öffentlichkeit, doch zwischen ihr als Person und den von ihr gespielten Rollen zu unterscheiden:»Man hat gesagt, weil ich schlimme Rollen so gut spiele, müsse ich doch notgedrungen auch selbst schlecht sein. Doch dem liegt ein Trugschluß zugrunde. Man traut mir nicht genug Intelligenz und Liebe zu meiner Kunst zu … Ich wiederhole: Der beste Weg, das Richtige zu lehren, besteht darin, die Resultate des Bösen zu zeigen.« Sie sei also nicht nur unschuldig in allen ihr vorgeworfenen Punkten, sondern sogar ein moralisches Vorbild. Sie sei gegen die Kameradschaftsehe;»Ehe, Liebe und Familie – sie sollten geheiligt sein und bleiben.« Robert Lewis Shayon hat dem Theater- und Filmhistoriker Gerald Weales erzählt, er habe als Ghostwriter für »Sex in the Theater« fungiert. Daß Mae diesen Beitrag nicht allein verfaßt hat, liegt auf der Hand. Doch sie und ihre Anwälte kannten auf alle Fälle den Wert einer Schadensbegrenzung. Und so ging Mae West, ganz unabhängig von der Frage, wer den Artikel denn nun wirklich verfaßte, davon aus, es würde ihr vor Gericht gewiß nicht schaden, wenn sie etwas für die Verbesserung ihres Images in der Öffentlichkeit täte.

Als Mae mit *Diamond Lil* in San Francisco gastierte, erhielt sie die Nachricht, daß ihre Mutter ernsthaft erkrankt sei. Obwohl sie sehr aufgeregt war und Angst hatte, entschied sie sich dafür, den Rest der Truppe nicht im Stich zu lassen und ihre Verpflichtungen einzuhalten, also weiterzuspielen. In Los Angeles erfuhr sie dann Mitte Januar 1930, daß ihre neunundfünfzigjährige Mutter an Leberkrebs litt, sich außerdem noch eine Lungenentzündung zugezogen hatte und daß sie wohl nicht wieder auf die Beine kommen werde.»Das war ein schrecklicher Schlag«, schrieb sie in ihrer Autobiographie.»Ich sagte alle weiteren Termine ab, charterte einen Sonderzug und transportierte die gesamte Truppe von mehr als sechzig Leuten zurück nach New York.«
Die Ankunft ihrer geliebten Tochter in New York überlebte Matilda nur noch um zwei Tage. Als sie starb, wohnte sie nicht mehr bei ihrem Ehemann im eigenen Haus in der Eighty-eighth Street im Bezirk Woodhaven im Stadtteil Queens – das Haus gehörte Matilda, nicht der Gemeinde, und es war mit zwei Hypotheken belastet –, sondern in einem Apartment in Brooklyn, in der Euclid Avenue Nr. 95. Wahrscheinlich war dies die Wohnung von Freunden oder Verwandten, die sie pflegten. Ob Matilda schon seit längerer Zeit von Jack getrennt gelebt hatte oder ob sie erst ausge-

zogen war, als ihre Krankheit schwerwiegend wurde, wissen wir nicht.

Die kurzen Nachrufe, die in der Presse erschienen, beschreiben sie einfach als Mae Wests Mutter. Als Berufsbezeichnung ist in ihrer Sterbeurkunde »Hausfrau« eingetragen. Da kein Testament vorlag, wurde ihr Ehemann Alleinerbe.

Die Trauer überflutete Mae wie eine riesige Welle. Sie brach zusammen, heulte, wollte selber sterben und sprach drei Tage lang überhaupt nicht mehr. Ein Pressefoto, aufgenommen, als sie auf dem Weg zur Beisetzung aus dem Beerdigungsinstitut trat, zeigt Mae vollkommen untröstlich und schwarz verschleiert. (Owney Madden, der ihr zur Linken steht, hilft ihr wahrscheinlich kurz darauf zusammen mit Angestellten des Bestattungsinstituts beim Einsteigen in die schwarze Limousine, die mit offenen Türen bereitsteht.) Hier durchlief Mae die schlimmste Krise, den emotionalen Tiefpunkt ihres Lebens. Das überwältigende Gefühl, jetzt ihre engste Verbündete verloren zu haben, eine nie versiegende Quelle der Hingabe und Unterstützung, war auch mit Gewissensbissen verbunden, in den letzten Lebenswochen nicht in ihrer Nähe gewesen zu sein. Vielleicht tat es Mae auch leid, daß sie ihrer Mutter gegenüber nie offen über ihr nun schon lange zurückliegendes Eheabenteuer gesprochen hatte. »Ich drehte mein Gesicht zur Wand«, erinnerte sie sich in einem Interview. »Mir war alles restlos egal. Als meine Mutter starb, war es so, als ob alles mit ihr gegangen wäre. Alles!«[7] Noch hatte sie nicht zu jenem Glauben gefunden, der ihr versprach, daß sie die Möglichkeit hätte, ihre Mutter in einem anderen Leben wiederzutreffen.

Mae hatte ihrer Mutter immer gern aufwendige Geschenke gemacht: Hüte, Kleider, Handtaschen. Nun kaufte sie ihr einen teuren Mausoleumsplatz auf dem interkonfessionellen Friedhof von Cypress Hills in Jamaica, Queens (wobei ein Teil des Friedhofs auch auf dem Gebiet von Brooklyn liegt). Das große, zweistöckige, 1926 erbaute Mausoleumsgebäude aus Granit hat eine Kapelle im Innern und wunderschöne bunte Kirchenfenster. (Neben Matilda West ruhen darin unter anderen der Komponist Paderewski und der Exboxweltmeister Jim Corbett; der Baseballspieler Jackie Robinson liegt außen, ganz in der Nähe.) Als Mae in Hollywood bereits fest etabliert war, zahlte sie noch immer für diese Ruhestätte. (Als sie im September 1932 Opfer eines Raubüberfalls wurde, trug sie 18 000 Dollar in bar bei sich – wie sie später erläuterte, die letzte Rate für das Grabmal ihrer verstorbenen Mutter.) Diese Grabstelle hatte Mae von vornherein als Familiengrab geplant, denn sie kaufte Ruheplätze für die ganze Familie hinter einem Schmuckgitter aus Eisen, auf dem einfach der Name »West« steht. Neben Matilda wurden dort später auch die sterblichen Überreste von Jack senior, Jack junior, Mae selbst und Beverly beigesetzt. Beverly starb als letzte. Mae hatte die Entscheidung über die Anordnung der Gräber getroffen. Die oberste Nische aus Marmor reservierte sie für sich selbst. Offenkundig sah sie sich als Familienoberhaupt, zumindest aber als das wichtigste Mitglied der Familie. Sie ruht direkt über ihrer Mutter, die ihrerseits aber nicht direkt neben ihrem Ehemann plaziert ist: Zwischen den beiden ruht Beverly.

Vielleicht war es ganz gut, daß der *Pleasure Man*-Prozeß schon bald nach dem Verlust der Mutter Maes ganze Zeit und Aufmerksamkeit beanspruchte. Der zuständige Staatsanwalt, Assistant District Attorney James G. Wallace, ein alter Bekannter aus dem *Sex*-Prozeß, machte von Beginn an unmißverständlich klar, daß die Anklagevertretung diesmal hauptsächlich hinter ihr, Mae West, her war. Sie hatte gegen die öffentliche Ordnung und den Obszönitätsparagraphen verstoßen, und sie würde dafür nun zur Rechenschaft gezogen werden. Im selben Gerichtssaal, in dem Harry Thaw wegen des Mordes an Stanford White verurteilt worden war (eine *cause célèbre* aus dem Schauspielermilieu), wollte der Anklagevertreter beweisen, daß »nur jemand, der aus tiefster Überzeugung pervers sei, ein solches Stück überhaupt schreiben könne«. Miss West, die neben ihrem Verteidiger saß, »schien nicht sonderlich beunruhigt zu sein«.[8]

James J. Coy, zum Zeitpunkt der Razzia noch Polizeileutnant und inzwischen zum Captain befördert, wurde der Star des Verfahrens. Er agierte entschieden theatralisch, was nicht weiter verwunderlich war, da sich herausstellte, daß er als Schauspieler in einer Amateuraufführung mitgewirkt hatte und mit einem Zirkus auf Tournee gewesen war.

Am 1. Oktober 1928, am Premierenabend des *Pleasure Man,* war Coy laut eigener Aussage mit mehreren anderen Beamten und einem Polizeistenographen, Sergeant Powers, ins »Biltmore« gegangen. Trotz Dunkelheit habe er sich ausführliche Notizen machen können; »mindestens zwölf« Belege für Obszönitäten könne er vorweisen. Auch Powers hatte detailliert mitgeschrieben: Coy habe ihn jedesmal angestoßen, wenn er eine Zeile oder Situation als anstößig empfunden habe.

Coy »hatte einen großartigen Auftritt«, schrieb Irene Kuhn in den *New York Daily News.* »Seine Hüftschwünge waren hinreißend, seine Imitationen der Whoops Sisters zum Totlachen und sein Kobratanz kurz, aber artistisch.« Coy gab in der Verhandlung zu Protokoll: »Der Vorhang öffnete sich über einer Szene im hinteren Bühnenraum. Da standen Putzfrauen und unterhielten sich. Eine sagte: ›Ich hab' das gewisse Etwas.‹ Eine andere Frau antwortete ihr ... und sie ging ungefähr so über die Bühne – die Hüften von links nach rechts schwingend –, und dabei sagte sie: ›Oh, ich hab' auch schon einiges erlebt‹, worauf die andere angesprochene Putzfrau erwiderte: ›Klar, mit der gesamten Feuerwehr!‹« (All dies findet sich tatsächlich im Dramenmanuskript von *Pleasure Man.*)

Im zweiten Akt, fuhr Coy fort, war ein Bühnenquerschnitt zu sehen, mit offenen Garderoben, oben und unten. »Vier männliche Gestalten in Frauenkleidern halfen sich gegenseitig aus ihren Kleidern. Sie trugen Unterhosen aus Seide, Seidenstrümpfe und Büstenhalter. Sie zogen sich alle Kimonos an, und einer begann an einem seidenen Lampenschirm herumzunähen.«

Am skandalösesten war aus Coys Sicht jedoch, was sich im dritten Akt bei der Party der Theaterleute abspielte. Gastgeber war ein ehemaliger Akteur namens Toto, der zu Besuch in der Stadt weilte.

Coy führte einen Schlangentanz vor und bezog sich auf einige Songs von Toto:»Officer, Let Me Pat Your Horse« (Herr Wachtmeister, lassen Sie mich Ihr Pferdchen streicheln) und »I'm the Queen of the Beaches« (Ich bin die Königin der Strände), wobei das »beaches« verdächtig nach »bitches« (Huren) klang. Die deutschen Akrobaten wurden von Coy beschuldigt, »suggestive« Akte vorgeführt zu haben.

Coys Ausdrucksweise war teilweise unfreiwillig komisch. Beim Versuch, seiner Zeugenaussage Gewicht und Würde zu verleihen, griff er zu den großspurigsten Formulierungen, die ihm zu Gebote standen. Auf die Frage, wie er denn von seinem Platz im Orchestersitz, Reihe O, habe sehen können, daß einer der Travestiekünstler mit Nadel und Faden nähte, erklärte Coy:»It was very illuminous on the stage.« (Er meinte:»Die Bühne war hell erleuchtet«, sagte aber – unter Verwendung eines äußerst seltenen Wortes – etwas Ähnliches wie »Es war sehr erlaucht auf der Bühne.«) Schallendes Gelächter provozierte er im Gerichtssaal mit seiner Antwort auf Burkans Frage, ob er seine Inhaltsangabe des *Pleasure Man* immer mit sich herumtrage.»No, I don't like to bulge myself out.« (»Nein, ich strecke meinen Bauch nicht gern heraus.« Er meinte:»Ich laufe nicht gern mit ausgebeulten Taschen herum.«)

Nathan Burkan verteidigte die Schauspieler des *Pleasure Man* als »respektable Männer und Frauen, einige von ihnen verheiratet und mit Familien«. Er sagte, viele der Auftritte und Pointen, die jetzt auf einmal als »anstößig« gälten, seien schon jahrelang im Varieté ohne Beanstandung gelaufen.»Die Akrobatennummer, die hier beanstandet wird, ist ein alter Auftritt in Keith-Varietétheatern. Die meisten Gags im Verlauf der Aufführung stammen aus alten Varieténummern.« Und was nun die Männer in Frauenkleidern angehe, führte er aus, so habe niemand sie zu Shakespeares Zeiten als obszön angesehen, damals seien Männer in Frauenrollen die normalste Sache der Welt gewesen. Überdies, auch in der Gegenwart halte »man es so in College-Aufführungen und beim Lambs Gambol, wo Frauen nicht auftreten dürfen.« Staatsanwalt Wallace mußte denn auch zugeben, daß»die Verkörperung von Frauen durch Männer für sich genommen noch keine Verletzung der Gesetze« darstelle.

Einen Anklagepunkt gegen Mae West,»Erregung öffentlichen Ärgernisses«, konnte Burkan zu Fall bringen. Das bedeutete, daß bei einem Schuldspruch die Gefängnishöchststrafe nur ein Jahr und die höchstmögliche Geldstrafe 1000 Dollar (nicht, wie *Variety* meldete, 500 Dollar) betragen würde. Burkans Antrag auf Einstellung des gesamten Verfahrens wurde jedoch abgelehnt.

Die Anklage ließ Zeugen aufmarschieren, die sich als Experten in Sachen Obszönität und Straßenslang bezeichneten, und unternahm so den Versuch zu beweisen, daß scheinbar unschuldig klingende Worte gefährliche Untertöne und versteckte Bedeutungen enthalten könnten. Doch Burkan protestierte und wandte ein, dann könne man sogar den»Worten, die von den Kindern in der Sonntagsschule gesungen werden«, obszöne Bedeutungen unterlegen.

Alle Mitglieder des Ensembles, die in den Zeugenstand traten, behaupteten, sie hätten absolut keine Kenntnis von irgendwelchen obszönen Anspielungen in dem, was sie auf der Bühne gesagt oder getan hätten. Sowohl Allen Brooks als auch May Davis, die eine der Putzfrauen spielte, erzählten dem Gericht, sie seien, was Doppeldeutigkeiten im Skript angehe, vollkommen ahnungslos. Brooks, »eine große, lebhafte Erscheinung in Gamaschen«, sagte, er spiele einen»Lebemann – nicht einen Lüstling«.»Ich würde die Rolle ... als die eines munteren Schürzenjägers [gay Lothario] bezeichnen.« Allen Ernstes wollte er dem Gericht weismachen, er wisse nichts von der Kastration, durch die Rodney Terrill zu Tode kommt.

Die Akrobaten Hermann Lenzen und William Selig turnten zehn Minuten lang im Gerichtssaal herum.»Ein Richter in schwarzer Robe und die feierlich dreinblickenden Geschworenen« schauten aufmerksam zu. Doch hinterher protestierten Captain Coy und ein weiterer Polizeioffizier, die vor Gericht gezeigte Nummer sei nicht mit der auf der Bühne identisch gewesen.

Chuck Connors jr., einer der Travestiekünstler (er gehörte auch zur Tourneetruppe von *Diamond Lil*), durfte seinen »anstößigen, obszönen« Song erst vortragen, nachdem der Gerichtssaal von allen nicht am Verfahren Beteiligten geräumt war. Als er sang, »bedeckte Mae West am Tisch der Verteidigung ihren Mund mit einem schwarzen Taschentuch, um ihr Lachen zu verbergen.«[9]

Nach der dreiwöchigen Zeugenvernehmung, bei der insgesamt dreizehn Zeugen zu Wort kamen, davon sieben der Verteidigung, konnte sich *Variety* den Kommentar nicht verkneifen, *Pleasure Man* laufe jetzt schon länger vor Gericht als am Broadway. Zur Belebung der letzten Verhandlungstage trug am Pressetisch keine Geringere als Texas Guinan bei, die mit ihrer Aufmachung Mae, die immer noch Trauer trug, weit in den Schatten stellte. Als sich das Gericht vertagte, begrüßten sich Mae und Texas herzlich und mit Küßchen: »Hallo, meine Liebe!« Texas Guinan, die für den *New York American* über den West-Prozeß berichtete, hatte über ihre Freundin folgenden netten Spruch parat: »Mae ist im Grunde ihres Herzens ein gutes Mädchen, nur hat sie leider ein schlechtes Herz.«[10]

In seinem Schlußplädoyer vor Gericht attackierte Burkan die »Gummiknüppel-Zensur« und behauptete, Mae West und die Akteure von *Pleasure Man* seien Opfer von Intrigen geworden. »Die Polizeioffiziere gingen schon mit der Absicht ins Theater, Mae West einen Strick zu drehen, und sie hatten damit Erfolg. Coy hat sich dann später mit [dem Polizeistenographen] Sergeant Powers hingesetzt und seine vor Gericht gemachten Aussagen zusammenfabriziert ... Sie, meine Herren Geschworenen, werden durch Ihren Urteilsspruch derartigen Machenschaften der Polizei einen Riegel vorschieben und Offizieren, die vorsätzlich die Unwahrheit sagen, kein Gehör schenken.«

Der Staatsanwalt plädierte seinerseits für eine Verurteilung der Angeklagten, wenn die Geschworenen seine Meinung teilten, daß die Angeklagten »gerissene, skrupellose Menschen sind, die aus Schmutz Kapital schlagen wollen«.

Die Anweisungen des Richters Amadeo Bertini an die Geschworenen zeigten deutlich, daß er alles andere als neutral war. Er sagte, sie sollten die Angeklagten schuldig sprechen, wenn das Stück »dazu tendiere, die Moral von Jugendlichen und anderen Menschen zu verderben ... Den Menschen im Staat New York liegt viel daran, eine reine Bühne zu haben. Vor allem wünschen wir uns anständige Stücke.« Nach einer Beratungszeit von zehn Stunden gaben die Geschworenen bekannt, daß sie sich nicht einigen konnten. Sieben Mitglieder der Jury hatten sich strikt für eine Verurteilung ausgesprochen, doch die anderen fünf sich nicht von ihrer Entscheidung für Freispruch abbringen lassen. In einem Brief, den elf Geschworene an Gouverneur Roosevelt schickten, kam die Unzufriedenheit mit der Tatsache zum Ausdruck, daß der Strafprozeß als Mittel der Zensur mißbraucht werde. Sie plädierten statt dessen für eine offene Staatszensur. Allein der Vorsitzende der Jury, Irving Chandler, sprach sich gegen jede Form von Zensur aus und weigerte sich, den Brief seiner Kollegen zu unterschreiben – mit dem Argument, eine Staatszensur würde die Theater auf dasselbe Niveau bringen wie Speakeasies: »Jederzeit ein willkommenes Ziel für willkürliche Polizeirazzien.«

Als Richter Bertini die Geschworenen von ihrer Aufgabe entband, stimmte er ihnen zu, daß ein Geschworenengericht nicht fair über Stücke urteilen könne, die es nie auf der Bühne gesehen habe. »Wörter, Betonungen, Gesten und Handlungen lassen sich nicht ohne weiteres indirekt wiedergeben.« Gleichwohl nutzte der Richter die Gelegenheit zu einem Schlußappell, in dem er nochmals nachdrücklich für die Reinheit der Bühne eintrat. Er warnte vor den Gefahren von Aufführungen, die »nur darauf angelegt sind, im Zuschauer unreine Phantasien anzuregen ... Eine solche Aufführung ist für die öffentliche Moral wirklich viel gefährlicher als irgendeine vulgäre Zurschaustellung von Nacktheit. Letztere kann zwar auch unreine Gedanken wecken, wahrscheinlicher aber ist, daß sie Ekel hervorruft. Die größere Gefahr liegt im Appell an die Phantasie.«

Mae West konnte das Gerichtsgebäude als freie Frau verlassen, doch ein »Freispruch erster Klasse«, wie Mae in ihrer Autobiographie wähnte, war es wohl kaum.

Wie sollte es nun weitergehen? Mae war pleite. Nathan Burkan mußte gegen sie prozessieren, um sein Anwaltshonorar zu bekommen. Er gab zu Protokoll, nur 5000 Dollar der vereinbarten Pauschalsumme von 15 000 Dollar erhalten zu haben. Die Idee, den *Pleasure Man* erneut auf die Bühne zu bringen, hatte ihre Faszination verloren. »Der Lack war ab«, schrieb Mae in ihren Memoiren. »Wir hatten alle Einnahmen aus dem Vorverkauf zurückerstattet, und als der Prozeß vorüber war, sagte ich: ›Das Stück jetzt noch mal zu bringen wäre nichts anderes als eine Reprise.‹« Also aus der Traum!

Sie wagte ein halbherziges Comeback im Varieté und ließ sich von der Fox-Kette unter Vertrag nehmen, nachdem Loew und RKO dankend abgelehnt hatten, denen Maes Darbietungen zu schlüpfrig waren. Doch das Varieté war inzwischen ohnehin schon so weit auf dem absteigenden Ast, daß Mae davon auf Dauer nicht mehr leben konnte. Im Sommer 1930 hieß es, die Shuberts wollten sie nach Chicago schicken. Dort sollte sie die Starrolle in ihrem eigenen neuen Stück spielen: *Frisco Kate*.

*Frisco Kate* wurde jedoch niemals aufgeführt, sondern diente sechs Jahre später als Grundlage für den Film *Klondike Annie*. Trotz seiner groben Machart hat das Stück Schlagkraft. Die gesamte Handlung spielt auf hoher See, an Bord des Frachters »Java Maid«, in den Szenenanweisungen als »Höllenschiff« bezeichnet. Die bunt zusammengewürfelte Besatzung wird charakterisiert als »ein animalischer Haufen, der Abschaum aus allen Hafenstädten der Welt«. Die Mannschaft wurde ausnahmslos schanghait, an Bord gezwungen von einem alkoholsüchtigen Gorilla von einem Kapitän, einem Verwandten von O'Neills »Haarigem Affen«: dem tierischen, tyrannischen Bull Brackett. Die ungehobelte, geile Crew hat noch nicht bemerkt, daß mitten unter ihnen eine becircende Versucherin verborgen ist, eine Frau, die ebenfalls mit Gewalt an Bord gebracht wurde. In der Nachbarkabine des Kapitäns ist sie nun eingesperrt und von den anderen getrennt: San Francisco Doll, auch Frisco Kate genannt,»die tollste Hure der ganzen Barbary Coast … die geilste Frau vom Golden Gate«.

Bull Brackett, der anfangs noch nichts von ihrer Vergangenheit weiß, hält Kate zunächst für eine anständige Frau. Er weiß lediglich, daß sie einer Statue frappant ähnelt, die er auf seinem Schreibtisch stehen hat und wie ein Heiligtum verehrt: eine fast einen halben Meter hohe nackte Bacchantin, die seiner Überzeugung nach mit den übernatürlichen Kräften eines heidnischen Idols ausgestattet ist.»Siehst du die Frau da?« fragt er einen Maat.»Seit fünfzehn Jahren meine Freundin und Glücksbringerin … Sieh mal, wie weich und weiß sie ist … Schau, wie rund sie ist … Hab' alle Hurenhäuser an allen sieben Weltmeeren abgeklappert, um eine zu finden wie sie. Schwarz, braun, gelb oder weiß. Aber keine is wie meine Puppe da … Is schon mehr als 'n menschliches Wesen … Is eine von der Sorte, zu der sie auf den Südseeinseln *beten*!« Bereits viele Jahre bevor Mae West legitimerweise selbst den Status eines Idols beanspruchen konnte, und lange bevor sie die Aktstatue ihres eigenen Körpers in Auftrag gab, die dann fester Bestandteil ihrer Wohnungseinrichtung in Hollywood wurde, war sie hier also schon auf die Grundidee dazu gestoßen.

In *Frisco Kate* geht es um das ständig wiederkehrende Mae-West-Thema der Zähmung männlicher Bestien durch ein weibliches Idol. »Geh zurück in deinen Käfig und brüll dich aus«, rät Kate dem Kapitän. Sie ist die einzige Frau an Bord – in Mae Wests Phantasie eine Lieblingssituation –, und die Männer drehen durch, als sie sie entdecken. Doch *sie* verliert nie die Kontrolle und verspricht ihre Gunst als Gegenleistung für die Befreiung des von ihr geliebten Mannes, des auf der Brigg gefangengehaltenen Ersten Maates Stanton (dieser Name wurde aus *Sex* übernommen). Einer der Matrosen ernennt sie zur Königin des Schiffes.

Wie in *Diamond Lil* und in Maes Filmrollen sind auch hier gegenüber Frisco Kate alle Männer nur untergeordnete Mitspieler, Begleiter ihrer Solonummer. Die Szenen zwischen Frisco Kate und Bull Brackett gehen sogar noch darüber hinaus. Denn Bull wird von ihr gedemütigt. Sie schafft es, daß er ihr »aus der Hand frißt«. Als er seine Pflichten am Ruder vernachlässigt und der Crew erlaubt, die Pumpen zu verlassen, obwohl das Schiff ein Leck hat, verhöhnt ihn Kate: »Ich dachte, du wärest ein harter Hund … Dann zeig ihnen doch mal, daß du ein Mann bist.« Statt dessen kniet er jedoch vor ihr, um ihren verletzten Fuß zu verbinden. Als er sich auf sie stürzen will, stößt er die magische Statue um. Sie fällt zu Boden und zerbricht in tausend Stücke. Als reuiger Sünder von Vorahnungen geplagt, wird er lammfromm und bietet sogar an, ihre Kabine zu reinigen. Sie macht sich über seine Unterwürfigkeit lustig, beschimpft ihn aber zugleich, daß er versucht habe, ihr Gewalt anzutun: »Als Frau habe ich das Recht, mich selbst zu entscheiden. Wenn ich nein sage, dann meine ich nein; und wenn ich ja sage, dann meine ich: in Ordnung. Du mußt einfach respektieren, was ich will.« Und damit nicht genug: »Ich bin's nicht gewöhnt, so bedrängt und überrumpelt zu werden. Ich nehme mir immer Zeit.« Am Ende ermordet sie Bull bei dessen Versuch, sie zu vergewaltigen. Sie stößt ihm ein Stilett in den Rücken.

In der letzten Szene des Stückes geht es dann – für Mae West untypisch – sanft und häuslich zu. Nach einer Meuterei und einem Hurrikan, der Frisco Kate vor einer Massenvergewaltigung bewahrte, kehrt Ruhe auf See ein. Kate besteigt mit Stanton und dem Kajütenjungen Buddie, der sich am Bein verletzt hat, ein Rettungsboot. (Erneut kann Frisco Kate hier ihre mütterliche Seite unter Beweis stellen.) Als mit einem Dampfer die Rettung naht, sagt Stanton zu Kate: »Wenn wir hier durchkommen – dann ist Schluß mit der Seefahrt. Dann geht's an Land und irgendwo ins eigene Häuschen.« Und Kate ergänzt: »Und dann wollen wir auch einen Jungen – wie Buddie.« Man hört fast die Geigen schluchzen, »ein Bündel Sonnenstrahlen bricht aus den Wolken hervor«. Dies ist die einzige Stelle in sämtlichen Mae-West-Manuskripten, an der die Mae-West-Figur auch nur in die Nähe einer Elternrolle kommt.

Einen Augenblick lang gerät jene große Einsame aus dem Blickpunkt, die es Colette so angetan hatte, als sie über Mae schrieb: »Sie allein hat keine Eltern, keine Kinder, keinen Mann.«[11]

Anstelle ihres Plans, *Frisco Kate* in Chicago als neues Stück zu produzieren, entschlossen sich die Shuberts, *Sex* zu neuem Leben zu erwecken – zweifellos, weil dieses Stück seine Attraktivität an der Theaterkasse hinlänglich bewiesen hatte und weil es billiger ist, ein Stück auf die Bühne zu bringen, dessen Kulissen und Kostüme bereits vorhanden sind, als mit einem unbekannten Stück am Nullpunkt zu beginnen. Die große Wirtschaftskrise hatte dem regulären Theater bereits massiv zugesetzt. Es wurden nur noch wenige Stücke produziert, und die wenigen Aufführungen, die überlebten, mußten sich mit kurzen Laufzeiten, niedrigen Gagen und reduzierten Eintrittspreisen über die Runden helfen. Das Shubert-Imperium hatte Verluste in Millionenhöhe zu beklagen. Obwohl *Sex* im »Garrick« in Chicago zehn Wochen lang lief, gab es in der ganzen Zeit nur drei andere Produktionen, die mit *Sex* konkurrierten. Ein weiteres Dutzend Theater in der Stadt hatte bereits den Betrieb eingestellt.

»Jetzt macht sich Mae West auf, um auch die kleineren Städte zu schockieren«, meldete *Variety* Ende Oktober 1930, als die Laufzeit von *Sex* in Chicago sich dem Ende zuneigte. Das Stück wurde anschließend in Detroit, St. Louis und Cleveland gespielt, wo ein Zeitungskritiker schrieb:»In dieser Art Unverschämtheit liegt auch eine gewisse Faszination. Die Kraft dieser unverblümten, unbefangenen Geschmacklosigkeit hat ihren humorigen Charme. [Mae West] ist eine Art Radaubuden-Sadie-Thompson, die mit schwingenden Hüften geht, vernichtend aus den Mundwinkeln spricht und die ihren üppig proportionierten Körper im Glanz der Bergkristalle erstrahlen läßt – einen Körper, dem ganze Wolken aufdringlichen Parfüms entströmen.« Hier spielte Mae also eine Margie LaMont, die sich bei Diamond Lil noch mehr Glanz und Dreistigkeit geborgt hatte.

Wann immer Mae auf Tournee in eine neue Stadt kam, besuchte

sie ganz gezielt drei verschiedene Institutionen: den Zoo, das Gefängnis und die Irrenanstalt. Sie liebte Tiere, besonders Affen; und Kriminologie wie Psychiatrie faszinierten sie sehr. Dabei redete sie sich immer wieder ein, sie sammele Material für neue Stücke. In Kansas City geriet die Theatertruppe in finanzielle Schwierigkeiten, denn *Sex* wurde gepfändet, um eine »Zahlungsverpflichtung in Höhe von 500 Dollar gegenüber Gus Hill in New York« zu sichern. Aufgrund einer amtlichen Verfügung durfte die Produktion Kansas City nicht verlassen, ehe nicht zwei von Mae West im Juli ausgestellte Wechsel honoriert waren. Irgendwie muß das Geld aber aufgetrieben worden sein, denn die Truppe zog von Kansas City nach Milwaukee weiter, wo die Lokalzeitung, der *Milwaukee Sentinel*, in einem entrüsteten Kommentar das Einschreiten der Polizei gegen das Stück forderte.

Doch inzwischen hatte Mae gelernt, diese Art negative Aufmerksamkeit zu ihren Gunsten zu nutzen. Vielleicht ließ sich auf diese Weise ja der Verkaufserfolg ihres neuen Buches *Babe Gordon* fördern. In ruhigen Stunden während des Prozesses und auf Tournee hatte Mae nämlich einen Roman zu Papier bringen lassen – und dafür sogar einen Verleger gefunden.

# Schwarz
## 12. Kapitel und
# Weiß

*A*nfang 1930 beschloß Mae, sich als Romanschriftstellerin zu versuchen. Wie in ihrer Autobiographie nachzulesen ist, hatte sie verschiedene Gründe, sich für ihre nächste kreative Aktion lieber dem Roman als der Bühne zuzuwenden. Als erstes wird die längere Überlebensdauer eines Romantextes genannt, als zweites die Erschöpfung durch den noch nicht lange zurückliegenden Tod der Mutter. Deshalb sei sie, schreibt Mae, noch nicht wieder in den Lage gewesen, »aus dem Material ein geeignetes Bühnenstück zu machen«. Drittens schließlich bereiteten Mae die ständige Zensurdrohung und andere juristische Probleme zunehmend Kopfschmerzen. Sie war prozeßmüde und glaubte, wegen einer

Buchveröffentlichung werde sie wohl niemand ernsthaft belangen wollen.

Was sie indes nicht erwähnte, waren die verheerenden Folgen der Großen Depression für den Broadway-Theaterbetrieb. Die Zahl der regulären Theaterproduktionen war auf einen kleinen Bruchteil dessen zurückgegangen, was vor dem Börsenkrach üblich gewesen war. Immer mehr Schauspieler und Komiker, die eine geeignete, tragende Stimme hatten – darunter James Cagney, George Raft und die Marx Brothers –, wurden von der Bühne weg nach Hollywood in die Tonfilmstudios gelockt. Der Broadway verlor seinen alten Glanz und sein elegantes Publikum.

Am Broadway allerdings sollte Maes Roman ohnehin nicht spielen, sondern in Harlem – wie einige Jahre zuvor die Bühnensensation *Lulu Belle* oder wie Carl Van Vechtens Bestseller *Nigger Heaven* aus dem Jahre 1926. Maes Roman machte sich die Harlem-Faszination des weißen Publikums zunutze, das mit dem nächtlichen Vergnügungsviertel im schwarzen Teil Manhattans alle möglichen Phantasien verband. In Harlem konnte man alle Hemmungen getrost vor der Tür lassen und sich seinen Wunschträumen hingeben: Alkohol, Drogen, Glücksspiel und gemischtrassiger Sex – hier konnte man nach Herzenslust »sündigen«. Auch Mae sollte dieses Harlems-Image als eine Art primitives Reservat verewigen, wo alles vor Sinnenlust vibriert und wo es so wild zugeht wie im Dschungel. »Harlem«, heißt es in *The Constant Sinner* (Die standhafte Sünderin), »ist das Paris der westlichen Hemisphäre – ein Museum für okkulten Sex, eine sinnliche Oase in der sterilen Wüste der weißen Zivilisation.«[1]

Freilich war Mae West nicht liberal und offen genug, um zuzugeben, daß sie selbst einschlägige Erfahrungen im Harlemer Nachtleben besaß, daß sie an den in ihrem Roman geschilderten geschmacklosen Exzessen selbst teilgenommen hatte. Angeblich beruhte ihre Milieukenntnis allein auf Berichten und Recherchen anderer.

In ihren Memoiren erwähnt Mae den Jazzclub »The Nest« – an 133rd Street und Jungle Alley gelegen –, in dem sich Schwarze unterschiedlicher Schattierungen tummelten und in dem sie sich Mitte der zwanziger Jahre häufig sehen ließ, mit keinem Wort. Johnny Carey, ein Mitbesitzer des Clubs, war damals ihr Begleiter. Auch erzählt Mae uns nirgends, daß sie (neben Carl Van Vechten) eine der wenigen Weißen war, die in den Clubs an der 140th Street Zutritt hatten, in denen Transvestitenshows stattfanden. Ebenfalls verschweigt sie, daß ihr großer guter Freund Owney Madden größere Anteile am berühmten »Cotton Club« besaß, wo überwiegend weiße Gäste von mokkahäutigen Tänzerinnen unterhalten wurden und wo Duke Ellingtons »Jungle Band« sich den Weg zu internationalem Ruhm ebnete. Vergeblich wird man in Maes Memoiren auch nach Hinweisen auf eigene Erfahrungen mit gemischtrassigem Sex suchen. Dabei fühlte sie sich zweifellos zu schwarzen Männern hingezogen. Und die Attraktion beruhte auf Gegenseitigkeit. In ihren Hollywood-Jahren war sie mit William »Gorilla« Jones liiert, dessen Karriere als Mittelgewichtsboxer sie managte, sowie mit dem Federgewichtler Chalky Wright, der eine Zeitlang als ihr Chauffeur fungierte. In New York gehörte zu ihren Liebhabern wahrscheinlich auch der frühere Schwergewichtschampion Jack Johnson, dem jener Club einst gehörte, der dann zum »Cotton Club« wurde, in dem er weiterhin als Manager tätig war. Jack Johnson, dessen Niederlage gegen die »große weiße Hoffnung« Jim Jeffries im Jahre 1910 Rassenunruhen provozierte, hatte eine wohlbekannte Vorliebe für weiße Geliebte. Als Robert E. Johnson Mae West 1974 in einem Interview für die Zeitschrift *Jet* fragte, ob sie je Jack Johnson im Ring erlebt habe, lautete ihre Antwort: »Nein, aber er kam herauf, um mich zu besuchen – mehrmals.«

Boxer und Bodybuilder, ganz gleich ob schwarz oder weiß, standen in der Liste der bevorzugten Liebhaber immer obenan, nicht zuletzt, weil sie Mae an Battlin' Jacks fitnessbetontes Milieu erinnerten. »Ich habe immer Athleten bevorzugt, weil sie nicht rauchen und trinken und weil sie wissen, wie wichtig es ist, seinen Körper topfit zu halten … Ein starker Mann tut gut«, sagte sie.[2]

Wie Babe Gordon, die Heldin ihres Romans, ging auch Mae

zum Preisboxen, um die Kämpfer im Ring kritisch zu mustern: »Aus der Art und Weise, wie sich ein Kämpfer im Ring verhielt, konnte sie sich eine Vorstellung machen, wie er wohl mit Frauen umgehen würde.« Wie Babe hatte auch Mae eine fetischistische Vorliebe für anschwellende Bizepse und muskelbepackte Brustpartien. Wenn Babe in der Dramenversion von *The Constant Sinner* sagt: »Ich tue ihm nichts, ich will nur seine Muskeln fühlen« – Worte, die auch Tira in *Ich bin kein Engel* wiederholt –, dann spiegelt sich darin eine Praxis, der Mae West ihr ganzes Leben lang treu blieb.

Obwohl sie sonst immer beharrlich beteuerte, sie schreibe nur über das, was das Leben selbst sie gelehrt habe, direkt aus ihrer eigenen Erfahrung und Beobachtung heraus, behauptete Mae in diesem Fall, die »Feldforschung« für ihren in Harlem spielenden Roman habe jemand anders durchgeführt: ein schwarzer Schauspieler namens Howard Merling, der in O'Neills *Gier unter Ulmen* (Desire Under the Elms) den Eben gespielt hatte und der am Rande von Harlem wohnte. Merling besuchte sie angeblich nach einer New Yorker Aufführung von *Diamond Lil* hinter der Bühne und drängte sie, etwas zum Thema Schwarz und Weiß zu schreiben – ein heißes Thema, wie Mae zugeben mußte. »Neger waren in der besseren Gesellschaft der letzte Schrei ... Ihre Laster bezauberten alle, die auf der Suche nach dem großen Kick waren.« Merling erklärte sich bereit, detaillierte Informationen zu sammeln über »Speakeasies, illegale Glücksspiele, Nepplokale, Nachtclubs und trickreiche Typen«.[3] Nach einigen Monaten überreichte er ihr einen dicken Stapel schwer zu entziffernder Notizen. Und weil Mae befürchtete, sie würde allein daraus vielleicht nicht schlau werden, gab sie Merling eine Rolle als Chinese in der Tourneetruppe für *Diamond Lil*, damit er auf der Westküstentournee Ende 1929 immer in ihrer Nähe sein und ihr, wann immer Zeit dazu war, aus seinen Notizen vorlesen konnte.

Mit Hilfe eines Diktiergeräts und einer Sekretärin, die ihr half, »die verschiedenen Bestandteile zusammenzufügen und Kapitel daraus zu machen«, wie sie 1933 in einem Interview sagte, schuf Mae eine lebhafte Erzählung. Darin wimmelt es von Huren, Zuhältern und Boxern, von Drogensüchtigen und Dealern, von Leuten der besseren Gesellschaft auf Exotiktrip in die Slums und von Angebern, die mit Geld nur so um sich werfen.

Eine der Stärken des Buches liegt in der Echtheit und Frische des forschen Straßenjargons – ein Beweis, daß Mae den Leuten, über die sie schrieb, lange und genau zugehört hatte. Prostituierte sind demnach »'n paar Muttis, die im Akkord Überstunden machen«. Diese »Muttis« versuchen sich an die Siegertypen unter den Boxern zu hängen, weil die »dick Knete machen«. Ein reicher Schwarzer »wohnt da oben in seinem Palastapartment in Strivers' Row wie ein König« (livin' lak a king up dere in Strivers' Row in a palacious apartment). Und wenn der Erzähler gelegentlich die umgangssprachliche Ebene verläßt, klingt er gleich unangemessen psychoanalytisch, etwa in Sätzen wie: »Bearcats unterbewußte Sehnsucht nach Frauen machte sich bemerkbar.«

Der Verleger Lowell Brentano las Anfang 1930 Teile des Manuskripts und zeigte Interesse, den Roman unter dem Titel *Black and White* zu veröffentlichen. Mae war inzwischen wieder in New York, und Brentano wurde gebeten, sie in ihrer Wohnung an der West End Avenue in Manhattan aufzusuchen, die sie sich mit Beverly teilte. (Als Brentano kam, war Beverly nicht zu Hause.) Wie der Verleger berichtete, wurde er »von einer reservierten schwarzen Magd« (Bea Jackson) hereingelassen. Als er das Wohnzimmer betreten hatte, sah er sich »überrascht und peinlich berührt« um. Anscheinend gab es keinerlei Sitzgelegenheiten. Der große Raum war in zwei Ebenen aufgeteilt, die durch einige Stufen miteinander verbunden waren. Auf der unteren Ebene befanden sich überhaupt keine Möbel, auf der oberen, »genau an der Wandmitte, stand zwischen den beiden Fenstern ein riesiges Bett mit einer kunstvollen Spitzendecke, mit Pfosten, einem großen, mit Ornamenten geschmückten Baldachin und mit Polstern ... Um dieses Bett herum standen vier winzige vergoldete Stühle, die so zerbrechlich wirkten, daß ich das Gefühl hatte, sie würden bei der ersten Benutzung zusammenbrechen. Ich hatte Angst, mich auf das Bett zu setzen, Bedenken, mich auf die Stühle zu setzen, und so ging ich nervös im Raum auf und ab.«

Mae West, »gewandet mit einem wunderschönen und ... sehr teuren Negligé, schwebte mit ihrem wohlbekannten Gang herein. Mit einer Hand hielt sie das Negligé zu, die andere lag auf ihrer Hüfte.« Anstelle eines Händeschüttelns verbeugte sie sich höflich und warf sich dann auf ihr Bett. »Ihr Kopf lag auf dem Polster, die Hände hatte sie hinter dem Kopf, die Beine waren gekreuzt. Dann lächelte sie entspannt ... ›Na, Herr Brentano, was kann ich für Sie tun?‹ Ohne mir auch nur Gelegenheit zu einer Antwort zu geben, klopfte sie mit einer Hand auf das Polster und sagte: ›Aber Herr Brentano, nun seien Sie doch nicht so schüchtern. Kommen Sie hier herüber, und setzen Sie sich.‹«

Als sich Brentano auf das Bett gesetzt hatte, sprachen die beiden über Maes Roman. Er empfahl gewisse Streichungen und Kürzungen, doch dagegen verwahrte sich Mae. »Versuchen Sie nicht, mich respektabel zu machen. Mein Publikum erwartet von mir, daß ich schlecht bin.«[4]

Obwohl Mae einen Vertrag mit Brentano unterschrieb und obgleich dieser sich im Verlagsdirektorium für die Annahme des Werkes stark machte, wurde das Buch abgelehnt – ohne jeden Zweifel wegen seines sexuell sehr freimütigen Inhalts. Ein anderer New Yorker Verleger, Macauley, trat an Brentanos Stelle und veröffentlichte das Buch unter dem Titel *Babe Gordon*. Als Werbegag veranstaltete er ein Preisausschreiben und versprach in einem Inserat in *Publishers Weekly* demjenigen einen Preis von 100 Dollar, der den besten Vorschlag für einen neuen Romantitel machen würde. Die Jury bestand aus Walter Winchell (einigermaßen überraschend, wenn man bedenkt, was er über Maes Dramen zu sagen pflegte), Harold E. Williams von der American News Company und Charles Springhorn vom Verlag Macauley. Im März 1931, vier Monate und vier Auflagen nach dem Ersterscheinungstermin, wurde der Sieger bekanntgegeben, wiederum in einer Annonce in *Publishers Weekly*:[5] Effie Mattison aus New York hatte den Roman erfolgreich umgetauft, der von da an *The Constant Sinner* hieß.

Dieser Titel legt nun einen ironischen Vergleich mit Somerset Maughams Drama *The Constant Wife* nahe – einem Stück, mit dem Ethel Barrymore 1926 Triumphe gefeiert hatte. Manche dachten sicher auch an Dorothy Parkers Kolumne im *New Yorker:* »The Constant Reader«.

*The Constant Sinner* widersetzt sich noch entschiedener als alle früheren Mae-West-Texte den moralischen Konventionen. Babe Gordon, eine »Preisboxer-Hure«, die mit »Dirnen, Mördern, Schmugglern und Spielhöllenbesitzern« verkehrt, ist eine Weiße, die in Harlem arbeitet und einen schwarzen Liebhaber hat: den ehemaligen Zuhälter Money Johnson, der jetzt als Wettkönig und mit schmutzigen politischen Geschäften sein Geld verdient und der mit einem großartigen Körper ausgestattet ist. Dabei ist Babe sogar noch verheiratet mit dem weißen Faustkämpfer Bearcat Delaney. Nie zuvor war eine Mae-West-Figur tatsächlich in den Stand der Ehe getreten – um das Treueversprechen schon nach wenigen Monaten zu brechen. Nie zuvor hatte Mae West in sexuellen Dingen öffentlich die Rassenschranken überschritten.

Die verheiratete Babe hat aber nicht nur einen schwarzen, sondern auch noch ein weißen Liebhaber: den Aristokraten Wayne Baldwin, dessen Abendgarderobe aus der Bond Street stammt und der Erbe einer Discountladenkette ist. Baldwin erblickt Babe Gordon zum ersten Mal in einem Harlem Breakfast Club. Dort sitzt sie, in Hermelin gehüllt und mit glitzernden Diamanten geschmückt, neben dem löwenhaften »farbigen Apollo«, Money Johnson, dessen bronzene Hand auf ihrer Schulter ruht. »Seine Fingerspitzen liebkosten ihren cremeweißen Hals.« Baldwin ist schockiert, aber auch erregt: Der Gedanke an »Babes weißen Körper und Johnsons schwarzen Körper ... ist schrecklich, und doch gibt er ihm auch einen sinnlichen Kick.« Innerhalb weniger Monate hat Baldwin, während Money Johnson eine Gefängnisstrafe absitzt, Babe zu seiner Geliebten gemacht. In einer Luxuswohnung am Riverside Drive, die derjenigen ähnelt, die Mae mit Beverly in der West End Avenue teilte, hält er Babe im großen Stil aus.

Der Erzähler nimmt Babes Untreue als unvermeidlich hin. Manche Frauen sind eben von Natur aus so:

> Es gibt Frauen, die in Körper und Geist so beschaffen sind, daß sie zu Töchtern der Freude geradezu prädestiniert sind. Diese Frauen, von den Franzosen *femmes amoureuses* genannt, finden sich nicht nur unter den Straßendirnen, sondern in allen Gesellschaftsschichten ...
> Babe war eine geborene *femme amoureuse*. Sie dachte sich: Wenn ein Mann so viele Frauen haben kann, wie er will, dann gibt es keinen Grund, warum eine Frau nicht auch dasselbe tun dürfte. Sie war eine jener Frauen, die nur auf die Welt gekommen sind, um für Männer dazusein – nicht für einen Mann, sondern für viele.

Am Ende des Romans hat sich Babe von Bearcat scheiden lassen und ist mit Wayne Baldwin nach Paris gezogen. Als Leser indes dürfen wir sicher sein, daß Babe nicht daran denkt, Wayne die Treue zu halten.

Mit der gleichen Selbstverständlichkeit und ohne scharfe Verurteilung wird im Roman Babes Unwahrhaftigkeit akzeptiert. Obwohl dies überhaupt nicht stimmt, erzählt sie Bearcat ohne jeden Skrupel, sie sei in der Kirche gewesen. »Für Babe war eine Lüge einfach etwas, das man erzählte, um sich einen Vorteil zu verschaffen, um etwas, das man haben wollte, auf kürzestem Wege zu bekommen. Sie log niemals um des Lügens willen. Wenn sie log, hatte sie immer einen klaren Grund dafür. Diesmal bestand der Zweck darin, einen guten Eindruck zu schinden. Sie wollte als wertvoller Mensch dastehen.« Babe hat kein moralisches Empfinden. Sie nennt sich selbst »unmoralisch. Für sie gab es keine Moral.«

Und so, wie Babe eifrig darauf bedacht ist, ihren sinnlichen Begierden überallhin zu folgen, verehrt sie bedingungslos das Geld. Aus ihrer Sicht sind auch Menschen nur Objekte, Waren, und »die ganze Welt ist auf Verkauf aus: Güter, Fähigkeiten, Persönlichkeit.« Ihr Körper, ihre Attraktivität und ihre sexuelle Raffinesse haben einen hohen Marktwert. In ihrer Vergangenheit hat sie ihre Fähigkeiten genutzt, um eine Menge Boxer »sauber auszunehmen«, und sie weiß auch, wie man »einem hartgesottenen Gangster oder Spieler noch den letzten Cent aus der Tasche zieht«. Sie sehnt sich nach »den großartigen Liebesromanzen, die sie auf der silbernen Leinwand dargestellt sieht, und sie träumt davon, daß eines Tages auch ihr all das Vergnügen und der ganze exquisite Luxus zuteil werden«.

Als Bearcat als Boxchampion auf der Höhe ist, hält Babe zu ihm und zeigt sich strahlend in dem schönen Mantel mit Fuchspelz, den er ihr geschenkt hat. Doch als das liederliche Leben mit Babe eine Niederlagenserie im Ring und finanzielle Nöte zur Folge hat, verläßt sie ihn und kehrt an ihre alte Wirkungsstätte in Harlem zurück. »Die Welt liebt den Helden und den Erfolg, und mit einem gefallenen Idol wollte sich Babe nicht weiter aufhalten.« Um ihr gutes Herz zu zeigen, hinterläßt sie Bearcat anonym Geld, damit er in sein Trainingslager in den Adirondacks zurückkehren kann.

Babe nimmt einen Job als Drogendealerin an, bei dem sie auf Provisionsbasis viel verdienen kann. In der Kosmetikabteilung von Baldwin's Five and Ten Cent Store verkauft sie Morphium, Heroin und Kokain, das in goldenen Puderdosen versteckt ist. Ihr Anteil an den Erlösen beträgt ein Drittel. Gewissensbisse, daß sie am Elend der Drogensüchtigen verdient, kennt die »unmoralische« Babe nicht. So hat sie auch später keine Skrupel, Money Johnsons Entlassung aus dem Gefängnis mit einer Opiumorgie zu feiern. Die damit verbundene Gefahr verschafft ihr einen zusätzlichen Kick. »Rauschgift zu verkaufen, das fand sie echt toll, das war eine völlig neue Art von Macht. Das Risiko, gefaßt zu werden, machte das Spielchen nur noch glamouröser.« Ihre einzige Sorge ist, schadlos dabei davonzukommen – und das gelingt ihr immer wieder dadurch, daß sie andere manipuliert und sich selbst kunstvoll verstellt. Für ihre Sünden wird sie nie bestraft, und Reue kennt sie nicht.

Wenn es in dem Buch eine Schurkenrolle gibt, dann gehört diese Cokey Jenny, einer Drogensüchtigen, die für Geld oder einen

Schuß wirklich alles tut und die sich in ihrem eifersüchtigen Zorn dazu hinreißen läßt, ihre frühere Freundin Babe zu verraten, indem sie der Polizei einen Tip gibt, was in Babes Kosmetikpackungen tatsächlich enthalten ist, indem sie der Familie von Wayne Baldwin die Wahrheit über Babes schmutzige Vergangenheit erzählt und indem sie sowohl Baldwin als auch Bearcat Babes Aufenthalt verrät, als diese sich gerade mit Money Johnson in eine Harlemer Wohnung zurückgezogen hat, um mit einer ekstatischen Liebesnacht dessen Freilassung aus dem Gefängnis zu feiern. Wayne Baldwin dringt daraufhin in die Wohnung ein und erschießt Johnson.

Cokey Jenny ist viel zu sehr mit ihren Drogen beschäftigt, um sich für Männer zu interessieren, doch andere schwarze Frauen in Harlem, Exgeliebte von Money Johnson, sind zu allem bereit, um ihn zurückzugewinnen. Sie hassen Babe Gordon, die Weiße, die ihnen ihren Mann ausgespannt hat. In der Welt von *The Constant Sinner* halten jedoch die Weißen alle sexuellen Trümpfe in der Hand.

Obwohl Mae West beim Sex über Rassengrenzen hinweg keine Tabus kannte, akzeptierte sie in anderen Bereichen durchaus rassistische und ethnische Stereotypen. In *Diamond Lil* ist der jüdische Hauswirt Jacobson die Karikatur eines geld- und raffgierigen Wucherers; Juarez entspricht dem Klischee des schmierigen lateinamerikanischen Liebhabers. Und in *The Constant Sinner* sind die Schwarzen sexuell dynamische Primitive, die kein Talent zu jener moralischen Heuchelei haben, die das weiße Establishment zu seiner Spezialität gemacht hat.

In der Gerichtsszene des Romans werden die Schwülstigkeit, die Rassenhysterie und die Unaufrichtigkeit der Weißen, die die Macht besitzen, bloßgestellt. Baldwin hat Money Johnson getötet, doch Bearcat nimmt die Schuld auf sich. Er wird freigesprochen, nachdem sein teurer (von Baldwin bezahlter) Anwalt sein Plädoyer darauf abgestellt hat, daß hier die »Ehre« einer weißen Frau (Babe) vor den Angriffen eines »niedrigen, lüsternen schwarzen Tieres« geschützt worden sei. Wenn wir seinem Anwalt glauben wollen,

dann hat Bearcat »die besten Traditionen der weißen Rasse aufrechterhalten, nämlich die Ehre der weißen Frau«. Die ausnahmslos weißen Geschworenen fallen auf diese rassistische Verteidi-
gungsstrategie herein. Die Gerechtigkeit im Gerichtssaal erweist
sich als eine weitere Form von Manipulation. Man muß nur die
richtigen Reflexe aktivieren. Das ist allemal aussichtsreicher als der
Versuch, Schuld oder Unschuld objektiv festzustellen.

Laut Mae West erlebte der Roman *The Constant Sinner* fünf Auflagen bei 94 000 verkauften Exemplaren. Sie nannte das Buch einen
Bestseller, doch auf den Bestsellerlisten von *Publisher's Weekly*
erschien es nie. Die Rezensenten straften es allgemein mit Nicht-
achtung. Zu den wahren Bestsellerautoren jener Saison gehörten
dagegen Edna Ferber, Louis Bromfield, Anne Douglas Sedgwick
und Somerset Maugham. Vom Verkaufserfolg her war *The Constant Sinner* gleichwohl ein respektables Buch, und so trug der
finanzielle Erfolg wohl auch dazu bei, das angeschlagene Shubert-
Imperium davon zu überzeugen, daß sich mit einer Dramenversion
des Stoffes ebenfalls Geld verdienen ließe. Im August 1931 war ein
gemischtrassiges Ensemble beisammen, und die Proben hatten
begonnen.

Mae ging selbst nach Harlem, um vor Ort Talente für ihr Stück
auszusuchen. »Sie setzte sich immer stark für die Farbigen ein«,
erinnerte sich Lorenzo Tucker, der »farbige Valentino«. »Im Cotton
Club engagierte sie Paul Meers für einen ›afrikanischen Tanz‹.
Woanders gabelte sie Robert Rains für die Rolle des Liverlips auf ...
Sie engagierte Rudolph Toombs als Mr. Gray, Hubert Brown als
Kellner und Trixie Smith als Dienstmädchen für das Obergeschoß
des Bordells.«[6]
Mae kämpfte hart, um Tucker selbst die Rolle des Money Johnson
zu verschaffen, doch sie konnte lediglich erreichen, daß er – und
auch das nur gegen den Widerstand Timonys, der Shuberts und
des Regisseurs Lawrence Marsden – als Ersatzschauspieler für die
Rolle engagiert wurde, ansonsten aber den Oberkellner spielte.

Gemischtrassige Liebesbeziehungen (»Rassenschande«) blieben im Theater ein explosives Thema. 1924 durften in O'Neills Drama *Alle Kinder Gottes haben Flügel* (All God's Chillun Got Wings) weiße und schwarze Kinder nicht gemeinsam auf der Bühne auftreten, und die Darstellung eines (von Paul Robeson gespielten) Schwarzen in diesem Stück, der mit einer Weißen verheiratet war, rief bei manchen Leuten Panik hervor. Eine Zeitung aus dem Hause Hearst bezeichnete diese Konstellation als »Brechreiz verursachend« und sagte Unruhen voraus. Es kam zwar nie so weit, daß der Linzenzbeamte seine Drohung, das Theater zu schließen, wahr machte, doch die Nerven waren bis zum äußersten angespannt.

Um eine potentielle Explosion im Zusammenhang mit *The Constant Sinner* soweit wie möglich zu vermeiden, erhielt ein weißer Amerikaner griechischer Abstammung, George Givot, die Rolle des Money Johnson. Beim Schlußapplaus entledigte sich Givot seiner Perücke und seiner schwarzen Farbe, damit alle sehen konnten, daß er weiß war – so wie Travestiekünstler vom Schlage eines Julian Eltinge am Ende zu offenbaren pflegten, daß sich hinter den Frauenkleidern ein Mann verbarg.

Als die Proben für *The Constant Sinner* begannen, lag sogar ein komplettes Skript vor – etwas für Mae West völlig Neues. Das wurde sogar in der *New York Herald Tribune* ausdrücklich vermerkt. Die Dramenversion ist markiger und pointenreicher als der Roman, wobei die meisten witzigen Pointen natürlich Babe Gordon gehören. Nur ein Beispiel: Als sie hört, daß Bearcat als Mittelgewichtsboxer 1,78 Meter groß sei, sagt sie: »Paßt genau in mein Bett.«
In cincr Szene, die im Roman fehlt, bekommen wir Babes Hotelzimmer in Manhattan zu sehen, dessen eine Wand berühmte Frauen aus der Geschichte zieren, mit denen sich Mae West ausnahmslos identifizierte: Kleopatra, Mme. Dubarry, Katharina die Große. Diese Frauen verbanden Ruhm, Macht und sexuelle Potenz zu einer Erfolgsmischung, und in diesem Punkt sah sich Mae als Gleiche unter Gleichen. Natürlich bieten auch Babes historische Vorbilder

Gelegenheit zu frechen Sprüchen: Katharina die Große »unterhielt das größte stehende Heer der Welt. Sie ließ sie vor ihrer Schlafzimmertür Schlange stehen.« Dieser Witz gefiel Mae so gut, daß sie ihn mehrfach bei anderen Gelegenheiten wiederholte.

Diese historischen Heldinnen fand Mae auch außerhalb der Bühne faszinierend – ganz besonders Katharina die Große. Über die Zarin schrieb sie ein Drehbuch (das freilich niemals realisiert wurde) und ein Bühnenstück, *Catherine Was Great*, das in den vierziger Jahren aufgeführt wurde. Immer stärker steigerte sie sich in die Vorstellung hinein, sie sei eine Reinkarnation der schlauen, sexuell unersättlichen russischen Herrscherin. Obwohl Mae nie eine große Leserin war, sammelte sie Bücher über Herrscherinnen, legendäre *femmes fatales* und mächtige Kurtisanen aus der Geschichte, darunter Helena (die den Trojanischen Krieg entfesselte), Lucrezia Borgia, Lola Montez und die englische Königin Elisabeth I.

Nach Probeaufführungen in Atlantic City und einer kurzen Zwischenstation in Brighton Beach, Brooklyn, wurde *The Constant Sinner* schnellstens nach Manhattan transferiert. Der geplante Premierentermin wurde vorverlegt, um sicherzustellen, daß die Shuberts wenigstens mit einer Produktion am Broadway vertreten waren.

Hinter den Kulissen war Mae ausschließlich Geschäftsfrau, wie der Schauspieler Arthur Vinton in einem Interview erzählte. Vinton spielte Bearcats reizbaren Manager Charlie Yates. Die Ensemblemitglieder sprachen Mae immer nur mit »Miss West« an, nie mit »Mae«. »Sie hat die männlichste Denkweise im weiblichsten Körper unter allen heutzutage lebenden Frauen ... Ihr Gehirn arbeitet so schnell wie ein Maschinengewehr ... Sie war pünktlich wie eine Uhr. Sie arbeitete wie ein echter Profi. Anderen Mitgliedern ihres Ensembles gegenüber war sie extrem großzügig ... menschliche Unzulänglichkeiten nahm sie äußerst tolerant hin.« Ihren Nimbus als große Verführerin stellte Vinton allerdings in Frage: »Ich habe nie miterlebt, daß sie einen Mann anders angesehen hat als freundlich und freimütig.«[7] George Givot berichtete George Eells hinge-

311

gen, Mae habe ihn ständig in ihre Garderobe eingeladen. Er habe sich jedoch gesträubt, weil ihn Maes mechanische Einstellung zum Sex eher abgestoßen habe.

Gespielt wurde *The Constant Sinner* im »Royale« an der Forty-fifth Street, wo Mae zuvor mit *Diamond Lil* Triumphe gefeiert hatte. So waren Vergleiche mit *Diamond Lil*, jenem Stück, in dem Mae West zuletzt in New York zu sehen gewesen war, unvermeidlich. Doch solche Vergleiche fielen erwartungsgemäß nicht zugunsten von *The Constant Sinner* aus.

Robert Benchley, inzwischen als Theaterkritiker für den *New Yorker* tätig, war der Meinung, übertriebenes Lob für ihren Auftritt als Diamond Lil habe Mae West den Kopf total verdreht und in ihr »eine fast unerträgliche Selbstzufriedenheit mit ihren eigenen Fähigkeiten und ihrer Persönlichkeit« genährt. »Nicht einmal die Duse hätte die Bühne so total mit einer Aura des Erfolgs und des Selbstvertrauens füllen können.«[8]

Lob erntete der Bühnenbildner Rollo Wayne, dessen Drehbühne Raum für sechzehn Szenen in drei Akten bot. Und sechzehn Szenen waren eben auch gleichbedeutend mit fast ebenso vielen wirkungsvollen Schlußpointen. Dadurch erhielt das Melodrama »ein gewisses Flair, und mehr als einmal blitzte gutes Theater auf«. Die Gewagtheit des Dialogs stieß indes auf gemischte Reaktionen. »Selten war auf einer Broadway-Bühne unflätigeres Gerede zu hören«, monierte die *New York Times*. Und Howard Barnes schrieb in der *New York Herald Tribune*: »Schade, daß die Stückeschreiberin und Schauspielerin so fest davon überzeugt ist, daß Kunst nur dann Profit bringen kann, wenn sie nach Belieben mit Schmutz vermischt ist. In *The Constant Sinner* ... ist ihr ein kruder und häufig überzeugender Bühnenrealismus gelungen, doch dann durchbricht sie dieses Konzept laufend mit blödsinnig zweideutigen Sprüchen und Situationen.«[9]

Zu den »zweideutigen Situationen« gehörte eine Szene, in der Mae West auf der spärlich beleuchteten Bühne ein dünnes Chiffongewand auszog und dann eine Robe anlegte. Wesentlich später, im Jahre 1973, behauptete sie: »Ich war damals nicht wirklich nackt«;

aber offenbar sah es für die Zuschauer doch so aus, als sei sie nackt.
Das weitgehend aus erlebnishungrigen Männern bestehende Premierenpublikum amüsierte sich bestens, doch Stephen Rathburn von der *New York Sun* distanzierte sich von ihnen:»In keiner billigen Varietévorstellung ist das Niveau des Lebens und der Moral so niedrig wie hier«, knurrte er.

Für den bedeutenden Theaterkritiker Joseph Wood Krutch, der Ende September 1931 in der liberalen Wochenzeitung *The Nation* einen Essay mit dem Titel»In Defense of Mae West«(Zur Verteidigung von Mae West) veröffentlichte, verdiente den Tadel das Publikum, nicht die Starschauspielerin und Autorin. Mae West,»eine leicht ins Zwielichtige verschobene Art Lillian Russell«, sei eine»Persönlichkeit«. Außerdem habe sie einen ganz eigenen»Tonfall, wenn auch nicht gerade eine sehr subtile Auffassung von dramatischer Technik«. Ihr krudes, grelles Stück sei jedoch weit lebendiger als viele andere Broadway-Stücke und genauso respektabel wie das hochgelobte Drama *Lulu Belle*. Der Masse unreifer Männer, die ins Theater gingen, um zu gaffen und zu kichern, verpaßte Krutch eine Ohrfeige:»Auf jede zweideutige Zeile reagieren sie mit Kichern, Gurgeln, Prusten, Gejohle und anderen seltsamen Geräuschen.« Da ergebe es einfach keinen Sinn, nur Mae West zu strafen und ihre ungehobelten Fans ungeschoren davonkommen zu lassen.

Letztlich hingen die Reaktionen auf das Stück immer davon ab, wie die Rezensenten zum Phänomen Mae West standen. *Variety* krönte sie zur»immer noch besten Unangepaßten von allen. Miss West spielt wie immer: natürlich, mit der größten Leichtigkeit und Nonchalance.« Der Kritiker der *New York Times* hingegen hatte die Nase voll von ihrem begrenzten Repertoire schauspielerischer Tricks:»Ihr spezielles Über-die-Bühne-Schlurfen, ihre sprachlichen und stimmlichen Mätzchen, das Ausspielen ihrer blonden Drallheit – all dies wirkt durch ständige Wiederholung doch ziemlich ermüdend.« Im *New York Evening Graphic* schließlich war zu lesen, das Stück sei»mittelmäßige Unterhaltung, aber ... guter Mae West. Wir sind fest davon überzeugt, daß es dem

Publikum ... schnurzpiepe ist, in welchem Stück sie auftritt, solange man ihre berühmte Figur aufreizend zu sehen bekommt und ihrer sinnlich-schwül-gelangweilten Stimme, ihrem Markenzeichen auf der Bühne, lauschen kann.«

Das Premierenpublikum hielt seine rückhaltlose Bewunderung nicht zurück; es gab wilden Beifall und sogar Bravorufe. Auf die Ovationen reagierte der Star mit einer kleinen Dankesansprache, in der das Publikum gebeten wurde, Mae West als Person nicht mit der Bühnenrolle zu verwechseln, die sie soeben gespielt habe. Als der Beifall sich schließlich gelegt hatte, verspürte Mae auf einmal eine tiefe Melancholie. Als Freunde und Bewunderer in der Garderobe erschienen, saß sie ganz allein und in Gedanken versunken da. »Es war niemand da, für den ich ganz speziell hätte spielen können«, sagte sie zur Begründung. »Es war die erste Premiere ohne meine Mutter.«[10]

*The Constant Sinner* wurde, nachdem zwei beanstandete Zeilen gestrichen waren, weder durch Polizeirazzien noch durch Zensurforderungen behelligt. Vielleicht hatte Bürgermeister Walker jetzt zuviel mit seinen eigenen juristischen Problemen zu tun, um sich erneut an die Spitze einer Säuberungskampagne am Broadway stellen zu können. Am Premierenabend weilte er ohnehin in Europa, um seine Probleme so gut wie möglich zu vergessen. Man hatte ihn nämlich des Gesetzesmißbrauchs und der Vernachlässigung seiner Amtspflichten angeklagt, und schon bald darauf sollte er unehrenhaft aus dem Amt scheiden.

In ihrer Autobiographie nennt Mae West *The Constant Sinner* einen Hit: »Wir mußten zwei Theaterkassen öffnen, um des Ansturms der Massen Herr zu werden.« Doch auch in diesem Fall zeigt sich Maes Ähnlichkeit mit Babe Gordon: Auch Mae nahm es mit der Wahrheit nicht allzu genau, wenn gute Gründe dafür sprachen. In diesem Fall konnte Mae einfach nicht zulassen, daß ihr öffentliches Image als Siegertyp Kratzer bekam. *Variety* jedenfalls rechnete das Stück zu den Fehlschlägen der Saison 1931/32. Der Vorverkauf entwickelte einfach keine Dynamik, und so schleppte sich das Stück acht Wochen lang dahin, ehe es abgesetzt wurde. »Man hatte damit gerechnet, daß mit diesem Stück Geld zu verdienen sei«, hieß es im Branchenblatt am 3. November 1931,»doch das Ganze entpuppte sich als Strohfeuer. Der Kartenvertrieb durch eine Agentur verlängerte [die Laufzeit] noch eine gewisse Weile, sonst wäre die Aufführung des Stückes sogar schon früher gestorben. Der Eingangsschwung war gar nicht so schlecht, bei Wocheneinnahmen von 11 000 Dollar. Doch in letzter Zeit war der Umsatz auf 5000 Dollar gesunken.« Derselben Ausgabe von *Variety* war ferner zu entnehmen, daß die Shubert-Organisation in Konkurs gegangen war und daß der endgültige Bankrott wohl unmittelbar bevorstehe.

Gleichwohl begaben sich Mae West und ihre Tourneetruppe, zu allem entschlossen, mit *The Constant Sinner* auf Tour durch die Provinz, mit ausgebuchten Gastspielen in Newark, Philadelphia, Washington D. C. und Chicago. In Chicago, ließ sie verlauten, plane sie, die Rolle des Money Johnson mit dem Schwarzen Lorenzo Tucker zu besetzen.

Doch soweit kam es gar nicht mehr, denn das Stück verschwand nach nur zwei Aufführungen in Washington endgültig von der Bildfläche, weil der Bezirksstaatsanwalt Leo Rover angedroht hatte, die gesamte Truppe ins Gefängnis zu stecken, wenn auch nur ein einziger weiterer Versuch unternommen würde, das Stück in Washington aufzuführen. Drei Zensoren, ein Unterstaatsanwalt und zwei Polizisten, waren bei der Premiere im Belasco Theater gewesen und daraufhin zu dem Ergebnis gekommen,»Thematik, Sprache und Posen« des Stückes seien »obszön und lüstern«. In Washington herrschte aber auch strikte Rassentrennung, und laut *Washington Post* war der beunruhigendste Aspekt von *The Constant Sinner* seine»anstößige Vermischung der Hautfarben«.

Mae West erreichte die Nachricht von der Schließung »auf der Pferderennbahn im nahe gelegenen Maryland«. So mußte nicht nur die letzte Station der Tournee in Chicago entfallen, sondern sie hatte sich auch mit einer Truppe verärgerter Schauspieler auseinanderzusetzen, denen ein Teil ihrer versprochenen und vertraglich zugesicherten Gagen vorenthalten worden war. Zweiundzwanzig

Akteure, darunter Russell Hardie, der den Baldwin spielte, und Arthur Vinton, klagten bei Actors' Equity.

So ging das Jahr 1931 unrühmlich zu Ende. Berichten zufolge hatte der Broadway sein schlimmstes Debakel seit zwei Jahrzehnten erlitten. Neben den Shuberts war auch A. H. Wood bankrott gegangen, selbst Arthur Hammerstein hatte das gleiche Schicksal ereilt. Fast die Hälfte der Zeit blieben die Theater dunkel. Am Times Square bildeten sich lange Schlangen von Bedürftigen, an die Nahrungsmittel verteilt wurden.

Eine Ankündigung im Oktober, Mae West werde ihr eigenes Theater an der Eighth Avenue in der Nähe der Forty-eighth Street bekommen, um dort ihre eigenen Stücke aufzuführen, erwies sich als Ente. Statt dessen war in der letzten Dezembernummer von *Variety* zu lesen:»Mae West wird vorerst nicht mehr auf der regulären Theaterbühne zu sehen sein. Sie hat die Arbeit an einem neuen Roman begonnen.« In der auftrittsfreien Zeit machte sich Mae daran, *Diamond Lil* in Romanform zu fassen.

Doch dann ereigneten sich innerhalb eines halben Jahres zwei für die Annalen der amerikanischen Frau zentrale Begebenheiten: Amelia Earhart überquerte im Alleinflug den Atlantik, und Mae West ging nach Hollywood. In einer dramatischen Wandlung ihrer Geschicke, wie sie kein Melodrama plakativer hätte erfinden können, kam Mae nach viertägiger Fahrt in überhitzten Zügen in Hollywood an, um ihre erste Filmrolle in *Night After Night* zu übernehmen. Wie lange dieser Aufenthalt in der Filmmetropole dauern sollte, war ihr damals nicht klar.

# Großes Mädchen in einer kleinen Stadt

*A*ls Mae West am 20. Juni 1932 in Hollywood ankam, stand sie zwar im Ruf, daß ihr in weltlichen Dingen so schnell niemand etwas vormachen könne, doch von der Kunst des Filmemachens hatte sie keine Ahnung. In den frühen zwanziger Jahren hatte sie einmal Probeaufnahmen für *Daredevil Jack* (Der tollkühne Jack) gemacht, aber in ein richtiges Filmstudio hatte sie noch keinen Fuß gesetzt. Doch nun wollte sie lernen, wie man Filme macht, denn Paramount hatte sie für eine Rolle in dem George-Raft-Film *Night After Night* (Abend für Abend) ausgesucht.

Aufgebrochen war Mae Hals über Kopf. Am 16. Juni hatten Timony und sie in New York den Zug bestiegen, nachdem Mae in aller Eile unter den »schnellsten Kontrakt, den sie in ihrem Leben je abschloß«, ihre Unterschrift gesetzt hatte. Der Vertrag mit Paramount, ausgehandelt vom Agenten William Morris jr., versprach ihr zehn Wochen lang ein Einkommen von wöchentlich 5000 Dollar. Wie es in einem Bericht der *Illustrated News* vom 20. Juni weiter heißt, »unterschrieb sie am Mittwoch, bestieg noch am selben Abend den Zug, mußte dann jedoch, da noch Verhandlungen wegen einer Produktion von *The Constant Sinner* in Chicago liefen«, dort Zwischenstation machen. Die Produktionspläne wurden abgesagt, und weiter ging's nach Kalifornien, dem Filmdebüt entgegen.

Bei Paramount, dem kultiviertesten und europäisiertesten der großen Hollywood-Filmstudios, hatte man schon früher daran gedacht, Mae West unter Vertrag zu nehmen, aber daraus wurde dann doch nichts. B. P. Schulberg, der Produktionschef, hatte sie 1928 Jesse Lasky, einem der Gründer von Paramount, vorgeschlagen. Doch Lasky, für den Mae schon 1911 in ihrer ersten Broadway-Rolle, in *A la Broadway*, gearbeitet hatte, äußerte Bedenken. Adolph Zukor, der Paramount-Studioboss, würde ihrer aller Köpfe fordern, wenn sie Mae West engagierten. Und aus Zukors Memoiren geht tatsächlich hervor, daß Maes Ruf als Skandalnudel, den sie sich in New York erworben hatte, für die Filmbosse durchaus keine Empfehlung darstellte. »Niemand glaubte, daß sich die Mae West der Bühne weitgehend intakt auf die Leinwand übertragen lassen würde.«[1]

Drei ihrer Stücke, *Sex, Pleasure Man* und *Diamond Lil*, waren vom Hays Office ausdrücklich als für eine Filmbearbeitung untragbar eingestuft worden, und die Art von Frauenrollen, die Mae normalerweise spielte – Prostituierte oder Sirenen mit einem ganzen Schwarm von Liebhabern –, würde die Moralwächter garantiert auf den Plan rufen. Im Motion Picture Production Code von 1930, dem schriftlich niedergelegten Moralkodex der Filmindustrie,[2] wurden Sex und Leidenschaft außerhalb der Ehe als »unreine Liebe« eingestuft, und es wurde verlangt, daß solche Liebesbeziehungen, wenn sie denn schon im Film unumgänglich seien, eindeutig so dargestellt werden müßten, daß sie als Unrecht erscheinen. Ferner dürften solche Beziehungen nicht »Gegenstand der Komödie oder Farce sein oder genutzt werden, um Gelächter zu provozieren«.

Der Code von 1930 griff jedoch nicht; er wurde nur sporadisch durchgesetzt, und die Produzenten, die um ihr wirtschaftliches Überleben kämpften und wußten, wie wichtig Sex für die Attraktivität der Filme an der Kinokasse war, ignorierten die Richtlinien routinemäßig. In den frühen dreißiger Jahren waren Filme über Promiskuität, Ehebruch, Scheidung und Prostitution sogar ausgesprochen beliebt,[3] selbst wenn Paramount bestimmte Wörter verbot, beispielsweise »broad« (Nutte), »floozy« (Flittchen), »moll« (Gangsterbraut) oder »sex«. Aber die Leute wollten einfach rauhe Stadtlandschaften sehen, in denen lakonische Gangstertypen und »gefallene« Frauen zu Hause waren.

George Raft kommt das Verdienst zu, Mae West in die Filmstudios gebracht zu haben. Der einstige Nachtklubtänzer und Owney-Madden-Chauffeur hatte sich mit *Scarface* (Narbengesicht) – einem Klassiker des Gangsterfilms, der sich an Aufstieg und Fall Al Capones orientiert – gerade als führender Filmgangster etabliert. (Als er, Rinaldo, von seinem Freund Camonte, gespielt von Paul Muni, erschossen wird, wirft er nonchalant eine Münze.) Auch als romantischer Held sah Raft vielversprechend aus, weil sein Profil und das mit Pomade nach hinten gekämmte glänzend-schwarze Haar an Rudolph Valentino erinnerten. Zu seinem neuen Status als Star gehörte auch das Recht, bei der Besetzung der Rollen für seinen neuen Film konsultiert zu werden. Archie Mayo sollte in *Night After Night* Regie führen, Raft den Joe Anton spielen, einen ehemaligen Boxer, der jetzt in einem Speakeasy in Manhattan das Sagen hatte. Die Rolle seiner Exfreundin Maudie Triplett sollte ursprünglich Texas Guinan bekommen, in deren Clubs Raft früher als Tänzer aufgetreten war. Doch Raft erzählte Mayo, er kenne eine Frau, die in der Rolle »eine Sensation wäre«: Mae West.

Als George Raft Mae West anforderte, befand sich die ganze Nation in einer schlimmen Krise. 1932 war ein Viertel aller amerikanischen Berufstätigen arbeitslos. Nie dagewesene Mengen von Bettlern und Schnorrern bevölkerten die Straßen. Ihr Standardspruch »Brother, can you spare a dime?« (Bruder, hast du 'nen Groschen für mich?), refrainartig wiederholt, fand sogar Eingang in einen Schlager, in dem die soziale Realität ausnahmsweise einmal nicht verniedlicht wurde. Und wer noch zu den Glücklichen zählte, die Arbeit hatten, mußte mit Kurzarbeit und sinkendem Einkommen leben. Überall wurden Banken geschlossen, gingen die Geschäfte zurück, kamen Farmen unter den Hammer, lösten sich Sparguthaben in Wohlgefallen auf. Franklin Roosevelt, im Sommer 1932 als Präsidentschaftskandidat nominiert, versprach einen New Deal, eine »Neuverteilung der Karten«, damit die »Vergessenen« auf der Schattenseite wieder Hoffnung schöpfen könnten.

Zwar gingen immer noch jede Woche Millionen Amerikaner ins Kino, um dort nicht nur Zerstreuung und Unterhaltung zu finden, sondern auch Ermutigung und Hoffnung. Doch die Zahl der Kinobesucher war um 40 Prozent zurückgegangen, während die Produktionskosten für die neuen Tonfilme steil anstiegen. Die Eintrittspreise wurden gesenkt, und um Besucher anzulocken, verschenkten die Kinos Geschirr, veranstalteten sie Lotterien oder Doppelvorstellungen. Trotz dieser Anreize hatten 20 Prozent der Kinos im Lande bereits schließen müssen.

Paramount hatte mit Beginn der neuen Tonfilmära den Stummfilmstars den Stuhl vor die Tür gesetzt. »Von Clara Bow wollten sie bei Paramount nichts mehr wissen«, erinnerte sich Mae. »Wenn ich gewollt hätte, hätte ich ihre alte Garderobe bekommen können. Aber ich wollte nicht. William Haines, Roman Navarro, John Gilbert, alles einmal Topstars – auch ihre Garderoben standen zur Verfügung.«[4] Das Studio engagierte statt ihrer eine ganze Reihe neuer Schauspieler mit Theatererfahrung: Claudette Colbert, Nancy Carroll, Ruth Chatterton, Tallulah Bankhead, Fredric March, Walter Huston. Marlene Dietrich, die unter Max Reinhardt, aber auch schon im Film, kleinere Rollen gespielt hatte und die 1930 in *Der blaue Engel* einen sensationellen Triumph gefeiert hatte, wurde ebenfalls nach Hollywood geholt. Doch der Wohlstand zog mit den neuen Schauspielern noch nicht ein. 1932 machte das Studio Rekordverluste, um die 21 Millionen Dollar. Die Profite waren gegenüber 1931 um zwei Drittel gesunken, die Aktien befanden sich auf Talfahrt. Fünftausend vertraglich nicht abgesicherte Angestellte wurden entlassen, und wer einen Vertrag hatte, mußte freiwillige Gehaltskürzungen hinnehmen. 1700 Paramount-Filmtheater sollten in Bürogebäude umgewandelt werden. Nach einem Machtkampf hinter den Kulissen wurde B. P. Schulberg von Emanuel Cohen als Paramount-Produktionschef abgelöst.

Cohen, ein Energiebündel von knapp 1,50 Meter Größe, ein »gerissener, knallharter Typ«, der bei der Wochenschau groß geworden war, verkündete, »Kunstfilme«, die nur wenige Zuschauer ansprächen, sollten jetzt ersetzt werden durch Filme »mit einer starken Showkomponente«. Cohen sagte auch der vorherigen konservativen Einstellung des Studios den Kampf an; man wolle nunmehr »so wagemutig wie möglich« sein. Seinem Aufstieg war es zu verdanken, daß Paramount Hemingways *In einem anderen Land* (A Farewell to Arms) verfilmte (darin kommen eine uneheliche Schwangerschaft und eine Geburt vor), Faulkners explosiven Roman *Die Freistatt* (Sanctuary) ankaufte – und Mae West verpflichtete.

Mae Wests Ankunft ließ Hollywood zunächst relativ kalt. Murray Feil, William-Morris-Agent für die Westküste und damit auch für Mae zuständig, kam zum Bahnhof in Pasadena, um Mae und Timony abzuholen – doch wo blieb der ganze Rummel, auf den ein Star wie Mae West Anspruch zu haben glaubte? »Die Filmstadt gab [mir] den eisigsten Händedruck seit vielen Jahren.«[5] Maes weitverbreitete angeblich erste Worte, als sie in Pasadena dem Zug entstieg, waren: »Ich bin kein kleines Mädchen aus einer kleinen Stadt auf der Suche nach dem großen Glück in der Großstadt. Ich bin ein großes Mädchen aus einer großen Stadt, das eine Kleinstadt beglückt.« Mit dieser Einstellung war Mae tatsächlich angekommen. Doch in Wirklichkeit waren überhaupt keine Reporter auf dem Bahnhof zugegen, denen sie diese Worte hätte sagen können, und so wurde ihre berühmte Herabsetzung von Los Angeles erst 1934 einem Reporter gegenüber geäußert – zu einem Zeitpunkt, als Mae West schon internationalen Ruhm geerntet hatte.[6] Ihre Enttäuschung über den indifferenten Empfang in Hollywood steigerte sich zum Zorn, als man Mae auch noch viele Wochen auf ihr Drehbuch warten ließ – sie bekam ihr Geld, aber sie hatte nichts zu tun. Doch Paramount hatte große Schwierigkeiten mit dem Drehbuch zu *Night After Night*; immer wieder mußten sich neue Autoren daran versuchen. Auch von Besetzungsproblemen war gerüchtweise die Rede. Die Rolle der Jerry Healy (»Miss Park Avenue«), einer Schickeriadame im Pech, sollte ursprünglich Nancy Carroll spielen, doch statt ihrer wurde nun Constance Cummings engagiert, die aber dazu eigens von der Konkurrenz, von Columbia, ausgeliehen werden mußte.

Während Mae so zum Warten verurteilt war, besuchte sie abends regelmäßig Boxkämpfe, wo sie nur von wenigen in der Menge erkannt wurde; jeden Dienstag saß sie im Olympic Auditorium am Ring, jeden Mittwoch im Pavillon in Santa Monica, freitags schließlich im Legion Stadium. Hollywood war für sie Neuland, doch am Boxring fühlte sie sich sofort heimisch. Denn dort verkehrten Typen, die ihr vertraut vorkamen.

Tagsüber beschäftigte sie sich mit ihrem neuen Romanmanuskript, *Diamond Lil*, das im Herbst erscheinen sollte. Aufgrund ihres Renommees, sie habe immer gute Stoffe und Pointen auf Lager, erhielt sie Angebote, für Marlene Dietrich und Jean Harlow Drehbücher zu schreiben. *Variety* behauptete, Mae sei gebeten worden, für ihre blonden Rivalinnen »starken Tobak« zu Papier zu bringen. Doch sie dachte nicht im Traum daran, solche Angebote anzunehmen; warum sollte ausgerechnet sie anderen Stars die Pointen schreiben? »Wenn mir etwas Komisches einfiel, dann war mir einfach nicht danach, es ihnen zu geben.« Sie behauptete, Louis B. Mayer sei ihr für alle Zeiten böse gewesen, nachdem sie sich geweigert habe, für sein MGM-Studio zu schreiben oder zu spielen. Nach ihren ersten Erfolgen hatte Metro-Goldwyn-Mayer Mae in der Tat heftig umworben.

Mae vertrieb sich die Wartezeit auch mit einigen Interviews. Sie ließ sich freudig über die Riesengröße ihrer Garderobe bei Paramount aus und strahlte Optimismus für ihre Zukunft aus:»Ich werde entweder sensationell werden oder gar nichts ... Doch als Optimistin bin ich sicher, daß ich sensationell sein werde. Warum sollten mich die Leute nicht mögen? Würden Sie etwas dagegen haben, wenn Sie einen Cadillac für den Preis eines Fords bekämen?«[7] Muriel Babcock von der *Los Angeles Times* erzählte sie, sie sei nach Hollywood gekommen, um die Filmschauspielerei zu erlernen. Sie wisse, daß es da entscheidende Unterschiede zur Bühnenschauspielerei gebe.»Die Leinwand erfordert nicht soviel Action von einer bestimmten Art. Die Kamera fängt schon die leisesten Bewegungen des Gesichts ein, das leichteste Zucken der Augen.« Ihre Meisterschaft bei nuancierten Augenbewegungen – abschätzende Blicke von oben nach unten und wieder zurück, Seitenblicke, einladendes Augenzwinkern – sollte schon bald zu den Markenzeichen ihrer Schauspielkunst auf der Leinwand gehören.»Das müssen wir alles ausschließlich mit den Augen machen«, sagte sie einmal zu Marlene Dietrich. Vorerst aber war sie ganz Ohr, eine echte Lernwillige.

Als Mae im Paramount Publicity Office ihrer Interviewpartnerin gegenübersaß, in Sommerkleid und scharlachrotem Blazer, dazu mit einem großen schwarzen Hut und dem obligatorischen Diamantschmuck: Kollier, Ring und Armband, da schien es, als habe sie seit ihrem letzten Auftritt in Los Angeles als Diamond Lil mindestens zwanzig Pfund abgenommen. Sie behauptete zwar, sie sehe nur schlanker aus, weil die Leute sie meistens in den ausgepolsterten Kostümen Diamond Lils in Erinnerung hätten. Tatsächlich aber hatte sie eine Diät hinter sich und war schlanker als je zuvor. Daß sie fast neununddreißig war, wußten nur die engsten Freunde. Auch wurde sie von Jahr zu Jahr blonder – inzwischen so platinblond wie Jean Harlow.

In einem anderen Interview lobte sie das milde kalifornische Klima und das Leben in der Natur, merkte aber an, daß Los Angeles in puncto Nachtleben recht wenig zu bieten habe, jedenfalls wesentlich weniger als New York. Aber sie habe nichts dagegen, denn sie genieße das ruhige Leben in der Provinz.

Als das Gespräch auf den Sex-Appeal kam, sagte sie, damit sei es bei den Hollywood-Stars nicht weit her. Clark Gable habe soviel Sex-Appeal »wie ein Teller mit altem Kartoffelsalat«, und die Garbo sei zwar eine wunderbare Schauspielerin, aber »kalt – schrecklich kalt«. Diplomatische Zurückhaltung übte Mae, als die Rede auf Marlene Dietrich, die herrschende Sexgöttin in den Paramount-Studios, kam. Auch zu Jean Harlow, der bald darauf explodierenden Sexbombe von MGM, sagte sie lieber nichts. Statt ihrer lobte sie den Stummfilmstar Pola Negri (die inzwischen nach Europa zurückgekehrt war). Sie sei der einzige »gegenwärtige« weibliche Star mit Sex-Appeal. Unter den Herren der Schöpfung lobte sie Maurice Chevalier, auf den sie mit Sicherheit bereits ein Auge geworfen hatte. Er sei »der perfekte Liebhaber«.[8]

Mae zog in ein Apartment an der Rossmore Avenue ein, das ihr Agent ihr besorgt hatte – im sechsten Stock von Ravenswood, einem Art-deco-Gebäude im Stadtviertel Hancock Park, in dem seriöse, wohlhabende Leute zu Hause waren. Von Beginn an schrieb sie dieser Wohnung (Postanschrift: 570, North Rossmore) gewisse Zauberkräfte zu – zum einen, weil vieles an der Wohnung sie mit ihrer Glückszahl 8 verband, zum anderen, weil es das Schicksal äußerst gut mit ihr meinte, solange sie dort wohnte. Die Nummer ihres Apartments war 611: »Das ist ein gutes Vorzeichen, denn die Quersumme von 611 ist 8, und 8 ist meine Glückszahl. Meine Garderobe im Studio hat die Nummer 116. Quersumme wieder 8. Und meine Autonummer lautet 3 W 5. Selbst meine Telefonnummer ergibt die Quersumme 8.«[9]

In Ravenswood, nur gut einen Kilometer vom Paramount-Studio in der Marathon Street entfernt, sollte Mae die nächsten achtundvierzig Jahre residieren – auch nachdem sie sich anderswo Grundbesitz und Häuser zugelegt hatte. »Alle anderen, die hier draußen zu Geld kommen, kaufen sich große Häuser mit vierzig Zimmern, stellen ein Dutzend Dienstboten ein und fangen an zu protzen und große Parties zu feiern. Da mache ich nicht mit. Ich möchte lieber für mich allein sein.«[10] In einem Apartmenthaus in einer dichtbebauten Gegend mit altem Baumbestand zu wohnen gab ihr das

Gefühl, zu Hause zu sein. Und der Portier, der alle Anrufe vermittelte und alle Besuch in Empfang nahm, gab ihr ein Gefühl der Sicherheit. Ebenso die Tatsache, daß sie nicht direkt an der Straße wohnte. »Ich lebe gern im Hochhaus, wo ich die Leute um mich herum und den Verkehrslärm hören kann. Ein ruhiger Landsitz würde mich langweilen. Ich bin ein Mädchen aus der Stadt.«[11] George Raft wohnte übrigens ganz in der Nähe, im »El Royale«.

Die ersten Monate war das Apartment mit farblosen Hotelmöbeln ausgestattet, und auch sonst gab es kaum Dekoration: »Keine Bücher, keine Blumen, keine Bilder. Nur eine Wohnung wie tausend andere in Hollywood, allerdings weniger prätentiös als die meisten«, wie Elza Schallert anläßlich eines Interviews beobachtete. Als Haustier hielt sich Mae ein Wolläffchen. Timony wohnte bei ihr, bis er ein eigenes Apartment im selben Gebäude beziehen konnte. Es fiel ihm zwar schwer, dies zu akzeptieren, doch Mae hatte längst ihr Interesse an ihm als Liebhaber verloren. Er war rundlicher geworden und hatte sich ein Doppelkinn zugelegt. Aber in ihren Augen gehörte er immer noch zur Familie, und zu diesem kritischen Zeitpunkt war Timony auch beruflich für sie von größter Bedeutung. Beide akzeptierten, daß sie gegenseitig voneinander abhängig waren.

Als nach langem Warten endlich Maes Rollenbuch für *Night After Night* kam, war sie total schockiert über die Leb- und Charakterlosigkeit der Dialogpassagen, die sie sprechen sollte. »An meiner Rolle war absolut nichts Interessantes dran! Für die Geschichte ohne Bedeutung und absolut flach geschrieben«, sagte sie in einem Interview und bot an, Paramount ihre Gage umgehend zurückzuzahlen, wenn sie sich damit von ihrem Vertrag freikaufen könne. Doch an diesem Punkt intervenierte der Produzent des Films, William Le Baron. Er konnte sich noch von *A la Broodway* her an Mae West erinnern, vor allem daran, wie erfolgreich Mae damals die Rolle und die Songtexte, die er für sie geschrieben hatte, ihren eigenen Vorstellungen angepaßt hatte. Le Baron besaß die Gabe, komische Talente aufzuspüren: W. C. Fields hatte er seine erste

Filmrolle gegeben, und er war auch dafür verantwortlich gewesen, daß Fields zu Paramount kam. Weil Le Baron Maes schriftstellerische Fähigkeiten und Maes starkes Bewußtsein ihrer komischen Identität erkannte und dies alles für positive Faktoren hielt, von denen alle Beteiligten nur profitieren könnten, ließ er Mae West auch diesmal ihre Rolle nach ihren eigenen Vorstellungen umschreiben.

In *Night After Night* hatte es Mae mit einem Milieu zu tun, in dem sie sich bestens auskannte und vollkommen zu Hause fühlte: Manhattan zur Zeit der Prohibition, wo es von Gangstern, Boxern, Exmillionären, leichten Mädchen, Betrunkenen und sozialen Aufsteigern nur so wimmelte. Der Film spielt in einem herrschaftlichen Anwesen an der New Yorker Nobelmeile, der Fifth Avenue, das jetzt als illegale Kneipe, als Speakeasy, dient. Das Drehbuch basiert auf einer Kurzgeschichte von Louis Bromfield,»Single Night«, der wiederum eine reale Begebenheit aus dem Leben der Woolworth-Erbin Barbara Hutton zugrunde liegt. Als die unglückliche Millionenerbin eines Abends im»Club Napoleon« sitzt, erkennt sie unter Tränen, daß dieses Haus früher ihrer Familie gehörte, daß sie dort aufgewachsen ist.

Als Joe Anton spielt George Raft den Besitzer des Clubs, einen ehemaligen Boxer, der versucht, seine rauhe, unfeine Vergangenheit hinter sich zu lassen. Nachdem er ein Bad genommen hat, läßt er sich von seinem Diener, ebenfalls ein früherer Faustkämpfer, eine elegante Seidenrobe anlegen, und abends trägt er ein Kavaliersträußchen an seiner eleganten Anzugjacke. Antons gegenwärtige Freundin Iris (Wynne Gibson) langweilt ihn: Sie trinkt zuviel, kümmert sich zu sehr um ihn und hat einfach nicht die Klasse der melancholischen ehemaligen Erbin Jerry Healy (Constance Cummings), zu der Anton sich hingezogen fühlt. Abend für Abend kommt Miss Healy allein in den Club, um sich nostalgisch an die goldenen Tage zu erinnern, als das Speakeasy noch ein luxuriöses Privathaus war – ihr Zuhause, ehe die Familie ihr Geld verlor.

Miss Healys blaues Blut und ihr kultivierter, erstklassiger Hintergrund schüchtern Joe Anton ein. Er fühlt den dringenden Wunsch, sich zu bilden. Also engagiert er die matronenhafte Englischlehrerin Mabel Jellyman (Alison Skipworth), die ihm gepflegte Manieren, Grammatik, korrekte Aussprache, Kultur und Allgemeinwissen beibringen soll, damit er sich in der besseren Gesellschaft sicherer fühlen kann. Er würde Miss Healy liebend gern mit seinen gepflegten Manieren und seiner Intelligenz beeindrucken. Die Erbin hat endlich seine Einladung zu einem abendlichen Dinner in einem der oberen Clubräume des Hauses angenommen, und so hängt an diesem Abend alles davon ab, daß Joe Anton den vollendeten Gentleman und Gastgeber spielen kann. Doch da platzt Mae West als Maudie Triplett in die Party und bringt alles durcheinander. In einem mit Perlen und Pailletten besetzten weißen Kleid mit tiefem V-Ausschnitt, mit aufgedonnertem Lockenkopf und gleißender Diamantkette entlarvt sie den angehenden Hochstapler, fegt das Gentleman-Getue beiseite und enthüllt Joes wahren Hintergrund.»Joey, Joey, sieh mal an, komm, gib deiner süßen Kleinen mal 'n Kuß ... Wer sind denn diese reizenden Damen hier?« Sich vor Vergnügen auf die Schenkel schlagend, erweckt sie die tollen alten Zeiten zu neuem Leben, die Joe und sie gemeinsam erlebt haben:»Sie hätten mal sehen sollen, wie sich dieser Kleine da mit seinen Fäusten für mich ins Zeug gelegt hat ... Wir waren so sternhagelvoll, daß sie fünf Bullen brauchten, um uns in die Zelle zu schleppen ... Als ich ihn das erste Mal sah, war er bloß ein drittklassiger Boxer.«

Miss Jellyman, eingeladen, um Joe auf Kurs zu halten und die Konversation auf ein angemessenes Niveau zu heben, betrinkt sich schließlich mit Maudie, und in komischem Rollentausch nimmt jetzt sie bei Maudie Unterricht: im Saufen und in Spontaneität.»Meinen Sie wirklich, daß ich meine Hemmungen noch loswerden kann?« fragt die alte Jungfer.

Am nächsten Morgen hat sie zum ersten Mal in ihrem Leben einen Kater, verschläft und verpaßt ihren Unterricht. Doch Maudie tröstet sie. Um ihren Job solle sie sich mal keine Sorgen machen, denn sie, Maudie, könne ihr jederzeit einen Job in ihrer eigenen Branche besorgen. Maudie spricht von»einem der bestbezahlten Gewerbe der Welt«, und Miss Jellyman geht natürlich davon aus, daß es sich um Prostitution handele. Doch dann erklärt Maudie, daß sie Besitzerin einer Kette von Schönheitssalons ist und daß Miss Jellyman eine großartige Empfangsdame in ihrem »Institute do Beaut« (Institut »Mach dich schön«) abgeben würde.

Meistens steht Mae West in diesem Film nicht allein vor der Kamera, sondern muß sich die Aufmerksamkeit mit einer anderen Frau, der nicht gerade eleganten, auch nicht mehr jungen und noch dazu mit britischem Akzent sprechenden Alison Skipworth, teilen. Auf Werbeaufnahmen ist sie zwar in romantischer Pose allein mit George Raft zu sehen, doch im Film selbst kommen die Aufnahmen nicht vor. Diese Art zu spielen machte Mae keinen Spaß, und sie tat es nie wieder. Aber sie machte aus dem vorliegenden Material wirklich das Beste, und in ihrer allerersten Filmszene erscheint sie – in bester Mae-West-Manier – inmitten eines Schwarms männlicher Bewunderer, die sie allesamt zum eleganten Speakeasy-Dinner im Obergeschoß begleiten wollen. Doch sie werden mit den – autobiographisch fundierten – Worten abgewimmelt: »Ihr wißt doch, mein Vater ist sehr streng, und ich darf nach neun Uhr abends nicht mehr mit Jungs zusammensein.«

Im Film sagt Maudie ihrer Verehrermeute, sie sollten doch nach Hause zu ihren Frauen gehen – eine Zeile, die nach 1934 die Zensur durch die Verfechter des Production Code auf keinen Fall mehr passiert hätte. (Auch die doppeldeutige Unterhaltung zwischen Maudie und Miss Jellyman über Maudies »Gewerbe« wäre später den Zensoren wohl ebenso zum Opfer gefallen wie die Szene, in der George Raft und Wynne Gibson – als Iris – in voller Bekleidung im Doppelbett zusammensitzen.)

Eine der berühmtesten Szenen der Filmgeschichte entfaltet sich, als die diamantengeschmückte Maudie ihr weißes Fuchspelzcape an der Garderobe abgibt, ehe sie zum Dinner die Treppe hinaufgeht. Hingerissen ruft das Garderobenmädchen aus: »Meine Güte, was für wunderschöne Diamanten!« Doch Maudie weist sie zurecht: »Das schafft man nicht mit Güte, meine Kleine!« (Goodness had nothing to do with it, dearie.)

In ihrer Autobiographie, deren Titel dieser Szene entnommen ist, beschreibt Mae West die Auseinandersetzung über den Fortgang des Films nach dieser Pointe. Mae sagte, sie habe nichts gegen Archie Mayo, aber aufgrund ihrer Theatererfahrung könne sie sicher besser als er, der sich nur im Film auskenne, beurteilen, wie man einen Lacher am besten inszeniere. Offensichtlich hatte sie ihr anfängliches Gefühl der Demut, ihr Gefühl, daß sie als Filmneuling noch viel zu lernen habe, ganz schnell abgelegt. Sie war davon überzeugt, daß die Kamera auf sie gerichtet sein sollte, während sie die Treppe hinaufstolzierte. Sowohl Emanuel Cohen, der Produktionschef von Paramount, als auch der Produzent des Films, William Le Baron, waren auf Maes Seite. Weil Mae anscheinend aber nie eine Kopie des fertigen Films zu sehen bekam, erfuhr sie auch nie, nicht einmal nach mehr als fünfundzwanzig Jahren, daß in der Endfassung von *Night After Night* genau diese Aufnahme, um die es soviel Wirbel gegeben hatte, fehlt.

Auf der Bühne war es ausdrücklich Maes Art gewesen, sich langsam zu bewegen und lässig zu sprechen, halb so schnell wie alle anderen um sie herum.»In diesem Film merkte ich jedoch, daß alle Szenen vor meinem Auftritt in sehr langsamem Tempo gedreht wurden ... Hätte ich das Tempo jetzt auch noch verlangsamt, wären wir wirklich im Zeitlupentempo gelandet.«[12] Also entschloß sich Mae, *ihre* Geschwindigkeit zu ändern und das Tempo anzuziehen, damit das Publikum aufwachte. »Ich mußte also wie der Blitz reinkommen.« Und sie redet in diesem Film nicht nur wie aufgedreht zweideutig daher, sondern sprüht auch vor Tatendrang. Sie lächelt breiter, trinkt mehr und lacht alberner als in all ihren späteren Filmrollen.

In einem Punkt allerdings gab sie Ton und Richtung aller weiteren Filme vor: Ihr Charakter ist immer unabhängig. Niemand kann Maudie sagen, was sie tun oder lassen soll. Obwohl sie Joe gern mag, denkt sie nicht daran, Tränen über ihn zu vergießen – anders als Iris oder Miss Healy. Die Opferrolle liegt ihr nicht.

Als Mae mit den Dreharbeiten zu ihrem ersten Film begann, war sie höchst erstaunt und erschrocken, wie unnütz aufwendig – im

Vergleich zum Theater – gearbeitet und wie durch Leerlauf das Geld zum Fenster hinausgeworfen wurde. Die Schauspieler konnten ihren Text nicht, und der Regisseur wußte auch nicht so recht, was er wollte. Einzelne Einstellungen wurden ständig wiederholt, bis sie endlich in Ordnung waren. Mit Timony war Mae sich einig, daß in Hollywood einfach das richtige Verhältnis zum Geld fehle. Diese Kritik bezog sich allerdings nicht auf Maes eigene Einkünfte. Obwohl sie in *Night After Night* unter den Stars erst an vierter Stelle stand, hinter George Raft, Constance Cummings und Alison Skipworth, erhielt Mae die höchste Gage. Die Produktionsunterlagen im Paramount-Archiv belegen, daß sie wöchentlich 4000 Dollar bekam (zusätzlich 1000 Dollar für die Arbeit am Drehbuch?); Alison Skipworth erhielt dagegen nur 458 Dollar, George Raft, der Topstar, aus unerfindlichen Gründen gar nur 191,69 Dollar. Kein Wunder also, daß sich George Raft beschwerte:»Außer der Kamera hat sie so gut wie alles gestohlen.« Er empfand Maes höhere Gage, ihren dominanten Stil und ihre sich abzeichnenden Staraüren als Bedrohung. Mit der Liebe zwischen den beiden war es nun ein für allemal vorbei.

Als die Dreharbeiten zu *Night After Night* fast beendet waren, wurde Mae West eines Tages von Harry Voiler, der vorübergehend als ihr Chauffeur arbeitete, vom Studio nach Hause gefahren, als sie plötzlich in Pistolenmündungen blickte. Bei diesem Überfall wurden ihr Juwelen und Bargeld im Wert von 23 000 Dollar geraubt. Obwohl Voiler selbst bewaffnet war, leistete er keinen Widerstand. Wie sich später herausstellte, steckte er mit den beiden Gangstern, Edward »Happy« Friedman und Morris Cohen aus Detroit, unter einer Decke. Mae West hatte Voiler schon jahrelang, wenn auch nicht sehr gut, gekannt, denn der ehemalige Kartenvorverkaufsagent aus Chicago war Texas Guinans Manager. Was Mae wahrscheinlich nicht wußte, als sie sich von Voiler chauffieren ließ: Er hatte bereits wegen eines bewaffneten Raubüberfalls im Gefängnis gesessen.
Der Überfall schockierte Mae und jagte ihr Angst ein. Sie war jetzt

noch weniger bereit, anderen zu vertrauen, wurde noch vorsichtiger, noch einzelgängerischer. Sie schloß eine Lebensversicherung über 100 000 Dollar ab und installierte eine Wohnungstür aus Stahl, mit einem Klappfenster darin, wie sie sonst nur in Speakeasies üblich waren, damit sie die Besucher vor der Tür mustern konnte. Und sie gewöhnte sich an, mit einer Pistole neben ihrem Bett zu schlafen. Schließlich engagierte sie einen Leibwächter, Mike Mazurki, einen stämmigen Ringer, der später selbst Schauspieler wurde.

Weil sie mit etlichen Gestalten aus der Unterwelt befreundet war, hatte sie sich für immun gegen Verbrechen dieser Art gehalten. In einem Interview sagte sie:»Ich glaube, es ist eine schreckliche Sache, daß mir meine Juwelen und viel Geld geraubt wurden, kaum daß ich hier draußen gelandet war. Das hätte mir in New York oder Chicago niemals passieren können. Denn da kenne ich zu viele von den Jungs. Da habe ich schon zu oft freundschaftlich mit ihnen verkehrt. Deshalb sind sie drauf aus, mich immer zu beschützen.«[13]

Voiler versuchte einen Deal mit ihr abzuschließen. Er wisse, wo ihre Juwelen seien, und könne sie wiederbesorgen, für eine kleine Anerkennung in Höhe von 5000 Dollar. Doch Mae lehnte dankend ab und ging zur Polizei. Welch ein Wandel! Zuvor hatten Polizisten für sie immer zum anderen, nicht zum eigenen Lager gehört. Alle drei Übeltäter kamen vor Gericht, und der Raubüberfall wurde später, im März 1935, sogar als Hörspiel im Autofahrer-Radioprogramm»Calling All Cars« gesendet.

Sollte Mae immer noch gezweifelt haben, ob sie in Hollywood wirklich am rechten Ort sei und ob sie dort bleiben sollte, so war dieser Punkt nach Lektüre der Filmkritiken von *Night After Night* sicher vom Tisch. Maes Filmdebüt wurde enthusiastisch gelobt. In *Photoplay* hieß es:»Freuen Sie sich auf Mae West. Mae ist wirklich überaus komisch. Viel Pep. Das wird Ihnen gefallen.« Auch Richard Watts jr. von der *New York Herald Tribune* war begeistert:»Sie bringt etwas von jener frechen Rüpelhaftigkeit auf die Leinwand, die das zunehmend verweichlichte Kino dringend braucht ... Sie kommt aus der Gosse, aber auf ihre fröhliche, muntere Art nimmt sie für sich ein. Es macht Spaß, ihr zuzuschauen.« In der *New York Times* hieß es:»Maudie Triplett wird von Mae West sehr amüsant gespielt.« Und selbst *Variety* war am 1. November 1932 des Lobes voll:

> Die Hand auf den Hüften, marschiert sie mit eherner Unverfrorenheit über die Leinwand; ihre gesamte Erscheinung ist auf haarsträubend unverschämte Pointen ausgerichtet. Wenn die Damen Skipworth und West gemeinsam zu sehen sind ... wird oft gelacht ... Dann nimmt das Tempo der Komödie sogar noch zu ... Miss Wests Dialogpassagen sind immer unverwechselbar ihre eigenen. Wahrscheinlich könnte auch niemand anders so schreiben ... Das Risiko wäre sicher gering, wenn man sie in Zukunft selbst in den Kameramittelpunkt rücken würde.

Mae West war nun ein heißer Tip. Paramount bot ihr sofort einen dicken Kontrakt für einen weiteren Film an. Als *Night After Night* Ende Oktober 1932 in die Kinos kam, galt das Opus noch als George-Raft-Film. Doch als es im Juni 1933 erneut in den Kinos zu sehen war,»war man nur noch darauf aus, Mae West in den Vordergrund zu stellen«, wie *Variety* anmerkte.

Von nun an ließ sich Mae West von nichts und niemandem mehr aufhalten.

# Sie tat

## 14. *Kapitel* ihm unrecht

*A*ls die Dreharbeiten zu *Sie tat ihm unrecht*
(She Done Him Wrong), der Filmfassung von
*Diamond Lil*, begannen, ahnte Mae West noch
nicht, daß sie, nachdem der Film in den Kinos angelaufen war, in den Himmel gehoben
und gleichzeitig wütend beschimpft werden
sollte, weil sie eine Revolution der sozialen
Verhaltensnormen Amerikas angezettelt habe.
Man schrieb ihr zu, sie habe das traditionelle
Bild der Frau als eines passiven und monoga-
men sexuellen Wesens, welches die Liebe eher
über sich ergehen läßt, statt selbst die Initiative
zu ergreifen, auf den Kopf gestellt. Auch ahnte
Mae nicht, daß man sie feiern würde, weil sie
den Zitatenschatz der amerikanischen Sprache
um etliche neue Sprüche bereicherte. »Come

up and see me sometime« (»Wollen Sie nicht mal raufkommen und mich besuchen?«), ein nicht ganz exaktes Zitat aus *Diamond Lil* und dann aus *Sie tat ihm unrecht*, wurde eine der am häufigsten wiederholten Phrasen in der gesamten englischsprachigen Welt. 1933 war dieser Mae-West-Spruch genauso bekannt wie »Who's Afraid of the Big Bad Wolf?« (Wer hat Angst vor dem bösen Wolf?), das Lied der drei kleinen Schweinchen aus dem zweiten großen Erfolgsfilm des Jahres, Walt Disneys *Three Little Pigs*. Ebenfalls nicht die geringste Ahnung hatte Mae, daß sie auf zwei Kontinenten eine Wende in der Damenmode inspirieren und sogar die Spielweise der Kinder verändern sollte: Denn wie sich schon bald zeigte, liebten es die Kleinen, wie Mae West mit den Hüften zu wackeln, die Stimme zu senken und Maes berühmte Besuchseinladung zu imitieren.

Was Mae indes von vornherein wußte, war, daß sie den unwiderstehlichen Drang in sich spürte, ihre charakteristischste Bühnenrolle auf die Leinwand zu bringen, und daß Paramount, vom Bankrott bedroht und auf der verzweifelten Suche nach einem Kassenhit, am Ende als der große Gewinner dastehen würde.

Bis es jedoch soweit war, mußten erhebliche Widerstände aus dem Weg geräumt – oder wenigstens umgangen – werden. Paramount hatte die Filmrechte an *Diamond Lil* zwar schon 1931 erworben, angeblich für weniger als 30 000 Dollar, doch die Studiobosse zögerten. Die Filmindustrie versuchte generell, ein junges Publikum anzusprechen, und die für Filmstories zuständige Paramount-Abteilung fürchtete, daß College-Studenten, Teenager und Kinder, auf deren Geld man an den Kinokassen angewiesen war, mit Kostümen und Kulissen aus der Zeit vor der Jahrhundertwende nichts anzufangen wüßten. Bedenken rief auch die große Zahl der Mitwirkenden hervor. Zu viele kleine Nebenfiguren würden überdies nur hier und da auftauchen, so daß man leicht die Übersicht verlieren könne. Bedenklich erschien schließlich noch die große Zahl pittoresker Gestalten aus der Unterwelt: korrupte Politiker, Mädchenhändler, Fälscher, entsprungene Sträflinge, Gigolos. Gangsterfilme, in denen die Kriminalität einen Anschein von Glamour erhielt, waren bei den Zensoren verpönt. Doch Mae West hielt dagegen: »Überall, wo ich mich im Leben bewege, treffe ich auf [seltsame kleine Leute], also möchte ich sie auch gern in meinen Stücken haben. Mein Leben lang habe ich mich für Menschen interessiert: für alle möglichen Leute, am meisten aber für die unwichtigen Leute – Rowdys und Kleinkriminelle, wie man sie nennt. Solche Menschen stehen mit beiden Beinen in der Wirklichkeit, sie sind natürlich.« Deshalb werde sie solche Figuren auch auf keinen Fall aus ihrem Drehbuch streichen. Mit beiden Beinen in der Wirklichkeit zu stehen und natürlich zu sein – das komme in diesen harten, depressionsgeplagten Zeiten gut an, versicherte sie den Studiobossen.[1]

Der massivste Widerstand kam allerdings aus dem Hays Office, das *Diamond Lil* 1930 auf die Schwarze Liste gesetzt hatte. Dr. James Wingate, zuvor in New York als Filmzensor tätig, fungierte als neuer Chef der Studio Relations Branch des Hays Office, jener Abteilung, die für den direkten Kontakt zu den Hollywood-Studios und den Filmbossen zuständig war. Wingate schrieb an Will Hays in New York, er habe erfahren, daß Paramount Lowell Sherman engagiert habe, um bei der Verfilmung von *Diamond Lil* Regie zu führen. »Wir haben ihn informiert«, schrieb Wingate verschlüsselt, »daß laut letztgültiger Anweisung Ihres Amtes Story immer noch nicht benutzt werden darf und auf Schwarzer Liste steht. Bis wir neue Instruktionen von Ihnen erhalten, daß der [geplante] Film akzeptables Story-Material ist, und bis von Ihrem Amt die erforderliche Drehgenehmigung vorliegt, sollten wir die Sache hier auf sich beruhen lassen.«[2]

Der Name Lowell Sherman bereitete mit seinen einschlägigen zweifelhaften Assoziationen den Zensoren sicher größtes Unbehagen. Sherman, der, ehe er Regisseur wurde, auf der Bühne und im Stummfilm als Schauspieler aktiv gewesen war, stand im Ruf, ein ausschweifendes Leben zu führen. Auch als Schauspieler hatte er vorzugsweise Libertins, Dandys und verbrecherische Schürzenjäger verkörpert. Diesem Ruf wirkte sicher auch nicht entgegen, daß er bei jener notorischen wilden Party in San Francisco zugegen gewesen war, auf der sich das Starlet Virginia Rappe die Kleider vom Leibe riß und vor Schmerzen stöhnte, ohne daß ihr irgend jemand zu Hilfe gekommen wäre: weder der Gastgeber Fatty Arbuckle noch Lowell Sherman, noch sonst jemand. Diese Party und der daraus resultierende Sensationsprozeß gegen Arbuckle hatten überhaupt erst zur Gründung der Motion Picture Producers and Distributors of America (MPPDA) geführt, jenes Verbandes zur freiwilligen Selbstkontrolle der Filmwirtschaft, dessen Vorsitzender, der Filmzar Will Hays, seither das nach ihm benannte Amt leitete.

Hays warnte Paramount-Chef Adolph Zukor, daß eine Änderung des Filmtitels allein natürlich nicht ausreiche, um die moralischen Einwände gegen das Projekt zu entkräften.»Wenn *Diamond Lil* bereits nach einer reinen Titeländerung produziert werden dürfte«, schrieb Hays an Zukor,»und wenn die Vereinbarung vom 31. Oktober 1930 [als das Stück auf die Schwarze Liste gesetzt wurde] ansonsten nicht weiter respektiert werden müßte, würde natürlich auch bei *Shanghai Gesture, Lulu Belle* und anderen eine einfache Titeländerung ausreichen, um die Produktionsgenehmigung zu bekommen.« Ganz der gestrenge Zuchtmeister, wiederholte er nochmals, daß, solange er darüber zu wachen habe, eine Produktion von *Diamond Lil*, ganz gleich unter welchem Titel, nicht hingenommen würde.

Doch die Gerüchte verstummten nicht, daß *Diamond Lil* bereits verfilmt werde. Wenn das Hays Office also tatsächlich vorhatte, einfach den Kopf in den Sand zu stecken, wird darin nur einmal mehr die Laxheit und Indifferenz gegenüber den Vorschriften des Production Code deutlich, die damals für die gesamte Filmindustrie typisch war. In dieser Situation schickte Harry Warner, einer der Warner Brothers, Will Hays folgendes Telegramm:»Kabeln Sie bitte sofort zurück, ob ich meinen Ohren trauen kann, daß Paramount bereits mit Vorbereitungen für Diamond Lil begonnen hat ... Erinnere mich, daß absolut feststand, daß Diamond Lil nicht produziert werden darf. Schicke dieses Telegramm nicht aus Protest, möchte nur wissen, wie wir selbst in Zukunft geschäftlich

verfahren sollen.« Hays versicherte Warner, seine Informationen seien unzutreffend. Paramount lasse das Lil-Projekt fallen:»Glaube, daß Paramount die Situation eindeutig verstanden hat und daß keine Gefahr besteht, daß sie sich über die Abmachung hinwegsetzen.«
Was Hays allerdings nicht wußte, war, daß man seine Anordnungen einfach höflich ignorierte. Paramount dachte nicht im geringsten daran, das *Diamond Lil*-Projekt fallenzulassen; es ging lediglich darum, das Vorhaben zu kaschieren und sanft zu entschärfen. Die Paramount-Strategie bestand darin, das Drehbuch geringfügig zu ändern und das eindeutig anstößige Material entweder zu streichen oder so neuzufassen, daß etwaige Einwände der Zensur gegenstandslos würden. Wo immer im Bühnenstück von Drogen die Rede war, wurden die Stellen zum Beispiel im Filmdrehbuch gestrichen.

Harold Hurley von Paramount verfaßte ein an alle Abteilungen gerichtetes Memo, man möge doch die Nationalitäten der schurkischen Rita und ihres Gigolos Juarez ändern, damit die südamerikanischen Kinobesucher nicht abgestoßen würden. Man solle doch einfach die Barbary Coast von San Francisco als Ort ihrer Verbrechen an die Stelle von Rio setzen. (Weil die Sowjetunion keine amerikanischen Filme importierte, machte man die Schurken schließlich zu Russen. Das war, kommerziell gesehen, am sinnvollsten. So wurde aus Rio-Rita die Russen-Rita, Juarez wurde zu Serge, gespielt von Gilbert Roland.)
Hurley empfahl ferner, auch die anderen Personennamen zu ändern, um direkte Assoziationen zum Bühnenstück so weit wie möglich zu unterbinden. Entsprechend wurde aus Lil eine Lady Lou. Die Anspielungen auf die Sonntagsschule und das Psalmensingen sollten ebenso wie bestimmte Dialogzeilen gestrichen werden. Hurley schlug beispielsweise vor, die Schlußpointe am Aktende, als Diamond Lil zu Captain Cummings sagt:»Ich hab's ja schon immer gewußt: Sie sind zu haben«, solle so verändert werden, daß »alle implizierten Gedanken erhalten bleiben. Doch der Text muß subtiler abgefaßt werden, viel cleverer. Formulierungen,

die zu direkt und zu häßlich sind, werden uns Scherereien bringen.«
Schließlich sollten auch noch alle Hinweise und Anspielungen auf die Prostitution verschwinden. Der Saloon dürfe auf keinen Fall »Puffatmosphäre haben. Bei der Hauptkulisse sollten wir große Sorgfalt darauf verwenden, zu zeigen, daß es sich um ein Tanzlokal handelt. Für unmoralische Zwecke nutzbare private Nebenräume sollten wir weglassen.« Offensichtlich waren diese Verbote der Studiospitze aber nicht überzeugend genug, um die vielen in Lady Lous Boudoir gedrehten Szenen wirklich aus der Endversion des Films herauszuhalten, darunter eine Szene, in der sich Lou hinter einer Stellwand umzieht, und eine andere, in der sie ein Negligé trägt. Auch wird uns Filmzuschauern Lou weiterhin als »eine der feinsten Frauen« vorgestellt, »die je auf unseren Straßen anzutreffen waren« (who ever walked the streets – ein unmißverständlicher Hinweis auf die Prostitution).

Ohne seine Niederlage zuzugeben, begann das Hays Office, Konzessionen zu machen. Nach einer Durchsicht des Drehbuchs für *Ruby Red* (Rubinrot), wie der Titel damals noch lautete, schickte Wingate Hays ein Telegramm und versicherte ihm: »Wenngleich es Diamond Lil in seiner Grundstruktur ähnelt, könnte es unserer Meinung nach bei angemessener Umsetzung nach dem Code akzeptabel sein.« Bei einer Sitzung in New York am 28. November – zu einem Zeitpunkt, als die erste Woche der Dreharbeiten in Hollywood bereits gelaufen war – setzte sich Zukor durch: Paramount werde den Film auf jeden Fall drehen. Aber er versprach den Zensoren, daß der Titel »Diamond Lil« vollständig entfalle, auch in der Werbung und in Publicity-Aktionen nicht verwendet werde. Nur »einwandfreies Material« werde man bringen, die Thematik der »weißen Sklaverei«, des Mädchenhandels, werde man soweit wie irgend möglich heraushalten, Mae West werde keine »Mätresse« darstellen, der junge Missionar nichts mit der Heilsarmee zu tun haben.

Während *Variety* seine Leser noch fehlinformierte, »Lil« sei endgültig gestorben, bedeutete das New Yorker Treffen nichts anderes als das endgültige Plazet für die Produktion des Films, der nun den Titel *She Done Him Wrong* erhielt. (Kurzfristig war auch die Version *He Done Her Wrong* im Spiel, doch Mae versagte ihre Zustimmung: Der Titel müsse eine aktive Frau evozieren, nicht eine, der man etwas antue.) Indem er die Produktionsgenehmigung schriftlich bestätigte und versuchte, das Beste aus einem herben Rückschlag für das Hays Office zu machen, gab Wingate Harold Hurley von Paramount den dringenden Rat, »die komischen Elemente noch stärker herauszuarbeiten, damit der Film so offensichtlich übertriebene Eigenschaften bekommt, daß dadurch automatisch jede denkbare Anstößigkeit aufgehoben wird«.

Übertreibung war schon seit ihren frühesten Varietétagen ein wichtiges Kennzeichen von Mae Wests Komik gewesen. So benötigte gerade sie Dr. Wingates gute Ratschläge wohl kaum. Die glitzernden ausgepolsterten Kostüme, die federgeschmückten riesigen Hüte, die unter fließenden Röcken verborgenen extrem hohen Absätze und der schwere Juwelenschmuck, die zusammengenommen Diamond Lil auf der Bühne überlebensgroß gemacht hatten, blieben auch auf der Leinwand erhalten. Diese Üppigkeit – man hatte fünfzehn Dutzend Straußenfedern und zweitausend Perlenapplikationen angebracht – war nunmehr, auf dem Höhepunkt der Weltwirtschaftskrise, noch frappanter als zur Zeit der Bühnenpremiere im Jahre 1928, auf dem Höhepunkt der Boomjahre. Auf der Leinwand verlieh die Kamera dem Ganzen noch zusätzliches Gewicht. Die Scheinwerfer ließen die perlen- und paillettenbesetzten Kleider und die Diamanten gleißend hell erstrahlen. Auch Nahaufnahmen trugen dazu bei, die Kurvendimensionen und die Statur des Stars zu vergrößern.

Daß Lou eine Ikone von unwiderstehlicher Anziehungskraft ist, wird von Anfang an unterstrichen, vom ersten Kameraschwenk auf ein riesiges Aktgemälde von ihr, das Gus Jordans Suicide Hall Saloon schmückt und alle Männer denken läßt, was einer dann auch ausspricht:»Ich habe noch nie eine so schöne Frau gesehen.« Lou hat es sich angewöhnt, an ihre Bewunderer Fotos von sich zu verteilen – Fotos, die wir als Zuschauer nicht sehen, die uns jedoch beschrieben werden: als passend fürs Schlafzimmer,»mit ein biß-chen Pfeffer, aber nicht zu scharf«. Lou steht immer im Mittelpunkt, die ganze Aufmerksamkeit ist auf sie gerichtet, nicht zuletzt weil sie ständig *kopiert* und zum Objekt gemacht wird, weil sie in Bildern auf Leinwand und Papier reproduziert wird. Eine Lou ist nicht genug. Wir Zuschauer starren sie an, und ständig sehen wir andere, die sie ebenfalls anstarren und sich hingerissen über sie äußern. Wir beobachten die Beobachter und werden durch sie in unseren eigenen Reaktionen gesteuert.

Der vielbenutzte Treppenaufgang der Filmkulisse zwischen dem ebenerdigen Saloon und Lady Lous Boudoir im ersten Stock bringt es mit sich, daß jeder, der eine Szene mit ihr allein hat und in ihr Boudoir will, zuvor zu ihr *heraufkommen* muß. Da sie bei ihrem Dialog mit Captain Cummings (Cary Grant) auf den Stufen steht, scheint sie mindestens genauso groß zu sein wie Grant, der in Wirklichkeit dreißig Zentimeter größer war als sie.

In einem Artikel für die *Los Angeles Times* ließ Alma Whitaker auch einige Bemerkungen darüber fallen, wie Mae West mit Cary Grant umsprang.»Wenn er in seinen Filmen als der große Liebhaber auftrat – mit der Dietrich in *Blonde Venus*, mit Sylvia Sidney in *Madame Butterfly*, mit Nancy Carroll und Carole Lombard –, war er immer in der Lage, zumindest den Anschein aufrechtzuerhalten, als sei er der Herr der Schöpfung. ›Doch [und hier zitiert die Journalistin Grant wörtlich] mit Mae West, ja, da kommt mir irgend-wie das Wort ›Sklave‹, über das sich die alten Suffragetten so aufgeregt haben, in den Sinn, verstehen Sie?‹«[3]

Mae West nahm gerne für sich in Anspruch, Grant entdeckt zu haben. Die Anekdote, wie sie ihn, einen Unbekannten, der»noch keinen einzigen Film gedreht hatte«, auf dem Paramount-Gelände entdeckt und ausgerufen habe:»Wenn er sprechen kann, dann nehme ich ihn«,[4] ist zum festen Bestandteil der Hollywood-Folklore geworden. Tatsächlich war Grant jedoch bereits von B. P. Schul-berg engagiert worden und hatte schon sieben Filme gedreht, als Mae West ihr Auge auf ihn warf. Zu den»Großen« gehörte er damals freilich noch nicht. Sein Potential als romantischer Held war bereits erkannt, doch seine komischen Talente waren bis dahin verborgen geblieben.

Grant, der seiner Verärgerung über Maes Egoismus und ihre »Oberflächlichkeit« schließlich auch öffentlich Ausdruck verlieh, gab bereitwillig zu, daß er Mae West viel verdankte: »Von ihr habe ich alles gelernt – nein, nicht ganz – aber fast alles. Sie weiß so viel. Ihr Instinkt ist so untrüglich, ihr Timing so perfekt, ihre Art, eine Situation zu erfassen, so richtig. In ihren Filmen zählt das Spieltempo mehr als die getreue Charakterisierung.«[5]

Grant erkannte, daß sein Vorteil als romantischer junger Held neben Mae West in *Sie tat ihm unrecht* darin bestand, daß er sich deutlich von ihr abhob. Seine dunkle, gutaussehende, jugendliche Erscheinung ergänzte gut ihre blonde Reife. Außer Mae West ist in *Sie tat ihm unrecht* niemand anders blond. Überhaupt gibt es in Maes Umfeld kaum liebenswerte junge Frauen, eigentlich nur die etwas steife, naive Rochelle Hudson in der Rolle der deflorierten unschuldigen Sally. Ann Sheridan, damals eine vielbeschäftigte Schauspielerin, erinnerte sich, daß Mae West sich lieber mit älteren Schauspielerinnen umgab: »Mae musterte uns, und dann flogen all die jungen Dinger schon mal raus. Eigentlich nicht verwunderlich, denn sie war clever. Das war *ihr* Film, und sie sah nicht ein, daß ihr jemand anders die Schau stehlen sollte.«[6]

Die Übertreibung als Strukturprinzip zeigt sich – in diesem Film wie auch sonst bei Mae West – in einer Vorliebe für extreme Gegensätze zwischen hell und dunkel (auch bei Haar- und Hautfarben); zwischen eisigem Glanz der Diamanten und der »Seele«, die sie laut Cummings verhüllen; zwischen Unschuld und Erfahrung; zwischen der guten alten Zeit – als das Bier noch in Strömen floß – und dem Bewußtsein des Publikums in der Prohibitionsära, als dieser Genuß zwangsweise vorenthalten wurde; zwischen dem Versprechen sinnlicher Extravaganz, verkörpert in Maes Lady Lou, und der disziplinierten Zurückhaltung, für die Grant als Cummings steht.

Maes Kostüme waren so eng, daß sie kaum noch Luft bekam. »Mädchen, ich will sie ganz stramm haben«, ermahnte sie die

Kostümbildnerin Edith Head und die Schneiderinnen immer wieder. »Ja, eng waren sie wirklich«, erinnerte sich Head. »Es gab kein einziges Kostüm, in dem sie hätte liegen, sitzen oder sich hätte bücken können ... Damit sie sich überhaupt mal entspannen konnte, bauten wir für sie ein improvisiertes Ruhebrett. Es hatte Armstützen und war leicht gekippt, dort lehnte sie sich dann zwischen den Szenen – in voller, glitzernder Pracht – ein wenig an.«[7] Für die Szenen, in denen sich Mae bewegen mußte, wurden eigens etwas größere Versionen der Kostüme angefertigt. Und als Lou mit Rita kämpfen muß, platzt sie buchstäblich aus allen Nähten. Demgegenüber ist Grant als Cummings ständig überkorrekt und hochgeschlossen gekleidet. Er trägt eine steife, dunkle Uniform, wenn er sich als Leiter einer Missionsstation ausgibt, und Mantel, Schlips und Kragen, als seine Identität als Polizeidetektiv (»The Hawk«) enthüllt ist. »Machen Sie sich's doch endlich mal bequem«, ermahnt ihn Lady Lou, als er neben ihr auf dem Sofa sitzt.

Wie im Bühnenstück zeigt sich die verborgene Gutherzigkeit Lils/ Lous darin, daß sie das Gebäude der Missionsstation heimlich dem raffgierigen Juden Jacobson abkauft und daß sie Sally unter ihre Fittiche nimmt, die schäbige, »gefallene« junge Frau, die, nachdem sie sich fast das Leben genommen hätte, ohnmächtig vor ihr niedersinkt. »Ich werde mich um dich kümmern«, verspricht ihr Lou, nicht ahnend, daß Rita und Gus Jordan eigentlich andere Pläne mit Sally haben und sie in ein Bordell stecken wollen. Als Sally in Lous Zimmer wieder zu sich kommt, wird sie von Lou getröstet, die ihr als erstes die konventionellen Vorstellungen von Gut und Böse nimmt. Solange sie noch keinen Mord begangen habe, brauche sie, Sally, sich überhaupt keine Sorgen zu machen. Und dann wiederholt Lou/Lil fast wörtlich ihren Ausspruch aus der Bühnenversion: »Ob verheiratet oder alleinstehend, die Männer sind alle gleich. Das ist ihr Spiel. Ich bin nur schlau genug, nach ihren Regeln mitzuspielen.« Als Sally ihr entgegnet, sie habe Angst, daß kein Mann sie, beschmutzt wie sie sei, je haben wolle, kommt ein typisches Mae-West-Bonmot, mit dem die Dinge auf den Kopf gestellt werden. Während die viktorianischen Konventionen »gefallenen« Frauen prophezeiten:»The wages of sin is death« (Der Tod ist der Sünde Sold), weiß Lady Lou:»When women go wrong, men go right after them« (Wenn Frauen in die Irre gehen, steigen ihnen die Männer sofort nach).

Dieser Spruch war in der Dramenversion noch nicht enthalten, wie überhaupt der Film viel reicher an denkwürdigen Bonmots ist. »Sind Sie denn noch nie einem Mann begegnet, der Sie glücklich machen kann?« fragt Cummings Lou. Und hier ihre häufig zitierte Antwort:»Aber natürlich, schon öfter.« Noch ein weiteres Mal nimmt Lou die Ehe aufs Korn, wenn sie über einen Mann sagt:»Das ist einer von der Sorte, die man als Frau heiraten muß, um sie loszuwerden.« Diese Beimischung von Wortwitz war von Mae West als Ausgleich für den Verlust jener»zweideutigen« Situationen gedacht, die dem Hays Office geopfert werden mußten.»Ich habe erst angefangen, all diese frechen Sprüche einzufügen, als ich mit dem Filmemachen begann. Als ich *Sie tat ihm unrecht* schrieb … ließen mich die Studios und Zensoren bestimmte Dinge einfach nicht machen … Und weil sich alle nur darum bemühten, mein Drama zu entschärfen, dachte ich, dafür müßte ich irgend etwas anderes einfügen.«[8] So hatte zu diesem Zeitpunkt die Zensur sogar ihr Gutes. Sie zwang die Akteure, clever zu sein, indirekte und andeutende Aussageweisen zu wählen, statt alles freiheraus zu sagen.

Ihre frechen Sprüche schrieb sich Mae West zwar selbst, doch die Umformung ihres Bühnenmelodrams in ein praktikables Drehbuch erforderte die Beteiligung von zwei ausgekochten Profis: John Bright, der den Hauptteil der Arbeit erledigte, und Harry Thew, der kurz vor dem Ende noch hinzugezogen wurde. Bright, bald darauf einer der Gründer der Screen Writers Guild, der Interessenvertretung der Drehbuchschreiber, hatte mit Thew schon früher erfolgreich zusammengearbeitet: am Drehbuch für einen der großen Gangsterfilme der dreißiger Jahre, *The Public Enemy* (Der öffentliche Feind), mit James Cagney in der Hauptrolle. Bright hielt nicht viel von Maes Stück; er fand es»holperig und absurd«, beeinträchtigt durch eine»wackelige Struktur« und»klischeehaften Dialog«. Obwohl er in Mae West eine»erstaunliche

Persönlichkeit« erkannte, die »das Vergnügen als Selbstzweck« sanktionierte und deshalb »die Liebe als Rechtfertigung nicht brauchte«, empfand er die Zusammenarbeit mit Mae als echten Härtetest. Sie widersetzte sich all seinen Vorschlägen für Drehbuchänderungen, überzeugt, daß sie selbst am besten wüßte, was gut für sie sei. Um ihre Zustimmung zu gewinnen, berichtet Bright mit gönnerhaftem Unterton, »mußte ich sie an Zeilen ›erinnern‹, die sie ›vergessen‹ habe.«[9] Mae West und Regisseur Lowell Sherman kamen nicht gut miteinander aus. Sherman stimmte zwar Maes Vorschlag zu, den Schauspielern vor dem eigentlichen Drehbeginn eine Woche lang wie vor einer Theateraufführung Proben zu erlauben, doch mehr als genug Zündstoff gab es, als Mae gegen Regieanweisungen Widerstand leistete und obendrein noch ständig zu spät kam. Vom Theater her war Mae eher ein Nachtmensch, an ein ruhiges, entspanntes Leben am Morgen gewöhnt. Und Sherman war es bald leid, daß sie morgens, bei Probenbeginn, nur selten zugegen war. Schließlich verwehrte er ihr eines Tages das heimliche Hereinschleichen, indem er Möbelstücke vor die Eingangstür rückte. So konnte Mae sich nur unter größten Mühen Zutritt verschaffen. Zu spät kam sie danach nie wieder.

Sherman starb 1934. Doch auch wenn er länger gelebt hätte, wäre es wohl zu keiner weiteren Zusammenarbeit der beiden gekommen. William Le Baron blieb über die Jahre hin ihr Produzent, doch mit Regisseuren arbeitete Mae nie mehr als einmal zusammen. Zu einer anderen Zeit hätte sie wahrscheinlich direkt als ihre eigene Regisseurin fungiert, doch auch so sagte sie in einem Interview:»In Wahrheit war immer ich der Regisseur. Kein anderer konnte mir sagen, wie ich am besten ich selbst sein sollte.«[10]

Vielleicht weil allen Seiten sehr daran gelegen war, die Sache möglichst schnell hinter sich zu bringen, wurden die Dreharbeiten für *Sie tat ihm unrecht* in der erstaunlich kurzen Zeit von achtzehn Tagen abgeschlossen. Die Kosten betrugen 200 000 Dollar, und davon kassierte mehr als die Hälfte jene Frau, von der Sherman sagte, sie sei »Amerikas Stoff für feuchte Träume«.

344

Paramount lud Dr. Wingate Anfang 1933 zu einer Probevorführung des Films ein. Er berichtete Hays, das Studio habe den Film stark abgemildert, so daß er in seiner gegenwärtigen Form wirklich nur »bei den allerstrengsten Zensoren« Anstoß erregen könne. Das am Filmende hinzugefügte Eheversprechen schien ihn zu besänftigen, obwohl man als Zuschauer wohl kaum auf den Gedanken kommt, daß hier ein ungetrübtes Eheglück zwischen Cummings und Lou bevorsteht, wenn Cary Grant Mae West »du böses Mädchen« tituliert und sie entgegnet:»Das wirst du schon noch sehen.« Laut Wingates Bericht schien das Publikum dieser Testvorstellung den Film zu mögen; die Leute reagierten »mit herzlichem, wenn auch etwas undiszipliniertem Gelächter«.

Der Film kam im Katastrophenwinter 1933 in die Kinos, als Präsident Harding schon abgewählt war, aber Präsident Roosevelt sein Amt noch nicht angetreten hatte, und als die Staubstürme im Mittleren Westen die entwurzelten Farmer nach Westen trieben – auf der Suche nach dem gelobten Land in Kalifornien, wie es John Steinbeck in *Die Früchte des Zorns* so eindrucksvoll beschrieb. Paramount war gerade in Konkurs gegangen, als der Film die Kassenrekorde im ganzen Land zu brechen begann – in den Kleinstädten genauso wie in den Metropolen. Mehr als zwei Millionen Dollar wurden in weniger als drei Monaten eingespielt. Und unter der Fanpost brach Mae West schier zusammen. Pro Woche erhielt sie – für die damalige Zeit erstaunlich – mehr als anderthalbtausend Briefe.

Viele Kinos forderten den Film erneut an. So erzielte *Sie tat ihm unrecht* die größte Zahl an Wiederholungsaufführungen seit *Birth of a Nation*.»Nicht nur einmal, sondern immer wieder«, hieß es in einer Paramount-Werbeanzeige. 786 Kinos hatten den Film bis September 1933 zum zweiten Mal vorgeführt, 108 Kinos sogar schon zum dritten Mal.

In einer anderen Anzeige war eine riesige Mae West in schulterfreiem schwarzem Kleid zu sehen (einem Kleid jener Art, wie es Groucho Marx bei seiner Mae-West-Parodie trug), deren Hand auf dem Rücken eines verkleinert dargestellten, korrekt mit einem

Anzug bekleideten Mannes lag. Eine weitere Annonce zählte zunächst all die Kinos in New York, Chicago, New Orleans, Los Angeles, Houston, Rochester, Boston, Detroit und Springfield auf, die mit dem Film ein Bombengeschäft gemacht hatten, und zeigt dann eine Mae West, dargestellt mit rauchendem Colt, die soeben »Mr. Low Gross« (Herrn Flaute) niedergestreckt hat, der jetzt verwundet am Boden liegt. Auf Transparenten schließlich war der Slogan zu lesen: THE WHOLE COUNTRY IS GOING »WEST« (Das ganze Land geht zur West).

Eine Publicity-Idee, die auf Bill Thomas von Paramount zurückgeht, zielte auf die Verbindung zwischen ungehindertem Biergenuß in der alten Bowery und der unmittelbar bevorstehenden Aufhebung der Prohibition ab. Der wortgewaltige, gegen den Alkohol wetternde Evangelist Billy Sunday wurde während der Dreharbeiten in die Saloon-Filmkulisse gelotst, um dort gemeinsam mit Mae West für die Paramount-Wochenschau zu posieren. Die groteske Inkongruenz zwischen Sünderin und Kreuzzügler, zwischen Sunday und Saloon, mußte die Phantasie der Öffentlichkeit unweigerlich inspirieren, so sehr hatten die Leute die Nase voll von der Prohibition und ihren Advokaten.

Nach der Aufhebung des Alkoholverbots erschienen in den Zeitungen Fotos von Mae West und Gary Cooper, einem weiteren Paramount-Star, wie sie in einer Brauerei mit gefüllten Humpen vor einem großen Bierfaß posierten. Darunter stand zu lesen:»Mädchen, trinkt Bier, dann bekommt ihr auch solche sexy Kurven.« Niemand, auch Mae West selbst nicht, hatte den geringsten Skrupel wegen des Widerspruchs zwischen dieser Kampagne und Maes Alkoholabstinenz im wirklichen Leben. Denn zu ihrer öffentlichen Rolle als Frau, die das Leben bis zur Neige genießt, gehörte natürlich auch der Alkoholgenuß.

Ihren Höhepunkt erreichte die Publicity-Kampagne in New York, wo der Film zuerst in die Kinos gekommen war. Zweitbuchungen des Films in den Paramount-Kinos, zunächst in Manhattan und dann in Brooklyn, fielen Mitte Februar mit persönlichen Auftritten des Stars zusammen, der auf seiner Tour durch das ganze Land immer noch jene Kinos besuchte, die *Sie tat ihm unrecht* zum ersten Mal zeigten. So hatte Mae West also ihren triumphalen Auftritt in New York. Pressefotos zeigen ihre Ankunft auf dem New Yorker Bahnhof, der Grand Central Station, wo eine noch aus den neunziger Jahren des vorigen Jahrhunderts erhaltene Kutsche auf sie wartete, in der sie dann wie die Königin von England durch ein Spalier begeisterter Menschenmassen den Broadway entlang gezogen wurde. Zum Publicity-Feldzug in New York gehörte auch eine biographische Artikelserie von Martin Sommers in der *Daily News,* in der »von der West-Front heiße Granaten« abgefeuert wurden.

Ihr persönlicher Showauftritt im Paramount-Kino wurde ebenfalls zum sensationellen Kassenerfolg. Diese Live-Show gefiel den Fans über die Maßen, doch die Kritiker hatten nun endgültig genug. »Was zuviel ist, ist zuviel«, schrieb einer von ihnen in *Variety.* »Im Paramount-Theater gibt es diese Woche eindeutig zuviel Mae West. Im Film sind schon alle Jungs hinter Mae her. Und auf der Bühne sind sie immer noch hinter ihr her: Der eine jagt sie höchst persönlich, der andere am Telefon.«

Die Paramount-Live-Show war eine lebendige Demonstration, wieviel unbehelligter von der Zensur persönliche Auftritte im Vergleich zum Film blieben. In einem gewagten Sketch, auf den sich der zitierte Kritiker bezog, kommt Mae mit einer Limousine auf die Bühne gefahren, eskortiert von einem Konvoi motorradfahrender Polizisten. Sie steigt aus, blendet alle mit ihrem enganliegenden, über und über mit Diamanten besetzten schwarzen Kleid, singt, redet eine Weile anzüglich daher und begibt sich dann in ihr Boudoir auf der Bühne. Dort gibt sie ihrem Dienstmädchen Anweisung, sie nicht immer »Madame« zu nennen, und geht dann laufend ans Telefon, um einen Freier nach dem anderen abzuwimmeln. Anschließend setzt sie sich aufs Sofa und singt mit George Metaxa ein Duett. Der gibt sich als Gigolo zu erkennen und überreicht eine detaillierte Preisliste für seine Dienste. Nach einem Blick auf diese Liste versuchen es die beiden probeweise mit einem Kuß. Es folgt eine lange, hitzige Vorführung, ehe die beiden wieder auseinandergehen, wobei Mae ihm hinterherschreit:»Mensch, was bist du doch für ein Versager!«

Vom Regisseur ihrer New Yorker Paramount-Show war Mae West so begeistert, daß sie ihn zur nächsten Station ihrer Publicity-Tour, Chicago, mit sich nahm und ihn in der Folge von Paramount in Hollywood als Assistenten für ihre zukünftigen Filme engagieren ließ. Die beiden blieben jahrelang eng liiert, sowohl beruflich als auch persönlich. Es handelte sich um Boris Petroff, einen aus Rußland gebürtigen ehemaligen Ballettmeister.

Auch in Los Angeles lief der Film *Sie tat ihm unrecht* mit großem Erfolg, doch dort trat Mae nicht persönlich auf. In ihrer neuen Heimat, davon war sie überzeugt, fehlte ihr dafür noch eine genügend große Anhängerschaft. Zwar lärmten am Abend der Westküsten-Premiere des Films 30 000 Menschen auf dem Hollywood Boulevard, doch die Stars blieben dem Ereignis fern und machten auf diese Weise klar, daß sie es nicht für nötig erachteten, sich um Mae Wests Wohlwollen zu bemühen. Vielleicht wäre es anders gewesen, wenn Mae Freikarten verschickt oder, besser noch, sich zuvor bei den Filmpremieren ihrer Kollegen selbst hätte blicken lassen.

So aber bestätigte die kalte Schulter, die die Hollywood-Größen Mae West zeigten, deren Außenseiterstatus – auf den sie selbst sogar offen Anspruch erhob. Unter den »Würdenträgern« des Films sprach man mehr *über* Mae als *mit* ihr. Doch Maes Identifikation mit kleinen Leuten und Außenseitern, ihre Weigerung, sich dem hochgestochenen Small-talk oder den Allüren der Schickeria anzupassen, vergrößerten ihren Anklang bei den Massen nur noch mehr. Nach Adolph Zukors Meinung war sie für die frühen dreißiger Jahre genau die Richtige:»Weder die süße Naive noch das Glamour-Girl paßten in die Depressionsjahre. Wohl dagegen Mae. Sie war die starke Frau mit Selbstvertrauen, die immer alles unter Kontrolle hatte.«[11]

Mehr als ein Beobachter von Hollywood-Trends war der Ansicht, Mae sei besser auf die amerikanische Mentalität der dreißiger Jahre eingestellt gewesen als »die schmachtenden, exotischen Anwärterinnen auf den Filmthron« wie Tallulah Bankhead, Greta Garbo oder Marlene Dietrich. Die Tatsache, daß Mae West bis zum Sommer 1933 bereits alle von der Garbo und der Dietrich aufgestellten Kassenrekorde gebrochen hatte, schien ihre Gunst bei den Massen zu bestätigen.»Mae paßt zum Zeitgeist«, schrieb ein Journalist in einem Fan-Magazin.»Jetzt ist die Zeit der Direktheit und Ehrlichkeit, die Zeit, den Dingen ins Auge zu sehen ... Tallulah Bankhead hat sich ins Theater zurückgezogen, Marlene spricht davon, sie wolle die USA wieder verlassen.«[12] Auf einer Karikatur in *Life* war eine ausgezehrte, spindeldürre Garbo zu sehen, der eine joviale Mae West Mut zusprach:»Süße, mach nur immer schön deine Übungen, dann kommst du auch noch dahin.«

Mae spekulierte, daß ihre üppige Figur den Leuten deshalb so gefalle, weil sie Optimismus und Fülle ausstrahle. Die aus Mangel und Entbehrungen geborene Magerkeit machte in ihrer Person einer Vision opulenter Schwelgerei Platz.»Meine korsettbetonte Silhouette«, dachte sie in einem in *Vogue* veröffentlichten Artikel laut über ihren Einfluß auf die Mode nach,»was ist sie anderes als eine Rückkehr zur Normalität, als eine weibliche Art zu sagen: Die Depression ist vorbei.« Die Trendbeobachter in New York und Paris nahmen einen aufregenden neuen Modetrend wahr: Die kurvige »Sanduhrfigur« war wieder »in«, Hüften, Busen und geschnürte Wespentaillen waren zurückgekehrt.

Jeder Star, bemerkte Mae West einmal, fängt irgend etwas Neues an.»Die Garbo und ihr ›Ich will nicht sprechen‹, Clara Bow und ihr ›Es‹. Marlene Dietrich und ihre Hosen. Katherine Hepburn und ihre verrückten Manieren. Nun, da sind doch auch die Kurven im Tonfilm etwas Neues.«[13] Doch bei Mae West waren es nicht nur die Kurven. Hinzu kamen noch die witzigen Sprüche, die nasale, nachlässige Sprechweise, und alles mit waschechtem New Yorker Kolorit.

Mae spürte, daß ihre unverkrampfte, selbstironische Sündhaftigkeit ihren Appeal noch verstärkte und daß durch ihre komische Einstellung zum Sex diesem das Bedrohliche genommen wurde.»Das Allerbeste, was ich während der Depressionsjahre für die

Öffentlichkeit tun konnte, war die humorige, manchmal sogar ins Ordinäre ausartende Art und Weise, mit der ich den Sex behandelt habe. Mein Kampf richtete sich gegen Depression, Repression und Unterdrückung.«[14] Den Leuten seien fröhliche Sünder allemal lieber als sauertöpfische Moralapostel.

Der einzige Schauspieler in Hollywood, in dem Mae einen Geistesverwandten sah, war der Leinwandgangster Jimmy Cagney, »Mr. Public Enemy« – auch er ein slangverliebter, auftrumpfender New Yorker, der sich im Straßenleben auskannte. »Mein Stil und meine Technik sind wie die von Jimmy Cagney«, sagte Mae im Interview mit Elza Schallert. »Er ist ein großer Hit, weil er anders ist als die anderen. Er ist frech, und er hat Nerven.« So sah auch Mae sich selbst – vor allem im Zusammenhang mit ihrem Lieblingsthema: Sex.

Besonders ein von Ralph Rainger für Mae geschriebener Song, den sie in *Sie tat ihm unrecht* in Gus Jordans Saloon vortrug, hatte es ihr angetan, so sehr, daß sie auch später immer wieder darauf zurückkam: »A Guy What Takes His Time«, »Ein Mann, der sich Zeit nimmt ...«

Nimmt ein Mann sich Zeit,
Gefällt er mir jederzeit.
Ich bin ein schnelles Mädchen,
Da mag ich's ganz in Ruh'.
Halte nichts von Luxusrennern,
Möcht' mit ihm am Ziel ankommen
Ganz in Ruh'.
Ich wäre zufrieden, elektrisiert,
Kennt' ich 'nen Mann, der sich Zeit nimmt.

Eine superschnelle Nummer
Setz' ich ganz schnell an die Luft.
Ein Mann, der eilt, bekommt von mir
Nicht mal ein müdes Lächeln.
Ich steh' jedoch auf jeden Sänger,

Bei dem die Musik etwas länger
Verklingen darf.
Was für ein Schlaflied wär' das doch,
Hätt' ich 'nen Mann, der sich Zeit nimmt.

Nimmt ein Mann sich Zeit,
Gefällt er mir jederzeit.
Wer zu sehr eilt,
Verdirbt sein Meisterwerk.
Ich will kein großes Getue,
Ich mag nun mal die Zeitlupe.
Warum soll ich's bestreiten?
Mir würde's Freude bereiten,
Kennt' ich 'nen Mann, der sich Zeit nimmt.

Es macht einfach keinen Spaß,
Tut man was in großer Hast,
Wenn man zum Höhepunkt kommen will.
Ist einer ein Amateur
Oder ein Connaisseur,
Ich merke es immer sofort.
Da gibt's kein Alibi,
Verkennen tu ich's nie,
Wer sich prima eignen würde
Als Mann, der sich Zeit nimmt.

Dieses Lied gefiel Mae West zum Beispiel so gut, daß sie eines von
drei Rennpferden, die sie ihr eigen nannte,»Take Your Time«
taufte,»Nimm dir Zeit«.
Den Zensoren indes gefiel dieser Song absolut nicht. Dr. Wingate
vom Hays Office fand ihn»sehr minderwertig« und sah voraus, daß
er»Anstoß erregen« und daß es»Schwierigkeiten mit der Zensur«
geben werde. Es zeigte sich, daß er recht hatte. Nachdem verschiedene Staaten – New York, Pennsylvania, Ohio, Maryland und
Massachusetts – den Song aus dem Film herausgenommen hatten,

erklärte sich Paramount bereit, die beiden mittleren Strophen zu schneiden, dreißig Meter Film auf der sechsten Rolle.»Dies reduziert den Song ... zu einem Auftritt von Mae West, auf eine Eingangs- und eine Schlußstrophe; verschwunden sind die Szene mit der Taschendiebin und die Szene, in der der Pianist mit der Sängerin flirtet.« So faßte Will Hays das Ergebnis in einem Brief an Wingate zusammen. In Großbritannien, aber auch in Pennsylvania, wurde der Film von den Zensoren noch stärker gekürzt. Hier fielen sogar die meisten von Maes frechen Sprüchen, andernorts in aller Munde, der Schere des Zensors zum Opfer. Darunter auch Lady Lous Antwort auf Cummings' Frage, ob sie denn noch keinem Mann begegnet sei, der sie glücklich machen könne:»Aber natürlich, schon öfter.« Auf Lous Bemerkung, als Cummings ihr wegen der Tötung Ritas Handschellen anlegt:»Meine Hände sind nicht alles«, hatten es die Zensoren in Pennsylvania, Kansas und Virginia abgesehen. In Java, Lettland und Australien wurde der Film ganz verboten, ebenso in Wien, doch gleichzeitig stürmten die Menschen in London und Paris die Kinokassen.

Der phänomenale Erfolg des Films in den USA verstärkte den Groll der Sittenwächter nur um so mehr. Zu ihnen gehörten auch mächtige und einflußreiche Angehörige der Filmindustrie wie Sidney Kent, Direktoriumsmitglied der Motion Picture Producers and Distributors of America (MPPDA) und Präsident von Fox Films. Nachdem er sich *Sie tat ihm unrecht* angesehen hatte, schrieb er Will Hays einen erbosten Brief:

Meiner Meinung nach ist das der schlimmste Film, den ich je gesehen habe. Es ist wirklich die Geschichte von Diamond Lil, und sie sind damit durchgekommen. Sie haben versprochen, daß diese Geschichte nicht verfilmt würde. Vom Standpunkt der Industrie ist dieser Film noch schlimmer als [Jean Harlow in] *Red Headed Woman* – die Worte sind viel suggestiver, und was nicht gesagt wird, ist in Handlungen angedeutet.
Ich kann einfach nicht verstehen, wie Ihre Leute an der West-

küste diesen Film passieren lassen konnten. Jetzt können wir alle nur noch sehr wenig machen. Der Ort zum Einschreiten wäre meiner Meinung nach an der Quelle gewesen.[15]

Kents Mahnung, man hätte »an der Quelle« einschreiten müssen, also schon während der Dreharbeiten und nicht erst nach der Fertigstellung und Freigabe, klang bedrohlich und sollte sich als prophetische Prognose erweisen. Gegenüber dem Protestgeschrei von Pater Daniel Lord, dem katholischen Priester, der große Teile des Production Code verfaßt hatte, klang Kents Kritik sogar noch maßvoll. Lord beschwerte sich, *Sie tat ihm unrecht*, »wie jeder weiß, nur die schmutzige Diamond Lil, die unter einem neuen Titel durch die Maschen geschlüpft ist«, stelle einen totalen Verstoß gegen seinen Code dar.

Hays verteidigte sich. Er habe sein Bestes getan, um *Diamond Lil* von der Leinwand fernzuhalten. Während er zugab, daß dieser Film geradezu exemplarisch alle Probleme verdeutliche, mit denen sein Amt zu kämpfen habe, ließ er gleichzeitig Verständnis für Paramounts extrem schwierige wirtschaftliche Lage anklingen, die das Studio überhaupt erst dazu getrieben habe, auf Mae West zu setzen. Außerdem ließ Hays Pater Lord wissen, *Sie tat ihm unrecht* breche gerade sämtliche Kassenrekorde und werde von den Kritikern fast »einhellig als großartige Komödie gepriesen«.

»Einhellig« war allerdings stark übertrieben. Denn es gab im Februar 1933 auch negative Kritikerreaktionen, besonders in *Variety*. Allein der Regisseur wird dort gelobt, weil er Mae stärker im Zaum gehalten habe, als sie selbst es je vermocht hätte. Ansonsten könne Mae West nicht mal ein Gutenachtlied für Kinder singen, ohne dabei sexy aufzutreten. Die *New York Times* indes vergab Mae West die Wiederbelebung von Diamond Lil, weil sie dabei »die Leinwand mit übertriebenem Humor gefüllt« habe. Sie habe einen »herzhaften, stürmischen Leinwandcartoon« geschaffen.

Eine im Fachblatt *Motion Picture Herald* erschienene Rezension war überraschend zurückhaltend, obwohl der Verleger und Redakteur der Zeitschrift, Martin Quigley, ein konservativer Führer der

353

katholischen Laienbewegung, an der Abfassung des Production Code selbst mitgewirkt hatte. »Der Film ist lebhaft und gibt sich amüsant ... doch in Wahrheit ist er unanständig und geht weit unter die Gürtellinie.« Den Kinobetreibern wird lediglich Diskretion im Umgang mit dem Film empfohlen.

Der *Hollywood Reporter* gratulierte Paramount sogar, weil es »die ganze Hays-Bande frohgemut an der Nase herumführte und *Diamond Lil* verfilmte – die in *Sie tat ihm unrecht* wirklich ganz unverhüllt fröhliche Urständ feiert.« Solange man Kinder von dem Film fernhalte, könne man ihn problemlos empfehlen als »tolle Unterhaltung – wenn auch eher aus der untersten Kiste«. Natürlich treffe man hier auf »mehr als genug Sex und Sünde – ABER die Sache ist unheimlich witzig.«[16]

Uneingeschränktes Lob gab es von William Troy in *The Nation*, einem Mae-West- und Diamond-Lil-Enthusiasten: »Der Film, der Miss Wests vielseitigen Talenten alles verdankt, ist erstaunliche Unterhaltung.« Zum Chor der Mae-West-Verehrer gehörten auch der *New Yorker*, der *Sie tat ihm unrecht* zu den großen Komödien eines Jahres rechnete, das »alle Lacher, die man überhaupt herausquetschen kann«, dringend benötige, sowie die Londoner *Times*, die Mae Wests »erstaunliche Vitalität und ihre Aura selbstbewußter Unverschämtheit« pries.

Maes Triumph nach *Sie tat ihm unrecht* bestand aus mehr als nur hervorragenden Kritiken, einer fulminanten Publicity-Kampagne und phantastischen Einnahmen an den Kinokassen. Der nun endgültig errungene Starruhm brachte ihr weltweite Anerkennung und mythischen Status. Selbst Menschen, die ihren Film nicht gesehen hatten, kannten die Umrisse ihrer Figur, das Timbre ihrer Stimme oder waren in der Lage, einen ihrer Sprüche zu zitieren. Nicht zu Unrecht wurde sie mit einer Disney-Figur verglichen. J. C. Furnas schrieb am 17. September 1933 in der *New York Herald Tribune*: »Es würde uns nicht im geringsten überraschen, wenn Miss Wests Name und Gesicht als kommerzielles Markenzeichen bald genauso bekannt wären, wie das bei Mickey Mouse der Fall ist.«

Walt Disney bezog sich umgekehrt auf Mae, als er sie für den Zeichentrickfilm *Who Killed Cock Robin?* (Wer hat das Rotkehlchen getötet?) als Vorbild für die vollbusige Jenny Wren (»Jenny Zaunkönig«) heranzog. Und die *Los Angeles Times* brachte am 4. April 1933 eine Karikatur von James Montgomery Flagg, die eine imaginäre Begegnung zwischen Mae West und George Bernard Shaw zum Gegenstand hat (Shaw hatte gerade Hollywood besucht). Der Cartoon zeigt Mae West, wie sie an Shaws berühmtem Bart zieht. Edward Steichen fotografierte Mae West mit ihren Diamanten im Mai 1933 für *Vanity Fair*. Ihr Antlitz erschien aber auch in einer Anzeige für Lux-Seife – neben den Gesichtern von Carole Lombard und Claudette Colbert. Für kleine Mädchen wurde Mae als Papierpuppe vermarktet. Nirgends mehr war man vor Mae West sicher. Sie war allgegenwärtig.

Selbst ein anonymer Schüler in Waldo, Kansas, versuchte, so eine Anekdote in *Photoplay*, vom Mae-West-Boom zu profitieren. Auf die Frage, warum er denn seine Mathe-Klassenarbeit mit »Mae West« unterschrieben habe, sagte er: »Because I done 'em wrong.« (Weil ich ihnen [den Aufgaben] unrecht getan habe/weil ich falsch gerechnet habe.)

Paramount wollte das Eisen schmieden, solange es heiß war, und brauchte deshalb noch vor Jahresende einen weiteren Mae-West-Film. Für kurze Zeit war eine Filmversion von *Sex* im Gespräch. Doch ließ man diese Idee sofort fallen, als allen klargeworden war, daß Mae wegen dieses Stückes im Gefängnis gesessen hatte. Man startete verschiedene Versuchsballons mit Titeln wie *Don't Call Me Madame* (Nenn mich nicht Madame) oder *The Golden Soubrette*, doch diese Ballons gingen allesamt unsanft zu Boden.
Als Mae dann im Mai in Los Angeles im Zirkus Barnes auftauchte, begleitet von einer Fotografenschar und zweihundert Waisenkindern, für die sie eine Party gab, entstanden neue Gerüchte: Ihr nächster Film, wollte man wissen, hätte mit Sicherheit etwas mit dem Zirkus zu tun.

## 15. *Kapitel* Ganz oben

$S$eit *Sie tat ihm unrecht* in die Kinos gekommen war und noch ehe Mae Wests nächstes Filmprojekt konkrete Formen annehmen konnte, hatten sich die Zukunftsaussichten und die Stimmung in den Vereinigten Staaten deutlich gebessert. Präsident Hoovers miesepetriges Gesicht war verschwunden, Roosevelts ansteckendes Grinsen beherrschte die Szene. Die Lähmung der Politik unter dem Republikaner Hoover wurde durch den New Deal ersetzt, der einer Kriegserklärung an die Depression gleichkam. Das politische Klima wurde von Optimismus (freilich durch gelegentliche Panikausbrüche unterbrochen), Aktivismus und Reformwillen bestimmt. Es begann eine lange demokratische Ära unter

Franklin D. Roosevelt, mit dem ein Führer an der Spitze stand, der die Dinge in die Hand nahm und fest entschlossen war, vor allem das Gespenst der Angst zu vertreiben. Mitmenschliche Solidarität war sein Credo. »Wir können nicht immer nur nehmen, sondern wir müssen auch geben«, sagte Präsident Roosevelt, als er sein Amt antrat.

Die Leute verglichen ihn mit Napoleon, jenem Napoleon, der seine Heere durch ganz Frankreich scheuchte. In den ersten hundert Tagen seiner Amtszeit schloß Roosevelt die Banken und ließ die Schalter wieder öffnen, nachdem er die Finanzen seines Landes vom Goldstandard abgekoppelt hatte. Er ließ zwei Pressekonferenzen am Kamin (»Fireside Chats«) landesweit im Radio übertragen, in denen er seine Pläne erläuterte; er hielt zehn bedeutende Reden, traf sich mit seinen hochkarätigen Beratern (»Braintrust«) und brachte fünfzehn wichtige Gesetzesvorlagen durch den Kongreß, die allesamt mit der wirtschaftlichen Reorganisation des Landes, mit Arbeitsbeschaffungsprogrammen und Sozialreformen zu tun hatten – und all das in nur hundert Tagen.

In Hollywood und New York wußte niemand so recht, wie sich der frische Wind der neuen Administration auf die finanziell angeschlagene Filmindustrie auswirken würde. Eine Serie öffentlich geförderter Untersuchungen, deren Ergebnisse in Henry James Formans Buch *Our Movie Made Children* (Unsere vom Film geprägten Kinder) einer breiten Öffentlichkeit bekanntgemacht wurden, hatte gewisse Kreise aufgeschreckt: Frauenklubs, Lehrer und Erzieher, Journalisten und Kommentatoren, kirchliche Aktivisten. Denn die These des Buches lautete, es bestehe eine klare Verbindung zwischen den Kinobesuchen der Heranwachsenden und Jugendkriminalität und »sexuellen Vergehen«. Vielleicht, so befürchteten die Filmmoguln und andere Angehörige der Filmindustrie, würde sich die Regierung in ihrem gegenwärtigen Reformeifer aufgefordert fühlen, hier regulierend einzugreifen. Mit anderen Worten: Man hatte Angst vor einem Schlag aus Washington gegen die »Unmoral« im Kino.

Ein Eingriff der Bundesregierung indes war das allerletzte, was sich die Zensoren der filmischen Selbstkontrolle im Hays Office wünschten. Am Abend nach Präsident Roosevelts Amtseinführung berief Hays eine Dringlichkeitssitzung des MPPDA-Direktoriums ein, bei der er erfolgreich darauf drängte, daß die Ziele, Verbote und Einschränkungen des Production Code nachdrücklich bestätigt wurden. Nur durch eine rigorosere Durchsetzung des Codes, nur durch eine Säuberung des eigenen Hauses, so wurde Hays nicht müde zu betonen, könne die Filmindustrie die Regierung auf Distanz halten und die zunehmend lauteren Forderungen nach moralischem Anstand im Kino abmildern. Dr. Wingate wurde gebeten, die Zügel der Kontrolle straffer anzuziehen. Außerdem wurde Joseph Breen, ein irisch-katholischer Eiferer und ehemaliger Journalist, der sich schon bald zu Mae Wests Hauptgegenspieler entwickeln sollte, in eine führende Position im Studio Relations Committee des Hays Office berufen.

Als im Juni 1933 der National Industrial Recovery Act (NRA) verabschiedet wurde, schien eine regierungsamtliche Regulierung auch der Filmindustrie unmittelbar bevorzustehen. Durch dieses Gesetz und die dazugehörige Verwaltung – symbolisiert durch das Emblem eines blauen Adlers und das Motto »We Do Our Part« (Wir tun das Unsrige) – wurden alle Wirtschaftszweige des Landes beauftragt, das eigene Haus in Ordnung zu bringen. Für jede Branche sollten einheitliche Regelungen mit Tarifvertragscharakter abgeschlossen werden, in denen Arbeitszeiten, Löhne, Arbeitsbedingungen und anderes mehr verbindlich festgehalten wurden. Generell sollten die Arbeitszeiten verkürzt, die Löhne in den unteren Lohngruppen angehoben und dafür in den Spitzenbereichen gekappt werden.

Im Zeichen des NRA verabschiedete die Filmindustrie die 36-Stunden-Woche, bemühte sich um eine Reduzierung excessiver Gagen und Gehälter, erließ ein gegenseitiges Abwerbungsverbot und unternahm den Versuch, Rahmenrichtlinien für die Beziehungen zwischen Künstlern, Agenten und Produzenten zu erlassen. Die Bemühungen, die exorbitanten Gagen mancher Stars zu reduzieren, verliefen allerdings ergebnislos. Dafür sorgte schon die neugegründete Interessenvertretung der Filmschauspieler, die Screen Actors Guild. Deren Vorsitzender Eddie Cantor teilte der Presse mit, Mae West (die kurz zuvor in die Guild eingetreten war) bringe Paramount Einnahmen in Millionenhöhe und sei deshalb sicherlich auch die 5000 Dollar pro Woche wert, die sie dafür bekomme.

Der NRA-Code für die Filmindustrie berührte am Rande auch Fragen der Moral – und drohte damit in den Interessenbereich des Hays Office einzudringen. Der neue Code enthielt nämlich eine Klausel, derzufolge sich die gesamte Filmindustrie verpflichtete, »die richtigen moralischen Maßstäbe bei der Produktion von Filmen« aufrechtzuerhalten. Obwohl die NRA-Moralklausel für Filme recht vage blieb (und dann 1935 ohnehin außer Kraft gesetzt wurde, als der Supreme Court das gesamte NRA-Projekt für verfassungswidrig erklärte), verstärkte sich allein durch die Existenz dieser Klausel der Druck auf das Hays Office, jetzt endlich energisch durchzugreifen.

Paramount hatte also allen Grund, aufs Tempo zu drücken und möglichst mit dem nächsten Mae-West-Film schon in den Kinos zu sein, ehe die rigoroseren Zensurmaßnahmen griffen.

Nach dem sagenhaften finanziellen Erfolg von *Sie tat ihm unrecht* war man bei Paramount offenbar bereit, nach Mae Wests Pfeife zu tanzen. Das Budget für ihren neuen Film wurde gegenüber ihrem ersten Starfilm um 25 000 Dollar erhöht. Regie sollte ein anerkannter Meister seiner Zunft, der für einen Oscar nominierte Wesley Ruggles, führen. Auf Mae Wests Betreiben wurden die Songtexte von Ben Ellison (unter Mitarbeit von Gladys DuBois) verfaßt – statt von Sam Coslow, den Paramount ursprünglich für diesen Job vorgesehen hatte. Ferner sollten die Talente von Paramounts bestem Kostümdesigner, Travis Banton, für diesen Film genutzt werden; er sollte für den Star einen ganzen Schrank voll luxuriösester Kreationen schaffen. Bei seinem Design für Mae West blieb Banton jedoch der bewährten Erfolgsformel treu: »Diamanten – jede Menge, riesige Hüte, Federboas, Fuchsstolen und vertikale Applikationen aus hellem Material oder Brillanten, mit dunkleren Applikationen an der Seite, um sie schlanker erscheinen zu lassen.«[1]

Banton hatte sein erstes Zusammentreffen mit Mae West allerdings so lange wie möglich hinausgezögert, weil er ihr gegenüber nervös und unsicher war. Was würde geschehen, wenn sie erfuhr, daß er der Neffe ihres alten Widersachers Joab Banton war, jenes New Yorker Bezirksstaatsanwalts, der sie wegen *Sex* ins Gefängnis gebracht hatte? Doch als der gefürchtete Augenblick endlich da war, zeigte sich Mae eher amüsiert als nachtragend.

Maes Gage, vertraglich auf 100 000 Dollar fixiert (davon 25 000 für ihre Arbeit am Drehbuch), als sie den Vertrag für *Sie tat ihm unrecht* unterzeichnete, ließ sich nachträglich nicht erhöhen, doch war ihr ein anderer Lohn auch viel wichtiger: Das Studio hatte vor ihren Wünschen kapituliert und ließ sie in jeder Hinsicht gewähren. Als Mae fand, sie habe für ihren nächsten Film eine bessere Idee als die von Paramount bereits öffentlich angekündigte Geschichte der Zirkuskönigin Louise Montague (geplanter Titel: *Barnum's Million Dollar Beauty*), war man selbst mit dieser Kehrtwendung einverstanden. Maes Wunsch war ihnen Befehl, die Dame mußte bei Laune gehalten werden.

Lowell Brentano, der New Yorker Schriftsteller und Verleger, der einst Interesse an der Veröffentlichung von Maes Roman *The Constant Sinner* (Die standhafte Sünderin) bekundet hatte, war zu Mae hinter die Bühne gekommen, als sie anläßlich der Premiere von *Sie tat ihm unrecht* im New Yorker Paramount Theater aufgetreten war. Bei diesem Gespräch hatte ihm Mae erzählt, ihr nächster Film werde in der Zirkuswelt spielen. Ihr ganzes Leben lang habe sie davon geträumt, Löwenbändigerin zu werden. Da versprach Brentano auf der Stelle Abhilfe und übergab ihr eine Drehbuchskizze mit dem Titel *The Lion and the Lady*. Paramount engagierte dann zwei Autoren, um diesen Entwurf weiterzuentwickeln: Frank Butler und Claude Binyon. Doch es dauerte gar nicht lange, da ließ Mae die beiden schon wieder feuern. Sie seien einfach unfähig, ihre Rolle so richtig »tough« zu gestalten. Als nächster durfte ihr Harlan Thompson helfen (der tatsächlich den größten

Teil des Drehbuchs schrieb, sogar einige Mae West zugeschriebene Dialoge). Thompson und Mae verfaßten gemeinsam eine erste Drehbuchversion jener Story, die dann zu *Ich bin kein Engel* (I'm No Angel) wurde. Über die Zusammenarbeit sagte Thompsons Frau später:»Wieviel sie dazu beitrug, weiß ich nicht, aber sie riß sich wie immer die ganze Sache unter den Nagel und erhielt schließlich Story, Drehbuch und Dialog zugeschrieben.«[2] In psychologischer und auch in anderer Hinsicht war es in der Tat Mae Wests Film. Damit sie sich am Drehort richtig wohl fühlen konnte, bestand sie auf der Gegenwart von Jim Timony und dessen gegenwärtigem Zimmergenossen Boris Petroff, der als Maes »Stilberater« fungierte. Für die Rollen in ihrem neuen Film engagierte sie alte Freunde und Weggefährten. Dan Makarenko, mit dem sie früher gemeinsam im Varieté aufgetreten war, übernahm die Rolle des Zirkusdirektors für eine Wochengage von 300 Dollar. Ed Hearn, der in *Pleasure Man* als Travestiekünstler in Frauenkleidern aufgetreten war, erhielt eine Rolle als Zuschauer im Gerichtssaal. Libby Taylor, ihr Dienstmädchen im wahren Leben, spielte eine von vier schwarzen Mägden, mit denen sich Mae West auf der Leinwand hänselt und neckt. Gregory Ratoff schließlich, ein Cousin des künftigen Ehemannes ihrer Schwester Beverly, Vladimir Baikoff, erhielt die Rolle des New Yorker Rechtsanwalts Benny Pinkowitz. In Dialog und Handlung ließ Mae West diverse Verweise auf ihr eigenes Leben einfließen. *Ich bin kein Engel*, in den Wochen um ihren vierzigsten Geburtstag gedreht, hat starke autobiographische Untertöne. Ja, man kann sogar sagen, daß sie in diesem Film eine Art Rechtfertigung ihres bisherigen Lebenswandels versuchte.

So bezieht sich etwa der marktschreierische Beginn deutlich auf Maes Anfänge im Tingeltangel, besonders wenn die schöne Tira (Mae West) im aufreizenden Kostüm aufreizend tanzt. Einige Sätze des Jahrmarktschreiers, die Interesse an Tira wecken sollen, mißfielen Dr. Wingate. Zum Beispiel:»Sie würde selbst bei einem Bürgerkriegsveteranen [der im Jahre 1933 schon mindestens Mitte Achtzig sein mußte] die alten biologischen Triebe zu neuem Leben erwecken.« Die im ersten Skript noch geforderte Band von schwarzen Musikern mußte einer weißen Band weichen. Es wurden zwar noch weitere Kürzungen gefordert oder vorgeschlagen, doch insgesamt gesehen enthielt, wie Wingate an Hays schrieb, »das Skript keine besonders anstößigen Sexszenen«.[3] Andere gleichzeitig gedrehte Filme, etwa *The Story of Temple Drake* (nach Faulkners Roman *Sanctuary*), galten als wesentlich anstößiger und unmoralischer und riefen dementsprechend im Hays Office weit größeren Unmut hervor als *Ich bin kein Engel*.

Die Eröffnungssequenz von *Ich bin kein Engel*, in der ein lüsternes männliches Publikum Tira beäugt – eine Mischung aus Nahaufnahmen und panoramischen Kameraschwenks –, verrät eine unmißverständliche Verachtung männlicher Geilheit. So zeigt eine Einstellung einen dümmlich dreinschauenden Gaffer mit lüsternen Augen (er zwinkert Tira zu), der nur »o Mama« herausbringt; in einer anderen fixiert die Kamera einen grob lächelnden und unkultiviert essenden Mann, dessen Mund ekelerregend mit etwas Weißem verschmiert ist, als er Tira »elegant« nennt. Diese Männer sind geile, kindische Einfaltspinsel, die sich im Nu in wilde Tiere verwandeln können. Doch Tira manipuliert und kontrolliert ihre männlichen Bewunderer wie später die Löwen. Hier indes benötigt sie, anders als bei den Raubkatzen, nicht einmal Pistole oder Peitsche. Ihre unterdrückt herausgestoßenen frechen Sprüche sowie ihr Gesicht und ihr Körper, ständig in Bewegung, reichen vollkommen aus, um die Männer in Schach zu halten.

Tiras Überzeugung, die Männer seien nichts als wilde Tiere, wird später weiterentwickelt und unterstrichen, wenn wir sehen, daß sie in ihrem Zimmer eine ganze Menagerie von Tontierchen stehen hat, deren jedes in der Fotografie eines Mannes aus ihrem bisherigen Leben eine Entsprechung findet. Ihr Boss im Vergnügungszelt, Bill Barton, erscheint als Stinktier, Kirk Lawrence, ein Mann aus der besseren Gesellschaft, als Hirsch, der Taschendieb Slick als Schlange, ein weiterer, anonymer Mann als Frosch.

Als Tira eine »ordinäre, heiße Nummer« singt, »They Call Me Sister Honky Tonk« (Sie nennen mich Schwester Spelunke), in der sie als

»verkleideter Teufel« hingestellt wird, hören wir einen Zuschauer schreien:»Wenn ich nicht schon verheiratet wär', dann hätt' ich Lust auf dich, Baby.«Woraufhin Tira mit unterdrückter Stimme die ganze Meute »Suckers« (Grünschnäbel) nennt. Wer sich auskannte, wußte damals natürlich, daß dies eine Anspielung auf Texas Guinans berühmte Begrüßung ihrer Nachtklubgäste (»Hello, Suckers«) war.

Texas Guinan zu evozieren war für Mae West eine weitere Möglichkeit, ihre eigene Vergangenheit verdeckt zu zitieren. Als Guinan jedoch während der Dreharbeiten zu *Ich bin kein Engel* in Los Angeles einen Kurzaufenthalt einlegte, kränkte Mae sie, indem sie ihr weder einen Besuch abstattete noch wenigstens kurz im Hotel anrief. Harry Voilers Beteiligung an dem Raubüberfall auf Mae (er war Guinans Freund und Manager gewesen), hatte offensichtlich für atmosphärische Verstimmungen gesorgt. Hätte Mae jedoch geahnt, daß dies die letzte Gelegenheit zu einem Wiedersehen war, weil Texas Guinan nur wenige Monate später starb, hätte sie sich bestimmt die Zeit für einen Besuch bei der alten Freundin und Mentorin genommen.

Während die Männer im Vergnügungszelt geile Trottel sind, begegnet Tira bei ihren Auftritten in New York ganz anderen Typen – Männern mit Seidenhüten. Die sind zwar wesentlich eleganter, sympathischer und attraktiver als der Jahrmarktsmob, doch in Tiras Gegenwart wirken sie genauso hilflos. Der aristokratische Kirk Lawrence (Kent Taylor) macht ihr mit teuren Geschenken den Hof: Diamanten, Pelze und Kleider von Pariser Modeschöpfern sind gerade gut genug. Sein Cousin, der Millionär Jack Clayton (Cary Grant), elegant im Maßanzug oder Frack und immer wie aus dem Ei gepellt, schreibt ihr am Ende einen Scheck über 100 000 Dollar, den sie jedoch zerreißt, um uns – welch vergebliches Unterfangen! – zu überzeugen, daß ihre Liebe die krassen materiellen Wünsche letztlich doch überwunden habe. (In einer früheren, glaubhafteren Version dieser Szene tat Tira nur so, als wolle sie den Scheck zerreißen, während sie ihn in Wirklichkeit heimlich in die Tasche steckte.)

Die von Cary Grant und Kent Taylor gespielten Charaktere haben keine Entsprechung unter den Männern in Mae Wests eigenem Leben. Vielmehr setzen sie die Reihe der reichen, ansehnlichen, aus besten Kreisen stammenden Verehrer fort, die durch Mae Wests Phantasie geisterten und die auch in ihren frühen Stücken immer wieder auftauchten: Reggie Muchcash in *The Ruby Ring*, Bob Van Sturdivant in *The Hussy*, Jimmy Stanton in *Sex*, Wayne Baldwin in *The Constant Sinner*. In all diesen Stücken hebt wie in *Ich bin kein Engel* die Aussicht auf die Verbindung mit einem Mann von hohem Sozialprestige den Status der aus der Unterschicht stammenden Mae-West-Figur, deren einziges Ziel der Erfolg ist, damit auch sie in Wohlstand und Luxus leben kann.

Ebenfalls aus Maes frühen Stücken stammt die Figur der eifersüchtigen, eingebildeten Frau aus der besseren Gesellschaft, die auf die Mae-West-Figur mit Verachtung herabsieht, sie »ordinär« findet und überdies auf den Mann, der sich in Mae West verliebt hat, Besitzansprüche geltend macht. In den Theaterstücken (*The Hussy, Sex*) war diese stinkvornehme, giftige Frau meistens die Mutter des Mannes. In *Ich bin kein Engel* aber ist Alicia Hatton (Gertrude Michael) mit Kirk Lawrence verlobt und ungefähr genauso alt wie Tira. Alicia nennt Tira »ungehobelt« und »schlecht erzogen«; überhaupt lohne es gar nicht, sagt sie ihren reichen Freundinnen, sich wegen einer »ordinären« Zirkusartistin so zu echauffieren. »Offensichtlich ist sie eine Person der allergewöhnlichsten Sorte … Doch die Männer haben ja alle einen billigen Geschmack, und sie ist billig genug, um ihnen zu gefallen.«

Als Alicia versucht, Tira mit Geld zu bestechen, wirft diese sie hinaus, nachdem sie ihr in einer früheren Szene bereits Wasser auf den Rücken gespuckt hatte. (Letztere Szene hätte Dr. Wingate gern gestrichen gesehen, doch er setzte sich mit diesem Wunsch nicht durch.) Tira, die darauf besteht, daß in Wahrheit sie die Lady sei, höhnt: »Eine bessere Dame als Sie hat mich mal eine Lügnerin genannt – und mußte danach an zwölf verschiedenen Stellen zusammengeflickt werden. Sie können von Glück sagen, daß ich mich inzwischen etwas feiner benehme als früher.« In der Vergangenheit hatte Tira gelegentlich ohne Gewissensbisse Gewalt angewendet, doch jetzt hat sie sich unter Kontrolle – was aber nicht heißt, daß jeder Snob nun ungestraft auf sie herabsehen dürfte.

Wie Mae ist auch Tira eine soziale Aufsteigerin; sie zieht »aus dem Zelt in ein Penthouse« um, in ein exklusives Apartment mit Kunstwerken an den Wänden, einem Flügel, modernen Möbeln und riesigen Blumenarrangements. In der besseren Gesellschaft ist sie nun gefragt. Ständig sind Dienstmädchen um sie herum, die die teuren Geschenke auspacken, welche die männlichen Verehrer ihr ins Haus schicken. Auch an Tiras Frisur, ihren Fingernägeln und ihrer Garderobe sind die Mädchen laufend zugange. Der von Liebeskummer geplagten Thelma, mit der sie freigebig einen Teil ihrer »Beute« teilt, gibt sie den Rat: »Nimm, was du kriegen kannst, und gib dafür so wenig wie möglich!« Nicht unbedingt eine Aussage, die zum Geist des New Deal paßte. Schau niemals zurück, lautet ein anderer Ratschlag: »Find 'em, fool 'em and forget 'em.« (Such sie, führ sie an der Nase rum und vergiß sie.)

Wie schon in *Sie tat ihm unrecht* vereinigt die Mae-West-Figur in sich moralische und gesellschaftliche Extreme. Sie ist sowohl schlecht als auch gut (»Ich habe das Gesicht einer Heiligen«), eine Teufelin wie auch ein Engel mit gestutzten Flügeln. Indem sie die Bedeutung von »bad« wie im Hipster-Slang umwertet, sagt Tira zu Clayton: »When I'm good, I'm very good, but when I'm bad, I'm better.«

Die »schlechte« Tira bewegt sich wie Diamond Lil im kriminellen Milieu. In Tiras Fall handelt es sich um den höhnischen Taschendieb Slick Wiley (gespielt von Ralf Harolde). Als wir Tira das erste Mal begegnen, arbeitet sie als billige Jahrmarkttänzerin in Bartons Vergnügungszelt. Doch zu diesem Zeitpunkt haben sie und Slick anscheinend schon eine lange Partnerschaft hinter sich, die Arbeit und Vergnügen umfaßt. Während Tira die Leute unterhält, nimmt Slick sie aus. Und aus der Lockerheit, mit der die beiden miteinander umgehen, spricht lange Vertrautheit. Sie ködert Männer, die so aussehen, als gäbe es bei ihnen etwas zu holen, und er raubt sie aus. Doch als Tira einen arglosen Reichen namens Ernest Brown

(William Davidson) becirct, der einen Diamantring zur Schau stellt, wird sie Slick gegenüber heftig, als dieser während eines Rendezvous in ihr Zimmer eindringt – gerade als es gemütlich wird und der reiche Trottel bereit ist, Geld in ihre Show zu investieren. Doch Slick schlägt ihn mit einer Flasche nieder. Weil Tira und Slick glauben, daß ihr Opfer tot sei, macht sie ihm heftige Vorwürfe, sie in einen Mord hineingezogen zu haben und überdies Tote zu berauben. Das bedeutet zugleich das Ende ihrer Partnerschaft mit Slick. Tira hat ihr Auge bereits auf reichere »Opfer« geworfen. Der soziale Aufstieg war ihr nämlich prophezeit worden. Mae Wests realer Hang zu spiritistischen Ratgebern findet in *Ich bin kein Engel* seinen Niederschlag, wenn Tira den Wahrsager Rajah (Nigel de Brulier) aufsucht. Rajah erzählt ihr, sie sei im August geboren worden. Als genaues Datum bestätigt Tira den 17. August (auch Maes Geburtsdatum), woraufhin sie vom Wahrsager erfährt, dann sei sie im Zeichen des Löwen geboren, des Königs der Tiere. Während Rajah in seine Kristallkugel starrt, erzählt er ihr, sie könne sich auf eine wunderbare Zukunft freuen. Besonders der morgige Tag werde ihr viel Glück bringen. Auf die Vorhersage »Ich sehe einen Mann in deinem Leben« reagiert Tira allerdings enttäuscht: »Was, nur einen?« Und als der Augur einen Wechsel der Lage ankündigt, kann sich Tira wiederum einen Kalauer nicht verkneifen: »Im Sitzen oder im Liegen?« Sie weiß jedoch recht gut, daß von einer Verbesserung ihrer sozialen und finanziellen Situation die Rede ist. Sie werde sich bald mit einem Mann verbinden, der ungeheuer reich sei. Schließlich bekommt sie ihr Horoskop mit auf den Weg und verkündet, das werde sie gleich mit ins Bett nehmen.
Ursprünglich hält Tira fälschlich Kirk Lawrence für den dunkeläugigen Millionär, den Rajah als Agenten ihres zukünftigen Wohlstands angekündigt hat. Doch dann, als auch Kirks Cousin Jack Clayton mit von der Partie ist, merkt Tira, daß Clayton, nicht Kirk der Auserwählte ist. Zu Kirk aber hatte sie bereits gesagt: »Wenn du auch nur die Hälfte des Mannes bist, für den ich dich halte, dann reicht mir das schon.« Im Verlauf des Films wechselt Tira mehrfach

ihre Partner: erst Slick, dann der arglose Reiche (jener Mann aus Dallas, der an die Stelle von Männern aus Memphis und San Francisco getreten war – wiederum eine Parallele zu Mae Wests Leben), dann Kirk und schließlich ihre wahre Liebe Jack Clayton, der Mann, den sie so sehr liebt,»daß es weh tut«. Sie wird Claytons Verlobte. Und als sie dem Zirkus adieu gesagt hat, sehen wir Tira/Mae sogar, wie sie mit Brautkleid und Schleier zurechtgemacht wird, obwohl sie in einer frühen Szene des Films dem arglosen Reichen gesagt hatte, die Ehe komme für sie nur als letzter Ausweg in Frage. Als man Clayton weisgemacht hat, Tira betrüge ihn mit Slick, löst er das Verlöbnis. Daraufhin verklagt ihn Tira wegen Bruchs des Eheversprechens, und Jack legt Widerspruch ein. Es kommt zum Prozeß. Im Gerichtssaal (auch hier fließen Maes autobiographische Erfahrungen ein) werden Tiras Charakter und Vergangenheit zur Sprache gebracht und verteidigt – trotz Tiras Protest: »Ich sehe nicht, was meine Vergangenheit mit meiner Gegenwart zu tun hat.« Sie gibt offen zu, im Leben mehrerer Männer eine wichtige Rolle in Liebesdingen gespielt zu haben:»Ich bin die Geliebte von Sigma Chi, doch was soll's?« Gegenwärtig gebe sie sich alle Mühe,»legitim« zu sein. Sie schiebt ihren Anwalt beiseite und nimmt ihre Verteidigung selbst in die Hand. Sie unterzieht die Zeugen einem Kreuzverhör und beweist, daß die Männer, mit denen sie liiert war, letztlich die Schuldigen waren, nicht sie. Sie erweist sich als clever genug, ihnen Paroli zu bieten. Slick wird als räuberischer Knastbruder entlarvt, der arglose Reiche als Mann, der seine Frau betrügt. Kirk Lawrence erscheint als Verlobter, der einer anderen Frau freigebig teure Geschenke zukommen ließ. Und als Tiras Bemerkungen vor Gericht, unterstützt von der Zeugenaussage ihrer Magd Beulah, offenbar werden lassen, daß sie Clayton immer noch liebt, läßt dieser seine Vorwürfe fallen und gesteht seine Niederlage ein. Tira gewinnt den Prozeß und obendrein noch Clayton. Triumphierend posiert sie für Pressefotos. Und als sie von einer Reporterin gefragt wird, wie viele Männer sie denn nun in ihrem Leben schon gehabt habe, reagiert Tira mit einem pointierten Wortspiel, das fortan zu

Mae Wests häufig wiederholten Lieblingssprüchen gehörte:»Nicht die Männer in meinem Leben zählen, sondern das Leben in meinen Männern.«

Zum Prozeß, der Tiras Schlagfertigkeit, Furchtlosigkeit und ihre Beherrschung der Männer demonstriert, bildet eine frühere Triumphszene eine gewisse Parallele: jener Augenblick, als Tira im Zirkus den Löwenkäfig betritt und ihr Leben riskiert, indem sie ihr Haupt in den »Rachen des Todes« legt, in das Maul eines Löwen. Diese Parallele entging den Kritikern nicht, von denen einer schrieb:»Diesmal legt Tira ihr blondes Haupt in einen Gerichtssaal.«

Als Tira in den Löwenkäfig ging und ihre Dressurnummer vorführte – einen Akt, der angeblich nie wieder versucht wurde,»seit Nero die Christen den Löwen zum Fraß vorwarf« –, erreichte sie den Höhepunkt ihrer Zirkuskarriere. Im überfüllten New Yorker Madison Square Garden kam sie groß heraus. Zugleich gestattete diese Szene Mae West endlich, jene lebenslange Phantasie auszuleben, die während ihrer Kindheitsausflüge mit dem Vater nach Coney Island entstanden war, als die beiden sich Bostocks Löwendressur ansahen.

Mabel Stark, eine echte Löwenbändigerin aus dem Zirkus – sie war bei Barnes und Ringling aktiv –, erlaubte Mae, ihr bei der Arbeit zuzuschauen. Dankenswerterweise übernahm sie es sogar, Mae praktisch anzuleiten. Ein weiterer Profi stand in der Filmkulisse bereit. Am Tag, als die Szene im Löwenkäfig gedreht werden sollte, versuchten der Regisseur, der Produzent und Paramount-Vizepräsident Al Kaufman gemeinsam, ihren Star davon abzubringen, Leben und Gesundheit im Käfig zu riskieren. Die Szene sollte mit einem Double gedreht werden.»Die wollten mich einfach nicht machen lassen. Der professionelle Löwenbändiger konnte nicht dasein, weil ihn gerade kurz zuvor ein Löwe angegriffen hatte und er deshalb ins Krankenhaus mußte.« Doch Mae bestand auf ihrem Auftritt und ritt auf einem Elefanten in die Manege (vor Pferden, Schiffen und Flugzeugen hatte sie Angst, doch auf einem Elefanten konnte sie kühn daherreiten), ehe sie den Löwenkäfig betrat. Die

23
Rechtsanwalt J. Rosenthal, Mae West,
der Schauspieler Alan Brooks aus dem
*Pleasure Man*-Ensemble und Texas
Guinan während des *Pleasure Man*-
Prozesses im März 1930.

24
Mae West mit
Trauerschleier vor
dem Bestattungsinstitut
bei der Trauerfeier für
ihre verstorbene Mutter
am 27. oder 28. Januar 1930.
Hinter der Autotür steht,
im Mantel mit Persianer-
kragen, Owney Madden.

25
Mae West als
Diamond Lil, 1928.

26
Mae West als Diamond Lil
in ihrem Schwanenbett,
Studioaufnahme 1928.

27
In Trauerkleidung
während des *Pleasure
Man*-Prozesses im März
1930: Mae, Jack und
Beverly West.

28
Auf Tournee mit
*The Constant Sinner,*
1931: Bearcat Delaney,
Babe Gordon (Mae West)
und Wayne Baldwin
(Russell Hardie).

29
Mae West und George Raft, um 1932
(Publicity-Foto für *Night After Night*).

30
Mae West in einem von Edith Head
entworfenen Kleid, 1933.

31 *(oben)*
Mae West hinter
Schneiderpuppen,
1933. Die linke Puppe
trägt die Aufschrift
»Kate Smith, Übergröße«,
die rechte »Miriam
Hopkins, jungenhaft«.
An der mittleren Puppe
steht:»Mae West,
Größe 36, perfekt«.

32
Mae West gibt Greta Garbo
einen Rat, Karikatur von
Jano Fabry, erschienen in *Life,*
Oktober 1933.
Die Bildunterschrift lautet:
»Süße, mach nur immer
schön deine Übungen,
dann kommst du
auch noch dahin.«

MAE: *Do your exercises, dearie; you'll get there.*

33
Mae-West-Persiflage
von Groucho Marx,
1933.

34 (rechts
Mae Wes
als Freiheitsstatu
193

35 (rechts unte:
Mae West n
Paramount-Studiobo
Adolph Zukor währen
der Dreharbeiten
*Ich bin kein Engel,* 193

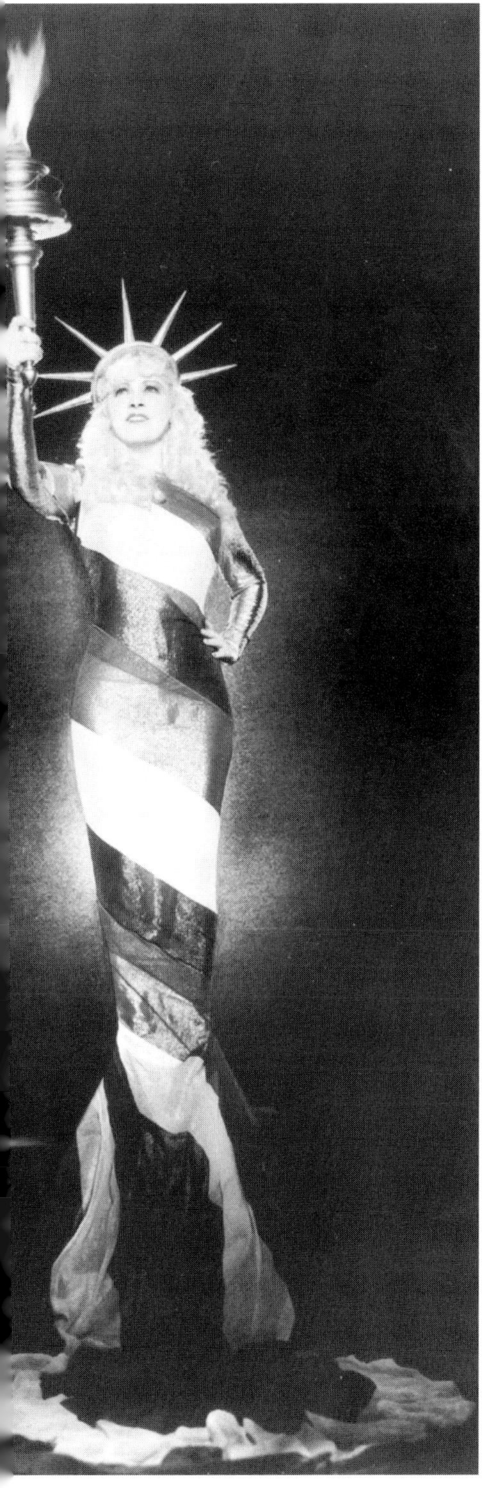

36
Weihnachtskarte, um 1933.
Mae West als Lady Lou
*(Sie tat ihm unrecht):*
»Hallo, Hübscher, fröhliche
Weihnachten! Warum kommst
Du nicht mal rüber, um mich zu
besuchen – so wie früher!«

37
Mae West mit
einem dressierten
Löwen. Szene aus
dem Film *Ich bin
kein Engel,* 1933.

38
Mae West
mit Libby Taylor
und Gertrude Howard.
Szene aus dem Film
*Ich bin kein Engel,*
1933.

Literary Possibilities:

*Colette gets a few pointers on love from our American representative.*

39
»Literarische Möglich-
keiten«, Karikatur von
Selz, erschienen in *Life,*
Januar 1934. Die Bild-
unterschrift lautet:
»Colette erhält von
unserer amerikanischen
Vertreterin ein paar gute
Tips über die Liebe«.

40
Bei der Premiere von *Ich bin kein Engel* in Hollywood am 12. Oktober 1933: Mae West mit (von links nach rechts) dem Kinobesitzer Sid Grauman, dem Produzenten William Le Baron und Paramount-Vizepräsidenten Al Kaufman.

41
Mae West mit Kameramann Karl Struss bei den Dreharbeiten zu *Die Schöne der neunziger Jahre,* 1934.

42
Mae West und
Marlene Dietrich
auf dem Paramount-
Gelände, 1935.

43 *(rechts)*
Mae West mit
ihrem Polizei
Leibwächter
Jack Criss bei
Schießübungen
1934

44
Bei der Premiere von
*Die Schöne der neunziger
Jahre* in Hollywood im
September 1934: Mae West
mit (von links nach rechts)
ihrem Bruder Jack, ihrem
Manager Jim Timony, ihrem
Vater, ihrer Schwester Beverly
Baikoff, ihrem Schwager
Vladimir Baikoff und
Boris Petroff.

45 *(rechts*
Mae West als Delilah in de
Opernszene aus dem Film
*Goin' to Town,* 193!

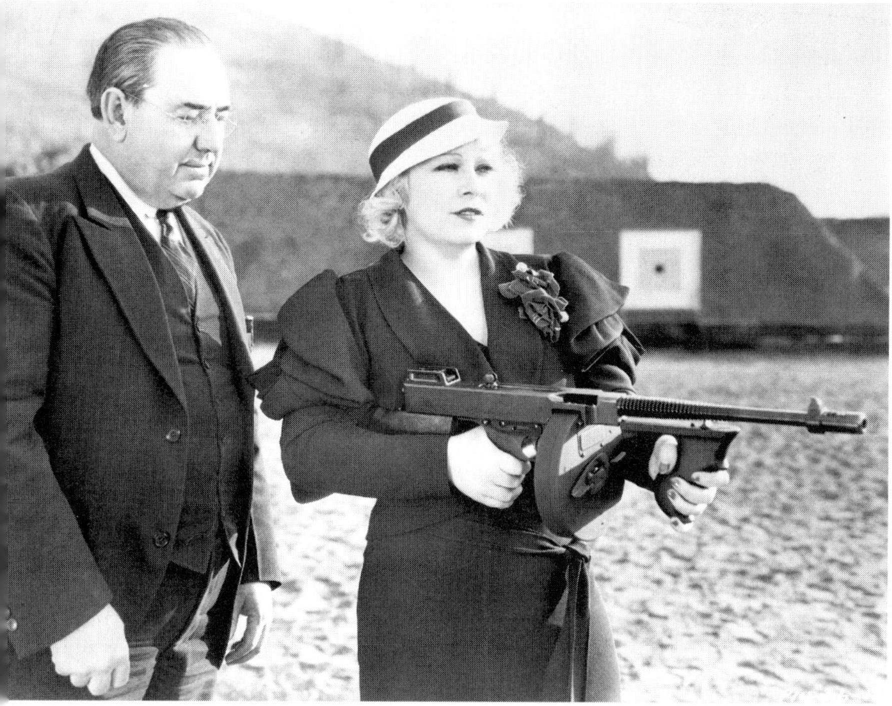

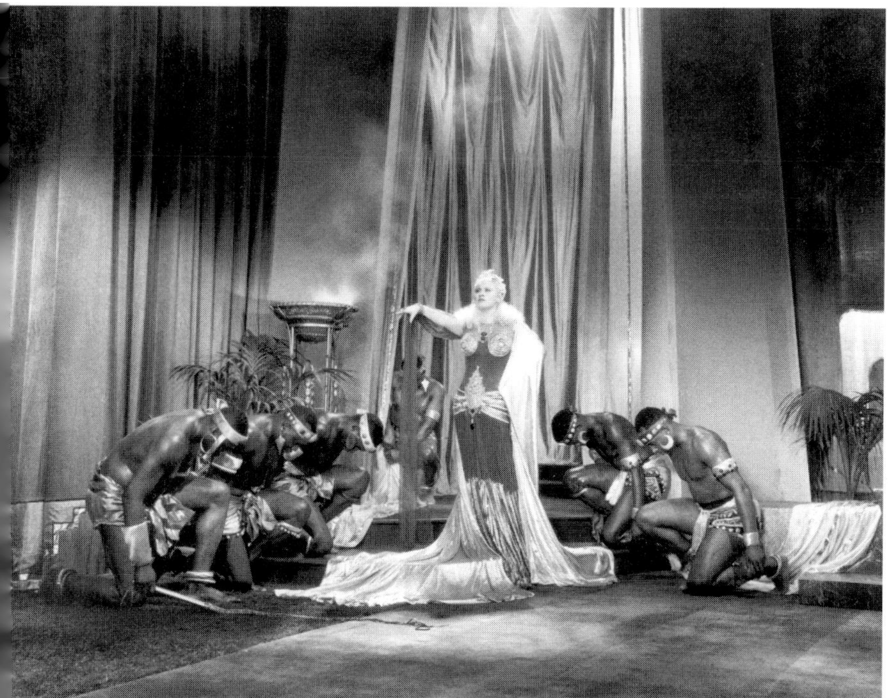

46
Mae West im
Schlafzimmer ihrer
Hollywood-Wohnung
in The Ravenswood,
um 1935.

47
Mae West als
Lenkerin einer
Pferde-Straßenbahn
im Stil der
Jahrhundertwende,
1933.

48
Mae West und die Holzpuppe
Charlie McCarthy. Publicity-Foto
für die Radiosendung »Chase and
Sanborn Hour«, Dezember 1937.

49
Salvador Dalí, »Mae Wests Gesicht,
als Wohnung zu benutzen«.
Foto-Gouache, um 1934.

Scharfschützen nahmen ihre Positionen ganz in der Nähe ein, bereit, jeden angreifenden Löwen sofort zu töten.

Mit enganliegenden weißen Seidenhosen und weißen Stiefeln, einem hohen weißen Federhut und einer Uniformjacke mit Goldtressen bekleidet, knallt Tira/Mae mit ihrer Peitsche und schießt mit ihrer Pistole in die Luft (gewalttätige Neigungen lagen Mae nie sehr fern), bis sich die Löwen auf ihren Podesten niedergelassen haben. »Die Löwen waren wunderbar. Sie waren zwar nervös ... aber ich nicht. Ich war aufs höchste gespannt. Ich konnte mich behaupten und die großen Löwenmännchen wirklich beherrschen.«[4] Soweit ihr Bericht in einem Interview. In der Autobiographie indes erhält Maes Erzählung vom Akt im Löwenkäfig noch einen erotischen Unterton: »Ich konnte nichts sehen, nichts hören, nichts fühlen außer einem überwältigenden Gefühl ständig zunehmender Meisterschaft, das sich immer mehr steigerte, bis jedes Atom der Obsession, die mich dazu getrieben hatte, vollkommen befriedigt war.«[5]

Ursprünglich hatten die Löwen überhaupt nicht männlich sein sollen. In einer frühen Version des Drehbuches nennt Tira eines des Tiere noch »Sheba«. Weil Tira jedoch zeigen muß, daß sie Löwen genauso zähmen kann wie Männer, wurde aus »Sheba« ein »Big Boy«. Die anderen Löwen werden von ihr mit »Einfaltspinsel«, »Schönling« und »Romeo« angesprochen.

Obwohl verschiedene Beobachter behaupten, Mae habe tatsächlich ihren Kopf in das Maul des Löwen gesteckt, und obgleich sie von vielen Journalisten mit folgenden Worten zitiert wurde: »Jetzt weiß ich, wie sich Jonas fühlte, als er in den Schlund des Wales rutschte«, deutete Mae John Kobal gegenüber an, daß das Ganze letztlich doch ein Trick war – daß ein Double, ein mit Beruhigungsmitteln präpariertes Tier oder beides im Spiel war. »Sie ließen mich einfach nicht den Kopf ins Löwenmaul stecken, obwohl ich das doch so gerne wollte.«

Während der Dreharbeiten ging es in den Kulissen oft zu wie in einem Zoo. Denn zu dem Elefanten, auf dem Tira ritt, und den Löwen, die sie zähmte, kam noch ein kleines südafrikanisches

Wolläffchen hinzu, das in einer kurzen Boudoirszene ebenfalls sein Recht bekam und auf Zelluloid gebannt wurde. Es handelte sich um Maes Äffchen Boogey, eines von mehreren Haustieren, denen Mae ihre zärtliche Liebe schenkte. Maes Äffchen und Cary Grants Hund spielten zu Maes Ergötzen friedlich miteinander. Stanley Musgrove, als ihr Publicity-Manager auch ein guter Freund Maes, gab dazu folgenden Kommentar:»Sie sagt, sie habe nie Mutter sein wollen. Aber Sie sollten sie mal mit ihren Affen daheim erleben! Sie nennt sie ›Baby‹ und sich selbst ›Mama‹ und knuddelt sie wie kleine Kinder.«

Die Atmosphäre am Drehort war bei *Ich bin kein Engel* freundlicher und weniger gespannt als bei *Sie tat ihm unrecht.* Der Regisseur Wesley Ruggles fand, anders als Lowell Sherman, auch positive Seiten an Mae West. Sie überraschte ihn beispielsweise mit ihrer Energie, Fitness und Körperkraft (die teilweise darauf zurückzuführen waren, daß sie jeden Tag mit einem Trainer, Jim Davies, arbeitete). Ruggles sagte, sie habe »doppelt soviel Energie und physisches Durchhaltevermögen wie jede andere Schauspielerin«. Er lobte ihren Perfektionismus und ihre hohen Qualitätsmaßstäbe als Schauspielerin, trotz eines gewissen Hangs zum Exzeß: »Einen ihrer Songs hat sie achtzehnmal wiederholt«, obwohl der Regisseur schon mit der sechsten Fassung zufrieden gewesen war.

Zwei der Männer, die ihr im Film den Hof machen, schlug Mae West vollkommen in ihren Bann: Kent Taylor, der den Kirk Lawrence spielte, und William B. Davidson, den Darsteller des arglosen Reichen. Davidson sagte: »Sie ist großartig. Sie ist voller Dynamit. Klar, ich habe mich total in sie verliebt ... Ich würde fast mein glückliches Heim für sie verlassen. Sie hat all den physischen Charme einer schönen Frau, kombiniert mit dem Intellekt eines Mannes.« Auch Kent Taylor gab ähnliche Gefühle zu: »Ich glaube, Mae West ist phantastisch ... Ich mag sie außerordentlich gern. Wenn die Kamera nicht läuft, ist sie sogar noch reizender als auf der Leinwand. Ich würde frohen Herzens umsonst für sie arbeiten.« Taylor fand, daß sie sehr hilfsbereit sei, jederzeit willens zu demon-

strieren,»wie dies oder jenes besser zu machen sei und, was am
wichtigsten war, warum«. Und er fügte hinzu:»Ich zögere nicht
zuzugeben, daß die Liebesszenen mit ihr vor der Kamera einem
wirklich unter die Haut gehen.«[6]
Cary Grant äußerte sich, wie nicht anders zu erwarten, wesentlich
zurückhaltender:»Ich kann nicht gerade behaupten, daß ich in
Miss West verliebt bin oder sie in mich.« Und er scherzte:»Nun,
es war sehr angenehm, von ihr gleich zweimal am selben Ort ein
Unrecht angetan zu bekommen.« Erneut deutete er an, daß er sich
in Mae Wests Gegenwart ein wenig überwältigt fühlte:»Ich habe
noch nie mit einer Frau zusammengearbeitet, die soviel Weiblichkeit eingebracht hat wie Miss West. Sie war – äh – äußerst hilfsbereit in den Liebesszenen. In unseren Liebesszenen vor der Kamera
war es manchmal schwierig, überhaupt noch wahrzunehmen, daß
sie nur schauspielerte.«[7] Obwohl einige der Szenen, an denen beide
beteiligt waren, tatsächlich getrennt aufgenommen wurden – erst
turtelte Mae West allein vor der Kamera, dann Cary Grant –, gab
es auch andere Sequenzen mit körperlichen Berührungen und
Umarmungen.

Aus welchen Gründen auch immer – sei es, daß ein Publicity-Agent
von Paramount ihm den Auftrag gab, sei es, daß er seine eigene
Karriere fördern wollte oder daß er Mae West letztlich doch schätzte –, Cary Grant schrieb Ende 1933 eine dreiteilige Artikelserie für
das britische Magazin *Picturegoer* (Der Kinogänger). Zumindest
setzte er seinen Namen unter diese Beiträge, in denen Mae West
als eine Kämpferin und sorgfältige Arbeiterin porträtiert wird, die
vollkommen in ihrer Karriere aufgeht.»Ihr Leben hat aus konstan-
ter Arbeit, aus Kämpfen, geplatzten Illusionen, Schmähungen und
Rechtfertigungen bestanden – und aus dem größten Triumph, den
eine Filmschauspielerin unserer Generation je erlebt hat«, heißt es
dort.»Seit den glamourösen Tagen der göttlichen Sarah Bernhardt,
seit Lillian Russell, Lily Langtry und Modjeska hat keine Frau mehr
solch universelle Anerkennung bekommen ... Heute spricht man
sogar noch mehr über sie als über die Garbo.« Grant zitiert Will
Rogers, der sinngemäß gesagt haben soll:»Mae West hat all den

anderen Schauspielerinnen in Hollywood beigebracht, wie man agiert.«

Schließlich läßt Grant Mae West auch selbst ausführlich zu Wort kommen. »Ich habe niemals Hunger gelitten oder bin gestrandet zu Fuß herumgeirrt ... aber zwanzig Stunden am Tag habe ich oft wirklich gearbeitet: zwölf Stunden hintereinander geprobt und dann noch mehrere Stunden lang wach im Bett gelegen und wiederholt, improvisiert, sogar neue Zeilen und Aktionen hinzugefügt. Für meine Karriere habe ich alles geopfert. Ich habe Spaß und Vergnügen, ja sogar Reisen drangegeben, weil ich mich auf einem faszinierenden Karussell befand und wissen wollte, wohin es mich tragen würde. Ich glaube an das Schicksal, die Vorsehung und ähnliches, aber nie ist mir etwas rein zufällig in den Schoß gefallen. Mein ganzes Leben ist wie eine geordnete, logische Ereigniskette gewesen, die bis in die Gegenwart reicht.«[8]

Maes professionelle Einstellung, ihren Grips und ihren bodenständigen Humor wußte auch Marlene Dietrich sehr zu schätzen, ihre Garderobennachbarin bei Paramount, die manchmal zusah – mindestens einmal sogar gemeinsam mit Maurice Chevalier –, wie Mae einen Song probte. In ihrer Autobiographie schrieb sie später, Mae West sei für sie »eine Lehrerin« gewesen, »nein, ein Fels, an den ich mich klammerte; eine intelligente Frau, die mich verstand und die all meine Probleme erahnte. Damals war ihr, glaube ich, gar nicht bewußt, welch großen Einfluß sie auf mich hatte.«

Marlene Dietrich muß mit Sicherheit erfahren haben, daß Mae eine deutsche Mutter hatte, doch reichte das Gefühl der Wesensverwandtschaft, das beide verband, über die Nationalität hinaus. Beide Schauspielerinnen konnten sich selbst bei der Arbeit kommentieren, beide konnten sich aus der Distanz sehen, zwischen »ich« und »sie« differenzieren. Beide wußten um die enge Verbindung zwischen Vamp- und Travestierollen (»vamping« und »camping«), jede der beiden trug eine männliche Seite ihres Wesens stolz zur Schau, wenn auch Mae West nicht gern wie Marlene Dietrich Anzüge oder Hosen trug.

Die Klatschautoren der Zeitungen und Fanmagazine versuchten

eine eifersüchtige Rivalität zwischen den beiden Regentinnen in den Paramount-Studios herbeizureden. Als die Dietrich, von einer Europareise zurückkehrend, nach ihrer Meinung über Mae West gefragt wurde, soll sie gesagt haben:»Wer ist denn das? Nie von ihr gehört.« Marlene Dietrich bestand jedoch darauf, nie derartiges gesagt zu haben. Vielmehr sei sie gebeten worden, etwas über Mae Wests Einfluß auf die Mode zu sagen, und sie habe geantwortet, darüber wisse sie nichts. Wie sie immer wieder betonte, hegte sie für Mae West nur die wärmsten, positivsten Gefühle:»Als ich die Vorauffführung von *Sie tat ihm unrecht* sah, war ich ganz hingerissen von dieser neuen, fesselnden, dynamischen Persönlichkeit. Ich habe Mae West schon als Star anerkannt, als noch niemand anders dazu bereit war. Ich war ihr schon begegnet, ehe ich zu meiner Europareise aufbrach, und wir haben Freundschaft geschlossen.«[9]

Mae West ihrerseits bestritt jegliche negativen Gefühle oder Eindrücke.»Miss Dietrich ist viel zu intelligent, um Eifersucht mir gegenüber zu zeigen, selbst wenn sie solche Gefühle haben sollte – aber ich weiß genau, sie hat keine solchen Gefühle. Auf der Leinwand ähneln wir uns überhaupt nicht. Sie kam öfter in meine Garderobe und erzählte mir, daß sie und ihre Tochter Maria zu Hause meine Songs spielten.«[10]

Auch Marlene Dietrichs Tochter – heute heißt sie Maria Riva –, die oft bei ihrer Mutter im Studio war, empfand das Verhältnis zwischen den beiden Stars als ungewöhnlich locker und entspannt. Sie wunderte sich deshalb, daß die beiden außerhalb des Studios keinen Kontakt pflegten. Selbst in späteren Jahren stieß Marlene Dietrich bei ihrer Kontaktsuche auf wenig Gegenliebe. Robert Duran, ein enger Vertrauter und Freund Mae Wests in den letzten Jahrzehnten ihres Lebens, erinnerte sich, daß die Dietrich einst bei Mae angerufen habe, um ihren Besuch in Ravenswood anzukündigen. Doch die habe, unter dem Vorwand, Beverly zu sein, gesagt, Mae sei nicht zu Hause. Ein derartiger Rollentausch zwischen den Schwestern fand öfter statt, wenn Mae nicht danach war, Besuch zu empfangen oder mit jemandem zu reden.

Wenn man bedenkt, wie frei und unkompliziert die Schwestern ihre Identität tauschten, kommt einem die Sache schon ein wenig gespenstisch vor. Denn nicht nur Mae gab sich oft als Beverly aus, auch Beverly ging im November 1933 mit einer rein weiblichen Theatertruppe auf Tournee, deren Programm ganz auf Beverlys Mae-West-Imitationen abgestellt war. Und für diese Aufgabe fühlte sich Beverly so qualifiziert wie niemand sonst:»Schließlich, wer kennt selbst ihre kleinsten Manierismen so genau wie ich?« Mae West ihrerseits forderte die Öffentlichkeit in *Variety* auf, doch »mal raufzukommen und meine Schwester zu besuchen«. In Wirklichkeit hatten beide nur eine gemeinsame Identität: Mae West.

Maes Arbeitstag ließ ihr kaum Zeit für irgendwelche Zerstreuungen. Sie holte ihren Bruder Jack und ihre Schwester Beverly zu sich nach Los Angeles, und diese beiden beherrschten zusammen mit Timony ein Privatleben, in dem es fast keinen Raum für Maes Gefühle gab. »Ich habe einfach keine Zeit für ein persönliches Leben gehabt«, beschwerte sie sich im Interview mit Ruth Biery. »Mein Leben besteht Tag für Tag aus derselben Routine. Ich sehe meinen Manager, meinen Bruder, mein Dienstmädchen und meinen Chauffeur. Frühmorgens und spätabends ruft das Studio an, um zu sehen, wie ich mit meiner Story vorankomme. Ich bin wie eine Maschine.«
Liebhaber hatte Mae freilich schon – ihren Andeutungen nach gehörten dazu auch Gary Cooper und ihr Leibwächter Mike Mazurki –, doch Timony war auf der Lauer und bestimmte, wieviel Zuneigung dabei erlaubt war und wieviel Zeit der jeweilige Mann mit Mae verbringen durfte. (Eine ganze Nacht im gleichen Bett mit einem anderen verbrachte Mae ohnehin nie, aber das war ihr eigener Wunsch.) Mae hatte genügend Durchblick, um zu erkennen, daß Timony, der wie ein ergebener Polizeihund überallhin hinter ihr hertrottete, inzwischen die Rolle übernommen hatte, die ihre Mutter einst gespielt hatte. So sagte sie im Biery-Interview: »Meine Mutter ließ mich nicht lernen, wie man wirklich liebt ... und jetzt bewahrt mich Timony davor. Es liegt in seinem eigenen

Interesse, wenn er mich beschützt. Sehen Sie das denn nicht? Erst meine Mutter und jetzt Timony.«

Und weil sich Timony ständig einmischte, mußte Mae sich heimlich verabreden und sich insgeheim mit ihren Liebhabern treffen – was ihr allerdings zusätzliche Befriedigung verschaffte. Im Verheimlichen ihrer Affären entwickelte sie eine solche Virtuosität, daß sie sich und ihre Partner fast völlig aus den Skandalblättern heraushalten konnte. Nie sollte es ihr ergehen wie Clara Bow, die ihre Karriere durch öffentliche Skandale ruinierte. Die Kehrseite ist allerdings, daß auch wir über diese Begegnungen Maes fast überhaupt nichts wissen.

Morgens ging sie meistens routinemäßig mit Timony in die Messe in der Church of Christ the King, obwohl sie sich nicht als Katholikin betrachtete.»Es tut mir nur gut, meinen Tag so zu beginnen«, erklärte sie im Interview mit Alma Whitaker.»Mein Manager ist Katholik.« Aber sie ging nicht nur zur Messe, sondern spendete auch für katholische Wohltätigkeitsorganisationen. Die Autos, die sie ausrangierte, erhielten die Nonnen. Ob sie dazu durch persönliche Devotion oder durch ein uneingestandenes Schuldgefühl motiviert wurde, muß offenbleiben. Chris Basinger, ein persönlicher Freund, der zu einem wesentlich späteren Zeitpunkt am Empfang in Ravenswood saß, erinnerte sich, in einem Alkoven ihres Schlafzimmers eine Jesusstatue und eine Votivkerze gesehen zu haben.»Für alle Fälle, man kann ja nie wissen, wozu es gut ist«, sagte er. Als Mae starb, erhielt sie von einem Priester die Sterbesakramente, doch die Entscheidung, den Priester zu holen, hatte nicht Mae getroffen, sondern ihr Lebensgefährte Paul Novak.

Was Mae indes niemals akzeptieren konnte, war die katholische Lehre, daß Sex allein zum Vergnügen, Sex mit wechselnden Partnern und Sex außerhalb der Ehe sündig sei.»Sex ist kein bißchen vulgärer als Essen«, sagte sie oft.»Vulgär ist Sex nur für vulgäre Menschen. Warum muß man denn bei einem so natürlichen Vorgang heulen oder die Zähne fletschen?«[11] Außerdem wollte sie nicht in dem Sinne mißverstanden werden, daß erst sie und nur sie allein den Sex ins Kino gebracht habe.»Wann waren denn Filme je ohne Sex? Haben wir denn die vamphaften Verrenkungen von Theda Bara und Valeska Suratt schon ganz vergessen? Sex gilt neben dem Selbsterhaltungstrieb als der stärkste Instinkt. Wann werden die Menschen je das Interesse daran verlieren?« Ihre Verwirrung über den katholischen Widerstand gegen ihre Filme bekundend, bat sie den Priester in der Church of Christ the King um eine Erklärung. »Ich habe nie irgend etwas getan, um der katholischen Kirche ein Leid zuzufügen«, sagte sie ihm. »Warum also fängt die katholische Kirche an, gegen mich zu predigen?« Seine Antwort lautete nur: »Sie wissen ja, die katholische Kirche ist sehr weise, sie weiß alles.« Dann deutete er an, daß viele Männer aller Altersgruppen – junge, alte und mittelalte – zu ihm gekommen seien, um ihre Sünden zu beichten, »die sie begangen haben, nachdem sie einen Abend mit einem Mae-West-Film im Kino verbracht hatten.«[12] Doch die Berichte über solche Sünden machten Mae eher stolz als zerknirscht.

Im Bewußtsein, daß die Stimmung im Lande sich allmählich veränderte – statt Schrankenlosigkeit und Freizügigkeit wieder mehr Zurückhaltung und Regulierung –, versuchten die Paramount-Presseleute, Mae Wests öffentliches Image neu zu formen. Statt die Ähnlichkeiten zwischen der »realen« Mae West und den von ihr gespielten Charakteren zu betonen, wandten sie sich jetzt einer Strategie zu, die Mae in Zeitungsbeiträgen Ende der zwanziger Jahre selbst schon einmal verfolgt hatte: Betonung der Unterschiede zwischen den beiden Maes. Sie stelle zwar Frauen dar, die es manchmal etwas zu arg trieben, aber privat lebe Mae West zurückgezogen, konzentriere sich auf Arbeit und Familie; sie sei gerne zu Hause, rauche und trinke nicht. *Variety* durchschaute diese Taktik natürlich und kommentierte sie mit der folgenden ironischen Schlagzeile: »›Wollen Sie nicht mal raufkommen und mich besuchen?‹ ist Einladung zum Tee, sagt Paramount.«

Doch Gladys Hall warnte in *Motion Picture*: »Wenn Mae West sich auf diesen Zähmungsprozeß einläßt, wenn sie sich zur Gouvernante machen läßt, ist das künstlerischer Selbstmord. Sex, schamlos und unerschrocken dargeboten, ist die Grundlage ihres gegenwärtigen internationalen Ruhms ... Die Prüderie wird sie kaputtmachen.« In ihrem langen Artikel in der Januarnummer 1934 schreibt Hall weiter, Mae Wests Popularität sei ein Nebenprodukt ihrer Fähigkeit,»gepfeffert und direkt aus dem Bauch, kompromißlos und ohne Rücksicht auf die Reaktionen der Frauenklubs« daherzureden.»Man kann sie nur so nehmen, wie sie ist. Und wir haben sie alle so genommen ... Ihre Ideen waren so vital, ihre Persönlichkeit von so einschneidender Wirkung, daß sich niemand um ihr Privatleben scherte ... Sie war hart und brillant wie ein geschliffener Diamant.« Die ganze Welt,»von Mayfair bis zum Kindergarten«, habe sie mit Hingabe imitiert, doch die»gereinigte Version« von Mae West werde niemanden mehr interessieren. Diamond Lil in der Küche – das sei schlechterdings nicht vorstellbar.

Trotz Gladys Halls Plädoyer für die»schlimme« Mae erschienen nun immer mehr Zeitungs- und Zeitschriftenartikel, in denen Mae Wests Gutherzigkeit und Großzügigkeit hervorgehoben wurden. Daß sie dem Motion Picture Relief Fund für Menschen in Not unaufgefordert eine beträchtliche Summe spendete, wurde ebenso vermeldet wie ihr Auftritt in einer Wohltätigkeitsveranstaltung der Elks, eines vorwiegend in amerikanischen Groß- und Kleinstädten präsenten philanthropischen Männerbundes. Lob erntete sie auch für ihre Unterstützung der Familien von Strafgefangenen und für ihren Einsatz mit dem Ziel, Drogenabhängige von ihrer Sucht zu kurieren.

Der Hollywood-Reporter George Kent verstieg sich bei der Suche nach den Gründen für Maes außerordentliche Popularität sogar zu der Behauptung, ihr Appeal sei eher mütterlich. Zusammen mit Will Rogers machte er Mae zu»Mammy and Daddy of Us All«. Maes Anziehungskraft, schrieb Kent, beruhe darin, daß man Nahrungs- und Fürsorgeversprechen auf sie projiziere.»Die Figur ihres Körpers und ihre Wesensart lassen sich in einem Wort zusammenfassen: MUTTER.« Die Kinder sähen in ihr keine Verführerin, sondern»einen großen sonnigen Schwall gute Laune, Freundlichkeit und menschliches Verständnis ... Hier war eine Mutter, eine bessere, größere, rundere, schönere Mutter, eine, die Zeit für sie hatte, eine Art Erdmutter in glitzernden Pantoffeln, mit der Fähigkeit zu witzigen Sprüchen.« In der Depressionszeit habe ihr Sex-Appeal weniger Gewicht gehabt als ihr Image als »jemand, bei dem man sich anlehnen konnte«. Kents Fazit:»Wenn die Leute in Mae-West-Filme gehen, dann aus demselben Grund, warum kleine Jungen zu ihren Müttern laufen.«[13]

Doch selbst wenn Mae West manchen Menschen mütterlich erscheinen mochte, lehnte sie emphatisch jegliche Filmrolle ab, in der sie als Frau mit Kindern erschienen wäre, weil sie – anders als Marlene Dietrich – das Gefühl hatte, Mütter könnten keine Sexsymbole sein. Mae hatte tatsächlich eine Liste mit selbstauferlegten Verboten, gegen die sie niemals verstieß. Die Frauen, die sie spielte, durften keine Mütter sein oder je zuvor gewesen sein. Ausgeschlossen war auch, daß die Mae-West-Figur je von einem Mann abgewiesen oder sitzengelassen wurde; daß sie je ausgetrickst oder für dumm verkauft wurde; daß sie je Angst vor etwas hatte oder sich unterkriegen ließ. Sie mußte am Ende immer als Siegerin dastehen, das Publikum durfte niemals Mitleid mit ihr empfinden. So spielte Mae in Wahrheit immer eine Art Superfrau. Dieser Kunstfigur gegenüber mußte die »reale« Mae West durch Öffentlichkeitsarbeit des Studios weicher, milder und menschlicher gezeichnet werden. So erschienen denn auch zunehmend Artikel, die sich auf Maes häusliche Natur, auf ihren luxuriösen und extravaganten, moralisch jedoch unbedenklichen Lebensstil konzentrierten. Einige Beispiele:

Mae nimmt niemals ein Duschbad, sondern bevorzugt ein Bad in der Wanne mit nach Rosen duftenden Badesalzen. Sie besitzt mehr als ein Dutzend zarte Negligés, von denen sie jeden Morgen zum Frühstück ein anderes trägt. Das Frühstück nimmt sie in ihrem Boudoir auf einer mit rosa Satin bezogenen Chaiselongue ein.

Auf ihrer Kommode stehen siebenundzwanzig verschiedene Parfümflaschen, doch das fast ausschließlich bevorzugte Parfüm duftet nach Gartenwicken.

Um ihrer Kurven willen bevorzugt sie schwere, fettreiche Kost – auch Schokolade und Bonbons ... Sie macht ihre Yogaübungen und schreibt im Bett, das heißt sie diktiert ihrer Sekretärin.

Sie ist ein häusliches Mädchen, und sonderbarerweise ist das Schreiben ihre Hausarbeit.[14]

Um Maes Image als häusliches Wesen besser vermarkten zu können, wurden vom Studio, aber auch von Mae selbst Artikel angeregt, die ihr kürzlich neu eingerichtetes Apartment in Ravenswood in Wort und Bild beschrieben. Paramounts Art Director Hans Dreier hatte in Weiß und Gold gehaltene Möbel im französischen Rokokostil in die Wohnung gebracht. Im Wohnzimmer lagen Eisbärfelle vor einem langen, mit Fransen besetzten Sofa und vor einem kleinen weiß-goldenen Flügel. Mae nannte diesen Raum am liebsten ihr »Vorzimmer« (anteroom), weil dort all ihre Verträge ausgehandelt wurden – ausgepokert, wie sie meinte: »Ich lasse sie einfach da draußen sitzen, bis sie ihren Einsatz (ante) erhöhen«, kalauerte sie wiederholt. Die berühmte von Gladys Bush geschaffene Aktstatue aus Marmor und der Akt in Rückenlage, ein Gemälde von Florence Kinzel – beides idealisierte Wiedergaben ihres Körpers –, kamen erst Mitte der dreißiger Jahre hinzu.

Über allen Wandtischchen und Konsolen hingen Spiegel, und all diese Spiegel waren statt mit Silber mit Gold unterlegt. Selbst Maes Porzellan wies eine schwere Golddekoration auf. »Wenn du Diät hältst«, scherzte sie, »dann brauchst du etwas, damit das Essen reicher schmeckt.« Aschenbecher in Form von goldenen Schwänen, dem berühmten Bett von Diamond Lil nachgebildet, waren im ganzen Raum verteilt.

Ihr Schlafzimmer bezeichnete Mae selbst als »königlich«. Sie sah sich ganz in der Tradition der französischen Aristokratie: »Damals, im achtzehnten Jahrhundert, als alle Leute noch lange weiße Perücken trugen, pflegten die großen Damen ihre Besucher im Schlafzimmer zu empfangen. Das galt als klassenbewußt.« Ihr Bett war mit einem Baldachin versehen, von oben her drapiert und reich mit der Initiale »W« verziert; die Vorhänge waren aus hellrosa Brokat mit Spitzenbesatz, das Kopfende mit hellrosa Stoff gesteppt. An der Wand hinter sowie an der Zimmerdecke über dem Bett hingen schwere, in Weiß und Gold gerahmte Spiegel. Der über ihrem Bett entlockte ihr, wenn die Sprache darauf kam, ständig ein abgewandeltes Bonmot aus *Ich bin kein Engel*: »I like to see how I'm doin'« (Ich will sehen, wie gut ich bin). Tira hatte im Film immer wieder gefragt: »How 'm I doin'?« – Na, wie war ich?

»Ich habe mich in diesem Apartment häuslich eingerichtet«, sagte sie. »Das sind alles meine Sachen. Den ganzen Hotelschrott habe ich abholen lassen. Sie werden bemerken, daß die Möbel mehr weiß als golden sind. Wir hier draußen sind kunstverständige Leute, aber recht zurückhaltend. Ich liebe Zurückhaltung – sie darf nur nicht zu weit gehen.«[15]

Alles in diesem Apartment war wie eine Filmkulisse bewußt gestylt, um der Hauptdarstellerin als Hintergrund zu dienen und ihr zu schmeicheln. Auf die Frage, warum sie denn helle, blasse Farben bevorzuge, antwortete Mae dem Ghostwriter ihrer Memoiren, Stephen Longstreet: »Alles fleischfarben, mein Lieber – nur nicht so vulgär.«

Ein gewisser Grundwiderspruch beunruhigte weder Paramount noch Mae West: Einerseits sollte sie – auch dies ein bewußt gepflegtes Image – eine herzerfrischend unverblümt daherredende, sich zu wehren wissende, mit beiden Beinen auf dem Boden stehende und grundehrliche »Dame« aus Brooklyn sein, eben Diamond Lil. Zum anderen aber wurde nun durch die Öffentlichkeitsarbeit ein ganz anderes, pseudoaristokratisches Image propagiert, verdeutlicht an ihrer Wohnung und ihrem privaten Gehabe: rüschig, plüschig, artifiziell und kitschig. Und diese Kluft zwischen ihrer Redeweise und dem Rokokostyling ihrer Frisur, ihren Make-ups, ihrer Kleidung und ihrer Umgebung sollte sich im Laufe der Jahre nur noch weiter vergrößern. Cary Grant war am Ende so weit, daß er ihren trügerischen äußeren Schein rundheraus verdammte: »Sie hat in ihrem ganzen Leben nie die Wahrheit gesagt«, gab er Jahrzehnte nach ihrer Zusammenarbeit zu Protokoll. »Sie war in einer Phantasiewelt zu Hause; das dicke Make-up, das sie trug, war nur ein Zeichen ihrer Unsicherheit. Im Umgang mit ihr waren wir alle sehr vorsichtig.«[16]

Im Oktober 1933, als *Ich bin kein Engel* in die Kinos kam, war die NRA, die National Recovery Administration, zum Tagesgespräch geworden. Auch Paramount reihte sich demonstrativ unter jene ein, die die NRA in ihren Zielen unterstützten. In Anzeigen wurden die neuen Paramount-Filme gar als eigener »National Recovery Act« (Akt der nationalen Gesundung) angepriesen. Dadurch kämen für die Kinos garantiert wieder bessere Zeiten. Annonciert wurden Filme wie *Duck Soup* mit den Marx Brothers, *Design for Living* mit Miriam Hopkins und Fredric March, *Tillie and Gus* mit W. C. Fields, *The Way to Love* mit Maurice Chevalier, *White Woman* mit Carole Lombard. Ganz oben auf der Liste aber stand Mae West mit *Ich bin kein Engel*. Bei all diesen Filmen war im Abspann neben der Nennung der Mitwirkenden auch das NRA-Emblem samt Motto zu sehen: »We Do Our Part« (Wir tun das Unsrige).

In der Paramount-Pressebroschüre zu *Ich bin kein Engel* wird Mae West als »Screendom's Exponent of the New Deal« bezeichnet, als Beitrag der Filmindustrie zum New Deal. Natürlich ging es nicht ohne Maes übliche Witze ab. In einem Presseinterview deutete sie das Kürzel NRA um zu »No Regrets After« (Keine Reue danach). Doch in einem leicht dahingesagten Nachsatz wurde so recht deutlich, wie wenig Mae West dem Zeitgeist eigentlich entsprach: »Irgendwie mag ich den New Deal ... Aber wieviel ist der Dollar in diesen Tagen wert, Mann? Ich hab' immer so viel zu tun, daß ich mich nicht drum kümmern kann.«

Doch es war nicht ganz leicht, das dumpfe Gefühl, daß eine große Kampagne gegen Unmoral im Film bevorstand, durch Witzeleien zu verdrängen. »Es ist schwer, komisch zu sein, wenn man sauber bleiben muß«, verlieh Mae schon im September 1933 ihren Befürchtungen öffentlich Ausdruck. Und eine *Variety*-Schlagzeile im November drohte: MORAL IM FILM – ODER SONST ... Im dazugehörigen Artikel war zu lesen: »Wie es heißt, haben der Präsident und die NRA die Filmindustrie bereits wissen lassen, was diese Regierung für die angemessenen moralischen Maßstäbe hält ... Schon beim ersten Anzeichen von Obszönität im Film wird es, da sind sich die Filmbosse sicher, im Zeichen des New Deal sofort massive Gegenmaßnahmen geben.« Der Kassenerfolg von *Little Women* wurde als Beispiel dafür herangezogen, daß ein Film sauber und trotzdem ein Hit sein konnte.

Nach der Freigabe von *Ich bin kein Engel* gab es zwar diverse Beschwerden über die »Bedrohung«, die von Mae West ausgehe, doch ehe die Freigabe erteilt wurde, waren die Beschwerden, Kürzungen und Änderungswünsche des Hays Office relativ maßvoll gewesen. Das Wort »tart« (Nutte) wurde überall, wo es vorkam, gelöscht. Auch gegen »Jeez« (Jesus), »punk« (Dirne) und »Lawdy« (Ach du lieber Gott) wurde Einspruch erhoben, ebenso gegen eine Bettszene von Thelma und Slick in Tiras Bett und gegen den Frauenarm, der dem im Bett liegenden Anwalt Pinkowitz das Telefon herüberreicht. Auch durfte Tira nicht mehr zu Kirk sagen: »Ich lasse mich gern von kultivierten Männern mit nach Hause nehmen.« Das »take me home« mußte durch »take me out« (ausführen) ersetzt werden.

Am meisten Kopfschmerzen bereiteten den Zensoren die Songtexte, besonders der des Liedes, das ursprünglich den Titel »No One Does It Like That Dallas Man« trug. Russell Holmon von Paramount gab sich zwar alle Mühe, das Hays Office davon zu überzeugen, daß Text und Titel »völlig harmlos« seien, doch der Titel mußte geändert werden in »No One Loves Me Like That Dallas Man«.

Der Titelsong »I'm No Angel« ist erst im Abspann zu hören, und diese Plazierung ermöglichte natürlich problemlose, kaum zu entdeckende Kürzungen. In den meisten Kopien des Films ist der Song regelrecht zerstückelt; die erste, vierte und fünfte Strophe sind ganz herausgeschnitten. So entging dem Zuschauer Tiras Einladung »Take my kisses till your weary heart's ease« (Laß dich von mir küssen, bis dein müdes Herz erleichtert ist). Auch durfte sie ihrem Liebhaber nicht versprechen, dafür zu sorgen, daß

er seine Selbstkontrolle verliere; doch mit der vergleichbaren Bitte
»Love me, honey, love me till I just don't care« (Lieb mich, bis mir
alles egal ist) kam sie durch die Zensur.
Ein Funktionär des Hays Office, V. G. Hart, sah, wo er rot hätte
sehen können, nur noch Dollars. »Dieser Film wird ein absoluter
Kassenschlager werden«, schrieb er einem Kollegen. »Die meisten
Andeutungen bleiben der Phantasie [des Zuschauers] überlassen.
Der Film ist ein Knüller ... und ich bin sicher, daß [Mae Wests]
Sprüche ›How 'm I doin'?‹ [Na, wie bin ich?] und ›When I'm good,
I'm very good, but when I'm bad, I'm better‹ so berühmt werden
wie ›C'm up sometime‹.«

Diese Vorhersage erwies sich als zutreffend. Als *Ich bin kein Engel*
im Oriental Theater in Chicago gezeigt wurde, gab es sowohl
Einnahme- als auch Zuschauerrekorde. Die Einnahmen in der
ersten Woche betrugen 50 000 Dollar. In New York, wo der Film
fünfmal täglich lief, waren es sogar 84 500 Dollar in der ersten
Woche. Die ursprünglich geplante Laufzeit wurde um vier Wochen
verlängert – ein absoluter Sonderfall in der Geschichte des New
Yorker Paramount Theaters. In Brooklyn mußten zusätzliche Poli-
zeikräfte eingesetzt werden, um die Kinofans in Schach zu halten.
Der Film mußte durchlaufend von neun Uhr morgens bis fünf Uhr
morgens gespielt werden, um des Massenansturms Herr zu werden. Auf den Straßen vor dem Fenway Theater in Boston hatte man
nach Zeitungsberichten den Eindruck, als finde hier »ein Run auf
eine Bank in der Nachbarschaft statt, denn die Schlange stand im
Regen die ganze Massachusetts Avenue entlang ... Drinnen war
die Menschenansammlung nicht weniger überwältigend, und als
der träge Wirbelwind [d. h. Mae West] ins Bild glitt, war alles bis
auf den letzten Platz besetzt, auch die Stehplätze.«
Bei Herstellungskosten von 225 000 Dollar spielte der Film rund
drei Millionen Dollar ein, und niemand bezweifelte, daß das Zugpferd Mae West hieß, daß die Menschen vor allem kamen, um *sie*
zu sehen. »Sie besitzt die Weisheit, niemals das Risiko einzugehen,
daß sie uns mit der ganzen Geschichte langweilt, sondern sie deutet

nur an, sie suggeriert«, schrieb Cecelia Ager, eine alte Mae-West-Bewunderin, in der offiziellen Besprechung von *Ich bin kein Engel* in *Variety*. »Mae West ist heute der größte Gesprächsstoff, Redeanlaß und der sicherste Kassenhit im ganzen Land. Sie ist ein genauso heißes Thema wie Hitler.«

Während *Newsweek* sie als »der Welt beste schlechte Schauspielerin« bezeichnete und die *New York Sun* den Film als »reines Bravourstück« abtat, verfiel der renommierte Theaterkritiker Stark Young im Intellektuellenblatt *New Republic* ins andere Extrem und krönte sie zur »besten Schauspielerin in Hollywood«. Nur Charlie Chaplin komme ihr gleich. Was Young am bemerkenswertesten fand, war Maes Übertreibungskunst, ihre stilisierte, farcenhafte Unwirklichkeit: »Miss West hat einen Mythos geschaffen wie Lillian Russell in den fröhlichen neunziger Jahren des 19. Jahrhunderts, das schlimme und zugleich gute Diamantengirl. Dieser Mythos, diese Figur, überhöht und typisiert, ist allmählich genauso unverwechselbar wie Charlie.«[17]

Es gab allerdings auch Kritiker, die in dem romantischen Happy-End von *Ich bin kein Engel* ein Anzeichen sahen, daß Mae West allmählich ihren satirischen Biß verliere. »Bei Amerikas Liebling Mae West sind gewisse kleinere, aber beunruhigende Anzeichen zu erkennen, daß sie uns allzu respektabel wird«, nörgelte Richard Watts jr. in der *New York Post*. Und in Frankreich klagte Colette: »Sie ist nicht genug auf der Hut gewesen, als man ihr dieses Szenario angedreht hat, dem der Biß fehlt.« Doch sie fügte hinzu: »Glücklicherweise übertönt die schöne blonde Teufelin mit ihrer guten Laune alle Schwächen des Films; ihr Hüftschwung, ein Blick, der jede Moral untergräbt, sie machen alles wett.«[18]

Das Branchenblatt *Hollywood Reporter* machte sich zum Fürsprecher der Mitwirkenden, die in den Nebenrollen unter ihren Möglichkeiten bleiben mußten – und das betraf in diesem Film alle außer Mae West. »Kein Mitglied des Ensembles darf hier große Sprünge machen – alle spielen für Mae West.« Indem er Maes Dominanz als »vollkommen blödsinnige Produktionstaktik« bezeichnete, schien der *Reporter* kommendes Unheil zu prophezeien:

»Noch nie hat es in diesem Geschäft einen Star gegeben, der seine Position dadurch behaupten konnte, daß er oder sie ... alle anderen von der Leinwand verdrängt hat. Das kann nur einen oder höchstens zwei Filme lang gutgehen.« Mehr als ein Beobachter äußerte sich überrascht über die Popularität Mae Wests beim gehobenen Publikum. Dabei hatte es die von Mae als »Seidenhüte« bezeichneten Schickimickis doch schon seit *Sex* und *Diamond Lil* in ihre Stücke gezogen. Mae selbst behauptete, sie schätze diese Leute sehr – zumindest waren ihr die oberen Zehntausend, die ihr die Aufwartung machten, allemal lieber als die Filmstars, die so taten, als existiere sie nicht. Bei der Hollywood-Premiere von *Ich bin kein Engel* waren, wie Mae berichtete, »nicht so viele Filmleute da, aber jede Menge High-Society, und so stelle ich mir auch ein gutes Publikum vor. Ich versuche immer, nur vor den Besten aufzutreten.«

Die Premiere in Grauman's Chinese Theater war tatsächlich ein strahlendes Ereignis. Als Mae West im silbernen, mit Kristallperlen besetzten Spitzenkleid mit weißer Fuchspelzstola, von Travis Banton eigens für diesen Anlaß kreiert, am Filmpalast vorfuhr, gab es ein wahres Blitzlichtgewitter. Natürlich war der Auftritt auch in den Wochenschauen zu bewundern. In der *Los Angeles Times* hieß es: »Vielleicht waren bei der Premiere nicht ganz so viele Stars zugegen wie sonst, doch immerhin eine repräsentative Gemeinde.« Dazu zählten Loretta Young, Paulette Goddard und Charlie Chaplin. Ganz besonders muß sich Mae West über die Gegenwart von Charlie Chaplin gefreut haben, dessen Talente sie als den ihren ebenbürtig ansah. Sie sah in Chaplin sogar ihren Vorläufer, was die Behandlung von Sex im Film anging: »Er hatte immer eine Menge Sex in seinen Filmen, und er hat ihn nie platt dargeboten. Er hat die Sache von der witzigen Seite genommen, und genau das tue ich auch.«

Bis Ende 1933 hatten schätzungsweise 46 Millionen Kinobesucher Mae West in *Sie tat ihm unrecht* und *Ich bin kein Engel* gesehen. Sie hatte sich als Paramounts Topattraktion etabliert und stand inzwischen auf der nationalen Rangliste aller Stars auf dem achten

Platz. Und wenn Mae auch nicht, wie sie nicht müde wurde zu betonen, im Alleingang Paramount vor dem Bankrott rettete, so bleibt doch unbestreitbar, daß sie ganz entscheidend zur finanziellen Rettung des Studios beitrug.

Die Gunst der Stunde nutzend, handelten sie und ihr Agent Murray Feil ihren Vertrag mit Paramount neu aus. Die rivalisierenden Studios, die ihr 200 000 Dollar pro Film plus prozentuale Gewinnbeteiligung angeboten hatten, erhielten eine Absage. Der neue Paramount-Vertrag garantierte ihr 300 000 Dollar pro Film, weitere 100 000 Dollar für das Drehbuch, und das für zwei Filme pro Jahr. Sie hatte ein Vetorecht gegen alle Szenarien – was kein Problem darstellte, solange sie ihre eigenen Drehbücher einbringen konnte und als Alleinautorin dieser Spielvorlagen gelten durfte. Wie sagte sie doch im Anhang zu *Mae West on Sex, Health and ESP?* »Am Ende habe ich alle Macht in der Hand, ich kontrolliere im Film alles.«

# Wenn der
Name zum
Skandal wird

*I*m Jahre 1934 verdiente Mae West, auf der
Popularitätsrangliste der Kinobesitzer inzwischen auf Rang fünf vorgestoßen, von allen
amerikanischen Frauen das meiste Geld. Sie
hatte sich unter anderem einen Ruf als gewief-
te Geschäftsfrau erworben und war sich überaus bewußt, daß eine Schauspielerin über vierzig – selbst wenn ihr Name Mae West lautet
und ihr Bild fast so allgegenwärtig ist wie Disneys Mickey Mouse – für ihre Zukunft finanzielle Vorsorge treffen muß. Von klein auf hatte
ihr die Mutter beigebracht, Immobilien seien
die beste und sicherste Form der Geldanlage,
doch bisher war sie nicht in der Lage gewesen,
den mütterlichen Ratschlag zu befolgen. Denn
in der Vergangenheit war ein Großteil der ver-

dienten Dollars als Investition in die Karriere zurückgeflossen. Mit ihren Stücken hatte sich Mae einen Namen gemacht, doch zugleich waren ihre Einnahmen dabei draufgegangen. In Hollywood hatte sie nun endlich ihre letzten Schulden bezahlt (ein Kürschner aus Chicago knöpfte ihr 206,50 Dollar ab, die sie ihm angeblich für einen schwarzen Fuchspelz noch schuldete), doch auf die hohe Kante hatte sie noch nicht allzuviel legen können. Schließlich mußte sie immer den Erwartungen entsprechend gekleidet und mit Juwelen bestückt sein, und sie benötigte Personal: ein Dienstmädchen, einen Chauffeur, einen Leibwächter. Schließlich kamen auch noch diverse Familienmitglieder hinzu, die ihrer Unterstützung bedurften.

Inzwischen hatte Mae ihre frisch wiederverheiratete Schwester, ihren Bruder und ihren Vater zu sich nach Kalifornien geholt und von ihren Zahlungen abhängig gemacht. Maes Schwager Vladimir (Robert) Baikoff, den Beverly bei der gemeinsamen Arbeit für eine Rundfunkstation kennengelernt hatte, war ein unterbeschäftigter Schauspieler mit Drogenproblemen; auch er war zwischendurch immer wieder auf Maes Hilfe angewiesen, besonders bei der Rollensuche. Mae nutzte ihren Einfluß ebenfalls, um Bruder Jack einen Posten als Aufseher bei Paramount zu verschaffen. Dieses Glück währte allerdings nur kurze Zeit, angeblich weil Jack im Dienst geschlafen hatte. Danach war er wieder von Mae abhängig. Und schließlich gab es ja auch noch Timony. Maes Beziehung zu ihm wandelte sich allmählich; im Juli 1934 mußte er schweren Herzens wesentliche Teile seiner Verantwortung als Manager an Murray Feil von der Agentur William Morris abgeben. Obwohl sich auf diese Weise die täglichen Begegnungen reduzierten, betete er Mae immer noch an; und für sie gehörte er weiterhin auf Dauer zur Familie, als Dank für seine Loyalität und seine früheren Beiträge zu ihrem Erfolg, die einfach unbezahlbar waren. (Maes Unterstützung hielt bis zu Timonys Tod im Jahre 1954 an.) Beruflich wie privat umgab sich Mae somit vorzugsweise mit Menschen, die auf sie angewiesen waren, denn auf diese Weise hatte immer sie das Sagen.

Trotz all dieser Verpflichtungen und trotz ihrer häufigen finanziellen Großzügigkeit gegenüber Freunden und sogar gegenüber Fremden in Not konnte sich Mae schließlich den Erwerb von Grundeigentum leisten. Bei Fahrten mit ihrem Chauffeur entspannte sie sich gern auf dem Rücksitz ihrer Limousine und dachte sich bei solchen Ausfahrten oft Komödiensituationen oder clevere Erwiderungen für ihr *alter ego* auf der Bühne aus. Zu jener Zeit aber musterte sie die Landschaft mit wachem Blick – mit den Augen einer Immobilienspekulantin auf der Suche nach geeigneten Objekten. Unverzüglich wollte sie ihren Wunsch nach Grundbesitz realisieren. Als sie durch den Vorort Van Nuys fuhr, eines ihrer Lieblingsgebiete für Ausfahrten, entdeckte sie einen großen Zedernhain und beauftragte, ohne eigens anzuhalten, Timony, den Eigentümer ausfindig zu machen. Schon am folgenden Tag hatte er herausgefunden, daß das Grundstück einer mexikanischen Familie gehörte und wegen Steuerrückständen in Höhe von 600 Dollar kurz vor der Zwangsversteigerung stand. Mae zahlte den Mexikanern 6000 Dollar – zu jener Zeit ein Vermögen. Doch das Landstück, genau zwischen Van Nuys Boulevard und Chandler Boulevard in einem bald darauf ausgebauten Geschäftsviertel gelegen, stieg rapide im Wert an.

Eine weitere Ausfahrt im selben Teil des San Fernando Valley führte zum Kauf einer zweieinhalb Hektar großen Orangenfarm in der Nähe von Van Nuys für 16 000 Dollar. Zu dem Anwesen gehörten ein Wohnhaus mit zehn Zimmern und zwei kleinere Gästehäuser. Eine kurze Zeitlang spielte Mae ernsthaft mit dem Gedanken, selbst dort einzuziehen. Sie wollte, wie sie sagte, einfach mal »sehen, wie das ist, wenn man aufwacht und zur Abwechslung einen Vogel singen hört, anstatt Taxis und Lastwagen zu lauschen«. Doch als ihr Vater im März 1934 an die Westküste übersiedelte, entschied sich Mae anders. Statt ihrer zog der Vater auf der Farm ein. Nach dessen Tod, weniger als ein Jahr darauf, wurde die Farm dann Beverlys Domäne, während Bruder Jack auf ein Nachbargrundstück zog. Sowohl Jack junior als auch Vladimir Baikoff, Beverlys Mann, beteiligten sich an der Pflege der Renn- und Reitpferde, die

Mae sich zugelegt hatte und die auf dem Farmgelände in entsprechenden Stallungen gehalten wurden.

Über Gelddinge redete Mae nicht gern in der Öffentlichkeit. Zum einen war es nicht gerade ladylike, zum anderen aber auch riskant – etwa so, als würde man an einer belebten Straßenecke in aller Öffentlichkeit sein Geld zählen. Ihr offenkundiger Wohlstand und ihre Berühmtheit sicherten sie in mancherlei Hinsicht ab, doch wurde sie dadurch auch verwundbarer. In Hollywood ging zu jener Zeit die Angst um. Man fühlte sich verfolgt. Der Entführungsfall Lindbergh hinterließ dauerhafte psychische Wunden – besonders unter jenen, die im Blickpunkt der Öffentlichkeit standen. Als 1932 die Entführung von Marlene Dietrichs Tochter drohte, hielten Leibwächter auf dem Paramount-Gelände Einzug. Auch hatten in Gangsterkreisen einige Herrschaften mit Mißfallen registriert, daß Mae West neuerdings mit dem Staatsanwalt gemeinsame Sache machte. Als sie öffentlich vor Gericht gegen die Räuber ausgesagt hatte, die beim schon geschilderten Überfall ihre Juwelen und viel Bargeld erbeutet hatten, erhielt sie ominöse Drohungen, man werde ihr Gesicht mit Säure verunstalten. MAE WEST FÜHRT STARS IM KAMPF GEGEN GANGSTER AN, tönte die *Los Angeles Times* am 15. März 1934 und zitierte eine entsprechende Erklärung des Stars. Mae vergaß einen Augenblick lang, daß sie immer noch mit Owney Madden befreundet war, daß sie mit Maddens Busenfreund George Raft eine Affäre gehabt und Rafts einstigen Kumpel Bugsy Siegel gerade auf der Pferderennbahn getroffen hatte, und verkündete den Reportern: »Als Bürgerin muß ich so handeln. Das ist meine Pflicht gegenüber der Gesellschaft ... Sie bedrohen uns mit Säureanschlägen auf unsere Gesichter, und sie belassen es nicht bei Drohungen.«

Der Bezirksstaatsanwalt nahm die Drohungen gegen Mae sehr ernst. Zwei Polizisten, Jack Chriss und J. C. Southard, wurden rund um die Uhr als Maes Leibwächter eingesetzt. Sie folgten ihr überallhin, sogar an den Boxring, wo ein Reporter des *Los Angeles Herald* sie beobachtete: »Mae schaute nicht nach links oder rechts. Sie stierte nur geradeaus und sah sehr angespannt aus.«

Aus dieser Zeit stammt einer der berühmtesten Sprüche Mae Wests. Als sie ihre Leibwächter am Bahnhof begrüßte, fragte sie einen von ihnen:»Haben Sie da eine Pistole in der Tasche, oder sind Sie nur so erfreut, mich zu sehen?« Dieser Spruch wurde in verschiedenen Zusammenhängen oft wiederholt und fand noch mehr als vier Jahrzehnte später Eingang in den Film *Sextette*.[1] Die Leibwächter von der Polizei rieten Mae, einen gepanzerten Wagen zu kaufen, und so gab sie schon bald – sich mit Leuten wie Owney Madden auf eine Stufe stellend – einen»maßgeschneiderten« kugelsicheren Duesenberg in Auftrag. Ihr langer schwarzer »Renner« konnte mit 160 Stundenkilometern dahinbrausen und sogar Maschinengewehrfeuer standhalten. Er hatte Spezialschlösser; Windschutzscheibe, Spiegel und Fenster waren aus bruchsicherem Glas. Maes damaliger Chauffeur Gar Bell indes saß vorne als lebende Zielscheibe im Freien, während Mae hinten im geschlossenen fünfsitzigen Fond thronte. Diese Passagierkabine war mit beigem Leder ausgepolstert, auf dem Boden lagen Schaffelle. Eingebaut waren eine beleuchtete Frisierkommode und ein elektrisches Lautsprechersystem, über das sie ihrem Fahrer Anweisungen geben konnte.

Als im März 1934 mit der Produktion eines Films begonnen wurde, der den Arbeitstitel *It Ain't No Sin* (Das ist keine Sünde) trug, riegelte Mae West erstmals in ihrer Filmkarriere den Drehort für alle Unbefugten ab. Sogar Timony mußte draußen bleiben. Anstatt wie früher»durch den Haupteingang hereinzukommen und die Autogrammjäger anzulächeln«, betrat Mae das Studio nun unauffällig durch einen Nebeneingang. Detektiv Jack Chriss bewachte die Szene. Maes langjähriger persönlicher Leibwächter Mike Mazurki erhielt im Film eine kleine Nebenrolle. So sicherte sich Mae nach allen Seiten ab.

Nachdem sowohl *Sie tat ihm unrecht* als auch *Ich bin kein Engel* wahre Publikumsrenner geworden waren, forderte Mae für den neuen Film ein extravagantes Budget. Er sollte im späten 19. Jahrhundert in St. Louis und New Orleans spielen, in Show-Boatähnlicher Umgebung. Mit 800 000 Dollar Produktionskosten verschlang der Film, der schließlich als *Die Schöne der neunziger Jahre* (Belle of the Nineties) in die Kinos kam, mehr als doppelt soviel Geld wie die beiden anderen zusammen. Obwohl zweitausend Statisten angeheuert werden mußten, viele davon altgediente Leute des Showbusiness oder Boxer, ging der dickste Batzen Geld direkt an den Star. Denn sie kassierte nicht nur die vereinbarten 300 000 Dollar, sondern, als sich die Produktionszeit mit der des nächsten Films zu überlappen begann, sogar eine doppelte Gage: etwa 10 000 Dollar pro Woche zusätzlich. (Vertraglich waren zwei Filme pro Jahr vereinbart, die sechs Monate auseinanderliegen sollten.) Hinzu kamen noch 100 000 Dollar für ihre Arbeit am Drehbuch. So konnte sich Mae problemlos Geschenke im Gesamtwert von 15 000 Dollar leisten, die sie nach Abschluß der Dreharbeiten als Dank an alle anderen Mitwirkenden und den Regisseur verteilte.

Art Director Hans Dreier und Bühnenbildner Bernard Herzbrun scheuten keine Kosten, um Ace LaMonts Sensation House auszustatten, jenes aufwendige New-Orleans-Herrenhaus im modifizierten Louis-Quinze-Stil, das in eine luxuriöse Spielhölle verwandelt wurde, in der nun die Mae-West-Figur Ruby Carter residiert und auftritt. (Am Ende geht dieser Palast in Flammen auf, wobei das Feuer von Ruby mitverschuldet wurde.) Das Haus wird von drei gigantischen Kristallkronleuchtern illuminiert; zu den weiteren Highlights gehören eine Marmortreppe, Gemälde in Goldrahmen (wobei eines dieser Werke mehr »nach einer alten Mätresse als nach einem alten Meister« aussieht), seidene Vorhänge und Polsterbezüge, eine Aktstatue, an der Ruby Streichhölzer entzündet, und – hier mußte sich Mae West geradezu zu Hause fühlen – Eisbärfelle. Ein Reporter der *New York Times*, der sich Zugang zum Drehort verschafft hatte, nachdem er die Wächter hatte überzeugen können, daß er »nicht zur Gewaltanwendung neige oder wie ein Gangster finstere Drohungen ausstoße«, beschrieb die Kulisse als »eine mittlere Kathedrale«.

Travis Bantons Kostüme für Mae, ganz im Stil der neunziger Jahre des 19. Jahrhunderts, standen den aufwendigen Kulissen um nichts nach. Zunächst sehen wir Ruby/Mae als Varietékönigin im hautengen, glitzernden Outfit für eine Serie statischer »lebender Bilder« posieren – jeweils vor einem hochgradig stilisierten Hintergrund, der mit Hilfe von stereoskopischen Dias auf eine Leinwand gezaubert wird. Während ein Tenor (Gene Austin) schmachtend »My American Beauty« singt, verwandelt sich Ruby nacheinander in einen Schmetterling, eine Fledermaus, eine Rose, eine Spinne – alles Symbole der Schönheit oder räuberischer weiblicher Lust – und schließlich, mit einer Fackel in der hoch erhobenen Hand, mit einer Krone auf dem Kopf und einem Sternenbanner um den Torso, in die Freiheitsstatue, die Statue of Liberty, oder – mit einem Wortspiel George Jean Nathans – die »Statue of Libido«.

Nachdem Ruby Carter von St. Louis nach New Orleans gezogen ist, kommen die aufwendigen, von Banton geschaffenen Kleiderkreationen erst recht zur Geltung: schwarze Spitzen und Tüll; weißes, mit Pailletten besetztes Netzgewebe; rosa Chiffon, mit kleinen Bergkristallen übersät, Ausschnitt und Schleppe üppig mit Rosen bestückt: schwarzer, mit Spiralbändern aus Perlen und Brillanten eingefaßter Samt; grauer Wollstoff mit Hermelinbesatz. Ihr Hutschmuck liest sich geradezu wie eine Jahrzehnte später zusammengestellte Liste gefährdeter Vogelarten: Paradiesvogelfedern (seit *Sex* ein Lieblingsschmuck Mae Wests), Federbüsche vom Silberreiher, Straußenfedern und blaugefärbte Spitzen vom Straußengefieder. Mae war von Bantons Arbeit so begeistert, daß sie ihm eine chinesische Jadefigur schenkte.

Der Kameramann Karl Struss schuf mit Unterstützung der Maskenbildnerin Dot Ponedel eine Art luxuriösen Glanz als Aura der Mae-West-Figur. Durch starke Kontraste bei der Ausleuchtung entsteht auf der Leinwand eine porzellanähnliche Perfektion. In *Die Schöne der neunziger Jahre* sieht Mae West atemberaubend gut aus, dafür aber auch distanzierter und maskenhafter als in früheren Filmen. Struss, fortan Mae Wests bevorzugter Kameramann, war von Haus aus Porträtfotograf und hatte sich vor dem Ersten Weltkrieg an der New Yorker Pictorialist Foto-Secession Group, einem avantgardistischen Fotografenzirkel unter Alfred Stieglitz, beteiligt.[2] Als er dann nach Hollywood kam, um mit Cecil B. DeMille zusammenzuarbeiten, brachte er auch die Kameralinse mit dem leicht unscharfen Fokus mit, die er als Porträtfotograf entwickelt hatte. Mary Pickford, Gloria Swanson und Claudette Colbert nahm er durch einen Gazeschleier auf, und schon bald stand er im Ruf, sanfte, romantische, idealisierende Bilder zu liefern. 1927 erhielt er als erster Kameramann einen Oscar (Academy Award).

Mae West mochte ihn unter anderem deshalb so gern, weil sie auf seinen Bildern so großartig aussah (auch Struss schätzte sie, war aber nicht in gleicher Weise von ihr abhängig wie sie von ihm). Er gab sich immer Mühe, die Wirklichkeit zu verbessern, zu verschönern. Sein Ziel war die *perfektionierte* Realität, ein »idealisierter Realismus«.

»Meine Beleuchtung richtete sich immer nach dem Blickwinkel«, sagte Struss, der gern mit Mae zusammenarbeitete. »Wenn sie von rechts nach links schaute, strahlte die Hauptbeleuchtungsquelle sie von links an und umgekehrt. So wurde die schmale Seite ihres Gesichts heller, das ganze Gesicht schmaler. Auf diese Weise lag auch die Kinnlinie immer im Schatten.«[3] Technisch gesehen weist Struss' Kameraführung in *Die Schöne der neunziger Jahre* sowohl in die Zukunft als auch in die Vergangenheit. Die Serie der statischen, standbildhaften »American Beauty«-Tableaux von Mae gestattete ihm, auf den im frühen 20. Jahrhundert entwickelten Porträtstil zurückzukommen, obwohl ansonsten die Aufnahmen eher gestochen scharf als verschleiert wirken. Gegen Ende jedoch, in der »Troubled Waters«-Sequenz, in der Mae West als Ruby Carter, begleitet von einem fackeltragenden schwarzen Chor, ein bluesartiges Spiritual singt, experimentiert die Kamera mit den damals modernsten Überblendungstechniken: Doppelbelichtungen, Überlagerungen, Simultaneffekten.

Auch in der Musik steht Modernes neben Altmodischem. Vergangenheitsorientiert sind die hinter »Troubled Waters« liegende Spiritualtradition und der frühe Bluessound von W. C. Handy – anachronistischerweise in ein Stück verlagert, das in den neunziger

Jahren des vorigen Jahrhunderts spielt –, während für den modernen Swingsound der dreißiger Jahre Duke Ellington steht. Um die kostspieligen Dienste Duke Ellingtons und seiner Band mußte Mae lange (aber letztlich erfolgreich) kämpfen. Sie wollte nur Topleute. Höchstwahrscheinlich kannte sie Ellington schon aus den späten zwanziger Jahren aus New York, als er und seine Band in Owney Maddens »Cotton Club« an die Stelle von King Oliver traten und durch Rundfunk- und Plattenaufnahmen berühmt wurden. Der Erfolg der Band war geradezu märchenhaft. Mae liebte Ellingtons raffinierten, samtigen Sound. Als sie Ellington und sein Orchester für *Die Schöne der neunziger Jahre* engagieren wollte, schreckten die Studiobosse zunächst zurück – mit der Begründung, man habe ein eigenes Studioorchester unter Vertrag, das bei allen Paramount-Filmen spiele. Ellington sei einfach zu teuer. Doch Mae erinnerte die Herren daran, daß der große Duke schon zahlreiche Schallplattenhits auf seinem Konto hatte und für den »New-Orleans-Background genau der Richtige« sei. Wenn sie denn unbedingt schwarze Musiker haben wolle, lautete der nächste Vorschlag der Studiobosse, dann werde man ein Playbackverfahren anwenden; man werde schwarze Statisten engagieren und sie mit Instrumenten in die Kulissen setzen, nachdem das Studioorchester die Musik zuvor eingespielt habe.[4]

Für diese Lösung indes war Mae überhaupt nicht zu haben: »Ich habe ihnen gesagt … ihr könnt nicht Weiße hernehmen und sie schwarze Musik spielen lassen.« Schließlich gelang es ihr, Emanuel Cohen zu überzeugen, daß Ellington für den Film von unschätzbarem Wert sein werde, und so durfte der große Duke – der später Mae West als seine Lieblingsschauspielerin bezeichnete – doch noch mitmachen. Er begleitete Ruby/Mae in den Songs von Arthur Johnston und Sam Coslow: »My Old Flame«, »Troubled Waters«, »When a St. Louis Woman Comes Down to New Orleans« sowie in W. C. Handys Klassiker »Memphis Blues«.

Für sich selbst beanspruchte Mae West natürlich eine Ausnahme von der den Studiobossen gegenüber vertretenen Regel, nur Schwarze könnten schwarze Musik angemessen interpretieren.

Die Songs, die sie in diesem Film vorträgt, sind wie Maes Vortragsstil vollkommen den schwarzen Idiomen des Blues, Ragtime und Jazz verpflichtet, auf die sie sich schon bei ihrem ersten Brooklyner Amateurwettbewerb gestürzt hatte, als sie ganz unbefangen »Movin' Day« geschmettert hatte. Mit Hilfe von Sam Coslows Texten, Arthur Johnstons Musik und dem sanften, sonoren Sound der Duke Ellington Band stellte sich Mae West unmittelbar in die Tradition von Handys »St. Louis Blues«. In *Sex* hatte sie zu diesem Blues noch einen Bauchtanz vorgeführt; nun verkörperte sie selbst die Dame aus St. Louis mit den Diamantringen an der Hand. Nur einen, allerdings entscheidenden Unterschied gibt es bei der Rollengestaltung: Mae Wests Dame aus St. Louis leidet nicht. Verflossene Liebe ist ihr keine Träne wert. Emphatisch schaut sie voraus, emphatisch zieht sie das Tempo an.

In *Die Schöne der neunziger Jahre* sind auch einige Figuren und Situationen aus *The Constant Sinner* entlehnt, jenem Mae-West-Theaterstück von 1931, das 1930 zunächst als Roman erschienen war und das im zeitgenössischen Harlem spielte. Der Schauplatz wurde im Film in den Süden verlegt, die Uhr in die altbewährten vergangenen neunziger Jahre zurückgedreht. Aus *The Constant Sinner* stammt die Romanze der Mae-West-Figur mit einem Boxer (jetzt heißt er nicht mehr Bearcat, sondern Tiger Kid, während aus Babe Gordon Ruby Carter geworden ist), aber auch der sich ständig einmischende Manager des Boxers, der meint, sexhungrige Frauen und Boxen ließen sich nicht miteinander vereinbaren. Während jedoch im Roman und im Theaterstück gemischtrassiger Sex, Ehebruch, Prostitution und Drogenhandel auf gewagte Weise dargestellt werden, sind im Film als Interaktionen zwischen Schwarz und Weiß nur noch die Szenen zwischen Ruby Carter und ihrer etwas dümmlichen Magd Jasmine (gespielt von Maes realem Dienstmädchen Libby Taylor), das Zusammenspiel von Ruby Carter auf dem Balkon und dem schwarzen Chor unten vor dem Haus oder von Ruby als Sängerin mit der Duke Ellington Band übriggeblieben.

Statt Rassenmischung in Harlem also Rassentrennung im Süden.

Der schmierige Harlemer Lokalpolitiker Money Johnson hat im Film ebensowenig eine Entsprechung wie die drogensüchtige Cokey Jenny. Drogen kommen im Film nur an einer einzigen Stelle andeutungsweise vor: als Ruby während eines Boxkampfes K.-o.- Tropfen in Tiger Kids Wasserflasche schüttet. (Schon seit *Sex* waren solche Tropfen ein Lieblingsmittel Maes, um eine Dramenhandlung voranzutreiben.) Im Film sehen wir anstelle sinnlicher Tänze in einer Harlemer Spelunke einen nur aus Schwarzen bestehenden Gospelchor, der unten in den Flußauen bei Fackelschein ein Revival Meeting, einen Erweckungsgottesdienst, abhält. Diese Schwarzen fallen im besten Gospelstil mit lauten Rufen ein, verzückt verdrehen sie die Augen, frenetisch tanzen sie, als Bruder Eben, der weißhaarige Prediger, mit ihnen über die Sünde und den Teufel dialogisiert. Da tritt Ruby auf den Balkon von Sensation House und singt ihr spiritualartiges »Troubled Waters« (Aufgewühlte Wasser; aber auch: Verzwickte Lage):

Sie sagen, ich bin eine Tochter des Teufels,
Mit Verachtung schaun sie mich an.
Die Posaunen [des Jüngsten Gerichts] werd' ich nicht hören,
Denn am Morgen des Gerichts werd' unter Wasser ich sein.
Mein Gott, verdien' ich Verachtung?
Muß ich beugen mein Haupt in Scham?
Wenn die Leute über mich herziehn,
Wenn mein Name zum Skandal wird,
Dann werd' ich in diesen aufgewühlten Wassern untergehn.

Mit diesem direkt an das Spiritual »Scandalize My Name« angelehnten Song klingt in der Karriere von Mae West erstmals ein neuer, düsterer Ton an. Nie zuvor, weder in einem Song noch in einem ihrer dramatischen oder erzählenden Texte, hatte sich eine Mae-West-Figur schuldbewußt, zerknirscht, reuig oder auch nur im geringsten durch die Aussicht auf ewige Verdammnis beunruhigt gezeigt. Tatsächlich hat dieser Songtext auch mit der im endgültigen Drehbuch konzipierten Ruby Carter kaum etwas zu

tun. Denn die Situationen, die Rubys Reue hätten erklären können – unter anderem ihre zurückliegende Verwicklung in einen
Banküberfall und in den Mord an einem Millionär –, waren aus dem
Drehbuch gestrichen worden, ebenso wie die durch Überblen-
dungen geraffte Szenenfolge im Eingangsteil, in der sich Ruby
tagelang mit Tiger Kid in einer Liebeshöhle von der Außenwelt
absondert.

Mit Ausnahme der Erweckungsszene am Ende sieht Ruby weitgehend wie die selbstbewußt einherstolzierende Lady Lou in *Sie tat
ihm unrecht* und wie Tira in *I'm no Angel* aus, und sie klingt mit
ihren frechen Bonmots auch ganz ähnlich. Auch sie ist eine üppig
kostümierte Soubrette mit mehreren Verehrern. Einer von ihnen
wird, als er, ihr den Hof machend, all ihre Vorzüge aufzählt (»dein
goldenes Haar, deine faszinierenden Augen, dein betörendes Lächeln, deine lieblichen Arme, deine göttliche Figur«), von Ruby mit
der Bemerkung unterbrochen: »Moment mal, ist das jetzt ein
Heiratsantrag, oder machst du Inventur?«

Bewundernde Blicke allein sind ihr nicht genug, sie will Taten
sehen: »Ein Mann im Haus ist soviel wert wie zwei auf der Straße.«
Wie in früheren Konstellationen gehören auch zu Rubys Liebhabern ein reicher Mann aus der besseren Gesellschaft (diesmal vom
ehemaligen Footballstar John Mack Brown gespielt) und ein Boxer. Die Rolle des Tiger Kid erhielt Roger Pryor, nachdem George
Raft sie abgelehnt hatte. Wie andere Mae-West-Heldinnen läßt sich
Ruby gern von Männern Diamanten schenken, doch tut sie wenigstens so, als wolle sie die Geschenke zurückgeben. (In der Schluß-
szene trägt sie sie allerdings noch immer.)

Wie frühere Mae-West-Figuren weist auch Ruby eine großzügige,
offenherzige und gutwillige Seite ihres Wesens auf, die man »gut«
nennen könnte. Ihrer eifersüchtigen, dunkelhaarigen Rivalin Molly
(von Katherine DeMille gespielt, der Adoptivtochter von Cecil B.
DeMille und späteren ersten Frau von Anthony Quinn) versichert
Ruby, es sei nicht ihre Art, einer anderen den Liebhaber auszuspan-
nen: »Ich hab' noch keiner anderen Frau den Mann weggenom-
men, es sei denn, sie hätte mir vorher übel mitgespielt. Das halte

ich aus Prinzip so.« Am Ende retten Ruby und Tiger Kid Molly gar aus dem brennenden Sensation House.

Wenngleich sich der Song »Troubled Waters« mit dem Rest des Films nicht im Einklang befindet, paßte er doch bestens zum damals wieder intensiver werdenden Aufschrei bezüglich der Moral im amerikanischen Kino. In den Monaten, die zwischen dem Kinostart von *Ich bin kein Engel* im Herbst 1933 und dem Drehbeginn von *Die Schöne der neunziger Jahre* im Frühjahr 1934 lagen, steigerte sich der Ruf nach einem reinigenden Kreuzzug in Hollywood zum unüberhörbaren Crescendo. Anfangs schien Mae West die sich anbahnenden Veränderungen und deren Auswirkung auf ihre Filmkarriere allerdings kaum zur Kenntnis zu nehmen. In einem zwei Wochen nach Drehbeginn von *Die Schöne der neunziger Jahre* geführten Interview mit *Variety* deutete sie ihre Überzeugung an, in puncto Zensur liege das Schlimmste wohl bereits hinter ihr. Um einen Vergleich zwischen Hollywood und dem Broadway gebeten, gab sie zur Antwort: »Nun, im Film braucht man sich überhaupt keine Sorgen mehr wegen der Zensur zu machen – jedenfalls kaum noch –, wenn man sich an einige Grundregeln hält. Hier sagen sie einem, was nicht geht, ehe man es tut. In New York [auf der Bühne] lassen sie dich erst machen, und dann brechen sie ein und bringen dich ins Gefängnis.«[5] Der sichere Instinkt, auf den sich Mae soviel zugute hielt, hatte sie in diesem Fall offenbar verlassen.

Ungefähr um die Zeit, als *Ich bin kein Engel* in die Kinos kam, sprach der päpstliche Nuntius in den USA, Monsignore Amleto Giovanni Cicognani, in New York vor einer Versammlung katholischer Wohltätigkeitsorganisationen, nachdem er zuvor mit Martin Quigley und Joseph Breen zusammengetroffen war, zwei Führern der katholischen Laienbewegung zur Säuberung Hollywoods. Sie hatten den Monsignore überredet, zum vereinten Kampf aller Katholiken gegen sündige Filme aufzurufen, und er kam dieser Bitte nach. »Von Gott, vom Papst, den Bischöfen und Priestern sind die Katholiken aufgerufen«, ließ der Nuntius verlauten, »energisch und mit vereinten Kräften eine Kampagne zur Reinigung des Kinos, das sich zu einer tödlichen Bedrohung der Moral entwickelt hat, in Angriff zu nehmen.« Innerhalb eines Monats hatten die Kirchenführer das Episcopal Committee on Motion Pictures (Bischöfliches Filmkomitee) gegründet, dessen Zielsetzung unter anderem darin bestand, Banken davon abzuhalten, den »Produzenten schmutziger Filme« Geld zu leihen.

Am 11. April gründete das bischöfliche Komitee die Catholic Legion of Decency, eine nationale Organisation, die sich der Vernichtung unchristlicher Filme widmete. Sie gelobte, man werde das Land von »seiner größten Bedrohung befreien – dem unzüchtigen Film«. Die Legion setzte alles daran, der Filmindustrie dort Schaden zuzufügen, wo sie empfindlich zu treffen war: bei den Finanzen. Es sollten Boykotte obszöner Filme organisiert werden. Innerhalb von zehn Wochen hatten elf Millionen Menschen – hauptsächlich Katholiken, aber auch Protestanten und Juden – einen Text unterschrieben, in dem es unter anderem hieß, man verdamme »lasterhafte und unzuträgliche« Filme als eine »schwere Bedrohung der Jugend, des häuslichen Lebens, des ganzen Landes und der Religion«. »Ich verdamme vorbehaltlos jene lüsternen Filme, die ... die öffentliche Moral verderben und die Sexmanie in unserem Lande fördern«, hieß es in der Verpflichtungserklärung weiter. »Ich verspreche hiermit, allen Filmen mit Ausnahme jener fernzubleiben, die den Anstand und die christliche Moral nicht verletzen.«

Innerhalb des Hays Office fand die konzessionsbereite Amtsführung von Dr. James Wingate ein Ende. Zunächst übernahm der hitzköpfige Joseph Breen de facto die Leitung des Studio Relations Committee, ehe dieses dann im Juni 1934 ganz verschwand und durch die Production Code Administration (PCA) ersetzt wurde. Offizieller Leiter der PCA wurde Joseph Breen.

Endlich konnte jetzt der Production Code von 1930 ernsthaft durchgesetzt werden; denn nun galt uneingeschränkt, was dort geschrieben stand: »Gut und Böse [dürfen niemals] durcheinandergebracht werden, und das Böse [muß immer] klar als böse erkennbar sein.« Sexuelle Verführung sollte »*niemals* in Komödienform behandelt werden«. Liebesszenen »dürfen auf keinen Fall explizit oder in lebhafter Form dargeboten werden; das heißt, zu vermeiden sind: aktive körperliche Berührung, lüsterne, langandauernde Küsse, offenkundig wollüstige Umarmungen oder Stellungen, welche die Leidenschaften stark erregen«. »Unreine«, durch menschliche oder göttliche Gesetze nicht sanktionierte Liebe müssen die Zuschauer »eindeutig als falsch« erkennen können. Tänze, die »der leidenschaftlichen Erregung dienen«, wie zum Beispiel der »Kooch« (eines der Markenzeichen Mae Wests), sind verboten. Bordell- und Bettszenen sind zu vermeiden. »Die Heiligkeit der Institutionen von Ehe und Familie muß aufrechterhalten werden.« Mit der Darstellung »sexueller Perversionen« war es nun vorbei (so wurde zum Beispiel ein verweichlichter Strichjunge in der ersten Drehbuchfassung von *Die Schöne der neunziger Jahre* gestrichen). Selbst die Andeutung von Obszönität durch Gesten oder andere Darbietungsweisen sollte nicht länger toleriert werden.

Die Studios erhielten von Hays die Anweisung, fortan alle Entwürfe und Drehbücher Breen zur Billigung vorzulegen. Jeder von der PCA gebilligte Film sollte ein Zertifikat erhalten, das auf jeder Kopie des Films gezeigt werden mußte. Ein Bußgeld in Höhe von 25 000 Dollar war nun von jedem zu zahlen, der einen Film vorführte, der gegen den Code verstieß. Zuvor hatten sich Produzenten, die mit den Eingriffen des Hays Office nicht einverstanden gewesen waren, an eine aus anderen Produzenten bestehende Hollywood-Jury wenden können, die sich dann um einen Interessenausgleich bemühte. Doch diese Jury wurde nun gestrichen. Empfehlungen wandelten sich zu Dekreten. Einzige Appellationsinstanz war nunmehr das Direktorium der im fernen New York residierenden MPPDA. Filme ohne das Gütesiegel durften in den großen Filmtheatern nicht mehr gezeigt werden. *Variety* ernannte Breen zum »hinfort regierenden Oberpriester der Filmmoral«, und die britische Filmzeitschrift *Film Weekly* ging sogar noch weiter, als sie Breen als den »Hitler von Hollywood« bezeichnete.

Will Hays war über Breen, die neue Production Code Administration und über die Legion of Decency, die diese Veränderungen herbeigeführt hatte, hoch erfreut. Selbst das Weiße Haus schien den Feldzug gegen obszöne Filme zu unterstützen. In ihrer ersten Radioansprache begrüßte Mrs. Roosevelt die Ernennung Breens nachhaltig: »Ich bin außerordentlich glücklich, daß die Filmindustrie einen Zensor aus ihren eigenen Reihen bestellt hat«, sagte sie. Die Schaffung der PCA unter Breen nahm der Bewegung für ein direktes Einschreiten der Regierung viel Wind aus den Segeln. Sol Rosenblatt, der NRA-Administrator für die Filmbranche, versprach: »Washington wird sich heraushalten, weil es überzeugt ist, daß die Frage der Moral allein eine interne Angelegenheit der Industrie ist.«

War nun Mae West für diesen Disziplinierungsfeldzug gegen die Unmoral auf der Leinwand verantwortlich? War sie es, die durch ihr Verhalten dafür sorgte, daß Breen mit der Durchsetzung des Production Code beauftragt wurde? Viele Leute teilten diese Ansicht, darunter auch Marlene Dietrich, die sagte: »Ich mag Mae gern, aber es ist allein ihre Schuld, daß wir das Hays Office und diese kindische Zensur haben.«[6] Und der Kulturkritiker Gilbert Seldes nannte Mae West »höchstwahrscheinlich ... die Hauptursache für den schärfsten Ausbruch von Feindseligkeit gegen den Film, den wir in unserer Generation erlebt haben«.[7] In *Motion Picture* zog William French im November 1934 folgendes Fazit: Mae West habe »die amouröse Tändelei insgesamt viel zu komisch erscheinen lassen. Und so war sie der Tropfen, der das Faß zum Überlaufen brachte.« Er bezeichnete Mae West als »Wecker«; sie habe »die Saubermänner wachgerüttelt«.

Natürlich gab es Dutzende von Filmen, die nicht das geringste mit Mae West zu tun hatten und die trotzdem die Moralisten auf den Plan riefen. Auf der Liste der von der Legion of Decency verdammten Filme standen neben *Sie tat ihm unrecht* und *Ich bin kein Engel* zahlreiche andere Filme, darunter: *Ann Vickers* (nach Sinclair Lewis), *In einem anderen Land* (A Farewell to Arms, nach Hemingway), *Der Menschen Hörigkeit* (Of Human Bondage, nach Somerset Maugham) und *Die Freistatt* (The Story of Temple Drake, nach Faulkner).

402

Zielscheibe der katholischen Interessengruppen und Joseph Breens waren vor allem die Hollywood-Moguln und Produzenten, weniger die einzelnen Schauspieler. Wie Gregory Black aufgezeigt hat, war Breen davon überzeugt, daß die Juden in Hollywood für den Sittenverfall im Film verantwortlich waren.[8] Breen nannte die Juden – eine Gruppe, zu der auch Adolph Zukor und Emanuel Cohen von Paramount gehörten – »einfach eine verdorbene Bande von widerwärtigen Leuten«. Juden seien »der Abschaum der Menschheit«, bei ihnen seien »Trunkenheit und Hurerei ganz normal«. Das gute christliche Durchschnittsamerika sah Breen als »von Juden und Heiden verdorben« an. Sein Vorschlag: die katholische Kirche solle »das Schwert ergreifen«.[9]

Besonders gegen den Strich ging Breen die in der Öffentlichkeit und auf der Leinwand sehr präsente Mae West; das galt vor allem für die Filme, in denen Mae die Hauptrolle spielte – eine Antipathie, die er mit vielen katholischen Gruppen und den Frauenklubs teilte.

Breen unterteilte schließlich alle Filme, die vor seiner Amtszeit in den Kinos gezeigt worden waren, in drei Kategorien: Die dritte dieser Gruppen umfaßte Filme, die im Einklang mit dem Production Code neu ediert und klassifiziert werden müßten. Zur zweiten gehörten Filme, die nach Auslaufen der gegenwärtigen Kontrakte aus dem Verkehr gezogen werden sollten. Die Filme der ersten Kategorie indes sollten umgehend aus den Kinos entfernt werden und niemals wieder dorthingelangen können. Zu den Filmen dieser ersten Kategorie gehörten für Breen auch *Sie tat ihm unrecht* und *Ich bin kein Engel*. Bis in die späten sechziger Jahre sollten solche sündhaften Filme strikt in den Archiven unter Verschluß gehalten werden.

Als Paramount 1935 versuchte, diese beiden Kassenschlager nochmals in die Kinos zu bringen, schritt Breen mit juristischen Mitteln ein. Er schrieb Hays: »Ich habe beide Filme selbst gesehen, und sie sind eindeutig untragbar. Es wäre eine Tragödie, wenn man gestatten würde, daß diese Filme zum gegenwärtigen Zeitpunkt gezeigt werden. Ich bin sicher, daß solche Aufführungen all die gute Arbeit ernsthaft in Frage stellen würden, die seither geleistet wurde, und daß es zu enormen Protesten kommen würde.« Seiner Ansicht nach verstießen beide Filme »so gründlich und total gegen den Code, daß es für uns absolut unmöglich ist, ein Freigabezertifikat zu erteilen«.[10] Martin Quigley ging in seinem 1937 erschienenen Buch *Decency in Motion Pictures* (Anstand im Film) sogar so weit, daß er *Ich bin kein Engel* als Negativbeispiel heranzog: »Unter dem Gesichtspunkt, daß dieser Film in den USA ein Massenpublikum in den Kinos unterhalten soll, ist er vulgär und schändlich. Der Film ist moralisch zu beanstanden, weil er insgesamt ein niedriges moralisches Niveau aufweist und weil speziell die flotten Sprüche tendenziell dazu führen, daß Dinge, die von Grund auf übel sind, toleriert, wenn nicht gar akzeptiert werden.« Bei Mae-West-Witzen neigten die Hüter der Moral eben dazu, die Pointe einfach nicht verstehen zu wollen.

Daß Mae in der Vergangenheit den Code relativ ungestraft verletzen durfte, war Breen natürlich ein Dorn im Auge, und dieser Umstand trug sicher zu seinen überzogenen Reaktionen auf *Die Schöne der neunziger Jahre* bei. Aber die Dreharbeiten zu diesem Film liefen nun einmal gerade, als die Kontroverse über Obszönität und Unmoral im Film ausbrach. Breen war der Ansicht, schon Mae Wests frühere Filme hätten nie gedreht werden dürfen. Weitere Mae-West-Filme ähnlich frivolen Zuschnitts aber wollte er keinesfalls tolerieren. Als Breen den ersten ihm vorgelegten Drehbuchentwurf für den damals noch *It Ain't No Sin* benannten Film gelesen hatte, verdammte er ihn rundheraus als eine Verherrlichung von Prostitution und Gewaltverbrechen. »Der Grundtenor der Story ... ist äußerst anstößig«, warnte er Paramount, »und verschiedene Handlungselemente, die mit ... Verführung, Glücksspiel, Raub und Brandstiftung zu tun haben, legen uns, zusammen mit der brutalen Behandlung einer der Figuren ... den Schluß nahe, daß es sich um jene Art von Film handeln wird, die wir ... strikt zurückweisen müßten.«

Breens Theorie, wie ein guter Film auszusehen habe, wird von

Gregory Black mit dem Schlagwort »moralische Wertekompensation« umschrieben. Jeder Film müsse »genügend Gutes« zeigen, um für jedes dargestellte Übel einen Ausgleich zu schaffen. In *It Ain't No Sin* waren Breen der kriminelle Hintergrund sowohl Ruby Carters als auch Tiger Kids zuwider, ganz besonders aber, daß die beiden im Originaldrehbuch am Ende vollkommen ungestraft davonkommen sollten.

Obwohl Emanuel Cohen nicht den geringsten Wert darauf legte, die New Yorker Paramount-Bosse oder das Hays Office ständig im Nacken zu haben, und es ihm wesentlich lieber gewesen wäre, wenn Breen seine Einwände gegen die Rohfassung des Films nicht schriftlich, sondern mündlich vorgetragen hätte, kannte Breen keine Kompromisse. Knallhart brachte er am 6. Juni 1934 alle Auflagen zu Papier und schickte Briefkopien nach New York. Er bestand auf folgenden Änderungen:

1. Alle Handlungselemente und Dialogpassagen, die andeuteten, daß Ruby eine »Frau mit Vergangenheit« war, und die sogar den Schluß auf Prostitution zuließen, sollten verschwinden.
2. Tiger Kid dürfe nur als ehrgeiziger Preisboxer charakterisiert werden – ohne eine Andeutung, daß er früher im Gefängnis gesessen habe.
3. Alle Hinweise auf die fünftägige intensive Liebesaffäre zwischen Tiger Kid und Ruby müßten gestrichen werden, ebenso die Kameraeinstellungen, die heftige, lüsterne Küsse zeigten.
4. Die Sequenz, in der Ruby Ace LaMont Geld stiehlt, müsse verschwinden.
5. Die Szene, in der sich Ruby und Brooks Claybourne küssen und gegenseitig liebkosen, sei ebenfalls zu streichen.

Die Auswirkungen dieser gravierenden Einschnitte auf den fertigen Film interessierten die Production Code Administration nicht im geringsten. Doch die erzwungenen Änderungen mußten einfach schädliche Folgen haben. Bedenkt man die drastischen PCA-Forderungen und -Eingriffe, dann ist es fast ein Wunder, daß *Die*

405

*Schöne der neunziger Jahre* am Ende überhaupt noch einigermaßen unterhaltsam ist. Erfolg hat der Film vor allem als eine Serie voneinander getrennter Glanzlichter, weniger als ein geschlossenes Ganzes. Wie nicht anders zu erwarten, ist der Film nach den massiven Einschnitten voll klaffender Lücken und schreiender Ungereimtheiten, von denen die meisten mit Leo McCareys Regie nichts zu tun haben. In der Eingangssequenz erfahren wir, daß Ruby Carter eine Varietékönigin sei; gezeigt bekommen wir aber nur die absolut zahme »American Beauty«-Vorführung. Ihr Striptease, bei dem sie ihre Strumpfbänder ins Publikum schleudert, ist entfallen. Die intimen Szenen zwischen Ruby und Brooks Claybourne sind ebenfalls gestrichen. Auch, wie bereits erwähnt, ihre kriminelle Vergangenheit, ihre Verwicklung in den Mord an einem Bankier und ihr Liebeslotterleben mit Tiger Kid. Im Endeffekt wirkt Ruby nun wie mit einem Bleichmittel gereinigt; vom Rotlichtmilieu dieser Dame ist nur ein zartrosa Schein übrig geblieben. Warum sie dann aber am Ende in der »Troubled Waters«-Sequenz so zerknirscht und reuevoll ist, muß unerfindlich bleiben.

Die verstümmelte Version des Films wurde im Juni von Joseph Breen freigegeben. Doch ehe der Film wirklich in den Kinos gezeigt werden durfte, mußten noch weitere Hindernisse aus dem Weg geräumt werden. Die New Yorker Zensoren erhoben Einspruch gegen den Titel *It Ain't No Sin* und forderten außerdem einen neuen Schluß des Films. Unter einem Werbeplakat für *It Ain't No Sin* ( Das ist keine Sünde) war eine Priestergruppe auf und ab marschiert und hatte auf Postern kundgetan: IT IS (Und ob das Sünde ist!).

Als Mae West von den Aktionen der Zensoren erfuhr, schlug sie Anfang Juli in *Newsweek* einen versöhnlichen Ton an und versprach:»Wenn sie meinen, daß das zu heiß ist, dann kühle ich's eben ab.« – »Ich will ihnen [den Zensoren] einen Gefallen tun«, sagte sie im *Los Angeles Herald.*»Niemand kann mir nachsagen, ich hätte mich geweigert, irgend jemandem auf halbem Weg entgegenzukommen.«

406

Paramount hatte zwar schon viele tausend Dollar in Werbe- und Publicity-Maßnahmen für den ursprünglichen Titel gesteckt – darunter auch in fünfzig Papageien, denen man die Worte »It Ain't No Sin« beigebracht hatte –, doch der Film bekam trotzdem einen neuen Titel: »St. Louis Woman«. Wie sich indes herausstellte, war dieser Titel kurz zuvor bereits für einen anderen Film verwendet worden und deshalb nicht mehr verfügbar. Über die Zwischenstufen »Belle of St. Louis« und »Belle of New Orleans« gelangte man schließlich zur endgültigen Titelversion *Belle of the Nineties*.

Roger Pryor und Mae West mußten nochmals antreten, um das Ende des Films neu zu drehen. John Hammell von Paramount fungierte dabei als moralischer Wachhund, damit die Kamera beim Küssen auch ja nicht zu genau hinschaute.

Ruby Carter und Tiger Kid werden, vom Mord an Ace LaMont freigesprochen, von einem Friedensrichter ganz legal getraut. Verlobungen hatte es am Schluß früherer Mae-West-Filme zwar schon gegeben, aber eine echte Filmhochzeit war für Mae West neu. Dieses Finale »so ganz nach dem Geschmack des Klerus« interpretierte *Variety* als »eine offenkundige Verbeugung vor Joe Breen«, obwohl nicht Breen, sondern das New York Board of Censors diese gereinigte Schlußversion gefordert hatte. »Mae West«, schrieb André Sennwald in der *New York Times* vom 22. September 1934, »hat den New Yorker Zensoren dankenswerterweise gestattet, in ihrem neuen Film eine ehrenwerte Frau aus ihr zu machen.« Der *Literary Digest* hingegen nannte die Schlußsequenz treffend »eine Art Mußheirat«.

Die gereinigte und nach heutigen Maßstäben vollkommen unanstößige *Schöne der neunziger Jahre* erschien trotzdem auf mehreren lokalen Filmverbotslisten der Legion of Decency, und vor einem Kino in Long Island, in dem der Film gezeigt wurde, marschierte sogar ein Priester als Streikposten auf. Gleichwohl war der Film mit über zwei Millionen Dollar Einnahmen ein Kassenerfolg. Davon wurde eine Viertelmillion bereits in den ersten vier Wochen eingespielt. Im Bade- und Vergnügungsort Atlantic City war am Labor-

Day-Wochenende Anfang September das Kino rettungslos überfüllt, trotz zwölf Vorstellungen am Tag. In Baltimore wurden mit diesem Film die höchsten Einnahmen seit vielen Jahren erzielt, und in St. Louis setzte sich der Film in der Eröffnungswoche über alle anderen Konkurrenten hinweg – mit respektablen Einnahmen in Höhe von 22 000 Dollar. Gar nicht schlecht, vermerkte *Variety*, »aber keineswegs so sensationell wie bei einem der beiden ersten Filme [von Mae West]«.

Obwohl in Ohio, Pennsylvania und Massachusetts weitere Schnitte vorgenommen wurden und der Film in Schweden, Norwegen, Italien, Java und Holland ganz verboten wurde, belegte *Die Schöne der neunziger Jahre*, daß Mae West immer noch außerordentlich populär war und daß mancherorts die Zensurkontroversen tatsächlich dazu führten, die Attraktivität der umstrittenen Filme für das Publikum zu erhöhen – mit entsprechendem Einnahmeplus an den Kinokassen.

Das amerikanische Kinopublikum unterstützte die Säuberungskampagne nicht einhellig. In Filmtheatern in Boston, New York, Chicago, Detroit und Cleveland gab es deutliche Buhrufe und Zischen, als das PCA-Siegel auf der Leinwand erschien. In den Leserbriefspalten der Wochenblätter wurden Zuschriften veröffentlicht, die nachdrücklich dafür plädierten, daß Kinogänger über einundzwanzig die Möglichkeit haben sollten, die Filme nach Belieben selbst auszuwählen. Eine Redakteurin von *Photoplay* verglich den Kreuzzug der Saubermänner mit der Prohibition und stellte fest: »Keine moralische Frage wurde jemals durch Zwang gelöst. Daß man die Menschen nicht mit Gewalt gut machen kann, ist allgemein bekannt. Die gesetzliche Zensur stellt jedoch nichts anderes dar als den Versuch, ausgerechnet dies zu erreichen.«

Richard Watts jr. von der *New York Herald Tribune* machte sich über die Kleinkariertheit der Legion of Decency angesichts der heraufziehenden Bedrohung durch die Nazis und angesichts der allgemeinen Verdüsterung der Zukunftsaussichten lustig:

Wenn in der westlichen Welt mehr als nur geringfügige Anzeichen darauf hindeuten, daß ein Zusammenbruch droht; wenn die terroristischen Drohungen der Deutschen, wenn Streiks und Kriegsgerüchte den Horizont verdunkeln, dann sollte man doch meinen, daß auch die Legion [of Decency] ... Wichtigeres finden könnte, gegen das sie zu Felde zieht, als den schrecklichen Einfluß von Mae West auf die Köpfe von Zehnjährigen.

Doch derartige Proteste konnten weder Breens Machtposition erschüttern noch den Production Code entschärfen. Und so kam es, daß eine ganze Generation von Kinogängern in dem Glauben aufwuchs, daß in einem mustergültigen Zuhause die Ehepartner in getrennten Betten schlafen und daß anständige Damen keinen Bauchnabel haben.

Mae Wests eigene Ansichten zur Zensur lassen sich nicht leicht zusammenfassen. Selbst zu den Schnitten in *Die Schöne der neunziger Jahre* äußerte sie sich widersprüchlich, etwa in der *Los Angeles Times*: »Einige Sprüche mußte ich ändern ... – doch ich glaube nicht, daß der Film wirklich darunter gelitten hat.« Einige Monate später sagte sie jedoch in der *New York Times*, sie glaube nicht, daß *Die Schöne* ... »eine gute Geschichte« sei, »weil sie mich die Sache erst dreimal machen ließen, ehe ich herausbekommen konnte, was sie eigentlich wollten«. Der Zorn, den sie zum Ausdruck brachte, klang sehr gedämpft. Eine offen feindselige oder auf Konfrontation gerichtete Haltung hätte ihr auch nicht weitergeholfen, das wußte sie.

In späteren Jahrzehnten ließ sie ihrem Ärger manchmal freien Lauf, obwohl der Zorn immer auch mit einer guten Portion Frivolität gemischt war: »Stellen Sie sich Zensoren vor, die mich nicht auf dem Schoß eines Mannes sitzen lassen wollten! Ich war schon auf mehr Schößen als jede Serviette.« Oder: »Ich glaube von ganzem Herzen an die Zensur. Wenn einer meiner Filme nicht auf den Index gesetzt würde, wäre ich tödlich beleidigt!« Und sie sonnte sich im Ruhm, eine Art »Patin des Motion Picture Code« zu sein. Für grenzenlose Freiheit hatte allerdings auch Mae West nichts übrig. Selbst sie konnte schockiert sein. Vollkommene Nacktheit auf der Leinwand oder obszöne Schimpfwörter waren ihr ein Greuel.

Schon seit ihren frühen Tagen im Varieté wußte Mae, daß Zensoren zwar Wörter streichen können, sich aber sehr schwer damit tun, bei Darbietungsweisen, beim Tonfall oder bei herausfordernden Andeutungen die Schere anzusetzen. Nur zu gern wiederholte Mae ständig, daß es nicht darauf ankomme, *was* man sage, sondern *wie* man etwas sage.»Der Sex liegt in der Persönlichkeit, nicht in den Worten. Und *dagegen* konnten die Zensoren niemals etwas ausrichten.«[11]

Weil sie sich selbst einfach nicht eingestehen konnte, daß sie einen Teil der Kontrolle über ihr Material verloren hatte, redete sie sich ein, *sie* sei es, die die Zensoren an der Nase herumgeführt und letztlich doch die Oberhand behalten habe:»Ich fügte scharfe Zeilen und Witze hinzu, von denen ich wußte, daß sie gestrichen würden«, schrieb sie später in *Mae West on Sex, Health and ESP* – und sie habe dies nur getan, um von anderen, weniger offensichtlichen, suggestiven Passagen abzulenken. Zweifellos verfuhr sie so. Doch auch die Zensoren strichen letztlich nicht nur Worte. Sie veränderten Charaktere und Einstellungen der Figuren, sie strichen Rollen, pfuschten an Songtexten und Handlungsführungen herum; sie strichen ganze Szenen und bestanden auf einem»moralischen« Schluß. Mae West war zwar immer noch mächtig, doch von 1934 an hatte sie im Hays Office einen Gegenspieler, der in entscheidenden Punkten die Oberhand gewann. *Sie* mußte sich nach den Maßstäben des Hays Office richten – und nicht umgekehrt. Mae West war in die Defensive geraten.

Hollywood-Beobachter machten sich Sorgen um alle Sexgöttinnen des Films:»Was wird jetzt aus Anna Sten, Jean Harlow, Mae West, Marlene Dietrich, Norma Shearer und all den anderen Stars, die zu Ruhm und Reichtum gekommen sind, indem sie einfach nur verführerische Frauen waren – oder selbst in Versuchung gerieten? Können sie überleben, wenn erotische Filme jetzt in Ungnade fallen?«[12]

In der Form, in der *Die Schöne der neunziger Jahre* in die Kinos kam, war der Film weit weniger originell als seine Vorgänger. Alles irgendwie Riskante fehlte. Und das entging weder den Zuschauern noch den Kritikern. William Troy schrieb in *The Nation*, er stelle »hinter Miss Mae Wests neuester Herausforderung der öffentlichen Moral und des Geschmacks beunruhigende und unangemessene Zeichen der Ermüdung« fest. »Oder sind wir selbst es, die allmählich Ermüdungserscheinungen erkennen lassen?« Richard Watts jr. dagegen machte eher den Zensoren als dem Star Vorwürfe und verwies auf die »unbeholfene Art und Weise, mit der dieser Film zerstückelt worden ist«.

Zugleich konnte es Paramount kaum entgehen, daß auch in finanzieller Hinsicht dieser Film nicht an seine Vorgänger heranreichte – zum Teil, weil die Produktionskosten wesentlich höher lagen. So war Mae West zwar immer noch der Paramount-Topstar, doch Marlene Dietrich, Shirley Temple, Claudette Colbert, Carole Lombard, Bing Crosby und Gary Cooper holten auf. 1934 habe Mae West der Firma nicht soviel eingebracht wie im Jahr zuvor, meldete der Hollywood-Reporter in *Variety*. »Hier draußen ist man allgemein der Ansicht, daß Miss West von der Art Filme, die sie gegenwärtig macht, wegkommen muß.«

Doch der Film – wie auch Mae West – hatten natürlich auch ihre Verteidiger. André Sennwald lobte *Die Schöne der neunziger Jahre* in der *New York Times* als eine der besten Filmkomödien des Jahres. Er verteidigte auch den Star und verglich Mae mit einem »reinigenden Wind«. Weiter heißt es dann: »Sie ist so gescheit, so unverblümt, so vital und, alles in allem, so umwerfend komisch, daß sie den gesündesten Einfluß darstellt, der seit Jahren in Hollywood zu verzeichnen ist.« Otis Ferguson fand Mae (in der *New Republic*) unwiderstehlich: »Man hat sie dazu gezwungen, diesen Film von Kopf bis Fuß vollkommen zu verändern, aber man hat inzwischen wohl herausgefunden, daß, wer Mae West zensieren will, ihr von Kopf bis Fuß einen Gipsverband anlegen muß.«

In England stellte der Dramatiker und Kritiker Hugh Walpole Mae als Satirikerin auf eine Stufe mit Charlie Chaplin; in Hollywood wagten es »nur diese beiden, mit ihrem Spott die abgenutzte Moral und die hohlen Manieren einer öden Welt frontal anzugreifen«. Und der Schauspieler Cedric Hardwicke äußerte in der *Los Angeles Times* sogar die Meinung, in Wahrheit habe Mae West den Film gereinigt: »Sie nahm sich genau jener Materie an, aus der die schlimmsten Sexfilme fabriziert wurden, machte sich darüber lustig und sorgte dann dafür, daß auch die Öffentlichkeit ihre Witze zu sehen bekam. Sie tötete die Vulgarität auf der Leinwand, indem sie sie bis ins Absurde vulgarisierte. Dadurch hat sie die Leinwand für bessere Filme frei und sicher gemacht.«

In Hollywood gab es nicht gerade viele, die Mae West und ihren neuen Film verteidigten; aber es gab sie. Will Rogers nannte Mae die interessanteste Frau in Hollywood. Elizabeth Yeaman beklagte sich in den *Los Angeles Citizen-News* über die unfaire Behandlung, die man Mae West zuteil werden lasse. »Der größte Teil der Filmkolonie in Hollywood ist giftig und eifersüchtig auf Mae; diese Leute müssen sich heimlich über die Aussicht gefreut haben, daß Mae durch den kirchlichen Kreuzzug für eine saubere Leinwand vernichtet würde. Doch Mae nahm den von den Zensoren hingeschleuderten Fehdehandschuh auf und ... hat einen Film herausgebracht, der genauso unterhaltsam ist wie seine beiden Vorgänger.«

Leo McCarey, ein altgedienter Komödienregisseur, der schon Kurzfilme mit Laurel und Hardy (»Dick und Doof«) gedreht und die Marx Brothers in *Duck Soup* (Die Marx Brothers im Krieg) als Regisseur angeleitet hatte, ehe er in *Die Schöne der neunziger Jahre* das Kommando übernahm, griff ebenfalls zur Feder, um Mae West als vollkommene Komödiantin zu feiern (in *Photoplay*, Juni 1935). Mit ihrem Spiel sei Mae die Seele des Rhythmus in ihren Filmen; sie verstehe überdies die große Bedeutung der Entspannung beim Schauspielen. McCarey meinte, Mae habe das Zeug, sich auch andere Arten von Rollen zu erarbeiten; sie könne Peg O'My Heart mit breitem irischem Akzent spielen oder auch Stella Dallas. War dieser Hinweis vielleicht als subtile Andeutung zu verstehen, Mae solle sich nicht immer wieder auf denselben Rollentypus versteifen?

Die für Maes nächste Filme angekündigten Pläne zerschlugen sich ausnahmslos. Das galt für den Plan, sie solle in »The Queen of Sheeba« eine komische biblische Rolle übernehmen und dabei »ein wenig Schabernack mit König Salomon treiben«, ebenso wie für die Ankündigung, sie werde in »Me and the King« eine amerikanische Schauspielerin darstellen, die auf einer Europatour »von einem geblendeten Monarchen um ein Haar ein Königreich gewinnt«. Doch weil inzwischen Breen das Kommando in Hollywood übernommen hatte und jeder neue Filmplan sein Plazet erforderte, mußte umgeplant werden. Daraufhin hatte Mae gehofft, ihren Traum, Katharina die Große zu spielen, realisieren zu können. Doch Marlene Dietrich hatte die Paramount-Finanzen mit ihrer aufwendigen Produktion *The Scarlet Empress* (Die scharlachrote Kaiserin) derartig strapaziert, daß Mae für ihren Plan keine Unterstützung fand.

Veränderungen lagen in der Luft, als sich ein schwieriges Jahr seinem Ende näherte. Maes Vater, Battlin' Jack, wurde schwer herzkrank und mußte in einem anderen Apartment in Ravenswood gepflegt werden. Libby Taylor, seit sechs Jahren Maes Dienstmädchen, war gegangen, um selbst Karriere als Schauspielerin zu machen. Der Abschied war nicht gerade freundschaftlich gewesen. Nachdem sie mit Mae aus New York gekommen war, um als »Wachhund, Kammerzofe, persönliche Magd und als Schutzengel ihrer berühmten Herrin« treu zu dienen, hatte sie eine unverzeihliche Neigung entwickelt, auch an sich selbst zu denken und eigene Pläne zu verfolgen. »Als sie anfing, mich zu bitten, ich möge sie doch morgens wecken«, sagte Mae in einem Interview in der *New York Times*, »da habe ich ihr nahegelegt, sie solle doch lieber auf ihren Posten als Dienstmädchen verzichten und ihre ganze Zeit der Öffentlichkeit widmen.«
Ein Film mit dem Titel »Gentleman's Choice«, in dem Mae West die Hauptrolle spielen sollte, war bereits annonciert worden, ehe er (wie die Pläne bezüglich »The Queen of Sheeba« und »Me and the King«) im Nichts endete. Denn für Mae West den richtigen Stoff

zu finden – etwas, das sowohl ihr als auch den Zensoren zusagte – war ein recht schwieriges Unterfangen geworden. Im Oktober 1934 indes klang ein Bericht in *Variety* einigermaßen überzeugend, daß die Dreharbeiten zu Mae Wests nächstem Film in Kürze beginnen sollten. Angeblich handelte es sich um eine »Geschichte von Marion Morgan, die auf einer Episode aus dem Leben von Mrs. Jack Gardner basierte, die zur sozialen Elite des Bostoner Stadtviertels Back Bay gehörte«. Der Titel des Films sollte *Now I'm a Lady* lauten.

# Schadens-
## 17. *Kapitel* begrenzung

*D*er Kreis von Mae Wests engsten Vertrauten – Beverly und ihr Mann, Bruder Jack, Boris
Petroff und Timony – wußte und akzeptierte
schon immer, daß für sie die Karriere absoluten Vorrang vor allen anderen Aspekten
des Lebens hatte. Familienbindungen, Sexualleben und Spiritualität – all das bedeutete Mae
viel, aber gegenüber ihrer Hingabe an den Beruf des Filmstars mußten auch diese Belange
zurücktreten. »Sie lebt ganz für ihre Arbeit …
Außer dem *Erfolg* bedeutet ihr nichts wirklich etwas«, stellte die Journalistin Ruth Biery
fest und machte diesen Sachverhalt in einer
Interviewserie, die Anfang 1934 in *Movie Classic* erschien, einer breiteren Öffentlichkeit bekannt. Dabei verglich sie Mae West auch mit

anderen Schauspielerinnen: »Joan Crawford besteht heute aus hundert verschiedenen Frauen ... Barbara Stanwyck hat *als Frau* eine viel stärkere Persönlichkeit als auf der Leinwand ... Aber Mae West – es gibt nur eine einzige Mae West, und das Publikum kennt sie viel besser als all ihre sogenannten Freunde.«

Als wollte Mae diese Aussage illustrieren, bestand sie, als ihr Vater während eines Besuches bei Freunden in der Nähe von San Francisco an einem Herzinfarkt gestorben war, darauf, daß die Dreharbeiten weiterliefen. Lediglich einen halben Drehtag opferte sie am 8. Januar 1935, um in Los Angeles an der Trauerfeier für ihren Vater teilzunehmen. Sie übernahm die Rechnung für die private Zeremonie in Höhe von 1491 Dollar und organisierte die Überführung des Leichnams nach New York, wo er neben Matilda im Familienmausoleum auf dem Friedhof in Cypress Hills beigesetzt wurde – nicht weit von dem Ort entfernt, an dem Battlin' Jack einst gelebt hatte. Das letzte Geleit nach New York gab Mae ihrem Vater allerdings nicht; dafür waren Beverly, Jack und James Timony zuständig, die in Battlin' Jack zeitlebens einen Kumpel gesehen hatten.

Der Kontrast zwischen Maes rein geschäftsmäßiger Reaktion auf den Tod ihres Vaters und ihrem totalen Zusammenbruch fünf Jahre zuvor, als sie ihre Mutter verloren hatte, spricht Bände über das völlig unterschiedliche emotionale Verhältnis zu beiden Elternteilen. Jack senior gegenüber war sie die gewissenhafte, pflichtbewußte Tochter, nicht mehr und nicht weniger. Nachhaltigen Einfluß hatte er auf ihren Humor gehabt, auf ihr Körperbewußtsein, ihre Vorliebe für Boxring und Pferderennbahn sowie auf ihre Maßstäbe für männliche Attraktivität. Doch gleichzeitig hatte er sie manchmal in Angst und Schrecken versetzt, verärgert oder gar angeekelt. »Papa verbrachte seine Zeit mit der Lektüre von Sportzeitungen, wobei er den einen Fuß auf den Kaminsims gelegt und den anderen unter sich gezogen hatte. Ihm verdanke ich die gute körperliche Konstitution, die er mir mitgegeben hat« – das war schon das Beste, was Mae über ihren Vater zu sagen wußte, wenige Tage vor seinem Tod.[1]

Nun, da sie beide Eltern verloren hatte, fühlte sich Mae wieder mehr zur Welt des Spiritismus hingezogen, wovon sie sich Kontakt mit den Verstorbenen versprach. In einem Kurort namens La Quinta, in dem sich vorzugsweise Paramount-Manager tummelten, begegnete sie Amelia Earhart, die ihre mystischen Neigungen teilte. (Earharts Ehemann, der ehemalige Verleger George Putnam, arbeitete jetzt als Leiter der Filmedition bei Paramount.) Mae hatte Amelia Earhart schon lange wegen ihres Mutes und wegen der Meisterschaft bewundert, mit der sie sich als Fliegerin am Himmel behauptete – in einer reinen Männerwelt. Auch Earhart bewunderte Mae West, und so unterhielten sich die beiden Pionierinnen – die eine im Bereich der Luftfahrt, die andere im Bereich der sexuellen Emanzipation – über ihr gemeinsames Interesse an psychischen Erkundungen in Grenzbereichen.

An einem Tisch in Maes Ferienbungalow leitete Earhart daraufhin eine Séance; alle Versammelten erhielten die Anweisung, den Tisch nicht im geringsten zu berühren, damit die überirdischen Kräfte sich durch Klopfen und leichtes Anheben des Tisches mitteilen könnten. »Plötzlich«, berichtete Mae später in *Mae West on Sex, Health and ESP*, »begann sich der Tisch in meine Richtung zu bewegen, und das Klopfen dauerte eine ganze Weile an.« Wie sich herausstellte, kam die Botschaft von Maes kürzlich verstorbenem Vater. »Er sagte mir, einer der Männer, mit denen ich mich zu dieser Zeit häufig traf – und dieser Mann war sogar selbst bei der Séance anwesend –, sei in Ordnung und ich solle, wenn mir danach sei, ihn ruhig weiter treffen. Ich hatte damals aber noch einen anderen Verehrer, von dem ich mich nach meines Vaters Rat fernhalten sollte.« (Möglicherweise war der positiv beurteilte Erstgenannte der erfolgreiche Schwergewichtsringer Vincent Lopez. Jedenfalls war Mae mit ihrem zukünftigen Leibwächter ungefähr seit dieser Zeit regelmäßig zusammen, und das Verhältnis mit Lopez dauerte mehrere Jahre an. Der Verehrer, vor dem Mae gewarnt wurde, könnte Jack Durant gewesen sein, ein ehemaliger Akrobat und Tänzer, mit dem sie damals eine kurze Zeitlang in der Stadt gesehen wurde.)

Nach dieser Séance mit Amelia Earhart konzentrierte sich Mae West darauf, ihre psychischen Kräfte stärker zu entwickeln. Jeden Tag zog sie sich in einen dunklen Raum zurück, wo sie, die Hände auf die Knie gelegt und auf einem Stuhl mit gerader Lehne sitzend, meditierte.

In Maes nächstem Film, dessen Dreharbeiten Ende 1934 begannen, geht es um Klassenunterschiede, um snobistische Ausgrenzung und soziale Mobilität. Der Filmtitel lautete zunächst *How Am I Doin'*, dann *Now I'm a Lady*, ehe er schließlich als *Goin' to Town* (Auf in die Stadt) fixiert wurde. Hier spielt Mae West Cleo Borden, eine Entertainerin in einem Tanzlokal im zeitgenössischen amerikanischen Westen (genau ist der Film nicht lokalisiert, aber er könnte in Texas spielen). Cleo erbt die Ranch und die Ölquellen des etwas zwielichtigen Viehzüchters Buck Gonzales (gespielt von Fred Kohler), der bald, nachdem er Cleos Hand gewonnen hat, beim Würfelspiel erschossen wird. Als Erbin verliebt sich Cleo nun in den eleganten, hochnäsigen Engländer Edward Carrington, der als Geologe und Ingenieur auf der Gonzales-Ranch arbeitet. (Diese Rolle, ursprünglich Cary Grant zugedacht, wird von Paul Cavanagh gespielt.)

Anfangs verachtet Carrington Cleo als »rather crude oil« (kaum mehr als Rohöl). Wie Cary Grants Captain Cummings, der in *Sie tat ihm unrecht* den Rat erhielt, doch »etwas lockerer« zu werden, hat auch Carrington Schwierigkeiten damit, sich gehenzulassen; seine britische Reserviertheit stellt für Cleo eine um so größere Herausforderung dar. »Warum lösen Sie nicht einfach mal die angezogenen Bremsen?« fragt sie ihn vorwurfsvoll. Doch anstatt sich zu ihr hingezogen zu fühlen, zeigt Carrington anfangs Verachtung, auf die Cleo unkonventionell, aber ihr gemäß reagiert: Sie schießt ihm den Hut vom Kopf, und sie fängt ihn mit dem Lasso ein wie einen Stier (solche Aktivitäten sollten besonders den Kindern unter den Zuschauern gefallen).

Um Cleo überhaupt spielen zu können, mußte Mae einige neue Fertigkeiten erlernen: Lassowerfen; Ziehen, Herumreißen und Abschießen eines sechsschüssigen Revolvers; Kartenverteilen. Auch nahm sie Gesangsunterricht, um ihre Stimme für die Anforderungen einer Opernrolle zu schulen. Schließlich überwand sie sogar ihre Angst vor dem Reiten und lernte, auf einem Pferderücken dahinzujagen.

Cleos britischer Assistent Winslow erklärt ihr, ein Mann wie Carrington wünsche sich eine Frau mit »Background«, also jemanden aus seiner eigenen sozialen Schicht. »Was ist das denn?« wundert sich Cleo. »Irgend etwas, das ich nicht habe?« Carrington wirft sie vor, er verhalte sich, als sei sie »nicht gerade das, was man sich unter einer Dame vorstellt«. Und später karikiert sie seinen Dünkel mit dem Ausspruch: »Ihnen wäre es wohl am liebsten, wenn meine Vorfahren nach Europa zurückgingen und auf der Mayflower wiederkämen.«

Natürlich verliebt sich Carrington schließlich doch in Cleo. Aber zum ersten Mal in ihrer Filmkarriere spielt Mae West eine Frau, die einen sehr zurückhaltenden Mann zu umgarnen versucht, eine Frau, die es auf sich nimmt, nach Buenos Aires zu reisen und sogar einen adligen Tunichtgut zu heiraten, nur um das gesellschaftliche Gütesiegel zu erhalten, ohne das sie Carrington nicht gewinnen könne, wie sie meint. »Schaff mir einen Kerl mit blauem Blut herbei, und ich werde noch heute abend eine Anzahlung auf ihn leisten«, sagt sie Winslow und wird bald darauf Mrs. Fletcher Colton aus New York, Miami und Southampton. (Die ursprünglich angekündigte Idee, den Film auf der Biographie von Isabella Stewart Gardner aus Boston basieren zu lassen, wurde wieder aufgegeben. Es blieb letztlich nur das High-Society-Milieu.)

Wie in den Theaterstücken und in *Ich bin kein Engel* versucht auch diesmal eine snobistische, giftige Matrone aus der besseren Gesellschaft, die Mae-West-Figur am Eindringen in die High-Society zu hindern. In *Goin' to Town* fällt diese Rolle Mrs. Crane Brittony zu (gespielt von Marjorie Gateson, die trotz ihres breiten »A« tatsächlich aus Brooklyn stammte). Mrs. Brittony hält Cleo Borden für einen vulgären Emporkömmling. »Schockierend, was für Leute heutzutage Geld haben«, höhnt sie hinter Cleos Rücken. Doch sie selbst entpuppt sich als durchtriebenes Biest. Sie mag zwar im Adelsregister verzeichnet sein, doch ihre Moral ist nicht besser als die einer streunenden Katze. Sie kämpft mit allen Mitteln, um die Ehe zwischen ihrem Neffen Fletcher Colton und Cleo zu zerstören und Cleo aus Southampton zu vertreiben. Als sie Cleo mit zwei anderen Matronen aus der besseren Gesellschaft, Mrs. Pillsbury und Mrs. Cranford, in Colton Manor einen Besuch abstattet, versucht das Trio, Cleo wegen ihrer »Gewöhnlichkeit« bloßzustellen. Doch die läßt sich nicht so leicht unterkriegen. Bei ihrer Ahnenforschung sei leider nichts herausgekommen, ihre Vorfahren seien »einfach zu clever« gewesen: »Sie ließen sich nicht dingfest machen.« Während also hinter Cleos Unterschichtmanieren immer wieder eine überlegene Substanz deutlich wird, verbirgt Mrs. Brittony hinter ihrem hohen gesellschaftlichen Rang einen niederträchtigen Charakter.

Ihre Klasse *beweist* Cleo dann, als sie die Rolle der Delilah in Camille Saint-Saëns' Oper *Samson und Delilah* singt (Delilah ist für Cleo »eine Friseuse, die den Aufstieg geschafft hat«). In ein schwarzes Chiffongewand mit langer glänzender Schleppe und mit diamantenübersäten Hüft- und Brustplatten gekleidet und mit einer langhaarigen blonden Perücke samt Tiara aus Diamantblättern gekrönt, hat Cleo ihren großen Auftritt, während dunkelhäutige, halbnackte männliche Sklaven devot vor ihr niederknien. Cleo singt auf französisch die Mezzosopranhälfte des Duetts »Mon cœur s'ouvre à ta voix« (Mein Herz öffnet sich deiner Stimme), während sie Samsons lange Locken krault. Eine Primadonna-Parodie war schon 1922 Teil einer Varieténummer von Mae West gewesen, jetzt erweiterte sie das Ganze zu einer extensiven Kinosatire auf die Hochkultur. Wenn sie sich auf Kosten der Diva lustig macht, grenzt Maes Auftritt an Selbstparodie: Mae West in Hochform.

Ansonsten aber sabotiert sich *Goin' to Town* als Satire selbst. Arroganz und Prätention der oberen Zehntausend werden durch den Kakao gezogen, doch gleichzeitig wird der High-Society-Status als etwas höchst Erstrebenswertes dargestellt. Cleo geht eine Zweckehe ein, um Carrington zu demonstrieren, daß sie seiner

420

würdig sei – als ob ein angeheirateter großer Name sie wirklich besser machen könnte. Und wir fragen uns: Wäre ihr verschwenderischer Gatte Fletcher Colton nicht zur rechten Zeit ermordet und so auf bequeme Weise aus dem Weg geschafft worden, wie hätte sie es je geschafft, sich Carrington zu angeln, der inzwischen zum Earl of Stratton aufgestiegen ist? Hatte sie Colton etwa mit dem Plan geheiratet, sich schnell wieder scheiden zu lassen? Doch derartige Fragen sind müßig. Eine einfältige Handlungskonstruktion sollte man nicht zu genau hinterfragen.

Paramount versuchte *Goin' to Town* als Mae Wests Aufbruch zu neuen Ufern zu verkaufen. Der Regisseur Alexander Hall hatte zu den Redakteuren gehört, die die Endfassung von *Sie tat ihm unrecht* herstellten, doch die Erfolgsformel jenes Films mit dem Ambiente der vergangenen neunziger Jahre wurde hier für einen zeitgenössischen Background geopfert. Mae West spielt keine Dame aus der Bowery mehr, sondern eine Art Cowgirl auf dem High-Society-Trip, ein ganz und gar modernes Mädchen.

Dementsprechend betonte die Publicity-Kampagne des Studios Maes Ansichten zu Themen des Tages. In Pressemitteilungen wurde überdies Miss Wests Wunsch annonciert, eine ganze Reihe von Männern kennenzulernen, die gegenwärtig im Blickpunkt der Öffentlichkeit standen. Sie wolle John D. Rockefeller kennenlernen, sagte sie, »um herauszufinden, wo er all seine Dollars herkriegt«; oder den berühmten Baseballspieler Dizzy Dean, »um zu erfahren, ob er wirklich so gut ist, wie er sagt«; oder den Prince of Wales, »der schon seit vierzig Jahren nach der richtigen Frau sucht«. Schließlich auch noch den türkischen Staatsgründer Mustapha Kemal Atatürk, um ihm persönlich zu danken: »Als er die türkischen Frauen aus dem Harem befreite und hinter ihren Schleiern hervorholte, hat er wirklich etwas Gutes getan.«

Doch die Bemühungen, Mae West in *Goin' to Town* als eine ganz in der Gegenwart lebende Frau hinzustellen, waren wenig erfolgreich. Und sie werden selbst im Film nicht lange aufrechterhalten. »Ich habe die Handlung nicht allzu lange im Westen spielen lassen, weil ich ein paar tolle Klamotten anziehen wollte«, erklärte Mae. Als

Cleo Borden nach Buenos Aires und später nach Southampton »in die Stadt zieht«, wird Mae West von Travis Banton wie in alten Tagen herausgeputzt: mit üppigen Gewändern, Pailletten, Juwelen, Federschmuck und Pelzen.

In ihren Presseerklärungen versprach Mae West, ihr neuer Film werde niemandes moralischen Empfindlichkeiten zu nahe treten. Edwin Schallert von der *Los Angeles Times* sagte sie schon im September 1934, vor Drehbeginn: »Die Geschichte in meinem nächsten Film, in dem ich eine Rinderkönigin aus dem Westen spiele, war in der ursprünglichen Form nicht das Rechte für die Zensur; also habe ich sie umgeschrieben. Sie wird lustig, aber auch unbedenklich sein.« Da widersprach nicht einmal Joseph Breen: »Mit Freude nehmen wir zur Kenntnis, daß man sich aufrichtig bemüht hat, alle fundamental fragwürdigen Elemente aus dieser Story herauszulassen«, schrieb er an Hays, als die Dreharbeiten zur Hälfte gelaufen waren.[2] Freilich hatte er gerade eine Sequenz herausgeschnitten, in der Cleo mit ihrem einheimischen südamerikanischen Assistenten Taho (Tito Coral) Tango und Rumba tanzte.

Mächtig in die Mangel genommen wurde Cleos Song »Now I'm a Lady«, der in seiner Originalversion Breen mehr als alles andere in diesem Film provoziert hatte. Irving Kahals Text, der zuvor einige clevere Wortspiele enthielt, hat in der Endversion des Film kaum noch Ähnlichkeit mit dem Original. Breen sah in diesem Song »die Angeberei einer Frau von zweifelhafter Moral, die früher jede Menge Männer hatte und über sie den sozialen Aufstieg geschafft hat … Selbst in Form eines Liedtextes scheint uns das definitiv ungeeignetes Material für die Leinwand zu sein.« Er drängte Paramount, den Song neu zu gestalten; andernfalls laufe man Gefahr, daß der Film als Ganzes abgelehnt werde. Also machte sich Irving Kahal an die Abfassung eines neuen Textes. In der gereinigten Version des Liedes, die jetzt im Film zu sehen ist, läßt Cleo den obszönen Tanz namens »Jelly-Roll« aus; auch besaß sie demnach früher keine Kneipe. Die Hinweise auf ihre »Goldgräberei« (das Schröpfen ihrer Verehrer) sind ebenfalls verschwunden, doch darf sie immer noch Anspruch auf »die Armee/Meiner vergessenen Männer« erheben.

In einem Brief an John Hammell von Paramount legte Breen speziell fest, daß in der Tanzlokalsequenz des Films auch nicht die geringste Andeutung von Prostitution zulässig sei. Allerdings durfte eine Szene stehenbleiben, in der Cleo mit einem Cowboy (Grant Withers) herumschmust, ehe Buck Gonzales ihre Hand gewinnt. Breens Einwände gegen eine Kameraeinstellung, in der Cleo zu sehen ist, wie sie im Gegenlicht in einer Tür steht und die Umrisse ihrer Figur durch die Kleidung hindurchscheinen, wurden berücksichtigt, doch einige der von Breen beanstandeten Dialogzeilen konnten sich in den Film einschmuggeln, etwa Cleos Selbstcharakterisierung als »Frau von wenigen Worten, aber mit jeder Menge Action«. Oder die folgenden Wortwechsel:

CLEO: Lange habe ich mich wegen meines Lebenswandels geschämt.
JUNGER MANN: Heißt das, daß Sie sich gebessert haben?
CLEO: Nein, ich bin über meine Scham hinweggekommen.

CLEO: Was wissen Sie denn über mich?
CARRINGTON: Nur, was ich sehe, und das reicht mir schon.
CLEO: Hmm, dann sind Sie aber leicht zu befriedigen.

In Italien und Mähren wurde der Film komplett verboten. In England durfte er gezeigt werden, aber ohne die soeben zitierten Passagen. In Pennsylvania und Ohio fielen die Worte »Dann sind Sie aber leicht zu befriedigen« der Schere des Zensors zum Opfer.

Die Produktionskosten von *Goin' to Town* betrugen 924 000 Dollar. Davon entfielen auf Mae West 300 000, auf den Regisseur Alexander Hall hingegen nur 11 302 Dollar. Netto blieben Mae von dieser Summe zwar nur 155 050 Dollar, doch auch damit stand sie 1935 noch auf Platz elf der Gagenliste unter den Filmstars, hauptsächlich wegen *Goin' to Town*. Sehr erfolgreich war der Film in New York,

Brooklyn, San Francisco, Minneapolis und Los Angeles; mit nur mäßigem Erfolg lief er in Pittsburgh.

Wie schon *Die Schöne der neunziger Jahre* leidet auch *Goin' to Town* unter dem Vergleich mit *Sie tat ihm unrecht* und *Ich bin kein Engel.* Denn die beiden ersten Mae-West-Filme waren insgesamt sehr originell, erfrischend, lustig und kühn. Obwohl *Goin' to Town* durchaus einige Paradezeilen zum Lachen enthält und uns eine wunderbare Opernparodie bietet, obwohl der Film an neuen Schauplätzen spielt und recht interessante Klassengegensätze behandelt – alles nicht ohne Schmiß –, bietet er letztlich nichts wirklich Neues. Die Mae-West-Figur ist gezähmt worden: Cleo Borden bricht weniger Tabus, soziale und sexuelle Konventionen als ihre Vorgängerinnen Lady Lou und Tira.

Daran ist allerdings nur zum Teil Joseph Breen schuld. Denn das Ganze war auch eine Folge des insgesamt repressiveren moralischen Klimas im Lande. Und schließlich darf bei der Ursachenforschung auch Mae Wests eigener Anteil nicht übersehen werden. Da sie unbedingt bei ihren bewährten, inzwischen jedoch altbekannten Erfolgsformeln bleiben wollte, wurde sie, die sich früher doch gerade durch große Risikobereitschaft ausgezeichnet hatte, mit jedem neuen Auftritt berechenbarer und formelhafter.

Als der Film Anfang Mai 1935 in die Kinos kam, zeigten sich die Kritiker im wesentlichen unbeeindruckt. Für die meisten von ihnen war die Rose Mae West nicht länger taufrisch. *Goin' to Town*, meinte der *Hollywood Reporter*, sei »die schwächste und schlampigste Produktion, die Madame West sich bisher als Autorin zugute gehalten hat«. *Variety* gefiel allein der Dialog des Films, »gepfeffert mit den üblichen Westschen ›Pepigrammen‹ …«. Und unter den Branchenblättern rang sich nur noch der moralisch konservative *Motion Picture Herald* ein anerkennendes Wort ab. Gelobt wurde der »hochmoralische Ton« des Films.

Auch die New Yorker Kritiker stöhnten. In *Esquire* ließ der Schriftsteller Meyer Levin seinem Unmut über Mae West freien Lauf: Sie sehe inzwischen wie »eine sehr ordinäre ›Dame‹ mit Doppelkinn« aus, und ihr Film sei nur noch »eine schlechte Imitation, um nicht

424

zu sagen Parodie, der Mae-West-Formel«. André Sennwald von der *New York Times*, bekennender Mae-West-Fan, entdeckte an seinem Idol voll Trauer »Anzeichen von Sterblichkeit«, die sich nicht zuletzt in überflüssigen Pfunden zeigten. Die Gesellschaftssatire des Films sei unbeholfen, und auch die Romanze zwischen Cleo und Carrington ging Sennwald gegen den Strich: »Wer hätte je gehört, daß Miss West hinter einem Mann her ist?« Insgesamt sei *Goin' to Town* der »erfolgloseste aller Mae-West-Filme«.

Die lauen Reaktionen auf ihren neuen Film bestärkten bei Mae ein Gefühl der Erschöpfung, Traurigkeit und Konfusion. Die Zensurstreitigkeiten hatten sie veranlaßt, in sich zu gehen und über ihre eigenen Werte nachzudenken. War es denkbar, daß ihre eigenen Grundannahmen falsch, die des Motion Picture Code dagegen richtig waren? »Ich durchlebte eine Phase, in der ich meine moralischen Werte unter die Lupe nahm«, schrieb sie in ihrer Autobiographie. »Ethik und Moral sind eine Sache, mit der man sich auseinandersetzen muß. Gut und böse, richtig und falsch, das ist für mich so klar wie süß und sauer oder schwarz und weiß. Das Problem liegt nur darin, daß keine moralische Frage entweder süß oder sauer, entweder schwarz oder weiß ist. Sie ist oft fad und lau oder grau und bräunlich.« Die vorherrschenden Einstellungen zur Ehe verwirrten sie mehr als alles andere. Denn die Welt – und nicht nur das Hays Office – schien zu fordern, daß Paare ihre Beziehung legitimierten. In Hollywood jedoch wechselte man seine Ehepartner wie die Hemden, brach man sein Eheversprechen, als sei es die selbstverständlichste Sache der Welt. Mae West dagegen war weiterhin der Überzeugung, die Sexualmoral sollte Privatsache sein und bleiben. Hier gehe es um eine Verbindung zwischen Individuen, die nicht allein durch gesetzliche oder religiöse Vorschriften kontrolliert werden könne. »Ein Mann und eine Frau, die sich lieben, begehen keine Sünde, wenn ihre Verhaltensregeln anständig sind und wenn sie allein zwei Menschen gegenüber ehrlich sind: sich selbst und dem Partner.«

Ihr mühsam errungenes Gefühl der Sicherheit wurde durch Veränderungen in der Paramount-Hackordnung beeinträchtigt, die sie direkt betrafen. Denn ihr Mentor Emanuel Cohen, jener Mann, der dafür verantwortlich war, daß sie 1932 von Paramount unter Vertrag genommen wurde, mußte, just als die Dreharbeiten von *Goin' to Town* zu Ende gingen, von einem Tag auf den anderen seinen Posten als Vice President und Produktionsleiter verlassen. (Gerade einen Monat zuvor war Battlin' Jack gestorben, und so verlor Mae nun in kurzer Zeit die zweite Vaterfigur.) Über die Gründe dieser Trennung schwiegen sich sowohl die Studiobosse als auch Cohen selbst aus. Allgemein wurde der Anschein erweckt, als sei Cohen freiwillig gegangen. Es kursierten jedoch Gerüchte, er habe gehen müssen, weil er seine Stars zu sehr verwöhnt habe. Vielleicht war ja die Studiospitze tatsächlich der Meinung, die exorbitanten Gagen für Mae West und einige andere Stars seien hoffnungslos überzogen.

Einer anderen Theorie zufolge wurde Cohen entlassen, weil man entdeckt hatte, daß er heimlich auch persönliche Verträge mit Paramount-Stars wie Mae West, Gary Cooper und Bing Crosby abgeschlossen hatte. Dies entspricht zweifellos den Tatsachen. Alle Genannten hatten separate Verträge mit Cohens unabhängiger Produktionsfirma Major Pictures, deren Arrangements darauf hinausliefen, daß die Major-Filme von Paramount finanziert und vertrieben werden sollten. Doch die Gründung von Major Pictures wurde erst im Juli 1935 bekanntgegeben, und Mae West unterzeichnete einen offiziellen Vertrag mit Major Pictures erst Anfang 1936. Gefeuert wurde Cohen jedoch schon im Februar 1935. Welche Gründe da zu welchem Zeitpunkt eine Rolle spielten, läßt sich einfach nicht mehr klären. Klar ist jedoch, daß vom 6. Februar an die neuen Produktionschefs bei Paramount Herzbrun und Lubitsch hießen. Es handelte sich um den Juristen Henry Herzbrun und den Regisseur Ernst Lubitsch.

Emanuel Cohen wurde allgemein das Verdienst zugeschrieben, in seiner zweieinhalbjährigen Amtszeit bei Paramount das Studio wirtschaftlich saniert zu haben; persönlich beliebt war er indes nicht. Klein von Statur, aggressiv und von einer gewissen Verschwörermentalität geprägt, wurde er vom Filmhistoriker und

Drehbuchautor Budd Schulberg mit »all diesen kleinen pfeil-
geschwinden Raubtieren: Frettchen, Wieseln und Ratten« verglichen.[3] Mae jedoch blieb ihm loyal verbunden. Was sie betraf, so
hatte er ihr die Türen geöffnet und ihre Hollywood-Triumphe
überhaupt erst möglich gemacht. In Dankbarkeit schloß sie sich
mit Gary Cooper und Cecil B. DeMille dem Planungskomitee für
ein riesiges Festbankett zu Cohens Ehren an, das kurz vor seiner
Entlassung bei Paramount stattfand und bei dem sich alles sehen
ließ, was in Hollywood Rang und Namen hatte. Nach dem Essen
hielt Mae West eine ihrer seltenen öffentlichen Festansprachen –
ein einziges Loblied auf Cohens Verdienste.

Kurz nachdem Cohen bei Paramount von der Bildfläche verschwunden war, tauchte an anderer Stelle eine Figur aus Mae
Wests Vergangenheit wieder auf, die sehr ungelegen kam: Frank
Wallace. In Milwaukee war ein Mitarbeiter des Standesamtsarchivs
auf die Heiratsurkunde von Frank Wallace und Mae West aus dem
Jahre 1911 gestoßen und hatte seinen Fund der Presse gemeldet.
Daraufhin veröffentlichten die Zeitungen im ganzen Land Abbildungen der Urkunde, zusammen mit einem Hochzeitsfoto, auf dem
die dunkelhaarige Mae und der fesche Frank mit seinem Strohhut,
umgeben von einer Mondsichel, den Betrachter anlächeln. In der
Urkunde war 1911 das Alter der Braut mit achtzehn Jahren angegeben, obwohl sie zu diesem Zeitpunkt tatsächlich erst siebzehn
war. Inzwischen hatte sich Mae aber daran gewöhnt, ihr Geburtsjahr routinemäßig mit 1900 anzugeben, so daß sie ganz nebenbei
auch bei einer »Verjüngungskur« ertappt wurde.
Der *New York Mirror* brachte die Geschichte auf der Titelseite und
reproduzierte dabei ein Gerichtsdokument aus dem Jahre 1927,
demzufolge Mae auf die Frage, ob sie verheiratet sei, mit Ja geantwortet hatte. Und um die Sache noch komplizierter zu machen,
stöberte ein sorgfältiger Reporter aus Fort Worth, Texas, die am
22. März 1924 für Mae West und B. A. Burmeister ausgestellte
Heiratsurkunde auf.
Lange war Mae davon ausgegangen, daß die Fakten ihrer Biogra-

phie ein Text seien, mit dem sie nach Belieben verfahren könne: der revidiert, ausgeschmückt, gekürzt oder auch ganz gestrichen werden könne. Und so brachte sie auch diesmal sofort ein wütendes Dementi in Umlauf. »Ich bin nicht verheiratet. Ich bin nie verheiratet gewesen. Nicht mit Frank Wallace. Nicht mit James Timony ... Nicht mit diesem Menschen aus Texas ... Ich bin ein alleinstehendes Mädchen mit einem ganz eigenen Kopf – und der hält nichts von einer Ehe.«[4] Zur in der Öffentlichkeit bekannten Persönlichkeit Mae Wests gehörte in der Tat, daß alle wußten, sie sei alleinstehend und zu haben. Sie selbst nannte sich scherzhaft sogar eine alte Jungfer. Und sie hatte nun einfach nicht die Absicht, ihre Persönlichkeit neu zu definieren. Also machte sie sich über das gegenwärtige Trara lustig, bei dem alle Reporter nur darauf versessen zu sein schienen, noch weitere Ehemänner ausfindig zu machen.

Für die Presse war das Ganze ein gefundenes Fressen. Kurze Zeit lautete die Vermutung, jener Frank Wallace, der Mae West geheiratet hatte, sei ein gleichnamiger Nebendarsteller, der in der Inszenierung von *Diamond Lil* im Jahre 1928 mitgewirkt hatte. Doch es dauerte nicht lange, bis sich der echte Frank Wallace eifrig zu Wort meldete. In Artikeln, die im ganzen Land zitiert wurden, gab er zu, Mae West tatsächlich geheiratet zu haben, »eine erstklassige kleine Brünette«. Das sei vor vierundzwanzig Jahren gewesen, als er zusammen mit ihr in den Varietétheatern der Columbia-Kette auf Tournee gewesen sei: »Wir spielten im Gaiety in Milwaukee, als Mae und ich uns entschlossen, eine Doppelnummer daraus zu machen.« Indem er geflissentlich verschwieg, daß er selbst seit der Trennung von Mae eine andere Frau geheiratet hatte, von der er schon wieder geschieden war, verkündete er lauthals seine nach wie vor bestehende Hingabe an den Star: »Wenn ich das Geld dafür hätte, würde ich ihr immer noch jede Woche Blumen schicken.«[5] Wallace, »ein schlanker, dunkler, mittelgroßer Typ«, kämpfte sich als Sänger und Tänzer immer noch auf Varietébühnen durch, als männlicher Partner des Duos Wallace und Le May. Und er teilte der Presse auch die Adresse seines Managers mit (Jack Cornell,

Strand Building), falls jemand Interesse daran habe, ihn zu engagieren. Bald darauf stellte er eine Revuenummer zusammen, die an die alten gemeinsamen Auftritte mit Mae West anknüpfte. Auf den Programmen erschien er damit als »Mr. Mae West«. Diese Flut unerwünschter Publizität setzte Mae so zu, daß sie sich eine Zeitlang völlig zurückzog. Sie weigerte sich, die Wahrheit über ihre frühe Eheschließung zuzugeben, bis sie schließlich im Juli 1937 gerichtlich dazu gezwungen wurde. Nach einem sich lange hinziehenden juristischen Scharmützel über Zuständigkeiten – war New York oder Kalifornien in dieser Sache zuständig? – klagte Wallace 1941 im kalifornischen San Bernadino County auf Unterhaltszahlungen in Höhe von 1000 Dollar im Monat. Mae West erhob in Los Angeles Gegenklage, woraufhin am 23. Juli 1942 endgültig die Scheidung dieser Ehe ausgesprochen wurde. Wallace aber, der 1966 starb, versuchte bis an sein Lebensende die Verbindung mit Mae zu seinen Gunsten auszuschlachten.

Obwohl die Gegenbeweise immer erdrückender wurden, weigerte sich Mae weiterhin, ihr wahres Alter zuzugeben. Ebenso bestritt sie, je im Varieté aufgetreten zu sein. Eva Tanguay, inzwischen krank, verarmt und fast blind, meldete sich aus ihrer Wohnung in Los Angeles zu Wort, um Mae West zu Hilfe zu eilen. Sie behauptete, Frank Wallace müsse jene *andere* Mae West geheiratet haben, die große brünette Königin der Cabarets, die im Columbia Theater in Chicago groß herausgekommen war. Doch Harry Fields, ein Komikerveteran aus der Cabaretszene, behauptete steif und fest, der berühmte Filmstar sei dieselbe Frau, mit der zusammen er einst in den Theatern der Columbia-Kette aufgetreten sei.

Überdies wollte Mae einfach nicht zugeben, daß sie früher braunes Haar gehabt hatte. Wenn Fans ihr alte Fotos, auf denen Mae West noch brünett war, zum Signieren vorlegten, versuchte sie diese Fotos an sich zu nehmen und gegen andere auszutauschen. »Das bin ich gar nicht«, sagte sie dann.

Ihren zweiundvierzigsten Geburtstag feierte sie in aller Stille mit einem Essen, an dem ihr Bruder und ihre Schwester, ihr Schwager

Baikoff, Timony und Petroff teilnahmen. (Ende 1935 schied Petroff aus diesem inneren Zirkel aus.) Zu ihren Geburtstagsgeschenken gehörten ein Diamantarmband und ein Abendtäschchen aus Platin, das mit Diamanten, Saphiren und Smaragden besetzt war. Um ihre Laune aufzuhellen, legte sie sich auch noch ein weiteres Auto zu, eine schicke Duesenberg-Limousine mit weißwandigen Reifen und Zierleisten an den Kotflügeln.

Die von Mae in ihren Memoiren angesprochene moralische Verwirrung machte sich in ihrem nächsten, ihrem ungewöhnlichsten Film deutlich bemerkbar: *Klondike Annie*. Dieser Film ist insofern auch für das Publikum verwirrend, als er keine eindeutigen Signale aussendet. In *Klondike Annie* spielt Mae eine ehemalige Mätresse namens Rose Carleton (»Frisco Doll«), die mit einer Missionarin die Identität tauscht und während des Goldrauschs der neunziger Jahre des 19. Jahrhunderts in Nome, Alaska, »Soul Savin' Annie« wird, eine evangelisierende Weltverbesserin.

Die Erzählungen Jack Londons hatten zu Beginn des 20. Jahrhunderts eine Mode für Stories geschaffen, die im Goldgräbergebiet Alaskas, am Klondike, spielen – eine Mode, die bis in die zwanziger und dreißiger Jahre anhielt, was nicht zuletzt auch durch Charlie Chaplins Film *The Gold Rush* (1925) belegt wird. Ein Varieté-Einakter aus dem Jahre 1915, »Salvation Sue«, spielt ebenfalls auf den Goldfeldern Alaskas; ein weiblicher Heilsarmeeoffizier will dort in Tanzsälen und Kneipen Seelen retten. Ein thematisch verwandtes, auch verfilmtes Theaterstück von Edward Seldon, *Salvation Nell* (revidiert 1931), ist allerdings nicht in Alaska lokalisiert, sondern in der Lower East Side Manhattans, in einer Mietskaserne. Hier verwandelt sich ein mit einem Dieb liiertes Straßenmädchen in eine gottesfürchtige Frau. Einzelne Züge aus all diesen früheren Versionen gingen in das Drehbuch von *Klondike Annie* ein.

An der Erstellung dieses Drehbuchs waren letztlich mehrere Autoren beteiligt. Eine – »Lulu Was a Lady« betitelte – Story von Frank Mitchell Dazey, die in Alaska spielt, war bereits als Maes nächstes Projekt angekündigt, dann jedoch wieder fallengelassen worden, als Marion Morgan und George Dowell, die für *Goin' to Town* verantwortlichen Drehbuchschreiber, in das Autorenteam aufgenommen wurden. Deren Story sollte dann »Hallelujah I'm a Saint« heißen und einige Handlungselemente aus Frank Dazeys Alaska-Story, aber auch einige Charaktere und Schauplätze aus Mae Wests unaufgeführtem Theaterstück von 1930, *Frisco Kate*, enthalten.

Damals hatte sich Mae West die Rolle der Frisco Doll auf den Leib geschrieben, der »tollsten Hure der ganzen Barbary Coast«, die schanghait und an Bord der »Java Maid« gebracht wird. Der animalische, götzendienerische Kapitän des Schiffes, Bull Brackett, betet sie an, wird jedoch, als er versucht, sie zu vergewaltigen, von Doll mit einem Stilett erstochen. Am Schluß des Stückes zieht die Heldin mit ihrem Geliebten, dem Schiffsoffizier Stanton, in die untergehende Sonne und in eine idealisierte Zukunft. Im Filmdrehbuch indes ist der von Frisco Doll Getötete ihr chinesischer Beschützer, der Glücksspielkönig Chan Lo, der sie unter seinem Dach eingesperrt hat und sie zwingt, die Gäste in seiner Luxusspielhölle in San Francisco zu unterhalten. Eifersüchtig unterbindet er ihre Kontakte zu anderen Männern. Während des mit Chan Lo verbrachten Jahres hat sich Frisco Doll angepaßt: Sie hat ein wenig Chinesisch gelernt und die Kunst, sich exotisch herauszuputzen. Bei ihrem ersten Auftritt unterhält sie Chan Los Kunden mit dem Lied »I'm an Occidental Woman in an Oriental Mood for Love« (Ich bin eine Frau aus dem Westen, die auf orientalische Weise liebt). Dabei begleitet sie sich selbst auf einem chinesischen Saiteninstrument, der Pipa, die sie allerdings verkehrt hält (horizontal wie eine Gitarre statt vertikal). Auf dem Kopf trägt sie schimmernden, balinesisch anmutenden Kopfschmuck.

Sie hat gelernt, sich Chan Lo gegenüber zu behaupten, sich ihm trotz seiner Eifersucht und Grausamkeit furchtlos entgegenzustellen. So sagt sie ihm, sie habe keine Lust mehr, sich weiter wie eine Kuriosität vorführen zu lassen. Er enge sie zu sehr ein. Auf ihre Beschwerde, er hindere sie daran, sich mit Männern »meiner eigenen Rasse« anzufreunden, entgegnet er nur, er mißtraue den

Männern generell:»Es steht geschrieben, daß es nur zwei vollkommen gute Männer gibt: den toten und den ungeborenen.« Worauf sie höhnisch fragt:»Und zu welcher Sorte gehörst du?«
Das Hays Office strich die Szene, in der sie Chan Lo in Notwehr mit dem Messer ersticht, doch hören wir von ihrer Tat. Wir sehen, wie sie mit ihrer chinesischen Dienerin Fah Wong entflieht, die zu ihrem Geliebten nach Seattle will, und in einer nebligen Nacht in San Francisco an Bord eines Schiffes geht, eben der »Java Maid«. Der Kapitän Bull Brackett (gespielt von Victor McLaglen) ist im Film wesentlich zahmer als im Theaterstück. Während er dort ein grober, betrunkener, unkontrollierter Wüstling war, der eine weibliche Aktstatue als Götzenbild verehrte, ist McLaglens Brackett rauh, aber herzlich. Loyal versucht er, Doll vor der Polizei zu verstecken, die an Bord gekommen ist, um nach ihr zu suchen. Obwohl sich Doll weit mehr für einen berittenen Polizisten interessiert, der sich in sie verliebt hat (Phillip Reed), als für Brackett, entscheidet sie sich am Ende doch für den Kapitän – mit den Worten:»Du bist zwar kein Ölgemälde, aber du bist ein faszinierendes Monster.«
Die Figur der Annie Alden hat im Theaterstück keine Entsprechung. Die engelhafte Schwester Annie Alden, fromm, freundlich, devot, aufrichtig und selbstlos wie eine Heilige, geht in Vancouver an Bord der »Java Maid« und zieht in Dolls Kabine mit ein. Doll, die eigentlich Rose Carleton heißt, freundet sich mit der Missionarin an und gerät unter den Einfluß dieser Gerechten. Sie »sieht die Dinge jetzt anders« als früher. Durch Annies Aufruf zu guten Werken ist Doll tief bewegt; Annies Wunsch, die gefallenen Seelen im goldsüchtigen Alaska retten zu wollen, imponiert ihr sehr. Annie versucht in jedem Menschen das Gute zu finden. Als Doll ihr Whiskey anbietet, lehnt sie ab, dankt ihr jedoch für die freundliche Geste. Als Annie Doll und Bull Brackett in einer Umarmung sieht, ist sie schockiert. Doch dann sagt sie nur:»Für eine so hübsche Frau muß es wirklich schwer sein, gut zu sein.« Doll demonstriert, daß auch sie zu selbstloser Freundlichkeit fähig ist, als sie aufmerksam für die erkrankte Annie sorgt, die dann auf ihrem Sterbebett

432

darauf besteht, Doll ihr Gebetbuch zu schenken. Auf diese Weise überträgt sie nicht nur ihre Frömmigkeit, sondern auch ihre Mission auf die neugewonnene Freundin. Nach Annies Tod tauscht Doll die Kleider und die Identität mit der Toten. Aus der Kabine, die von der Polizei auf der Suche nach der Mörderin Rose Carleton gerade durchsucht werden soll, tritt eine Gewandelte: Wie eine Nonne mit einem schlichten schwarzen Kleid und einer Haube bekleidet, klammert sie ihre Hände um ein Buch, das aussieht wie ein Gebetbuch oder eine Bibel.

In Nome, Alaska, sammelt Doll, als Annie verkleidet, Geld für ein neues Gemeindehaus, predigt vor vollem Haus gegen die Übel der Trunkenheit, spannt Tänzerinnen für ihre caritativen Dienste ein (wobei sie der Anführerin sagt: »Wenn du die Religion für einen Witz hältst, wirst du diejenige sein, über die man lacht«), bringt schließlich sogar ein getrenntes Ehepaar wieder zusammen. Erst danach enthüllt sie ihre wahre Identität und kehrt nach San Francisco zurück, um sich der Mordanklage zu stellen. Gerade weil sie den Sündern so nahesteht, bewährt sie sich als erfolgreiche geistliche Führerin. Sie spricht die Sprache der Sünder.

Die religiöse Komponente von *Klondike Annie* verursachte im Hays Office regelrechte Angstzustände. Als John Hammell von Paramount Will Hays informierte, Mae West werde in ihrem neuen Film eine Missionarin darstellen, bestand Hays darauf, es müsse einwandfrei klar sein, daß »Miss West sich nicht als Predigerin, Missionarin oder irgendeine andere allgemein bekannte und anerkannte religiöse Persönlichkeit, etwa eine Pastorin, maskiere« und ihren Schabernack treibe. »Vielmehr sollte ihr angenommener Charakter der einer Sozialarbeiterin sein.«[6] Hays forderte ebenfalls, daß Mae West als Annie aufrichtig spielen müsse: »Diese Sozialarbeiterin sollte keine Neigung zum Burlesken haben.« Hinweise auf Gott und Jesus, auf den Weinberg des Herrn, auf den Engel Gabriel, die Evangelisten, das Predigen und die Mission mußten samt und sonders gestrichen werden. Auch die Melodien von Kirchenliedern waren tabu, sogar das Wort »Hallelujah«. Obwohl all diese Streichungen darauf abzielten, den Hintergrund bewußt vage zu halten, konnten die meisten Zuschauer das Gemeindehaus ohne große Schwierigkeiten als Missionsstation der Heilsarmee erkennen.

Über den Dreharbeiten zu *Klondike Annie* stand von Anfang an kein guter Stern. Wenige Wochen nach Drehbeginn sorgte ein Erpressungsversuch bei Mae für Aufregung und mangelnde Konzentration. Ein unbekannter Verbrecher bedrohte sie mit Verstümmelungen, wenn sie nicht auf der Stelle 1000 Dollar lockermache. Der Erpresser, der sich als Kellnerlehrling aus dem Fox-Filmstudio entpuppte, wurde beim zweiten Geldübergabeversuch von einem Trupp der Kriminalpolizei gefaßt. Zum Glück kam es dabei nicht zu einer Schießerei, vor der Mae West, persönlich am Übergabeort zugegen, am meisten Angst gehabt hatte.

Auch am Drehort selbst waren die Nerven gespannt. Mae hatte ihren Regisseur, Raoul Walsh, zwar sehr sorgfältig ausgewählt, doch schon in der zweiten Drehwoche drohte Walsh, die ganze Arbeit hinzuwerfen. Eine Woche lang kam daraufhin alles zum Erliegen. *Variety* beschrieb den Konflikt am 25. September 1935 als »Dreiparteienstreit, an dem das Studio, der Regisseur und die Schauspielerin ihren Anteil haben«. Mae West wurde vorgeworfen, sie verlange endlose Wiederholungen bei den Aufnahmen, sie fordere die Beschäftigung übermäßig vieler Nebenrollen und Statisten, sie beschäftige 270 Kostümschneiderinnen, und überhaupt seien ihr die davongaloppierenden Produktionskosten schnurzpiepe. Dabei war Paramount unter der Ägide von John Otterson gerade erst aus der Konkurszwangsverwaltung entlassen worden und nun fest entschlossen, die Produktionskosten zu senken.

Mae West äußerte ihre Unzufriedenheit mit dem Kameramann Victor Milner und forderte, daß er durch Karl Struss ersetzt werde. Struss war jedoch mit einem anderen Film beschäftigt, *Anything Goes* (Nichts ist unmöglich) mit Bing Crosby, und dieser stellte sich auf die Hinterbeine und kämpfte seinerseits um Struss. Der mühsam erreichte Kompromiß sah schließlich vor, daß Struss' Assistent George Clemens die Kameraführung in *Klondike Annie* übernahm. Mae Wests gewohnheitsmäßige Verspätungen sorgten für weiteren Konfliktstoff. Sie kam zwar früh genug ins Studio, doch weil ihr Haar und ihre Kostüme immer perfekt sitzen sollten, verbrachte sie viele Stunden in ihrer Garderobe. Die Dreharbeiten sollten um neun Uhr morgens beginnen, doch Mae kam meistens eine halbe Stunde zu spät am Drehort an. Walsh entschied sich, daraus keine Affäre zu machen, »weil ich ja wußte, was für eine Perfektionistin sie war«. Doch Lubitsch, der neue Paramount-Produktionschef, den Mae hinter seinem Rücken vorzugsweise »son of a Lubitsch« nannte (in Anspielung auf »son of a bitch«, Hurensohn), sah sich zum Einschreiten veranlaßt. Die folgende Szene entstammt einem Bericht von Walsh: »›Warum kommen Sie ständig zu spät?‹ wollte er [Lubitsch] wissen. Doch Mae gab ihm keine Chance. Sie rannte mit einem Spiegel, den sie gerade in der Hand hatte, hinter ihm her und verpaßte ihm einige Schläge.« Lubitsch versuchte, sich zu retten, doch sie verfolgte ihn weiter, »fluchend wie ein portugiesischer Matrose und den Spiegel wie eine Keule schwingend«. Sie beschimpfte ihn, bis er in Deckung ging – unter lautem Beifall und Gejohle von hundert Statisten. »Wenn mir dieser deutsche Trottel jemals wieder zu nahe kommt, dann mache ich Hackfleisch aus ihm«, fauchte sie.[7]

An Maes schauspielerischer Leistung fand Walsh absolut nichts auszusetzen, doch Drehbuch- und Besetzungsprobleme verfolgten die Produktion von Beginn an, und das Budget stieg unterdessen immer weiter an. Victor McLaglen erklärte sich erst in allerletzter Minute bereit, seine Rolle zu übernehmen; mit Mae West zusammenzuspielen, galt allgemein als schwierige Aufgabe, sofern der betreffende Schauspieler nicht damit zufrieden war, bloß Stichwortgeber zu sein. Mae West wählte McLaglen nicht zuletzt wegen seines massigen Körpers aus. Ihr eigenes Gewicht war auf 65 Kilogramm emporgeschnellt, und sie meinte, neben McLaglen werde sie trotzdem schlank und zierlich aussehen. Lubitsch jedoch war der Ansicht, McLaglen, der bald darauf für seine Gestaltung der Titelrolle in John Fords Klassiker *The Informer* (Der Verräter, 1935) einen Oscar erhielt, sei in *Klondike Annie* nicht seinem Potential entsprechend eingesetzt. Als reiner »Stichwortgeber« sei er zu schade. »Anderen Schauspielern«, hielt Lubitsch Mae West vor, »macht es doch auch nichts aus, den Platz im Rampenlicht mit anderen zu teilen. Sehen Sie sich doch Norma Shearer und Fredric March an, oder Clark Gable und Jean Harlow, oder William Powell und Myrna Loy. Warum können Sie denn nicht auch mal ein Drehbuch schreiben, das *zwei* große Rollen enthält statt nur einer? Vergessen Sie doch bitte nicht, daß auch Shakespeare ein Stück namens *Romeo und Julia* geschrieben hat.« Doch Mae ließ sich nicht beeindrucken. Sie behielt das letzte Wort: »Shakespeare hatte eben seinen Stil«, sagte sie schulterzuckend, »und ich habe meinen.«[8]

Nun reichte es Lubitsch. Er übertrug alle weitere Verantwortung für diesen Film innerhalb des Studios auf Henry Herzbrun und William Le Baron. Als Timony Lubitsch vorwarf, er führe sich auf wie Hitler und versuche Mae West herumzuschubsen, was nur beweise, daß er eben nicht wie Mae über langjährige Erfahrung im Showbusiness verfüge, wurde auch Lubitsch ausfallend: »Was? Ich und sie herumschubsen? Dazu ist sie doch viel zu schwer ... Natürlich war sie schon vor mir im Showbusiness. Aber sie ist ja auch älter als ich.«[9] (Dabei waren die beiden ungefähr gleich alt, Lubitsch sogar ein paar Monate älter.)

Die ursprünglich mit 750 000 Dollar veranschlagten Produktionskosten von *Klondike Annie* betrugen schließlich fast anderthalb Millionen Dollar, und auch die Drehzeit wurde um fast drei Wochen überschritten. Auf den Schluß des Films konnte man sich erst in letzter Minute einigen, und Paramount bereute nun, früher seinem Star gegenüber so nachgiebig gewesen zu sein. In Zukunft, ließ man sie wissen, werde sie »die Arbeiten am Drehbuch zu Hause erledigen müssen und dafür keine Drehzeit mehr in Anspruch nehmen dürfen«. Das meldete jedenfalls *Variety* im November 1935. Ihre Wochengage von 10 000 Dollar schien allmählich unhaltbar geworden zu sein. Das spürte auch Mae West. In ihrer Autobiographie schrieb sie:»Ich fühlte mich bei Paramount nicht länger zu Hause.«

Von allen anderen Mae-West-Filmen hebt sich *Klondike Annie* dadurch ab, daß der Star hier zum einzigen Mal von seiner Erfolgsformel abweicht. Anstelle ihrer früheren Philosophie »Nimm so viel, wie du kriegen kannst, und gib dafür so wenig wie möglich« tritt die Mae-West-Figur diesmal für die Freuden des Gebens ein. Zum ersten Mal vergießt sie Tränen und gibt Gewissensbisse zu. Zum ersten Mal läßt sie wenigstens vorübergehend ihre ironische Maske fallen und scheint aus tiefstem Herzen über ihren Wunsch zu sprechen, die Menschen moralisch zu heben, sich für die eigenen Sünden verantwortlich zu fühlen und Gutes zu tun.

Verständlicherweise waren viele Kinobesucher verwirrt und hatten Schwierigkeiten, diesen neuen Charakter mit der altbekannten Mae West in Einklang zu bringen – oder auch nur mit den Resten der altbekannten Mae West in Gestalt von Frisco Doll. Dieser Film, meinte ein Kritiker, »ist weder Fisch noch Fleisch. Nicht mal ein gutes Ablenkungsmanöver. In diesem Film hat irgend etwas [Mae West] vor Angst erstarren lassen. Die Zensoren? Oder hat sie Angst, daß ihr alter Stil aus der Mode geraten könnte? Oder – aber das wäre ja gar nicht auszudenken! – ist sie wirklich eine andere geworden, hat sie sich bekehren lassen?«[10] Frank Nugent von der *New York Times* fand, daß Mae jetzt in der Klemme sitze, weil sie sich notgedrungen eine moralische Zwangsjacke habe verpassen lassen. »Es ist höchst ironisch, daß sie den Zensoren um so stärker mißfällt, je mehr sie ihnen zu gefallen versucht.«

In *Klondike Annie* ist das Bemühen unverkennbar, es allen recht zu machen: die Heldin als Sünderin zu zeigen, die eine aufrichtige moralische Wandlung durchläuft, zugleich aber auch altbekannte Mae-West-Eigenheiten wieder aufzugreifen. Die »neue« Mae West ähnelt der »alten« insofern, als auch sie vorzugsweise eine Rollenspielerin ist, die ein Auge auf mehrere Männer geworfen hat. Selbst als Soul Savin' Annie geht sie mit dem Mountie (wie die berittenen

Polizisten in Kanada heißen) Jack Forrest auf eine romantische Schlittentour und läßt sich von ihm sagen: »Ich kann mir Sie gar nicht anders vorstellen, nur als jene Art von Frau, die man einfach lieben und verehren muß.« Und so ist es auch die alte Mae West, nicht die ernste Rose Carleton, die, vor die Entscheidung zwischen zwei Männern gestellt, sagt: »Wenn ich zwischen zwei Übeln zu wählen habe, nehme ich im allgemeinen lieber das, welches ich noch nicht ausprobiert habe.« Und es ist die alte Mae West, nicht Rose, die fragt: »Was ist daran so gut, wenn man der Versuchung widersteht? Es kommen doch ohnehin ständig neue.« Und es ist schließlich auch die alte Mae West, die der guten Schwester Annie, als diese sich besorgt über Mädchen äußert, die den Weg des geringsten Widerstandes gehen, antwortet: »Einem guten Weg kann man nur schwer widerstehen.« Solche Mae-West-Sprüche gehörten inzwischen einfach dazu, und niemand wollte sie missen, selbst wenn sie nicht unbedingt zur neuen Rolle paßten.

Joseph Breen adelte *Klondike Annie* schließlich mit dem PCA-Gütesiegel, aber auch er mußte resigniert feststellen, daß Mae-West-Filme beim besten Willen nicht absolut zu säubern waren. Irgend etwas mußte daran immer anstößig bleiben. »Solange wir mit Mae West zu tun haben werden«, schrieb er in einem Memo, »und mit der speziellen Art von Story, die ihr so am Herzen liegt, so lange werden wir auch immer wieder Scherereien haben. Die Schwierigkeiten liegen einfach in der Natur eines Mae-West-Films. Dialogzeilen und einzelne Aktionen, die im Drehbuch vollkommen harmlos erscheinen, erweisen sich, wenn man sie auf der Leinwand sieht, als zumindest fragwürdig, wenn nicht gar offen anstößig.«
Obwohl die Legion of Decency *Klondike Annie* in die Kategorie B einstufte (für Kinder nicht empfehlenswert, aber »insgesamt nicht lasterhaft«), hagelte es Tadel und Proteste. Diesmal jedoch aus einer Richtung, die sich seit den Tagen von *Sex* nicht mehr aktiv an einem Kreuzzug gegen Mae West beteiligt hatte: der Hearst-Presse. William Randolph Hearst sandte den Chefredakteuren aller seiner Blätter als Handlungsrichtlinie eine Tirade, in der *Klondike*

*Annie* als schmutziges Machwerk denunziert wurde. »Ich plädiere für Kommentare und Leitartikel, in denen der Film, Mae West und Paramount aufs schärfste kritisiert werden sollten ... aber auch der Produzent, der Regisseur und alle daran Beteiligten. Wir sollten sagen, daß dieser Film einen Affront darstellt, einen Angriff auf den öffentlichen Anstand und die Interessen der Filmindustrie. Will Hays muß geschlafen haben, daß er eine solche Sache erlaubt hat ... doch es steht zu hoffen, daß die Kirchen in unserer Gemeinschaft wach werden und es als notwendig ansehen, einen solchen Film zu boykottieren.« Er drängte seine Zeitungen, negative Kommentare über die Unmoral des Films zu veröffentlichen und danach Mae Wests Namen totzuschweigen: »ERWÄHNT MAE WEST IN UNSEREN ZEITUNGEN NIE WIEDER, SOLANGE SIE AUF DER LEINWAND ZU SEHEN IST, UND BRINGT AUCH KEINE ANZEIGEN MEHR ZU DIESEM FILM.« Mancherorts umgingen die Kinos diesen Anzeigenboykott, indem sie öffentlich dazu aufforderten, im Kino anzurufen und sich nach dem Titel »dieses gewissen Films« zu erkundigen.

In Hearsts *New York American* erschien bald darauf, am 29. Februar 1936, ein Kommentar unter der Überschrift »Die Leinwand darf nicht in alte Lüsternheit zurückfallen«. Darin wurden Mae West die Leviten gelesen. Man holte sogar den Gefängnisaufenthalt wegen Erregung öffentlichen Ärgernisses mit *Sex* aus der Mottenkiste hervor und beschloß das Ganze mit einer Charakterisierung des nicht namentlich genannten neuen Films als »UNMORALISCH und OBSZÖN. Handlung, Szenen und Dialog sind im wesentlichen libidinös und sinnlich. Jeder anständige Mensch wird dagegen protestieren, daß ... eine weiße Frau in der Rolle ... der Gefährtin des chinesischen Gebieters über eine Lasterhöhle gezeigt wird.« Hearst hielt die begangenen Verstöße für gravierend genug, um Interventionen zu fordern: Interventionen »der Kirchen, der Frauenklubs, der Zensoren und Gesetzgeber in den einzelnen Bundesstaaten sowie des Kongresses der Vereinigten Staaten«.

Angeblich war Hearst eigentlich nur darauf aus, dem Hays Office eins auszuwischen, weil dieses in dem von seiner Produktionsfirma

Cosmopolitan Pictures gedrehten Film *Ceiling Zero* (Höchstgrenze Null) Zensurschnitte vorgenommen hatte. Diese Erklärung erscheint jedenfalls überzeugender als die Vermutungen in der Presse jener Tage, Hearst wolle Mae West dafür bestrafen, daß sie sich abfällig über seine Mätresse Marion Davies geäußert hatte; oder auch als die Theorie, Mae habe Hearsts Zorn dadurch hervorgerufen, daß sie die Klatschkolumnistin der Hearst-Presse, Louella Parsons, beleidigt habe.

In Hearsts Kriegsruf fielen auch die Tageszeitungen des Verlegers Paul Block ein, von denen eine sogar auf der ersten Seite einen Leitartikel publizierte, in dem der Film denunziert wurde. In San Francisco, wo Mae-West-Filme normalerweise gut ankamen, wandte sich der Vorsitzende einer Organisation, zu der sich achtzehn verschiedene Bürger-, Religions- und Erziehungsgruppen zusammengeschlossen hatten, in Briefen an Hays, Breen und direkt an Mae West – mit der Forderung, man möge dafür Sorge tragen, daß Kindern der Zutritt zu *Klondike Annie* verwehrt werde.»Kein Film, dessen Heldin erst als Geliebte eines Orientalen, dann als Mörderin, dann als billige Imitation einer Missionarin dargestellt wird – in dem mit der Religion Schindluder getrieben wird –, kann mit den anderen erzieherischen Kräften unserer sozialen Umgebung im Einklang stehen. Was die genannten Elemente aber noch besonders anstößig macht, ist die Einstreuung von schmuddeligen Witzen.«

Die mit großer Breitenwirkung vorgetragenen Angriffe auf *Klondike Annie* trafen Mae West völlig unerwartet. Sie war überrascht und verletzt.»Gerade darauf war sie persönlich stolz«, hieß es in einem Zeitschriftenbeitrag aus Hollywood,»daß die Evangelistinnenrolle soviel wohlmeinende Substanz enthielt. Deshalb war es ein schwerer Schlag für sie, daß ihre aufrichtige Interpretation dieses Charakters nun als obszön gebrandmarkt wurde.«

An den Kinokassen indes machte sich die Kontroverse durchaus positiv bemerkbar. Paramount hatte es eilig, den Film in die Kinos zu bringen. Im New Yorker Paramount Theater wurden am Premierentag alle Rekorde gebrochen, trotz Anzeigenboykott und trotz

»Regen, Fastenzeit und einem Streik der Aufzugführer. Bis ein Uhr morgens hatten 9000 Besucher den Film gesehen.«[11] In Rochester im Staat New York wurde der Film aus dem nur 1900 Besucher fassenden Century-Filmtheater in den RKO-Palast verlegt, in dem 3400 Zuschauer Platz fanden. In Lincoln, Nebraska, durfte der Film nicht gezeigt werden, doch in Boston brach *Klondike Annie* alle Rekorde. Insgesamt gesehen, berichtete *Variety* am 4. März, profitierte der Film von den Zeitungsattacken. Dadurch seien die ursprünglichen Einnahmeerwartungen um hundert Prozent gestiegen.«Paramount soll dem Vernehmen nach damit rechnen, daß der Film, der ursprünglich für Inlandseinnahmen von 800 000 Dollar gut schien, jetzt auf dem Binnenmarkt 1,6 Millionen einbringen wird. In den Berichten der Kinos heißt es einhellig, die Öffentlichkeit habe im großen und ganzen in diesem West-Film nicht viel Schmutz vermutet, bis sie durch die Hearst- und Block-Presse davon erfahren habe.«

Obwohl Mae West die Leute weiterhin in die Kinos brachte, konnte niemand bestreiten, daß ihr Name inzwischen zum Synonym für Unmoral auf der Leinwand geworden war. Deshalb überdachte Paramount, von einer Kostenexplosion und internen Streitigkeiten gebeutelt, auch seine Beziehungen zu Mae West. Man stellte sich einfach die Frage, ob sie all den Ärger und all die Probleme, die sie hervorrief, wirklich wert sei. Und so informierte die Studioleitung Mae in aller Form, daß man in Zukunft ihre Forderungen nach totaler Kontrolle nicht länger hinnehmen werde. Paramount werde den Vertrag nicht verlängern, wenn Mae nicht ausdrücklich zustimme, sich Weisungen von außen zu unterwerfen. »Das Studio besteht darauf, daß bei Wahrnehmung der vertraglichen Option Mae West bei der Besetzung ihrer zukünftigen Filme nicht interveniert und auch kein Mitspracherecht mehr hat … Das Studio besteht darauf, daß es nach Produktionsbeginn eines Films keinerlei Eingriffe von ihrer Seite mehr hinnehmen wird und daß Produzent und Studioleitung grundsätzlich das letzte Wort haben müssen.«[12]

Indem Paramount einfach keinen weiteren Film mit ihr in der Hauptrolle mehr plante, wurde, so Mae, ihr Vertrag verletzt und ungültig gemacht. Sie hatte recht. In der Tat kam Paramounts Verhalten einer Trennung auf kaltem Wege gleich. Doch Mae konnte sich damit trösten, daß sie sich in bester Gesellschaft befand. Ungefähr zur selben Zeit wurde Lubitsch als Produktionschef gefeuert, und bald darauf verließ auch Marlene Dietrich das Studio. So beendete Paramount 1936 eine Phase seiner Geschichte, in der das Studio mit europäischer Kultur und Raffinesse eng verbunden war. Der Weg führte nun zur Ausrichtung an konventionellen bürgerlichen Werten und am goldenen Mittelweg.

Mae West zog es allerdings vor, den Bruch mit Paramount als ihre eigene Entscheidung hinzustellen. »Mae West verläßt Paramount – Sie taten ihr unrecht, sagt sie, und außerdem wurde ihr von anderer Seite das Doppelte geboten«, lautete eine Zeitungsschlagzeile. In Begleitung Emanuel Cohens und seines Mitstreiters Ben Piazza, der ebenfalls bei Paramount hatte gehen müssen, fuhr Mae auf Materialsuche nach Chicago. Sie wollte sich ein Stück ansehen, das dort auf Tournee gastierte, *Personal Appearance* (Persönlicher Auftritt), und, wenn möglich, sogar die Rechte an diesem Stück erwerben. Doch nachdem sie das Stück gesehen hatte, kehrte sie plötzlich nach Los Angeles zurück, statt wie geplant nach New York weiterzufahren. Durch ihren Anwalt Lloyd Wright ließ sie verkünden, daß sie bei Emanuel Cohens Major Pictures einen Vertrag unterzeichnen werde; Cohen werde ihr 300 000 Dollar pro Film zahlen, zusätzlich einen prozentualen Anteil an den Bruttoeinnahmen. Zwischenzeitlich war Cohen zwar vorübergehend im Columbia-Filmstudio vor Anker gegangen, doch im April 1936 verkündete er, er habe mit Paramount einen Vertrag ausgehandelt, demzufolge das Studio Cohens Major-Pictures-Produktionen finanzieren und vertreiben werde. Cohen werde für jede Produktion eine Pauschalsumme erhalten und zusätzlich einen Prozentsatz der Gewinne aus dem Verleihgeschäft.

So sah es nun ganz so aus, als hätten Mae West und Emanuel Cohen – zumindest für die unmittelbare Gegenwart – ihre Niederlagen doch noch in einen Sieg verwandeln können.

# Zu weit

gegangen

*U*ngefähr um die Zeit, als Mae West ihren Vertrag mit Major Pictures unterzeichnete, lehnte sie weitere Angebote von RKO und MGM ab. MGM wollte sie gemeinsam mit Clark Gable vor die Kamera bringen. Als Vermittlerin diente die Drehbuch- und Romanautorin Anita Loos (*Gentlemen Prefer Blondes*), der als Sujet eine reiche Witwe vorschwebte, die ein Eishockeyteam besitzt, dessen Star von Clark Gable gespielt werden sollte. »Ich kann mir keine Rolle für mich vorstellen, in der ich mich geschäftlich mit Hockeyspielern herumschlagen muß«, sagte Mae, als sie den Vorschlag ablehnte. »Das würde mir das Gefühl geben, unattraktiv zu sein. Wann immer ich meine Autorität über das männliche Ge-

443

schlecht zeige, muß die Sache hundertprozentig emotional ablaufen.«[1] Im wirklichen Leben war Mae zwar eine erfolgreiche Geschäftsfrau, doch auf der Leinwand wollte sie kompromißlos feminin bleiben. Jedes Abrücken von dieser Position erschien ihr als zu riskant für die eigene Karriere. Außerdem gefiel ihr, was sie bisher von Clark Gable auf der Leinwand gesehen hatte, nur bedingt. »Ich glaube, er ist ein guter Schauspieler. Doch Clark scheucht die anderen herum, oder er hat es wenigstens in seinen Filmen mit Jean Harlow getan, und er hat diese Angewohnheit.« Offensichtlich hatte sich Mae jedoch nicht die Mühe gemacht, Gables exzentrischen Komödienhit *It Happened One Night* (Es geschah eines Abends) anzuschauen, denn dort ist sein Verhalten gegenüber Claudette Colbert alles andere als ungeschliffen und machohaft. Vielmehr ist Maes Aussage eher als Indiz dafür zu werten, daß sie sich vom Filmgeschehen in Hollywood ziemlich isoliert hatte.

Wenn überhaupt jemand Leute vor der Kamera herumscheuchen durfte, dann Mae West. Henry Hathaway jedenfalls, der Regisseur ihres nächsten Films *Go West, Young Man* (Geh nach Westen, Junge), empfand die Zusammenarbeit mit ihr als echte Herausforderung. »Sie ist Regisseur, Star, Fotograf Designer, Architekt und Chefausstatter – alles in einer Person … In ihrem eigenen Film hatte sie das Sagen«, bemerkte Hathaway, ein Regieveteran mit Erfahrung vor allem in Western- und Actionfilmen, in einem Interview. »Wenn sie nicht so große Titten hätte, würde ich sie glatt für einen Mann halten.« Dabei hatte der – auch nach dem Einspielergebnis seiner früheren Filme – erfolgreiche Regisseur sogar ein anderes Projekt abgebrochen, um Cohen zuliebe in Mae Wests Film Regie zu führen.

Der Broadway-Hit *Personal Appearance* (Persönlicher Auftritt) war Emanuel Cohen vom ersten Augenblick an als geeignetes Stück für eine Verfilmung mit Mae West erschienen. Beide hatten sich Lawrence Rileys Stück gemeinsam in Chicago angesehen. Es handelt von einem affektierten, unaufrichtigen, ausbeuterischen Filmstar, einer Diva, in deren Vertrag festgeschrieben ist, daß sie fünf Jahre lang nicht heiraten darf. Diese Frau strandet nach einer Autopanne in der Pension eines abgelegenen Nestes in Pennsylvania und bringt durch ihren »persönlichen Auftritt« alles durcheinander. In der New Yorker Aufführung wurde die Starschauspielerin von Gladys George verkörpert, die daraufhin sogar einen Filmvertrag erhielt. Doch im Film spielte dann Mae West, und nicht Gladys George, die verwöhnte Hollywood-Diva. Allerdings hatte das Hays Office bereits ein früheres Verfilmungsprojekt von MGM, bei dem Jean Harlow für die Hauptrolle vorgesehen war, zu Fall gebracht.

Als Cohen die Rechte für die Filmfassung von *Personal Appearance* erwarb, zweifelte er nicht daran, daß es ihm gelingen werde, alle Einwände der Zensur zu umgehen. Breen hatte sich beschwert, in diesem Stück werde Ehebruch verherrlicht, eine Nymphomanin komisch dargestellt, und überdies erscheine Hollywood nicht gerade im besten Licht. Doch Cohen versicherte ihm, er werde schon dafür sorgen, daß am Ende alles in Ordnung sei. Also hielt Breen in einem Memo fest: »Mr. Cohen stellte fest, er traue sich zu, wenn er das Drehbuch in Angriff nehme, allen nach dem Code denkbaren Einwänden begegnen zu können.«[2] Cohen vermied es allerdings geflissentlich, Breen deutlich zu sagen, daß nicht er selbst, sondern Mae West den Dialog überarbeiten sollte.

Nach einem Bericht in *Variety* hatte Breen bereits grünes Licht für die Produktion gegeben, nachdem ihm zugesichert worden war, die Hollywood-Diva werde im Film keine verheiratete Frau sein. Doch Breen erinnerte Cohen daran, daß alles Gerede von der Freigabe des Drehbuchs für die Produktion voreilig sei. Vielmehr erstellte er eine lange Liste mit Einwänden. So mißfiel ihm etwa in der Vorlage der Charakter des jüdischen Produzenten und erst recht »die Charakterisierung von Mavis als promiskuitive Frau«. (In der Filmfassung heißt die Diva Mavis Arden, in der Dramenfassung Carol.) Professor Rigby, der mürrische Pensionsgast, solle »nicht am frühen Morgen aus Mavis' Zimmer kommen«, und auf seinen Lippen dürfe »kein Rouge zu sehen sein«. Das Werbeporträt von Mavis im Theaterfoyer dürfe keinen Busen zeigen: »Die Brüste dürfen sich nicht zu deutlich abzeichnen, auch dürfen sie nicht mit irgendwelchen dünnen, gazeartigen oder transparenten Stoffen bedeckt sein.«

Vielleicht wußte Breen, daß Mae West im wirklichen Leben einen schwarzen Chauffeur (Chalky Wright) beschäftigte, und wahrscheinlich hatte er auch nicht allzuviel für Maes etablierte Leinwandkonvention übrig, mit schwarzem Dienstpersonal oder anderen nichtweißen Charakteren lockeren Umgang zu pflegen. Jedenfalls forderte er, solche Rassenmischung dürfe sich im neuen Film nicht wiederholen, und ließ sich von Cohen versichern, daß»Mavis' Magd und Chauffeur keine Farbigen sein« würden.

Breen sorgte auch dafür, daß jegliche politische Satire im Drehbuch entschärft wurde. Schließlich wurde der Film *Go West, Young Man* 1936 während des Präsidentschaftswahlkampfes von Franklin D. Roosevelt gedreht und kam kurz nach Roosevelts triumphaler Wiederwahl in die Kinos. Francis X. Harrigan (gespielt von Lyle Talbot), einer von Mavis' Liebhabern, durfte nicht länger Senator sein, sondern wurde zum einfachen Kongreßkandidaten herabgestuft. Pointierte Sprüche über notorisch unzuverlässige Wahlkampfversprechen von Politikern wurden gestrichen. Auch durfte Mavis sich auf der Leinwand keinen Seitenhieb auf die Regierung erlauben, vor allem nicht auf die Public Works Administration. Das Bonmot, hier würden Millionen verschwendet für»silly old dams that nobody gives a damn« (blödsinnige Dammbauten, die allen Leuten scheißegal sind), fiel der Zensur zum Opfer. (Im Rahmen eines gigantischen Arbeitsbeschaffungsprogramms der Regierung wurden damals im Tennessee-Flußtal riesige Staudämme errichtet.) Immerhin durfte einer der beliebtesten Mae-West-Sprüche – »A thrill a day keeps the pill away« (Ein besonderer Kick am Tag erspart dir alle Pillen) – stehenbleiben. Hierbei handelte es sich um eine Abwandlung von Texas Guinans»An indiscretion a day keeps depression away« (Eine Indiskretion pro Tag erspart dir Depressionen).

Schon am ersten Tag der Dreharbeiten für *Go West, Young Man* legte sich Hathaway mit seinem Star an, als er vorschlug, sie solle doch einen Hüftgürtel tragen, um ihren vorstehenden Bauch zu kaschieren. Worauf der Regisseur nur zur Antwort bekam, ihre Figur gehe ihn überhaupt nichts an. Wie schon in der Vergangenheit schusterte Mae einige Rollen in diesem Film alten Bekannten zu. Jack La Rue, der in *Diamond Lil* auf der Bühne den Juarez gespielt hatte und sich seither zu ihren Verehrern zählte, spielte den Schurken in der Eröffnungssequenz, einem Film im Film mit dem Titel »Drifting Lady« (Die Frau, die sich treiben ließ). Maes Schwager Baikoff spielte einmal mehr einen russischen Bewunderer der Hauptfigur. Lyle Talbot war für eine Rolle in der Chicagoer Aufführung von *Sex* vorgesehen gewesen; diese Pläne hatten sich zwar zerschlagen, aber Mae und er hatten seither Gefallen aneinander gefunden. Maes gegenwärtiger Konditionstrainer und einstiger Liebhaber, der Weltergewichts-Boxchampion Johnny Indrisano, erhielt die Rolle des Chauffeurs. Arthur Johnston, der die Songtexte für *Die Schöne der neunziger Jahre* verfaßt hatte, wurde in gleicher Funktion erneut tätig, und auch Maes Lieblingskameramann Karl Struss war wieder mit von der Partie.

Einige Kommentatoren, die sich zum fertigen Film äußerten, wiesen darauf hin, daß es diesmal für einen Mae-West-Film außerordentlich viele größere weibliche Rollen gebe. Doch die Erklärung ist ganz einfach: In der Vorlage, *Personal Appearance*, wird die Pension, in der die Starschauspielerin nach einem Motorschaden ihres Autos landet, weitgehend von Frauen geführt. Für die Inhaberin, Mrs. Struthers (Alice Brady), sind schwere Zeiten angebrochen; während sich in ihrem Hause früher führende Mitglieder der Gesellschaft ein Stelldichein gegeben hatten, muß sie jetzt schon zufrieden sein, wenn sie ihre Zimmer überhaupt noch an zahlende Gäste vermieten kann. Ihre Tochter Joyce (Margaret Parry), ihre unverheiratete Tante Kate, die kein Blatt vor den Mund nimmt (Elizabeth Patterson, die diese Rolle auch schon in der Bühnenfassung gespielt hatte), und ein kinosüchtiges Dienstmädchen namens Gladys (Isabel Jewell) – sie alle helfen in der Pension mit. Natürlich kriegt sich Mavis mit all diesen Frauen in die Haare: Sie

447

macht sich an Joyces Mann Bud (Randolph Scott) heran, einen Automechaniker, und wehrt sich gegen Tante Kate, als diese die beiden beim abendlichen Liebesspiel überrascht und stört. Gladys, die am liebsten selbst ein Filmstar wäre, bekommt Mavis' Arroganz zu spüren, und zu ihrer Gastgeberin, Mrs. Struthers, ist Mavis regelrecht unhöflich.

Häufig greift Mae West in ihren Theaterstücken und Filmen zur Selbstparodie – einer besonderen Form der Kumpanei mit dem Publikum. Seht her, scheint sie dann augenzwinkernd zu signalisieren, ist die Alte nicht total verrückt? In *Go West, Young Man* ist jedoch nicht immer klar, wer sich da über wen lustig macht. Mavis Arden hat vieles mit Mae West gemeinsam: Sie ist ein berühmter, glamouröser amerikanischer Filmstar, sie ist eitel, hypersexuell, in männliche Muskeln vernarrt, und sie hat einen Manager, der ständig dazwischenfunkt, wenn sich eine amouröse Tändelei anbahnt. Doch anders als Mae ist Mavis oft unfreiwillig komisch. Und vor allem ist sie eine Heuchlerin – was Mae West niemand je nachsagen konnte. Mavis tut so, als sei sie im Grunde ihres Herzens »ein einfaches, unaffektiertes Mädchen vom Lande«, eine naive Unschuldige, »ein Mensch wie du selbst«. Rein zufällig lebt sie angeblich in einer italienischen Villa und reist mit einer französischen Magd und einem Chauffeur in einem Rolls-Royce umher. Ihren Fans versucht sie mit allen Mitteln zu gefallen, obwohl sie sie eigentlich haßt und für Dummköpfe hält.
Und was Mavis ebenfalls markant von Mae unterscheidet: Sie ist nicht allzu intelligent. Manchmal benutzt sie die Sprache, um so, wie es Mae West seit eh und je tat, ihre Überlegenheit zu demonstrieren. Wenn sie Bud erzählt, wie vielen Männern sie schon geholfen habe, »to realize themselves« (sich selbst zu verwirklichen – sich selbst zu Geld zu machen), ist sie sich über die Doppelbedeutung des Wortes im klaren, er jedoch nicht. Ebenfalls hat sie das Heft in der Hand, wenn sie vorschlägt, um Professor Rigby zur Räson zu bringen, müßte man ihm einfach mal seine Hosen wegnehmen. Doch unterlaufen der Mae-West-Figur in diesem Film

auch viele – aus dem Theaterstück übernommene – sprachliche Schnitzer, die eigentlich nicht zur altbekannten Mae West passen. Durch falsche Grammatik und falschen Gebrauch von Fremdwörtern schwächt sie sich selbst. Sie verwechselt »ulterior« mit »exterior«, wenn sie sagt: »your interior is just as picturesque as your ulterior« (Dein Inneres ist genauso malerisch wie dein Äußeres), und »commute« mit »commune«: »I must commute with myself« (Ich muß mit mir selbst tauschen, statt: Ich muß mit mir selbst zu Rate gehen). Ihre inneren Organe bezeichnet sie gar als »infernal organs« (teuflische Organe; statt »internal«).

Viele Insiderwitze, Anspielungen auf bestimmte Filmstars, wurden gestrichen (obwohl Gladys wenigstens noch an einer Stelle Marlene Dietrich imitieren darf). In einem frühen Drehbuchentwurf erzählt Mavis dem griesgrämigen Professor Rigby, um ihn zu besänftigen, sie wolle ihm Probeaufnahmen im Filmstudio vermitteln; er erinnere sie ja so sehr an großartige Filmschauspieler wie George Arliss, Charles Laughton, John Barrymore und Paul Muni. Doch keiner dieser Namen überlebte die diversen Revisionen. Sicher ist es kein Zufall, daß die einzigen Namen von Filmstars, die im Film noch vorkommen, die von Schauspielern und Schauspielerinnen sind, die bei Paramount unter Vertrag standen. Die namentliche Selbstreferenz Mae Wests wurde ebenfalls gestrichen. Im Original hatte Gladys noch eine Schwester, deren Lieblingsschauspielerinnen Mae West und Marlene Dietrich waren.

Die Einspielergebnisse von *Go West, Young Man* waren gut, aber nicht spektakulär – eine angemessene Reaktion des Publikums auf einen amüsanten, aber nicht sonderlich bemerkenswerten Film, der eher auf Nummer Sicher ging. Trotzdem hatten die Saubermänner, wie immer, etwas auszusetzen. Den größten Zuspruch fand der Film in New York, wo er mit dem allerersten farbigen Popeye-Zeichentrickfilm gekoppelt war. Hinzu kam eine Bühnenshow, bei der unter anderen der Tänzer Paul Draper und die Al Donohue Big Band auftraten.

In der dem Film vorgeschalteten Werbekampagne war noch groß

gemeldet worden, Mae West selbst werde anläßlich des zehnjährigen Jubiläums des Filmpalastes live im New Yorker Paramount Theater auftreten. Sie werde von einem persönlichen Auftritt in Chicago direkt nach New York reisen und vor der Vorstellung von *Go West, Young Man* eine von Harry Conn verfaßte Varieténummer aufführen. Conn war mit seinen Komikernummern ein fester Begriff; er schrieb auch für Jack Benny, Eddie Cantor und Burns & Allen. Die Wochengage für Maes Live-Auftritt sollte 10 500 Dollar betragen; zusätzlich sollte sie die Hälfte aller über 53 000 Dollar hinausgehenden Einnahmen erhalten. Doch daraus wurde nichts. Zunächst zirkulierten Gerüchte, sie sei mit Conns Skript unzufrieden. Dann wollte sie mehr Geld, um die Gagen für die ständig steigende Zahl der Mitwirkenden bezahlen zu können. Fest eingeplant waren inzwischen Jack La Rue, Lyle Talbot, der Sänger und Komponist Gene Austin und eine Bühnenmagd. Ferner verlangte Mae eine Zweiwochengarantie. Und so kam – wie bei der Fischersfrau im Märchen – eine Forderung nach der anderen. Mit nichts war sie zufrieden. Doch schließlich war der Bogen überspannt. Paramount beendete die Verhandlungen abrupt und suchte sich fürs Kinojubiläum eine andere Show.

Die Kritikermeinungen über *Go West, Young Man* waren geteilt, wie vorherzusehen. In Martin Quigleys konservativem *Motion Picture Herald* etwa war zu lesen:»Die Freigabe dieses Films wird viele Menschen dazu bringen, sich zu fragen, ob Miss West … von allen Operationen des Production Code verschont bleibt, ob sie Immunität genießt.« Die General Federation of Women's Clubs hingegen bemängelte die »hinterlistigen Andeutungen und dreisten Vulgaritäten«. Verschiedene Rezensenten brachten aber auch ihre Verwunderung und Erleichterung zum Ausdruck, daß Mae West alle Attacken seitens der Legion of Decency und des Hays Office überlebt habe.»Wir dürfen natürlich niemals zulassen, daß Mae West an die Kandare genommen wird«, hieß es im *New Yorker*. »Deshalb sehen wir mit Erleichterung, daß sie in diesem Film nicht schüchterner auftritt als früher.«

Einige Kritiker machten indes einen gewissen Mangel an Frische aus und reagierten im Sinne von »alles schon mal dagewesen«. »Miss Wests Herumstolzieren, ihre ewige Hand auf den Hüften, das ermüdet schon ein wenig und hat auch längst nicht mehr den Neuigkeitswert wie einst«, schrieb *Variety*. Und Graham Greene mußte im britischen *Spectator* mit Bedauern feststellen, daß ihre »Sprüche nicht mehr so unverschämt sind wie früher«, daß überdies »die Geschichte ganz unglaublich langweilig« sei.

Ein ganzes Jahr verging, ehe die Arbeiten an einem neuen Mae-West-Film begannen. In der Zwischenzeit hatten große Streiks der verschiedenen Gewerkschaften der Handwerker und Bühnenarbeiter in den Filmstudios zu massiven Produktionsausfällen geführt. Mae hatte die – zweifellos nicht sehr willkommene – Nachricht erhalten, daß die Berufungsinstanz des Gerichts die Rechtskraft ihrer Ehe mit Frank Wallace endgültig festgestellt habe. Natürlich hatte auch diese Nachricht die Runde in den Zeitungen gemacht. Ferner erlebte Mae den Schock und die tiefe Trauer der Filmgemeinde mit, als Jean Harlow im Alter von nur sechsundzwanzig Jahren während der Dreharbeiten zu einem neuen Film mit Clark Gable gestorben war – jene Jean Harlow, die das Hays Office als Mae Wests Mitverschwörerin in puncto Unmoral auf der Leinwand angesehen hatte. Und schließlich erfuhr Mae auch noch, wenige Wochen nach Jean Harlows Tod, daß ihre Freundin Amelia Earhart von einem Flug zum Howland-Atoll im Zentralpazifik nicht zurückgekehrt war. Im Jahre 1937 kam für Mae wirklich alles auf einmal.

Zwei ihrer wichtigsten Interessen – Boxer und Pferde – lenkten sie ab und nahmen ihre Aufmerksamkeit gefangen. So erwarb sie ein weiteres Landstück von vier Hektar Größe im San Fernando Valley für ihren Bruder Jack, der darauf ihre Pferde pflegen und für die Rennen in Santa Anita vorbereiten sollte. Im Oktober 1937 wurde Jack West jedoch vor Gericht zitiert. Die Klage lautete auf Tierquälerei durch Vernachlässigung. Er wurde vom Richter mit einer Verwarnung nach Hause geschickt – und mit der Auflage, seine

Koppeln zu säubern und Frieden mit den klagenden Nachbarn zu schließen.

Mae arbeitete einen neuen Chauffeur ein: Speedy Dado, einen mexikanischen Bantamgewichtsboxer, und half ihm sogleich aus der Patsche, als er sich vor Gericht verantworten sollte, weil er bei einem Streit mit anderen Verkehrsteilnehmern zwei Männer mit seiner Waffe bedroht hatte. Die Rückkehr ihres früheren Chauffeurs und Liebhabers Chalky Wright in den Boxring unterstützte sie aus vollem Herzen. Sie sponserte ihn und half ihm, wo sie konnte, auf seinem Weg zum Weltmeistertitel im Federgewicht.

Einer der Gründe für die lange Zeitspanne zwischen den Filmen war, daß Mae West Emanuel Cohen immer wieder vergeblich zu überzeugen versuchte, er solle doch ihr Drehbuch über Katharina die Große verfilmen. Aber Cohen blieb bei seiner Ablehnung. Die Sache war ihm zu kostspielig. Etwas Neues aber fiel Mae West nicht ein. »Ich war erschöpft. Ich war müde und hatte nicht die leiseste Ahnung von einer lohnenden Story. Paramount war entsetzt, und ich war auch nicht gerade glücklich darüber.«[3]

Im Mai 1937 wurde schließlich gemeldet, Eddie Sutherland – ein ausgewiesener Komödienregisseur, der schon mit W. C. Fields und Carole Lombard zusammengearbeitet hatte und der Mae Wests Lieblingsregisseur werden sollte (»so geschmackvoll, so enthusiastisch«) – werde im nächsten Mae-West-Film Regie führen. Offen blieb dabei zunächst, ob es sich um ein Musical vor dem Zeithintergrund der vergangenen neunziger Jahre handelte. Emanuel Cohen allerdings legte großen Wert darauf, daß Mae ins bewährte Milieu der Jahrhundertwende zurückkehrte: nicht nur weil das Publikum mehrfach bewiesen hatte, daß es Mae West in solchen Rollen sehen wollte und dafür gutes Geld zu zahlen bereit war, sondern auch, weil er bereits eine Menge Geld in eine Nachbildung von »Rector's« investiert hatte, jenem berühmten Restaurant im alten Stil, das direkt am Broadway lag. George Rector selbst war zu einem kurzen Filmauftritt bereit.

Mae behauptete, ein Song von Sam Coslow mit dem Titel »Mademoiselle Fifi« habe sie geradezu magisch inspiriert, Handlung und Charaktere für ihren neuen Film *Every Day's a Holiday* (Jeden Tag ist Feiertag) zu erfinden. Coslow war in ihren Bungalow gekommen, um mit ihr ein paar Songideen auszuprobieren. Und als sie »Fifi« gehört hatte, bat Mae ihn, den Refrain noch ein zweites Mal zu spielen.»Er spielte den Refrain. Und dabei hatte ich plötzlich den ganzen Kopf voll mit mentalen Bildern und einer Story. Ich sah mich selbst in Gewändern der ›Fröhlichen Neunziger‹ als Peaches O'Day, das schlaue Mädchen, das, als es mit dem Gesetz in Konflikt geraten war, Mlle. Fifi wurde, eine angeblich französische *chanteuse*. Ich sah die Kleider, die ich als Fifi tragen würde, und die schwarze Perücke, die ich aufsetzen würde, um die Verwandlung von Peaches zu Fifi zu bewerkstelligen. Ich sah die ganze Story vor mir, ich hörte Dialogzeilen und sah auch die Nebenrollen« – und das alles in einer knappen Minute. Jedenfalls stellte sie es später so dar.[4] Die »Mächte« (Forces), wie sie ihre höhere Instanz nannte, waren ihr zu Hilfe gekommen. Umgehend diktierte sie die Story einer Sekretärin und zeichnete dann als Alleinautorin für das Drehbuch verantwortlich.

Zumindest teilweise indes hätte das Drehbuch fairerweise Allan Rivkin zugeschrieben werden müssen, der sonst meistens für Warner Brothers als Drehbuchautor arbeitete. Rivkin erzählte George Eells und Stanley Musgrove, er habe sich mit einer Einmalzahlung von 5000 Dollar und drei Monaten Urlaub als Gegenleistung dafür abspeisen lassen, daß er seine Rechte am Skript aufgab und das Drehbuch allein Mae West zuschreiben ließ. Alle Transaktionen mit Rivkin wurden nicht verbucht, sondern komplett unter dem Tisch abgewickelt. In den Paramount-Produktionsunterlagen für *Every Day's a Holiday* ist dagegen Jo Swerling (der spätere Co-Autor von *Guys and Dolls*) als Drehbuchautor verzeichnet; er bekam für seinen Beitrag 64 999 Dollar ausbezahlt. Mae West erhielt als Star 280 000 Dollar, ihr alter Kumpan Joe Frisco (dessen Beitrag ebenfalls nirgends offiziell angegeben ist) als Berater für die Tanznummern 1000 Dollar. Elsa Schiaparelli schließlich kassierte 7825 Dollar für Kostümentwürfe und Accessoires. In diesem Bereich gab es allerdings Probleme, denn Schiaparelli hatte in Paris nach falschen Maßangaben gearbeitet. So erforderten ihre Kostüme für Mae größere Änderungsarbeiten. Insgesamt beliefen sich die Produktionskosten des Films auf mehr als eine Million Dollar. Die Handlung von *Every Day's a Holiday* folgt eingefahrenen Gleisen. Mae West meldet sich im New York der Jahrhundertwende zurück (die Handlung setzt am Silvesterabend des Jahres 1899 ein). Erneut tritt die Mae-West-Figur in der Bowery in einem rauhen Nachtklub auf. Als Peaches (ein altvertrauter Name) O'Day steht sie einmal mehr auf der falschen Seite des Gesetzes. Sie ist eine liebenswerte Hochstaplerin, Künstlerin und Betrügerin, die alle einschlägigen Werkzeuge mit sich führt, die man braucht, um Schlösser zu knacken, Glas zu schneiden und Safes zu öffnen. Dann und wann verkauft sie einfältigen Einwanderern sogar die Brooklyn Bridge. Wie ihre Vorgängerinnen dringt auch Peaches in die High-Society ein, als sie die Freundschaft Van Loons (Charles Winninger), eines hohlköpfigen Aristokraten, und seines dämlich dreinblickenden Butlers Graves (Charles Butterworth) gewinnt. Mit beiden feiert sie in einem palastartigen Herrenhaus mit Marmorfußböden rauschende Feste.

Die elegant gewandete Peaches zieht es vor, gefährlich zu leben. Ihr Motto (Oscar Wilde läßt grüßen!) lautet: »Führ ein Tagebuch, und eines Tages wird es dich ernähren.« Ihre Gesetzesbrüche sind nicht wirklich schwerwiegend, eher eine Art übler Schabernack. Das Geld, das sie für Brooklyn Bridge kassierte, wird dem naiven Deutschen (Herman Bing) zurückerstattet. Und obgleich sie mit fünfundzwanzig Gefängnisaufenthalten ein stattliches Vorstrafenregister aufweist, besteht sie darauf, nicht ernsthaft kriminell zu sein. »Ich kratz' ein bißchen an den Gesetzen rum, aber wirklich gebrochen hab' ich noch keins.« Nach einem Schaufenstereinbruch, bei dem sie unter anderem ein wertvolles Hermelincape entwendete, sagt sie zu ihrem Komplizen nur schulterzuckend: »Quatsch, is doch kein Einbruch. Da schickste den Leuten am nächsten Morgen einfach 'n Scheck.«

Peaches soll die Hauptrolle in einer glitzernden New Yorker Varietéshow spielen, die vom wohlhabenden, dem Alkohol nicht abgeneigten Reformer Van Doon finanziert wird. Weil sie jedoch von der New Yorker Polizei gesucht wird, entwickelt ihr Produzent Nifty Bailey (Walter Catlett) einen trickreichen Plan: Peaches soll die Stadt verlassen und aus Boston mit einer schwarzen Perücke nach New York zurückkehren, verkleidet als französische Sängerin namens Fifi, eine temperamentvolle Primadonna aus dem Varieté (in der Tat sogar aus einer alten Varieténummer von Mae West, als diese mit Harry Richman eine französische Primadonna parodierte). Der Schurke des Films ist der korrupte Polizeichef »Honest John« Quade (Lloyd Nolan), der gerne seine Macht ausspielt. Als er sich von Fifi einen Korb geholt hat, versucht er das Theater, in dem Fifi auftritt, zu schließen. Der gute Polizist McCarey (Edmund Lowe) wird, als er sich Quade in den Weg stellt, entlassen. Daraufhin entschließt sich McCarey, bei der anstehenden Bürgermeisterwahl gegen Quade anzutreten. Natürlich ist er nett zu Peaches. Und natürlich hilft sie ihm dafür, die Wahl zu gewinnen, indem sie die Dienste von Louis Armstrong gewinnt, der in einer lebhaften Wahlkampfparade für McCarey musizierend durch die Straßen zieht. Peaches selbst begleitet ihn dabei auf der Trommel.

Lloyd Nolan gestand privat ein, daß er Mae West außerordentlich attraktiv finde, gleichwohl aber etwas »seltsam«. Denn für sie müsse etwas, »damit es komisch sein kann, immer auch schmutzig sein«. Bei den Dreharbeiten sei es entspannt zugegangen, erinnerte er sich. Es wurde viel gelacht.

Als Emanuel Cohen Joe Breen seine neue Mae-West-Produktion vorlegte, teilte er ihm mit: »Darin sind keine sexuellen Situationen enthalten, die auch nur im geringsten zu ähnlicher Kritik Anlaß geben könnten, wie sie bei ihren Filmen früher gang und gäbe war.«[5] Nachdem Breen das Drehbuch gelesen hatte, erhob er jedoch Einspruch gegen zahlreiche zweideutige Zeilen, gegen »übermäßiges Trinken und Trunkenheit« und den Tenor der politischen Satire, die er als »extrem gefährlich« einstufte. Er bestand darauf, daß die Nationalität des Einfaltspinsels, der sich von Peaches die

Brooklyn Bridge verkaufen läßt, geändert wurde: Statt eines Griechen ist er nun Deutscher – wahrscheinlich weil Breen glaubte, die Kinogänger in Deutschland könnten nicht beleidigt werden, da sie unter den Nazis ohnehin keine Gelegenheit hätten, diesen Film zu sehen. Außerdem drängte er auf eine Rücksprache mit der Rechtsabteilung von Paramount hinsichtlich der korrupten Darstellung von New Yorker Politikern der Jahrhundertwende. »Diese Leute oder ihre nächsten Verwandten könnten daran ernsthaft Anstoß nehmen.« Doch nichts dergleichen geschah.

Zwar wirkt *Every Day's a Holiday* mit seiner Feiertagslaune ansteckend auf das Publikum – der Film beginnt mit einem Silvesterfeuerwerk und endet mit einer Siegesfeier auf den Straßen New Yorks am Wahlabend –, doch seine Komik ist zu plakativ geraten und darüber hinaus auch allzu vertraut. Die Witze werden allmählich schal, und auf die unwiderstehlichen Reize des Stars werden wir allzuoft hingewiesen. Musikalisch stiehlt überdies Louis Armstrong Mae West die Show. Sogar der witzigste Spruch des Films kommt nicht aus Maes Mund, sondern vom Butler: »Raus aus den nassen Klamotten, und rein mit einem trockenen Martini!«

Als der Film im Januar 1938 angelaufen war, sprach Sheila Graham sicher nur für eine Minderheit, als sie zu Papier brachte, *Every Day's a Holiday* sei »ein besserer Film als *Sie tat ihm unrecht* – und außerdem sauber«. Da war Howard Barnes' Reaktion in der *New York Herald Tribune* schon typischer. Er fand den Film »sauber und langweilig. Mae Wests Peaches O'Day ist nur noch ein müder Abklatsch der frivolen, die Männer ausnehmenden Diamond Lil.« Frank Nugent nannte den Film in der *New York Times* »eine witzlose historische Zeitkomödie« und kam zu dem Schluß: »Der Sex ist auch nicht mehr, was er mal war, vielleicht aber auch nur bei Miss West.« – »Insgesamt«, urteilte der Kritiker der *New York Sun*, »wäre dieser Film wahrscheinlich wesentlich komischer für jemanden, der noch nie von Mae West gehört hat.«

Allerdings erwies sich Mae West gerade zu dem Zeitpunkt, da ihre Fähigkeit, die Kinogänger noch zu schockieren, merklich nachließ,

in einem anderen Medium, dem Radio, erneut als Stein des Anstoßes. Denn sie schaffte es Ende 1937, mittels der Radiowellen
eine ganze Nation in Aufruhr zu versetzen. Es ging um ihren Auftritt
in einem der beliebtesten Radioprogramme der Zeit, der »Chase
and Sanborn Show«, am Sonntag, dem 12. Dezember 1937, zusammen mit dem Bauchredner Edgar Bergen, dessen Holzpuppe Charlie McCarthy und dem Schauspieler Don Ameche. Diese Show,
ähnlich strukturiert wie ein Varietéprogramm, bestand aus mehreren komischen Sketchen mit eingelagerten Songs. Nelson Eddy
erinnerte an die frühen Jahre des Jahrhunderts, als er Victor-Her-
bert-Songs vortrug, während die Band zeitgenössische Musik der
dreißiger Jahre spielte, wie »Swing Is Here to Stay«. Dorothy
Lamour, eine aufstrebende Paramount-Glamourkönigin, bereitete
Mae Wests Auftritt als Gaststar vor, indem sie den Themensong
aus *Every Day's a Holiday* sang. Zwei Wochen vor Weihnachten
überwog in der Sendung die gemütliche Partyatmosphäre, wozu
nicht zuletzt zahlreiche Witze über Weihnachtsgeschenke und
Probleme des Schenkens beitrugen.

Mae West trat in zwei Sketchen auf. Im ersten recycelte sie so viele
ihrer berühmten Aussprüche wie möglich – besonders aus *Sie tat
ihm unrecht.* Ansonsten spielte sie die absurden Möglichkeiten des
Liebesspiels mit einem hölzernen Partner voll aus. Sie nimmt mit
dem »kleinen, dunklen und gutaussehenden« Charlie McCarthy an
einem Meisterschaftswettbewerb teil, und sie ist »in großer Form«.
Charlie sei in ihre Wohnung heraufgekommen, um ihre Kupfersti-
che anzusehen und um ihr seine Briefmarkensammlung zu zeigen.
Das sei alles, was sich da oben ereignet habe, behauptet Bergen,
doch Charlie wispert (mit Bergens Bauchrednerstimme): »Mein
Gott, ist der naiv.« Charlie und Mae hätten sich geküßt und seien
gerade zu »einer netten langen Unterhaltung« bereit gewesen, als
es an der Tür klingelte. Charlie habe versucht, sich in Maes Klei-
derschrank zu verstecken, doch der war schon mit zwei anderen
Kerlen besetzt, die ihn wieder hinauswarfen. Ob sie denn je einem
Mann begegnet sei, den sie wirklich habe lieben können? »Natürlich, schon öfter.« Auch Edgar Bergen? »Der ist zu haben.« Ihr

Lieblingsparfüm sei »Ashes of Men« (Männerasche). (Diese Zeile stammte aus einer frühen Drehbuchfassung von *Every Day's a Holiday*, ist aber in der endgültigen Version nicht mehr enthalten.) Sie schätzt »einen Mann, der sich Zeit nimmt«. Sie hat für jede Laune einen Mann, und sie wechselt ihre Männer, »wie ich meine Kleider wechsele«. Obwohl Charlie »ganz aus Holz und nur einen Meter lang« ist und obwohl sich Mae beim Küssen ständig Splitter in die Lippe reißt, darf er gern zu ihr nach Hause kommen: »Dann darfst du mit meinem Holzstapel spielen.« Vor der Show verbreitete Reklamefotos zeigen Mae West im Negligé mit dem monokeltragenden Charlie im Bett.

In dem Aufruhr, der auf die Sendung folgte, wurde dieser Sketch allerdings – obwohl er während der Sendung zeitweilig ausgeblendet worden war – kaum erwähnt. Was die katholischen Kirchenführer, die Frauengruppen und Zeitungskommentatoren wirklich auf die Palme brachte, war vielmehr Maes Sketch über Adam und Eva. NBC, die Werbeagentur J. Walter Thompson, der Vorsitzende des Federal Communications Committee und einige Kongreßmitglieder waren fassungslos.

In dem eigens für Mae West geschriebenen Sketch von Arch Oboler[6] wird Adam (gespielt von Don Ameche) als phlegmatischer, willfähriger Ehemann dargestellt (»long, lazy and lukewarm«), Eva dagegen als seine gelangweilte, unzufriedene Ehefrau. Adam fühlt sich in Eden wohl, wo die Temperatur vortrefflich ist, die Sonne immer scheint und alles »friedlich, ruhig und sicher« ist. Eva indessen wird durch diesen Ort meschugge, für sie ist das Paradies »eine elende Bruchbude«. Sie sehnt sich nach Abwechslung und einem Kick, nach einer Chance, ihre »Persönlichkeit« zu entfalten. Die Tatsache, daß sie und Adam einen Mietvertrag unterschrieben haben, der sie verpflichtet, in Eden zu bleiben, stört sie nicht im geringsten. Und als sie von einer Vertragsklausel erfährt, in der festgehalten ist, daß sie und Adam den Garten verlassen müssen, wenn sie von der verbotenen Frucht essen, weiß sie sogleich, was zu tun ist. Zufällig ist eine Schlange (Edgar Bergen) in der Nähe: »long, dark, and slinky« (lang, dunkel und hauteng gekleidet) – und dünn genug, um sich durch den Zaun, der den Apfelbaum umgibt, zu zwängen. Von Eva angestachelt, verspricht sie, verbotene Äpfel zu pflücken. »Hol mir einen großen«, befiehlt Eva, »mir ist ganz danach, einen *großen* Apfel zu vernaschen.« (An dieser Stelle schüttet sich das Studiopublikum hörbar vor Lachen aus; denn dieser Spruch ist mindestens doppeldeutig, »Big Apple« ist der amerikanische Spitzname für New York.) Eva hält sich anschließend zugute, als erste Frau »eine Schlange für dumm verkauft zu haben« (to make a monkey out of a snake).

Dann macht sie aus den Früchten »verbotenes Apfelmus«, füttert den gerade vom Angeln zurückgekehrten Adam damit und ißt auch selbst davon. Plötzlich ertönt lauter Donner, heult Wind auf, ist lautes Dröhnen zu hören. Adam und Eva sind enteignet und aus dem Paradies vertrieben worden. Adam beschuldigt Eva, doch die kräht: »Ich habe nur ein bißchen Geschichte gemacht, mehr nicht. Ich bin die erste Frau, die ihren eigenen Kopf durchsetzt – und eine Schlange kriegt sogar noch die Prügel ab!« Sie und Adam haben möglicherweise eine Form des Paradieses verspielt, doch dafür ein neues Paradies gewonnen: Sex. Adam schaut Eva an, als sähe er sie zum ersten Mal. Sie ist schön, und er möchte sie enger an sich drücken. Es donnert erneut. »Das«, erklärt Eva, »war der Erbkuß.« (»Original Kiss« statt »Original Sin«, Erbsünde.)

Als er diesen Sketch für Mae West schrieb, gab Arch Oboler der Sündenfallgeschichte eine feministische Wendung. »Statt wie üblich davon auszugehen, daß die Schlange Eva verführt«, erläuterte er, »kam mir, weil Miss West eine so dominante Frau ist, der Gedanke, einfach mal die Schlange von Eva verführen zu lassen.«

Der Ansager der »Chase and Sanborn Show« charakterisierte den Adam-und-Eva-Sketch als »beschwingte Travestie«. Doch an den Tiraden, die diese Sendung hervorrief, war absolut nichts Beschwingtes mehr. Wie Don Ameche mehrere Jahre später erläuterte, verletzte besonders die Tatsache, daß an einem Sonntag zur Gottesdienstzeit eine biblische Geschichte im Radio durch den Kakao gezogen wurde, viele Hörer. Schon während der Proben hatte Ameche Schwierigkeiten vorhergesehen und deshalb versucht, bestimmte Pointen zu ändern, doch ohne Erfolg.

Der Aufruhr um Adam und Eva à la Mae West riß auch die gerade etwas vernarbten Wunden im Zusammenhang mit *Klondike Annie* wieder auf, wo Mae ebenfalls Heiliges und Profanes auf eine Weise vermischt hatte, die das religiöse Empfinden mancher Menschen verletzte. Der Rundfunksender NBC wurde mit Protestbriefen der Hörer geradezu bombardiert. Auch der Vorsitzende der Federal Communications Commission, Frank McNinch, meldete sich im *New York Journal* zu Wort: Maes Sketch sei »in höchstem Maße anstößig für die große Masse der rechtschaffen denkenden, unverdorbenen amerikanischen Bürger«.

»Mae West beschmutzt unsere Wohnungen« lautete die Überschrift eines Kommentars im *Catholic Monitor*, demzufolge die Legion of Decency bereits erwog, nun auch eine Kampagne zur Säuberung des Radios in die Wege zu leiten. Ein Gutachten von Dr. Maurice Sheehy, einem Theologieprofessor der Catholic University, fand sogar Eingang in die Akten des Kongresses. Darin wurde der Vorwurf erhoben, Mae West habe »ihre eigene Sexualphilosophie in die biblische Begebenheit des menschlichen Sündenfalls eingeführt«. Sheehy nannte Mae West »geradezu eine Personifikation der niedrigsten Sexualinstinkte« und verpaßte dem Radioprogramm das Etikett »obszön, skurril und respektlos«. »Diese lüsterne, schmutzige Parodie auf Kosten der biblischen Gestalten Adam und Eva war eine einzige Schande.« Im Kongreß forderten einzelne Abgeordnete und Senatoren geeignete Maßnahmen, um ähnliche Radiosendungen in Zukunft unmöglich zu machen.

Daraufhin sagte *Variety* voraus: »Der Rundfunk ist jetzt total eingeschüchtert und wird seinerseits das Scheunentor schließen.« Chase und Sanborn entschuldigten sich öffentlich, die Werbeagentur J. Walter Thompson versprach, dieser Fehler werde nicht wieder vorkommen. Charlie McCarthy stellte sich dumm: »Hm, hm, diesmal überlasse ich das Wort ganz allein Mr. Bergen. Danke.« NBC erließ ein Verbot, demzufolge nicht einmal der Name Mae West in den Äther gehen durfte – eine Aktion, die den einhelligen

Beifall der Hearst-Presse fand. Man sah darin »eine angemessene Schutzmaßnahme für die Wohnungen anständiger Amerikaner«. In New York ins Gefängnis gesteckt und aus den Rundfunkprogrammen verbannt, bleibe, wie der *Los Angeles Examiner* am 4. Januar 1938 schrieb, Mae West »als Zuflucht nur noch das Kino. Doch wäre es nicht auch für Filmproduzenten an der Zeit ... zur Kenntnis zu nehmen, daß Unanständigkeit für die Amerikaner nicht akzeptabel ist?« Indem sie ein geradezu schmerzhaftes Schweigen seitens der Mae-West-Anhänger brachen, stellten einige Fans in einem gemeinsamen Leserbrief klar, daß dieser Sketch doch eigentlich nur eine typische Mae-West-Komödie gewesen sei, noch dazu eine höchst amüsante. Und auch Mae verteidigte sich: »Haben sie denn von mir eine Sonntagspredigt erwartet? Warum waren sie denn zu dieser Zeit nicht selbst in der Kirche, wenn sie so religiös sind, wie sie sagen? Vierzig Millionen Menschen haben die Sendung gehört. Das sind sogar noch mehr als bei der Thronverzichtserklärung von König Edward.« Und sie schwor, nie wieder an einem Sonntag eine Radiosendung zu machen.[7]

In der Vergangenheit hatten sich Mae Wests öffentliche Scharmützel mit der Polizei oder den Moralhütern immer in einem stärkeren Klingeln der Kino- oder Theaterkassen bei ihren gerade aktuellen Unternehmungen niedergeschlagen. Deshalb hoffte Paramount auch diesmal auf eine Wiederholung jenes Verhaltensmusters und brachte *Every Day's a Holiday* so schnell wie möglich in die Kinos, statt abzuwarten, bis sich der Pulverdampf der »Adam und Eva«-Kontroverse verzogen hätte.

Doch diesmal ging der Schuß nach hinten los, und der Run auf die Kinokassen blieb aus. *Every Day's a Holiday* spielte nicht einmal seine Kosten ein – ein absolutes Novum in Mae Wests Filmkarriere. Walt Disneys erster abendfüllender Zeichentrickfilm, *Schneewittchen und die sieben Zwerge*, eroberte die Kinos im Sturm, und Mae West hatte mit ihrem Film das Nachsehen.

Wenige Wochen nach dem Anlaufen von *Every Day's a Holiday* löste Paramount seine Produktionsgemeinschaft mit Emanuel Cohens

Major Pictures, und Cohen entschloß sich seinerseits zur Trennung von Mae West. Sie bescherte ihm insgesamt einfach zu viele Probleme. Hinter ihr zu stehen und sie zu verteidigen machte Sinn, solange sie die Kinos füllte. Doch wenn der Publikumserfolg ausblieb, weil die Leute ihrer anscheinend langsam überdrüssig wurden, sah die Sache für die Studiobosse vollkommen anders aus. Und so stand der vierundvierzigjährige Filmstar fünfeinhalb Jahre und acht Filme nach der Ankunft in Hollywood auf einmal ohne Filmvertrag da.

Entschlossen und beherzt ging Mae West nach New York zu einer Serie persönlicher Auftritte in Theatern der Loew-Kette. Seit ihren triumphalen Auftritten im Zusammenhang mit *Sie tat ihm unrecht* war sie nicht mehr in New York gewesen, doch sie war sich immer noch sicher, daß man sie enthusiastisch willkommen heißen werde. Und sie hatte recht. Ihre Live-Auftritte fanden vor überfüllten Häusern statt. Einem Kolumnisten der *New York Post* diktierte sie in die Feder, daß ihre Popularität unvermindert groß, ja geradezu universal sei. »Ich bin die erste seit Chaplin, die die Massen erobern konnte. Zu mir kommen alle Klassen und alle Altersgruppen. Meine Filme sind in Europa ein Wahnsinnserfolg. Die Ausländer verstehen mich.«[8]

Und da sie nun einmal zu ihren Anfängen zurückgekehrt war, machte sie auch einen nostalgischen Abstecher nach Brooklyn, um die Orte ihrer Kindheit aufzusuchen, darunter auch Coney Island, wo sie mit ihrem Vater als kleines Mädchen Bostocks Löwendressur und »Klein-Ägypten« gesehen hatte.

Bei ihrer Bühnennummer, die in Manhattan in Loew's State Theater, in Brooklyn im Fox Theater sowie in Newark und Connecticut über die Bretter ging, wurde sie von einem Orchester unter der Leitung von Lionel Newman, vom Sänger Milton Watson und einem männlichen Tänzerchor begleitet, sieben gutaussehenden jungen Männern in Frack und Zylinder. Dazu sagte sie in einem Zeitungsinterview: »Für die Männer stellen sie immer hübsche junge Damen auf die Bühne, doch was ist mit den Frauen im Publikum? Wollen die nicht auch mal, wenigstens gelegentlich, jemand Ansehnliches sehen?« Für die Rekordgage von 12 000 Dollar pro Woche, zusätzlich der Hälfte der Bruttoeinnahmen, die über 38 000 Dollar hinausgingen, drapierte sie sich sechsmal täglich mit Diamanten und Straußenfedern, sang sie Songs wie »Come Up and See Me« oder das sinnlich-schwüle »Slow Motion«, probierte sie Dialoge aus, die sie später bei Nachtklub- und Bühnenauftritten wiederverwendete.

Mehrmals erschienen nach der letzten Show arg mitgenommen aussehende ehemalige Boxer in ihrer Garderobe, die behaupteten, alte Kumpel ihres Vaters zu sein, denen es momentan schlechtgehe. Ausnahmslos gab sie jedem Bittsteller einige Banknoten, damit er sich einen neuen Anzug kaufen könne.

Noch vor dem Ende ihrer Tournee mußte Mae West einen weiteren Tiefschlag einstecken, diesmal von einem gewissen Harry Brandt, dem Vorsitzenden der Organisation unabhängiger Kinobesitzer. Sein Artikel im *Independent Film Journal*, der zu einer Annonce im *Hollywood Reporter* führte und dann Gegenstand eines Artikels im Nachrichtenmagazin *Time* wurde, setzte sich scharf mit einer ganzen Anzahl von Filmstars auseinander, die nach Brandts Meinung ihr Geld nicht wert waren. Während Shirley Temple, Myrna Loy und Gary Cooper bescheinigt wurde, daß sie ihre hohen Gagen an den Kinokassen wieder einspielten, wurde Mae West, aber auch Katherine Hepburn, Joan Crawford, Edward Arnold, Greta Garbo, Fred Astaire und Marlene Dietrich das Etikett »Box-Office Poison« (Gift an der Kinokasse) angehängt. Obwohl sich Mae hier in bester Gesellschaft befand, schmerzte es sie zweifellos, als »poisonality« (giftige Persönlichkeit) bezeichnet zu werden.

Doch Mae war eine Kämpfernatur, und so schoß sie unmittelbar zurück. Die schlechten Einnahmen an den Kinokassen seien Ergebnis einer allgemeinen Marktflaute und daher nicht einzelnen Stars anzulasten. »Die Einnahmen an den Kinokassen sind in den vergangenen vier Monaten insgesamt um 30 Prozent gefallen«, führte sie in der *New York Sun* aus. Trotzdem entging ihr natürlich nicht, daß ihr Stellenwert in der Unterhaltungsbranche gesunken war und einer neuen Bestätigung bedurfte.

Ungefähr um die Zeit, als der Zweite Weltkrieg ausbrach, wandelte sich der Publikumsgeschmack in den USA, während der europäische Markt für amerikanische Filme wegbrach. »Neue Filmtypen, besonders der *film noir*, wurden geschaffen, um der sich wandelnden nationalen Grundstimmung entgegenzukommen.«[9] In der neuen Epoche waren vor allem Pin-up-Girls und »Mädchen von nebenan« gefragt. Sentimentale Komödien, Betty-Grable-Musicals und andere Filme für die ganze Familie traten immer mehr an die Stelle exzentrischer Komödien – und an die Stelle des spezifisch Westschen Humors mit seinen frivolen, sexuell gefärbten Sprüchen.

Damit war die dynamischste Phase in Mae Wests Karriere an ihr Ende gelangt. Obwohl Mae der Welt klargemacht hatte, daß auch Frauen – selbst wenn sie älter als vierzig sind – lustvoll lieben wollen, daß Macht kein Vorrecht der Männer ist und daß man offen über Sex sprechen, seine Witze machen und Sex sogar offen genießen kann, war es ihr nicht gelungen, all die repressiven Stimmen zu übertönen, die sie davon abhielten, ihre Arbeit so zu tun, wie sie sie tun wollte und mußte. Auch hatte sie nicht begriffen, daß die ständige Wiederholung der immer gleichen Rolle ermüdend wirken kann. Als berühmte und wohlhabende Frau, der man zugute hielt, den Zitatenschatz der englischen Sprache bereichert zu haben, und die wegen ihres Beitrags zur Lockerung moralischer Verkrampfungen sowohl gepriesen als auch verdammt wurde, als kalifornische Landbesitzerin und Eigentümerin eines Pferderennstalls, als Besitzerin ganzer Diamantenberge, Dutzender Paare falscher Augenwimpern, ganzer Kleiderschränke voller Pelzmäntel und etlicher blonder Perücken machte sie einfach weiter wie bisher. Sie trat auf und machte Aufnahmen, sie schrieb, und sie wiederholte ihre berühmtesten Bonmots in einem fort. Aber sich selbst veränderte sie nicht. Und so ähnelte sie letztlich dem Charakter in einem Song von Bert Williams, einem Song, den sie vielleicht sogar in jungen Jahren als Baby Mae in Brooklyn selbst vorgetragen hatte: »All Dressed Up With No Place to Go« (Todschick ist sie herausgeputzt, doch sie weiß nicht, wohin).

# Epilog

*M*an kann durchaus die Ansicht vertreten, daß Mae Wests Karriere bereits irreparablen Schaden genommen hatte, als sich Paramount endgültig von ihr trennte. Doch war andererseits in den späten dreißiger Jahren ihr Status als Ikone der populären Kultur bereits so gefestigt, daß er praktisch unverwundbar geworden war. Daran konnten auch Joseph Breen und William Randolph Hearst nichts mehr ändern. Aufgrund ihrer bisherigen Filme wußte die ganze Welt, wie Mae West aussah, wie sie ging und wie sie redete. Viele Menschen konnten mindestens eines ihrer unsterblichen Bonmots zitieren. »Sie war eine Persönlichkeit oder gar eine Institution, aber mehr noch: Sie ist in die Sprache eingedrungen und hat ihren

Platz in der Unterwelt der zeitgenössischen Mythologie eingenommen«, schrieb der bedeutende Theaterkritiker John Mason Brown im Jahre 1949.[1] Daran hat sich bis heute nichts geändert. Ihre frechen Sprüche werden weiterhin zitiert und tradiert, sie haben Eingang in zahlreiche Anthologien gefunden. Es gibt eine Sammlung mit dem Titel *The Wit and Wisdom of Mae West*, und selbst im hehren *Oxford Dictionary of Modern Quotations* ist sie mehrfach vertreten. »Goodness had nothing to do with it, dearie« (Maudie Triplett in *Night After Night*: »Das schafft man nicht mit Güte, meine Kleine!«); »Beulah, peel me a grape« (Tira in *I'm No Angel*: »Beulah, schäl mir eine Weintraube!«); »Between two evils I always pick the one I never tried before« (Rose Carleton in *Klondike Annie*: »Wenn ich zwischen zwei Übeln zu wählen habe, nehme ich im allgemeinen lieber das, welches ich noch nicht ausprobiert habe.«). Man kann Mae West sogar auf französisch zitieren: »La bonté divine n'a rien à voir là – dedans, ma chérie.« (Goodness ...). Ihr berühmtester Spruch, »Why don't you come up sometime, see me?« (Lady Lou in *She Done Him Wrong*: »Wollen Sie nicht mal raufkommen und mich besuchen?«), der allerdings in verkürzter Form als »Come up and see me sometime« populär wurde, war Mitte der dreißiger Jahre auf der ganzen Welt zu hören, sogar in der chinesischen Stadt Kanton.

Als mythische Persönlichkeit hat sich Mae West einen Platz in der Galerie amerikanischer Volkshelden erobert, die zur Tradition der humorvollen *tall tale* zählen. Die Mae-West-Figur kommt genauso exaltiert daher wie ein Bramarbas oder ein ungehobelter Kraftprotz, wie ein mit schier übermenschlichen Kräften ausgestatteter Pionier. Sie kommt aus einfachen Verhältnissen und redet, wie ihr der Schnabel gewachsen ist. Mit ihrem Mutterwitz ist sie ein Bollwerk gegen blasiertes Gerede und Prätentionen. Sie ist eine ins Riesenhafte gesteigerte Figur, die sich auf mythischer Ebene mit dem wackeren Paul Bunyan messen kann, der riesige Bäume fällte, mit dem streitsüchtigen Davy Crockett oder dem waghalsigen Schiffer Mike Fink. Wie diese überlebensgroßen »Vorfahren« ist auch Mae unersättlich, hat auch sie einen bodenlosen Appetit – in ihrem Fall auf Diamanten und Männer. Wenn Katharina die Große dreihundert Liebhaber hatte, dann tat Mae West, wie sie stolz in ihrer kurzen Ansprache nach der Premiere von *Catharine Was Great* verkündete, ihr Bestes, um das sogar in wenigen Stunden zu schaffen. Wie andere legendäre Geschöpfe gewinnt sie jeden Wettstreit: »Ich bin eine Klasse für mich«, sagte sie in einem Interview. »Ich bin überall der Star, und ich breche in der ganzen Welt Rekorde. Mein *Ego* bricht Rekorde.«[2] Man hat ihr viele Denkmäler gesetzt. Dazu gehören nicht nur eine nicht enden wollende Flut zweideutiger Wortspiele und schmutziger Witze, mindestens eine pornographische Parodie auf Video sowie unzählige grelle Travestieakte und überkandidelte Imitationen im privaten Kreis wie auf öffentlichen Bühnen. Im Zweiten Weltkrieg hießen die Rettungsjacken der Royal Air Force scherzhaft »Mae Wests«; im Yellowstone-Nationalpark trägt eine scharfe Kurve der Straße den Namen »Mae West Curve«; Wissenschaftler in Princeton schufen einen Magneten, der die Umrisse ihrer üppigen Figur imitiert, und Schiaparelli füllte Parfüm der Marke »Shocking« in Flaschen, die Mae Wests Torso nachgebildet waren. William De Kooning malte sie 1964 als einen prächtigen Busen, der an ein asymmetrisches Gesicht gefügt ist. Die Augen sind auf der Suche nach männlicher Beute.

Mitte der dreißiger Jahre trug auch Salvador Dalí mit seinem berühmten Bild »Mae Wests Gesicht, als Wohnung zu benutzen«, das heute im Art Institute of Chicago hängt, zur Festigung von Mae Wests ikonischer Statur bei. Hier ist Mae Wests Abbild im wahrsten Sinne des Wortes »zu Hause«. Ihr fotografiertes Gesicht, über einen Wohnraum gelegt, wird zum Objekt schlechthin, zur formellen, imposanten, gemalten Fassade, zur Showkulisse, in der die Plazierung eines jeden Kunstgegenstands im voraus peinlich genau arrangiert wurde und nichts dem Zufall überlassen bleibt: Treppen bilden die Kinnlinie eines Raumes, in dem ihre Nase als Kamin dient, ihr Haar zu Vorhängen wird und ihre Augen zu gerahmten Gemälden (weil sie undurchsichtig sind, können sie nicht wie die Augen der echten Mae West Ausschau nach Männern halten). Die vollen, wohlgeformten Lippen werden zu einem Sofa mit Satinbezug. Dieses Sofadesign wurde in verschiedenen Möbelstudios in London und Paris nachgebaut. Konkrete Exemplare dieses Sofas sind noch heute in England zu bewundern: Im Londoner Victoria and Albert Museum steht eines mit rosa Satinpolsterung, und Ausführungen in Rot befinden sich im Museum in Brighton und im Ashmoleon in Oxford. Der gesamte Bildraum wurde 1974 als Tableau für das Dalí-Museum im spanischen Figueras nachgebaut, so daß man dort Maes berühmter Einladung Folge leisten und im wahrsten Sinne des Wortes über die Treppen zu ihr heraufkommen kann, um sie zu besuchen.

Ein Ende der Mae-West-Legende ist noch lange nicht abzusehen.

Und was wurde aus der Frau aus Fleisch und Blut? Wie ging es mit ihr weiter?

Ehe Mae West 1980 im Alter von siebenundachtzig Jahren in Ravenswood, ihrem Apartment in Los Angeles, starb, erschien sie noch in vier weiteren Filmen. Der erste und beste davon, *Mein kleiner Gockel* (My Little Chickadee), wurde 1940 von Universal in die Kinos gebracht. Darin stand sie neben W. C. Fields vor der Kamera und mußte sich den Starruhm mit ihm teilen. Im Fernsehen ist dieser Film, ein Western, in dem sie als Flower Belle Lee unter sittenstrengen, hochnäsigen Kleinstadtbürgern zu leiden hat und in einer nicht vollzogenen Ehe an Cuthbert J. Twillie (W. C. Fields) gekettet ist, immer noch sehr beliebt. Bei den Dreharbeiten gab es Krach, weil hier zwei starke Egos aufeinanderprallten. Diese ausgeprägten Wortkomiker, die beide aus dem Varieté kamen und William Le Baron einiges verdankten, brachten es einfach nicht fertig, sich den Platz im Rampenlicht gelassen zu teilen. Dabei zog sich vor allem Fields Mae Wests Zorn zu. Sie beschimpfte ihn, weil er betrunken zu den Dreharbeiten erschien und ihr das Drehbuch nicht allein überließ. Fields brachte seinerseits nichts als Hochachtung für seine Partnerin zum Ausdruck. Er bewunderte ihre komödiantischen und schriftstellerischen Talente und lobte sie als »den einzigen Drehbuchautor, der je genau gewußt hat, worauf es mir ankam«.

Der Film *The Heat's On* (Columbia, 1943) war eine einzige Katastrophe und veranlaßte die Kritiker prompt zu dem sarkastischen Wortspiel:»Nein, die Hitze ist definitiv raus.« Es folgte eine über sechsundzwanzig Jahre lange Durststrecke in Mae Wests Filmkarriere. Bei *The Heat's On* führte Gregory Ratoff Regie, der den Benny Pinkowitz in *Ich bin kein Engel* gespielt hatte. Zum ersten und einzigen Mal war das Drehbuch ohne jede Mitwirkung Mae Wests verfaßt worden, was den Mißerfolg zum Teil erklärt. Mae zog daraus die Konsequenz, daß sie in Zukunft lieber auf das Filmemachen ganz verzichten wollte, als nur ein einziges Mal noch die Kontrolle über die Spielvorlage aus der Hand zu geben. (In den vierziger Jahren versuchte der Regisseur Andrew Stone, sie in einem Agententhriller vor die Kamera zu bringen, doch daraus wurde nichts.)

Später, als das Hays Office abgeschafft und durch ein neues Klassifizierungs- und Indizierungssystem ersetzt worden war, als auch ihre frühen Filme endlich wieder in den Kinos gespielt werden durften, drehte sie noch zwei unverhohlen schlüpfrige Filme, die als nicht jugendfrei eingestuften Streifen *Myra Breckenridge* (Twentieth Century-Fox, 1970) und *Sextette* (Crown International, 1978). Beide Filme schlagen aus Maes überdreht weiblicher Absurdität Kapital. Doch weil sie in beiden, immerhin im stattlichen Alter von siebenundsiebzig beziehungsweise fünfundachtzig Jahren, immer noch darauf besteht, die von allen Männern heiß begehrte, unwiderstehliche Sirene zu spielen, lachen wir nicht mehr – wie früher – mit ihr, sondern über sie. Sicher, Mae konnte sich noch im hohen Alter eine bemerkenswerte Jugendlichkeit bewahren – ihre Haut war immer noch weich und glatt, ihre Zähne strahlend weiß, ihr Brustansatz makellos –, doch um die Taille war es wirklich nicht mehr zum besten bestellt. Sie selbst war zwar der Ansicht, sie habe dem Zahn der Zeit erfolgreich widerstanden und sei nie älter als sechsundzwanzig geworden, doch nahm man ihr das nicht mehr ohne weiteres ab.

Als sie im Zusammenhang mit *Myra Breckenridge* interviewt wurde, behauptete sie:»Das hier ist kein Comeback. Ich habe doch niemals aufgehört!« Sie bemühte sich nach Kräften, ihren Mythos am Leben zu erhalten: Bei jeder Gelegenheit zitierte sie ihre besten Bonmots, und wenn die Rahmenbedingungen ihren Vorstellungen entsprachen, stand sie auch weiterhin auf der Bühne. Während ihre Filmkarriere darniederlag, erweckte sie ihre alte Tourneetradition zu neuem Leben und spielte wieder live. Nach längeren Phasen der Inaktivität kehrte sie immer wieder zum Theater zurück. Jenes Skript, das sie als Film nie hatte realisieren können, arbeitete sie zu einem Theaterstück um: *Catharine Was Great*, und ging damit auf Tournee. Ein weiteres Tourneestück war ihre eigene Bearbeitung eines Detektivstückes, dem sie den Titel *Come On Up, Ring Twice* (Kommen Sie rauf, und läuten Sie zweimal) gab. Darin spielte sie eine FBI-Agentin auf Nazijagd. In den späten vierziger Jahren ging sie erneut mit *Diamond Lil* auf Tour, zunächst in England – ihr einziges Auslandsgastspiel –, dann in den USA.

Mit Hilfe verschiedener Ghostwriter veröffentlichte sie ihre Autobiographie *Goodness Had Nothing to Do With It*, eine Romanfassung des *Pleasure Man* und – in England – einen Ratgeber mit dem Titel *Mae West on Sex, Health and ESP* (Mae West über Sex, Gesundheit und übersinnliche Wahrnehmung). Zu den dort behandelten Themen gehören: gesunde Ernährung, Darmpflege, positives Denken, Spiritismus und die Erhaltung sexueller Attraktivität. Sie empfiehlt Meditation, Mineralwasser, frisches Gemüse, indirektes Licht, Phantasie, getrennte Schlafzimmer und Einläufe – nicht unbedingt in dieser Reihenfolge.

Ihr Interesse an psychischen Grenzphänomenen wuchs, als sie sich nacheinander zwei spiritistische Ratgeber zulegte: Jack Kelly, der laut Mae den japanischen Angriff auf Pearl Harbor im Jahre 1941 genau vorhersagte, und Richard Ireland. Ihre Bekannten wurden zu Séancen oder parapsychologischen Demonstrationen in ihr Strandhaus in Santa Monica eingeladen, das sie in den fünfziger Jahren erworben hatte. Mit Hilfe ihrer Ratgeber stand Mae, behauptete sie jedenfalls, in ständigem Kontakt zu ihren

Verstorbenen: zu Mutter, Vater und schließlich auch zu Bruder Jack.

Wenn Mae in ihrem Strandhaus wohnte, wurden die Fensterläden geschlossen gehalten, ebenso in Ravenswood. Denn sie sah in der Sonne eine Feindin. Grünpflanzen wurden in der Wohnung ebenfalls nicht geduldet: sie nähmen ihr den Sauerstoff weg.

Im Strandhaus befanden sich große Wandgemälde, auf denen nackte Männer mit goldenen Phalli sowie vom Körper getrennte Hoden zu sehen waren, die »wie rosafarbene Wolken über blaue Himmel segelten«. Als Diane Arbus Mae in dieser Umgebung interviewte, war sie schockiert, besonders darüber, daß Maes zahmes Affenpärchen den Teppich nach Belieben mit seinen Fäkalien »verzieren« durfte. Diane Arbus erschien Mae »herrisch, bewundernswert, großmütig, sanft und mädchenhaft ... Sie ist, man wird es nicht für möglich halten, sogar von einer gewissen Aura der Unschuld umgeben.«

Einige Zeit nach Timonys Tod im Jahre 1954 – sein Tod ging ihr sehr nahe – trat Mae mit einer neuen, außerordentlich erfolgreichen Nummer in Nachtklubs auf, zusammen mit Louise Beavers als Dienstmädchen und einer Gruppe von Muskelmännern im Lendenschurz. Mae-West-Freunde, darunter auch Cary Grant und Ann Sheridan, konnten wieder einmal ihr phänomenales Stehvermögen und ihr unnachahmliches Flair bewundern.

Einer von Maes Pin-up-Männern aus dieser Nummer, Paul Novak (alias Chester Ribonsky oder Chuck Krauser), wurde ihr neuer Lebensgefährte, Chauffeur, Leibwächter und Trainer. Für den Rest ihres Lebens blieb er Maes ergebener Liebhaber und Helfer. Weiterhin tummelten sich in ihrer unmittelbaren Umgebung: ein Butler, ein Sekretär und ein fluktuierender Zirkel männlicher Anbeter und Diener. Bei einem Besuch in Ravenswood beobachtete Cecil Beaton, daß von den Bewunderern in Maes Umgebung nicht Intimität, sondern Gehorsam erwartet werde.

Die Liste der von Mae West abgelehnten Rollen verrät uns mindestens soviel über sie wie die ihrer Auftritte. Cole Porter, der in den

Songtexten von »Anything Goes« (Alles ist möglich) und »You're the Top« Mae West namentlich erwähnt hatte, wollte sie gern für zwei seiner Broadway-Musicals engagieren: *You Never Know* und *Dubarry Was a Lady*. Weil Mae jedoch darauf bestand, daß der seit kurzem gehbehinderte Porter sie in Hollywood aufsuchen müsse, um mit ihr die Rollen durchzusprechen und sie singen zu hören, wurde aus der ganzen Sache nichts.

Sie sollte in der Filmfassung von Rogers und Harts *Pal Joey* zusammen mit Marlon Brando vor der Kamera stehen. Doch die angebotene Rolle der Vera Simpson paßte ihr nicht, und so spielten, als der Film nach langem Hin und Her 1957 schließlich gedreht wurde, Rita Hayworth und Frank Sinatra die Hauptrollen. Ähnlich erging es um 1964 einem Rollenangebot für einen Elvis-Presley-Film, *Roustabout* (Der Gelegenheitsarbeiter). Als Mae erfuhr, daß sie eine ältere, vom Verlust ihres Jahrmarktsgeschäfts bedrohte Frau spielen und überdies ihr jüngerer Liebhaber ein Trinker sein sollte, war die Sache gestorben. Eine solche Rolle würde sie nie im Leben spielen, auch nicht neben Elvis Presley. Die Mitwirkung in anderen Elvis-Filmen schloß sie damals jedoch nicht kategorisch aus.

Federico Fellini umwarb sie für seine Filme *Julia und die Geister* und *Satyricon*. In letzterem sollte Mae eine erotische Hexe spielen – wunderbar; die allerdings sollte auch eine Mutter sein – um Himmels willen! Außerdem verspürte Mae wenig Lust, die unverzichtbare weite Reise nach Rom auf sich zu nehmen. (Flugreisen vermied sie, wann immer das möglich war.) So kam Fellini nie dazu, ihr persönlich zu sagen, daß er sie großartig, aber anti-erotisch fand. »Sie schien mir immer antisexuell zu sein, weil sie aus dem Sex eine witzige Sache machte und einen damit zum Lachen brachte; das aber ist anti-erotisch. Ich glaube, daß ihr wahrer Sex ihre Arbeit war.«[3]

Das berühmteste der von Mae West zurückgewiesenen Rollenangebote – sie erhielt es in den späten vierziger Jahren, als sie Mitte fünfzig war – betraf die Rolle der Norma Desmond, der verblassenden, enttäuschten ehemaligen Stummfilmdiva in *Sunset Boulevard*. Billy Wilder war regelrecht schockiert, als er merkte, daß Mae

West dieses Angebot eher als Beleidigung denn als Kompliment empfand. Sie sei noch weit davon entfernt, als verblaßte Blume in der Vergangenheit zu leben, ließ sie Wilder wissen; vielmehr genieße sie gerade die besten Jahre ihres Lebens. Nein, danke! Wilder sollte auf jeden Fall zur Kenntnis nehmen, daß sie keinerlei Affinität zu Norma Desmond verspürte und daß sie überdies auch nie in Stummfilmen aufgetreten war. Gloria Swanson, die die Rolle schließlich so unvergeßlich verkörperte, war sogar noch einige Jahre jünger als Mae, hatte ihre Filmkarriere allerdings auch wesentlich früher begonnen und sich daher auch schon einen Namen als Stummfilmstar machen können.

Im Bestreben, immer auf dem laufenden zu bleiben, veröffentlichte Mae West Rock-and-Roll-Platten und absolvierte entsprechende Fernsehauftritte. Mit Rock Hudson sang sie »Baby, It's Cold Outside« und gab ihm bei der live übertragenen Oscar-Verleihung des Jahres 1958 im Fernsehen vor einem Millionenpublikum einen dicken Kuß auf den Mund. Die für die Oscar-Verleihung zuständige Academy of Motion Picture Arts and Sciences hatte Mae West allerdings niemals für eine der begehrten Trophäen nominiert. Keine ihrer Kinorollen fand Berücksichtigung, und auch keiner der sonst an ihren Filmen Beteiligten wurde je der Ehrung für würdig befunden. Die Einladung, eines der für den Oscar des Jahres 1958 nominierten Lieder vorzutragen, war die einzige Geste, zu der man sich Mae West gegenüber entschließen konnte.

Mit der Zensur hatte sie seit den späten dreißiger Jahren nicht mehr zu kämpfen. Als Geißel des Hays Office hatte nun Jane Russell Maes Part übernommen (allerdings weniger wegen frecher Sprüche oder zweideutiger Reden, sondern wegen verschwenderischer Präsentation ihrer weiblichen Reize). Erst 1951 gab es mit dem Verbot von *Diamond Lil* in Atlanta von dieser Front wieder etwas zu vermelden.

Mit Gerichten, Anwälten und Prozessen hatte Mae wie bisher unentwegt zu tun. Sie verklagte eine Frau namens Mary Lind, die sich erdreistet hatte, in diversen Nachtklubs als »Diamond Lil« aufzutreten, erfolgreich auf Unterlassung. Der Name »Diamond

Lil«, plusterte sie sich im Nachwort ihrer Autobiographie auf, »gehört mir, ganz allein mir«. In einem weiteren Prozeß verklagte sie das Magazin *Confidential* wegen übler Nachrede in einem Artikel mit der Überschrift »Mae West's Open Door Policy«. Sie erzwang einen schriftlichen Widerruf der Behauptungen – die in diesem Fall freilich zutrafen: Es ging um ihre sexuellen Verbindungen zu Chalky Wright, Johnny Indrisano, Speedy Dado und Watson (»Gorilla«) Jones.

Gegenüber Frauen, in denen sie Rivalinnen sah, zeigte Mae West wie eh und je ihre Krallen. Besonders darunter zu leiden hatten Raquel Welch in *Myra Breckenridge* und Marilyn Monroe, der sie zwar Attraktivität zugestand, die jedoch ansonsten nur ein blasser Mae-West-Abklatsch sei.

Was die Öffentlichkeit von ihr hielt und wie sie auf die Öffentlichkeit wirkte, verfolgte Mae immer mit höchster Aufmerksamkeit. Nachdem die Ärzte bei ihr Diabetes festgestellt hatten, gab sie die Krankheit niemals öffentlich zu: Sexsymbole können einfach nicht krank werden. Voller Stolz verbreitete sie dagegen die frohe Botschaft, die Ärzte hätten bei ihr eine doppelte Schilddrüse gefunden. Darin sah sie eine mögliche Erklärung für ihre Hypersexualität.

In den siebziger Jahren ging das Gerücht, Mae West habe eines der größten Vermögen in Hollywood angesammelt. Man schätzte ihren Wert auf fünf bis fünfzehn Millionen Dollar. Doch zum Zeitpunkt ihres Todes war ihr Vermögen auf ungefähr eine Million zusammengeschrumpft. Das Strandhaus verkaufte sie bereits vor ihrem Tode, und die Ranch, für die jetzt Beverly zuständig war, verwahrloste. Öffentlich über Geldangelegenheiten zu sprechen blieb für Mae zeitlebens ein Tabu. Karl Fleming gestand sie jedoch, mit ihren Rennpferden und bei Pferdewetten viel Geld verloren zu haben.

Beverly, die sich auch von Baikoff scheiden ließ, war für Mae bis an ihr Lebensende ein Klotz am Bein, ein ständiger Grund zur Sorge. Dennoch blieb Mae ihrer Schwester gegenüber loyal – ganz besonders, nachdem ihr Bruder Jack 1964 gestorben war. Mae kam wiederholt für die Kosten von Beverlys Entziehungskuren in Sanatorien auf. Sie half ihr sogar, eine eigene Schallplatte mit Songs herauszubringen. Und sie setzte ihre Schwester schließlich testamentarisch zur Haupterbin ein. (Beverly überlebte Mae allerdings nicht einmal um zwei Jahre.) Paul Novak hingegen, der treue Lebensgefährte ihrer letzten Jahre, mußte vor Gericht prozessieren, um ein größeres Erbteil zu erhalten als die in Maes Testament genannten 10 000 Dollar.

Die Mae West, deren Stern noch heute strahlt, ist nicht jene außerordentlich selbstbesessene Frau, die vor lauter Egozentrik, als sie zum ersten und einzigen Mal persönlich mit Greta Garbo zusammentraf, keinen anderen Gesprächsstoff zuließ als ihre eigene Karriere; auch nicht jene Berühmtheit, die manchmal stundenlang ganz allein in einem Restaurant sitzen konnte, ohne ein einziges Wort zu sagen, die dafür aber alle erreichbaren Lampen so zurechtrückte, daß sie selbst in möglichst schmeichelhaftem Licht erschien. Die unsterbliche Mae West ist vielmehr jene selbstgeschaffene Figur, die in einem Hexenkessel der Anfeindungen geschmiedet wurde: die gurrende, selbstironische, mit perfektem Timing bis zur Karikatur gesteigerte »Sex-Persönlichkeit«, auf Bühne und Leinwand gleichermaßen vollendet in Szene gesetzt – mit entsprechender Positur, mit Witz, Glamour und Nonchalance. Mae West liebte riskante Gratwanderungen und Grenzüberschreitungen, und hierauf gründet ihr Nachruhm. Als komische Vermittlerin zwischen dem Spelunkenmilieu der Jahrhundertwende und dem Madonna-Zeitalter, zwischen homo- und heterosexuellen Kreisen, zwischen männlich und weiblich, schwarz und weiß, anrüchig und respektabel, künstlich und authentisch bleibt sie lebendig. In einem Zeitalter, das Grenzverwischungen so liebt wie das unsrige, ist Mae West weiterhin eine Attraktion. Die Gratwanderung zwischen Vamp und »Camp«, zwischen selbstbewußter und übertrieben stilisierter Weiblichkeit, ist heikel. Außer Mae West konnte sie in dieser Komplexität und Perfektion niemandem gelingen.

# Anmerkungen

Die im folgenden verwendete Abkürzung *AMPAS* steht für: Margaret Herrick Library, Academy of Motion Picture Arts and Sciences, Beverly Hills.

## *Einleitung*

1 Zitiert in *Mae West on Sex, Health and ESP*, London/New York 1975, S. 3.
2 Alain und Odette Virmaux (Hg.), *Colette and the Movies*, engl. Übers. S. W. R. Smith, New York 1980, S. 63.

## *1. Kapitel: Getauft auf den Namen Mary*

1 Zitiert bei Heywood Broun und Margaret Leech, *Anthony Comstock: Roundsman of the Lord*, New York 1927, S. 227.

2 Mae West im Paramount Press Book zu *Belle of the Nineties* (Die Schöne der neunziger Jahre), AMPAS.

3 *Mae West on Sex, Health and ESP*, S. 37.

4 Mae West im Interview mit Richard Meryman, »Mae West«, *Life*, 18. 4. 1969, S. 68.

5 Mae West im Interview mit Ruth Biery, »The Private Life of Mae West«, Part One, *Movie Classic*, Januar 1934, S. 12.

6 Mae West im Interview mit Denis Hart, *London Daily Telegraph*, 21. 8. 1970.

7 Mae West, *Goodness Had Nothing to Do With It*, New York 1976, S. 14.

8 *Mae West on Sex, Health and ESP*, S. 66.

9 Mae West, zitiert im *Newark Star Ledger*, 25.8.1938.

10 Vgl. George Eells und Stanley Musgrove, *Mae West*, New York 1982, S. 21, und Maurice Leonard, *Mae West: Empress of Sex*, New York 1992, S. 9.

11 Mae West, *Goodness* ..., S. 10.

12 Zitiert bei Elliott J. Gorn, *The Manly Art: Bare-knuckle Prize-fighting in America*, Ithaca, N.Y. 1986, S. 196.

13 Mae West im Interview mit Richard Meryman, »Mae West«, *Life*, 18.4.1969, S. 69.

14 Grace Mayer, *Once Upon a City: New York from 1890 to 1910*, New York 1956, S. 401.

15 Mae West im Interview mit Steven Roberts, »76 – And Still Diamond Lil«, *New York Times Magazine*, 2.11.1969, S. 80.

16 Mae West, zitiert bei John Kobal, *People Will Talk*, New York 1985, S. 161.

17 Mae West, zitiert bei Karl Fleming, *The First Time*, New York 1975, S. 313 f.

18 Mae West im Interview mit Thyra Samter Winslow, »Profiles: Diamond Mae«, *The New Yorker*, 10.11.1928, S. 26.

19 Mae West, *Goodness* ..., S. 10.

## 2. Kapitel: Baby Mae

1 Rupert Hughes, *The Real New York*, New York 1904, S. 29–31.
2 Mae West, zitiert bei Charlotte Chandler, *The Ultimate Seduction*, Garden City, N.Y. 1984, S. 51.
3 Mae West, *Goodness ...*, S. 17.
4 Mae West im Interview mit Ruth Biery, »The Private Life of Mae West«, Part Two, *Movie Classic*, Februar 1934, S. 20.
5 Sophie Tucker, *Some of These Days*, Garden City, N.Y. 1945, S. 12.
6 Groucho Marx, *Groucho and Me*, New York 1974, S. 91.
7 Sophie Tucker, *Some of These Days*, S. 46 f.
8 Rupert Hughes, *The Real New York*, S. 94.
9 Mae West, zitiert bei Charlotte Chandler, *The Ultimate Seduction*, S. 51 f.
10 Mae West, zitiert bei John Kobal, *People Will Talk*, S. 161 f.
11 Mae West im Interview mit W. H. Mooring, »Mae West Talks«, *Film Weekly*, 28.9.1934, S. 8.
12 Beverly West im Interview mit Hester Robinson, »Mae West Isn't Diamond Lil«, *The New Movie Magazine*, Mai 1933, S. 94.
13 Ann Charters, *Nobody: The Story of Bert Williams*, New York 1970, S. 19.
14 Mae West im Interview mit Ruth Biery, Part Two, *Movie Classic*, Februar 1934, S. 21.
15 Mae West, zitiert bei Kirtley Baskette, »Mae West Talks About Her ›Marriage‹«, *Photoplay*, August 1935, S. 38.
16 Mae West, *Goodness ...*, S. 9, 20, 21.
17 Mae West im Interview mit Helen Ormsby, *New York Herald Tribune*, 19.2.1949.
18 Alexander Walker, *Sex in the Movies: The Celluloid Sacrifice*, Baltimore 1968, S. 67.
19 Mae West, *Goodness ...*, S. 21.
20 Mae West, zitiert im *San Francisco Chronicle Datebook*, 5.8.1979.

## 3. Kapitel: »Das macht mir Riesenspaß«

1 Mae West, zitiert bei John Kobal, *People Will Talk*, New York 1985, S. 161.

2 Persönliche Mitteilung von Stephen Longstreet, 18.8.1994.

3 Mae West im Interview mit James Fidler, »Mae West Answers Twenty Personal Questions«, *Movie Classic*, September 1934, S. 71.

4 Mae West im Interview mit C. Robert Jennings, »Mae West: A Candid Conversation with the Indestructible Queen of Vamp and Camp«, *Playboy*, Januar 1971, S. 80.

5 Mae West, *Goodness* ..., S. 21.

6 Ebd.

7 Mae West, zitiert bei Karl Fleming, *The First Time*, New York 1975, S. 312.

8 *Mae West on Sex, Health and ESP*, S. 6.

9 Zitiert bei Lewis A. Erenberg, *Steppin' Out: New York Nightlife and the Transformation of American Culture, 1890–1930*, Westport, Conn. 1981, S. 70.

10 Mae West, *Goodness* ..., S. 31, und im Interview mit C. Robert Jennings, *Playboy*, Januar 1971, S. 76.

11 Mae West im Interview mit Ruth Biery, »The Private Life of Mae West«, Part Three, *Movie Classic*, März 1934, S. 62.

12 Ebd.

13 *Mae West on Sex, Health and ESP*, S. 6.

14 Mae West im Interview mit C. Robert Jennings, *Playboy*, Januar 1971, S. 78, und bei John Kobal, *People Will Talk*, S. 162.

15 Ruth Biery, »The Private Life of Mae West«, Part Three, *Movie Classic*, März 1934, S. 70.

16 Frank Wallace, zitiert im *New York Mirror*, 15.5.1935, und im *Los Angeles Herald*, 23.4.1935.

17 Mae West, zitiert bei John Kobal, *Gotta Sing, Gotta Dance: A Pictorial History of Film Musicals*, New York 1970, S. 190.

18 Mae West, zitiert bei Karl Fleming, *The First Time*, S. 312, 317.

19 *Mae West on Sex, Health and ESP*, S. 28.

20 Persönliche Mitteilung von Rona Barrett, 11.8.1994.

21 Mae West im Interview mit C. Robert Jennings, *Playboy*, Januar 1971, S. 80.

22 Ebd.

## 4. Kapitel: »Vorsitzende im Club der verrückten Weiber«

1 Jesse Lasky und Don Weldon, *I Blow My Own Horn*, Garden City, N.Y. 1957, S. 82–84.

2 Mae West, *Goodness* ..., S. 35.

3 William Le Baron im Interview mit Edward Churchill, »So You Think You Know Mae West«, *Motion Picture*, Juli 1935, S. 49.

4 Frank Wallace im Interview mit James Whittaker, *New York Daily Mirror*, 24.4.1935.

5 Mae West, *Goodness* ..., S. 38; Zitat aus der *Evening World*: ebd., S. 39.

6 Valerie Steele, *Fashion and Eroticism: Ideals of Feminine Beauty from the Victorian Era to the Jazz Age*, New York 1985, S. 232.

7 Lasky, *I Blow My Own Horn*, S. 86.

8 Mae West im Interview mit Kevin Thomas, *Los Angeles Times*, 31.8.1969.

9 Mae West in einem Zeitungsinterview ohne Herkunftsangabe, New York Public Library.

10 *Variety*, 20.1.1912.

11 *Variety*, 9.3.1912.

12 Mae West, *Goodness* ..., S. 44.

13 *New York Times*, 12.4.1912.

14 Albert F. McLean Jr., *American Vaudeville as Ritual*, Lexington, Ky. 1965, S. 46; Robert W. Snyder, *The Voice of the City: Vaudeville and Popular Culture in New York*, New York 1989, S. 105.

15 Robert C. Toll, *On with the Show: The First Century of Show Business in America*, New York 1976, S. 277.

16 *Theatre Magazine*, Mai 1927, S. 62.

17 E.F. Albee im *New York Telegraph*, 15.12.1912.

18 Mae West, *Goodness* ..., S. 57.

19 Sophie Tucker, *Some of These Days*, Garden City, N.Y. 1945, S. 146.

20 Mae West, *Goodness* ..., S. 53.

21 *Variety*, 13.12.1912.

22 Manager's Report Book 16, Cleveland, Woche vom 15. März 1914, S. 175; Keith/Albee Collections, University of Iowa, Iowa City.

23 *Billboard*, 21.2.1914.

24 *Variety*, 25.5.1912.

25 *New York Morning Telegraph*, 1.10.1913.

26 Mae West im Interview mit C. Robert Jennings, »Mae West: A Candid Conversation with the Indestructible Queen of Vamp and Camp«, *Playboy*, Januar 1971, S. 76.

27 *Current Opinion* 55, August 1913, S. 113 f.

28 Zitiert bei Gerald Mast (Hg.), *The Movies in Our Midst*, Chicago 1982, S. 149.

29 Vgl. David Nasaw (Hg.), *Going Out: The Rise and Fall of Public Amusements*, New York 1993, S. 204.

30 Vgl. Tucker, *Some of These Days*, S. 148f.

31 *Mae West on Sex, Health and ESP*, S. 3.

32 Mae West im Interview mit William Scott Eyman, *Take One*, September 1972, S. 21.

33 *Detroit News*, 26.8.[1913?], Locke Collection, New York Public Library.

## 5. Kapitel: Verbündete und begrenzte Partnerschaften

1 Mae West, *Goodness* ..., S. 49.

2 *Variety*, 24.10.1914.

3 Mae West, *Goodness* ..., S. 55. Die Identifizierung von »Mr. D«

als Guido Deiro gelang George Eels und Stanley Musgrove, *Mae West*, New York 1982, S. 53.

4 *New York Dramatic Mirror*, 23.4.1913.

5 Mae West, zitiert bei Karl Fleming, *The First Time*, New York 1975, S. 313.

6 Mae West im Interview mit C. Robert Jennings, *Playboy*, Januar 1971, S. 80.

7 Mae West im Interview mit Ruth Biery, »The Private Life of Mae West«, Part Three, *Movie Classic*, März 1934, S. 71.

8 Mae West, zitiert bei Karl Fleming, *The First Time*, S. 313.

9 Mae West, *Goodness ...*, S. 63.

10 Ruth Biery, *Movie Classic*, März 1934, S. 71.

11 Mae West, *Goodness ...*, S. 64–66.

12 Mae West im Interview mit Robert E. Johnson, »Mae West: Snow White Sex Queen Who Drifted«, *Jet*, Juli 1974, S. 44.

13 Sophie Tucker, *Some of These Days*, S. 54.

14 F. Scott Fitzgerald, *The Crack-Up*, Hg. Edmund Wilson, New York: New Directions Paperback, 1993 (erstmals 1945), S. 16.

15 Fred Allen, *Much Ado About Me*, Boston 1956, S. 206.

16 *Variety*, 7.7.1916.

17 Frank Wallace, zitiert im *New York American*, 30.6.1935.

18 Mae West, *Goodness ...*, S. 73.

19 Charles und Louise Samuels, *Once Upon a Stage: The Merry World of Vaudeville*, New York 1974, S. 101f.

20 *Variety*, 28.6.1918.

21 Zitiert bei James McGovern, »The American Woman's Pre-World War I Freedom in Manners and Morals«, *Journal of American History* 55, 1968, S. 326.

22 Vgl. Kevin Brownlow, *Behind the Mask of Innocence*, New York 1990, S. 31.

23 Vgl. Linda Gordon, *Woman's Body. Woman's Right: A Social History of Birth Control in America*, New York 1976, S. 64, 205.

## 6. Kapitel: Der Shimmy-Prozeß

1 Ethan Mordden, *That Jazz: An Idiosyncratic Social History of the American Twenties*, New York 1978, S. 18.
2 Mae West im Interview mit Danton Walker, *New York News*, 15.4.1938.
3 Mae West, *Goodness ...*, S. 67.
4 Vgl. *Variety*, 21.11.1919 und 3.2.1922.
5 Mae West, *Goodness ...*, S. 25.
6 *Variety*, 18.2.1921 und 18.11.1921.
7 Zitiert bei Mae West, *Goodness ...*, S. 70.
8 Harry Richman und Richard Gehman, *A Hell of a Life*, New York 1966, S. 40.
9 *Variety*, 7.7.1922.
10 Ebd., 14.7.1922.

## 7. Kapitel: Unter Mamas Fittichen

1 Edmund Wilson, *The American Earthquake: A Documentary of the Jazz Age, the Great Depression and the New Deal*, Garden City, N.Y. 1958, S. 60.
2 Eugene O'Neill, *The Hairy Ape* (1922), 4. Szene, in *The Plays*, Bd. 3, New York 1951, 1982.
3 Mae West, *Goodness ...*, S. 75.
4 Mae West im Interview mit Wood Soanes, *Oakland Tribune*, undatierter Zeitungsausschnitt, San Francisco Performing Arts Library and Museum.
5 Maurice Leonard, *Mae West: Empress of Sex*, New York 1992, S. 59. Chris Basinger zeigte mir eine Kopie der Heiratsurkunde.
6 *Los Angeles Examiner*, 25. 4. 1935.
7 *Variety*, 19. 11. 1924.
8 Mae West, *Goodness ...*, S. 88.
9 Mae West im Interview mit Richard Meryman, »Mae West«, *Life*, 18. 4. 1969, S. 66.

10 *New York Times*, 29. 7. 1926.

11 Mae West im Interview mit Meryman, *Life*, 18. 4. 1969, S. 62.

12 George Halasz, *Brooklyn Eagle*, 24. 6. 1928.

13 Persönliche Mitteilung von Stephen Longstreet, 6. 8. 1994.

14 Mae West im Interview mit W. H. Mooring, *Film Weekly*, 28. 9. 1934, S. 8.

15 John Mason Brown, »Mae Pourquo?«, in J. M. B., *Dramatis Personae: A Retrospective Show*, New York 1963, S. 259.

16 Mae West im Interview mit Ruth Biery, »The Private Life of Mae West«, Part One, *Movie Classic*, Januar 1934, S. 58; und im Interview mit W. H. Mooring, *Film Weekly*, 28. 9. 1934, S. 8.

17 Mae West in *Brooklyn Eagle*, 23. 8. 1931.

18 Mae West, ebd., und im Interview mit Thyra Samter Winslow, »Profiles: Diamond Mae«, *The New Yorker*, 10. 11. 1928, S. 26.

19 *New York American*, 27. 4. 1926.

20 Zora Neale Hurston, »Characteristics of Negro Expression«, in *Negro Anthology*, Hg. Nancy Cunard, Colchester/London [1934?], S. 45 f.

21 Zitiert bei Mae West, *Goodness ...*, S. 83, und im Interview mit Richard Meryman, *Life*, 18. 4. 1969, S. 66.

22 *Variety*, 2. 7. 1924.

23 Zitiert bei Ruth Biery, »The Private Life of Mae West«, Part Three, *Movie Classic*, März 1934, S. 62.

24 Ruth Waterbury, zitiert in Stanley Musgroves Myra-Breckenridge-Tagebuch, MS, Box 4, University of Southern California, Los Angeles.

25 Vgl. Edward Jablonski, *Harold Arlen, Happy with the Blues*, New York 1961, S. 65; Carl Sifakis, *Encyclopedia of American Crime*, New York 1982, S. 460; Herbert Asbury, *The Gangs of New York*, Garden City, N. Y. 1927, S. 345; Lewis Yablonski, *George Raft*, San Francisco 1989, S. 36; Graham Nown, *The English Godfather*, London 1987, S. 18.

26 Zitiert bei James Robert Parish und Steven Whitney, *The George Raft File: The Unauthorized Biography*, New York 1973, S. 52.

27 Allen Churchill, *The Year the World Went Mad: 1927*, New York 1960, S. 56.

28 Zitiert bei Louise Berliner, *Texas Guinan: Queen of the Nightclubs*, Austin, Tex. 1993, S. 25.


## 8. Kapitel: Gefängnissong

1 Jack Conway in *Variety*, 5.5.1926.

2 Vgl. *Philadelphia Inquirer*, 4.5.1969.

3 Vgl. George Chauncey jr., *Gay New York: Urban Culture and the Making of a Gay Male World, 1890–1970*, New York 1994, S. 245–258.

4 New York Times, 10.2.1927.

5 Mae West, zitiert bei Allen Churchill, *The Theatrical Twenties*, New York 1975, S. 235.

6 Mae West, »Sex in the Theater«, *Parade*, September 1929, S. 13.

7 Pamela Robertson, »›The Kinda Comedy That Imitates Me‹: Mae West's Identification with the Feminist Camp«, *Cinema Journal* 32, 2, 1993, S. 61.

8 Wayne Koestenbaum, *The Queen's Throat: Opera, Homosexuality and the Mystery of Desire*, New York 1993, S. 132 (dt. *Königin der Nacht*. Oper, Homosexualität und Begehren, Stuttgart 1996).

9 Mae West im Interview mit C. Robert Jennings, »Mae West: A Candid Conversation with the Indestructible Queen of Vamp and Camp«, *Playboy*, Januar 1971, S. 74.

10 Koestenbaum, *The Queen's Throat*, S. 131–133 (dt. *Königin der Nacht ...*).

11 Mae West, zitiert im Nachruf der *Los Angeles Times*, vom 23.11.1980.

12 *New York Evening Graphic*, 1.2.1927.

13 *New York Times*, 10.2.1927.

14 *Variety*, 23.3.1927.

15 *Variety*, 20.4.1927.

16 Mae West, »Ten Days and Five Hundred Dollars«, *Liberty*, 20.8.1927, S. 53 f.

17 Mae West im Interview mit Jay Brien Chapman, »Is Mae West Garbo's Greatest Rival?«, *Motion Picture*, Juli 1933, S. 28.

18 Mae West im Interview mit Richard Meryman, »Mae West«, *Life*, 18.4.1969, S. 68.

## 9. Kapitel: Zu rund für einen Flapper

1 Vgl. Arnold Shaw, *The Jazz Age: Popular Music in the 1920s*, New York 1987, S. 77.

2 *New York Sun*, 7.11.1927.

3 Equity Folder SC 43, Wagner Labor Archives, Tamiment Institute Library, New York University.

4 *Billboard*, 12.11.1927.

5 *Variety*, 9.11.1927.

6 Mae West im Interview mit Richard Meryman, *Life*, 18.4.1969, S. 62c.

## 10. Kapitel: Diamanten-Mae

1 Mae West, zitiert bei Edith Head und Paddy Calisto, *Edith Head's Hollywood*, New York 1983, S. 21.

2 Alexander Walker, *Sex in the Movies: The Celluloid Sacrifice*, Baltimore 1968, S. 21.

3 Stark Young in *The New Republic*, 27.6.1928, S. 145.

4 Alexander Walker, *Sex in the Movies*, S. 71.

5 Pamela Robertson, »›The Kinda Comedy That Imitates Me‹: Mae West's Identification with the Feminist Camp«, *Cinema Journal* 32, 2, 1993, S. 64.

6 Fred Allen, *Much Ado About Me*, Boston 1956, S. 236 f.

7 *Variety*, 11.7.1928.

8 Jack La Rue im Interview mit Gladys Hall, »Three Men – and All Kissed by Mae West«, *Motion Picture*, November 1933, S. 86.

9 Thyra Samter Winslow, »Profiles: Diamond Mae«, *The New Yorker*, 10.11.1928, S. 28.

10 Jack La Rue im Interview mit Gladys Hall, *Motion Picture*, November 1933, S. 86.

11 Jean Hersholt in *Variety*, 11.7.1928.

12 Gerald Bordman, *American Musical Theatre: A Chronicle*, New York 1986, S. 439.

13 *Mae West on Sex, Health and ESP*, S. 19.

14 Mae West im Interview mit C. Robert Jennings, »Mae West: A Candid Conversation with the Indestructible Queen of Vamp and Camp«, *Playboy*, Januar 1971, S. 80; und bei Charlotte Chandler, *The Ultimate Seduction*, Garden City, N.Y. 1984, S. 58.

15 James Robert Parish und Steven Whitney, *The George Raft File: The Unauthorized Biography*, New York 1973, S. 62.

16 Graham Nown, *The English Godfather*, London 1987, S. 68.

17 *Variety*, 12.6.1929.

18 Mae West, *Goodness ...*, S. 129.

19 Ebd., S. 110.

## *11. Kapitel: Wiederholungstäterin*

1 Walter Winchell, »Along the Main Stem«, *Life*, 26.10.1928, S. 6.

2 *New York Times* und *New York Sun*, 2.10.1928.

3 Mae West in *New York World*, 2.10.1928.

4 George Jean Nathan in *American Mercury*, Dezember 1928, S. 500–502.

5 Zitiert in *New York Times*, 9.10.1928.

6 Nathan Burkan in *New York Times*, 6.2.1930.

7 Mae West im Interview mit Ruth Biery, »The Private Life of Mae West«, Part One, *Movie Classic*, Januar 1934; zitiert bei Carol M. Ward, *Mae West: A Bio-Bibliography*, Westport, Conn. 1989, S. 106.

8 *New York Times*, 20.3.1930.

9 *New York Times*, 29.3.1930.

10 Zitiert bei Louise Berliner, *Texas Guinan: Queen of the Nightclubs*, Austin, Tex. 1993, S. 165.

11 Alain und Odette Virmaux (Hg.), *Colette and the Movies*, engl. Übers. S. W. R. Smith, New York 1980, S. 63.


## 12. Kapitel: Schwarz und Weiß

1 Mae West, *The Constant Sinner* [*Babe Gordon*], New York 1930, Repr. 1949, S. 164.

2 *Mae West on Sex. Health and ESP*, S. 12, 18.

3 Mae West, *Goodness* ..., S. 133 f.

4 Lowell Brentano, »Between Covers – II«, *Forum*, Februar 1935, S. 98.

5 *Publisher's Weekly*, 25.10.1930, S. 1953, und 7.3.1931, S. 1136.

6 Zitiert bei George Eells und Stanley Musgrove, *Mae West*, New York 1982, S. 100.

7 Arthur Vinton im Interview mit Gladys Hall, »Three Men – and All Kissed by Mae West«, *Motion Picture*, November 1933, S. 34, 86.

8 Robert Benchley in *The New Yorker*, 26.9.1931, S. 26.

9 Howard Barnes in *New York Herald Tribune*, 14.9.1931.

10 Mae West im Interview mit Ruth Biery, »The Private Life of Mae West«, Part One, *Movie Classic*, Januar 1934; zitiert bei Carol M. Ward, *Mae West: A Bio-Bibliography*, Westport, Conn. 1989, S. 106.

## 13. Kapitel: Großes Mädchen in einer kleinen Stadt

1 Adolph Zukor und Dale Kramer, *The Public Is Never Wrong*, New York 1953, S. 267.

2 Der Production Code von 1930 ist abgedruckt in: *Movies in Our Midst: Documents in the Cultural History of Film in America*, Hg. Gerald Mast, Chicago 1982, S. 321 ff.

3 Gregory D. Black, *Hollywood Censored: Morality Codes, Catholics and the Movies*, New York/Cambridge 1994, S. 56.

4 Mae West, *Goodness* ..., S. 139.

5 Mae West in *Los Angeles Sunday Dispatch*, 6.1.1935.

6 Mae West im Interview mit George Daws, *New York World Telegram*, 9.8.1934.

7 Mae West im Interview mit Hedda Hopper, zitiert bei George Eells, *Hedda and Louella*, New York 1972, S.143.

8 Mae West im Interview mit Clark Warren, »Dynamite Lady«, *Screen Play*, November 1932, S. 30.

9 Mae West in *New York Times*, 9.6.1935.

10 Mae West im Interview mit George Daws, *New York World Telegram*, 9.8.1934.

11 »Mae West Gives All the Answers«, *Movie Classic*, Februar 1937, S. 36.

12 Mae West, *Goodness* ..., S. 147.

13 Mae West im Interview mit Elza Schallert, »Go West – If You're an Adult«, *Motion Picture*, Mai 1933, S. 84.

## 14. Kapitel: Sie tat ihm unrecht

1 W. H. Mooring, »Mae West Talks«, *Film Weekly*, 28.9.1934, S. 9.

2 Wingate an Hayes, 1.11.1932. Dieser und alle folgenden Briefe und Memos, die im vorliegenden Kapitel zitiert werden, finden sich, wenn nicht anders vermerkt, im Archiv der Production Code Administration unter *She Done Him Wrong*, AMPAS.

3 Alma Whitaker in *Los Angeles Times*, 5.11.1933.

4 Mae West, *Goodness ...*, S. 151.

5 Cary Grant in *Variety*, 21.11.1933.

6 Ann Sheridan, zitiert bei John Kobal, »Mae West«, *Films and Filming*, September 1983, S. 25.

7 Edith Head und Jane Ardmore, *The Dress Doctor*, Boston 1959, S. 53.

8 Mae West im Interview mit Richard Meryman, *Life*, 18.4.1969, S. 62D.

9 John Bright, »One of a Kind«, *L. A. Weekly*, 16.–22.7.1982, S. 18.

10 Mae West, zitiert bei Charlotte Chandler, *The Ultimate Seduction*, Garden City, N.Y. 1984, S. 64.

11 Adolph Zukor und Dale Kramer, *The Public Is Never Wrong*, New York 1953, S. 267.

12 Jay Brien Chapman, »Is Mae West Garbo's Greatest Rival?«, *Motion Picture*, Juli 1933, S. 76.

13 Mae West im Interview mit Ruth Biery, »The Private Life of Mae West«, Part Four, *Movie Classic*, April 1934, S. 40.

14 Mae West im Interview mit Maude Latham, *Motion Picture*, Juni 1934, S. 92.

15 Undatierter Brief von Sidney Kent in Dr. Wingates Akten.

16 *Hollywood Reporter*, 10.1.1933.

## 15. Kapitel: Ganz oben

1 Travis Banton, zitiert bei David Chierichetti, *Hollywood Costume Design*, New York 1976, S. 52.

2 Marian Spitzer Thompson, zitiert bei George Eells und Stanley Musgrove, *Mae West*, New York 1982, S. 121.

3 Wingate an Hays, 26.6.1933. Dieser und alle folgenden Briefe, die im vorliegenden Kapitel zitiert werden, finden sich, wenn nicht anders vermerkt, im Archiv der Production Code Administration unter *I'm No Angel*, AMPAS.

4 Mae West, zitiert bei Charlotte Chandler, *The Ultimate Seduction*, Garden City, N.Y. 1984, S. 51.

5 Mae West, *Goodness* ..., S. 157.

6 William B. Davidson und Kent Taylor, zitiert bei Alma Whitaker, *Los Angeles Times*, 5.11.1933.

7 Cary Grant, »Making Love to Mae West«, *Picturegoer*, 30.12.1933; und bei Alma Whitaker in *Los Angeles Times*, 5.11.1933. In Cary Grants Beitrag im *Picturegoer* vom 30.12.1933 finden sich auch die zitierten Bemerkungen des Regisseurs Wesley Ruggles.

8 Mae West, zitiert bei Cary Grant in *Picturegoer*, 10.12. und 30.12.1933; 6.1.1934.

9 Marlene Dietrich im Interview mit Sonia Lee, »Dietrich Isn't Afraid of Mae West«, *Motion Picture*, Januar 1934, S. 49.

10 Mae West im Interview mit Kenneth Baker, »War Clouds in the West?«, *Photoplay*, Dezember 1933, S. 47, 109.

11 Mae West im Interview mit James Fidler, »Mae West Answers Twenty Personal Questions«, *Movie Classic*, September 1933, S. 71.

12 Mae West im Interview mit Denis Hart, *London Daily Telegraph*, 21.8.1970.

13 George Kent, »The Mammy and Daddy of Us All«, *Photoplay*, Mai 1934, S. 32, 33, 101.

14 Nicht näher identifizierter Zeitungsausschnitt und Paramount-Pressemitteilung, British Film Institute, London; *Screen Play*, Januar 1934, S. 20.

15 Mae West in *New York Times*, 9.6.1936, S. IX.

16 Cary Grant, zitiert bei Warren G. Harris, *Cary Grant: A Touch of Elegance*, New York 1987, S. 265.

17 Stark Young, »Angels and Ministers of Grace«, *New Republic*, 29.11.1933, S. 75.

18 Alain und Odette Virmaux (Hg.), *Colette and the Movies*, engl. Übers. S. W. R. Smith, New York 1980, S. 62.

# 16. Kapitel: Wenn der Name zum Skandal wird

1 Vgl. John Kobal, »Mae West«, *Films and Filming*, September 1983, S. 22.

2 Vgl. Scott Eyman, *Five American Cinematographers: Interviews*, Metuchen, N. J. 1987, S. 1; Charles Higham, *Hollywood Cameramen: Sources of Light*, Bloomington, Ind. 1970, S. 128; Charles Hagen, »A Man Who Defied Labels in the Messy 1910s«, *New York Times*, 11.8.1995.

3 Karl Struss, zitiert bei George Eells und Stanley Musgrove, *Mae West*, New York 1982, S. 139.

4 Vgl. Robert E. Johnson, »Mae West: Snow White Sex Queen Who Drifted«, *Jet*, Juli 1974, S. 44 f.

5 Mae West in *Variety*, 3.4.1934.

6 Marlene Dietrich, zitiert bei Maria Riva, *Marlene Dietrich*, New York 1993, S. 367.

7 Gilbert Seldes, »The Movies in Peril«, *Scribner's*, Februar 1935, S. 83.

8 Gregory D. Black, *Hollywood Censored: Morality Codes, Catholics and the Movies*, New York/Cambridge 1994.

9 Joseph Breen, zitiert bei Richard Maltby, »The Production Code and the Hays Office«, in *Grand Design: Hollywood as a Modern Business Enterprise*, Hg. Tino Balio, New York 1993, S. 54.

10 Breen an Hays, 7.10.1935; 1.10.1935. Diese und alle folgenden Briefe, die im vorliegenden Kapitel zitiert werden, finden sich, wenn nicht anders vermerkt, im Archiv der Production Code Administration unter *Belle of the Nineties*, AMPAS.

11 Mae West, zitiert bei Leonard Maltin, *The Great Movie Comedians: From Chaplin to Woody Allen*, New York 1982, S. 161.

12 William French, »What Price Glamour?«, *Motion Picture*, November 1934, S. 28.

## 17. Kapitel:
## Schadensbegrenzung

1 Mae West in *Los Angeles Sunday Dispatch*, 6.1.1935.
2 Breen an Hays, 2.1.1935. Dieser und alle folgenden Briefe, die im vorliegenden Kapitel zitiert werden, finden sich, wenn nicht anders vermerkt, im Archiv der Production Code Administration unter *Goin' to Town*, AMPAS.
3 Vgl. Budd Schulberg, *Moving Pictures*, New York 1981, S. 459, 487.
4 Mae West im Interview mit Kirtley Baskette, »Mae West Talks About Her ›Marriage‹«, *Photoplay*, August 1935, S. 39.
5 Frank Wallace im *Los Angeles Herald*, 23.4.1935.
6 Hays an Hammell, 2.7.1935. Dieser und alle weiteren im vorliegenden Kapitel zitierten Briefe zu *Klondike Annie* finden sich im Archiv der Production Code Administration unter *Klondike Annie*, AMPAS.
7 Raoul Walsh, *Each Man in His Time: The Life Story of a Director*, New York 1974, S. 276 f.
8 Ernst Lubitsch, zitiert bei Frank S. Nugent in *New York Times*, 15.3.1936, S. X.
9 Ernst Lubitsch, zitiert in *Time*, 9.3.1936, S. 46.
10 *London Times*, 17.5.1936.
11 Hollywood Reporter, 2.3.1936, S. 1.
12 *Variety*, 15.1.1936.

## 18. Kapitel: Zu weit gegangen

1 Mae West, zitiert bei Anita Loos, *Kiss Hollywood Goodbye*, New York 1974, S. 169.
2 Undatiertes Memo von Breen. Dieses und alle folgenden Memos und Briefe zu *Go West, Young Man* finden sich, wenn nicht anders vermerkt, im Archiv der Production Code Administration unter *Go West, Young Man*, AMPAS.

3 Mae West im Interview mit William Scott Eyman, *Take One*, September 1972, S. 21.

4 *Mae West on Sex, Health and ESP*, S. 111.

5 Cohen an Breen, 31.8.1937. Dieser und alle weiteren im vorliegenden Kapitel zitierten Briefe und Memos finden sich im Archiv der Production Code Administration unter *Every Day's a Holiday*, AMPAS.

6 Die »Chase and Sanborn Show« vom 12.12.1937 mit dem umstrittenen »Adam und Eva«-Sketch von Arch Oboler ist auf der Radiola-Kassette MR-1126 (1981) erhältlich.

7 Mae West im Interview mit Michael Mok, *New York Post*, 25.4.1938.

8 Ebd.

9 Carol M. Ward, *Mae West: A Bio-Bibliography*, Westport, Conn. 1989, S. 36.

## Epilog

1 John Mason Brown, »Mae Pourquoi?«, in ders.: *Dramatis Personae: A Retrospective Show*, New York 1963, S. 259.

2 Mae West im Interview mit C. Robert Jennings, »Mae West: A Candid Conversation With the Indestructible Queen of Vamp and Camp«, *Playboy*, Januar 1971, S. 76.

3 Federico Fellini, zitiert bei Charlotte Chandler, *The Ultimate Seduction*, Garden City, N.Y. 1984, S. 117.

# Bibliographischer Essay

## 1. Mae Wests schriftliche Werke

1.1 Veröffentlichte Werke

Mae Wests amüsante Autobiographie *Goodness Had Nothing to Do With It* erschien erstmals 1959 im Verlag Prentice-Hall in Englewood Cliffs, N. J., und wurde 1976 vom New Yorker Verlag Manor Books als Paperback wiederaufgelegt. Diese Ausgabe enthält ein Nachwort mit dem Titel »Still the Queen of Sex«. Ich zitiere nach der Ausgabe von 1976. Beide Ausgaben enthalten Fotos und Zitate aus Kritiken. Der Ghostwriter Stephen Longstreet, dem in Mae Wests Danksagung lediglich für »editorial assistance« gedankt wird, schreibt inzwischen an seinen eigenen Memoiren.

Mae Wests interessanteste Romane sind *The Constant Sinner* (ursprünglich 1930 im New Yorker Verlag Macauley unter dem Titel *Babe Gordon* erschienen) und *Diamond Lil* (ebd. 1932). An der Romanfassung ihres gleichnamigen Broadway-Erfolgsstücks aus dem Jahre 1928 arbeitete Mae West, ehe die Verfilmung *She Done*

*Him Wrong* (Sie tat ihm unrecht) gedreht wurde, die Mae West zum Weltstar machte. Beide Romane sind seit langem vergriffene Sammlerobjekte. Ein weiterer Roman, *Pleasure Man*, 1975 in New York bei Dell erschienen, stammt im wesentlichen aus der Feder von Mae Wests damaligem Sekretär Lawrence Lee. In der Romanfassung wird der interessanteste Teil des gleichnamigen Stücks aus dem Jahre 1928 über Bord geworfen: die Nebenhandlung mit den Travestiekünstlern. Mae Wests Ratgeber *Mae West on Sex, Health and ESP*, 1975 im Londoner Verlag W. H. Allen herausgekommen, weist ebenfalls eindeutige Spuren eines Ghostwriters auf. Gleichwohl stammen die Anekdoten, Erinnerungen und Weisheitsfragmente authentisch von Mae West. Der Band enthält nicht nur einen zuverlässigen biographischen Essay von David Ray Johnson, sondern auch zahlreiche wichtige Fakten und Offenbarungen.

Für Nachdruck- und Zitiergenehmigungen ist als Nachlaßverwalter Mae Wests die Roger Richman Agency, Inc. in Beverly Hills, Kalifornien, zuständig. Diese Zuständigkeit erstreckt sich auch auf die unveröffentlichten Dramenmanuskripte. Für alle Mae-West-Zitate im vorliegenden Buch wurde die Abdruckgenehmigung von der Roger Richman Agency erteilt.

1.2 Unveröffentlichte Manuskripte
Die meisten der frühen Dramenmanuskripte – *The Ruby Ring* (1921), *The Hussy* (1922), *Sex* (1926), *The Drag* (1927), *The Wicked Age* (1927), *Pleasure Man* (1928) und *Diamond Lil* (1928) – werden in der Handschriftenabteilung der Library of Congress in Washington, D.C., aufbewahrt. Lillian Schlissel plant eine Ausgabe mehrerer Stücke im Londoner Verlag Routledge.
Ein weiteres Westsches Dramenmanuskript, die auf dem gleichnamigen Roman basierende Dramatisierung *The Constant Sinner* (1931), befindet sich nicht in der Library of Congress, sondern im Shubert-Archiv in New York City. Ebenfalls im Shubert-Archiv

einzusehen sind die Skripten einiger Broadway-Stücke und Broadway-Revuen, in denen Mae West auftrat, sowie Fotos, einige Briefe an sie und von ihr und Zeitungsausschnitte mit Aufführungskritiken.

## 2. Drehbücher von Mae Wests Paramount-Filmen

Mae West drehte acht Filme, die ursprünglich von Paramount vertrieben wurden:

*Night After Night* (1932), *She Done Him Wrong* (1933), *I'm No Angel* (1933), *Belle of the Nineties* (1934), *Goin' to Town* (1935), *Klondike Annie* (1936), *Go West, Young Man* (1936), *Every Day's a Holiday* (1938).

Mit Ausnahme von *Night After Night*, dessen Drehbuch ich nicht auffinden konnte, habe ich die Drehbücher dieser Filme gelesen. Alle für die jetzt im Besitz von Universal-MCA befindlichen Paramount-Filme verfaßten Drehbücher werden in der Paramount Collection der Margaret Herrick Library der Academy of Motion Picture Arts and Sciences in Beverly Hills aufbewahrt.

## 3. Mae Wests Paramount-Filme

Ehe die aus den dreißiger Jahren stammenden Mae-West-Filme von Universal in den USA auf Videokassetten wiederveröffentlicht wurden, habe ich sie mir im Filmarchiv der University of California in Los Angeles angesehen.

## 4. Videos über Mae West

4.1 Ann Jillians Fernsehporträt aus dem Jahre 1982 (ABC-TV, Drehbuch E. Arthur Kean, Regie: Lee Philips) wirkt überzeugend, sinnlich-anschaulich und aufschlußreich. Mae Wests Verhältnis zu Jim Timony wird allerdings nicht akkurat dargestellt. Die verschiedenen homosexuellen Schauspieler, mit denen Mae West Kontakt hatte, für dieses Porträt in einer einzigen Person (gespielt von Roddy McDowell) zusammenzufassen war ein geschickter Schachzug.

4.2 Das von Gene Feldman produzierte, 1994 von Wombat Productions herausgebrachte Video »Mae West and Her Men« enthält seltene Aufnahmen von Mae West und Texas Guinan sowie interessante und aufschlußreiche Interviews mit einigen Männern aus Hollywood, die Mae West kannten: Schauspielern, Fans, Gurus, Regisseuren, Beobachtern, Kolumnisten. Die wichtigsten Männer in Maes Leben kommen jedoch nicht zu Wort. Die meisten (wie ihr Vater, ihr Bruder, Jim Timony, Frank Wallace, Guido Deiro, Owney Madden und andere) weilen nicht mehr unter den Lebenden. Andere, wie der Lebensgefährte ihrer letzten Jahrzehnte, Paul Novak, hatten zweifellos gewichtige Gründe für ihr Schweigen.

## 5. Über Mae West: Bücher, Essays, Interviews und Zeitungsartikel

5.1 Biographien und Monographien
Natürlich bin ich nicht die erste Verfasserin einer Biographie über Mae West, auch nicht die erste, die über ihre gefeierte Filmkarriere und über ihre weniger bekannte Bühnenkarriere geschrieben hat. In Jon Tuskas Buch *The Films of Mae West*, 1973 im New Yorker Verlag Citadel Press erschienen, wird Mae Wests Bühnen- und Filmschaffen eingehend, aber nicht immer akkurat untersucht. Die

Kapitel über die Filme sind ausgezeichnet. Auch sind die vielen guten Abbildungen hervorzuheben, doch insgesamt täte dem Buch eine Überarbeitung gut, die Mae Wests Dramenmanuskripte einbezieht. Deren Existenz in der Library of Congress war in den siebziger Jahren, als Tuska seine Monographie schrieb, noch nicht bekannt.

Zu den wichtigsten wissenschaftlichen Werken über Mae West gehört Carol M. Ward, *Mae West: A Bio-Bibliography* (Westport, Conn.: Greenwood Press, 1989). Hier finden sich kluge Kommentare über Mae Wests Theaterstücke und Dramenmanuskripte, über die Filmkarriere und Mae West als Person. Außerdem enthält Wards Band eine biographische Chronologie, eine Bibliographie und Nachdrucke wichtiger Interviews.

Einige kleinere, anspruchslose Mae-West-Biographien sollen wenigstens kurz erwähnt werden: Die von Fergus Cashin (1982) ist weit hergeholt und unzuverlässig, die von David Hanna (1976) knapp und solide.

Die erste substantielle Biographie, *Mae West* von George Eells und Stanley Musgrove, erschien 1982, zwei Jahre nach Mae Wests Tod, im New Yorker Verlag Morrow. Dieses Buch, das stark von Musgroves persönlicher und beruflicher Verbindung mit Mae West profitiert und das in einem lebhaften, gut lesbaren Stil geschrieben ist, sollte von jedem gelesen werden, der sich ernsthaft für Mae West interessiert. Die beiden Autoren lassen Mae West ausführlich selbst zu Wort kommen und zitieren außerdem aus Interviews mit Bekannten und Zeitgenossen Mae Wests, die nicht mehr leben. Doch so unterhaltsam diese Biographie auch ist, es fehlt der analytische Tiefgang. Dadurch erscheint eine komplexe, zur Ikone stilisierte Frau hier oft nur als Gegenstand zahlreicher komischer Anekdoten. In diesem Buch werden keine Quellen zitiert. Auch werden Mae Wests Kindheit und die Anfänge ihrer Karriere stark vernachlässigt. Die Chronologie ist nicht immer zuverlässig. Als frisches, ursprüngliches West-Porträt geht dieses Buch weder in die Tiefe analytischer Fragestellungen noch in die Breite des historischen Kontexts. Doch es gibt Denkanstöße und Anregun-

500

gen, die sich weiterverfolgen lassen. Und es läßt andere Sichtweisen zu.

Maurice Leonards *Mae West: Empress of Sex*, 1991 in London bei HarperCollins erschienen und in den USA vom Verlag Birch Lane wiederaufgelegt, basiert zu großen Teilen auf den genannten Büchern von Tuska und Eells und Musgrove, bietet jedoch zu einigen Episoden aus Mae Wests Leben auch Neues: Die heftige Liebesromanze mit einem Texaner im Jahre 1924, die angeblich in eine Eheschließung mündete, wurde von Leonard genau recherchiert. Auch kommt Mae Wests Chauffeur Chalkie Wright mit einem Bericht über seine Beziehung zu Mae West direkt zu Wort.

Tim Malachoskys 1993 im Eigenverlag (Lancaster, Cal.: Empire Publishing) erschienener Bildband *Mae West* enthält wunderschöne, in einigen Fällen sogar seltene Fotos aus Mae Wests Hollywood-Jahren. Der Text ist allerdings unkritisch und beruht im wesentlichen auf Geschichten, die Mae West dem Autor erzählte.

Mae Wests Dramenmanuskripte sind in keiner früheren Biographie besprochen worden. Sie werden jedoch erschöpfend und mit interessanten Ergebnissen in einer unveröffentlichten New Yorker Dissertation aus dem Jahre 1990 diskutiert, mit der Richard Helfer an der City University of New York promovierte.
Marybeth Hamiltons Princetoner Dissertation aus dem Jahre 1990 erschien in überarbeiteter Form 1995 bei HarperCollins unter dem Titel *When I'm Bad I'm Better: Mae West, Sex, and American Entertainment.* Hier werden einige Stücke Mae Wests ebenso intelligent erörtert wie die New Yorker Prozesse wegen Erregung öffentlichen Ärgernisses und später die Zensurauseinandersetzungen in Hollywood mit Joseph Breen und dem Hays Office. Hamiltons Buch ist keine Biographie; nicht die Persönlichkeit Mae Wests oder ihr Leben, sondern ihre Werke und ihr Einfluß auf die amerikanische Unterhaltungsindustrie stehen im Mittelpunkt der Untersuchung. Insgesamt ist dies ein gründliches, fundiertes und verläßliches Buch. Nicht behandelt werden allerdings die ungespielten Dra-

menmanuskripte (obwohl *Frisco Kate* als Vorstufe des Hollywood-Films *Klondike Annie* wirklich beachtenswert gewesen wäre) sowie Mae Wests Songs und ihre Varietékarriere.

*When I'm Bad I'm Better* erschien Ende 1995, als das Manuskript des vorliegenden Buches bereits abgeschlossen war. Doch einzelne thematisch mit ihrem Buch zusammenhängende Veröffentlichungen Hamiltons erschienen bereits, als ich noch an meiner Biographie arbeitete. Es handelt sich um die Artikel »Mae West Live: *Sex, The Drag*, and 1920s Broadway« (in *The Drama Review*, Winter 1992) und »›I'm the Queen of the Bitches‹«, einen Beitrag über die Travestiekünstler in *Pleasure Man*, der 1993 in dem von Lesley Ferris herausgegebenen Sammelband *Crossing the Stage: Controversies on Cross-Dressing* (London: Routledge) erschien. Ich habe beide Artikel gelesen und von ihnen profitiert.


5.2 Buchkapitel über Mae West und Interviews

Alexander Walkers Kapitel über Mae West in seinem 1968 bei Penguin in Baltimore erschienenen Buch *Sex in the Movies: The Celluloid Sacrifice* ist mein Lieblingsessay über Mae West. Auf eine Stufe mit Walkers Essay würde ich nur noch John Mason Browns klassischen Aufsatz »Mae Pourquoi?« in seinem Band *Dramatis Personae: A Retrospective Show* (New York: Viking, 1963) stellen.

Die ergiebigsten, interessantesten Zeitschrifteninterviews mit Mae West wurden geführt von: Thyra Samter Winslow (im *New Yorker* vom 10. November 1928); Ruth Biery in einer Artikelserie, die von Januar bis April 1934 in *Movie Classic* erschien; Diane Arbus (in *Show*, Januar 1965); Richard Meryman (in *Life* vom 18. April 1969); C. Robert Jennings (in *Playboy*, Januar 1971); Scott Eyman (in *Take One*, September 1972); und Robert E. Johnson (in *Jet*, Juli 1974). Auch in Büchern sind verschiedene aufschlußreiche Interviews mit Mae West erschienen. Hier sind vor allem zu nennen: Karl Fleming, *The First Time*, New York: Simon & Schuster, 1975;

Charlotte Chandler, *The Ultimate Seduction*, Garden City, N.Y.: Doubleday, 1984; und John Kobal, *People Will Talk*, New York: Knopf, 1985.

## 5.3 Zeitungsartikel

Wichtige Sammlungen von Zeitungsausschnitten über Mae Wests Varieté- und Bühnenkarriere befinden sich im Museum of the City of New York und vor allem in der Billy Rose Theater Collection der New York Public Library im Lincoln Center. Die wichtigsten Branchenblätter des amerikanischen Showbusiness, *The Clipper*, *The New York Dramatic Mirror*, *Variety* und *Billboard*, enthalten zahlreiche von mir herangezogene und in den Anmerkungen des vorliegenden Buches detailliert belegte Besprechungen von Auftritten Mae Wests, darüber hinaus aber auch andere wichtige Informationen über Tourneepläne, Einspielergebnisse und Nachrichten aus der Welt des Varietés. Aufführungsbesprechungen erschienen natürlich auch in den Zeitungen der jeweiligen Auftrittsorte. Die Keith/Albee Collection an der University of Iowa enthält darüber hinaus Manager-Berichte aus den einzelnen Häusern dieser Varietékette.

## 6. Kultur- und theaterhistorische Darstellungen

Einen guten Überblick über die allgemeine historische Entwicklung der amerikanischen Populärkultur bietet Russell Nye in seinem 1970 erschienenen Buch *The Unembarrassed Muse: The Popular Arts in America*.

## 6.1 Musik und Tanz

Bei meinen Recherchen zu den Songs erwies sich die Starr Sheet Music Collection der Lilly Library der Indiana University als Fund-

503

grube. Sehr hilfreich waren auch die monatlich erscheinende Publikation *Remember That Song* sowie als Nachschlagewerke David Ewens *All the Years of American Popular Music* (1977) und Sigmund Spaeths *A History of Popular Music in America* (1948). Als sehr anregend empfunden habe ich auch *The Poets of Tin Pan Alley* (1990) von Philip Furia und Arnold Shaws *The Jazz Age: Popular Music in the 1920s* (1987). Die von der Smithsonian Institution in Washington, D.C., aufgenommene Serie American Popular Songs hat über Jahrzehnte Originalaufführungen einiger der wichtigsten Songs für die Nachwelt bewahrt.

Populäre Tänze wie der Shimmy werden von Marshall und Jean Stearns in ihrem Buch *Jazz Dance* (1968) eingehend erörtert. Ferner empfehle ich, soweit es um die Tanzshows am Broadway geht, Richard Kislans ausgezeichnetes Buch *Hoofing on Broadway: A History of Show Dancing* (1987).


6.2 Varieté und Travestiekunst
In diesem Bereich sind viele empfehlenswerte Bücher erschienen. Als bahnbrechendes Werk ist *On With the Show: The First Century of Show Business in America* von Robert Toll (1976) zu nennen. Aus der Insiderperspektive geschrieben ist *Show Biz: From Vaude to Video* von Abel Green und Joe Laurie jr. (1951). Sehr nützlich und informativ sind zwei Bücher von Anthony Slide: *The Vaudevillians: A Dictionary of Vaudeville Performers* (1981) und *Great Pretenders: A History of Female and Male Impersonators* (1986). *American Vaudeville As Seen by Its Contemporaries* (1984) ist der Titel einer von Charles Stein zusammengestellten umfangreichen Kritiker-Anthologie. Erwähnen möchte ich ferner: *Vaudeville USA* (1973) von John Di Meglio, *American Vaudeville as Ritual* (1965) von Albert McLean jr. und *The Voice of the City: Vaudeville and Popular Culture in New York* (1989) von Robert W. Snyder.
Aufschlußreich sind ferner die vorliegenden Memoiren von Varietékünstlern wie Fred Allen (*Much Ado About Me*, 1956) und

Sophie Tucker (*Some of These Days*, 1945). Memoiren von oder Monographien über weitere bedeutende Akteure liegen ebenfalls vor, ohne daß sie hier im einzelnen aufgeführt werden können: Groucho Marx, Bert Williams, George Burns, Milton Berle, Harry Richman und W. C. Fields. Einige dieser Werke sind in den Anmerkungen meiner Biographie zitiert. Auch Bert Savoy und Eva Tanguay wären dankbare Buchsujets; doch hat sich für diese Künstler bisher noch kein Autor gefunden.

Der klassische Artikel über Mae Wests Ähnlichkeit mit männlichen Travestiekünstlern in Frauenrollen ist George Davis' »The Decline of the West« (in *Vanity Fair*, Mai 1934). Zu diesem Thema hat sich auch Parker Tyler mehrfach geäußert, vor allem in der Einleitung zu Jon Tuskas weiter oben besprochenem Buch *The Films of Mae West* (1973). Wichtig ist hierzu auch Pamela Robertsons Artikel »›The Kinda Comedy That Imitates Me‹: Mae West's Identification with the Feminist Camp« in *Cinema Journal* (Winter 1993). Ferner erwähnt Wayne Koestenbaum Mae West in seinem sehr anregenden Buch *The Queen's Throat: Opera, Homosexuality and the Mystery of Desire* (1993), (dt. *Königin der Nacht. Oper, Homosexualität und Begehren*, Stuttgart 1996). Lohnend ist auch ein Blick in Marjorie Garbers *Vested Interests: Cross Dressing and Cultural Anxiety* (1991).

Das burleske amerikanische Cabaret ist bisher in der wissenschaftlichen Literatur kaum adäquat behandelt worden. Doch beginnt sich diese Lücke allmählich zu füllen. Ich möchte hier nur zwei Werke nennen: *The American Burlesque Show* (1967) von Irving Zeidman und Robert C. Allens *Horrible Prettiness: Burlesque and American Culture* (1991).

6.3 Theatergeschichte

Zu einzelnen Schauspielern und Theaterstücken ist die Billy Rose Theater Collection der New York Public Library im Lincoln Center eine wahre Fundgrube. Aber auch die Harvard Theater Collection in der Houghton Library enthält wertvolle Sammlungen.

Einige Bücher zur amerikanischen Theatergeschichte habe ich immer wieder herangezogen: *Actors and American Culture, 1880–1920* von Benjamin McArthur (1984), *Broadway* von Brooks Atkinson (1974, 1985), das schwer zugängliche Buch von Robert Baral, *Revue: A Nostalgic Reprise of the Great Broadway Period* (1962), mehrere Werke von Allen Churchill über den Broadway in den zwanziger Jahren unseres Jahrhunderts, Daniel Blums *A Pictorial History of the American Theater* (1977) sowie – als meine »Bibel« – *American Musical Theatre: A Chronicle* von Gerald Bordman (1986). Mary C. Henderson verfolgt in ihrem Buch *The City and the Theater: New York Playhouses from Bowling Green to Times Square* (1973) die Geschichte einzelner Theater.

### 7. Sozial- und kulturgeschichtliche Hintergründe

Zur amerikanischen Sozialgeschichte der zwanziger Jahre und früherer Jahrzehnte habe ich vor allem Mark Sullivans hervorragende Serie *Our Times: The United States, 1900–1925* herangezogen, aber auch die einzelnen Bände der American Heritage Series, Zeitschriften der jeweiligen Epochen und zeittypische Romane. Zur letzteren Kategorie rechne ich etwa Theodore Dreisers *Sister Carrie* (1900) über den Aufstieg einer jungen Frau in New York, einen Roman, der in vielen Punkten an Mae West denken läßt, und John Dos Passos' Erzählwerke *Manhattan Transfer* (1925), *Nineteen Nineteen* (1932) und *The Big Money* (1936). All diese Romane sind in verschiedenen preiswerten Paperback-Ausgaben erhältlich.

### 7.1 Zur Geschichte New Yorks

Zur Brooklyner Lokalgeschichte sind die Sammlungen der Brooklyn Public Library am Grand Army Plaza eine wichtige Fundgrube (Zeitungsausschnitte, Adreßbücher seit den 1870er Jahren, lokale Theatergeschichte etc.).

506

Natürlich sind auch die New Yorker Zeitungsjahrgänge jener Zeit (*New York Times, Daily News, American, Telegram, Evening Graphic* und andere) sehr aufschlußreich. Vergleiche die detaillierten Belege in den Anmerkungen meiner Biographie. Diese Zeitungen sind in manchen Bibliotheken auf Mikrofilm erhältlich. Wichtige Sammlungen von Zeitungsausschnitten beherbergen auch die Library of Congress und das Harry Ransom Humanities Research Center der University of Texas in Austin.

Zur Geschichte Manhattans habe ich besonders die Sammlungen der New York Historical Society konsultiert. Nützlich fand ich vor allem folgende Darstellungen: Grace Mayer, *Once Upon a City: New York from 1890 to 1910* (1956); Rupert Hughes, *The Real New York* (1904); Alvin F. Harlow, *Old Bowery Days* (1931) und Luc Sante, *Low Life* (1991). Timothy Gilfoyles *City of Eros: New York City, Prostitution and the Commercialization* (1992) war für meine Arbeit besonders wichtig, ebenso das überaus reichhaltige, von William R. Taylor herausgegebene Kompendium *Inventing Times Square: Commerce and Culture at the Crossroads of the World* (1991). *The Encyclopedia of New York*, herausgegeben von Kenneth Jackson und 1995 bei Yale University Press erschienen, kam leider erst heraus, als mein Manuskript fast fertiggestellt war.

*Gay New York: Urban Culture and the Making of a Gay Male World* (1994) von George Chauncey jr. ist eine exemplarische Darstellung der homosexuellen Subkultur in New York. Zu Homosexualität im Theater ist Kaier Curtins *We Always Call Them Bulgarians: The Emergence of Lesbians and Gay Men on the American Stage* (1987) ein faszinierendes, detailliertes und gut dokumentiertes Standardwerk. *Steppin' Out: New York Nightlife and the Transformation of American Culture, 1890–1930* (1981) von Lewis A. Erenberg und *Cheap Amusements: Working Women and Leisure in Turn-of-the-Century New York* von Kathy Peiss sind zwei Darstellungen, die ich in vielerlei Hinsicht als sehr anregend empfunden habe, insbesondere zu den tiefgreifenden kulturellen Veränderungen jenes Zeitraums und zu deren Auswirkungen auf die Welt der Unterhaltung. Irving Lewis Allens materialreiches und außerordentlich unterhaltsames Buch über den New Yorker Slang, *The City in Slang: New York Life and Popular Speech*, erwies sich als Fundgrube für weit mehr als Slangausdrücke.

## 7.2 Jazz und Jazz Age

Zum Jazz Age waren meine Hauptquellen F. Scott Fitzgeralds Autobiographie *The Crack-Up* (1931), Nils Y. Granlunds (leider vergriffenes) Buch *Blondes, Brunettes and Bullets* (1957) und Stanley Walkers *The Night Club Era* (1933). Herangezogen habe ich ferner: Edmund Wilsons *The American Earthquake* (1958), die von Barbara H. Solomon herausgegebene Anthologie *Ain't We Got Fun? Essays, Lyrics and Stories of the Twenties* (1980), *Terrible Honesty: Mongrel Manhattan in the 1920s* (1995) von Ann Douglas und Frederick Lewis Allens Klassiker *Only Yesterday: An Informal History of the 1920s* (1931, 1964). Hilfreich fand ich auch: Jimmy Durante und Jack Kofoed, *Nightclubs* (1931); Kathy Ogren, *The Jazz Revolution: Twenties America and the Meaning of Jazz* (1989); Ronald L. Morris, *Wait Until Dark: Jazz and the Underworld, 1880–1940* (1980); Ethan Mordden, *That Jazz: An Idiosyncratic Social History of the American Twenties* (1978) und Simon Michael Bessie, *Jazz Journalism: The Story of the Tabloid Newspapers* (1938).

Jazzaufnahmen und Bücher von oder über Duke Ellington, Bessie Smith und andere Bluessänger(innen) sowie Cab Calloway können den Harlemer Zeitgeist der zwanziger und frühen dreißiger Jahre ebenso vermitteln wie Barry Singers Biographie *Black and Blue: The Life and Lyrics of Andy Razaf* (1992). Empfehlenswerte Lektüre sind auch die Bücher von Jim Haskins, *The Cotton Club* (1977), und James Weldon Johnson, *Black Manhattan* (1930, 1991); Zora Neale Hurstons Essay »Characteristics of Negro Expression« in der *Negro Anthology* (1934) und Jarvis Andersons kulturhistorisches Porträt *This Was Harlem* (1982).

508

7.3 Gangster und Boxer
Einen Überblick über die New Yorker Gangsterszene gibt Herbert
Asburys *The Gangs of New York* (1927). Darüber hinaus habe ich
Biographien von jenen Gangstern herangezogen, mit denen Mae
West gut bekannt war. Das wichtigste dieser Werke war für mich
Graham Nowns Owney-Madden-Biographie, *The English Godfather*
(London 1987). Sehr nützlich ist auch die *Encyclopedia of American
Crime* (1987) von Carl Sifakis.
In Gangsterfilmen mit George Raft und Edward G. Robinson wer-
den Auftreten, Gewohnheiten, Sprache und Verhaltensweisen von
Gangstern der zwanziger und dreißiger Jahre authentisch darge-
stellt.

Zum sonstigen Zeithintergrund der dreißiger Jahre sind die folgen-
den, teils informellen Chroniken informations- und aufschlußreich:
T. H. Watkins, *The Great Depression: America in the 1930s* (1993);
Robert S. McElvaine, *The Great Depression: America, 1929–1941*
(1993); J. C. Furnas, *Great Times: An Informal Social History of the
U.S.* (1974).

Vom amerikanischen Männlichkeitsideal und vom Preisboxen als
betont männlicher Sportart handelt Elliott Gorns Buch *The Manly
Art: Bare-knuckle Prize-fighting in America* (1986). Interessante
Lektüre über das Boxen sind aber neben Zeitungsartikeln aus den
dreißiger Jahren auch Jack Dempseys Autobiographie (1977) und
Budd Schulbergs Roman *The Harder They Fall* (1947).

7.4 Mode
Zur Geschichte der amerikanischen Damenmode und zum Wandel
weiblicher Schönheitsideale habe ich vier Werke als besonders
hilfreich und interessant empfunden: Lois Banner, *American
Beauty* (1983); Martha Banta, *Imaging American Women: Ideas and
Ideals in Cultural History* (1987); Valerie Steele, *Fashion and Eroticism: Ideals of Feminine Beauty from the Victorian Era to the Jazz*

509

*Age* (1985). In Michael und Ariane Batterberrys *Mirror: A Social History of Fashion* finden sich zahlreiche Illustrationen und anregende Hinweise.


7.5 Einstellungen zur Sexualität

Dies ist ein weites Feld. Wichtiges Material über den Wandel der amerikanischen Sexualmoral fand ich in folgenden Werken: John D'Emilio und Estelle B. Freedman, *Intimate Matters: A History of Sexuality in America* (1987); Peter G. Filene, *Him/Her Self: Sex Roles in Modern America* (1986); und in verschiedenen Büchern über Emma Goldman und Margeret Sanger. Linda Gordons *Woman's Body, Woman's Right: A Social History of Birth Control in America* (1976) ist eine wahre Fundgrube faszinierender Fakten. W. David Sievers untersucht in seinem Buch *Freud on Broadway: A History of Psychoanalysis and the American Drama* (1955) die Darstellung der Sexualität auf der Bühne und den Einfluß Eugene O'Neills in diesem Zusammenhang. *1915: The Cultural Moment*, 1991 von Adele Heller und Lois Rudnick herausgegeben, bietet eine detaillierte Momentaufnahme unter den verschiedensten kulturhistorischen Aspekten, darunter auch Feminismus, Theater und Malerei.


## 8. Filmgeschichte, Hollywood und Filmzensur

Das British Film Institute in London besitzt eine vollständige Sammlung amerikanischer Filmzeitschriften sowie zahlreiche Zeitungsausschnitte über Filme und Filmschauspieler. Das Center for Research on Film and Theater in Madison, Wisconsin, die New Yorker Billy Rose Theater Collection und die Margaret Herrick Library der Academy of Motion Picture Arts and Sciences in Beverly Hills besitzen nicht nur zahlreiche Mae-West-Fotos und Zeitungsartikel über Mae West; die beiden letztgenannten Bibliothe-

510

ken haben auch umfangreiche Bestände über das Paramount-Film-studio und seine Filme. Im Study Center des New Yorker Museum of Modern Art befinden sich Filmaufnahmen, Zeitungsausschnitte und eine vollständige Sammlung der Zeitschrift *Photoplay*. Stanley Musgrove hinterließ seine wertvollen Notizen für das gemeinsam mit George Eells geschriebene Buch über Mae West (1982) der Doheny Library der University of Southern California in Los Angeles. Die Oral History Collection der Southern Methodist University in Dallas, Texas, enthält zahlreiche Interviews mit Mitarbeitern aus den Hollywood-Studios (Kameraleuten, Kostümbildnerinnen, Bühnenarbeitern etc.). Aus diesen Interviews schöpft die Darstellung von Ronald L. Davis, *The Glamour Factory: Inside Hollywood's Big Studio System* (1993).

Informationsreiche allgemeine Nachschlagewerke sind David Thomsons *A Biographical Dictionary of Film* (1994) und *The Film Encyclopedia* (1979) von Ephraim Katz. Die Filmnachschlagewerke von Halliwell und Leonard Maltin (u. a. *The Great Movie Comedians: From Chaplin to Woody Allen*, 1982) habe ich natürlich immer zu Rate gezogen.

Zur Filmgeschichte gibt es inzwischen Unmassen von Literatur. Besonders nützlich fand ich folgende Darstellungen zum Aufstieg der Filmindustrie in der Stummfilmära: Larry May, *Screening Out the Past: The Birth of Mass Culture and the Motion Picture Industry* (1980); David Nasaw, *Going Out: The Rise and Fall of Public Amusements* (1993); Kevin Brownlow, *Behind the Mask of Innocence* (1990). Besonders Brownlows Buch ist von unschätzbarem Wert. In Budd Schulbergs Memoiren aus dem Jahre 1981, *Moving Pictures*, wird dem Leser sozusagen eine Führung durch das Hollywood der zwanziger und dreißiger Jahre geboten. Wichtige Persönlichkeiten aus dem Paramount-Studio wie der Produzent Emanuel Cohen erhalten in Schulbergs Buch deutliche Konturen.

Für das Hollywood der dreißiger Jahre ist Nathanael Wests satirischer Roman *The Day of the Locust* (1939) unübertroffen; ähnlich

511

aufschlußreich sind Schulbergs Roman *What Makes Sammy Run* (1941) und F. Scott Fitzgeralds *The Last Tycoon* (1941). Ich habe natürlich auch zahlreiche Schauspielerbiographien gelesen: über Jean Harlow und Clara Bow, über Cary Grant, Tallulah Bankhead, Bette Davies, Ernst Lubitsch und andere. Sie sind teilweise in den Anmerkungen meiner Biographie zitiert, können hier aber aus Platzgründen nicht einzeln genannt werden.

Zum amerikanischen Film der dreißiger Jahre bietet ein Essay von Arthur Schlesinger jr. eine ausgezeichnete Einführung: »When the Movies Really Counted« (in *Show*, April 1963). Hilfreich fand ich Andrew Bergmans lebhafte Darstellung in *We're in the Money: Depression America and Its Films* (1971) und einen britischen Bildband, Edward Eyles' *That Was Hollywood: The 1930s* (1987). Einen breit angelegten und trotzdem in die Tiefe gehenden Überblick bietet der von Tino Balio edierte Sammelband *Grand Design: Hollywood as a Modern Business Enterprise, 1930–1939* (1993). Die von Gerald Mast herausgegebene Quellensammlung *The Movies in Our Midst: Documents in the Cultural History of Film in America* (1982) enthält u. a. den Text des Production Codes und Auszüge aus Martin Quigleys Buch *Decency in Motion Pictures*. Zum Hintergrund dieser Hollywood-Epoche seien ferner empfohlen: Roger Dooley, *From Scarface to Scarlett: American Films in the 1930s* (1979) und Gerald Weales, *Canned Goods as Caviar: American Film Comedy of the 1930s* (1985).

Zur Filmzensur bilden die Archive der Production Code Administration, die in der Margaret Herrick Library der Academy of Motion Picture Arts and Sciences in Beverly Hills aufbewahrt werden, eine wichtige Quelle, die ich extensiv ausgewertet habe. Viel gelernt habe ich aus Richard Maltbys Aufsatz »The Production Code and the Hays Office« in Balios Sammelband *Grand Design* (1993), aber auch aus verschiedenen anderen Büchern: Raymond Moley, *The Hays Office* (1945); Lea Jacobs, *The Wages of Sin: Censorship and the Fallen Woman Film, 1928–1942* (1991); Leo-

512

nard J. Leff und Jerold L. Simmons, *The Dame in the Kimono: Hollywood, Censorship and the Production Code* (1990); Gregory D. Black, *Hollywood Censored: Morality Codes, Catholics and the Movies* (1994); und Frank Miller, *Censored Hollywood: Sex, Sin and Violence on Screen* (1994).

Speziell mit Mae West als Zielscheibe der Filmzensur durch das Hays Office beschäftigt sich ein wissenschaftlicher Artikel von Ramona Curry, der im Herbst 1991 in *Cinema Journal* erschien: »Mae West as Censored Commodity: The Case of *Klondike Annie*«. In seiner Biographie *Citizen Hearst* (1961) gibt W. A. Swanberg detaillierten Einblick in die Ansichten des Zeitungszars über Moral, über Hollywood und über Mae West.

Aufnahmen von Mae-West-Filmsongs, die von den Zensoren besonders oft gereinigt und verstümmelt wurden, sind auf Kassette und CD erhältlich. Ältere noch existierende Aufnahmen aus der Zeit vor 1930 sind mir nicht bekannt. Die beste Auswahl solcher Songs bietet ein 1990 veröffentlichtes Album (mit einem guten Begleittext von Rosetta Reitz; Rosetta Records).

Zum Thema Schwarze im Film gibt es zwei interessante Darstellungen: Thomas Cripps, *Slow Fade to Black: The Negro in American Film, 1910–1942* (1993) und Donald Bogle, *Toms, Coons, Mulattoes, Mammies and Bucks: An Interpretative History of Blacks in American Films* (1989).

Frauen im Film sind ein anderes weites Feld. Ich habe mich besonders auf drei Darstellungen gestützt: Molly Haskell, *From Reverence to Rape* (1973); Marjorie Rosen, *Popcorn Venus: Women, Movies and the American Dream* (1973) – Rosen sieht in Mae West eine Frau, die mit ihrer Weiblichkeit und mit sich selbst nicht im reinen ist; und Jeanine Basinger, *A Woman's View* (1993), eine wahre Fundgrube an Informationen.

Eine ungeschönte Geschichte der Paramount-Studios ist noch immer ein Desiderat. Die Memoiren des Mitbegründers Adolph Zukor, *The Public Is Never Wrong* (1953), geben uns nur eine sehr vorsichtige, persönliche, geschönte Version. Wichtige Schritte in Richtung einer kritischen Studiogeschichte unternehmen: John Douglas Eames, *The Paramount Story* (1985), und *Paramount Pictures and the People Who Made Them* (1980) von I. G. Edmonds und Reiko Mimura. Ein unsignierter Artikel mit dem Titel »Paramount Pictures«, der im März 1937 in *Fortune* erschien, enthält Details über Finanzen und Management. James Robert Parishs gründlich recherchiertes Buch *The Paramount Pretties* (1972) enthält viele Informationen, die aber leider nicht durch ein Register erschlossen sind. Erhellend über die Verhältnisse bei Paramount sind auch Maria Rivas Buch über ihre Mutter, *Marlene Dietrich* (1993), und die exemplarische Dietrich-Biographie von Stephen Bach (1992).

Über Mae Wests ersten und wichtigsten Produzenten bei Paramount, William Le Baron, wissen wir eigentlich zuwenig. Hier halfen mir seine Interviews mit Betty Lasky und Andrew Stone, einige Informationslücken zu schließen.

Leider öffneten mir weder Paramount noch die William Morris Agency, die Mae West viele Jahre in Hollywood vertrat (und über die es jetzt eine 1995 erschienene Monographie von Frank Rose gibt), ihre Archive. Ich hätte mir von beiden Institutionen mehr Entgegenkommen gewünscht. Denn die großen Filme, die die Massen begeisterten und die den Stars zu Weltruhm verhalfen, sind keine reine Firmenangelegenheit mehr. In solchen Fällen sollte das Betriebsgeheimnis nicht Vorrang vor den Interessen der Öffentlichkeit genießen, denn diese Filme und ihre Stars gehören uns allen.

## 9. Copyright-Hinweise

Wie schon am Anfang des Essays erwähnt, liegt die Nachlaßverwaltung Mae Wests in den Händen der Roger Richman Agency, Inc., in Beverly Hills, Kalifornien. Für alle Zitate aus Texten von Mae West im vorliegenden Buch wurde die Abdruckgenehmigung erteilt. Hierfür möchte ich mich in aller Form bedanken.

# Abbildungsnachweise

1 »Klein Ägypten«, um 1893 (Harvard Theater Collection, Houghton Library, Vermächtnis von Evert Jansen Wendell).
2 Joseph Doelger's Sons, 1899 (Kalenderblatt, Brooklyn Historical Society).
3 Bert Williams (Library of Congress).
4 Eva Tanguay (San Francisco Performing Arts Library and Museum).
5 Gotham Theater, Brooklyn (Brooklyn Historical Society).
6 Hochzeitsfoto 1911 (Wisconsin Center for Film and Theater Research).
7 Titelblatt des Songs »Cuddle Up and Cling to Me«, 1912 (Privatsammlung).
8 Titelblatt des Songs »And Then«, 1913 (Starr Sheet Music Collection, Lilly Library, Indiana University, Bloomington).
9 Titelblatt des Songs »Good Night, Nurse«, 1912 (Starr Sheet Music Collection, Lilly Library, Indiana University, Bloomington).

10 Mae West in Chicago, um 1914 (Library of Congress).

11 Guido Deiro, um 1915 (Theatre Arts Collection, Harry Ransom Humanities Research Center, University of Texas, Austin).

12 Hammersteins Victoria Theater, um 1905 (Foto von Geo. P. Hall, New York Historical Society).

13 Mae West als »Farmerette« (Film Study Center, Museum of Modern Art, New York).

14 Mae West im Matrosenkostüm, um 1918 (Privatsammlung).

15 Mae West als Vamp, Titelblatt *New York Dramatic Mirror*, 25.12.1919 (Wisconsin Center for Film and Theater Research).

16 Mae West um 1920 (Eddie Brandt's Saturday Matinee).

17 Titelblatt des Songs »I Never Broke Nobody's Heart When I Said Goodbye«, 1923 (Lois Cordrey, Hg., *Remember That Song*, Glendale, Arizona).

18 Titelblatt des Songs »Big Boy«, 1924 (Bob Johnson's Music Library).

19 Titelblatt des *Evening Graphic* vom 30. Dezember 1926 (Astor, Lenox and Tilden Foundations, Billy Rose Theater Collection, New York Public Library).

20 Anzeige in einer Chicagoer Zeitung, 1929 (Shubert-Archiv).

21 Mae West nach der Polizeirazzia vom 1. Oktober 1928 (nicht identifizierbares Pressefoto, Margaret Herrick Library, Academy of Motion Picture Arts and Sciences).

22 Matilda West und Mae West vor dem Gefängnis in Welfare Island (Pressefoto des *New York Evening Journal*, Harry Ransom Humanities Research Center, University of Texas, Austin).

23 J. Rosenthal, Mae West, Alan Brooks und Texas Guinan während des *Pleasure Man*-Prozesses im März 1930, Pressefoto (Astor, Lenox and Tilden Foundations, Billy Rose Theater Collection, New York Public Library).

24 Trauernde Mae West und Owney Madden, 1930, Pressefoto *New York Evening Journal* (Harry Ransom Humanities Research Center, University of Texas, Austin).

25 Mae West als Diamond Lil, aus einer Zeitungs-Wochenendbeilage aus dem Jahre 1928 (Astor, Lenox and Tilden Foun-

dations, Billy Rose Theater Collection, New York Public Library).

26 Mae West als Diamond Lil in ihrem Schwanenbett, Studioaufnahme 1928 (ebd.).

27 Mae, Jack und Beverly West während des *Pleasure Man*-Prozesses im März 1930, Pressefoto (Harry Ransom Humanities Research Center, University of Texas, Austin).

28 Szenenfoto *The Constant Sinner*, Tourneebesetzung 1931 (Shubert-Archiv).

29 Mae West und George Raft, um 1932 (Eddie Brandt's Saturday Matinee).

30 Mae West in einem von Edith Head entworfenen Kleid, 1933 (Publicity-Foto, Jack Allen Collection).

31 Mae West hinter Schneiderpuppen, 1933 (Publicity-Foto, ebd.).

32 Karikatur aus *Life*, Oktober 1933 (Library of Congess).

33 Mae-West-Persiflage von Groucho Marx, 1933 (Publicity-Foto, Margaret Herrick Library, Academy of Motion Picture Arts and Sciences ebd.).

34 Mae West als Freiheitsstatue, 1934 (Publicity-Foto, Film Study Center, Museum of Modern Art, New York).

35 Mae West und Adolph Zukor, 1933 (Film Study Center, Museum of Modern Art, New York).

36 Paperdoll-Weihnachtskarte von Buzza Craftacres, um 1933 (Lilly Library, Indiana University, Bloomington).

37 Mae West mit einem dressierten Löwen. Szene aus dem Film *Ich bin kein Engel*, 1933. Copyright © 1997 by Universal City Studios, Inc. Abgedruckt mit Genehmigung von MCA Publishing Rights, Division of MCA, Inc.; alle Rechte vorbehalten (Film Study Center, Museum of Modern Art, New York).

38 Mae West mit Libby Taylor und Gertrude Howard. Szene aus dem Film *Ich bin kein Engel*, 1933. Copyright © 1997 by Universal City Studios, Inc. Abgedruckt mit Genehmigung von MCA Publishing Rights, Division of MCA, Inc.; alle Rechte vorbehalten (Film Study Center, Museum of Modern Art, New York).

39 Karikatur aus *Life*, Januar 1934 (Library of Congess).

40 Premiere von *Ich bin kein Engel* in Hollywood, 1933 (ebd.).

41 Mae West und Karl Struss, 1934 (Margaret Herrick Library, Academy of Motion Picture Arts and Sciences).

42 Mae West und Marlene Dietrich, 1935 (ebd.).

43 Mae West bei Schießübungen, 1934 (Margaret Herrick Library, Academy of Motion Picture Arts and Sciences).

44 Premiere von *Die Schöne der neunziger Jahre* in Hollywood, 1934 (Chris Basinger Collection).

45 Mae West als Delilah in der Opernszene aus dem Film *Goin' to Town*, 1935. Copyright © 1997 by Universal City Studios, Inc. Abgedruckt mit Genehmigung von MCA Publishing Rights, Division of MCA, Inc.; alle Rechte vorbehalten (Film Study Center, Museum of Modern Art, New York).

46 Mae West im Schlafzimmer, um 1935 (Margaret Herrick Library, Academy of Motion Picture Arts and Sciences).

47 Mae West als Lenkerin einer Pferde-Straßenbahn, 1933 (Publicity-Foto, Privatsammlung).

48 Mae West und Charlie McCarthy. Publicity-Foto für »Chase and Sanborn Hour«, Dezember 1937 (Harvard Theater Collection, Houghton Library).

49 Salvador Dalí, »Mae Wests Gesicht, als Wohnung zu benutzen«. Foto-Gouache, um 1934. Foto-Copyright © 1995, Art Institute of Chicago; alle Rechte vorbehalten. Copyright für das Kunstwerk © 1997, Demart Pro Arte, Genf/Artists Rights Society (ARS), New York.

# Danksagung

Ohne die Großzügigkeit zahlreicher Menschen hätte ich dieses Buch nicht schreiben können. Zuallererst möchte ich meinem Zwillingsbruder Avi danken; von ihm kam der Vorschlag, ein Buch über Mae West zu schreiben. Ich danke aber auch Andrew Wylie, der mir empfahl, mich auf die erste Hälfte von Mae Wests Leben zu konzentrieren; dem Verlag Farrar, Straus and Giroux für die Unterstützung durch das Lektorat; der Roger Richman Agency für die Erlaubnis, aus Mae Wests Büchern und Manuskripten zu zitieren; schließlich Sarah Chalfant für ihren nicht nachlassenden Enthusiasmus und für ihren professionellen Sachverstand.

Unter meinen Informanten, die Miss West persönlich kannten, hat Jack Allen freigebig seine Zeit, sein Wissen und seine Sammlung zur Verfügung gestellt. Das gleiche gilt für Chris Basinger. Zu danken ist ferner Kevin Thomas von der *Los Angeles Times*, Robert Duran, Tim Malachosky, Karl Fleming, Andrew Stone, Rona Barrett, Frank Cullen, Floyd Hall, Eric Concklin, Scott Eyman und Stephen Longstreet.

Ein Dankeschön auch an Fay Wray, Ron Fields, Betty Lasky, Michael Saltz, Gene Feldman, *Remember That Song*, Richard Lamparski, Miles Kreuger, Marc Wanamaker, David Thomson, Steven Bach, Michael Kaplan, den inzwischen verstorbenen George Eells, an Peter Manso und Leonard Maltin – sie haben mir alle mit Fakten geholfen und mich an ihren Erinnerungen, Einsichten und Kontakten teilhaben lassen.

Unter den Bibliothekaren, Sammlern und Archivaren danke ich ganz besonders Sue Presnell von der Lilly Library der Indiana University und Madeline Metz von der Motion Picture, Broadway and Recorded Sound Division der Library of Congress. Ferner Charles Kelly von der Handschriftenabteilung der Library of Congress sowie Kristine Krueger und Sam Gill von der Margaret Herrick Library der Academy of Motion Picture Arts and Sciences; Kenneth R. Cobb vom Stadtarchiv New York; Georgia Leigh und Robert A. McCown von den Special Collections der University of Iowa Library; Maryann Chach vom Shubert-Archiv; Mary Corliss vom Museum of Modern Art; Crystal Hyde vom Wisconsin Center for Film Research; Elizabeth White von der Brooklyn Public Library; Ned Comstock von der Cinema and Television Library der University of Southern California; den Mitarbeitern des Harry Ransom Humanities Research Center, des British Film Institute, des Film and Television Archive der University of California in Los Angeles, des American Film Institute und der Billy Rose Theater Collection der New York Public Library. Linda Dobb und Karen Alman ist für ihre Hilfe bei juristischen Recherchen zu danken. Mein Dank gilt ferner Marty Jacobs vom Museum der City of New York; Kay Bost von der DeGoyler Library der Southern Methodist University in Dallas, Texas; Jeanne T. Newlin, ehemals Harvard-Theater Collection; Ann Holohan Ross für genealogische Recherchen; Helen Whitson von den Special Collections der San Francisco State University Library und dem dortigen Filmarchiv für die Vorführung seltener Filmclips; den Notensammlern Sandy Marrone, Bob Johnson und Nelson Rice; sowie Drew Borland, der meinetwegen zahllose Mikrofilmrollen unermüdlich zurückgespult hat.

521

Es ist mir ein besonderes Vergnügen, Harry Schwartz für eine Stadtführung im Brooklyner Stadtbezirk Bushwick öffentlich zu danken; Katherine Murphy und Richard Leider für ihre Forschungen in Chicago; Amy Saltz für die gemeinsame Erkundung des Cypress Hills Cemetery; Ben Schwartz, Betty Crews, Diana Cavalieri, Eric Solomon, Ann Marshak, Susan Brody, Leon Friedman, Diane Wortis, Jean Leider, dem verstorbenen Dr. Joseph Wortis und Lillian Schlissel für diverse Formen großzügiger Hilfe; und schließlich William Leider, der meine Hand hielt, als es in Los Angeles in Strömen goß, in Washington elend heiß war und in London lustig zuging.

Mein letzter Dank aber gilt Mae West. Sie hat mich an Orten, an denen sonst gelehrtes Schweigen herrscht, laut lachen lassen.

Emily Wortis Leider

# Register

523

Oboler, Arch 458 f.
O'Neill, Barry 213, 228
O'Neill, Bobby 93
O'Neill, Eugène 169, 183 ff., 260, 302,
  310
Osborne, Beverly 265
Otterson, John 434
Ottiano, Raphaela 269

Palmer, Bee 109
Parker, Dorothy 192
Parry, Margaret 447
Pastor, Tony 58, 255
Patterson, Elizabeth 447
Perkins, Edward 170 ff., 175
Petrow, Boris 348, 361, 415, 430
Piazza, Ben 442
Pickford, Mary 108, 136
Ponedel, Dot 393
Porter, Cole 236, 471
Powell, William 436
Pryor, Roger 398, 407
Putnam, George 417

Quigley, Martin 399, 404

Raft, George 19, 29, 149, 181, 202,
  268 f., 300, 317, 319, 325 f., 328, 330,
  332, 390
Rainger, Ralph 350
Randolph, Clemence 185
Rathbone, Basil 213
Ratoff, Gregory 361, 469
Rector, George 452
Reed, Carl 279 ff.
Reinhard, Max 320
Rice, Elmer 142
Richmann, Harry 13, 163 ff., 169,
  171 ff., 176 f., 270, 455
Rickenbacher, Eddie 148
Riley, Lawrence 444
Riva, Maria 373, 390
Rivkin, Allan 453
Robertson, Pamela 217
Robeson, Paul 236
Robinson, Bill 174
Rockefeller, John D. 421
Rogers, Roy 270
Rogers, Will 62, 99, 371, 377, 412
Roland, Gilbert 337
Romberg, Sigmund 142
Roosevelt, Franklin D. 293, 320, 345,
  356 ff., 381, 402, 446
Roosevelt, Theodor 43, 83, 138
Rover, Leo 315
Rue, Jack La 262, 269, 447, 450

Ruggles, Wesley 359, 370
Runyon, Damon 154
Rush 220
Russell, Jane 473
Russell, Lillian 38, 147, 256, 371,
  384

Sanborn 460
Sands, Dorothy 267
Sandow, Eugen 49
Sanger, Margaret 84, 138
Savoy, Bert 168
Seeley, Blossom 103
Seldon, Edward 430
Schleth, Henry O. 231, 233
Schenk, Joseph M. 79 f., 95, 126
Schiaparelli, Elsa 453f., 467
Schloss, Norman P. 224, 228 f.
Schulberg, Budd 427
Schulenburg, B. B. 318, 321, 340
Schultz, Dutch 182, 267
Scibilia, Anton F. 239 f.
Scott, Randolph 448
Scopes, John T. 223
*Sextette* 469
Shaw, George Bernard 63
Shearer, Norma 436
Sheehy, Dr. Maurice 460
Sheridan, Ann 341, 471
Sherman, Charles 267
Sherman, Lowell 335 f., 344, 370
Shubert, J. J. 72, 160, 274
Shubert, Lee 72, 272
*Sie tat ihm unrecht* 333 ff., 339, 341,
  343 ff., 347 f., 350, 352 ff., 356, 359 f.,
  365, 370, 373, 385, 391, 398, 402 f.,
  421, 424, 457, 462, 466
Siegel, Bugsy 390
Silverman, Sime 84, 104, 112, 127 f.,
  134, 146, 151, 174
Sisk, Bob 206 f.
Skinner, Otis 222
Skipworth, Aslison 327 f., 330
Smith, Al 223
Smith, Bessie 177, 237
Sonthard, J. C. 390 f.
Spielberg, Harold 225 f.
Spooner, Cecil 68
Stark, Mabel 368
Stancliffe, Noah 225
Stanley, Stan 277
Stearns, Marshall 122
Steichen, Edward 355
Sterling, Robert 264
Sterling, Warren 213
Sternberg, Josef von 134